# Le Patrimoine de la France

pour les nuls

Stéphane Bern

# Le Patrimoine de la France pour les nuls

FIRST
ÉDITIONS

**Avec la collaboration d'Historien-Conseil,**

**sous la direction d'Hélène de Champchesnel.**

**Avec la participation de Gwendoline Jardin et Sophie-Marie de Kermel,**

**et aussi Christophe, Paul, Raphaëlle, Victoire, Solenn et Aliénor...**

# Le Patrimoine de la France pour les Nuls



**Éditions First, un département d'Édi8**
92, avenue de France
75013 Paris – France
Tél. : 01 44 16 09 00
Fax : 01 44 16 09 01
Courriel : firstinfo@editionsfirst.fr
Site Internet : www.pourlesnuls.fr

ISBN : 978-2-412-04707-1
Dépôt légal : septembre 2020

Imprimé en Italie
Correction : Gwendoline Jardin
Dessins humoristiques : Stéphane Martinez
Mise en page et infographies : Amaury de Saint Chamas
Couverture : Amaury de Saint Chamas et Salomé Joron
Index : Céline Dutt
Crédits photos : © Hervé Champollion / akg-images © akg-images / De Agostini / Biblioteca Ambrosiana © Hervé Champollion / akg-images © akg-images / L. M. Peter © akg-images / De Agostini / Diego © Yvan Travert / akg-images © Hervé Champollion / akg-images © akg-images / De Agostini / W. Buss © akg-images / CDA / Guillot © akg-images / Bildarchiv Monheim

# Sommaire

## Partie 2 Aux sources du royaume

# Partie 3 Aux marches de l'Empire

## Partie 7 Les Outre-mer

# Introduction

L'histoire soulève plus que jamais l'intérêt de nos contemporains, dans une société qui s'inquiète de l'avenir parce qu'elle a pris la mesure de l'écoulement brutal du temps. Nous voulons la lire, la comprendre, la décrypter, la toucher… Et où mieux toucher du doigt ce que fut notre histoire qu'au cœur de nos musées, au fond de nos bibliothèques, entre les pierres de nos monuments ? Car le patrimoine est la chair même de l'histoire ! Prendre soin de notre patrimoine ce n'est au fond rien d'autre que cultiver notre mémoire, faire fructifier notre héritage pour les générations à venir.

Mais le patrimoine n'est pas seulement objet du passé ou fantasme de l'avenir, il tisse aussi notre quotidien, depuis l'église du village jusqu'aux palais de la République, des œuvres littéraires découvertes sur les bancs de l'école aux savoir-faire immémoriaux de nos artisans. De cela, les Français ont pris brutalement conscience en voyant, le 15 avril 2019, partir en fumée la charpente millénaire de Notre-Dame de Paris. Nous avons alors compris que nos monuments sont plus que des pierres, que nos œuvres musicales sont plus que des notes ; ils tissent notre culture et par là même nous façonnent. Victor Hugo, pourtant, nous l'avait bien dit il y a presque deux siècles, en faisant de la cathédrale Notre-Dame de Paris le personnage central de son célèbre roman. Déjà, l'écrivain voulait nous avertir du danger planant sur les célèbres tours ; le temps, l'ignorance et la cupidité, impitoyablement, rendront à la poussière les traces du passé.

« Il faut arrêter le marteau qui mutile la face du pays. Une loi suffirait. Qu'on la fasse. Quels que soient les droits de la propriété, la destruction d'un édifice historique et monumental ne doit pas être permise à d'ignobles spéculateurs que leur intérêt imbécile aveugle sur leur honneur ; misérables hommes, et si imbéciles qu'ils ne comprennent pas qu'ils sont des barbares ! Il y a deux choses dans un édifice : son usage et sa beauté. Son usage appartient au propriétaire, sa beauté à tout le monde, à vous, à moi, à nous tous. Donc, le détruire, c'est dépasser son droit[1]. »

1 Victor Hugo, « Guerre aux démolisseurs », *Revue des deux mondes*, 1er mars 1832.

Depuis, le patrimoine ne cesse de susciter des passions ; car si les amoureux des vieilles pierres sont nombreux, si un certain consensus s'est fait jour autour du patrimoine en France, les questions demeurent nombreuses, comme l'a révélé l'incendie de Notre-Dame. Comment définir notre patrimoine et comment le protéger ? Jusqu'à quel point faut-il respecter le passé, ne risque-t-on pas la muséification de notre pays ? Peut-on dire que tout est patrimoine ? Quelle place reste-t-il à la création et à l'avenir ? Et enfin, et surtout, comment prendre la mesure de l'immense richesse patrimoniale de notre pays, dont chaque région regorge véritablement de trésors ? Car décrypter le patrimoine, c'est voyager à la fois dans le temps et dans l'espace. Il est donc temps de se mettre en route !

## Pourquoi ce livre ?

Ce livre ne vise pas à dresser un inventaire exhaustif de notre patrimoine, car des milliers de pages n'y suffiraient pas ! Il s'agit plutôt de tracer les contours de ce qu'est le patrimoine, dont la définition s'est considérablement élargie ces 50 dernières années. Pour comprendre cela, il n'est pas inutile de dresser une brève histoire du patrimoine, occasion de saluer quelques grands personnages qui ont joué un rôle majeur dans la prise de conscience de la nécessité de sauvegarder cet héritage.

On pourra ensuite se pencher sur la place singulière qu'occupe dans ce paysage le patrimoine bâti, ces monuments que nous associons spontanément à l'idée même de patrimoine. Il faut dire qu'ils s'avèrent moins insaisissables que le patrimoine culturel et plus concrets que le patrimoine immatériel ! Une brève évocation sera faite de la façon dont, en France, ils sont répertoriés, protégés et mis en valeur, et les nombreux enjeux que cela soulève.

Enfin, dans un développement conséquent, l'ouvrage propose de prendre le temps d'une balade dans les profondeurs de l'histoire, région par région, depuis les grottes ornées de nos ancêtres préhistoriques jusqu'aux fleurons de notre patrimoine industriel ; car ces monuments dessinent véritablement l'histoire de chacune de ces régions. Pourquoi une logique régionale ? Parce que, d'un côté, chaque région française présente des logiques historiques fortes qui méritent d'être exposées car elles ont un impact profond sur le patrimoine régional. De plus, cela permettra aux amoureux de la Bretagne, de l'Auvergne ou de la Bourgogne de voyager de monument en monument au sein de la région qu'ils aiment et qu'ils connaissent, retrouvant, au fil des pages, les lieux emblématiques qui leur sont chers, comme autant de cailloux sur la route du Petit Poucet.

# Les conventions utilisées dans ce livre

Les mots en italiques sont définis dans le lexique en fin d'ouvrage.
Les monuments cités en exemple figurent en gras dans la première partie.

# Le plan de ce livre

Ce livre est organisé en 8 parties ; une partie introductive, 6 parties régionales et la partie des Dix.

## Première partie : Le patrimoine aujourd'hui

Le premier chapitre retrace l'histoire de la protection du patrimoine, depuis la prise de conscience de son existence jusqu'aux dernières lois de protection promulguées. Le deuxième chapitre propose de décrire ce qu'est le patrimoine aujourd'hui, en passant en revue ses différentes natures ; bâti, culturel, immatériel, naturel… Le troisième chapitre esquisse un panorama de la protection du patrimoine en France, en présentant ses différents acteurs et en soulignant les enjeux de leur action. Enfin, le quatrième chapitre vise à fournir au lecteur quelques clefs de compréhension pour plonger dans l'histoire des monuments de France ; un peu de vocabulaire architectural, la présentation des grandes structures politiques…

## Deuxième partie : Aux sources du royaume

Cette première partie présente deux régions, l'Île-de-France et les Hauts-de-France, situées au cœur historique de la France où ont émergé les trois dynasties qui prendront la tête du pays ; Mérovingiens, Carolingiens et Capétiens. Un chapitre sera consacré à chacune d'entre elles. Le lecteur y trouvera la présentation de plusieurs dizaines de monuments, choisis pour leur intérêt historique ou pour leur aspect emblématique. Leur présentation servira à baliser une rapide histoire régionale, que viendront éclairer quelques encadrés de contexte. Quelques grandes figures régionales seront également esquissées.

## Troisième partie : Aux marches de l'Empire

Le parcours continue dans les régions Grand Est et Bourgogne-Franche-Comté, en ces terres où se mêlent influences françaises et germaniques ; elles ont, en effet, été longtemps placées à la frontière entre le royaume de France et le Saint-Empire romain germanique, passant souvent de l'une à l'autre obédience.

## Quatrième partie : Influences alpines

Voici trois chapitres pour parcourir les régions Auvergne-Rhône-Alpes, Provence-Alpes-Côte d'Azur et Corse, marquées toutes trois par une certaine influence alpine et une romanisation précoce. Certaines provinces, comme Nice, la Corse ou la Savoie, ont longtemps été placées sous l'autorité de l'Italie.

## Cinquième partie : Sud-Ouest, entre deux mers

La Nouvelle-Aquitaine et l'Occitanie se trouvent à la charnière entre deux mers, deux univers ; entre Atlantique et Méditerranée, elles composent un vaste ensemble au caractère complexe, où se mêlent influences romaines, espagnoles et anglaises.

## Sixième partie : La conquête de l'Ouest

La Bretagne, la Normandie, le Centre-Val de Loire et les Pays de la Loire ont longtemps été disputés entre la France et l'Angleterre, à l'époque où le souverain anglais était l'encombrant vassal du roi de France. La rivalité franco-anglaise s'est jouée sur ce terrain jusqu'au rattachement de la Bretagne à la France, et même au-delà.

## Septième partie : Les Outre-mer

La France d'outre-mer est riche d'influences diverses, évoquées dans cette partie au gré des territoires : accents caribéens en Guyane et aux Antilles (Guadeloupe, Martinique, Saint-Barthélemy, Saint-Martin), couleurs africaines et indiennes à la Réunion et à Mayotte, avant-goût de Québec à Saint-Pierre-et-Miquelon, culture océanienne en Polynésie, à Wallis et Futuna, en Nouvelle-Calédonie.

## Huitième partie : La partie des Dix

Des objets fabuleux, des lieux spectaculaires, des musées insolites, des *road trips* historiques... voici quelques précieuses listes pour aller plus loin dans la découverte du patrimoine !

# Les icônes de ce livre

**Insolite**

Cette icône signale un monument particulièrement original, qui se distingue par son histoire et son architecture.

**En péril**

Elle alerte sur les dangers qui menacent tel ou tel monument, dégradations, manque de moyens financiers, défaut d'entretien...

**Le saviez-vous ?**

Pour signaler un détail intéressant, intrigant ou étonnant.

**Et aujourd'hui**

Pour faire le point sur la situation du monument aujourd'hui.

**À retenir**

Des informations essentielles pour comprendre les enjeux autour du patrimoine.

**Ensemble remarquable**

Elle signale un groupe de monuments qui composent un ensemble intéressant d'un point de vue historique et architectural ; site industriel, village, quartier...

**Figure historique**

Une courte évocation d'un personnage ayant joué un rôle important dans l'histoire du patrimoine ou dans celle de l'une de nos régions.

## Par où commencer ?

Si vous voulez tout connaître sur la question du patrimoine en France, la première partie de l'ouvrage vous permettra de comprendre comment il est défini et protégé et de faire le point sur le patrimoine aujourd'hui. Si vous êtes avide de découvrir une région à travers ses monuments, ou peut-être de retrouver un lieu cher à votre cœur, vous pouvez vous référer directement au chapitre concerné. Enfin, si vous aimez les listes, n'hésitez pas à aller piocher dans la partie des Dix !

# Partie 1
# Le patrimoine aujourd'hui

## Dans cette partie...

Voici une découverte du patrimoine en quatre étapes. Tout d'abord, plongez dans la passionnante histoire de la naissance d'une idée promise à un bel avenir et portée par de grandes figures historiques : le patrimoine ! Vous pourrez ensuite découvrir les différents types de patrimoines, définis au fil du temps et recouvrant des champs toujours plus vastes : monuments, sites, traditions, œuvres d'art, objets, savoir-faire... Dès lors, vous pourrez entrer dans les logiques complexes de protection mises en œuvre pour ces différents types de patrimoines en fonction de leur spécificité. Enfin, pour partir bien armés à la découverte du patrimoine, vous pourrez réviser un peu de vocabulaire historique et apprendre à reconnaître les différents styles d'architecture !

DANS CE CHAPITRE

Voici retracée en quelques mots l'histoire de la notion de patrimoine

•

C'est une idée qui a surtout émergé à la Renaissance

•

La Révolution constitue un moment clef

•

Au XIXe siècle, le recensement et la protection du patrimoine s'organisent

•

Le XXe siècle est marqué par l'élargissement de la notion de patrimoine

# Chapitre 1

# Le patrimoine, naissance d'une idée

Le patrimoine est, d'un point de vue étymologique, « l'héritage du père ». Il comprend donc les biens et les savoirs qui nous sont parvenus à travers les générations. Mais l'idée de patrimoine, si elle semble ancrée dans le passé, est forcément liée au futur. En effet, un héritage est fait pour être transmis et non dilapidé !

Pendant des siècles, le patrimoine a été compris comme essentiellement familial et privé, avec une forte connotation foncière et financière. Pourtant, il n'a jamais strictement correspondu à cette définition. Ainsi, les outils du savoir et les documents écrits ont longtemps représenté de précieux biens familiaux. Titres de propriété, chartes, courriers, mais aussi ouvrages divers, à commencer par le livre par excellence : la Bible ! Avec la Renaissance, les objets singuliers, uniques ou exotiques, acquièrent une nouvelle valeur, et leur accumulation conduit à la création de collections, peu à peu exposées à la curiosité de tous. Dès lors, la notion de patrimoine s'élargit bien au-delà de la simple idée d'héritage.

En France, la dimension publique du patrimoine apparaît à la Révolution, lorsque l'Assemblée constituante décide la nationalisation des biens de l'Église ; l'idée qu'un bien puisse appartenir à la collectivité émerge alors. La définition de ce patrimoine commun, limitée aux origines aux châteaux et aux édifices religieux, s'élargit progressivement, jusqu'à recouvrir à la fin du xxe siècle des notions très diverses. Peut-on dès lors penser que tout est patrimoine ? La question est d'autant plus légitime que l'idée de patrimoine s'est également élargie sur le plan géographique ; il est aujourd'hui conçu comme dépassant les frontières et les cultures, selon la définition qu'en propose l'UNESCO.

Faire le tour de la question du patrimoine est donc un vaste défi. Et quoi de mieux pour commencer qu'une plongée dans l'histoire ?

Si le sens du mot patrimoine est au départ proche de celui d'héritage, et décrit les biens privés transmis dans le cadre familial, il a vu au fil du temps sa signification élargie à l'idée d'un bien collectif appartenant à la communauté, à la nation et même à l'humanité. Ce basculement est résumé par le député François-Marie Puthod de Maison-Rouge, lorsqu'il déclare devant l'Assemblée nationale en 1791 : « L'orgueil de voir un patrimoine de famille devenir un patrimoine national ferait ce que n'a pas pu faire le patriotisme. » Il s'agit alors d'inciter les riches propriétaires ayant quitté le pays à cause des événements révolutionnaires à mettre leurs biens à la disposition de la nation ! La Révolution constitue en effet un moment pivot de l'histoire du patrimoine. Néanmoins, les prémices de cette belle aventure apparaissent quelques siècles plus tôt.

## Une idée ancienne et même antique

En effet, la liste des Sept Merveilles du monde, attribuée à Philon de Byzance, ne serait-elle pas le premier inventaire du patrimoine ? Car c'est dans l'Antiquité grecque qu'apparaît l'idée d'une évolution historique qui fait de chaque société humaine l'héritière des précédentes.

**Le saviez-vous ?**

Et étonnamment, les premières mesures de protection du patrimoine sont édictées par l'Empire romain ! En effet, à partir de 44 avant notre ère, plusieurs décrets du Sénat reconnaissent l'intérêt esthétique de certains décors et ornements d'édifices et en interdisent la destruction et la vente.

## La Renaissance ou le retour vers le passé

Au Moyen Âge, les objets et les biens sont perçus de façon essentiellement utilitaire. Devenus inutiles, on n'hésite pas à les détruire. Les lieux et objets religieux, cependant, échappent à cette règle à cause de leur dimension sacrée, tout comme les biens servant à l'affirmation de la puissance royale ou politique. La société médiévale, qui se conçoit comme immuable, est peu tournée vers le passé.

Ce dernier fait un retour en force avec la Renaissance, qui redécouvre la culture antique ; la mise en avant de l'héritage gréco-romain par les érudits et les artistes redonne une certaine profondeur historique à la création artistique, alors fortement inspirée par les « canons antiques », ces lois de l'art presque sacrées édictées par les anciens. Cet engouement pour le passé se traduit par les premières fouilles archéologiques de Rome, menées dès le xve siècle. De toute part, des merveilles antiques sortent de terre ; les Trois Grâces et l'Apollon du Belvédère, le Laocoon, l'Hercule Farnèse... Ces désormais célèbres statues marquent profondément l'esthétique de la Renaissance. Les riches romains, papes, princes et prélats, aménagent alors des lieux destinés à mettre en scène ces prestigieuses collections, les *studiolos* ou « cabinets de curiosités ». Bien sûr, il s'agit encore de collections privées, que seuls quelques élus peuvent contempler. Mais certains pensent déjà que ces œuvres pourraient être un bien collectif.

**Le saviez-vous ?**

Parmi eux, dès 1471, le pape Sixte IV, considérant que les œuvres antiques sont un héritage de la prestigieuse Rome antique, décide d'en restituer un certain nombre au peuple romain. Les œuvres sont présentées aux *conservadori*, ou conservateurs, les administrateurs de la ville de Rome. Des œuvres, un lieu d'exposition, des conservateurs ; ne seraient-ce pas là les prémices du musée ?

Parallèlement, les papes légifèrent pour punir sévèrement les atteintes aux monuments et aux œuvres d'art. Le pape Paul III veille notamment à empêcher les exportations illégales d'œuvres d'art en dehors de Rome.

## De la collection au musée en passant par le tourisme

Rapidement, la mode des « antiques » se répand dans toute l'Europe, et les cabinets de curiosités se multiplient. En Allemagne, on les appelle *Wunderkammer* (chambres des merveilles) et *Kunstkammer* (chambre des arts). Ils abritent les *naturalia*, curiosités naturelles tels les fossiles ou les coquillages, et les *artificialia*, façonnés de main humaine.

Au départ aristocratique, cette passion collectionneuse (on parle alors d'« antiquaires ») gagne également la bourgeoisie, au sein de laquelle se forment de nombreux érudits.

Dès lors, l'intérêt pour le passé ne se limite plus à la seule période gréco-romaine, mais s'étend désormais à d'autres cultures, notamment asiatiques, et à d'autres époques. De plus, à partir de l'époque des Lumières, cette exploration du passé se veut scientifique ; en tentant notamment d'établir des classifications. Désormais, les jeunes aristocrates britanniques se doivent d'accomplir le « grand tour », de l'Europe et surtout de Grèce et d'Italie, afin d'aller contempler les merveilles redécouvertes du passé. Cette pratique se généralise bientôt à toute la bonne société européenne, et donnera naissance au tourisme. Certains souverains éclairés se montrent convaincus de l'importance de l'éducation des peuples, et les premiers musées accessibles au public se mettent en place en France à partir de 1694 tandis que les collections princières ouvrent leurs portes, tel le Cabinet des médailles en 1741. À partir de 1750, une exposition permanente de tableaux issus des collections royales est aménagée au sein du palais du Luxembourg.

Mais cette progressive prise de conscience de la richesse patrimoniale de l'Europe n'empêche pas toujours la destruction de prestigieux monuments. Ainsi, en 1677, Louis XIV ordonne la destruction de vestiges romains pour renforcer le système défensif de Bordeaux. Le comte d'Artois, frère de Louis XVI et futur Charles X, fait quant à lui raser le château Neuf de Saint-Germain-en-Laye.

## La Révolution, un moment clef

À retenir

Par le décret du 2 novembre 1789, les biens de l'Église sont mis à la disposition de la nation. Cette mesure a une double conséquence ; tout d'abord, elle fait de l'État le propriétaire d'un nombre très important de bâtiments, ce qui est totalement inédit car auparavant les biens fonciers appartenaient soit à l'Église, soit au domaine royal, soit à des particuliers. Le second effet de ce décret est de transférer la gestion d'innombrables propriétés et domaines à l'État. Que faire ? Une commission des monuments, créée en octobre 1790, est chargée d'étudier la question.

### Entre idéaux et histoire, un dilemme révolutionnaire

Certains de ces biens sont vendus comme biens nationaux, et parfois malheureusement détruits, comme l'**abbaye de Cluny**. La Révolution se trouve en effet placée face à un dilemme ; d'une part, elle autorise et encourage la destruction des symboles de l'Ancien Régime, et d'un autre côté, elle vote la conservation, en septembre 1792, des « chefs d'œuvres des arts », pour tenter de freiner la folie destructrice de certains révolutionnaires radicaux. Ces saccages sont stigmatisés par l'abbé Grégoire, qui crée pour les caractériser le terme de « vandalisme », en référence aux Vandales, peuple germanique ayant participé aux invasions barbares à la fin de l'Antiquité.

Dès lors, l'idée se fait jour que ces monuments ne sont pas seulement les symboles d'une société d'ordres que l'on souhaite voir disparaître, mais qu'ils représentent aussi un patrimoine commun, reflet de l'histoire et de la culture nationale. La Commission des monuments reçoit donc pour mission de veiller à leur protection, sans que les modalités de cette action soient clairement définies. La préservation du patrimoine devient la préoccupation de tous, et le révolutionnaire Joseph Lakanal, qui a orchestré dans le Sud-Ouest la destruction de plusieurs demeures nobles, se fait le défenseur du patrimoine en réclamant, en 1793, la pénalisation des dégradations perpétrées sur les monuments publics !

## Le musée des monuments français, un « musée du patrimoine » ?

Le saviez-vous ?

En 1794 est créé le musée des monuments français, dont la direction est confiée au peintre Alexandre Lenoir. Situé au sein du couvent des Petits-Augustins, sur la rive droite de la Seine à Paris, il propose des dessins et des maquettes des monuments considérés comme biens collectifs de la nation. C'est ici que prend véritablement naissance l'idée de « monument historique ». Dès lors, l'État républicain se préoccupe de fixer des règles d'inventaire des œuvres d'art et d'organisation des archives. La création d'un service d'archives dans chaque département est rendue obligatoire par la loi du 26 octobre 1796.

### Alexandre Lenoir, sauveur du patrimoine ou trafiquant d'œuvres d'art ?

Ce personnage suscite bien des débats parmi les historiens ! Élève du peintre Gabriel-François Doyen, il est désigné par la Commission des monuments de l'Assemblée constituante comme directeur du dépôt d'œuvres des Petits-Augustins. Il fait de ce lieu le musée des monuments français, proposant des maquettes et des dessins à la curiosité des visiteurs. Parallèlement, il déploie une grande énergie à rassembler toutes les œuvres d'intérêt patrimonial qu'il parvient à se procurer, étendant ses recherches à Paris puis à la France entière.

»

»

**Alexandre Lenoir, sauveur du patrimoine ou trafiquant d'œuvres d'art ?** *(suite)*

D'aucuns l'accusent de ne pas avoir été toujours très scrupuleux dans cette quête, n'hésitant pas à vendre des œuvres ou à détruire des monuments pour se procurer les pièces qu'il désirait acquérir. Il parvient néanmoins à sauver de la destruction des monuments majeurs, tel le **château d'Anet,** la **cathédrale de Cambrai** ou encore les vestiges de l'**abbatiale de Cluny**. La Restauration, cependant, décide de rendre la plupart des œuvres aux églises, et le musée des monuments français est fermé. Lenoir devient administrateur des monuments de la *basilique* Saint-Denis. Il meurt en 1839.

## Passion du patrimoine et « droit de pillage »

La passion pour l'art et le patrimoine est telle que le général Bonaparte, négociant le traité de Tolentino après sa victoire sur les États du pape, s'autorise la confiscation des trésors artistiques du Vatican et étend ce « droit de pillage » à l'ensemble de l'Italie ! Ces œuvres viennent enrichir le musée du Louvre, comme celles rapportées quelques années plus tard de la campagne d'Égypte. Toutefois, le régime de la Restauration restituera un certain nombre d'œuvres au pape.

Sous l'Empire, le ministre de l'Intérieur Alexandre de Laborde demande aux préfets d'établir un inventaire des monuments subsistant dans leurs départements. Si ces premières listes sont souvent lacunaires, elles témoignent d'une réelle volonté de recensement du patrimoine. Autre démarche intéressante, Laborde demande à ce que les œuvres soient rapatriées dans leur lieu d'origine, faisant preuve ainsi d'une réelle conscience du lien qui unit les œuvres et le cadre pour lequel elles ont été conçues. Cette approche patrimoniale est réellement moderne !

Le premier inventaire paraît en 1816. Les œuvres y sont présentées par ordre chronologique. Ce document pique les curiosités du public et encourage l'organisation d'« excursions » à but de découverte, démontrant là encore que le tourisme naît du patrimoine !

# La ferveur romantique du XIXe siècle

La Révolution a profondément bouleversé les logiques patrimoniales françaises. Bien des lignes de transmissions ont été rompues, des biens vandalisés, des propriétés confisquées.

## Bilan postrévolutionnaire

Bonaparte, sous la République comme sous l'Empire, fait main basse sur l'Europe de la culture et rapporte en France quantité d'œuvres glanées jusqu'en Égypte. Le marché de l'art en est bouleversé pour longtemps. Dans le même temps, l'idée d'un patrimoine commun a fait son chemin. La restauration monarchique ne peut donc effacer totalement l'héritage révolutionnaire, et si un certain nombre de biens sont restitués à leurs anciens propriétaires, et notamment les églises, nombreux sont ceux, pillés, détruits, démontés, qui sont irrémédiablement perdus.

Par ailleurs, certains érudits, comme Quatremère de Quincy, défendent à nouveau l'idée que les œuvres artistiques n'ont d'intérêt que dans le lieu pour lequel elles ont été créées.

## Le romantisme au secours du patrimoine

Quoi qu'il en soit, la nécessité de s'engager en faveur du patrimoine se fait pressante après tant de bouleversements. La disparition de monuments presque millénaires, comme **la tour Louis d'Outremer à Laon**, démolie en 1832 pour agrandir un marché, fait toucher du doigt leur fragilité, mais aussi leur intérêt artistique et historique, et également pédagogique. Le mouvement romantique, qui se plaît à exalter les périodes historiques longtemps considérées comme barbares, tel le Moyen Âge, se prend d'un intérêt mélancolique et passionné pour les vieilles pierres.

Le saviez-vous ?

Et de fait, c'est un jeune écrivain romantique nommé Victor Hugo qui lance en 1832 un véhément pamphlet contre la destruction aveugle du patrimoine, réclamant avec force une action de l'État. « Il y a deux choses dans un édifice », écrit-il dans la *Revue des Deux Mondes*, « son usage et sa beauté. Son usage appartient au propriétaire, sa beauté à tout le monde ; c'est donc dépasser son droit que de la détruire ».

# Le temps de l'action

Appelée de ses vœux par le poète, une véritable politique du patrimoine se met en place à partir de 1830. Porté sur le trône par la révolution de Juillet, le roi Louis-Philippe décide, au vu du rapport de François Guizot, ministre de l'Intérieur, la création d'une inspection générale des monuments historiques. Le premier inspecteur général est Ludovic Vitet. L'écrivain Prosper Mérimée lui succède en 1834.

### Prosper Mérimée, littérature et patrimoine

Après des études de droit, ce brillant jeune homme, né en 1803 de parents peintres, fréquente Stendhal et George Sand et s'essaie à la littérature avec succès ! Il se fait surtout connaître pour ses nouvelles, telles *Carmen*, *La Vénus d'Ille* ou *Colomba*, qui trahissent son goût de l'exotisme mais aussi sa passion pour les antiquités. Sa carrière ministérielle le mène d'ailleurs en 1834 au poste d'inspecteur général des monuments historiques. Il y restera jusqu'en 1860 ! Il sillonne alors la France à la découverte des trésors cachés du patrimoine, et c'est lui qui, pour la première fois, confie des travaux de restauration à l'architecte Eugène Viollet-le-Duc. Il fait appel à lui pour restaurer la *basilique* de Vézelay, puis le Mont-Saint-Michel, Notre-Dame, la cité de Carcassonne... Élu à l'Académie française en 1844, Mérimée est l'une des figures intellectuelles du Second Empire. Proche de l'impératrice Eugénie, il est nommé sénateur en 1853 et reçoit la Légion d'honneur. Il consacre ses dernières années à traduire en français des œuvres de la littérature russe. Il meurt à Cannes en 1870.

## Devoir d'inventaire

En 1837, les préfets reçoivent pour mission d'établir une liste de sites par département, afin qu'ils soient classés par ordre d'importance.

À retenir

Ce « classement » est à l'origine de la terminologie encore aujourd'hui en vigueur, puisque l'on parle toujours d'édifice classé au titre des monuments historiques. La même année est créée la Commission des monuments historiques, placée auprès du ministre de l'Intérieur. Parmi ses 7 membres se trouvent l'inspecteur des monuments historiques et deux architectes des bâtiments civils. La commission étudie les monuments proposés à l'inventaire, et prend en charge les travaux à mener pour leur conservation. Une première liste nationale des monuments historiques est établie en 1840.

Certains des chantiers les plus importants sont confiés à l'architecte Eugène Viollet-le-Duc qui, à partir de 1840, dirige les travaux de restauration de la **basilique de Vézelay** et du **Mont-Saint-Michel**. Il restaure par la suite de nombreux monuments, dont la cité de **Carcassonne**, la cathédrale **Notre-Dame de Paris**, les châteaux de **Roquetaillade**, **Coucy** ou **Pierrefonds**.

### Viollet-le-Duc, artiste restaurateur ?

À la demande de l'empereur Napoléon III, l'architecte Eugène Viollet-le-Duc entreprend la restauration de **Pierrefonds**, ancienne forteresse médiévale ayant appartenu au roi Philippe-Auguste ou encore au prince Louis d'Orléans. S'il s'agit au départ de relever quelques ruines, l'empereur s'enthousiasme pour ce projet et commande à l'architecte une restauration complète du château. Viollet-le-Duc fait alors plus œuvre de création que de restauration, car l'état du monument contraint à imaginer la plupart des éléments manquants. Et si l'aspect extérieur reproduit assez fidèlement la silhouette d'une forteresse du XIVe siècle, la décoration intérieure tient plus de l'invention que de la restauration, et laisse deviner le tempérament créatif de l'architecte. Son grand chef-d'œuvre reste le chantier des remparts de **Carcassonne**, qui a certainement sauvé la cité fortifiée…

En restaurant la cathédrale **Notre-Dame de Paris**, quelques années auparavant, Viollet-le-Duc a également fait preuve d'un talent créateur certain, en souhaitant restituer à l'édifice la flèche démantelée à la veille de la Révolution parce qu'elle menaçait de s'effondrer. Cependant, faute de sources concernant l'ancienne flèche, il conçoit une œuvre néogothique inspirée de celles des cathédrales d'Amiens et d'Orléans. Dotée d'une remarquable charpente de chêne, couverte de 250 tonnes de plomb, elle ne résiste malheureusement pas au terrible incendie du 15 avril 2019 et s'effondre au milieu de la nef.

## Organiser la défense du patrimoine au prix de la propriété privée ?

À retenir

» En 1882, sous la Troisième République, le ministre des Arts Antonin Proust propose la création de l'École du Louvre, destinée à former les administrateurs de musées. Ceux-ci sont désormais répartis en deux catégories ; les musées d'État et les musées locaux, créés par les municipalités ou les départements.

» En 1887, une première loi organise l'intervention de l'État dans la protection du patrimoine. Elle est toutefois restreinte aux monuments appartenant à des instances publiques, et ne concerne donc pas le patrimoine privé.

» La même année est créé le corps des architectes en chef des monuments historiques, professionnels spécialisés dans la restauration des monuments.

» La législation de 1887 est complétée par une loi de 1913, qui définit notamment le statut des monuments historiques. Elle prévoit également un second niveau de protection, l'inscription à l'inventaire supplémentaire des monuments historiques, et étend la possibilité de classement aux biens privés, ce qui d'une certaine manière est en contradiction avec une stricte notion de propriété privée

**puisqu'un certain nombre de contraintes sont imposées aux propriétaires, notamment en termes de travaux et d'aménagement. L'État peut en effet se substituer au propriétaire d'un monument historique classé et procéder d'office à des travaux de restauration !**

Par ailleurs, le panel de monuments classés, au départ très centré sur les bâtiments d'époque médiévale, s'élargit peu à peu aux époques classiques et contemporaines.

## Le patrimoine naturel, la beauté avant l'écologie

Si la protection du patrimoine s'organise, la notion même de patrimoine s'élargit. En effet, aux monuments et aux œuvres d'art vient s'ajouter, à la fin du siècle, le patrimoine naturel, avec le classement en 1898 des cascades de Gimel, en Corrèze, premier site naturel intégrant l'inventaire. La protection des « sites et monuments naturels de caractère artistique » est d'ailleurs encadrée par une loi de 1906, votée à l'initiative de la Société pour la protection du paysage et de l'esthétique de France et du Club alpin français. Mais s'agit-il déjà de répondre à des préoccupations écologiques ? Il semblerait que dans un premier temps, ce soit essentiellement l'aspect esthétique des paysages qui soit mis en avant.

## La Grande Guerre ou le traumatisme du patrimoine

Les dégâts causés par la Première Guerre mondiale représentent un véritable traumatisme en matière de patrimoine. Une dizaine de départements a été touchée par les destructions, et certaines zones sont détruites à 80 %. Des villages entiers ont été rayés de la carte, avec leurs églises, leurs châteaux, leurs lavoirs… Symbole de ce drame, la **cathédrale de Reims**. Bombardée dès 1914 au prétexte que ses tours pouvaient servir de plateformes d'observation, elle a reçu plus de 200 obus ! Le bombardement provoque un incendie entraînant l'effondrement de la toiture et la destruction de la grande rose centrale et de plusieurs dizaines de statues, dont le très célèbre ange au sourire.

Si la cathédrale a été restaurée après la guerre dans son aspect d'origine, il n'en est pas de même pour des dizaines de monuments ruraux définitivement disparus. La guerre laisse par contre en héritage au peuple français des centaines de monuments aux morts et autres lieux commémoratifs – tel l'ossuaire de Douaumont – qui prennent peu à peu leur place dans le patrimoine national.

### Antonin Proust, premier et dernier ministre des Arts ?

Artiste et critique d'art, collectionneur, lettré, commissaire d'expositions, Antonin Proust fait aussi de la politique ; élu député républicain des Deux-Sèvres en 1876, il est choisi en 1881 par Léon Gambetta pour occuper un poste à l'intitulé aussi nouveau qu'éphémère ; celui de ministre des Arts. Cet homme aux goûts artistiques affirmés, loin de tout académisme, souhaite incarner sous ce nouveau nom un ministère de la Culture puissant, regroupant les instances éparpillées jusque-là entre différents ministères. Si son mandat ne dure que quelques mois, il est tout de même à l'origine de la création de l'École du Louvre, du musée des Arts décoratifs et du nouveau musée des monuments français, qui reprend le projet lancé par Viollet-le-Duc d'un lieu rassemblant les moulages et les fac-similés de centaines de monuments !

Gambetta aurait dit de lui : « Vous avez été, mon cher ami, le premier ministre des Arts, vous serez vraisemblablement le dernier mais notre programme sera repris sous une autre forme, parce qu'il est dans la force des événements qu'il soit repris et exécuté. »

# Le patrimoine, une notion toujours plus vaste

L'extension du champ du patrimoine aux sites naturels est formalisée par une loi de 1930 prévoyant la protection des « monuments naturels et des sites de caractère artistique, historique, scientifique, légendaire ou pittoresque ». Notons au passage que la préoccupation écologique ne semble toujours pas présente, et pourtant, déjà à l'époque, la Ligue pour la protection des oiseaux a mis en place à titre privé une réserve ornithologique sur les Sept-Îles en Bretagne.

## Extension du domaine patrimonial...

Comme les monuments historiques, les sites naturels protégés font l'objet d'un double niveau de protection, le classement et l'inscription. Cette loi reste la base du dispositif de protection actuel dont le champ d'application a été cependant élargi afin d'intégrer des sites toujours plus étendus.

Outre les sites naturels, les pouvoirs publics s'intéressent également aux fouilles archéologiques, réglementées par une loi de 1941 qui rend notamment obligatoire la déclaration de toute découverte aux services de l'État.

Le saviez-vous ?

C'est donc la première loi sur un patrimoine finalement inconnu mais susceptible d'être découvert un jour !

Autre extension du patrimoine, géographique celle-ci : une loi de 1943 met en place la protection non plus seulement du monument, mais aussi d'un périmètre de 500 m autour de celui-ci. De cette manière, et de la même façon que certains avaient souhaité à l'époque de la Révolution inscrire l'œuvre dans le monument, le monument est inscrit dans le paysage qui l'entoure, et leurs devenirs sont liés.

### Un curieux héritage de la Seconde Guerre mondiale

En 1941, le régime de Vichy met en place un certain nombre de « chantiers intellectuels et artistiques », dont le but est double ; procurer du travail à des chercheurs et des artistes, et empêcher que cette élite intellectuelle soit réquisitionnée pour le service de travail obligatoire (ou STO) au profit de l'occupant allemand. Le chantier EAR 1425, organisé par le musée des Arts et traditions populaires, mobilise des architectes, nommés « inspecteurs des sites », chargés de réaliser un « recensement esthétique du pays ». Ils exécutent en fait un relevé architectural des bâtiments ruraux, œuvre colossale couvrant la quasi-totalité du territoire et donnant lieu à plus de 1600 monographies ! Ces travaux d'un intérêt majeur n'ont finalement été que partiellement publiés.

## Reconstruction et politique culturelle

Après la guerre, s'il est indispensable de rebâtir les villes ravagées par les combats, ces travaux menés dans l'urgence n'ont pas toujours su prendre en compte le passé historique et architectural de ces cités. En 1962, André Malraux, alors ministre des Affaires culturelles, propose un texte de loi sur la sauvegarde des quartiers anciens ou « secteurs sauvegardés ». Cependant, la gestion des secteurs sauvegardés est bientôt confiée au ministère de l'Équipement, dont la mission est d'organiser la reconstruction et la croissance des villes ; deux missions qui, si elles semblent logiquement articulées (préservation d'abord, reconstruction ensuite), peuvent rapidement s'avérer contradictoires.

André Malraux mène une autre initiative en créant en 1964 le service de l'inventaire général des monuments et richesses artistiques de la France, qui deviendra par la suite l'inventaire général du patrimoine culturel. Ce service a pour mission de « recenser, étudier et faire connaître les éléments du patrimoine qui présentent un intérêt culturel, historique ou scientifique ». Néanmoins, les biens figurant sur cet inventaire n'ont pas le statut de monument historique, comme ceux inscrits à l'inventaire des monuments historiques. Le travail de l'inventaire général donne lieu à la publication de monographies sur le patrimoine d'un canton ou d'une commune, et également à l'établissement de bases de données par catégories :

À retenir

» **La base Mérimée propose 270 000 entrées sur le patrimoine architectural français.**

» **La base Palissy comporte 500 000 entrées sur le patrimoine mobilier (meubles, objets...).**

» **La base Mémoire, fonds graphique et photographique de la direction de l'architecture et du patrimoine, comporte près de 2 millions d'entrées.**

Indéniablement, la figure d'André Malraux marque l'émergence de la notion de politique culturelle, qui se veut alors tournée vers la démocratisation de la culture, le développement de la gestion culturelle du territoire et la mise en place d'une administration et d'une législation propres à ce domaine. À titre d'exemple, en 1963 est créé le corps des conservateurs des musées de France, tandis que l'État s'arroge, par une loi de 1966, le droit d'entreprendre des travaux d'office sur tout monument en péril.

## L'écologie entre en scène

Autre changement notable, la préservation de la nature ne repose plus seulement sur des motifs esthétiques, culturels et historiques, mais souligne une vraie préoccupation écologique, comme le démontre la création des réserves naturelles en 1957. Ces espaces visent bien souvent la protection d'espèces menacées. La protection des espaces naturels et la conscience de la fragilité écologique de nos paysages s'affirment très certainement en réaction à l'urbanisation rapide et brutale du pays dans le cadre de la reconstruction d'après-guerre. Trois ans plus tard, la création des parcs nationaux vient renforcer cette prise de position.

En 1971, un pas décisif est franchi avec la nomination d'un ministre délégué auprès du Premier ministre chargé de la protection de la nature et de l'environnement. De nombreux pays, déjà, avaient fait le choix de mettre en place un ministère consacré à la protection de l'environnement. Les préoccupations écologiques, elles aussi, tendent à s'étendre, comme le démontre la création, en 1975, du Conservatoire de l'espace littoral et des rivages lacustres, qui mène une politique d'acquisition de ces zones sensibles souvent très abîmée par la construction des stations balnéaires et touristiques.

## Le patrimoine, une question mondiale

La question du patrimoine prend dès 1945 une dimension internationale, avec la création de l'Organisation des Nations unies pour l'éducation, la science et la culture, mieux connue sous le nom d'UNESCO, dont le siège est à Paris.

**Le saviez-vous ?**

En mars 1960, face à la volonté du président égyptien Nasser d'inonder les temples antiques de Nubie pour créer le grand barrage d'Assouan, une archéologue française, Christiane Desroches-Noblecourt, lance à la tribune de l'UNESCO un appel à toutes les nations pour sauver ces inestimables trésors égyptiens parmi lesquels figurent le temple d'Abou Simbel et l'île de Philæ. Quarante pays, dont la France, se mobilisent : la notion de patrimoine universel est née. Le sauvetage des temples dure de 1964 à 1980. Ils sont entièrement démontés et déplacés un peu plus loin !

Dès lors, l'UNESCO poursuit la lutte en faveur de la protection du patrimoine, en adoptant notamment en 1964 la charte de Venise, qui vise à encadrer la protection et la restauration des bâtiments. Elle impose notamment de restaurer les bâtiments dans leur dernier état connu. En 1972 est adoptée la Convention pour la protection du patrimoine mondial, culturel et naturel, aujourd'hui signée par plus de 190 pays. Enfin, la charte de Florence sur la sauvegarde des jardins historiques est ratifiée en 1982.

**Figure 1-1** L'UNESCO et la protection du patrimoine

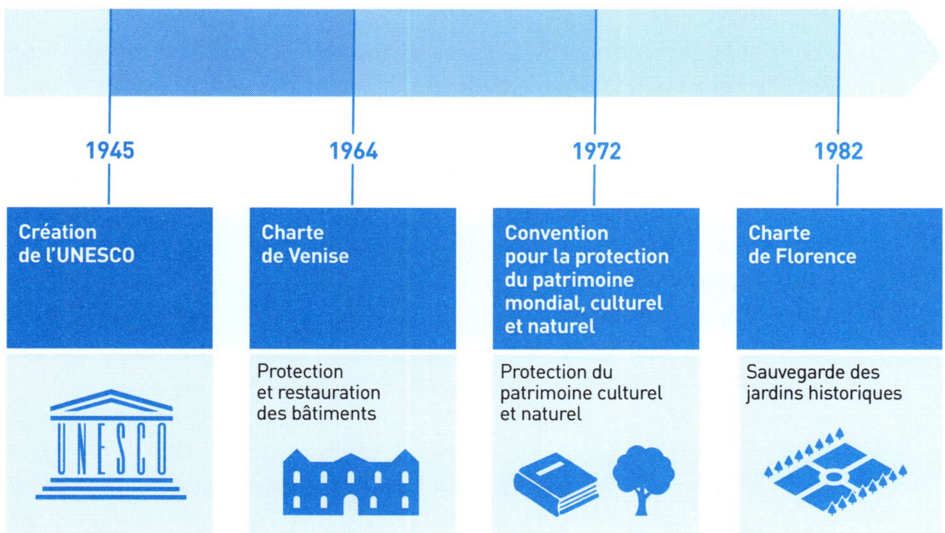

## Décentralisation et mondialisation

Sous l'impulsion de Jack Lang, ministre de la Culture de François Mitterrand, les politiques culturelles connaissent un fort développement. Dans le même temps, une première loi de décentralisation bouleverse les rapports traditionnels entre l'État et les collectivités territoriales. Les départements, les communes et bientôt les régions deviennent des acteurs incontournables de la protection et de la valorisation du patrimoine national. En matière de patrimoine, l'État demeure prescripteur mais les collectivités territoriales peuvent prendre l'initiative de la protection ou faire appel des décisions de l'administration centrale.

En 1984, une commission régionale du patrimoine archéologique et ethnographique et créée. La procédure d'inscription à l'inventaire supplémentaire des monuments historiques est décentralisée. La notion de patrimoine à défendre s'étend progressivement à la montagne (1985), à l'eau (1992) et à l'air (1996). Sous le gouvernement de Jacques Chirac se développe toute une législation sur le mécénat et les droits de succession sur les monuments classés ouverts au public. En 1989, les fouilles archéologiques sous-marines sont à leur tour réglementées.

La décentralisation, cependant, nécessite de disposer de personnel compétent dans le domaine du patrimoine sur l'ensemble du territoire.

À retenir

En 1990 est créé le corps des conservateurs généraux et des conservateurs, formés au sein de l'École nationale du patrimoine. Puis, en 1993, la Loi paysage répartit les compétences entre l'État et les communes pour la protection et la mise en valeur des territoires remarquables.

Mais le patrimoine, c'est aussi la langue française, sur laquelle veillent plusieurs institutions ; outre la vénérable Académie française, chargée depuis Louis XIV de dire le bon usage en matière de langue, la Bibliothèque nationale de France, créée en 1994, rassemble dans ses collections tous les ouvrages publiés en langue française, depuis les manuscrits médiévaux jusqu'aux plus récents essais et romans, tandis que le gouvernement met en place des mesures de protection de la langue française à travers la loi Toubon.

Sous la présidence de Jacques Chirac, à partir de 1995, protection du patrimoine et décentralisation restent de mise.

Le saviez-vous ?

C'est à cette époque qu'est créée la Fondation du patrimoine, organisation privée mise en place par voie législative ! Gratuité des musées, loi sur l'archéologie préventive, création de l'appellation « musée de France », organisation de la coordination entre l'État et les collectivités territoriales... Les chantiers ne manquent pas !

Progressivement, l'État encourage l'autonomie des territoires dans la gestion des affaires culturelles, prémices à une nouvelle loi de décentralisation. Cette loi de 2004 envisage le transfert aux collectivités des monuments historiques et de leur financement, en prévoyant notamment de décentraliser les crédits relatifs à l'entretien et à la restauration des monuments qui n'appartiennent pas à l'État. Les départements récupèrent les crédits consacrés à la conservation du patrimoine rural non protégé. Le transfert gratuit des immeubles ou des objets historiques mobiliers aux collectivités est également rendu possible, à partir d'une liste préétablie qui comprend 176 monuments.

Après la crise financière de 2008, l'État adopte un vaste plan de relance de l'économie par des grands travaux, qui concernent notamment 252 monuments historiques.

## Les limites de la décentralisation

Cependant, la crise financière a aggravé la situation des collectivités territoriales, dont les nouvelles responsabilités n'ont pas toujours correspondu à un transfert de ressources financières. Il faut dès lors rationaliser la gestion du patrimoine. En 2010, les directions des archives de France, de l'architecture et du patrimoine sont dissoutes au profit d'une direction générale du patrimoine. Dans un pays en crise, la politique patrimoniale doit être redéfinie.

Une troisième phase de décentralisation s'opère à partir des années 2010, renforçant les mesures précédentes. La loi Pellerin de 2016 tente de clarifier les responsabilités financières de chacun des acteurs. Aujourd'hui, le financement de la protection du patrimoine fait l'objet de nombreux débats. Certaines mesures vont dans le sens d'une diminution du périmètre de la protection, quand d'autres initient des modes de financement alternatifs, comme le loto du patrimoine. Toutefois, l'incendie de la cathédrale Notre-Dame de Paris vient cruellement poser la question de la pertinence de la décentralisation, du désengagement de l'État et de ses effets sur le patrimoine français.

## Le patrimoine en zone de conflit

Dès 2015, la France réfléchit à la façon de protéger le patrimoine en zone de conflit. Cinq axes sont retenus.

1. Renforcer l'exemplarité française en matière de protection du patrimoine.
2. Favoriser une initiative française forte pour mobiliser la communauté internationale en faveur de la protection du patrimoine.
3. Lutter contre le trafic en renforçant la traçabilité des œuvres et les sanctions applicables.
4. Conserver la mémoire des sites pour mieux les protéger, les faire connaître et construire leur avenir.
5. Renforcer les coopérations entre les musées pour protéger les collections et diffuser les connaissances.

En 2018, l'armée de terre publie une doctrine sur la préservation du patrimoine dans le cadre des opérations extérieures. Elle prend tout son sens alors que les troupes françaises sont engagées au Mali, en Irak et en Syrie, face à des groupes terroristes islamistes radicaux souhaitant faire « table rase du passé » par idéologie, pour frapper les esprits et porter leur propagande, pour des raisons tactiques ou encore dans un but lucratif, grâce au trafic des biens culturels.

Par ailleurs, soulignons ici l'action de la fondation ALIPH, seul fonds mondial consacré de manière exclusive à la protection du patrimoine culturel en zone de conflit.

**DANS CE CHAPITRE**

Voici un rapide tour d'horizon du patrimoine français

•

Le patrimoine bâti : *dolmens*, châteaux forts, églises ou monuments divers

•

Le patrimoine culturel matériel : objets du quotidien et œuvres d'art

•

Le patrimoine immatériel : littérature, musique mais aussi traditions et savoir-faire

•

Le patrimoine naturel

# Chapitre 2
# À quoi ressemble notre patrimoine ?

Cette rapide plongée dans l'histoire du patrimoine permet déjà de deviner les premiers contours d'une notion toujours plus vaste et en perpétuelle redéfinition. Car il faut bien souligner qu'il n'existe pas de définition précise et officielle de ce qui est ou non patrimoine. On peut même affirmer, comme le souligne cette brève histoire du patrimoine, que le choix de ce qui peut être ou non défini comme patrimoine est intimement lié à la représentation que la société a d'elle-même et de son histoire. Un objet, un édifice, une tradition, un savoir-faire, une œuvre deviennent patrimoniaux quand une société estime qu'en les détruisant ou en les laissant disparaître elle romprait le lien avec son passé mais aussi avec son présent.

Ainsi, le passé négrier de la ville de Nantes a pendant très longtemps été occulté, avant de faire l'objet, très récemment, d'une mise en lumière destinée à aller dans le sens d'un « devoir de mémoire » envers les victimes de l'esclavage.

Le patrimoine est donc une notion en perpétuelle redéfinition, et ne peut être uniquement une affaire de spécialistes. Dès lors, on comprend que ses frontières sont forcément mouvantes.

Les récentes extensions de la définition du patrimoine montrent à quel point il est difficile d'en tenter une classification, et impossible d'en dresser un inventaire exhaustif. Voici cependant un rapide tour d'horizon en trois temps :

» **Le patrimoine bâti.**

» **Le patrimoine culturel matériel et immatériel.**

» **Le patrimoine naturel.**

**Figure 2-1**
Trois types de patrimoine

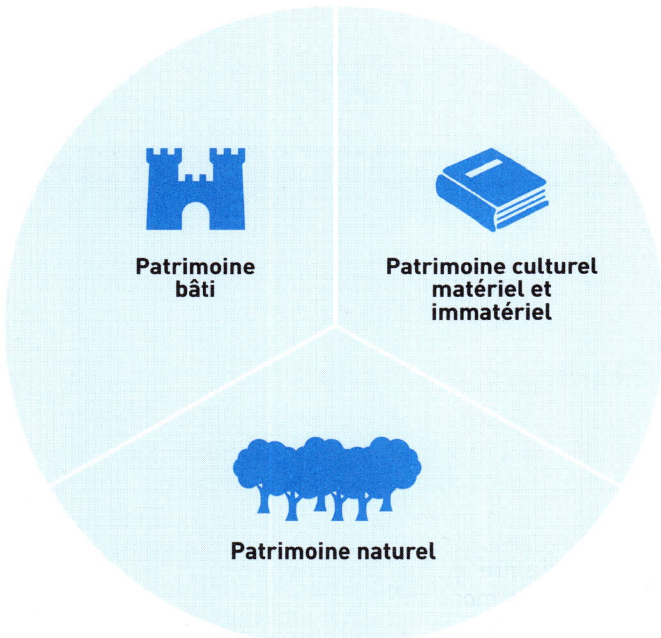


Soulignons enfin que la longue histoire de notre pays et l'émergence précoce de la notion de patrimoine ont produit en France un éventail de patrimoines particulièrement riche et dense.

# Le patrimoine bâti

## Qu'est-ce que le patrimoine bâti ?

Le patrimoine bâti concerne tout édifice, monument, immeuble présentant un intérêt historique ou architectural pour de multiples raisons :

- Son ancienneté est remarquable, comme le **pont du Gard**.
- Il est représentatif d'une époque ou d'un style architectural, comme l'**abbaye de Fontenay**.
- Il est au contraire unique en son genre, comme le **palais du facteur Cheval**.
- Il a abrité des événements historiques majeurs, comme le **wagon de l'armistice à Rethondes.**
- Il a accueilli des personnages célèbres, comme **La Pagerie**, en Martinique, qui a vu naître Joséphine de Beauharnais.
- Il illustre des techniques de construction singulières, comme **le viaduc de Garabit**, qui témoigne de la maîtrise de la construction métallique au XIX^e^ siècle.
- Il illustre une activité devenue rare ou ayant disparu, comme la **Grande Forge de Buffon.**

### Des chiffres et des monuments

Il est impossible de recenser l'ensemble des bâtiments de valeur patrimoniale, mais on peut, pour avoir une idée de son ampleur, se référer à la liste des monuments historiques, qui regroupe les plus importants d'entre eux, classés ou inscrits au titre des monuments historiques. En 2019, cette liste comprend plus de 45 500 monuments !

Ces quelques chiffres de 2017 sont également très éclairants :

- 44 % des monuments historiques appartiennent à des propriétaires privés, et 41 % aux communes.
- le reste relève de l'État (4 %) ou des autres collectivités territoriales ;
- un tiers de ces monuments sont des édifices religieux ;
- environ 3,8 % remontent à la Préhistoire ; 1,7 % à l'Antiquité ; 32,6 % au Moyen Âge ; 44,2 % à l'époque moderne (du XVI^e^ au XVIII^e^ siècle) et 17,6 % à l'époque contemporaine (depuis la Révolution).

**Figure 2-2**
Répartition du patrimoine par type de propriétaire

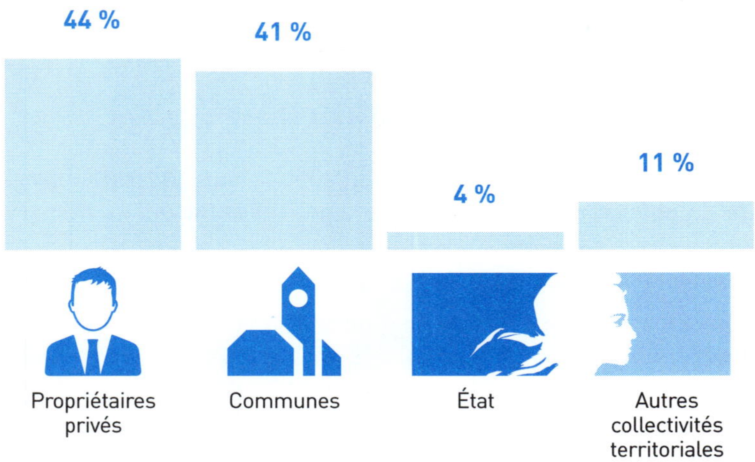


**Figure 2-3**
Patrimoines religieux et laïc

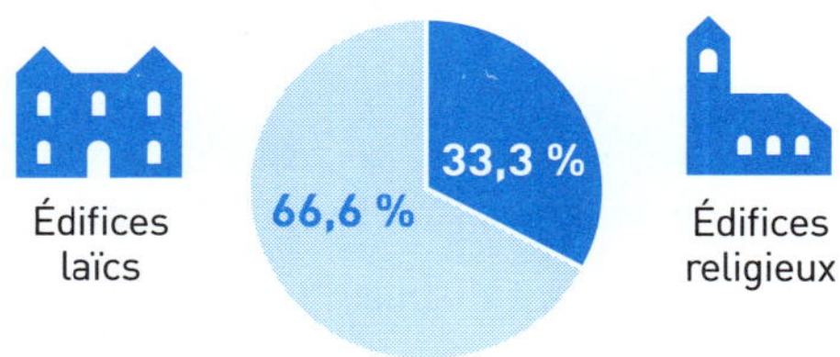


**Figure 2-4**
Le patrimoine à travers les âges

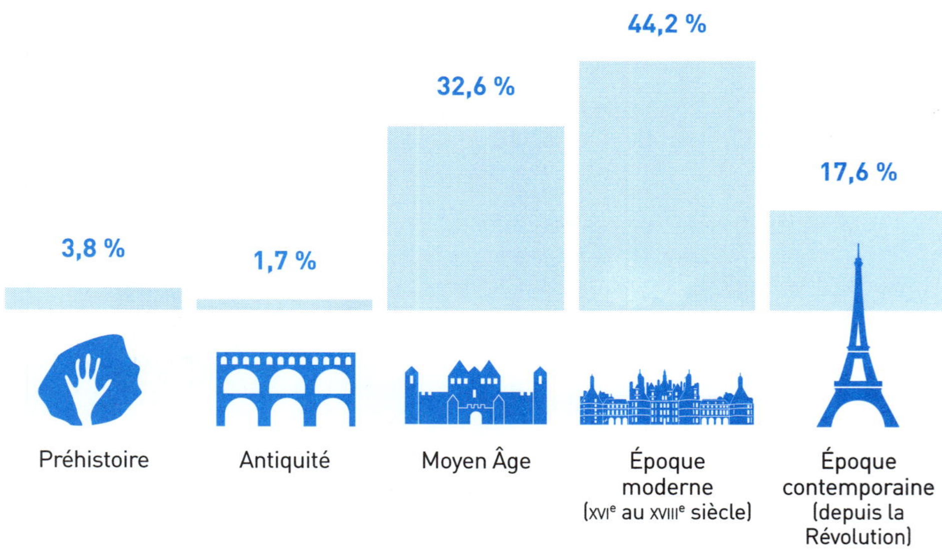

## Comment un édifice devient-il un monument ?

Ces quelques chiffres soulignent sans aucun doute l'importance du facteur temps dans la préservation des monuments. Jusqu'à l'époque contemporaine, il fallait que deux conditions soient réunies pour que ces édifices traversent les siècles :

À retenir

- » **la solidité, tout d'abord, qui explique que seules les constructions de pierre et de brique soient parvenues jusqu'à nous. Les habitats de torchis, de paille, de bois sont en général éphémères ;**
- » **l'intérêt des lieux pour les hommes qui se sont succédé sur les territoires. En effet, les temples romains ont parfois été démantelés pour en récupérer les matériaux lorsque la christianisation avancée de la société a fait cesser leur usage.**

D'autre part, bien des églises très anciennes ont survécu parce qu'elles n'ont jamais cessé d'être utilisées comme lieu de culte. **Notre-Dame de Pépiole**, dans le Var, en est un très bel exemple, puisqu'elle est l'un des plus vieux monuments chrétiens de France et remonte au ve siècle. Ceci explique qu'un tiers des monuments classés soit constitué d'édifices religieux.

Autre exemple, le château fort, qui s'il se transforme jusqu'à devenir un château d'apparat à l'époque moderne, se dresse souvent sur le site d'un ancien *oppidum* gaulois ; car les sites défensifs sont toujours les mêmes et sont considérés comme essentiels au moins jusqu'à la fin de l'époque moderne.

À partir de l'époque contemporaine, un troisième facteur entre en jeu dans la conservation des édifices : leur valeur patrimoniale. Un monument n'a plus besoin d'être solide ou utile pour durer s'il est considéré comme appartenant au patrimoine de la France. Pensons par exemple à la **tour Eiffel** : sans autre utilité que d'illustrer la technique naissante de la construction métallique, la dame de fer est par sa nature particulièrement sensible aux intempéries ; et si elle n'a jamais été démontée, contrairement aux vœux de certains, c'est que la société d'alors a jugé qu'elle appartenait désormais au patrimoine parisien, puis plus tard français et aujourd'hui mondial ! Le **château de Versailles** aurait pu être également démantelé avec le départ des derniers rois de France, mais sa valeur patrimoniale étant là encore reconnue, il a été décidé, sous la monarchie de Juillet, d'en faire un musée « À toutes les gloires de la France ». Aujourd'hui, même des édifices récents, comme l'**opéra Bastille** ou **Beaubourg** sont considérés comme faisant partie du patrimoine.

# À quoi ressemble le patrimoine bâti français ?

Le patrimoine bâti est forcément le reflet de notre histoire, et comme la France est une terre d'occupation humaine très ancienne, notre patrimoine bâti le plus vénérable est… préhistorique !

## Art rupestre et mégalithes

Au tout début, il ne s'agit pas vraiment de bâtiments, mais plutôt d'abris aménagés dans des grottes ou sous des surplombs rocheux. La France en compte plus de 170. Jusqu'à 12 000 ans avant notre ère, les hommes sont nomades et n'établissent que des logements précaires. Ils développent cependant de réels talents artistiques, nous laissant un riche patrimoine d'art *rupestre* que l'on peut admirer dans une vaste zone sud du pays ; **grotte de Lascaux** en Dordogne, **grotte Chauvet** dans l'Ardèche, **Arcy-sur-Cure** en Bourgogne, **grotte Cosquer** près de Marseille… Ces peintures préhistoriques sont parmi les plus anciennes du monde ! L'art serait-il né en France ?

Avec l'invention de l'agriculture, les hommes se sédentarisent. Quelques traces de villages préhistoriques ont ainsi été retrouvées comme à **Cambous**, dans l'Hérault. La période néolithique est également marquée par l'apparition de l'art *mégalithique*, dont les œuvres monumentales marquent encore nos paysages ; *dolmens, menhirs, cromlechs,* alignements comme à **Carnac** ou *cairns* comme à **Gavrinis**.

## Celtes et Romains

Quelques siècles avant notre ère, des tribus celtes, venues de l'est, s'installent sur le territoire français. Elles ponctuent le paysage de ces *oppidums*, ou camps fortifiés, qui sont souvent de véritables villes.

La conquête romaine sème en Gaule un grand nombre de monuments remarquables, dont il reste de nombreux vestiges. Ensembles urbains, comme à **Vaison-la-Romaine**, **Arles**, **Nîmes** ou **Jublains**, ou bien monuments isolés comme le **pont du Gard** ou le **trophée des Alpes** à la Turbie, les édifices d'époque gallo-romaine regroupent des amphithéâtres, des temples, des *villas*, des *domus*, des aqueducs, des ponts ou encore des thermes, comme à Paris au **musée de Cluny**.

À retenir

À partir du IVe siècle, le christianisme devient religion officielle de l'Empire romain. *Basiliques*, églises et monastères fleurissent alors sur tout le territoire, au départ très marqué par l'architecture classique romaine.

## Bâtisseurs du Moyen Âge

Avec le Moyen Âge, de nouvelles formes architecturales se développent, tandis qu'églises et châteaux forts se multiplient. Ces derniers, héritiers des *oppidums* et des *mottes castrales* fortifiées de palissades de bois, apparaissent autour de l'an mil pour faire face aux invasions des Vikings et des Sarrasins, et marquent l'affirmation du pouvoir seigneurial. Désormais, le donjon et l'enceinte sont en pierre, comme à **Château-Gaillard**, forteresse bâtie à la toute fin du XII^e^ siècle par le roi d'Angleterre Richard Cœur de Lion pour défendre les frontières orientales de son duché de Normandie.

Parallèlement, églises, *abbatiales* et cathédrales atteignent des proportions inédites, comme à **Cluny**, sommet de l'art roman. Mais déjà, ce dernier s'efface devant les splendeurs du gothique, qu'illustrent surtout les cathédrales du nord de la Loire, Chartres, Amiens, Reims... Bien sûr, ces prestigieux bâtiments ne doivent pas faire oublier les plus modestes mais innombrables églises paroissiales, chapelles, oratoires qui peuplent les villes et les campagnes. Et en l'absence de château, c'est l'église qui se fait forteresse pour abriter les habitants ; la région de Thiérache, entre Aisne et Ardenne, compte plusieurs dizaines de ces surprenantes églises fortifiées.

Le Moyen Âge est également marqué par l'expansion et l'affirmation des villes, qui se dotent de remparts ou étendent leurs fortifications d'époque romaine, comme à Carcassonne. Le pouvoir nouveau des villes est symbolisé par les *beffrois*, surtout dans le nord de la France, comme à Arras ou à Douai. Plus au sud, on trouvera des campaniles puis des tours de l'horloge, comme à Riom, dans le Puy-de-Dôme.

## Fastes de l'époque moderne

L'ère moderne est marquée par l'apparition du château d'apparat, qui traduit l'apogée de la puissance royale. Il adopte à ses débuts le style Renaissance, tout juste arrivé d'Italie. Le **château de Chambord** est l'un des plus anciens exemples de ce style d'édifice, qui vise plus à affirmer la puissance royale qu'à abriter la cour, qui est alors surtout itinérante. Les nobles s'empressent d'adopter le principe du château d'apparat, essentiellement résidentiel, qui permet aux grands seigneurs d'afficher leur rang. Le château d'apparat est porté à son apogée à Versailles où Louis XIV fait ériger un palais de style classique, symbole de sa puissance et de son ascendant sur une haute noblesse turbulente. Il sera imité dans toute l'Europe.

Louis XIV, monarque guerrier, veille aussi à la fortification du royaume. Grâce au génie de l'ingénieur Vauban, la France se couvre d'impressionnantes forteresses qui aujourd'hui encore marquent nos paysages, comme celle de Besançon. Les villes se dotent également d'édifices de prestige, comme le **parlement de Rennes**. L'époque moderne est aussi marquée par l'apparition des premiers temples protestants, dès le XVIe siècle, qui restent cependant bien moins nombreux que les églises catholiques (on en compte environ 2 000 en France) et qui représentent surtout un phénomène urbain. Ils sont cependant très nombreux en Alsace et en Lorraine.

Le saviez-vous ?

Le **temple de Sainte-Marie-aux-Mines**, dans le Haut-Rhin, est l'un des plus anciens de France.

## Les patrimoines divers de l'époque contemporaine

L'époque contemporaine est celle de la diversification du patrimoine bâti classé. Si châteaux et palais se font rares, l'architecture militaire demeure très présente, surtout sur les frontières est du pays mais aussi sur la côte atlantique, ponctuée de nombreux bunkers allemands datant de la Seconde Guerre mondiale. Les deux guerres mondiales ont d'ailleurs laissé à la France de nombreux monuments commémoratifs, tels l'**ossuaire de Douaumont** et le **sanctuaire de Notre-Dame-de-Lorette** à Ablain-Saint-Nazaire. Toutes périodes confondues, l'architecture militaire représente aujourd'hui plus de 400 sites classés ou inscrits au titre des monuments historiques.

Désormais, la notion d'ensemble urbain fait son apparition dans la nomenclature des monuments. Ainsi, 260 villes sont porteuses d'un label reconnaissant leur valeur patrimoniale, et plus de 500 sites urbains sont inscrits ou classés au titre des monuments historiques. Demeures d'artistes, bâtiments municipaux, mais aussi édifices illustrant des techniques de construction novatrices, tel l'**hôtel de ville de Villeurbanne** construit en béton armé. Ces bâtiments se caractérisent souvent par le fait qu'ils combinent valeur patrimoniale et usage fonctionnel.

La richesse du bâti rural contemporain est aussi remarquable, même si on compte à peine 80 monuments classés relevant de l'architecture rurale. Citons par exemple le **lavoir de la fosse Dionne**, à Tonnerre dans l'Yonne, ou encore celui de Noyers, dans le même département.

Du côté du patrimoine religieux, notons la présence, à côté des lieux de culte traditionnels, de synagogues, telles celles de Paris et de Bordeaux, et de quelques lieux de culte musulmans, telle la **grande mosquée de Paris** et celle de Tsingoni, à Mayotte. Ajoutons à cela un certain nombre de cimetières de toutes confessions.

Enfin, le patrimoine industriel marque la réelle nouveauté de la période contemporaine. Usines, manufactures, mines, entrepôts ; longtemps jugés peu esthétiques, ces lieux ont récemment été réhabilités mais restent cependant très peu représentés au sein du patrimoine classé. Le site du Creusot en est une belle illustration, et regroupe plusieurs monuments d'intérêt.

Car, bien sûr, si le mot patrimoine évoque classiquement les monuments anciens, ceux-ci ne suffisent pas à résumer le patrimoine de notre pays.

# Le patrimoine culturel matériel et immatériel

Voici une notion dont l'apparition est beaucoup plus récente, et les contours sans doute encore plus mouvants que ceux du patrimoine bâti.

## Qu'est-ce que le patrimoine culturel ?

D'une certaine façon, tout patrimoine est culturel, et c'est bien ainsi que l'entend l'UNESCO qui le décrit comme suit.

Patrimoine culturel matériel :

» **Le patrimoine culturel mobilier (peintures, sculptures, monnaies, instruments de musique, armes, manuscrits).**

» **Le patrimoine culturel immobilier (monuments, sites archéologiques).**

» **Le patrimoine culturel subaquatique (épaves de navire, ruines et cités enfouies sous les mers).**

Patrimoine culturel immatériel :

» **Traditions orales.**

» **Arts du spectacle.**

» **Rituels…**

La classification adoptée dans ce livre est un peu différente, puisque l'on présentera à part le patrimoine immobilier ou bâti, dont l'aspect monumental marque une nette singularité ; il est en effet strictement lié au sol qui l'a vu naître et fait partie de notre paysage quotidien.

Outre le patrimoine bâti, le patrimoine culturel sera donc ici présenté en trois catégories :

- **Le patrimoine culturel matériel, qui regroupe les œuvres matérielles et les objets du quotidien.**
- **Les œuvres immatérielles, littéraires, cinématographiques ou musicales.**
- **Le patrimoine culturel immatériel, qui regroupe des traditions et savoir-faire transmis à travers les générations.**

## Patrimoine culturel matériel

**À retenir**

Cette notion recouvre tout objet mobilier conçu comme patrimonial. Il regroupe principalement deux catégories : les œuvres d'art et les objets du quotidien.

### Les œuvres d'art

Au rang des œuvres d'art se trouvent bien sûr les peintures, sculptures, dessins, gravures, vitraux et tapisseries présentés tant dans les musées qu'au cœur des monuments eux-mêmes. Ils couvrent toutes les périodes de l'histoire de France, depuis la Préhistoire jusqu'à nos jours. La France présente un remarquable patrimoine préhistorique, et outre les peintures *rupestres*, on peut également admirer de belles sculptures néolithiques sur plusieurs sites, dont celui, très impressionnant, de la **vallée des Merveilles** dans les Alpes-Maritimes. L'époque gallo-romaine nous a laissé quelques belles mosaïques, de rares fresques, comme celles découvertes récemment à Arles sur le site de la verrerie de Trinquetaille, et de plus abondantes sculptures, dont les bas-reliefs qui ornent le **mausolée de Glanum**, à Saint-Rémy-de-Provence, ou bien l'exceptionnelle tête de Jules César retrouvée sur la rive du Rhône à Arles en 2007.

Au Moyen Âge, l'art se fait presque exclusivement religieux. Il mêle représentations figuratives, souvent sans souci de réalisme, et motifs abstraits, dans les magnifiques sculptures qui ornent les églises romanes puis gothiques. Quand les chapiteaux romans de l'**abbaye du Thoronet**, dans le Var, déploient leurs feuillages stylisés, le *tympan* gothique de **Notre-Dame de Chartres** offre au regard un Christ en majesté. Anges et démons, saints et damnés peuplent l'art médiéval, qui se veut avant tout un vaste catéchisme à ciel ouvert. Çà et là, quelques thèmes laïcs émergent, mais toujours dans les églises ; gisants des rois de France à Saint-Denis ou scènes de la vie quotidienne sur certains chapiteaux de Vézelay ; on y voit un archer, des hommes mangeant du raisin, des écoliers et leur maître... Les peintures et les dessins sont rares, même si quelques fresques sont parvenues jusqu'à nous, comme celles de **Saint-Savin-sur-Gartempe**, dans la Vienne. Les vitraux représentent une autre facette de l'art médiéval. La **cathédrale de Laon** en abrite de remarquables, comme la plupart des cathédrales gothiques de France.

Le saviez-vous ?

Enfin, signalons quelques exceptionnelles tapisseries médiévales, telle la **tapisserie de Bayeux**, dite de la reine Mathilde, représentant l'invasion de l'Angleterre par Guillaume le Conquérant, ou bien l'incroyable **tenture de l'Apocalypse**, mesurant au départ 6 m de haut pour 140 m de long en plusieurs pièces. Elle est actuellement conservée au château d'Angers.

L'art de la fin du Moyen Âge, reflet d'une période troublée, est à la fois très chargé et très sombre. À Dijon, le tombeau du duc de Bourgogne Philippe le Hardi, richement décoré, illustre cet art appelé gothique flamboyant. Parallèlement, la peinture connaît un véritable renouveau. Il ne s'agit plus seulement, comme aux siècles précédents, de vastes fresques apposées directement sur les murs, mais de peintures sur panneaux de bois puis de toile. De nombreux *retables*, ces œuvres placées derrière l'autel dans les églises, illustrent cet art nouveau, comme le *retable* de **Thouzon**, conservé au musée du Louvre.

À la Renaissance, la redécouverte de l'art gréco-romain et les influences italiennes conduisent les artistes à aborder davantage les thèmes profanes. Car avec les châteaux d'apparat, l'art sort des églises et de la sphère religieuse. En rupture avec le symbolisme médiéval, l'art se veut expressif, figuratif, réaliste. L'usage de la perspective se développe, l'exactitude anatomique est recherchée. Quittant les châteaux où il s'est sécularisé, l'art gagne les villes et leurs places, comme en témoignent les statues équestres des rois ; celle de Louis XIV orne la **place Vendôme** et la **place des Victoires** à Paris, mais ces deux œuvres seront détruites à la Révolution.

Du côté des arts picturaux, la période moderne voit fleurir de nouveaux supports et de nouvelles techniques ; gravures et estampes, peintures sur toile qui se substitue peu à peu au bois. Les thèmes sont profondément renouvelés, et le portrait fait son apparition (ou sa réapparition). D'abord portrait de cour, il se fait plus intimiste au XVIIIe siècle et devient une pratique courante dans les couches aisées de la société. Le dessin, quant à lui, devient un mode d'expression à part entière, alors qu'il se cantonnait jusque-là essentiellement aux travaux préparatoires des œuvres. Poussin ou Rembrandt nous ont laissé de très belles œuvres.

L'ère contemporaine est marquée par une innovation incessante, tant en termes de style que de technique. De plus, l'invention de la photographie privant l'art de sa fonction de reproduction, il existe désormais pour lui-même, et les arts plastiques deviennent un vaste champ d'expérimentation. En sculpture, depuis la « pâte à modeler » utilisée par Auguste Rodin jusqu'à la fibre de verre et l'imprimante 3D, le champ des possibles s'est élargi à l'infini. L'art pictural évolue aussi profondément, dans ses techniques certes, avec l'apparition de l'aquarelle au XIXe siècle, mais aussi dans ses représentations, qui de l'impressionnisme à l'abstraction en passant par le cubisme et le surréalisme déconstruisent totalement l'image. Dans le même temps, la photographie, inventée en France par Nicéphore Niepce dans les années 1820, obtient également le statut d'art à part entière.

## Les objets du quotidien

Si les objets du quotidien sont dignes de figurer dans nos musées au même titre que nos œuvres d'art, c'est parce qu'ils entretiennent un lien étroit avec l'histoire. Témoins de la vie de nos ancêtres, ils sont le reflet à la fois de modes de vie du passé et de l'évolution des techniques à travers le temps, soulignant par là même l'inventivité et le génie humain. Mêlant petite et grande histoire, l'objet évoque le quotidien dans son usage, la technique dans sa conception et l'art dans sa forme.

Les objets les mieux conservés sont inévitablement ceux façonnés en pierre, le métal et le bois s'avérant plus sensibles au passage du temps. Quant aux matériaux dits mous (cuirs, peaux ou tissus), ils s'avèrent très fragiles.

Les objets les plus anciens dont nous ayons gardé trace sont certainement les silex taillés pour constituer des armes ou des outils. Le *biface* de Chelles, conservé à Nemours, aurait plusieurs centaines de milliers d'années ! Aux côtés des outils, rendus plus abondants par la pratique de l'agriculture, les armes occupent également une place importante parmi les plus vieux objets du monde ; masses, pointes de flèches, épieux... Avec la maîtrise de la métallurgie, les civilisations préromaines, et notamment celtes, ont laissé de superbes travaux d'orfèvrerie, comme les bijoux découverts à Vix, et des armes de splendide facture, à l'image des boucliers, casques et épées retrouvés à Alésia. Les monnaies occupent également une place importante dans cet inventaire, dès le VIe siècle avant notre ère. Le mobilier fait son apparition à l'époque romaine.

Outre les objets du quotidien, de la France médiévale nous est parvenu un riche patrimoine d'objets religieux, crucifix, calices et manuscrits divers, tandis que le monde guerrier nous a laissé quantité d'armes, toujours plus sophistiquées ; cottes de mailles, armures, épées, puis bientôt les premières armes à feu.

À l'époque moderne, la découverte du Nouveau Monde et les progrès techniques diversifient les objets à l'infini. Les objets textiles conservés se font plus nombreux, car plus récents et donc mieux préservés, et un raffinement extrême est porté à la confection de la vaisselle ; le service de table s'enrichit, avec notamment l'apparition de la fourchette, tandis que l'usage du verre et de la porcelaine se répand. L'outillage traditionnel est peu à peu mécanisé, avec par exemple l'invention du métier à tisser mécanique à la fin du XVIIIe siècle. Avec l'industrialisation des modes de production et l'émergence de la pétrochimie, la fabrication d'objets ne connaît plus de limites, même si leur abondance, et surtout leur fabrication en série, leur fait perdre un peu de leur intérêt patrimonial.

## Les œuvres immatérielles

En évoquant ces objets constituant notre patrimoine, il a été question des manuscrits médiévaux. Les supports écrits ont une double valeur patrimoniale. Ils sont précieux en tant qu'objets, et cela en proportion de leur ancienneté et de leur rareté, mais aussi en raison de l'œuvre qu'ils contiennent. Car les œuvres immatérielles (romans, opéras, pièces de théâtre ou films) ne sont pas sujets à la dégradation du temps, du moment qu'il en existe plusieurs copies. Seul l'oubli pourrait les menacer. Les œuvres les plus anciennes nous sont parvenues par le biais d'inscriptions, de tessons, de papyrus ou de parchemins. La Gaule ne connaît pas de réel système d'écriture avant l'occupation romaine. Par la suite, les œuvres sont essentiellement conservées dans les *scriptoriums* des monastères et recopiées à la main, chaque exemplaire étant unique ! Les œuvres écrites sont alors aussi rares que coûteuses. Au milieu du XVe siècle, l'invention de l'imprimerie révolutionne l'écrit. Désormais, les œuvres peuvent être indéfiniment recopiées, et si le livre peut constituer un objet de collection, l'œuvre, elle, s'affranchit de son support. Cette tendance ne fera que croître avec les progrès de l'imprimerie, jusqu'à la dématérialisation totale des œuvres à l'ère numérique.

Les bibliothèques, cependant, restent de précieux lieux de conservation des savoirs et des créations, tant musicales que littéraires.

**Le saviez-vous ?**

La Bibliothèque nationale de France, située à Paris, joue un rôle particulier de conservation et de diffusion à grande échelle de notre patrimoine écrit. Elle est l'héritière des collections royales accumulées depuis la fin du Moyen Âge. Sa mission est de « collecter, cataloguer, conserver, enrichir et communiquer le patrimoine documentaire national. La BnF assure l'accès du plus grand nombre aux collections sur place et à distance et développe la coopération nationale et internationale ». Elle comporte notamment un département des manuscrits et un département de la musique.

Quant à la nature des œuvres elles-mêmes, il n'est pas question d'en faire ici un inventaire, de toute façon impossible. Évoquons simplement la richesse de notre littérature, depuis les chansons de geste médiévales jusqu'aux très nombreux écrivains contemporains, qui portent au sommet l'un de nos plus précieux patrimoines ; la langue française. La littérature est d'ailleurs l'un des moyens les plus éprouvés d'exportation de la culture française, portée par plus de 250 millions de francophones.

## Le patrimoine culturel immatériel

À retenir

Cette notion a été forgée en 2003 par l'UNESCO, désireuse de protéger et de mettre en valeur un certain nombre de pratiques et de connaissances dans le domaine des arts, de l'artisanat et de la technique. La préservation de ce patrimoine dépend forcément des personnes qui détiennent ces compétences ou ces connaissances, il est donc assez fragile.

### Savoir-faire artisanaux

L'aspect le plus évident de ce patrimoine immatériel est certainement l'ensemble des savoir-faire artisanaux. En France, certains métiers emploient encore des outils traditionnels pour produire des objets non standardisés. Céramistes, potiers, forgerons, maréchaux-ferrants, ferronniers d'art, les exemples sont nombreux et ce monde de l'artisanat demeure très vivant dans notre pays ; on dénombre par exemple 750 ateliers au sein du Collectif national des céramistes.

Très présents dans le secteur du bâtiment, ces artisans perpétuent des savoir-faire parfois très anciens, comme l'art de la construction en pierre sèche des Cévennes ou les toitures d'ardoise des Ardennes. L'artisanat traditionnel renvoie aussi à la fabrication d'objets d'agrément comme les jouets en bois du Jura ou les instruments de musique ; il existe environ 500 luthiers en France. Le textile n'est pas en reste ; tapissiers décorateurs, chapeliers, brodeurs...

L'artisanat, cependant, et en dépit d'une image un peu traditionnelle, peut produire des objets de haute technologie, comme le démontrent les maîtres horlogers du Jura.

Certains métiers artisanaux, souvent ruraux, ont toutefois presque disparu ; des villages reconstitués tel celui du Bournat, en Dordogne, permettent de découvrir ce pan de notre passé. Citons aussi le chantier de Guédelon, où tous les éléments nécessaires à l'édification d'un château sont fabriqués sur place de manière artisanale.

## L'art de vivre

Les savoir-faire et les traditions touchent aussi à l'art de vivre. En France, notre gastronomie est volontiers mise en avant, mais il faut aussi évoquer le savoir-faire vinicole ou l'art des parfumeurs, présent par exemple à Grasse depuis le XVIe siècle.

## Les pratiques culturelles

Enfin, nos traditions renvoient également à un certain nombre de pratiques culturelles, souvent locales, et pour certaines liées à notre passé chrétien. Ainsi des pardons bretons et des processions pratiquées un peu partout en France qui, malgré une profonde déchristianisation, connaissent un succès certain et même un regain d'intérêt. D'autres pratiques semblent remonter à des temps encore plus anciens, comme les fêtes du feu du solstice d'été dans les Pyrénées. D'autres pratiques régionales, nombreuses, entrent également dans le chant du patrimoine immatériel, comme le carnaval de Dunkerque, les fest-noz bretons, le gwoka guadeloupéen...

L'UNESCO a établi une liste mondiale pour l'ensemble de cette nouvelle catégorie du patrimoine culturel immatériel. Entre 2008 et 2018, 17 pratiques culturelles françaises y ont été inscrites, relevant des différentes catégories évoquées plus haut. Elles méritent d'être nommées ici :

- Le compagnonnage, réseau de transmission des savoirs et des identités par le métier.
- L'art de la construction en pierre sèche : savoir-faire et techniques.
- La tapisserie d'Aubusson.
- La tradition du tracé dans la charpente française.
- Le savoir-faire de la dentelle au point d'Alençon.
- Les savoir-faire liés au parfum en pays de Grasse : la culture de la plante à parfum, la connaissance des matières premières naturelles et leur transformation, l'art de composer le parfum.
- La fauconnerie.
- L'équitation de tradition française.
- Le repas gastronomique des Français.

- Les ostensions septennales limousines.
- Les fêtes du feu du solstice d'été dans les Pyrénées.
- Le carnaval de Granville.
- Les géants et dragons processionnels de Belgique et de France.
- Le gwoka : musique, chants, danses et pratique culturelle représentatifs de l'identité guadeloupéenne.
- Le fest-noz, rassemblement festif basé sur la pratique collective des danses traditionnelles de Bretagne.
- Le maloya, musique, chant et danse de la Réunion.
- Le Cantu in paghjella profane et liturgique de Corse de tradition orale.

D'autres pratiques culturelles sont actuellement examinées par l'UNESCO et pourraient venir bientôt rejoindre cette liste, comme l'art musical des sonneurs de trompe ou la yole de Martinique.

# Le patrimoine naturel

Même si la préoccupation de l'environnement est plus ancienne, la notion de « patrimoine naturel » apparaît dans les années 1960, et entre aujourd'hui en profonde résonance avec les aspirations écologiques de notre société. Elle implique en effet une certaine responsabilité de l'homme, héritier et dépositaire des richesses naturelles, à qui incombe le devoir de préserver cet héritage pour le transmettre aux générations futures.

Le saviez-vous ?

En France, comme dans tout pays anciennement et densément peuplé, le paysage a été fortement modelé par l'homme, et il existe très peu de sites naturels « primaires », qui n'auraient pas été modifiés par les pratiques humaines. Ceux-ci se trouvent essentiellement en haute montagne. Les sites naturels ici évoqués sont donc de plusieurs sortes :

- Espaces naturels sauvages, où la main humaine n'intervient pas ou n'intervient plus.
- Espaces naturels aménagés : bocages, marais salants, carrières...
- Espaces naturels créés par l'homme comme les canaux, les parcs et les jardins.

## Les espaces naturels sauvages

La France, par sa géographie, possède une grande diversité de paysages, dont la plupart ont fait l'objet d'un aménagement par l'homme en vue de leur exploitation. Ainsi, bien des **landes bretonnes** ne sont pas des paysages primaires, mais le fruit de siècles de pâturage. Autre exemple, la **forêt de Fontainebleau**, vaste espace sauvage de 25 000 ha à proximité de Paris, est exploitée depuis le Moyen Âge et a fait l'objet de plusieurs campagnes de reboisement, et ce dès l'époque moderne. Son bois était notamment utilisé pour la fabrication de navires.

Le saviez-vous ?

Si elle reste marquée par l'activité humaine, et notamment par la présence de très nombreux randonneurs et amateurs d'escalade, la forêt de Fontainebleau est aussi le cadre d'une expérience intéressante puisqu'elle abrite la première « réserve biologique intégrale », créée en 1953. Dans cet espace protégé, même l'activité forestière est interdite.

Il n'est pas possible de décrire ici tous les sites naturels de France, mais il faut souligner leur grande diversité ; forêts, montagnes, fleuves et rivières, plans d'eaux, grottes... Évoquons rapidement les **ballons d'Auvergne** ou d'**Alsace**, la **forêt des Vosges**, les **calanques de Cassis**, les **abers bretons**, les **massifs alpins** et **pyrénéens**, mais aussi la **montagne Corse**, le volcan du **piton de la Fournaise** à la Réunion, les **Terres australes et antarctiques françaises**, le **lagon polynésien** et ses récifs coralliens, la **forêt tropicale guyanaise**... Finalement, notre patrimoine sauvage représente un monde foisonnant de plus de 20 000 habitats naturels, abritant plus de 49 millions d'espèces animales, végétales ou encore marines !

## Les sites naturels aménagés

Les premières tentatives d'aménagement de la nature par l'homme remontent indéniablement à la naissance de l'agriculture, qui pourrait être considérée comme une longue entreprise de domestication de la nature. De nos jours, la surface agricole utile représente la moitié du territoire national.

Cette histoire agricole est marquée d'étapes importantes, tel le développement de la vigne à l'époque gallo-romaine. Le défrichage des forêts et l'assèchement des marécages au Moyen Âge visent à augmenter les surfaces agricoles, et sont souvent réalisés par des communautés monastiques, qui développent également l'art de la pisciculture en détournant des cours d'eau et en creusant des bassins.

## Les espaces naturels créés par l'homme

Le creusement de mines et de carrières est également un fait très ancien. Les mines d'or gauloises d'Auvergne sont parmi les plus anciennes de France. Quant aux carrières, elles remontent au moins à la période de colonisation grecque du sud de la France. Aujourd'hui, ces activités ont perdu beaucoup de leur importance, et il ne reste que 16 mines en activité en France.

L'époque moderne est celle du creusement de divers canaux, travaux d'envergure qui visent à modeler profondément le paysage pour créer de nouvelles voies de circulation. Le **canal du Midi**, l'un des plus anciens de France, a été creusé sous Louis XIV.

L'histoire des jardins, quant à elle, témoigne du passage progressif d'une exploitation utilitaire de la nature à un aménagement conçu pour l'agrément du promeneur. Les premiers jardins apparaissent dans les abbayes médiévales : lieux de détente et de contemplation, ils sont également utiles puisqu'on y cultive les « simples » (ou plantes médicinales utilisées en herboristerie). L'**abbaye de Daoulas**, dans le Finistère, en offre un exemple.

La Renaissance introduit en France la mode des jardins à l'italienne, qui contrairement aux jardins médiévaux ne sont plus entourés de murs mais ouverts sur la nature environnante. On y trouve des plans d'eau, bassins ou fontaines, et des statues, et les plantes y sont disposées de manière géométrique et ordonnée ; il s'agit avant tout de créer un décor, c'est pourquoi cet espace doit être légèrement en pente. **Blois** ou **Amboise**, sur les bords de la Loire, illustrent cet engouement.

À partir du XVIIe siècle se développent les jardins à la française, dont la conception se rapproche de celle des demeures royales ; ils sont constitués d'une succession d'espaces clairement délimités que le visiteur parcourt selon un itinéraire bien précis. Là encore, la nature est contenue par la géométrie dans un rôle strictement ornemental. Les jardins du **château de Chantilly** en offrent un bel exemple, avec bien sûr ceux de **Versailles**. Au siècle suivant, la mode des jardins anglais introduit un peu de fantaisie dans toute cette rigueur, en laissant une plus grande place au foisonnement végétal.

Les parcs et jardins publics, eux, se répandent dans la seconde moitié du XIXe siècle ; espaces de détente et de rencontres, ils sont ouverts à tous. À Paris, c'est à l'ingénieur Adolphe Alphand que l'on doit l'introduction de vastes espaces de verdure au sein de la capitale à l'occasion des travaux d'urbanisme menés sous le Second Empire. Il aménage notamment le **parc des Buttes-Chaumont** et les bois de

Boulogne et de Vincennes. Ce modèle fait rapidement des émules en Province ; le **parc Borély**, à Marseille, est aménagé entre 1860 et 1880. Parallèlement, la fin du siècle voit se multiplier l'usage des jardins privés et familiaux, avec notamment l'émergence du phénomène des jardins ouvriers, mis à la disposition des classes populaires par les municipalités, au départ pour leur permettre d'améliorer leur ordinaire en cultivant leurs propres légumes. Cette idée semble aujourd'hui prendre un nouveau souffle, avec diverses initiatives de jardins partagés où chacun peut venir cultiver et cueillir les productions de son choix.

## Définir le patrimoine, et après ?

Définir les choses permet de les faire exister, et les discussions autour de la notion de patrimoine, comme les diverses entreprises de classification qui ont permis de décrire, discuter, définir, élargir cette idée, permettent bien sûr de mettre en avant la valeur historique, culturelle et pédagogique du patrimoine mais aussi de lui conférer une existence juridique servant de base à une vaste entreprise : la protection du patrimoine. La tâche est immense, les lois nombreuses, les acteurs multiples...

**DANS CE CHAPITRE**

Comment protéger notre patrimoine ?

•

Des mesures adaptées à chaque type de patrimoine

•

La protection du patrimoine bâti et ses différents acteurs

•

Les enjeux de la protection du patrimoine

# Chapitre 3
# Protéger le patrimoine

La protection du patrimoine mobilise de très nombreux acteurs et fait appel à un important arsenal législatif, mais elle prend des aspects aussi divers que le patrimoine lui-même.

## Des mesures diverses pour un patrimoine varié

On ne protège pas de la même manière une grande œuvre littéraire, une cathédrale gothique et une tradition séculaire. Au fil du temps, la protection du patrimoine a donc dû s'adapter à l'élargissement considérable de cette notion, mettant en œuvre diverses stratégies pour préserver ce précieux bien commun. Aujourd'hui, il existe des dispositions pour chacune des catégories de patrimoine évoquées.

### La protection des œuvres matérielles

Les œuvres matérielles font face à une double menace ; la première concerne leur existence physique. Elles peuvent être volées, perdues, détruites ou dégradées volontairement ou lors de manipulation, ou encore par de mauvaises conditions de conservation. Lorsque les œuvres sont détenues par des particuliers, ils doivent bien sûr veiller à leur protection, ce qui peut s'avérer relativement coûteux. Les œuvres placées dans les musées sont sans doute mieux loties, même si cela ne les met pas à l'abri du vol ni des dégradations et des incendies.

Le saviez-vous ?

Ainsi, en 2013, *La Liberté guidant le peuple* d'Eugène Delacroix a été vandalisée au sein du Louvre-Lens. Le trafic d'art est également une menace pour les œuvres matérielles, et touche particulièrement la France en raison justement de sa richesse patrimoniale. Il est souvent à l'origine des vols d'œuvres d'art, et nourrit aussi l'activité des faussaires.

L'activité des faussaires, si elle peut découler du vol des œuvres, incarne surtout la deuxième menace qui plane sur celles-ci ; copie illégale, reproduction non autorisée et autres infractions à la propriété intellectuelle, littéraire et artistique. Ici, la protection se fait alors législative, et passe généralement par une déclaration auprès de l'institut national de la propriété intellectuelle, ou bien par le dépôt de l'œuvre chez un notaire ou un huissier de justice. La propriété intellectuelle est toutefois limitée dans le temps. En France, elle prend généralement fin 70 ans après la mort de l'auteur. L'œuvre tombe ensuite dans le domaine public.

Enfin, notons que s'il vous prend l'envie de réaliser du bout de votre pinceau la copie d'une œuvre célèbre, il existe des règles strictes à respecter pour ne pas passer pour un faussaire. Il faut :

À retenir

- **choisir une œuvre relevant du domaine public ou bien obtenir l'autorisation écrite de l'auteur ;**
- **réaliser une copie dont les dimensions doivent être d'au moins 5 % plus grandes ou plus petites que l'original ;**
- **indiquer au dos, et de façon indélébile, qu'il s'agit d'une copie ;**
- **ne pas reproduire la signature de l'artiste.**

## Un voleur et un faussaire

Le 22 août 1911, les visiteurs découvrent stupéfaits que la célèbre *Joconde* de Léonard de Vinci a disparu ! À sa place, au Louvre, ne subsistent qu'un mur nu et quelques crochets… La police se lance sur les traces du voleur, soupçonnant à tort Guillaume Apollinaire ou Pablo Picasso, tandis qu'un certain nombre d'opportunistes, plus ou moins mythomanes, revendiquent le forfait. L'un d'eux va même jusqu'à réclamer une fabuleuse rançon ! La fameuse Mona Lisa acquiert alors une

»

renommée mondiale. Le voleur se trahit finalement deux ans plus tard en tentant de revendre le tableau à un antiquaire florentin ; il s'agit d'un vitrier italien ayant travaillé au Louvre, et qui durant ces deux années avait soigneusement caché le tableau sous son lit ! En janvier 1914, la *Joconde* fait un retour triomphal à Paris. Cependant, les imaginations vont bon train pour expliquer ce curieux vol, et un journaliste américain affirme même que ce forfait aurait permis d'écouler 6 copies de la *Joconde*, réalisées par un mystérieux faussaire, Yves Chaudron, dont l'existence n'a jamais été prouvée. Chacun des acheteurs de ces copies aurait ainsi été persuadé d'acquérir le mystérieux tableau disparu !

## Un petit tour au musée

**Le saviez-vous ?**

Mais quel est donc le plus vieux musée de France ? S'il existe dès la Renaissance de nombreuses collections privées, la première institution à avoir ouvert ses portes au public est le musée de Besançon, et ce dès 1694 !

Aujourd'hui, il existe une quarantaine de musées nationaux et 1 220 « musées de France », institutions agréées par l'État et bénéficiant prioritairement de son soutien.

Cet impressionnant réseau s'est constitué à partir de la fin du XVIIIe siècle. Ces lieux ont avant tout une vocation éducative. Leurs collections, au départ essentiellement privées, s'enrichissent au siècle suivant des saisies opérées lors de la Révolution et de dépôts de l'État.

Dans la première moitié du XIXe siècle, la plupart des villes d'importance possèdent leur musée, créé à l'initiative de la municipalité, souvent appuyée par de généreux donateurs. Dans la seconde moitié du siècle, cette tendance s'accentue, appuyée par les nombreuses sociétés savantes de type « Amis des arts » qui participent activement à l'enrichissement et à l'exposition des collections.

## La mission des musées : protéger, exposer, éduquer

Jusqu'en 1945, ces institutions sont placées sous le contrôle de l'inspection des musées de province, tandis que les 30 musées d'État relèvent du ministère de l'Éducation nationale. À la Libération, le gouvernement provisoire institue trois types de musées : les musées nationaux, les musées classés, les musées contrôlés. Aujourd'hui, la distinction entre les deux dernières catégories a disparu, et tous ces établissements relèvent du service des Musées de France.

Depuis 2002, la « loi musée », dans la logique des lois de décentralisation, limite le contrôle technique de l'État aux seuls musées dont les propriétaires auraient souhaité adopter le statut de « musée de France ».

La France dispose donc d'un riche patrimoine de musées, qui remplissent diverses fonctions ; exposition, conservation, pédagogie… De plus, ces collections sont bien souvent présentées dans des lieux relevant eux-mêmes du patrimoine bâti, permettant d'ouvrir au public des monuments historiques et de réemployer de vastes édifices. Le **musée du Louvre** en est le plus célèbre exemple.

## La délicate protection du patrimoine immatériel

Le patrimoine immatériel semble bien difficile à protéger, tant il peut sembler insaisissable. Néanmoins, il existe quelques dispositions visant à assurer sa préservation.

### Le cas des œuvres immatérielles

Les grandes œuvres intellectuelles du passé sont considérées comme faisant partie du domaine public, et à ce titre, chacun est libre d'en faire usage comme il l'entend : adaptation, interprétation, reproduction… Le cas des œuvres contemporaines est plus délicat, car d'un point de vue juridique, la reproduction et l'usage de ces œuvres sont soumis au paiement de droits d'auteurs tant qu'elles ne sont pas tombées dans le domaine public, ce qui intervient dans la plupart des cas 70 ans après la mort de l'auteur, comme nous l'avons vu. La reproduction partielle n'est pas autorisée non plus, sous peine de se voir taxer de plagiat. Néanmoins, le contrôle de la copie s'avère particulièrement difficile.

### Le patrimoine culturel immatériel

Si la France a adhéré à la convention de l'UNESCO sur le patrimoine culturel immatériel, ratifiée en 2006, et si le ministère de la Culture s'implique dans la réalisation de l'inventaire annuel de ce patrimoine, la législation française en la matière est inexistante.

À retenir

Seule exception, l'existence d'un label « Entreprise du patrimoine vivant », qui concerne aujourd'hui environ 1 400 entreprises françaises aux savoir-faire artisanaux et industriels d'excellence. Cette reconnaissance leur offre une certaine visibilité et quelques aides de l'État tournées vers la transmission et la valorisation des savoir-faire rares. Tous les domaines sont concernés, comme en témoignent ces quelques exemples ; Hermès, Baccarat, Dalloyau, Malongo, la Monnaie de Paris, l'hôtel Le Bristol Paris, la ganterie Fabre, le studio photographique Harcourt, la manufacture d'accordéons Maugein ont reçu ce label.

En dehors de ce cas particulier, la préservation des patrimoines culturels immatériels est surtout le fait d'associations de passionnés.

## La protection des sites naturels remarquables

Les premières associations de protection de la faune et des paysages naturels apparaissent dans la seconde moitié du XIXe siècle. En France, la Société géologique d'acclimatation, créée en 1854 par Isidore Geoffroy Saint-Hilaire, est au départ soucieuse d'importer de nouvelles espèces. Elle prend en compte la protection de la nature à partir de 1884. Elle a pris aujourd'hui le nom de Société nationale de protection de la nature. En 1901 apparaît la Société de protection des paysages de France.

Le saviez-vous ?

En 1912 est créée la Ligue pour la protection des oiseaux, qui obtient, la même année, la création d'une zone préservée dans les Sept-Îles, dans les Côtes-d'Armor, destinée à protéger une espèce d'oiseaux marins menacée, les macareux moines. La réserve naturelle de Camargue est créée 15 ans plus tard, en 1927.

En 1960 sont créés les parcs nationaux, puis en 1967 les parcs naturels régionaux. Les premiers, gérés par l'Agence française pour la biodiversité, dépendant directement du ministère de l'Écologie, sont au nombre de 11 depuis 2019 :

» **Le parc amazonien de Guyane.**

» **Le parc national de Port-Cros, en Camargue.**

» **Le parc national des Pyrénées.**

» **Le parc national de la Vanoise, dans les Alpes.**

» **Le parc national des Cévennes.**

» **Le parc national des Écrins, dans les Alpes.**

» **Le parc national du Mercantour, dans les Alpes-Maritimes.**

» **Le parc national de la Guadeloupe.**

» **Le parc national de la Réunion.**

» **Le parc national des Calanques, près de Marseille.**

» **Le parc national des Forêts, entre Champagne et Bourgogne.**

Les parcs naturels régionaux, quant à eux, sont au nombre de 54, dont deux en Outre-mer.

Parallèlement, et avec la mise en place de l'inventaire national du patrimoine naturel, les réserves naturelles sont clairement encadrées, et 349 d'entre elles sont classées. À partir de 1992 sont également créées les zones Natura 2 000, surtout destinées à la préservation de l'habitat des espèces menacées. Enfin, en 2006, l'État met en place des parcs naturels marins, qui sont aujourd'hui au nombre de 9 :

» **Le parc naturel marin d'Iroise, au large du Finistère.**

» **Le parc naturel marin de Mayotte.**

» **Le parc naturel marin du golfe du Lion.**

» **Le parc naturel marin des Glorieuses, dans le canal du Mozambique.**

» **Le parc naturel marin des estuaires picards et de la mer d'Opale.**

» **Le parc naturel marin du bassin d'Arcachon.**

» **Le parc naturel marin de l'estuaire de la Gironde et de la mer des Pertuis.**

» **Le parc naturel marin du cap Corse et de l'Agriate.**

» **Le parc naturel marin de Martinique.**

**Le saviez-vous ?**

De son côté, l'UNESCO a placé 5 sites naturels français sur la liste du patrimoine mondial : le golfe de Porto, en Corse, la chaîne des Puys, les lagons de Nouvelle-Calédonie, les pitons, cirques et remparts de l'île de la Réunion et les Terres et mers australes françaises. D'autres sites figurent sur la liste indicative.

Ces initiatives sont cruciales, mais elles ne suffiront pas à préserver notre environnement sans une attitude volontariste de l'État et une implication profonde des populations.

## La protection des espaces naturels aménagés

Les parcs et jardins sont les premiers à bénéficier de mesures de protection spécifiques, et ce dès la loi de 1930 sur la protection des monuments naturels. À partir des années 1980, ils font l'objet de plusieurs lois visant à garantir leur préservation. Dès 1981, l'État et surtout les collectivités territoriales s'attachent à dresser un inventaire national des parcs et jardins remarquables d'intérêt botanique, historique ou paysager. En 1990, la création du Comité des parcs et jardins de France permet d'amplifier encore ce travail qui référence plus de 1 500 espaces verts. La protection accordée aux monuments historiques est alors étendue à certains de ces jardins, si bien qu'en 2017 on comptait plus de 600 jardins classés et 1 800 inscrits.

En 2004 est créé le label « Jardin remarquable », décerné par le ministère de la Culture à des espaces présentant un « intérêt culturel, esthétique, historique ou botanique, qu'ils soient publics ou privés ».

Plus largement, les espaces verts urbains font l'objet d'une législation protectrice depuis 1973, tout comme les espaces agricoles, dont la préservation a été renforcée à la même époque.

Par contre, il n'existe pas de mesures de protection spécifiques pour les espaces naturels aménagés telles les mines ou les carrières, même si certains peuvent être mis en valeur à titre privé. Ainsi des **ocres de Rustrel**, surnommés « Colorado provençal », superbe site très coloré dans les anciennes carrières d'ocres du Luberon.

## La protection du patrimoine bâti, une œuvre collective

La protection du patrimoine bâti est mise en œuvre par trois types d'acteurs : les acteurs nationaux, les acteurs locaux et les acteurs privés. Premier de tous, l'État assure l'élaboration des politiques nationales en matière de patrimoine bâti et fournit la législation visant à sa protection. L'État peut aussi encourager la sauvegarde du patrimoine au moyen de subventions. À ses côtés agissent d'autres acteurs, toujours plus nombreux, tant publics que privés, locaux ou nationaux, qui composent une mosaïque complexe et changeante, puisque des associations de protection du patrimoine se créent ou disparaissent constamment. Notons que les acteurs privés jouent un rôle de plus en plus important face à la diminution des subventions publiques.

À retenir

Pour coordonner le travail de ces différents acteurs, plusieurs dispositifs ont été envisagés. Dernière en date, la Réunion des institutions nationales de sauvegarde du patrimoine est un « groupe national d'information et de concertation sur le patrimoine », également appelé Groupe patrimoine ou G8 patrimoine. Créé en janvier 2005, il est présidé par le ministre de la Culture et se compose des présidents de 8 associations nationales de sauvegarde du patrimoine reconnues d'utilité publique :

- Demeure historique.
- Maisons paysannes de France.
- Vieilles Maisons françaises.
- Union Rempart.
- Sauvegarde de l'art français.
- Société pour la protection des paysages et de l'esthétique de la France.
- Fédération Patrimoine-Environnement, elle-même issue de la fusion de deux associations, la LUR (Ligue urbaine et rurale) et la FNASSEM (Fédération nationale des associations de sauvegarde des sites et ensembles monumentaux).

Sa mission a été prolongée jusqu'en 2015, et il serait sans doute nécessaire de relancer cette initiative.

## Qui sont les grands acteurs publics ?

Le patrimoine, conçu comme un bien commun à tous les Français, est indéniablement l'affaire de l'État. Dans ce domaine, son action est avant tout menée par le ministère de la Culture et les services qui lui sont directement liés. S'y ajoutent des organismes publics en lien étroit avec ces instances ministérielles.

### Le ministère de la Culture, pour coordonner l'action

Le ministère de la Culture agit au nom de l'État en matière de patrimoine bâti, remplissant un rôle de conseil, de contrôle et d'expertise. Il est également l'interlocuteur dans ce domaine des autres acteurs publics, comme les collectivités territoriales, ainsi que d'un certain nombre d'acteurs privés. Il a pour mission, selon la loi de 1913 sur les monuments historiques, d'accompagner les actions de sauvegarde du patrimoine par le biais de subventions et d'incitations fiscales. Néanmoins, si ce ministère est le plus impliqué dans la question de sauvegarde du patrimoine, cette vaste question concerne également les autres ministères, et les grandes associations de sauvegarde du patrimoine ont d'ailleurs appelé, dans une *Lettre ouverte aux Français et à leurs élus sur le patrimoine* publiée en décembre 2016, à la création d'une délégation interministérielle du patrimoine.

Au sein du ministère de la Culture, plusieurs instances se penchent sur la question du patrimoine. Tout d'abord, un conseiller chargé du patrimoine et de l'architecture est présent auprès du ministre. De plus, en 2016, une Commission nationale du patrimoine et de l'architecture (CNPA) est également créée au sein du cabinet.

La CNPA est obligatoirement consultée pour les projets de classement de sites patrimoniaux, de monuments ou d'objets, les projets de plan de sauvegarde et de mise en valeur.

À retenir

L'action du ministère de la Culture passe aussi par la mise en place de différents labels visant à assurer une meilleure visibilité aux sites. Voici quelques exemples :

» **Le label « Villes et pays d'art et d'histoire », créé en 1985, signale les communes mettant en œuvre une politique de protection et de mise en valeur du cadre de vie, de l'architecture et du patrimoine.**

» **Le label « Patrimoine du XXe siècle », imaginé en 1999, vise à protéger des réalisations architecturales et urbaines de ce siècle qui méritent d'être mises en valeur et transmises aux générations futures.**

» **Le label « Maison des illustres », créé en 2011, caractérise un lieu ayant marqué la vie d'un personnage illustre de l'histoire de France ou de la vie culturelle : maison natale, résidence, atelier…**

Le ministère de la Culture est également à l'origine des très populaires Journées du patrimoine, instituées en 1984 par Jack Lang pour permettre aux Français de mieux connaître leur patrimoine et pour les fédérer autour de ce trésor commun. Au départ simples portes ouvertes durant un seul jour, ces journées ont pris aujourd'hui une dimension européenne, et ne se limitent plus forcément au patrimoine bâti.

Enfin, deux initiatives récentes du ministère en matière de patrimoine méritent d'être ici soulignées.

## La mission Bern et le loto du patrimoine

Cette mission bénévole, qui m'a été confiée par le président de la République, est conçue comme une action d'urgence et de soutien au chevet du patrimoine français. Lancée officiellement en septembre 2018, elle doit répondre à deux objectifs :

» **Recenser l'ensemble du patrimoine bâti français en péril, de toutes sortes, de toutes époques et dans toutes les régions de métropole et des Outre-mer.**

» **Trouver des modes de financement innovants pour assurer la préservation des sites sélectionnés.**

Pour ce faire, une plateforme numérique participative, www.missionbern.fr, a été mise en place pour permettre au public de signaler des lieux patrimoniaux en péril et, ensuite, parallèlement au loto du patrimoine, proposer les projets à financer aux donateurs et aux mécènes.

Lancé à l'occasion des Journées du patrimoine de 2018, le loto du patrimoine est une initiative que j'ai proposée en coordination avec le ministère de la Culture et qui a été développée et réalisée par la Française des jeux avec la Fondation du patrimoine comme cheville ouvrière. Il s'agit d'une loterie dont les bénéfices servent à financer des chantiers de restauration ou de préservation de monuments en péril signalés sur la plateforme participative de la mission Bern. Les sommes récoltées par le tirage et les jeux de grattage permettent de financer un certain nombre de monuments sélectionnés en fonction de l'urgence des périls et du projet de revalorisation dont ils font l'objet.

Cette initiative permet de conférer un certain écho à la cause du patrimoine pour que les Français se l'approprient, tout en offrant aux joueurs un gain non négligeable, la part de l'État étant intégralement versée (après une bataille médiatisée) ou compensée en faveur du patrimoine. Chaque année, 18 sites emblématiques des différentes typologies de patrimoine et représentant chacun une région de France métropolitaine ou ultramarine sont représentés sur les tickets de grattage et leurs besoins de financement sont entièrement couverts, tandis que la Fondation du patrimoine abonde quelque 103 autres sites du maillage territorial, un par département (250 la première année). En 2018, pas moins de 50 millions d'euros récoltés (loto, taxes légales compensées et mécénat) ont été distribués aux monuments en péril, privés ou publics, religieux ou civils…

Le saviez-vous ?

À ce jour, pas moins de 150 monuments ont ainsi pu être sauvés.

## L'Inspection générale des affaires culturelles (IGAC), contrôle et conseil

Il s'agit d'un service directement rattaché au ministère, qui veille à la mise en œuvre des politiques culturelles. Elle coordonne notamment l'action de l'inspection des patrimoines. Elle remplit des missions de contrôle, d'audit, de conseil et d'évaluation des politiques existantes.

## La direction générale des Patrimoines (DGP), protéger et mettre en valeur

C'est l'une des quatre directions du ministère, issue du rassemblement des directions des musées de France, des archives de France et de la direction de l'architecture et du patrimoine. Elle veille à la protection des patrimoines, contribue à leur mise en valeur et participe à l'élaboration de la législation. C'est elle qui veille à la cohérence de l'action patrimoniale sur le terrain. En matière de patrimoine bâti, elle s'appuie sur quatre instances principales.

- Le service du patrimoine est chargé de la protection, de la conservation, de l'entretien et de la valorisation du patrimoine monumental, archéologique et ethnologique et des espaces protégés.
- L'inspection des patrimoines veille à l'application des lois et règlements en matière de patrimoine.
- Le département des systèmes d'information patrimoniaux exerce son expertise dans le domaine de la numérisation des archives et des systèmes d'information de la direction.
- Le laboratoire de recherche des monuments historiques, créé en 1967 et doté d'importants moyens scientifiques, représente un pôle d'innovation technologique en matière de restauration et de conservation.

### Le Centre des monuments nationaux, gérer le patrimoine de l'État

Le Centre des monuments nationaux (CMN) est un établissement public placé sous la tutelle du ministère de la Culture. Preuve de son importance, son directeur est nommé par le président de la République. Le CMN est responsable de la gestion des monuments historiques appartenant à l'État. Parmi ceux-ci, citons l'Arc de triomphe, le château de Vincennes, le Mont-Saint-Michel ou encore l'abbaye de Cluny. Le mandat du CMN s'applique à des monuments majeurs du patrimoine français, mais aussi à des lieux plus originaux, comme la *villa* Cavrois à Lille, emblématique de l'architecture moderniste. Il peut éventuellement être responsable de seulement une partie d'un monument, comme les tours de la cathédrale d'Amiens ou la crypte de celle de Bourges ! Pour chacun de ces lieux, et pour une centaine d'autres dont il a la responsabilité, le CMN assume un rôle d'entretien, de mise en valeur et de préservation, de diffusion des connaissances et d'ouverture au public.

## Le rôle des acteurs locaux, agir sur le terrain

Les acteurs locaux relaient à l'échelle régionale ou départementale l'action du ministère de la Culture, notamment en matière de patrimoine bâti. Parmi eux, les collectivités territoriales jouent depuis les années 1980 un rôle de plus en plus important dans le cadre de la décentralisation culturelle. À titre d'exemple, les départements prennent une large part dans le financement des patrimoines locaux, qui représentent les deux tiers de leurs dépenses culturelles. Néanmoins, on note actuellement une tendance à un certain désinvestissement dans le soutien aux monuments historiques privés.

Mais les collectivités territoriales ne sont pas les seuls acteurs locaux du patrimoine. Parmi ceux-ci, on compte également les services déconcentrés du ministère de la Culture et les organismes qui en dépendent.

## Les directions régionales des Affaires culturelles (DRAC), interlocutrices des acteurs locaux

Mises en place dans les années 1970, les DRAC sont placées sous l'autorité des préfets de région. Elles sont chargées d'appliquer la politique ministérielle à l'échelle régionale, et exercent une mission de conseil auprès des acteurs régionaux dans tous les domaines du patrimoine. Elles permettent surtout de coordonner l'action de l'État et celle des collectivités territoriales sur le terrain. Chacune possède un service régional de l'inventaire et un service de conservation des monuments historiques. Ces services assurent notamment :

- **l'instruction des demandes de classement au titre des monuments historiques ;**
- **l'inventaire du patrimoine ;**
- **le contrôle des travaux de restauration et de mise en valeur.**

## Le service de Conservation régionale des monuments historiques (CRMH), des experts dans les régions

Placé sous l'autorité de la DRAC, le CRMH est dirigé par un conservateur régional des monuments historiques, souvent issu du corps des conservateurs du patrimoine ou de celui des architectes d'État. Ce dernier est maître d'ouvrage pour tous travaux sur un monument appartenant à l'État, sauf si celui-ci a été confié au Centre des monuments nationaux (voir plus haut).

Le CRMH, autrefois service des monuments historiques, remonte à 1832. Ses missions concernent la protection, le contrôle scientifique et technique et la conservation du patrimoine immobilier et mobilier. Il joue également un rôle essentiel dans la procédure de classement des sites, en coopération avec la DRAC.

## Le service paysage, architecture et développement durable, veiller sur l'environnement

Ce service contribue à la protection du patrimoine bâti régional et coordonne en particulier les politiques culturelles des Unités départementales de l'architecture et du patrimoine, en insistant sur la prise en compte de la protection de l'environnement et de la qualité du cadre de vie.

## Les Unités départementales de l'architecture et du patrimoine (UDAP), représentantes des DRAC au niveau départemental

Les Services départementaux de l'architecture et du patrimoine, créés en 1979, avaient pour mission de relayer le ministère à l'échelon départemental. Ils encadraient notamment le travail des architectes des bâtiments de France, habilités à intervenir sur les monuments historiques possédés par l'État, les collectivités ou des particuliers. En 2010, ils sont remplacés par les Services territoriaux de l'architecture et du patrimoine (STAP), toujours placés sous l'autorité du préfet de département, mais ce nouveau nom suggère sans doute une volonté de regrouper ces services départementaux pour créer des entités œuvrant sur de plus vastes « territoires ». Aujourd'hui, ils représentent en quelque sorte des subdivisions départementales des DRAC. Les STAP, entre autres missions, veillent à l'application des lois sur les monuments historiques et participent à l'élaboration des projets d'aménagement autour de ces monuments. En 2015, les STAP ont été remplacés par les UDAP, qui en ont repris les missions historiques avec toutefois une préoccupation nouvelle pour l'inscription du patrimoine dans une logique d'aménagement durable du territoire.

## Les commissions régionales et départementales spécialisées dans la protection du patrimoine bâti

À côté des services déconcentrés de l'État énumérés plus haut se trouvent des commissions régionales, départementales et locales. À titre d'exemple, évoquons ici les commissions régionales du patrimoine et de l'architecture (CRPA).

Créées en 2016, les CRPA prennent la suite des anciennes commissions régionales du patrimoine et des sites, dont elles reprennent les missions ; valorisation du patrimoine, délimitation des périmètres de protection autour des monuments, attribution de labels, protection et restauration des biens mobiliers au titre des monuments historiques... Placées auprès des préfets de région, elles sont présidées par un élu et participent également, aux côtés des DRAC, à l'instruction des dossiers de classement au titre des monuments historiques.

### Je veux faire classer mon moulin, comment procéder ?

Vous estimez que votre monument a une valeur patrimoniale et que sa préservation relève de l'intérêt public. Vous pouvez demander une protection au titre des monuments historiques. La DRAC va vous aider, à partir de la documentation que vous aurez rassemblée, à constituer un « dossier de recensement » en lien avec le

### Je veux faire classer mon moulin, comment procéder ? *(suite)*

préfet de région. Ce dossier est transmis à la Commission régionale du patrimoine et des sites (CRPS), qui mène alors une enquête, en s'appuyant sur des critères historiques, architecturaux, artistiques et environnementaux.

Au terme de cette enquête, elle peut proposer :

- soit une inscription au titre des monuments historiques, sur simple accord de la DRAC ;
- soit un classement, après validation par la Commission nationale des monuments historiques.

À noter : le préfet de région peut valider ou rejeter la décision prise par la CRPS.

Finalement, est-ce dans l'intérêt du propriétaire de faire classer ou inscrire son monument ? Dans les deux cas, il bénéficie d'importants avantages fiscaux, comme la déduction totale du montant des travaux subventionnés de ses revenus déclarés ou bien l'exonération complète des droits de succession ou de donation. Ces aides fiscales sont encore plus importantes si le propriétaire accepte d'ouvrir son monument à la visite au moins 50 jours par an.

En contrepartie, il existe certaines contraintes qui s'appliquent aux monuments historiques. Ainsi, les travaux sont étroitement encadrés. Le monument ne peut pas être détruit, et toute modification doit se faire avec l'accord de la DRAC, qui valide le choix de l'architecte et de l'entreprise de travaux. Par ailleurs, aucune construction nouvelle ne peut être faite dans un périmètre de 500 m autour du monument sans l'approbation d'un architecte des bâtiments de France. Enfin, en cas de péril, l'État peut mettre en demeure le propriétaire de faire les travaux, les faire exécuter d'office ou même procéder à la saisie du bien !

**Le saviez-vous ?**

Dans certains cas, le monument peut même être radié des listes de protection ! Cette procédure existe depuis 1887 et a donné lieu jusqu'à nos jours à un peu moins de 800 radiations. Les motifs en sont divers. Elle peut sanctionner un état de fait, lorsque le monument a été détruit ou modifié de façon excessive. Ainsi, après les bombardements de la Seconde Guerre mondiale, de très nombreux monuments détruits ou gravement endommagés ont été déclassés. Autre cas, la restauration très aboutie du **château de Belcastel** par l'architecte Fernand Pouillon a provoqué le déclassement du monument, qui avait été classé en tant que ruine.

Mais la radiation peut également être demandée par le propriétaire, particulier ou collectivité, en général pour des questions d'aménagement. Ainsi le **fort Desaix**, en Martinique, a été déclassé en raison de travaux d'aménagement.

Notons que depuis les années 2000 le nombre de radiations est en augmentation, tandis que les classements diminuent. Faut-il s'en inquiéter ?

## Les collectivités territoriales

La montée en puissance de la décentralisation culturelle encourage l'État à partager ses attributions en matière de patrimoine avec les acteurs locaux, même s'il reste garant de sa protection. Les collectivités territoriales sont désormais largement impliquées dans sa gestion, et se montrent pleinement conscientes de la richesse que représente ce patrimoine en termes d'identité et de développement socio-économique.

Depuis 2004, elles se sont vu transmettre la propriété de certains monuments ainsi que la gestion du personnel qui y est attaché. Il s'agit de bâtiments relevant auparavant de l'État ou du CMN. Les collectivités territoriales bénéficient désormais de vraies marges de manœuvre en matière de financement, en particulier lorsqu'il est question de restauration. Mais la tâche peut être lourde, et les acteurs locaux s'y engagent diversement, et ont aujourd'hui tendance à financer moins facilement le patrimoine privé.

» **Les communes, propriétaires d'un grand nombre de monuments inscrits ou classés, sont les collectivités territoriales les plus engagées dans la protection du patrimoine. Mais toutes ne sont pas logées à la même enseigne, et les petites communes rurales ne peuvent se passer du soutien financier et structurel de l'État, des régions ou des départements. De plus, elles ne se préoccupent généralement pas de la gestion du patrimoine privé. Néanmoins, les maires ont, depuis 1993, des prérogatives spéciales en matière de patrimoine, et peuvent notamment proposer à l'inventaire des immeubles non protégés dont ils estiment la valeur patrimoniale importante. Enfin, depuis la loi Notre de 2015 (applicable à partir de 2017), les communautés de commune ont également des prérogatives dans le domaine du tourisme et de la mise en valeur du patrimoine. Néanmoins, les communes conservent leur capacité d'initiative dans ces domaines.**

» **Les départements, quant à eux, font office de « premier niveau opérationnel » en matière de patrimoine bâti. Ils ont la responsabilité des musées départementaux, et ont pour mission de soutenir le patrimoine non protégé des communes. Ils possèdent également leur propre patrimoine bâti, et peuvent intervenir dans les questions patrimoniales même lorsqu'ils ne sont pas propriétaires de bâtiments. Bien sûr, en fonction de leur histoire et de leur territoire, les départements mènent des politiques patrimoniales qui peuvent considérablement varier. Par ailleurs, ils peuvent mettre en place des collaborations avec des organismes engagés dans le mécénat, comme la Fondation du patrimoine.**

» Dans les régions, il existe des commissions régionales spécialisées dans la protection du patrimoine bâti au sein des conseils régionaux, comme la Commission régionale du patrimoine et de l'architecture. Les régions sont compétentes en matière de patrimoine même lorsqu'elles ne sont pas propriétaires. La politique patrimoniale des régions est essentiellement financière, et s'articule souvent autour de la question du développement touristique. Il existe de nombreuses initiatives locales, propres à chaque région, qui passent notamment par la création de labels régionaux. Notons par ailleurs que depuis 2007 les régions sont responsables de l'inventaire général du patrimoine culturel.

## Associations, mécénat, bénévolat : les acteurs privés

Longtemps champ d'action exclusif de l'État, la protection du patrimoine concerne donc largement aujourd'hui les acteurs locaux, et notamment les collectivités territoriales, qui ont vu leurs compétences renforcées par les lois de décentralisation. Mais la protection du patrimoine est aussi une question de moyens et de financement. Or, les collectivités territoriales ne disposent pas toujours du budget nécessaire, ou bien choisissent de faire des arbitrages en faveur d'autres investissements, et les subventions publiques se raréfient.

Cette situation favorise l'émergence de nouveaux acteurs, issus de la sphère privée, qui agissent à différents niveaux ; propriétaires privés, fondations, associations, entreprises, bénévoles ou donateurs...

### Une mosaïque d'associations

Il existe plusieurs milliers d'associations œuvrant à la sauvegarde du patrimoine, avec des moyens d'action très différents. Certaines sont propriétaires ou gestionnaires d'un lieu patrimonial, d'autres regroupent des passionnés sur un sujet précis, quand d'autres encore militent activement, utilisant divers moyens de pression (blocages de chantiers, occupations, pétitions, recours en justice) pour parvenir à leurs fins.

Témoins d'une prise de conscience et d'une appropriation de leur patrimoine par les Français, ces associations sont aujourd'hui largement reconnues par l'État, et le ministère de la Culture s'appuie sur leur expertise et leur apporte, pour certaines, un soutien financier. Nombre d'entre elles sont reconnues d'utilité publique, et les représentants des plus significatives d'entre elles siègent au sein de la Commission nationale du patrimoine et de l'architecture. Mais si la reconnaissance, au niveau national, est indéniable, la position de ces associations sur le terrain est parfois plus compliquée, et les rapports avec les élus locaux peuvent s'avérer conflictuels en cas de divergence sur les actions à mener. Citons ici quelques-unes des associations nationales les plus représentatives :

» Urgences patrimoine, créée en 2014, s'attache tout particulièrement à la sauvegarde du patrimoine en péril.

» Sites et cités remarquables de France est l'ancienne Association nationale des villes et pays d'art et d'histoire, elle existe depuis 2000.

» La Demeure historique, fondée en 1924 par Joachim Carvallo, propriétaire de Villandry, vise à soutenir les propriétaires privés de monuments patrimoniaux.

» Vieilles Maisons françaises s'intéresse au patrimoine bâti et paysager, et Maisons paysannes de France veut promouvoir la sauvegarde du patrimoine rural.

» Sites et monuments, fondée en 1901, s'attache à la sauvegarde du patrimoine naturel et du patrimoine bâti.

» Union rempart, fédération d'associations, est spécialisée dans les chantiers de restauration et la transmission de savoir-faire.

## Le mécénat culturel, une pratique bien encadrée

Étroitement encadré par le législateur, le mécénat culturel doit se conformer, depuis 2014, à la charte édictée par le ministère de la Culture.

À retenir

Ainsi, il ne peut y avoir d'entente directe entre le mécène et le propriétaire du monument, qui doivent conclure leur partenariat par le biais de la Fondation du patrimoine ou d'une association patrimoniale reconnue d'utilité publique. Nombre d'entreprises mènent des actions de mécénat, qui doivent être distinguées du parrainage ou sponsoring, qui vise un but commercial. Le mécénat ne doit être intéressé que par la sauvegarde du patrimoine, et le propriétaire bénéficiaire doit également prendre un certain nombre d'engagements, dont celui d'ouvrir le lieu concerné au public 40 à 50 jours par an pendant 10 ans. Il existe trois types de mécénats :

» Le mécénat financier, citons par exemple la Fondation d'entreprise du groupe GDF Suez, qui finance la restauration ou la création de vitraux depuis 1994, ou les Fondations Velux, engagées dans la restauration des vitraux de la Sainte-Chapelle.

» Le mécénat de compétences, exercé par exemple par le groupe Vinci pour la restauration de la galerie des Glaces de Versailles.

- Le mécénat en nature, illustré par la promesse du don de 1 300 chênes faite par Groupama pour rebâtir la charpente de Notre-Dame de Paris après l'incendie du 15 avril 2019.

## Les fondations, pour centraliser les dons et proposer des subventions

Particulièrement actives dans le domaine du patrimoine, ces institutions privées, financées grâce à des dons, accordent des subventions importantes en complément des subventions publiques. Citons les plus connues d'entre elles.

- La Fondation du patrimoine, créée en 1996, est la première organisation privée de soutien au patrimoine en France, essentiellement animée par des bénévoles. Elle s'attache à la sauvegarde du patrimoine de proximité, monuments classés mais aussi petit patrimoine rural, patrimoine religieux, patrimoine industriel… Elle sait mobiliser le mécénat d'entreprise pour financer ces causes, mais pratique aussi l'appel au don ou l'appel à souscription publique, notamment pour des édifices privés. Elle est par ailleurs le seul organisme privé habilité à délivrer un label, qui porte son nom.
- La Fondation Vieilles Maisons françaises, créée en 2009 sous l'égide de la Fondation du patrimoine, travaille à appuyer et prolonger l'action de l'association du même nom.
- La Fondation de la sauvegarde de l'art français, créée en 1921, intervient surtout au bénéfice du patrimoine religieux rural ; chapelles, églises, oratoires…
- La Fondation pour les monuments historiques, qui date de 2008, joue notamment le rôle d'intermédiaire entre propriétaires privés et mécènes.

## Une pratique émergente, le financement participatif

Cette pratique, également appelée *crowdfunding*, consiste à organiser des campagnes de dons dans un objectif précis, et permet finalement de mobiliser des donateurs modestes, qui ne pourraient pas faire œuvre de mécénat mais sont malgré tout très sensibles à la cause du patrimoine. Le financement participatif, pratique récente, prend généralement le relais lorsque les subventions publiques et privées font défaut. Il est grandement facilité par les moyens de communication et de paiement numériques, qui participent très largement à son succès. Mais si ce phénomène semble bien souvent très spontané, répondant à l'appel des passionnés du patrimoine inquiets du sort d'une œuvre ou d'un monument, il est dans les faits très encadré par la législation. Une campagne de financement participatif ne peut pas être organisée de manière sauvage, et doit obligatoirement passer par des fondations ou associations reconnues, comme la Fondation du patrimoine ou la Fondation Vieilles Maisons françaises, au même titre qu'une convention de mécénat. La collecte est limitée dans le temps, et donne droit, tout comme le mécénat, à des avantages fiscaux.

Cette pratique est largement encouragée par les pouvoirs publics et relayée par les grandes fondations comme la Fondation pour les monuments historiques, qui a mis en place une interface numérique présentant différents projets aux donateurs intéressés.

### Au secours, ma tour s'écroule !

Vous êtes propriétaire privé d'un édifice historique menacé, et vous souhaitez le faire restaurer pour mieux le préserver. Avant toute chose, il faut connaître son statut juridique : est-il classé, inscrit ou s'agit-il d'un patrimoine bâti non protégé ?

Si c'est un édifice protégé, il faut en référer au maire qui informera un architecte des bâtiments de France. Les travaux seront menés sous le contrôle de l'administration. Pour en faciliter le financement, vous pouvez établir une convention avec la Fondation du patrimoine, qui vous aidera à solliciter des dons.

Si votre bâtiment n'est pas protégé, vous pouvez recourir directement au mécénat. Là encore, un partenariat avec la Fondation du patrimoine peut s'avérer très utile. Elle peut même vous attribuer un label spécifique, qui vous permettra de bénéficier de réductions d'impôt et autres avantages fiscaux. Vous pouvez également contacter la mission Stéphane Bern ou vous rapprocher d'associations telles Urgences patrimoine, Vieilles Maisons françaises, Sites et Monuments, rejoindre l'association Vieilles Maisons françaises ou solliciter l'expertise d'Union Rempart.

## Les enjeux de la protection du patrimoine

Restaurer et préserver le patrimoine semble aujourd'hui une évidence. Or, cette démarche pose de nombreuses questions et soulève un certain nombre de problèmes. Bien sûr, les enjeux en sont tout d'abord historiques et culturels, voire scientifiques : il s'agit en effet de garder les traces de notre passé, pour mieux le connaître et l'étudier et pour en transmettre la beauté aux générations futures. Mais il existe aussi des enjeux moins évidents, et pourtant tout aussi essentiels. La défense du patrimoine peut en effet prendre une tournure politique lorsque l'on choisit de mettre à l'honneur les monuments évoquant une période glorieuse ou proche de l'intérêt du public, par exemple ceux ayant un rapport avec la Résistance. Inversement, les bâtiments liés au régime de Vichy sont rarement mis en valeur et l'hôtel du Parc, siège du gouvernement de Pétain, n'est pas aujourd'hui accessible au public. Le choix de la politique patrimoniale est donc étroitement lié à celui du récit national mis en avant à chaque époque.

Le saviez-vous ?

À titre d'exemple, l'empereur Napoléon III a activement encouragé les recherches archéologiques du site d'**Alésia**, symbole de l'Empire romain triomphant comme de l'héroïque résistance gauloise et haut lieu de la mémoire nationale.

Par ailleurs, n'oublions pas que le patrimoine représente pour la France, première destination touristique au monde avec près de 90 millions de visiteurs en 2019, un atout inestimable pour attirer les touristes. Mais, pour l'État, le patrimoine est aussi une charge, car il est rare qu'un site patrimonial réalise l'équilibre financier et que les revenus du tourisme permettent de le financer entièrement, comme c'est le cas au **Mont-Saint-Michel**. Aussi ces dernières années la tendance à une certaine « privatisation » du patrimoine émerge-t-elle, avec le développement du mécénat ou encore du financement participatif.

Enfin, dernier enjeu, comment conjuguer patrimoine et environnement, restauration et écologie ? Voici quelques points pour éclairer ces réflexions.

## Les monuments anciens, un désastre écologique ?

Châteaux, églises, monastères, ces palais des courants d'air, sombres, humides, mal isolés, posent de véritables problèmes en matière écologique. Chauffés, ils représentent forcément un gouffre financier, et non chauffés, leur dégradation est accélérée par l'humidité ambiante. Et que dire des douves, bassins, fontaines, dont la consommation en eau peut paraître exorbitante ? Or, au **château de Souesmes**, dans le Loir-et-Cher, par exemple, les douves sont justement classées au même titre que les bâtiments.

Le saviez-vous ?

En fait, la question est plus complexe. L'usage de techniques et de matériaux anciens, tels la chaux ou le bois, confère à ces bâtiments une bonne résistance thermique et une excellente ventilation. De plus, les techniques de rénovation actuelles prennent désormais en compte ces problématiques. Ainsi, le bâtiment dit de l'Artillerie, à Paris, qui doit accueillir en 2022 le nouveau campus de Sciences Po, fait l'objet d'une rénovation écologique dans le respect du caractère singulier de cet édifice, qui possède justement une isolation naturelle propice. Il est donc possible de mener à bien une rénovation respectueuse de l'environnement en s'appuyant à la fois sur les savoirs anciens et sur les avancées en matière de construction verte.

## Peut-on détourner un bâtiment de sa vocation initiale ?

Une abbaye romane transformée en hôtel de luxe, un château accueillant des séminaires d'entreprises ou une chapelle aménagée en maison… Faut-il se désoler de ces détournements ou se réjouir de cette seconde vie offerte à des bâtiments qui, autrement, tomberaient en ruine ? Le réemploi d'édifices anciens n'est certes pas une chose nouvelle. Ainsi, certaines églises chrétiennes se sont substituées à des *basiliques*, monuments publics, ou à des *villas* gallo-romaines, comme à **Saint-Martin de Moissac** dans le Tarn-et-Garonne. La pierre est en effet un matériau coûteux, un chantier est une entreprise de longue haleine, aussi le réemploi est-il bien souvent une solution économique. Il conduit même parfois au démantèlement de monuments anciens dont les matériaux, et particulièrement le marbre des temples romains, se retrouvent un peu partout dans les bâtiments alentour et notamment dans les remparts des villes.

Plus récemment, la nationalisation des biens du clergé à la Révolution a conduit à des changements de destination pour de nombreux monuments, et s'il est sans doute bien triste d'imaginer **Notre-Dame de Paris** transformée en grenier à foin, du moins cette curieuse utilisation a-t-elle sauvé la cathédrale de la destruction. La splendide **abbaye de Cluny** n'a pas eu cette chance.

Le changement d'affectation apparaît donc, dans de nombreux cas, comme un moyen de préserver des bâtiments qui autrement seraient menacés de ruine ou de destruction. Le patrimoine monumental français est tel que l'État peut difficilement prendre en charge la restauration et l'entretien de tous ces monuments ou bien encore les transformer en musées.

Cependant, faut-il mettre une limite à ces transformations ? Certains lieux paraissent intouchables, et si d'aucuns peuvent être choqués de voir une chapelle transformée en boîte de nuit, nul n'imaginerait de transformer ainsi le **bagne de Cayenne** ou l'**ossuaire de Douaumont**. Il faut dire que ces lieux portent une charge mémorielle qui dépasse de loin leur valeur architecturale.

## Les parcs et jardins, des espaces immuables ?

La préservation du patrimoine doit-elle aller jusqu'à la conservation en l'état de tous les parcs et jardins ? Ces espaces verts aménagés dans un but purement esthétique apparaissent en France avec les châteaux d'apparat. Ainsi des jardins de **Chenonceau** ou de **Chambord**, qui datent du XVI$^{e}$ siècle. Repris par les municipalités au profit de tous les habitants à partir du XIXe siècle, ces parcs participent de l'aménagement urbain, comme le jardin des plantes de Montpellier, créé en 1593 pour l'université mais néanmoins ouvert au public et classé monument historique.

Un patrimoine si rare et ancien peut-il être modifié ? Finalement, un jardin est un espace vivant, qui évolue avec le temps, et la plupart des jardins ont connu une lente transformation au gré des modes paysagères, passant du jardin Renaissance au jardin à la française et au jardin anglais.

Les jardins urbains sont toutefois menacés non pas dans leur nature, qui est vivante et évolutive, mais surtout dans leur existence même par la pression immobilière, et méritent en cela d'être défendus tant ils représentent un indispensable poumon pour nos villes. Ils accueillent d'ailleurs un public nombreux et sont très souvent en libre accès, même lorsqu'ils entourent un bâtiment dont la visite est payante, comme à Versailles.

## Le patrimoine peut-il être privé ?

Certains des monuments les plus emblématiques de notre patrimoine, tel le **château de Villandry**, appartiennent à des personnes privées. Mais pour le visiteur, qui peut y accéder toute l'année, la différence n'est pas perceptible avec un monument tenu par l'État. Dans certains cas, cependant, le château du village est une résidence privée, que les habitants connaissent bien pour vivre à ses côtés mais à laquelle ils n'ont pas accès. Doivent-ils renoncer à cette part du patrimoine local au nom de la propriété privée, ou ces bâtiments patrimoniaux devraient-ils systématiquement être ouverts à la visite ? L'intérêt renouvelé des Français pour leur patrimoine souligne l'actualité de cette question. Notons qu'il existe déjà, pour les monuments classés, des incitations fiscales visant à encourager les propriétaires à ouvrir au public. De la même façon, la signature d'une convention de mécénat peut entraîner une obligation d'ouverture. On l'oublie trop souvent, mais les facilités fiscales octroyées aux propriétaires de monuments historiques ne sont que la juste contrepartie de la préservation d'un patrimoine qui, parce que classé, devrait être protégé par l'État, qui n'en a pas les moyens.

De manière plus informelle, les contraintes financières liées à l'entretien d'un tel bâtiment encouragent de plus en plus les propriétaires privés à avoir recours aux bonnes volontés, souvent incarnées par des bénévoles locaux amoureux de leur patrimoine ou des associations d'Amis de leur monument.

Le saviez-vous ?

Les chantiers bénévoles peuvent être ponctuels, par exemple pour répondre à l'appel lancé en 2019 pour restaurer le château médiéval de **Montépilloy**, dans l'Oise, ou bien récurrents, comme au château de **Picquigny**, dans la Somme. Les bénévoles peuvent également prêter main-forte pour assurer la visite du monument, notamment lors des Journées du patrimoine. Nul doute que ces différentes initiatives bousculent quelque peu la frontière entre propriété privée et patrimoine commun.

## Le fac-similé, pour quoi faire ?

La défense du patrimoine passe-t-elle obligatoirement par l'authenticité ? Et que penser de monuments tels les châteaux de **Pierrefonds**, dans l'Oise, et du **Haut-Koenigsbourg**, en Alsace, totalement reconstruits sur les sites de monument existant, non pas à l'identique mais selon l'idée que l'on se faisait alors d'un château médiéval ? Ces deux bâtiments, qui datent du XIXe et du XXe siècle, procèdent d'une même volonté pédagogique et scientifique, sans doute louable, mais qui n'évite pas l'écueil d'une certaine idéalisation. De plus, on leur reproche bien souvent leur côté artificiel. Pour autant, le fac-similé n'est-il qu'une fantaisie un peu kitsch ?

Il peut en fait s'avérer très utile et participer à la conservation du patrimoine authentique. Ainsi, la grotte dite de Lascaux II, fac-similé de l'original construit en 1983, a permis de proposer au public la découverte de ce site exceptionnel tout en préservant l'original, déjà fortement endommagé par une fréquentation trop importante. Si bien qu'aujourd'hui certains professionnels s'interrogent sur la possibilité de créer un « Gavrinis II » afin de préserver le *cairn* original, imposant monument néolithique du Morbihan dégradé par une forte affluence touristique.

À retenir

Outre la conservation, le fac-similé possède un indéniable intérêt pédagogique, et l'on voit fleurir depuis quelques années les Centres d'interprétation de l'architecture et du patrimoine, ou CIAP, qui proposent aux visiteurs de découvrir un site non à travers ses trésors patrimoniaux mais par le biais de reproductions, maquettes, photographies, vidéos... Ces musées sans collections rencontrent un franc succès, à l'image de celui de **Sainte-Suzanne-et-Chammes**, en Mayenne.

Enfin, signalons l'expérience originale de **Guédelon**, qui ambitionne de construire de toutes pièces un château du début du XIIIe siècle grâce aux techniques de cette époque, et de reconstituer la vie d'un chantier de construction castrale. Ce fac-similé repose toutefois sur une vraie démarche scientifique, selon une forme d'archéologie expérimentale.

Guédelon, Sainte-Suzanne ou encore le parc du **Puy du Fou**, qui propose plusieurs reconstitutions de bâtiments historiques et reçoit pas moins de 2 millions de visiteurs par an, ont indéniablement trouvé leur public. Mais que penser de ce « patrimoine sans patrimoine » ?

## Le patrimoine au risque de la « muséification » ?

La préservation du patrimoine urbain serait à l'origine, selon certains, du dépérissement des centres-villes dont l'immobilier, ancien et malcommode, est devenu trop étroit, trop coûteux et soumis de plus à une réglementation trop contraignante. Ces inconvénients divers se traduiraient par un départ des activités économiques, commerciales et de loisir vers la périphérie des villes, et la construction de zones pavillonnaires dans les banlieues à la recherche de plus d'espace. Les nouvelles contraintes écologiques et la mise en avant des « mobilités douces » (vélos, trottinettes ou circulation piétonne) viennent encore compliquer l'accès aux centres historiques.

Pourtant, les centres-villes concentrent généralement la plus grande partie du patrimoine urbain, ce qui est certes source de contraintes mais aussi de richesse, et constitue souvent un atout touristique majeur.

**Le saviez-vous ?**

Ainsi, le cœur historique médiéval d'**Avignon** est inscrit au patrimoine mondial de l'UNESCO, tout comme une partie du centre du **Havre**, reconstruite après 1945. Aussi les municipalités s'appuient-elles sur ces atouts historiques pour faire revivre leurs centres-villes, comme à Montpellier ou à Libourne. Le patrimoine peut donc également, en dépit des contraintes qu'il impose, représenter un atout au cœur des villes.

## Peut-on toucher aux paysages historiques ?

Les paysages français, même lorsqu'ils semblent totalement naturels, sont en fait profondément modelés par l'activité humaine. Ainsi des enclos de pierre sèche de la Drôme provençale, du bocage mayennais, des terrasses en pente des Cévennes ou encore des landes armoricaines. Nombre de ces paysages historiques ont déjà disparu, souvent à la faveur des grandes mutations agricoles. Le remembrement de la Beauce, dans la seconde moitié du XXe siècle, a provoqué la disparition de petites exploitations rurales caractérisées par des fermes à cours carrées. En Ariège, le brutal déclin de la viticulture au XIXe siècle a conduit à l'abandon des cabanes de pierre sèche.

La défense du patrimoine doit-elle là aussi passer par la préservation en l'état de ces paysages ? La question est complexe, car ces espaces sont également des lieux de travail pour les agriculteurs. De plus, la dimension écologique est ici particulièrement importante, sur des espaces à aménager qui sont considérables. Pour autant, faut-il laisser le pays de Marcel Proust, tel que décrit dans *À la recherche du temps perdu*, détruit par l'implantation d'éoliennes aussi disgracieuses que nocives pour l'environnement ? Ou la vallée de la Dordogne défigurée par une voie rapide de contournement condamnée par le Conseil d'État à être détruite, jugement confirmé par le tribunal administratif de Bordeaux en 2019 ?

## Le patrimoine, un bien économique ?

À première vue, la valeur du patrimoine est essentiellement culturelle, et ce secteur semble échapper, pour une grande part, aux logiques économiques. Pourtant, le patrimoine est l'un des principaux atouts touristiques de la France. Par ailleurs, la préservation du patrimoine engendre des coûts considérables, qui pourraient encourager le pouvoir politique à lui appliquer une logique de rentabilité et à le considérer comme un capital matériel et immobilier. De plus, l'attrait pour le patrimoine crée des contraintes, notamment en termes d'aménagement touristique, mais génère aussi un marché considérable grâce à la vente des billets d'entrée et des produits dérivés et à l'impact sur l'économie locale (hôtellerie, restauration, transport...) Il est vrai que les situations sont contrastées, entre des monuments très fréquentés comme le **Louvre**, la **tour Eiffel** ou le **château de Versailles**, voire les **châteaux de la Loire**, et les sites moins visités hors des grands circuits touristiques.

À retenir

Il n'est donc pas possible de penser le patrimoine en dehors de toute logique économique, même si celle-ci peut représenter un réel danger. La logique de rentabilité peut en effet entraîner une surfréquentation susceptible de dégrader les monuments, comme à **Gavrinis**. La renommée d'un monument peut également attirer des investisseurs peu soucieux de patrimoine. Il est donc indispensable que la protection et l'exploitation touristique des sites restent pilotées par l'État. Car après tout, la mise en valeur économique d'un monument est souvent un passage obligé pour sa préservation. D'autant que si certaines entreprises industrielles ou commerciales peuvent être délocalisées pour en augmenter la rentabilité financière, il est devenu impossible de transporter les monuments historiques hors de nos frontières !

## Sauvegarder les traces du passé peut-il être un frein pour l'avenir ?

Notre sous-sol, surtout au centre des villes, regorge de trésors archéologiques. La découverte de tels vestiges au cours de travaux d'aménagement entraîne la mise en place d'un chantier d'archéologie préventive, car le maître d'ouvrage a l'obligation de prendre en compte ces découvertes et même d'effectuer des sondages avant les débuts du chantier. Dès lors, comment concilier la préservation du patrimoine archéologique et les nécessités de l'aménagement et de la construction ?

L'archéologie préventive, menée justement sur des sites destinés à être détruits en vue d'un réaménagement, vise précisément à permettre de concilier le passé et le futur !

À retenir

Ainsi, en prévision d'un chantier d'aménagement, et après décision de la DRAC et de son service régional d'archéologie (SRA), un diagnostic archéologique peut être prescrit par arrêté préfectoral, et éventuellement suivi d'une opération de fouilles si les premiers résultats archéologiques s'avèrent prometteurs. Néanmoins, cette précaution représente une difficulté supplémentaire pour le maître d'ouvrage, qui doit assumer l'essentiel des coûts du chantier d'archéologie préventive. De plus, il est responsable de l'aménagement du site en vue des fouilles. Enfin, le chantier peut souffrir de délais considérables en raison de ces travaux scientifiques.

Cela en vaut-il toujours la peine ? De fait, si les résultats des fouilles s'avèrent décevants, le chantier sera rapidement rendu aux pelleteuses. Par contre, si son intérêt incite à le prolonger, il est important de pouvoir en rendre compte. À Périgueux, par exemple, les fouilles menées lors de la construction d'HLM ont permis de mettre au jour un monument gallo-romain majeur, la **tour de Vésone**. Un musée a été créé pour communiquer au public le résultat de ces travaux. Dans un même esprit, certains chantiers de fouilles sont ouverts à la visite, comme à Campniac, quartier de Périgueux.

## Peut-on laisser le patrimoine privé quitter la France ?

Certains monuments, achetés et démontés pierre par pierre, connaissent une seconde vie à l'étranger. Ainsi de la porte gothique du château de **Varaignes**, en Dordogne, qui se trouve actuellement au Hammond Castle Museum, près de Boston.

Le saviez-vous ?

Autre cas, plus célèbre encore, le cloître médiéval de l'**abbaye Saint-Michel de Cuxa**, dans les Pyrénées, se trouve depuis les années 1920 au Cloisters de New York. Il existe pourtant en France un principe d'inaliénabilité des biens culturels, qui concerne le patrimoine culturel et plus largement l'ensemble de ce qui relève du domaine public, sauf en cas de déclassement d'œuvres patrimoniales, par exemple depuis 2002 les œuvres conservées dans les musées. Mais ce principe n'est-il pas soumis à l'évolution des politiques culturelles ?

Quoi qu'il en soit, précisons que si les exemples de monuments exportés à l'étranger sont toujours spectaculaires et dérangeants, ils demeurent exceptionnels.

**DANS CE CHAPITRE**

Reconnaître les monuments de la Préhistoire et de l'Antiquité

•

Reconnaître le style et l'époque d'une église, d'une forteresse ou d'un château

•

Comprendre les mots de l'histoire

## Chapitre 4

# Des clefs pour comprendre le patrimoine bâti en France

Comprendre l'origine et l'usage d'un monument découvert au gré d'une promenade demande quelques clefs de lecture, qui permettront d'interpréter les indices relevés dans l'architecture de l'édifice. Voici donc une « boîte à outils » qui comporte deux types d'information ; tout d'abord des données architecturales sur les différents types de bâtiments que l'on trouve sur notre territoire et les différents styles qu'ils adoptent, puis un peu de vocabulaire historique qui nous renseignera sur le rôle du monument dans la société de son époque, seigneuriale, monarchique, ecclésiastique…

Quel que soit le style architectural adopté, il existe bien sûr des particularités régionales dues au climat, aux matériaux à disposition et à des savoir-faire ou à des traditions locales. Malgré ces nuances, les grands styles qui façonnent notre architecture peuvent être facilement identifiés.

# Reconnaître le patrimoine préhistorique

Notre plus ancien patrimoine « immobilier » n'est pas bâti, mais gravé, sculpté ou peint sur des supports inamovibles... Il remonte pour l'essentiel à la fin du Paléolithique, période où les hommes vivent en groupes de chasseurs-cueilleurs qui se déplacent en fonction des saisons et des migrations du gibier. Le climat de notre pays est alors très froid, voire polaire !

## L'art pariétal

À retenir

On nomme ainsi les dessins, gravures et sculptures qui ornent les parois de plusieurs grottes et abris sous roche fréquentés par l'homme entre 30 000 et 10 000 ans avant notre ère. Les motifs choisis peuvent être abstraits ou figuratifs, et laissent une large part à la représentation du gibier ; mammouths, lions, rhinocéros, cerfs, bisons... Les figures humaines sont plus rares et utilisent parfois la technique du négatif, notamment dans la représentation des mains : celles-ci sont posées sur la roche et leur contour dessiné à la peinture. Les pigments utilisés, terre ou charbon de bois, donnent des tons noirs, rouges ou ocre, et parfois blancs.

Attention, on parle bien ici de peintures et non de fresques, la fresque impliquant une technique particulière qui consiste à peindre sur un enduit de plâtre frais (*a fresco*).

L'art *rupestre*, quant à lui, désigne plutôt les peintures et gravures réalisées sur des rochers en plein air, comme dans la **vallée des Merveilles**.

## Les mégalithes

Outre les grottes peintes, les premiers monuments érigés par l'homme à être parvenus jusqu'à nous datent du Néolithique, époque marquée par la pratique de l'agriculture et de l'élevage et par la sédentarisation des groupes humains. En France, elle débute vers 6000 avant notre ère.

Ces cultures nous ont laissé les monuments dits *mégalithiques*, autrement dit « faits de grosses pierres », qui sont présents dans toute la France même si leur image est bien souvent associée à la Bretagne. Voici les principaux.

## Les menhirs

Il s'agit d'imposants blocs de pierre, de forme souvent allongée, dressés à la verticale par nos ancêtres pour des raisons encore mal connues : stèle funéraire, repère agricole, culte religieux, expérience astronomique, expression artistique ? Les *menhirs* soulignent en tout cas l'existence d'une véritable organisation sociale, indispensable pour mener à bien, avec de faibles moyens, l'entreprise un peu folle qui consiste à placer des rochers en position verticale ! Les alignements de **Carnac** laissent entrevoir au visiteur ce que la tâche avait de colossal.

## Les tumulus

Il s'agit d'une butte artificielle formée de chambres funéraires bâties en pierre sèche et recouvertes de terre, qui peut être de taille imposante et abriter plusieurs sépultures. Ainsi, telle une pyramide égyptienne, le *tumulus* **Saint-Michel de Carnac**, construit au V^e^ millénaire av. J.-C., possède une architecture élaborée composée de plusieurs caveaux dans lesquels ont été retrouvés des objets sans doute destinés à marquer l'importance du défunt : haches, parures, perles...

Si la butte artificielle est simplement faite de terre, on parlera de tertre. Lorsqu'elle est uniquement constituée de pierres, elle est nommée *cairn*.

## Les dolmens

Ce mot breton signifie « table de pierre », et donne une bonne idée de l'aspect de ces monuments ; il s'agit d'imposantes dalles de pierre, ou dalles de couverture, posées à plat sur d'autres pierres placées verticalement et appelées orthostates. Il s'agit généralement d'éléments d'ensembles plus vastes comportant plusieurs *dolmens* mis côte à côte pour former des couloirs ou des chambres funéraires ; ils étaient alors recouverts de terre ou de pierres qui ont disparu avec le temps. Le *dolmen* de **la Roche-aux-Fées**, à Essé en Bretagne, est ainsi constitué d'une quarantaine d'énormes pierres formant une succession de portiques menant à une antichambre puis à une chambre. La présence au sol de nombreux cailloux laisse penser qu'il s'agissait au départ d'un *cairn*.

Il existe trois types de *dolmens* : simple, avec une chambre ouvrant sur l'extérieur, à couloir précédant la chambre ou en allée couverte avec une chambre très allongée qui peut intégrer le couloir.

### Les cairns dolméniques

Il s'agit d'un ensemble de *dolmens* à couloir recouverts d'une importante quantité de pierres sèches. Ils sont apparus au ve siècle avant notre ère et faisaient office de sépulture, mais leurs dimensions souvent démesurées laissent penser qu'ils remplissaient probablement aussi une fonction symbolique. Le *cairn* de **Barnenez**, daté de 4600 av. J.-C., est le plus grand mausolée mégalithique d'Europe et l'un des plus anciens.

### Les cromlechs

Le saviez-vous ?

Ce terme un peu étrange désigne un ensemble de pierres levées délimitant un espace circulaire ou, plus rarement, rectangulaire. Si le plus connu et le plus spectaculaire de tous est certainement l'ensemble de Stonehenge, en Angleterre, il existe plusieurs *cromlechs* en France ; ainsi des 16 cercles de pierre du plateau du **Benou**, dans les Pyrénées.

# Reconnaître le patrimoine romain

Les Romains nous ont laissé un important patrimoine bâti, qui comporte des bâtiments publics comme des édifices privés. Parmi ces derniers, les *villas*, vastes domaines fonciers établis à la campagne, et les *domus*, demeures urbaines, se signalent par un riche ornement où la mosaïque est très présente.

Parmi les bâtiments publics, signalons quelques édifices emblématiques.

## Les thermes

Il s'agit de bains publics, et parfois même privés, qui comportent de nombreuses salles et plusieurs bassins ; le *frigidarium* empli d'eau froide, le *tepidarium* l'est d'eau tiède, et le *caldarium* est un bain chaud dont l'eau est chauffée grâce à un système d'air chaud circulant sous le sol nommé *hypocauste*. Les thermes pouvaient disposer d'une salle de sport (ou *palestre*) et parfois même d'une bibliothèque et d'un auditorium ! Paris conserve de très beaux vestiges des **thermes de Lutèce**.

## Les basiliques

Il s'agit de lieux publics couverts où les citoyens se retrouvaient pour échanger et commercer et où le prêteur rendait parfois la justice. Le christianisme, devenu religion officielle de l'Empire en 392, réutilise de nombreuses *basiliques* pour le culte.

## Les temples

Dans leur forme classique, les temples romains sont des bâtiments rectangulaires entourés d'une colonnade (ou *péristyle*), dont la façade s'orne d'un fronton triangulaire. Ils sont généralement surélevés par un podium et comportent une pièce fermée, la *cella*, où se trouve la statue du dieu et où seul le prêtre peut entrer. La **Maison Carrée de Nîmes**, dédiée au culte impérial, en est un magnifique exemple.

## Les théâtres

Le théâtre est un lieu de spectacle ouvert, dont les gradins en demi-cercle se groupent autour de la scène, adossée à un haut mur de scène amplement décoré, puisque les décors ne sont pas amovibles ! Entre la scène et les spectateurs se trouve l'orchestre, où se place éventuellement le chœur dont les chants accompagnent le spectacle. De vastes toiles (ou *velum*) peuvent être tendues au-dessus des gradins pour abriter les spectateurs du soleil. La ville d'**Orange** possède un théâtre romain remarquablement conservé.

## Les amphithéâtres

Il ne s'agit plus cette fois d'un demi-cercle mais d'une ellipse entière, constituée de gradins édifiés autour d'une arène où se déroulent des combats de gladiateurs ou d'animaux et parfois même, comme au Colysée à Rome, de véritables batailles navales ! Les **arènes de Nîmes**, construites au Ier siècle, perpétuent cette tradition en accueillant chaque année de nombreuses corridas.

# Reconnaître le style d'une église

Le saviez-vous ?

Les premières églises apparaissent en Gaule au IVe siècle, réutilisant parfois d'anciens bâtiments civils romains, les *basiliques*, où s'édifiant à partir d'un simple oratoire bâti sur la tombe d'un personnage mort en odeur de sainteté. Bien vite, cependant, le plan des églises se normalise, car ces sanctuaires sont avant tout des lieux de culte pour la religion chrétienne. Ils servent de cadre aux cérémonies religieuses et à la messe, qui commémore la mort et la résurrection de Jésus-Christ.

## Un plan simple... à l'origine !

Le plan traditionnel adopté est généralement orienté, c'est-à-dire tourné vers l'orient. Il comporte une nef, longue salle ornée de colonnes qui aboutit au *chœur*, qui est justement le cœur de l'édifice !

Les églises comportent souvent un *transept*, sorte de nef transversale perpendiculaire à la nef principale placée au niveau du *chœur* pour former un plan en croix latine. La nef peut être encadrée de bas-côtés et le *chœur* entouré d'un *déambulatoire*, sorte de galerie parfois bordée de chapelles rayonnantes. Tout au fond, derrière le *chœur*, se trouve le *chevet* qui peut être plat ou arrondi.

Ce plan a parfois beaucoup évolué, et certaines églises comptent jusqu'à 5 nefs parallèles. À l'extérieur, l'église se pare parfois de tours, tourelles ou clochetons, et généralement d'un clocher dont les cloches appellent les fidèles aux offices. Elles comportent souvent un porche monumental situé à l'entrée de la nef, tandis que de l'autre côté se trouve *l'abside*, qui abrite le *chœur* et les chapelles rayonnantes. Elle se décompose parfois en *absidioles*.

**Figure 4-1**
Plan d'une église

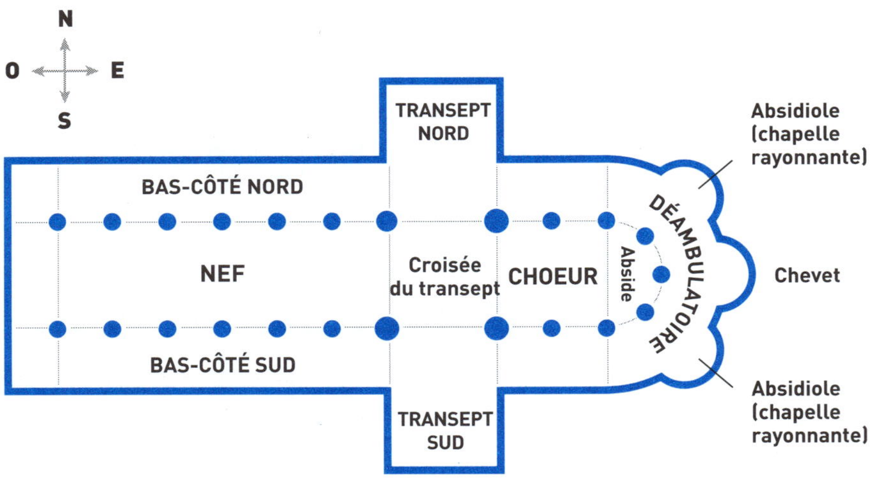


## Une affaire de styles

Le style architectural d'une église est rarement pur, car le chantier dure souvent plusieurs décennies, les architectes se succèdent, les modes changent... À cela s'ajoutent les réparations, reconstructions, ajouts, si bien que ces édifices arborent souvent toute une palette de styles mêlés ! La **cathédrale d'Aix-en-Provence** comporte ainsi trois nefs, une romane, une gothique et une baroque !

## Le style roman

Si l'histoire de l'architecture sacrée ne commence pas avec l'art roman, les églises préromanes sont rares en France, et se caractérisent par des dimensions modestes et un plan très simple. Mais la plupart des édifices anciens ont été remaniés au fil du temps, adoptant le style roman puis continuant d'évoluer avec les siècles.

Le style roman, qui marque les x$^{e}$, xi$^{e}$ et xii$^{e}$ siècles, se caractérise par des voûtes de pierre en plein cintre, c'est-à-dire arrondies, en berceau brisé, un peu comme une coque de bateau, ou en voûte d'arête, constituée de deux voûtes qui se croisent en diagonale. Les arcs doubleaux, plaqués sous la voûte pour consolider le tout, reposent sur d'épais piliers car la poussée exercée par la voûte est considérable. Pour soutenir ce poids, les édifices romans sont dotés de murs épais, de hauteur souvent modérée et renforcés par des contreforts. Les ouvertures pratiquées sont étroites pour des questions de solidité. La création de bas-côtés représente également une solution pour répartir le poids de la voûte sur plusieurs murs.

Le saviez-vous ?

Dans le décor, l'art roman s'exprime par des sculptures dont l'apparence naïve ne doit pas nous tromper. Elles sont avant tout symboliques, et représentent pour les fidèles un véritable catéchisme de pierre. Les chapiteaux romans privilégient les ornements végétaux, feuillages ou fruits et parfois quelques scènes de la vie quotidienne ou de la Bible.

L'intérieur des églises romanes était peint, et quelques rares peintures de cette époque sont parvenues jusqu'à nous comme à **Saint-Savin-sur-Gartempe**.

## Le style gothique

Le style gothique naît d'une recherche vers toujours plus de hauteur, toujours plus de lumière, toujours plus de légèreté, et entreprend de résoudre les problèmes de poussée de l'art roman. L'art gothique, né sur le chantier de la *basilique* Saint-Denis, se répand dans toute l'Europe entre le xii$^{e}$ et le xvi$^{e}$ siècle. Il repose sur l'usage des arcs brisés et des arcs-boutants.

L'arc brisé (ou ogival), composé de deux arcs de cercle qui se rejoignent en formant une pointe, concentre la poussée dans le sens vertical ; celle-ci peut alors être compensée par les piliers.

Les arcs-boutants, placés sur la façade extérieure, sont des demi-arcs qui viennent se positionner au bas de la voûte pour compenser sa poussée. Ils sont bien plus légers et élancés que les anciens contreforts romans.

Dès lors, les piliers s'élancent vers le ciel, les murs s'allègent et peuvent même se percer d'immenses verrières ornées de splendides vitraux colorés, comme ceux de **Chartres**.

Le style gothique connaît diverses évolutions et se charge avec le temps de multiples ornements complexes, donnant naissance au gothique flamboyant, très chargé, qui donne souvent l'impression de contempler une dentelle de pierre, comme à **Saint-Étienne de Toul**.

**Figure 4-2**
Styles gothique et roman

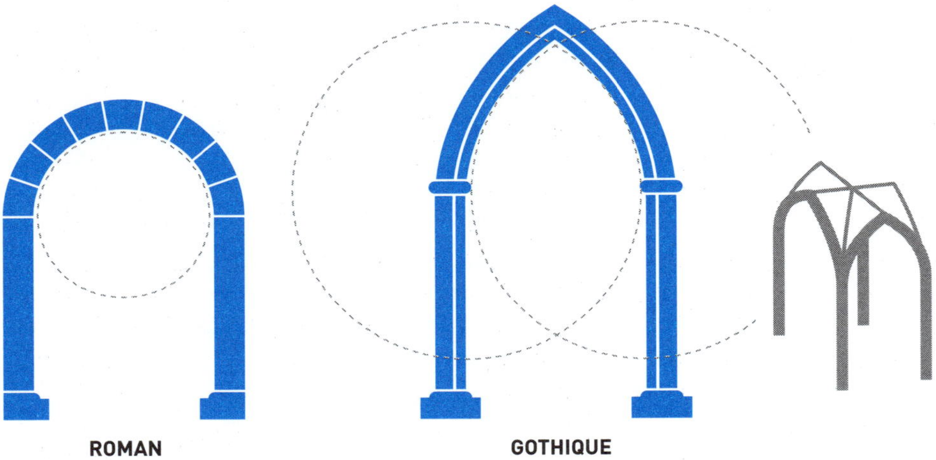


## Le style baroque

Le baroque est un style décoratif plutôt qu'architectural. Il vient habiller l'intérieur des églises.

**Le saviez-vous ?**

Son nom vient du portugais *barroco*, qui caractérise les perles naturelles irrégulières. C'est donc un style brillant, foisonnant, irrégulier, qui veut surprendre et donner une impression de vivant, de réel, et joue sur les volumes pour créer une impression de vie.

Les ornements baroques visent, comme les sculptures romanes ou gothiques, à raconter l'histoire sainte aux fidèles. Mais le baroque, souvent, déborde du cadre fixé, se pare de nuages arrondis, s'agrémente d'angelots joufflus et pleins de vies tandis que les personnages s'enveloppent dans d'impressionnants drapés. Le baroque est un art opulent, marqué par la surabondance. Son influence s'étend du XVI$^{e}$ siècle au XVIII$^{e}$ siècle.

## Le style classique

Le style classique, né sous Louis XIV, aspire quant à lui à retrouver les canons esthétiques de l'Antiquité ; sobriété des lignes, usage de colonnades et de frontons triangulaires, décor de *pilastres*, d'urnes et de balustrade, et statuaire assagie avec des personnages hiératiques inspirés de la Grèce antique. Désormais, les statues ne sont plus peintes, car elles s'inspirent des œuvres de marbre grecques et romaines retrouvées sur les premiers chantiers de fouilles, et qui ont perdu toutes leurs couleurs.

Avec un peu d'entraînement, vous saurez rapidement reconnaître à quel style appartient une église, et pourquoi pas, détecter les différentes influences qu'elle comporte ; nef romane, *chœur* gothique, façade baroque, statuaire classique…

### Cathédrale, basilique, abbatiale… comment s'y retrouver ?

Reconnaître le style d'une église peut s'apprendre, mais connaître sa fonction n'est possible qu'en se plongeant dans son histoire.

La **cathédrale** est l'église de l'évêque, elle est généralement très vaste mais peut aussi être de dimension modeste comme Notre-Dame de Vence.

L'**église paroissiale** est l'église de la paroisse, la plus simple des divisions administratives de l'Église. Elle est confiée à un curé.

La **chapelle** est un sanctuaire secondaire, qui ne remplit pas de fonction paroissiale et peut soit être indépendant, soit être intégré dans une église ou un bâtiment plus vaste ; hospice, château, palais… elle est desservie par un chapelain.

L'**abbatiale** est l'église d'une abbaye, et sert à la communauté des moines.

La **collégiale** est une église confiée à des *chanoines*, qui sont des religieux dédiés au service d'une église.

Quant à la **basilique**, il s'agit d'un sanctuaire ayant reçu une distinction honorifique pour reconnaître sa valeur singulière ; lieu de pèlerinage, lieu d'inhumation d'un saint, etc.

# Reconnaître le style d'une place forte

Les sites défensifs sont aussi vieux, sans doute, que les premiers villages. Leur évolution dans le temps a dépendu, bien sûr, de l'évolution des techniques de construction, mais aussi des innovations dans l'art du siège et de la guerre ; archerie, artillerie, machines de siège... Les postes d'attaque comme les systèmes de défense ont dû s'adapter au fil des siècles. Voici un petit tour d'horizon qui n'a rien d'exhaustif !

## L'oppidum

À l'origine de bien des villes, *l'oppidum* est une place forte située sur une position stratégique. Il est protégé par son environnement naturel, cours d'eau, escarpement, et par des palissades de bois. Il n'est pas nécessairement habité, et peut constituer un refuge stratégique pour une population vivant en plaine.

Le saviez-vous ?

Au cours de la guerre des Gaules, Vercingétorix trouve un abri idéal dans *l'oppidum* de Gergovie. Mais à Alésia, César entreprend un siège en règle et piège les guerriers gaulois dans *l'oppidum*. Ceux-ci sont forcés de se rendre.

## La motte castrale

La *motte castrale*, ou *motte féodale*, apparaît au XIe siècle. Il s'agit d'une butte de terre surmontée d'une grosse tour, généralement de bois, et entourée d'une palissade. Elle peut également être protégée par des fossés, et comporte souvent une seconde enceinte, la basse-cour, qui englobe d'autres bâtiments. La tour de bois, ancêtre du donjon, est à la fois logis seigneurial et tour de guet.

## La maison forte

La maison forte est une habitation fortifiée, qui reprend les éléments architecturaux propres aux châteaux ; tours, fossés, pont-levis... mais ne possède généralement pas d'enceinte. Les maisons fortes appartiennent bien souvent à la petite noblesse rurale, aux cadets ou parents de grandes familles nobles ou à des bourgeois enrichis. Apparue vers la fin du XIIe siècle, elle peut évoluer vers un véritable château ou se muer en simple grange.

## Le château fort

Celui-ci représente généralement une évolution des modèles précédents, et succède bien souvent à une *motte castrale*. L'architecture de ces bâtiments de pierre est bien connue aujourd'hui. Le donjon, cœur du dispositif, est entouré de remparts ponctués de tours reliées par des *courtines* et encerclés par des douves. Meurtrières, créneaux, *mâchicoulis*, poternes, pont-levis constituent autant de systèmes défensifs qui évoluent et s'adaptent aux progrès incessants de l'art du siège.

## La commanderie

Les ordres religieux militaires, Templiers et Hospitaliers, apparaissent au XIIe siècle dans l'élan des croisades et se voient rapidement offrir des terres où ils s'établissent en communauté, surtout après la chute des royaumes latins d'Orient et leur retour forcé en Europe. Dès lors, tout établissement foncier qui appartient à un ordre religieux militaire est appelé commanderie. Une commanderie est un lieu de vie, mais aussi de formation pour les membres de l'ordre et de vie spirituelle. Certaines commanderies sont rurales et placées en des lieux stratégiques, près d'un pont ou d'un carrefour, quand d'autres s'établissent en ville. Les commanderies ressemblent à de grosses fermes et peuvent être fortifiées. La **commanderie d'Arville**, dans le Loir-et-Cher, fondée par les Templiers, est l'une des mieux conservées de France et regroupe encore d'importants bâtiments, église, porche d'entrée encadré de tourelles monumentales, grange *dîmière*, pigeonnier, four à pain, écuries...

## Le fort Vauban

Entre 1665 et 1707, Vauban, commissaire général des fortifications de Louis XIV, fait construire le long des frontières françaises un système de défense composé de 150 places fortes constituant une véritable « ceinture de fer ». Spécialiste de la poliorcétique, art d'attaquer ou de défendre une place, Vauban ambitionne de créer un ensemble au sein duquel chaque forteresse pourrait soutenir ou être soutenue par ses voisines le temps de recevoir des secours. Ce redoutable réseau fortifié s'avère remarquablement efficace jusqu'au XVIIIe siècle.

Seule la **citadelle de Lille** a été prise une fois. Les places fortes de Vauban sont reconnaissables à leur plan en polygone régulier marqué aux angles de forts *bastions* triangulaires. Les *bastions* sont des éléments saillants de l'enceinte.

Les nombreux angles faits par la muraille ont pour but d'éviter les tirs perpendiculaires. Vus du ciel, ces ouvrages d'art évoquent irrésistiblement de grandes étoiles de pierre.

### Le fort Séré de Rivières

Le système Séré de Rivières, mis en place entre 1874 et 1880, vise à remplacer le système Vauban rendu obsolète par les progrès de l'artillerie. Il se compose de forts placés à l'extérieur des villes, contrairement aux précédents, pour limiter l'impact des combats sur les zones urbanisées. Reprenant le plan polygonal à la Vauban, ces forts sont de plus recouverts de *glacis* de terre, voire totalement enterrés. Chaque édifice est suffisamment proche des autres pour pouvoir bénéficier de leur soutien en cas d'attaque. Ils sont disposés en deux lignes parallèles, afin que la première ligne puisse être secourue et ravitaillée par la seconde. Ils démontrent toute leur puissance défensive lors de la Première Guerre mondiale.

### La ligne Maginot

**Le saviez-vous ?**

Ce complexe dispositif de défense tire son nom du ministre de la Guerre André Maginot, qui obtient en 1929 le financement de fortifications le long de la frontière orientale du pays. La ligne court ainsi depuis la mer du Nord jusqu'à la Méditerranée, longeant les frontières belge, luxembourgeoise, allemande, suisse et italienne. Clôtures barbelées, mitrailleuses et pièces d'artillerie sont installées tout le long de la ligne, protégées par des édifices de béton. Mais ce redoutable dispositif ne sera jamais complété, et reste très lacunaire dans les Ardennes ; c'est le chemin que choisira l'armée allemande pour envahir la France en 1940.

## Reconnaître le style d'un palais ou d'un château d'apparat

**À retenir**

Palais ou château ? La différence est simple ; le palais est en ville, le château à la campagne ! Ainsi, Versailles, qui n'est pas bâti à la place d'une forteresse, est malgré tout un château, tandis que le Louvre, qui succède pourtant à un château fort, est un palais.

L'un et l'autre ont en commun d'être des demeures de prestige, à la fois lieu de représentation et de mise en scène de la richesse et de la puissance et lieu de vie familiale et intime.

Si certaines *villas* romaines avec thermes privés et décors somptueux affichaient parfois un luxe tapageur, la demeure d'apparat émerge surtout au XVe siècle, après les épreuves de la guerre de Cent Ans. Le **palais Jacques Cœur** de Bourges, de style gothique flamboyant, illustre parfaitement cet engouement pour le luxe rendu possible par le retour de la paix. Édifié autour de 1450, il est d'une étonnante modernité et possède même des étuves, ancêtres de nos salles de bain !

Au siècle suivant, la Renaissance marque le triomphe de la demeure d'apparat. On distingue généralement deux périodes.

La Première Renaissance, qui adopte les ornementations venues d'Italie, conserve pour l'essentiel la structure médiévale héritée du château ; tours, *archères*, donjon, *échauguettes*, créneaux, comme l'illustre l'exemple d'**Azay-le-Rideau**. L'architecture s'ouvre néanmoins sur l'extérieur grâce à la création de nombreuses fenêtres, mais la décoration Renaissance est surtout présente dans les cours et les intérieurs. Inspirée de l'Antiquité, elle met en avant divers motifs issus de l'architecture gréco-romaine, comme les *pilastres* et les frontons. **Chambord** en est l'une des illustrations les plus éclatantes.

La Seconde Renaissance, marquée par le classicisme, redéfinit quant à elle totalement le plan des édifices, qui s'affranchissent définitivement du modèle médiéval. Les tours disparaissent, remplacées par des pavillons qui rythment les façades. L'ornement se fait sobre et rigoureux, les ouvertures se multiplient, l'influence antique devient déterminante.

La période classique, qui porte à son apogée la demeure d'apparat, voit aussi la naissance de l'idée d'intimité. Les vastes espaces se cloisonnent, les chambres se font plus intimes et cessent d'être disposées en enfilade pour offrir un espace clos.

Luxe et intimité atteignent leur apogée au XVIIIe siècle, période qui affiche également un certain goût pour l'exotisme ; les cabinets chinois se multiplient au cœur des « folies », ces palais miniatures au décor tapageur sans autre fonction que de servir de cadre à une vie luxueuse consacrée à tous les plaisirs.

Les châteaux d'apparat rencontrent encore un franc succès jusqu'à la fin du XIXe siècle, et se dotent de tout le confort moderne. Leur aspect, souvent inspiré de l'histoire, tente généralement de reproduire l'apparence des châteaux du Moyen Âge.

# Reconnaître le style des immeubles

Le saviez-vous ?

L'immeuble, faut-il le dire, est un phénomène urbain, déjà présent à l'époque romaine. Les fameuses *insulae* de Rome pouvaient atteindre quatre étages et parfois même plus.

Nos centres-villes ont parfois conservé leurs maisons à *colombages* des XVIe et XVIIe siècles, qui se signalent par une structure de bois apparente.

Elles peuvent y côtoyer l'immeuble de style Mansart, né dans le Versailles de Louis XIV, et reconnaissable à sa façade en pierre de taille, sont haut toit d'ardoise doté de fenêtres en chien-assis et son ornementation classique qui rappelle l'Antiquité.

Sous le Second Empire, le vaste chantier de réaménagement de Paris donne naissance au style dit haussmannien, qui caractérise des immeubles de 5 à 6 étages groupés autour d'une première et parfois d'une seconde cour. De part et d'autre, des escaliers desservent les appartements situés à chaque étage. Le premier étage est le plus prisé. Le dernier étage, situé sous les toits mansardés, est généralement réservé aux domestiques. La décoration de la façade, très soignée au premier étage, se simplifie à mesure que l'on monte.

# Et le patrimoine industriel ?

Il n'existe pas de style propre au patrimoine industriel, mais plutôt des bâtiments ou des éléments spécifiques qui constituent autant d'indices sur la destination du lieu ; roue à aubes, canalisations, fours, bassins...

Le saviez-vous ?

La plus vieille « usine » de France est certainement le **moulin de Barbegal**, dans les Alpilles, qui comportait deux séries de 8 moulins à eau placés en cascade et alimentés par un aqueduc. Elle a été construite par... les Romains !

Mais la plupart des sites de production de grande ampleur remontent au XVIIe siècle. À la différence de l'atelier, la fabrique présente un projet global de production organisée, mais elle est également un lieu de vie et comporte bien souvent des bâtiments d'habitation, reflets de l'organisation sociale du lieu. Ainsi des **salines d'Arc-et-Senans**, des **forges de Buffon** ou des **mines du Thillot**, dans les Vosges.

Au XIXe siècle, la révolution industrielle produit un bouleversement sans précédent et donne lieu à l'édification d'immenses édifices, construits grâce aux nouvelles techniques que sont la poutre métallique ou le béton armé. Ainsi de la **chocolaterie Menier de Noisiel**, construite vers 1872 sur une structure métallique apparente.

### Fabrique, manufacture, usine...

La **fabrique** est une unité de production de taille moyenne, qui met en œuvre des procédés industriels ou artisanaux. Elle peut aussi qualifier un système de production dispersé où le travail est réparti par le chef d'entreprise entre des ateliers familiaux. La production de soie lyonnaise reposait sur ce principe.

La **manufacture** est un lieu dans lequel les objets sont fabriqués à la main par des ouvriers, parfois en plusieurs étapes comme pour la porcelaine de Sèvres, chaque ouvrier étant alors spécialisé dans l'accomplissement d'une des étapes de production ; façonnage, cuisson, peinture, dorure...

**L'usine**, pour sa part, est un lieu où la production se fait grâce aux machines.

# Les mots de l'histoire

Et pour terminer, voici quelques termes bien utiles pour comprendre le fonctionnement de la société d'Ancien Régime, qu'une plongée au cœur de notre patrimoine amène forcément à côtoyer.

## Les mots du pouvoir religieux

À retenir

Le pape est l'évêque de Rome, successeur de l'apôtre saint Pierre et chef de l'Église catholique, qu'il gouverne en accord avec le *concile* (ou assemblée des évêques).

L'évêque est un prêtre choisi par le pape qui lui confie la responsabilité d'un diocèse. Le diocèse est donc le territoire placé sous la responsabilité d'un évêque. Il regroupe plusieurs paroisses. Les diocèses sont eux-mêmes regroupés en provinces ecclésiastiques. Le responsable d'une province ecclésiastique est un archevêque. La paroisse est une division d'un diocèse administrée par un curé, qui dispose d'au moins une église, dite paroissiale, pour le culte et la vie de la communauté catholique.

Un prêtre est un homme d'Église habilité à dispenser les sacrements aux fidèles et placé sous l'autorité d'un évêque ou parfois d'un abbé. De nombreux moines sont également prêtres. Le prêtre responsable d'une paroisse est le curé.

Un abbé, ou une abbesse, est un religieux ou une religieuse élu par ses pairs pour diriger une abbaye, un couvent ou un collège de *chanoines*. L'assemblée des moines se nomme le *chapitre*, et se tient dans la salle *capitulaire*.

Un *chanoine*, ou une chanoinesse, est un religieux ou une religieuse du diocèse attaché à une église ou une cathédrale. L'assemblée des chanoines se nomme également le *chapitre*.

Un ordre religieux est une communauté de personnes s'engageant par des vœux solennels à vivre ensemble en suivant une règle religieuse. La plus célèbre d'entre elles est la règle bénédictine. Ces ordres peuvent être féminins ou masculins, ou comporter des religieux des deux sexes vivant dans des monastères distincts. L'Église catholique compte un très grand nombre d'ordres religieux. On distingue généralement les ordres dits « contemplatifs », dont les membres vivent une vie retirée consacrée à l'ascèse et à la prière ; parmi eux, les bénédictins, les chartreux, les cisterciens... Au contraire, les membres des ordres dits « apostoliques » œuvrent au sein de la société au service de leurs semblables ; ils peuvent être hospitaliers, prêcheurs, éducateurs... Les dominicains, les franciscains ou les jésuites appartiennent à cette seconde catégorie.

## Les mots du pouvoir royal

Au Moyen Âge, le chevalier est un combattant à cheval placé au service d'un seigneur, qui devient son *suzerain*. L'apprentissage du chevalier commence dès l'enfance, lorsque le jeune garçon de 7 ans est placé dans une famille seigneuriale. D'abord galopin, page puis écuyer, il devient chevalier lors de la cérémonie de l'adoubement. L'équipement du chevalier (cheval et armure) est à sa charge. Quelques chevaliers sont restés célèbres comme Bertrand du Guesclin, héros de la guerre de Cent Ans, ou encore Bayard, chevalier sans peur et sans reproche qui s'illustra dans les guerres d'Italie au XVI^e siècle.

Le fief est le territoire sur lequel s'étend l'autorité d'un seigneur. Le fief donne son nom à la féodalité.

L'*apanage* est une partie du domaine royal concédée en fief aux fils cadets du roi, qui peuvent le transmettre à leurs héritiers. S'ils n'ont pas d'héritiers, ce fief revient au domaine royal.

Le *connétable* est un grand officier de la couronne, chef suprême des armées royales.

Le *bailli* est un officier de l'administration royale possédant des pouvoirs judiciaires, financiers et administratifs. Il représente donc le roi dans un territoire donné, le *bailliage*. Ce personnage de haut rang est révocable à tout moment par le roi. Dans le sud du royaume, on parle de *sénéchal* judiciaire, dont le pouvoir s'étend sur une sénéchaussée.

Sous l'Ancien Régime, l'intendant est un officier royal investi d'importants pouvoirs au sein d'une circonscription administrative nommée généralité. C'est un personnage central de l'administration royale, nommé et révoqué directement par le roi. Ses prérogatives couvrent une multitude de domaine, police, justice, finances...

Les parlements sont des cours de justice et d'appel rendant la justice au nom du roi dans les provinces. Les parlements possèdent également un rôle d'enregistrement des édits royaux.

Le saviez-vous ?

La noblesse marque l'appartenance à la classe dirigeante et guerrière de l'Ancien Régime. Elle est généralement héréditaire, et peut s'acquérir par :

- la possession d'une terre noble ;
- la décision du souverain, qui par l'anoblissement peut s'attacher de nouveaux vassaux dévoués ;
- l'achat de charges anoblissantes, pratique qui se répand à partir du XIIIe siècle.

Mais être noble ne veut pas forcément dire porter un titre. Les titres nobiliaires sont soit attachés à une terre (comté, duché, marquisat...) soit accordés par le roi à titre honorifique.

Parmi les titres les plus courants, citons :

- le duc, qui est, étymologiquement, celui qui conduit ;
- le marquis, responsable au départ d'une région frontalière, également appelée marche ;
- le comte et le vicomte ;
- le baron.

Au départ, tous ces titres sont portés par de hauts dignitaires mérovingiens et carolingiens, par délégation de pouvoir royal. Ils deviennent ensuite héréditaires.

Mais, sous l'Ancien Régime, seul le titre de duc confère vraiment à son possesseur un rang supérieur dans la hiérarchie sociale. Pour les autres titres, il n'existe pas réellement de hiérarchie et ils ont moins d'importance que l'ancienneté de la famille, le prestige de ses alliances et la bravoure militaire de ses membres. Quant au titre de prince, il est généralement réservé aux membres de la famille royale.

Si la Révolution abolit les titres de noblesse, ceux-ci sont repris par l'Empire avec cette fois un véritable souci de hiérarchisation ; au bas de l'échelle se trouve le chevalier, puis le baron, le comte, le duc et enfin le prince. En France, la création de titres nobiliaires cesse en 1875, mais les titres existants sont reconnus comme attributs du nom de famille.

## Avant de plonger dans l'histoire de nos régions...

La notion de patrimoine recouvre des réalités si diverses qu'il a fallu ici en réduire le champ d'exploration. Dès lors, il apparaît que la meilleure façon de s'initier au patrimoine est certainement de partir à la découverte de nos vieilles pierres, que leur présence dans nos paysages, à deux pas de chez nous, nous rend si proches ! Il faut dire que le patrimoine bâti de la France est si riche, le dira-t-on assez ?

Mais loin d'une simple balade touristique, l'objectif des pages qui suivent est de faire parler les monuments et de montrer comment, si on se met à leur écoute, ils peuvent nous raconter notre histoire, celle de nos régions et celle de la France.

En effet, lorsque l'on parle de patrimoine, on s'évertue souvent à dresser mille et une typologies. Elles ont leur utilité, car il importe de savoir de quoi on parle et qu'elles sont un préalable indispensable à toute démarche scientifique. Néanmoins, il faut s'affranchir de ces divers classements pour mieux inscrire les monuments présentés ici dans une vaste frise historique.

En effet, la France n'a pas toujours existé telle que nous la connaissons aujourd'hui, avec ses régions administratives et ses départements aux contours bien définis. Elle est le fruit du rassemblement de différents pays, contrées, provinces, action de longue haleine qui ne s'est pas toujours déroulée de façon pacifique. Les guerres qui ont ravagé nos territoires, guerres internes ou menées face à un ennemi extérieur, ont amplement contribué à façonner notre pays.

Le patrimoine bâti a été largement impliqué dans ces combats, qu'il en soit l'enjeu ou, hélas, la victime ! Il représente donc un remarquable témoignage sur ces périodes troublées.

Plus encore, l'édification d'un monument s'appuie toujours sur des logiques de puissance. La construction d'une tour fortifiée marque une volonté d'indépendance, l'embellissement d'un château témoigne du désir du propriétaire d'afficher sa puissance, la cathédrale de la ville doit être plus haute, plus belle et plus vaste que celle du diocèse voisin, et même la construction de bâtiments de production, tels qu'un moulin, permet d'afficher sa prospérité économique.

L'idée novatrice de ce livre, et qui va présider à cette exploration régionale du patrimoine français, est de décrypter l'évolution de l'histoire régionale à travers les monuments. Ceux-ci sont donc présentés selon une logique chronologique où chaque lieu illustre, par sa période phare, un moment clef de l'histoire régionale.

Ainsi, un couvent fondé au VIII$^{e}$ siècle pourra être évoqué pour illustrer le renouveau monastique du XII$^{e}$ siècle, parce que cette période aura représenté l'apogée de sa gloire, ou bien au contraire, il pourra illustrer l'histoire industrielle du XIX$^{e}$ siècle parce qu'il aura été transformé en manufacture après la Révolution.

Enfin, nos régions actuelles sont très récentes, et il a fallu conjuguer leurs logiques géographiques, qui n'ont pas toujours de fondement historique, avec des histoires locales répondant à un tout autre découpage. L'histoire de chaque région adopte donc une vision haute et synthétique, et le lecteur comprendra, au vu de l'ampleur de ce travail, que certains détails pourtant importants n'aient pas été mentionnés.

De la même manière, la sélection des monuments s'est faite en fonction du récit historique régional, et c'est à cet impératif qu'il a fallu sacrifier tant de superbes monuments, tant de villes ou villages au patrimoine exceptionnel. Cet ouvrage ne montre qu'une infime partie de la richesse de notre patrimoine bâti, et je présente d'ores et déjà toutes mes excuses aux lecteurs qui ne trouveraient pas dans ce rapide survol les trésors qui lui sont chers. Mais peut-être chacun y puisera-t-il des envies de découverte et des idées de balades !

De plus, cette manière innovante de présenter le patrimoine bâti de notre pays permet de souligner le sens de l'histoire, une histoire dont nous sommes les héritiers et qui représente, finalement, l'un de nos plus précieux patrimoines. Car c'est elle qui donne du sens à notre passion pour les vieilles pierres et justifie nos efforts pour les protéger et les transmettre. Tant il est vrai que le patrimoine, vecteur d'identité nationale ou locale, nous enracine dans l'histoire.

# Partie 2

# Aux sources du royaume

## Dans cette partie...

Aux sources du royaume de France, voici deux régions qui ont joué un rôle majeur dans l'émergence des trois dynasties qui, pendant 1 300 ans, vont présider aux destinées du pays : les Mérovingiens, les Carolingiens et enfin les Capétiens.
L'Île-de-France concentre, dès les débuts du Moyen Âge, un nombre impressionnant de lieux de pouvoir qui seront détournés, réemployés, transformés au gré des changements de régime et des soubresauts de l'histoire. Quant aux Hauts-de-France, ils sont véritablement terre de rois où se fonde la puissance des trois dynasties royales avec des villes comme Noyon, Senlis ou Soissons.
Découvrez l'histoire de ces deux régions à travers celle des nombreux monuments qui jalonnent leurs paysages, sur les pas de Geneviève de Paris, Hugues Capet ou encore Jean Calvin !

**DANS CE CHAPITRE**

Une concentration incroyable de lieux de pouvoir

•

Un foyer de révoltes et de révolutions

# Chapitre 5

# L'Île-de-France, au cœur du pouvoir

Afin de sortir de l'éternelle rivalité entre Paris et le Bassin parisien, considérons plutôt l'Île-de-France comme une région regroupant les lieux de pouvoir et où les bâtiments subsistants sont surtout ceux érigés par les vainqueurs. La centralisation parisienne a d'ailleurs connu des fluctuations, et les lieux d'habitat les plus anciens ne se situent pas à Paris. Le pouvoir royal, en son temps, choisit parfois de quitter la capitale, soit que les rois lui préfèrent le Val de Loire, soit qu'ils s'éloignent un peu de Paris, à Fontainebleau ou à Versailles, pour mieux maîtriser la turbulente cité. Les lieux emblématiques de la région sont donc ceux incarnant le pouvoir d'une époque ou qui ont été réemployés au profit de ce pouvoir. Aussi une balade à travers ces lieux de pouvoir permet-elle de raconter l'histoire politique de la France.

## Trésors cachés de la Préhistoire

À première vue, l'Île-de-France peut sembler bien pauvre en vestiges paléolithiques ; c'est que, dès cette époque, la richesse et l'attractivité de cette région engendrent des rivalités qui conduisent chaque fois les vainqueurs à effacer les traces des vaincus ; prise, reprise, ravagée, aménagée, exploitée, l'Île-de-France a vu peu à peu disparaître les traces les plus lointaines de son passé.

## EN QUELQUES DATES

| | |
|---|---|
| **40 000 av. J.-C.** | Mise au point de la méthode dite Levallois par l'homme de Néandertal |
| **52 av. J.-C.** | Les Romains s'emparent de Lutèce, qui est détruite |
| **451** | Sainte Geneviève encourage les Parisiens à ne pas fuir devant les Huns |
| **508** | Clovis fait de Paris sa capitale |
| **1420** | Paris est ravagée par les Bourguignons, alliés aux Anglais lors de la guerre de Cent Ans |
| **1528** | François Ier, rentrant de sa captivité en Espagne, choisit Fontainebleau comme résidence royale |
| **1682** | La cour quitte Paris pour s'installer à Versailles |
| **1789** | Prise de la Bastille et début de la Révolution |
| **1871** | Les Prussiens défilent sur les Champs-Élysées avant l'épisode sanglant de la Commune de Paris |
| **1887-1889** | Construction de la tour Eiffel |
| **Juin 1940** | Départ du gouvernement de Paris et occupation allemande jusqu'au 25 août 1944 |
| **2024** | Les JO à Paris ! |

# Chelles, toute une époque !

Parmi ces vestiges figure le fameux *biface* de Chelles. Le gisement archéologique de Chelles, découvert à la fin du XIXe siècle dans les gravières du bord de Marne, souligne l'importance de la Seine et de son affluent dans l'établissement des premiers groupes humains dans la région.

Le saviez-vous ?

Le nombre d'ossements et de silex taillés, notamment en *biface*, est tel que le site donne son nom à une période historique, le Chelléen, rebaptisé par la suite Acheuléen. Les *bifaces* de Chelles ont été taillés entre 300 et 100 000 av. J.-C. Le *biface* est un silex taillé sur ses deux faces, par élimination progressive d'éclats de pierre. Les plus anciens ont été retrouvés en Afrique et datent d'il y a 1,6 million d'années.

## Levallois, une technique de pointe

Vers 40 000 avant notre ère, l'homme de Cro-Magnon s'installe dans la région parisienne, où il cohabite quelque temps avec Néandertal. Ce dernier met au point une nouvelle technique de taille de *biface*, la méthode Levallois, qui semble marquer la naissance d'un véritable savoir-faire ouvrier et d'une certaine organisation sociale du travail ; il semblerait, en effet, que la forme donnée soit préalablement déterminée par le tailleur de pierre et non due au hasard de la frappe.

À retenir

Cette méthode, découverte dans les carrières de pierre de Levallois-Perret, a été pratiquée en Afrique dès 400 000 avant notre ère, mais c'est bien le site français qui lui a donné son nom pour l'archéologie internationale. Il est d'ailleurs parfaitement envisageable qu'elle soit apparue simultanément à divers endroits du globe. Autre site d'Île-de-France où l'archéologie française s'est montrée pionnière, le campement de chasseurs de rennes de Pincevent, découvert en 1964 et étudié selon des méthodes novatrices par André Leroi-Gourhan.

## Fontainebleau, forêt des artistes… depuis la Préhistoire !

Les rochers de Fontainebleau, si chers aux grimpeurs, abritent un trésor méconnu ; sur une vaste zone qui va de la forêt à la vallée du Loing, recouvrant trois départements, plus de 2 000 abris gravés ont été découverts à partir du XIXe siècle. Certains datent du Mésolithique, soit près de 10 000 ans avant notre ère, d'autres remontent au Néolithique, à l'âge du bronze ou même au Moyen Âge. Il s'agit pour l'essentiel de stries, de quadrillages, de piquetages ou de motifs abstraits, même si quelques silhouettes humaines ou animales se distinguent çà et là. Ces œuvres mystérieuses, qui constituent le second ensemble *rupestre* le plus important de France après la vallée des Merveilles, dans les Alpes-Maritimes, sont remarquables par leur importance, leur originalité et aussi parce qu'elles révèlent une occupation ancienne et continue de la région depuis des millénaires. Ici, les hommes ont souhaité marquer de leur empreinte une terre depuis longtemps convoitée, où pourra bientôt éclore la plus grande révolution de la Préhistoire, celle de l'agriculture et de la sédentarité.

## La Pierre Turquaise, mystérieuse tombe

Cette allée couverte, située à Saint-Martin-du-Tertre dans le Val-d'Oise, est une belle illustration de l'art funéraire du Néolithique. Les allées couvertes sont généralement des chambres funéraires enterrées ou semi-enterrées, précédées d'un long couloir et dont les murs, le sol et le plafond sont constitués de larges dalles de pierre. Celle de la Pierre Turquaise mesure plus de 12 m de long ! Elle était sans doute autrefois recouverte d'un *tumulus*, qui a disparu. Son entrée est composée de deux larges piliers surmontés d'un linteau. Les piliers comportent des bas-reliefs sculptés que certains interprètent comme des représentations schématiques de la déesse de la mort. Pour des raisons inconnues, en 1985, ce monument a été la cible d'un attentat à l'explosif qui l'a gravement endommagé.

De semblables allées couvertes existent par exemple à Meudon, Argenteuil ou Conflans-Sainte-Honorine. Elles sont caractéristiques de la culture dite Seine-Oise-Marne, ou SOM, qui souligne l'unité culturelle du bassin parisien à la fin de la Préhistoire. La culture SOM se caractérise par un délaissement de la poterie au profit du travail de matières précieuses, avec une certaine abondance de bijoux. Elle est également marquée par le maintien de l'inhumation collective, alors que la sépulture individuelle semble s'imposer dans le reste du pays.

# De Lutèce à Paris, au cœur du pouvoir

À la veille de la conquête des Gaules par César, l'Île-de-France est occupée par plusieurs peuples celtes. Une première vague, arrivée vers 700 avant notre ère, apporte avec elle les secrets de la métallurgie du fer, bien plus solide que le bronze. La seconde vague, trois siècles plus tard, comporte des peuples aux noms prestigieux appelés à entrer dans l'histoire, tels les Sénons en Brie ou les Meldes à Meaux, les Véliocasses dans le Vexin, les Silvanectes à Senlis ou encore les Bellovaques à Beauvais. En comparaison, les Parisii semblent bien modestes. Pourtant, au dernier siècle avant notre ère, ils frappent de splendides monnaies d'or quand leurs voisins sénons se contentent du bronze. Leur capitale, Lutèce, bénéficie d'une position stratégique dans la vallée de la Seine. César choisit d'ailleurs cette ville comme siège de l'assemblée des Gaules en 53 av. J.-C., la faisant ainsi entrer dans l'histoire. Un an plus tard, la bataille de Lutèce, que la plupart des historiens localisent dans la plaine de Grenelle, marque la soumission définitive des Parisii à Rome.

**À retenir**

Il n'est pas certain que l'*oppidum* de Lutèce, capitale des Parisii, ait été situé sur l'île de la Cité. César, dans *La Guerre des Gaules*, évoque simplement une île du fleuve, et pour bien des archéologues le site de Nanterre représente une hypothèse crédible.

## Lutèce ou les trésors archéologiques d'une modeste cité

Ensemble remarquable

Les Romains, une fois la paix acquise, mettent à profit les structures existantes afin de tirer parti des richesses commerciales de la région. Ils développent notamment la culture de la vigne, première des productions locales. Dans ce schéma, la Lutèce romaine, située avec certitude sur l'île de la Cité et sur la rive gauche de la Seine, n'est pas la plus importante des cités de la région. D'autres, tels Meaux ou Melun, se révèlent bien plus puissantes. Pourtant, de Metlosedum (Melun), en pays sénon, et de Iantinum (Meaux), capitale des Meldes, il ne reste que quelques vestiges et c'est finalement à Lutèce que l'Île-de-France romaine se laisse le mieux deviner.

En 1870, le percement de la rue Monge permet de retrouver les arènes de Lutèce, dont l'existence, évoquée par les textes anciens, était devenue quasi mythique. Mais malgré l'enthousiasme des Parisiens devant une telle découverte, le site est recouvert jusqu'en 1883. De nouveaux travaux d'urbanisme relancent alors le débat, et les arènes trouvent cette fois en Victor Hugo un défenseur aussi tenace que prestigieux. Leur restauration est finalement financée par un particulier, le docteur Capitan, et permet de mettre au jour un théâtre de 15 000 places, quand Lutèce ne comptait alors que 20 000 habitants !

Autre trésor archéologique parisien, les vestiges monumentaux des thermes de Cluny, dont une salle voûtée de 14 m de haut, le *frigidarium*, a été conservée. Ils couvraient 6 000 $m^2$ sur trois niveaux ; le réseau hydraulique de l'*hypocauste*, le sous-sol avec des salles de service, et enfin les bains et la *palestre* pour l'exercice physique. Quelques éléments de décor ont pu être retrouvés, consoles sculptées ou fragments de mosaïque. Les thermes offrent un exemple intéressant des techniques de construction romaines.

S'il reste peu de monuments romains en Île-de-France, signalons toutefois le théâtre gallo-romain de Châteaubleau, en Seine-et-Marne, découvert au XIXe siècle.

## Le palais de la Cité, quand le pouvoir royal choisit Paris

Lorsque le chef franc Clovis se taille un royaume sur les ruines de l'Empire romain, il choisit en 508 Lutèce, devenue alors Paris, comme capitale et y installe sa résidence. La Neustrie, issue du partage du royaume de Clovis, conserve Paris comme capitale et maintient le palais de la Cité comme lieu emblématique du pouvoir. Dès lors, ce lieu, réemployé, détourné, détruit, mais toujours réinvesti par le nouveau pouvoir, apparaît comme un gage de légitimité car il permet de s'inscrire dans la continuité des pouvoirs précédents.

Sous les Capétiens, le palais s'étend d'une rive à l'autre de la Seine, englobant l'actuel palais de Justice et la Sainte-Chapelle. Aujourd'hui cantonné dans la partie nord de cette zone, son aspect actuel date du XIV$^{e}$ siècle, et deux tours massives, la tour d'Argent et la tour César, dont les fondations sont romaines, rappellent sa fonction défensive. La tour de l'Horloge, quant à elle, a servi de support à la plus ancienne horloge publique de Paris, installée en 1371 ! L'horloge actuelle date de 1585. L'immense salle des Gens d'armes, qui couvre 1 800 m$^{2}$, donne une idée de la magnificence des lieux au temps des Capétiens. Délaissé par les rois au XV$^{e}$ siècle, le palais reste l'un des hauts lieux de la justice parisienne jusqu'à aujourd'hui.

**Le saviez-vous ?**

Transformé en prison, le rez-de-chaussée du bâtiment a compté une illustre prisonnière, en 1793, en la personne de Marie-Antoinette.

### Quand sainte Geneviève veille sur Paris

Geneviève, née à Nanterre vers 420, n'est pas une humble bergère ; elle est issue de l'élite citadine. Son père exerçait très probablement à Paris une charge civile dont elle aurait hérité. La jeune femme bénéficie par ailleurs d'une indéniable aura religieuse en tant que vierge consacrée. C'est sans doute grâce à sa position sociale que, face aux Huns qui menacent la ville, elle convainc les Parisiens de ne pas fuir. Finalement, les Huns se détournent. Cet épisode renforce encore le prestige de Geneviève, qui se distingue à nouveau lors du siège de Paris par le chef franc Childéric. Elle parvient en effet à faire venir un convoi de vivres dans la ville affamée, grâce à un titre de transport délivré aux plus hauts fonctionnaires ! Preuve supplémentaire de son pouvoir, elle lève un impôt sur la ville pour l'édification d'une *basilique* sur le tombeau de saint Denis ; son rôle est alors très proche de celui d'un maire et va même au-delà, puisqu'elle obtient de Clovis une occupation pacifique de Paris, que le jeune roi des Francs choisit pour capitale. Chrétienne et catholique, elle a certainement joué un rôle dans la conversion de Clovis au catholicisme, dans une Europe majoritairement arienne. Ce choix aura une portée décisive ! Sainte Geneviève meurt en 502 à l'âge de 80 ans. Clovis fait bâtir une *basilique* sur sa tombe, sur la colline qui désormais porte son nom ; la fameuse montagne Sainte-Geneviève.

## La basilique Saint-Denis, nécropole royale

La tombe du martyr Denis, mort vers 250, devient vite l'objet d'une dévotion singulière. Sainte Geneviève y fait construire un lieu de culte, et dès cette époque, nombre de hauts personnages s'y font inhumer. En 754, Pépin le Bref, père de Charlemagne, y reçoit l'onction royale ; c'est le premier souverain franc à être sacré. Avec les Capétiens, Saint-Denis devient réellement la nécropole des rois de France qui, jusqu'à Louis XVIII, y sont pratiquement tous inhumés. Ainsi, les quelque 70 statues de marbre qui peuplent la *basilique* représentent une véritable promenade dans l'histoire du royaume de France. Ils ont pour écrin l'exceptionnelle architecture voulue par le puissant abbé Suger qui, au XIIe siècle, transforme l'église carolingienne en joyau de lumière grâce à de splendides vitraux, donnant naissance à l'architecture gothique. Restaurée et agrandie sous saint Louis, la *basilique* Saint-Denis est saccagée à la Révolution et les sépultures royales profanées. Mais si la Convention ordonne sa destruction, une grande partie des tombeaux est préservée grâce à la ténacité de quelques hommes, dont Alexandre Lenoir, qui fonde à Paris le premier musée des monuments français. La restauration du monument commence dès l'Empire, et Saint-Denis représente à bien des égards une sorte de laboratoire des techniques de restauration.

## Notre-Dame de Paris, Dieu au cœur de la Cité

Si Saint-Denis symbolise l'alliance du pouvoir royal et de l'Église voulue par Clovis et Geneviève, la cathédrale Notre-Dame signifie la permanence religieuse au cœur même de la ville. En effet, le vaste bâtiment gothique édifié à partir du XIIe siècle succède à quatre églises, dont la plus ancienne date du IVe siècle. La première pierre de l'édifice est posée par l'évêque Maurice de Sully en 1163. Les travaux se terminent un siècle plus tard. Ils témoignent des prouesses des architectes médiévaux d'Île-de-France, et illustrent à merveille l'art gothique apparu à Saint-Denis. Les tours de façade atteignent 69 m de haut, et l'église peut accueillir 20 000 personnes ! Les splendides rosaces qui ornent les *transepts* nord et sud font 13 m de diamètre !

À retenir

Endommagée lors de la Révolution, Notre-Dame devient le personnage principal du roman homonyme de Victor Hugo, qui souhaite sensibiliser le public à l'état préoccupant du bâtiment. La cathédrale est restaurée à partir des années 1840 sous la direction d'Eugène Viollet-le-Duc, qui recrée alors une flèche de style gothique pour remplacer celle démontée en 1786 car elle menaçait de s'écrouler. C'est cette flèche culminant à 96 m de hauteur qui est partie en fumée dans la nuit du 15 avril 2019, lors de l'incendie ayant ravagé la charpente de l'édifice. Avec la restauration à venir, l'avenir de Notre-Dame est encore à écrire.

## La Sainte-Chapelle, reliquaire de pierre

À quelques pas de Notre-Dame se dresse un autre joyau gothique, la Sainte-Chapelle, conçue comme un écrin pour accueillir les très précieuses reliques chrétiennes acquises par le roi saint Louis, dont la couronne d'épines du Christ. L'église comporte deux niveaux : la chapelle basse, pour le culte paroissial, et la chapelle haute, ornée de 15 verrières de 15 m de haut d'une exceptionnelle beauté, comportant plus de 1 000 scènes retraçant l'histoire universelle depuis la création jusqu'au transfert de la couronne d'épines à Paris. La Sainte-Chapelle, située dans l'enceinte même du palais de la Cité, est un symbole à la fois religieux et politique fort, qui désigne le roi de France comme champion de la chrétienté. Car dans le contexte des dernières croisades, les liens entre l'Église et les souverains se resserrent au plus haut niveau.

À la Révolution, le bâtiment est gravement endommagé et les verrières dispersées. Sa restauration au cours de la seconde moitié du XIX$^{e}$ siècle fait l'objet de vastes débats et de recherches minutieuses.

# Les rois de France, seigneurs féodaux

Si les Capétiens règnent sur le royaume de France, ils sont avant tout des seigneurs féodaux dont le domaine royal a subi un certain rétrécissement autour de Paris, notamment avec la cession de la Normandie aux Vikings en 911. Paris, Noyon et Senlis forment le cœur de ce petit domaine, qu'il convient de défendre contre ses puissants voisins, princes ennemis ou vassaux turbulents, et également d'agrandir afin d'assurer une plus large assise au pouvoir royal.

**Figure 5-1**
Le cœur du domaine royal

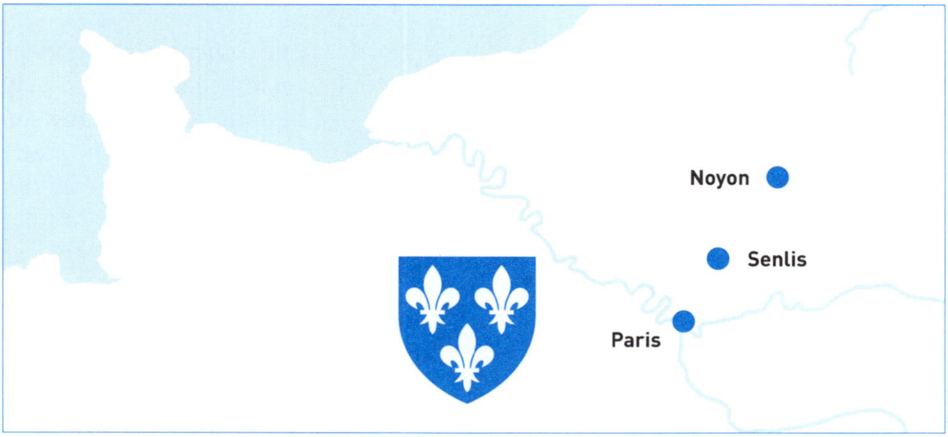

## Le château de Nemours, fidèle au roi

Située au cœur de la ville de Nemours, sur la rive gauche du Loing, cette forteresse est l'un des rares châteaux de ville subsistant en Île-de-France. La fidélité des seigneurs de Nemours à la cause royale y est sans doute pour beaucoup. Édifié à partir du XIIe siècle, le château, composé d'un donjon entouré de quatre tours rondes et d'une haute tour de guet, a subi peu de modifications depuis les origines. Quelques fenêtres à *meneaux* sont percées dans le donjon au cours du XVe siècle, et un auditoire de justice y est bâti au XVIIe siècle.

La ville, enjeu de lutte au cours de la guerre de Cent Ans, accueille en 1585 Catherine de Médicis et Henri de Guise, venus signer au château un traité révoquant tous les édits de tolérance promulgués en faveur des protestants au cours des années précédentes. Le château accueille aujourd'hui un musée des beaux-arts.

## À Dourdan, l'art militaire médiéval à son apogée

Le château de Dourdan participe également de cette volonté de défense du domaine royal appuyée sur les liens de féodalité. Le fief, au départ, appartient à Hugues le Grand, père d'Hugues Capet, qui y décède en 956. Ce n'est alors qu'une fortification de bois que Philippe Auguste, trois siècles plus tard, décide de remplacer par une construction de pierre. Construit entre 1220 et 1222, le château est typique de l'art militaire sous Philippe Auguste, et rappelle à bien des égards, quoique plus modestement, le Louvre, Gisors ou Angers. De plan carré, cerné d'un fossé, il comporte des tours d'angle et un donjon isolé, situé à l'extérieur des remparts mais entouré par les douves. Dans la cour centrale prennent place le logis royal et la chapelle. Le château demeure longtemps propriété royale, et Jeanne de Bourgogne, femme du futur roi Philippe V, y est un temps enfermée lorsqu'éclate le scandale de la tour de Nesles. Le château change plusieurs fois de mains, revient dans l'escarcelle royale, est vendu... Endommagé pendant les guerres de religion, il est transformé en prison en 1690. Au XXe siècle, il échoit finalement à la commune de Dourdan, qui entreprend sa restauration. C'est l'une des forteresses les mieux conservées d'Île-de-France.

## Le Louvre : comment défendre et contrôler Paris

La construction du Louvre à la fin du XIIe siècle répond à la volonté de Philippe Auguste de protéger Paris tout en affirmant l'autorité royale sur la ville. Il constitue, sur la Seine, le verrou des fortifications de Paris. De plan carré, il est doté aux angles et au milieu de chaque muraille d'une tour ronde. Au milieu de la cour se dresse le donjon, lui-même entouré d'un fossé. Cette importante garnison militaire, située aux limites de la ville, permet à la fois de la défendre et de la surveiller. Le donjon sert également de prison et de trésor royal. Cependant, la croissance urbaine de Paris rend peu à peu caduque la fonction défensive du Louvre, qui se transforme, sous Charles V, en résidence royale, grâce à d'importants travaux d'aménagement et notamment au percement de nombreuses fenêtres. Après les épreuves de la guerre de Cent Ans, le Louvre médiéval est en partie rasé pour laisser place à un château dans le goût de la Renaissance. Les principaux travaux ont lieu sous le règne d'Henri II.

À retenir

Sous la Révolution, le Louvre est transformé en musée, exposant aux yeux du public des œuvres provenant des collections royales. Le palais est peu à peu réaménagé dans cette optique, les architectes s'inspirant des galeries des musées du Vatican. Le Louvre devient ainsi un lieu de préservation, d'étude et de pratique de l'art, car de nombreux artistes viennent s'y exercer en copiant les œuvres. Sous le Second Empire sont conduits d'ambitieux travaux visant à étendre les bâtiments en direction des Tuileries par la construction de deux ailes parallèles, créant l'actuelle cour Napoléon. Ce nouveau Louvre accueille, en plus du musée, un certain nombre d'institutions, tel le ministère d'État, chargé de la politique de prestige de l'Empire.

Plus d'un siècle plus tard, le président Mitterrand s'empare à son tour du sujet avec le projet du « Grand Louvre ». Les dernières administrations quittent le palais, désormais entièrement dédié aux arts. Un espace d'accueil du public est aménagé sous la cour Napoléon et surmonté de la célèbre pyramide de verre de l'architecte Ieoh Ming Pei. Sous les ors du Louvre, plus grand musée du monde, la République succède à la monarchie et à l'Empire, marquant ainsi la permanence des lieux de pouvoir.

## Vincennes, refuge royal

Résidence royale depuis Philippe Auguste, Vincennes est transformé en forteresse sous Charles V. À vrai dire, il s'agit plutôt d'une résidence royale fortifiée, destinée à accueillir et protéger le roi et sa suite. Le donjon, haut de 52 m, est entouré de deux enceintes successives. La seconde, très vaste, enclot un espace de plusieurs hectares. Charles V, qui y est né, en fait son lieu de résidence et le siège de son administration, tout comme son arrière-petit-fils Louis XI. Celui-ci fait construire un logis de plain-pied sur la cour, et poursuit le chantier de la chapelle commencé par son aïeul. Elle ne sera achevée qu'en 1552, sous le règne d'Henri II ! De fait, Vincennes ne cesse de se transformer, et Louis XIV lui-même y fait ajouter deux ailes reliées par un portique. Mais le Roi Soleil préférant finalement

Versailles, le donjon devient prison, tandis qu'une manufacture de porcelaine s'y installe. En 1804, c'est dans les fossés de Vincennes qu'est assassiné le dernier des Condé, Louis-Antoine de Bourbon, duc d'Enghien, sur ordre de Napoléon. En 1815, le château affirme encore sa vocation militaire quand le général Daumesnil refuse, pendant 5 mois, de se rendre aux troupes russo-autrichiennes.

Le saviez-vous ?

Après la Seconde Guerre mondiale, et de façon très symbolique, le général de Gaulle envisage d'y déménager la présidence, car il juge que l'Élysée manque de prestige et se trouve trop enclavé dans Paris. Le projet est finalement abandonné, et aujourd'hui, après une vaste campagne de restauration menée dans les années 1990-2000, le donjon et les appartements royaux sont ouverts au public. Le site abrite également le Service historique de la Défense.

## Saint-Germain-en-Laye, demeure royale et musée impérial

Le château de Saint-Germain a été, depuis les premiers Capétiens, témoin et enjeu de ces luttes de pouvoir qui placent sur la carte d'Île-de-France palais et forteresses comme autant de pièces d'échec. Louis VI le Gros y érige un premier ouvrage défensif au XIIe siècle, saint Louis y réside régulièrement et y fait bâtir une chapelle. Charles V en fait un château fort, sur les fondations duquel François Ier fait bâtir un château Renaissance. Ses successeurs lui adjoignent un « château Neuf », disparu à la Révolution, et font aménager des jardins en terrasse descendant jusqu'à la Seine.

Le saviez-vous ?

Louis XIV naît à Saint-Germain et y passe les premières années de sa vie, jusqu'au déménagement de la cour à Versailles. Il y trouve refuge lors de l'épisode de la Fronde. À la fin du XVIIe siècle, le château abrite la cour en exil du roi Jacques Stuart d'Angleterre. Délaissé par la suite, fortement dégradé, il reprend vie lorsque Napoléon III décide d'y installer un musée d'archéologie, qui abrite aujourd'hui l'une des plus belles collections d'Europe.

# Paris au cœur de sa région à la fin du Moyen Âge

Paris, petite cité celte sans importance, est devenue capitale d'un royaume mal assuré que les Capétiens s'appliquent patiemment à consolider et à agrandir. Vers 1330, la ville compte environ 200 000 habitants, ce qui en fait la plus importante cité d'Europe. Elle s'appuie donc, pour son ravitaillement, sur le réseau agricole et économique tissé en Île-de-France depuis l'époque gallo-romaine. Clef de voûte de cette économie à la fois locale et internationale, les fameuses foires de Champagne, dont Provins est l'un des hauts lieux.

## Provins, cellier de Paris

Ensemble remarquable

Provins est inscrit au patrimoine mondial de l'UNESCO en sa qualité de ville de foire médiévale. Érigée sur l'emplacement d'un *castrum* romain, elle acquiert très vite une certaine importance, puisqu'à l'époque carolingienne elle est la troisième ville de France et frappe sa propre monnaie. Sous les Capétiens, la protection des comtes de Champagne permet le développement de foires de grande ampleur qui jouent un rôle majeur dans l'approvisionnement de Paris et de l'Île-de-France. Située sur les grandes routes commerciales européennes, elle abrite des manufactures de cuir, de drap et de coutellerie. Elle connaît son apogée aux XIIe et XIIIe siècles et offre encore au visiteur une plongée dans cette époque. Elle ne compte pas moins de 58 monuments historiques classés ou inscrits ! Parmi ceux-ci, l'enceinte fortifiée, la porte Saint-Jean et la porte Jouy, la tour César, donjon surplombant la ville, la place du Châtel et sa « croix des Changes », la maison aux Quatre Pignons, la maison des Petits Plaids, la grange aux Dîmes, l'hôtel de la Coquille, le prieuré Saint-Ayoul… Provins est aujourd'hui largement mise en valeur par diverses manifestations touristiques.

## L'abbaye de Royaumont, haut lieu de rayonnement spirituel et intellectuel

L'importance politique et la richesse économique de la région vont de pair avec son développement culturel et intellectuel, comme l'illustre la construction de l'abbaye de Royaumont, fondée par saint Louis et sa mère Blanche de Castille. Le pieux roi, qui aime à y faire retraite, la dote richement, lui permettant d'ouvrir une école théologique confiée au dominicain Vincent de Beauvais.

À retenir

Saint Louis constitue une bibliothèque exceptionnelle, comprenant des livres liturgiques, des ouvrages destinés à l'éducation des enfants royaux et une bibliothèque de patristique, créée grâce aux œuvres rapportées de croisade. Royaumont hérite d'une grande partie de ces trésors. Malheureusement, l'abbaye périclite et la bibliothèque avec elle. Les derniers cisterciens sont chassés à la Révolution, l'immense église *abbatiale* rasée, les lieux transformés en manufacture. Malgré cela, Royaumont, amplement restaurée au XXe siècle, constitue aujourd'hui le plus bel ensemble cistercien d'Île-de-France.

## Saint-Julien-le-Pauvre et l'université de Paris

Considérée comme l'une des plus anciennes de Paris, l'église de Saint-Julien-le-Pauvre, édifiée au sein d'un hospice, serait dédiée à saint Julien l'Hospitalier. Détruite lors d'un raid viking, elle échoit vers 1170 aux moines de l'abbaye de Longpont, qui décident la construction d'un nouvel édifice, qui semble inspiré par sa voisine Notre-Dame. Le prieuré bénéficie rapidement de l'aura de l'université de Paris voisine qui, faute de place, obtient l'autorisation de tenir des cours dans l'église. Celle-ci accueille également les assemblées générales de l'université, qui s'avèrent parfois mouvementées, comme en 1525, où la réunion s'achève en émeute. Saint-Julien est également le siège de plusieurs corporations de métier. Cependant, au XVII^e^ siècle, l'université se déplace vers la montagne Sainte-Geneviève, et l'église, perdant une bonne part de ses ressources, connaît une lente décrépitude et doit même être raccourcie de deux *travées*. Transformée en grenier à sel sous la Révolution, elle est aujourd'hui dédiée au culte grec catholique.

### Quand les rois boudent Paris

Au cours de la guerre de Cent Ans, les factions rivales se disputent Paris qui tombe en 1420 aux mains des Bourguignons et de leurs alliés anglais. Jeanne d'Arc échoue à reprendre la capitale, et il faut attendre 1437 pour que Charles VII puisse enfin se rendre maître de la ville. Mais les rois se détournent désormais de l'Île-de-France, ravagée par les mercenaires anglais, bourguignons ou navarrais, et de Paris la séditieuse. Désormais, et pour longtemps, le pouvoir royal se tient loin de la capitale, préférant les douceurs du Val de Loire. La cour, itinérante, va de château en château, gardant un œil sur Paris qui reste malgré tout, et de loin, la plus importante ville de royaume et le siège du puissant parlement de Paris.

## L'hôtel de Cluny, joyau gothique au temps de la Renaissance

Paris, en effet, ne peut être écarté d'un revers de main, car la capitale reste le siège du pouvoir intellectuel et spirituel incarné notamment par la très puissante université. L'ordre de Cluny possède un collège à Paris, afin d'y accueillir les moines venus y suivre une formation universitaire. L'abbé, quant à lui, dispose d'un hôtel particulier pour ses séjours dans la capitale. Le bâtiment actuel, édifié à partir de 1485 par l'abbé Jacques d'Amboise, est un superbe édifice construit sur les ruines des thermes gallo-romains, que l'architecte a choisi de ne pas détruire.

Il installe même un jardin sur les voûtes du *frigidarium*. De style gothique, le luxueux hôtel particulier présente un décor richement sculpté. Sa chapelle, édifiée autour d'un unique pilier central, déploie un incroyable réseau de nervures au plafond. Soigneusement restauré au XIXe siècle, dégagé de sa gangue urbaine par les travaux d'Haussmann, l'hôtel de Cluny abrite aujourd'hui le musée du Moyen Âge. Son architecture gothique, riche et singulière, souligne à quel point la capitale a longtemps résisté aux sirènes de la Renaissance.

# Lieux de pouvoir et fastes royaux à l'époque classique

**À retenir**

Le brillant XVIe siècle voit, à plusieurs reprises, l'unité du royaume et le pouvoir royal lui-même gravement menacés. Après la cruelle défaite de Pavie et la captivité du roi François Ier, la France n'échappe au démembrement que parce que les états généraux annulent le traité de Madrid signé par le roi prisonnier. Puis les guerres de religion, déchirant le pays en factions rivales qui n'hésitent pas à faire appel aux puissances étrangères, manquent de faire sombrer le royaume. La monarchie est gravement remise en cause. L'avènement d'Henri IV marque le retour de la paix civile, que le roi achète cependant au prix fort. Désormais, les souverains n'auront de cesse de mater la haute noblesse ligueuse, frondeuse, rebelle, qui représente un grave danger pour l'unité du royaume et le pouvoir monarchique. Ce système culmine à Versailles, vaste entreprise de domestication des « grands ».

Car le retour des rois en Île-de-France ne signifie pas forcément que la monarchie réinvestit Paris, dont les souverains, prudents, se tiennent souvent à distance ; mais le Val de Loire est finalement délaissé au profit des riches régions qui jouxtent la capitale ; Fontainebleau, Saint-Germain et bientôt Versailles soulignent le fait que le pouvoir ne peut faire fi de Paris, qu'il faut savoir à la fois se concilier et surveiller. Dès lors, la cité constitue un véritable pôle d'attraction, aimantant la puissance du royaume et amorçant une centralisation promise à un bel avenir.

## Fontainebleau ou le retour du roi

François Ier, sans doute pour faire oublier ses déconvenues italiennes, décide de faire bâtir un palais de style Renaissance à l'emplacement de la forteresse féodale de Fontainebleau. Le roi, qui délaisse alors Blois, peut ainsi signifier le retour de la royauté en Île-de-France après les aventures italiennes et sa captivité en Espagne, et faire valoir les talents artistiques découverts en Italie. Du château féodal, il ne garde que le donjon et un pan de *courtine*. Les architectes italiens érigent les bâtiments Renaissance qui encadrent la cour ovale, ainsi qu'un autre édifice, donnant sur la basse-cour ouest, et relié au premier par une galerie. Le palais se veut une ode à l'art de la Renaissance, le roi y accumule les antiquités rapportées d'Italie et les œuvres des maîtres italiens, dont Léonard de Vinci. Henri II, à son tour, fait bâtir une salle de bal et une chapelle. L'école de Fontainebleau, regroupant les artistes ayant œuvré à l'aménagement et au décor du château, signe le triomphe de la Renaissance française. À l'issue des guerres de religion, Henri IV fait édifier de nouveaux bâtiments, doublant presque la surface du château. Ce dernier atteint des proportions impressionnantes avec les agrandissements réalisés par Louis XIII et Louis XIV. Il compte environ 1 500 pièces ! Investi par le Premier Empire puis par le Second, Fontainebleau, demeure royale puis impériale, échoit finalement à la République. Elle y crée en 1986 un musée consacré à Napoléon Bonaparte, qui considérait Fontainebleau comme « la vraie demeure des rois, la maison des siècles ». Les pouvoirs se succèdent, mais décidément, les lieux demeurent !

## Le tocsin de Saint-Germain-l'Auxerrois

Située à deux pas du Louvre, cette église est la paroisse des rois de France lorsqu'ils séjournent dans la capitale. Bien des enfants royaux y furent baptisés. D'origine mérovingienne, elle est plusieurs fois reconstruite. Le portail, le *chœur* et la chapelle de la Vierge datent du XIIIe siècle, mais elle fait l'objet d'importants travaux deux siècles plus tard. En 1710, elle est réaménagée et l'on y installe un *jubé*. Elle connaît bien des déboires au XIXe siècle, avant d'être restaurée sous la monarchie de Juillet. L'église possède un très bel ensemble de vitraux du XVIe siècle.

Elle joue malheureusement un rôle tragique lors de la Saint-Barthélemy ; en août 1572, au lendemain du mariage de la sœur du roi avec le protestant Henri de Navarre, futur Henri IV, les principaux chefs protestants sont assassinés, probablement sur ordre du roi qui craint un complot. Le tumulte provoqué par cette opération militaire alerte les Parisiens, qui croient la ville menacée par une attaque protestante.

Le saviez-vous ?

Le tocsin de Saint-Germain retentit, bientôt repris de clocher en clocher ; c'est le signal d'un massacre généralisé qui dure plusieurs jours, malgré les appels au calme du roi.

## L'Institut de France ou le Paris des beaux esprits

Le XVIIe siècle, sommet de l'époque classique, marque l'apogée de cette centralisation voulue par les rois pour unifier et contrôler le pays ; dès lors, le rôle culturel de Paris, déjà très important depuis le Moyen Âge, est encore accentué. La capitale devient la ville des beaux esprits pour le reste du royaume et pour toute l'Europe !

**Figure historique**

Il n'est dès lors pas étonnant que le puissant cardinal Mazarin, ministre de Louis XIV, souhaite par testament y fonder un collège, destiné à assurer gratuitement l'éducation d'une soixantaine de jeunes gens issus des provinces récemment réunies à la France. Le collège des Quatre-Nations, bâti par l'architecte Le Vau en bord de Seine, face au Louvre, forme une vaste courbe où deux pavillons carrés encadrent la chapelle, qui abrite le cénotaphe du cardinal Mazarin réalisé par Antoine Coysevox. L'édifice est surmonté d'une étonnante coupole qui, si elle est circulaire à l'extérieur, forme une ellipse vue de l'intérieur. Le collège fonctionne de 1688 à 1791. Il hérite de la bibliothèque du cardinal, constituée de 40 000 ouvrages !

**À retenir**

Depuis 1805, le collège des Quatre-Nations accueille l'Institut de France, qui rassemble l'Académie française, l'Académie des inscriptions et belles-lettres, l'Académie des sciences, l'Académie des beaux-arts et l'Académie des sciences morales et politiques.

## Le château de Breteuil, au service du roi

Les demeures classiques d'Île-de-France semblent dessiner la carte des familles fidèles au pouvoir royal, quand les rebelles voient leurs châteaux rasés ou étêtés, notamment par l'énergique cardinal de Richelieu. Car l'unité architecturale souligne ici celle du royaume, qui se doit d'être à l'image du roi et de ses choix esthétiques. C'est le cas à Breteuil, où le château, dans son aspect actuel, présente un fort bel exemple de l'architecture du XVIIe siècle, avec un corps central encadré de deux ailes et précédé de pavillons carrés, ornés de parements de brique et de pierre sous de hautes toitures d'ardoise. Son jardin à la française comprend, comme il est de mise, une orangerie et un colombier, la première répondant à une mode architecturale de l'époque, le second rappelant les vieux droits féodaux. Certains membres de la famille de Breteuil se distinguent au XVIIIe siècle, telle Émilie, femme de science et amie de Voltaire, ou encore Louis Auguste, ambassadeur et ministre de Louis XVI. Le château de Breteuil appartient encore aujourd'hui à la famille qui porte son nom, et propose aux visiteurs un voyage enchanté dans le temps grâce à la reconstitution de scènes et d'ambiances ayant marqué son histoire.

## Quand Vaux-le-Vicomte fait de l'ombre au Roi Soleil

Figure historique

En 1653, le puissant surintendant des finances, Nicolas Fouquet, fait appel à l'architecte du roi, Louis Le Vau, pour bâtir un fastueux château sur la seigneurie de Vaux, qu'il vient d'acquérir. Les plus grands artistes du temps participent à cette vaste entreprise, dont André Le Nôtre, paysagiste et contrôleur général des bâtiments du roi. Fruit de ce travail et du génie de Le Vau, c'est un chef d'œuvre de classicisme que découvre le jeune Louis XIV invité par son trop puissant surintendant. Les pièces n'y sont plus disposées en enfilade mais juxtaposées, ce qui permet de créer des espaces intimes au-dessus des salles de réception du rez-de-chaussée. La transparence du pavillon central permet au regard d'admirer la perspective qui se développe au-delà du bâtiment, tandis que la haute coupole qui le surmonte représente une véritable prouesse technique. Reçu à Vaux de manière somptueuse lors d'une fête mémorable le 17 août 1661, le roi goûte peu ce déploiement de faste de la part de l'un de ses sujets. Il fait arrêter Fouquet en septembre 1661 ; Vaux est placé sous scellés.

L'aventure de Vaux démontre à quel point le pouvoir s'est incarné dans l'architecture, et souligne qu'il n'était dès lors guère prudent d'en remontrer au roi en la matière. La chute de Fouquet, trop puissant ministre, annonce en effet le triomphe de Versailles ainsi que la volonté du roi de gouverner désormais seul.

## Versailles, château ou palais ?

Ensemble remarquable

Versailles, depuis le relais de chasse de Louis XIII jusqu'à l'immense musée voulu par Louis-Philippe, n'a jamais eu la moindre fonction défensive, et ses immenses galeries, ses hautes verrières, ses cours de marbre semblent le désigner comme un palais ; pourtant, depuis la Renaissance, ce dernier terme désigne une résidence de ville, comme le Louvre, alors que le château se situe à la campagne. Versailles, érigée au fond des bois au cœur d'un maigre village, est donc un château. Né de la passion de Louis XIV pour ce lieu modeste créé par son père, Versailles, entreprise gigantesque et œuvre d'une vie, se veut une véritable mise en scène de la royauté. Les travaux débutent dès 1661 ; l'architecte Le Vau englobe le relais de chasse dans un ensemble plus vaste qui délimite la cour royale et crée une avant-cour, et Jules Hardouin-Mansart crée les deux monumentales ailes du Nord et du Midi, ainsi que les ailes des ministres et la chapelle royale. Les jardins à la française, dessinés par Le Nôtre, revêtent aux yeux du roi la même importance que le bâtiment lui-même, et donnent lieu à des travaux considérables qui mobilisent parfois des régiments entiers ! Le système hydraulique prévu pour alimenter les bassins s'étend sur une grande partie des Yvelines, avec la création de la machine de Marly ou encore des étangs de Hollande, en forêt de Rambouillet.

Le relais de chasse se fait résidence de plaisance puis siège du pouvoir, puisque le roi y installe son administration et y entretient sa cour. Dès lors, le château accueille de fastueuses cérémonies qui visent à exalter la monarchie. Si la régence boude Versailles, le jeune Louis XV y réinstalle sa cour et a à cœur d'achever les travaux commencés par son arrière-grand-père. Il mène notamment à bien la construction de l'opéra royal et réaménage les appartements du roi.

Au cours de la Révolution, le château ne subit pas de dégradation majeure. Sa destinée reste toutefois incertaine jusqu'à ce que Louis-Philippe décide d'en faire un musée dédié « à toutes les gloires de la France », engageant pour l'occasion des travaux monumentaux. Versailles redevient également un lieu de pouvoir, puisqu'il accueille les souverains étrangers. De plus, c'est entre ses murs qu'est proclamée, en 1871, la création de l'Empire d'Allemagne, que naît ensuite la Troisième République ou encore qu'est signé le traité mettant fin à la Grande Guerre.

## Maisons-Laffitte, ou Versailles avant Versailles

Le jeune Louis XIV a été fortement marqué par la visite du château de Maisons, attribué à l'architecte François Mansart, en 1651. Quelques années plus tard, il fait venir sur le chantier de Versailles des artistes et sculpteurs ayant œuvré à Maisons, et confie le chantier à Jules Hardouin-Mansart, petit-neveu de François, qui prend la suite de l'architecte Le Vau.

Le saviez-vous ?

Au XIXe siècle, le banquier Jacques Laffitte rachète le domaine de Maisons et le fait bâtir par lots. Il laisse également son nom à ce lieu. Sauvé de la destruction en 1905, le château est aujourd'hui en cours de restauration.

## Champs-sur-Marne, « petite maison de campagne »

Le XVIIIe siècle marque le triomphe de l'intimité, et la nécessité, pour l'aristocratie, d'échapper par instants aux contraintes de la cour au sein de ces « petites maisons », situées autour de Paris, où se déploie un nouvel art de vivre. Champs-sur-Marne, édifié au début du siècle pour un financier de Louis XIV, incarne cette nouvelle aspiration. De plan simple, dit « massé », il s'organise autour d'un salon à rotonde à vue traversante, comme à Vaux. Son décor, fait de rocaille et de chinoiseries, rappelle les goûts naturalistes et exotiques de l'époque. On y voit apparaître, pour la première fois, une salle à manger autonome. Il possède encore aujourd'hui un mobilier remarquable, signé des plus grands ébénistes du temps.

Depuis 1935, il figure au nombre des résidences officielles de la présidence de la République, et accueille dès 1959 des chefs d'État étrangers. Ses jardins, inspirés de l'œuvre de Le Nôtre, sont labellisés Jardin remarquable.

## L'hôtel des Invalides, hommage à l'armée

La douceur et l'art de vivre déployés à Champs ne doivent pas faire oublier que la paix et l'unité du royaume se gagnent au prix d'une forte mobilisation militaire. Conscient de ce qu'il doit à son armée, Louis XIV décide en 1670 la construction d'un vaste ensemble destiné à accueillir les soldats blessés, mais pas seulement ; hôpital, hospice, caserne, couvent et même manufacture, les Invalides représentent une véritable cité, accueillant plus de 4 000 pensionnaires et régie par des règles propres. Le bâtiment, de style classique, s'organise autour de la cour d'honneur et possède une double église. L'église des soldats, dédiée à saint Louis, a rang de cathédrale du diocèse aux armées françaises depuis 1986. Elle est prolongée par la chapelle du Dôme, autrefois réservée au roi, où se trouve aujourd'hui le tombeau de Napoléon Bonaparte. Depuis 1873, une haute verrière sépare les deux parties du bâtiment.

À retenir

Actuellement, les Invalides accueillent toujours l'Institution nationale des Invalides, consacrée aux blessés de guerre, et abritent également le musée de l'armée. Ils sont les lieux emblématiques des cérémonies d'hommage militaires ou civiles.

## Les Gobelins, royale manufacture

Après la vie politique et la vie culturelle, le pouvoir royal s'intéresse nécessairement à la vie économique qui doit être, elle aussi, au service de la grandeur du royaume. Dès le règne d'Henri IV, le ministre Sully lance un ambitieux programme de développement des manufactures du royaume. L'atelier royal de tapisserie, produit de luxe dont la cour fait grand usage, est installé dans les bâtiments des teinturiers Gobelin, établis depuis le XVe siècle sur les bords de la Bièvre. En 1662, Colbert y regroupe les différents ateliers royaux et confie la direction de l'ensemble au peintre Charles Le Brun. Orfèvres, graveurs, fondeurs, ébénistes et peintres y travaillent à la gloire des arts de la France, mais les Gobelins sont surtout célèbres pour les tapisseries et tentures. La réputation de la manufacture atteint une dimension internationale, mais en 1694, faute de moyens, elle doit fermer ; les incessantes guerres du Roi Soleil ont en effet épuisé les ressources. Elle rouvre 5 ans plus tard, et sa production illustre les changements de pouvoir qui marquent l'histoire ; histoire religieuse et portraits royaux au XVIII^e siècle, glorification de l'épopée impériale sous Napoléon, portraits de la cour sous le Second Empire. Le XX^e siècle fait honneur à l'art contemporain ; les œuvres sont réalisées d'après le travail de Fernand Léger, Sonia Delaunay, Gérard Garouste... La manufacture, rattachée depuis 1937 à l'administration du Mobilier national, compte aujourd'hui 15 métiers à tisser et produit de 6 à 7 pièces par an.

## La manufacture de Sèvres ou l'art de la fragilité

Le colbertisme ne disparaît pas avec Colbert, il est même encouragé par le développement des sciences et des techniques, qui permet l'amélioration de la production des manufactures royales. La première manufacture de porcelaine est fondée à Vincennes, sous l'impulsion de Louis XV et de Madame de Pompadour. Seize ans plus tard, la favorite royale fait déménager la fabrique à Sèvres, dans un bâtiment construit à cet effet. L'édifice déploie ses 130 m de long et quatre étages de haut autour d'un pavillon central orné d'un fronton portant une horloge. Le rez-de-chaussée abrite les réserves de matières premières, les fours se trouvent au premier étage, ainsi que les ateliers. Le deuxième abrite sculpteurs et tourneurs, tandis qu'au dernier étage œuvrent les peintres et les doreurs. Rattachée à la couronne en 1759, la manufacture bénéficie d'une innovation majeure, la mise au point de la porcelaine dure grâce à la découverte d'un gisement de kaolin dans la région de Limoges. La manufacture connaît un important succès au XIX^e siècle, et est finalement déplacée en 1875 sur le site de Saint-Cloud.

**Figure 5-2**
La manufacture de Sèvres

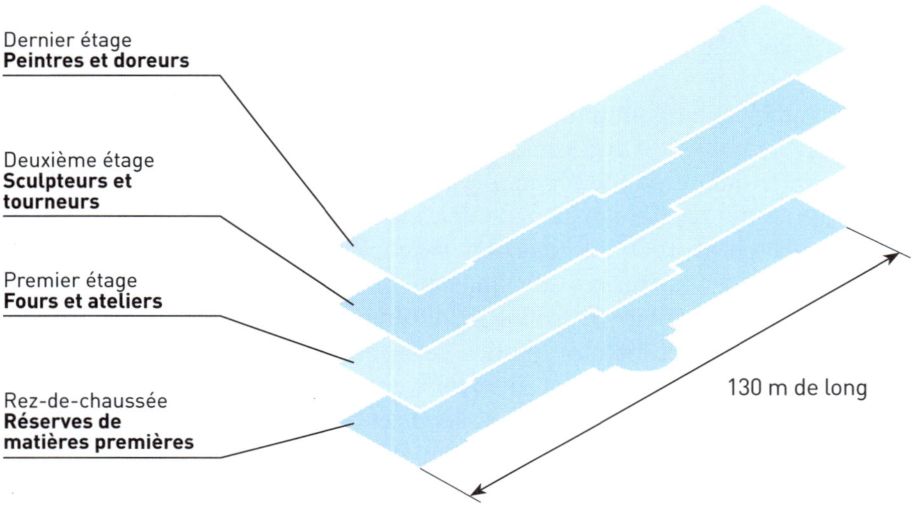

Le saviez-vous ?

La porcelaine de Sèvres se caractérise par une couleur singulière, le bleu de Sèvres, obtenu avec de l'oxyde de cobalt.

## Théâtre de La Roche-Guyon et folie de Bagatelle, derniers feux d'une aristocratie oisive ?

Insolite

La Roche-Guyon, château à demi troglodytique adossé à une falaise sur laquelle se perche son donjon, est déjà en soi un lieu insolite. Mais la présence au sein de ce domaine, situé au cœur de la campagne vexinoise, d'un théâtre complet comprenant tout un jeu de décors et de machineries est encore plus surprenante. Niché dans l'une des vastes salles troglodytiques du château, ce lieu de représentation répond à la mode de la fin de l'Ancien Régime, qui voit se multiplier les salles de spectacle privées au sein des demeures aristocratiques et bourgeoises. Il est en cours de restauration.

**Figure 5-3**
La Roche-Guyon

Bagatelle, pour sa part, incarne une autre lubie du XVIII^e siècle finissant, celle des « folies », maisons d'apparat dispendieuses et sans utilité particulière. En 1777, la première construction de Bagatelle, fort délabrée, est connue comme un lieu de plaisir et de légèreté. Le comte d'Artois entend y donner de somptueuses fêtes, et pour ce faire relève le défi lancé par la reine Marie-Antoinette de rebâtir le lieu en 100 jours.

Le pari est gagné, mais le coût exorbitant de cette construction inutile lui vaut le surnom de « folie d'Artois ». Boudoirs, salons, billard, tout y est conçu pour la fête ou le plaisir, y compris le décor aux accents plus ou moins érotiques.

# Les régimes se succèdent, la centralisation demeure

L'écart grandissant entre les élites au train de vie luxueux, occupées à bâtir des folies, et le peuple de France conduit bientôt à la rupture. Mais si la Révolution signe la fin de la monarchie, elle ne met pas un terme à l'entreprise de centralisation entamée par celle-ci, bien au contraire ! Pourtant, si le pouvoir est à Paris, la ville représente également le plus sûr des contre-pouvoirs, car elle cultive une solide tradition de fronde et de rébellion. Et si les États généraux s'érigent en assemblée constituante à Versailles, c'est le peuple de Paris qui ramène le roi dans sa capitale, avant de donner le ton durant toute la Révolution.

## Réconciliation nationale au Panthéon

Si bien des monuments ont gravement souffert de l'épuration culturelle menée par la Révolution, d'autres ont su traverser l'orage grâce à un détournement d'usage. Ainsi du Panthéon, conçu au départ pour remplacer l'église *abbatiale* de l'abbaye Sainte-Geneviève. La première pierre est posée en 1764. L'architecte, Jacques-Germain Soufflot, a prévu un imposant bâtiment néoclassique sur un plan en forme de croix grecque. Il comporte notamment une impressionnante coupole, constituée en fait de trois coupoles superposées dont la plus haute possède une structure de pierre et non de bois. En 1791, l'Assemblée décide de la transformer en nécropole des grands hommes de la nation, ou Panthéon. Son architecture intérieure est modifiée en ce sens. Mais l'Empire la rend au culte, et dès lors les deux fonctions se superposent ; les grands hommes reposent dans la crypte, les cérémonies religieuses se déroulent dans sa partie supérieure. Enfin, après bien des changements, en 1885, le lieu retrouve définitivement sa vocation de nécropole nationale. Victor Hugo y est inhumé en grande pompe. Bien d'autres le suivront, d'Émile Zola à Simone Veil, mais les héros militaires sont quant à eux enterrés aux Invalides. Enfin, Claude Joseph Rouget de L'Isle, auteur de *La Marseillaise* placé à titre provisoire dans la crypte des gouverneurs des Invalides, attend depuis 1915 son transfert au Panthéon !

## La Malmaison et les roses de Joséphine

**Figure historique**

Joséphine de Beauharnais, épouse du général Bonaparte, fait l'acquisition du domaine de la Malmaison en 1799. Napoléon, devenu Premier consul à l'issue du coup d'État du 18 Brumaire, l'adopte comme résidence et le fait redécorer et remettre au goût du jour. Le lieu joue un rôle politique important lors de la période du Consulat, mais une fois couronné empereur, Napoléon lui préfère Saint-Cloud, plus prestigieux. Joséphine s'y retire en 1809, après son divorce, et y demeure jusqu'à sa mort. Le château est finalement légué à l'État en 1904, et présente depuis 1905 un remarquable ensemble de mobilier du Consulat. Il a en effet été restauré dans son état de la période impériale. On peut notamment y admirer une salle du conseil en forme de tente militaire et une très belle bibliothèque.

Joséphine entretenait également une passion pour les plantes, et a peuplé ses jardins des espèces les plus exotiques. Elle rassemble aussi 250 variétés de roses et encourage les travaux d'André Dupont sur l'hybridation artificielle de ces fleurs. Il crée plus de 25 nouvelles variétés.

**En péril**

En 1804, Joséphine fait construire dans le parc le pavillon de la « petite Malmaison », choisi par le loto du patrimoine pour bénéficier d'une restauration intérieure et extérieure.

## La Madeleine, temple impérial ou église parisienne ?

La Madeleine fait partie de ces édifices que les soubresauts du pouvoir ont fait plusieurs fois changer de destination, chacun y projetant ses valeurs et ses rêves de grandeur. L'édifice est au départ destiné à remplacer l'église paroissiale Sainte-Marie-Madeleine. Mais les travaux, lancés en 1764, sont interrompus par la Révolution. En 1802, une autre église ayant été désignée comme édifice paroissial lors du rétablissement du culte catholique, se pose la question de l'emploi de ce bâtiment inachevé. Napoléon lance un concours pour l'édification d'un temple à la gloire des armées françaises, et retient finalement le projet de Pierre Vignon, qui propose un édifice néoclassique figurant un monumental temple grec. Les travaux progressent toutefois lentement, faute de moyens. Finalement, avec la Restauration, la Madeleine redevient église paroissiale, tout en gardant son curieux aspect de temple grec. La fresque de la demi-coupole figure d'ailleurs, parmi les grands hommes entourant le Christ, Marie-Madeleine et les apôtres, l'empereur Napoléon lui-même !

Le saviez-vous ?

La Madeleine, paroisse aimée des artistes, a vu se dérouler les funérailles de nombreux musiciens, de Frédéric Chopin à Johnny Hallyday, en passant par Offenbach, Gounod, Fauré, Édith Piaf, Joséphine Baker, Dalida, Henri Salvador…

## L'Arc de triomphe : fédérer les Français

Monument à la gloire de l'Empire voulu par Napoléon, l'Arc de triomphe, alors inachevé, a bien failli disparaître à la chute de l'empereur. Mais les souverains de la Restauration ont eu l'intelligence de reprendre le projet à leur compte, faisant de ce lieu un monument à la gloire de tous les héros français depuis la Révolution, dans un effort de réconciliation nationale.

Depuis la Renaissance, les rois se plaisent à reprendre le symbole romain de l'arc de triomphe, tel Louis XIV faisant ériger les portes Saint-Denis et Saint-Martin. Pour le nouveau monument, l'architecte Jean-François Chalgrin s'inspire de l'arc de Titus et adopte des dimensions hors norme ; avec ses 50 m de hauteur et 45 m de longueur, c'est le plus grand du monde. Son décor sculpté est éminemment symbolique ; y figure notamment *La Marseillaise* de François Rude, aux côtés du *Triomphe*, de la *Résistance* et de la *Paix*. Plusieurs batailles, telles Aboukir ou Jemmapes, sont également représentées, et la frise dite du *Départ des armées* représente nombre de personnalités de la Révolution et de l'Empire, tels La Fayette, Hoche, Cambronne, Masséna… Des figures allégoriques complètent l'ensemble.

C'est sous son ombre qu'est placée, en 1920, la tombe du Soldat inconnu, où depuis 1923 est entretenue une flamme ravivée chaque soir à 18 h 30.

## Le palais de l'Élysée, de la favorite à la présidence

Bâti dans le style classique pour le comte d'Évreux au début du XVIIIe siècle, le palais de l'Élysée se dresse au cœur du faubourg Saint-Honoré, alors que l'avenue des Champs-Élysées est encore encadrée de verdure. En 1753, Louis XV rachète et offre le palais à sa favorite, Madame de Pompadour, qui le réaménage à grand renfort de boiseries et de dorures, selon le style dit « Pompadour ». Le bâtiment passe ensuite de main en main et échoit sous l'Empire à Joachim Murat et Caroline Bonaparte, qui lui donnent un lustre nouveau. Haut lieu des fêtes impériales, l'empereur lui-même y réside à plusieurs reprises, y compris durant les Cent Jours. Sous la Restauration, il accueille le duc de Berry, héritier du trône assassiné en 1820. La Deuxième République, enfin, le désigne comme résidence du président de la République. Sous le Second Empire, il accueille les chefs d'État étrangers. Après la défaite de 1870, l'Élysée redevient pour de bon résidence présidentielle et, depuis 150 ans, chaque président semble vouloir marquer son passage, soit en innovant, soit en revenant au contraire aux sources architecturales et décoratives du bâtiment. Le « palais de la République » présente ainsi un vaste panel de styles, des délicats décors du XVIII$^e$ siècle aux œuvres les plus contemporaines. Ses différentes salles représentent une véritable promenade dans l'histoire de l'art français.

## L'opéra Garnier, gloire impériale et fastes républicains

La construction d'un nouvel opéra fait partie du projet de réaménagement de Paris sous l'Empire. À l'issue d'un concours international qui passionne les Parisiens, le projet de Charles Garnier est finalement retenu. La façade principale est inaugurée en 1867, mais la guerre de 1870 interrompt brusquement les travaux. La Troisième République rechigne à reprendre le projet du Second Empire mais, en 1873, l'incendie du vieil opéra situé rue Le Peletier tranche l'affaire ; Garnier est rappelé pour achever son œuvre. Malgré les difficultés, le nouvel opéra est inauguré en 1875.

L'opéra de Charles Garnier, de style très éclectique, offre un aspect plutôt baroque, destiné à constituer un spectacle pour les passants à l'extérieur de l'édifice comme pour les spectateurs à l'intérieur. Garnier a été très inspiré par la Renaissance tardive italienne, et veille au moindre détail dans la réalisation de son projet. Le bâtiment, qui couvre 11 000 m$^2$, peut accueillir 2 000 spectateurs. De conception très moderne, il utilise le fer et la fonte rivetés dans la plupart de ses structures, tandis que son aspect extérieur laisse voir pierre blonde, marbres colorés et dorures.

### Le baron Haussmann : Paris au cordeau

D'origine alsacienne, ce haut fonctionnaire profondément bonapartiste accomplit une carrière préfectorale exemplaire. En 1853, il est nommé préfet de la Seine et intègre la commission Siméon chargée de transformer Paris. Cette idée, en effet, tient à cœur à l'empereur Napoléon III, qui souhaite remodeler la ville en perçant de nouvelles et larges artères. Le souverain, qui a vécu à Londres, veut s'inspirer de la capitale britannique dans un Paris encore très médiéval, aux ruelles nombreuses, étroites et tortueuses. Les premières percées ont lieu avant même l'arrivée d'Haussmann et le nouveau préfet, dès son arrivée, met son génie de l'organisation au service

»

**Le baron Haussmann : Paris au cordeau** *(suite)*

de ce projet, en mettant au point un système budgétaire cohérent et en réformant les services municipaux. Car les travaux touchent toutes les dimensions de la ville ; voirie, urbanisme mais aussi système d'égout, adduction d'eau potable et création d'immenses parcs et jardins, tel celui des Buttes-Chaumont. Jamais on n'aura planté tant d'arbres dans Paris ! La percée de grandes avenues rectilignes vise entre autres à désenclaver les gares, et les nouveaux immeubles qui bordent ces larges boulevards doivent répondre à un cahier des charges bien précis, visant à la qualité et à l'esthétique de l'ensemble. Paris, en outre, est agrandi par l'adjonction des villages et espaces voisins, Belleville, Vaugirard, Beaugrenelle, Passy... tandis que les bois de Boulogne et de Vincennes lui sont attribués.

Si Haussmann n'est pas l'architecte de ce nouveau Paris, dessiné et décidé avant son arrivée à la préfecture, il en fut indéniablement la cheville ouvrière grâce à l'efficacité de son administration. Mais les dépenses faramineuses entraînées par l'opération, « les fabuleux comptes d'Haussmann », entraînent son limogeage en 1870.

# Nouveau pouvoir républicain, nouveaux lieux

Le long et mouvementé XIX^e^ siècle, qui a vu se succéder tant de régimes, s'achève à Paris en 1870. Mais l'avènement de la République ne se fait pas sans douleur, et la capitale est profondément marquée par les tragiques événements de la Commune, qui abat nombre de monuments et s'achève dans un bain de sang.

Car Paris, qui a subi un long et pénible siège, supporte mal la défaite face à la Prusse. Aussi, lorsque le gouvernement provisoire installé à Versailles tente de confisquer les canons financés par les Parisiens pour leur défense, ces derniers se révoltent. La Commune est proclamée en mars 1871. Elle s'achève deux mois plus tard par de terribles batailles de rue, où chaque quartier est défendu pied à pied par les communards face aux troupes régulières.

Les combats ont défiguré Paris ; l'hôtel de ville a été incendié, les Tuileries dévastées, tout comme la préfecture de police, le palais de justice, le Conseil d'État, le ministère des Finances...

## Orsay, quand l'art entre en gare

Le palais d'Orsay, qui abritait la Cour des comptes et le Conseil d'État, est incendié lors de la Commune. Sur son emplacement, la compagnie ferroviaire Paris-Orléans décide de bâtir sa nouvelle gare terminus, dont la réalisation est confiée à Victor Laloux. La gare, flanquée d'un luxueux hôtel de 400 chambres, est inaugurée en 1900 à l'occasion de l'Exposition universelle. Elle est dotée de structures métalliques masquées par une façade en pierre de taille, et offre tous les conforts modernes ; ascenseurs, monte-charge, électricité... Le grand hall, long de 138 m et haut de 40 m, est recouvert par une vaste verrière.

À retenir

Après la Seconde Guerre mondiale, le trafic ferroviaire cesse définitivement. Menacée de destruction, la gare est sauvée par un vaste projet de musée des arts du XIXe siècle, qui ouvre ses portes en 1986.

## La basilique du Sacré-Cœur de Montmartre, réparer l'âme de la France

La *basilique* de Montmartre, dite aussi du vœu national, est construite grâce à une souscription publique et déclarée d'utilité publique par la République naissante ! Le projet vise à unir les Français dans une œuvre spirituelle, et souligne le retour à un certain ordre moral. Lieux de culte depuis la plus haute antiquité, Montmartre est également l'un des hauts lieux de la Commune, et surplombe tout Paris. Le choix de cet emplacement est donc hautement symbolique ! Le projet retenu affiche un style romano-byzantin, inspiré de Sainte-Sophie de Constantinople ou encore de Saint-Marc à Venise. La pierre utilisée, très dure et très fine, provient des carrières de Souppes, et a la particularité de blanchir sous la pluie. Le *chœur* est orné d'une immense mosaïque néobyzantine, achevée en 1920. Consacrée en 1919 seulement en raison de la guerre, la *basilique*, qui domine désormais tout Paris, est l'un des monuments les plus visités de la capitale. Depuis 1885, des fidèles se relaient pour y prier devant le tabernacle, nuit et jour, sans aucune interruption.

## La poudrerie de Sevran-Livry, témoin de l'ère industrielle

En péril

Créée sur décision impériale au nord-est de Paris, la poudrerie de Sevran-Livry entre en service en 1873 et fonctionne pendant un siècle. Le site choisi, à bonne distance de la plus proche agglomération, bénéficie de la proximité du canal de l'Ourcq et des voies de chemin de fer. La poudrerie fonctionne grâce à la vapeur. Ses bâtiments sont disposés en demi-cercle, à bonne distance, autour du moteur. Le site est également un centre d'essai, où Alfred Nobel lui-même vient tester ses inventions. La poudrerie emploie jusqu'à 3 200 personnes au cours de la Grande Guerre et, lors du second conflit mondial, son personnel fabrique clandestinement des explosifs pour la Résistance.

La poudrerie cesse son activité en 1973, et accueille un musée depuis 1982. En 2019, elle est choisie pour bénéficier d'une restauration grâce au loto du patrimoine, afin de mettre en sécurité l'ancien magasin de stockage des poudres et l'ancien laboratoire et de rénover un hangar.

## La tour Eiffel, du provisoire au symbole

L'Exposition universelle de 1889 est l'occasion d'un concours proposant d'« étudier la possibilité d'élever sur le Champ-de-Mars une tour de fer, à base carrée, de 125 m de côté et de 300 m de hauteur ». Le projet de Gustave Eiffel est finalement retenu. Les ingénieurs Nouguier et Koechlin, qui travaillent au sein de son entreprise, ont en effet imaginé de transposer à cette gigantesque échelle la technique des piles de pont métalliques. L'architecte Sauvestre est chargé de travailler l'esthétique du projet. La construction se fait en 21 mois, grâce à des échafaudages de bois et à de petites grues à vapeur fixées sur la structure de la tour.

Dès sa création, l'édifice provoque un tollé ; artistes et écrivains s'élèvent contre la construction de ce « lampadaire tragique ». Pourtant, dès la fin de l'exposition, le public est conquis, si bien que ce monument provisoire, destiné à montrer les progrès de l'industrie triomphante, ne sera jamais démonté, d'autant que le plus haut monument de Paris démontre dès le début du XX$^{e}$ siècle son intérêt scientifique en accueillant la première station radio régulière du territoire. La tour est aujourd'hui devenue le symbole absolu de la capitale.

## La cathédrale de verre du Grand Palais

Au fronton de ce gigantesque palais de verre et d'acier édifié pour l'Exposition universelle de 1900, on peut lire ces mots : « Monument consacré par la République à la gloire de l'art français. » Les voûtes de sa nef principale, longue de 240 m, des deux nefs latérales et du dôme situé au croisement de ces structures sont entièrement vitrées. La structure métallique du palais pèse plus lourd que celle de la tour Eiffel elle-même ! Cette vaste verrière, rendue nécessaire par l'absence d'électricité, est caractéristique de la fin du XIXe siècle. Typique de la Belle Époque, le monument offre un riche décor de gravures, sculptures et mosaïques.

Le Grand Palais inclut le Palais de la découverte, exposition temporaire que son succès en 1937 rend permanente, les Galeries nationales, destinées à recevoir les expositions temporaires, et la Nef, qui accueille des manifestations de tous ordres. Dans les années 1960, le monument est menacé par un projet de l'architecte Le Corbusier, qui souhaite le détruire pour créer un musée d'art du XXe siècle. Finalement, la Nef est classée en 1975, et l'ensemble en 2000.

## La Bibliothèque nationale de France, à livre ouvert

La Cinquième République repose sur un pouvoir présidentiel fort, et chacun de ses 8 présidents a souhaité réinvestir les lieux de pouvoir hérités de la monarchie et de l'Empire ; l'Élysée, le pavillon de la Lanterne à Versailles, Matignon, Rambouillet... Ce dernier lieu, fréquenté par Louis XVI et Napoléon, s'inscrit dans l'histoire contemporaine en accueillant, en 1975, le premier conseil du G6.

Mais les présidents ont également voulu laisser leur empreinte à Paris, tel Georges Pompidou avec le Centre qui porte son nom ou Jacques Chirac avec le musée du Quai Branly.

**Figure historique**

Celui qui a le plus marqué la capitale est sans doute François Mitterrand, qui fait construire un imposant ensemble pour accueillir les collections de la Bibliothèque nationale, héritière des bibliothèques royales assemblées depuis le Moyen Âge. Située dans le quartier de Tolbiac, la nouvelle BnF se compose de quatre tours en forme de livres ouverts de 79 m de haut, et d'un vaste sous-sol doté d'un passage intérieur pour la circulation des véhicules. La bibliothèque tous publics se double d'une bibliothèque de recherche.

Ainsi, quels que soient les régimes politiques et malgré la volonté récente de décentralisation de l'administration du pays, l'Île-de-France reste éminemment marquée par 15 siècles d'exercice du pouvoir et par une remarquable permanence des lieux ayant incarné cette puissance.

### Mon coup de cœur, Port-Royal des Champs

*Bastion* du courant religieux janséniste, dont la doctrine est condamnée par l'Église, l'abbaye de Port-Royal des Champs, chère à Mère Angélique Arnauld et défendue par Blaise Pascal dans *Les Provinciales*, est rasée à la poudre sur ordre de Louis XIV ! Il n'en subsiste que de fort belles ruines, ainsi que le site des Granges qui abrite aujourd'hui un musée. Le vaste domaine qui entoure l'ensemble est aménagé de jardins et de vergers, lieux d'expérimentation horticole.

**DANS CE CHAPITRE**

Les Hauts-de-France, une région qui a vu naître trois dynasties royales

•

Une terre morcelée, théâtre de nombreuses batailles

•

Un territoire à la pointe de la révolution industrielle

## Chapitre 6

# Les Hauts-de-France, terre de rois

Seule région de France qui ne soit pas dotée de frontières naturelles avec ses voisines, les Hauts-de-France sont soumis depuis le Néolithique aux arrivées de populations depuis la mer du Nord et les régions de l'Est. Par ailleurs, ces territoires ouverts ont vu naître les grandes dynasties qui ont forgé le royaume de France : Mérovingiens, Carolingiens puis Capétiens.

Sa fragilité géographique l'a constamment exposée au morcellement ; Calais fut aux Anglais, le Hainaut et les Flandres oscillèrent entre indépendance, Saint-Empire et Bourgogne. Bien des batailles ayant décidé du sort du pays se sont déroulées sur son sol : Bouvines, Azincourt...

Terre d'invasions, berceau des rois, champ de bataille, cette région peut se lire comme une introduction à l'histoire de France, depuis l'arrivée des peuples germaniques jusqu'à la bataille de la Somme en passant par le vase de Soissons.

## EN QUELQUES DATES

| | |
|---|---|
| 450 000 à 200 000 av. J.-C. | *Bifaces* de Saint-Acheul, qui donnera son nom à une culture du Paléolithique supérieur |
| 180 000 av. J.-C. | Homme fossile de Biache-Saint-Vaast, seul fossile humain du Nord |
| 43 av. J.-C. | César entreprend la conquête de la Grande-Bretagne à partir du site de Boulogne |
| 334 | Saint Martin entre dans l'histoire en partageant son manteau avec un pauvre d'Amiens |
| 486 | Épisode du vase de Soissons, Clovis fait de la ville sa capitale et s'affirme comme chef des Francs |
| 752 | Couronnement de Pépin le Bref à Soissons |
| 987 | Sacre d'Hugues Capet à Noyon |
| 1214 | Bataille de Bouvines ; émergence de la nation française et du sentiment national |
| 1346 | La défaite française de Crécy ouvre la région aux Anglais qui occupent rapidement Calais |
| 1558 | Les troupes françaises reprennent Calais aux Anglais |
| 1713 | Le traité d'Utrecht dessine à peu de choses près les frontières actuelles des Hauts-de-France avec les nations voisines |
| 1915 | Le front de la Première Guerre mondiale scinde la région sur 45 km |
| Avril-octobre 1917 | Bataille du Chemin des Dames |
| 1990 | Fermeture du dernier bassin minier du Nord-Pas-de-Calais |

# Une région très anciennement peuplée

La géologie singulière de la vallée de la Somme a permis la conservation de très nombreux et anciens vestiges préhistoriques, conférant aux Hauts-de-France un rôle majeur dans l'histoire de l'archéologie. Les découvertes réalisées ont en effet permis de valider les hypothèses sur l'ancienneté de l'homme, et c'est à Saint-Acheul qu'ont lieu les premières véritables fouilles archéologiques, utilisant la technique de la *stratigraphie*.

## Saint-Acheul, jardin de la Préhistoire

Les premiers *bifaces* sont découverts à Saint-Acheul, quartier d'Amiens, au milieu du XIXe siècle. En 1859, Charles-Joseph Pinsard a l'idée de photographier une « hache » de pierre encore en place dans sa couche géologique, afin d'apporter la preuve de son ancienneté et de celle du genre humain. Son âge est estimé à plusieurs centaines de milliers d'années grâce à la méthode de la *stratigraphie*, qui permet de dater un objet d'après la couche archéologique dans laquelle on l'a découvert.

À retenir

Ces fouilles, menées pour la première fois de manière véritablement scientifique, entérinent la naissance de la science de la Préhistoire et donnent leur nom à une vaste culture de la pierre taillée, l'Acheuléen, apparu il y a 1,7 million d'années en Afrique.

Le jardin archéologique de Saint-Acheul présente de remarquables coupes géologiques préhistoriques, classées monuments historiques. Une autre coupe de grande importance peut également être observée à Cagny, au sud d'Amiens.

## Les Rubanés de Berry-au-Bac

La vallée de l'Aisne est comme celle de la Somme riche en vestiges archéologiques. Ce sont des photographies aériennes qui ont permis de repérer les sites archéologiques de Berry-au-Bac : il s'agit de deux occupations néolithiques successives soulignant la présence de populations issues de la culture du Rubané, venues d'au-delà du Rhin, 5 000 ans avant notre ère. Ce sont des communautés agricoles regroupées en petits villages constitués de maisons de bois, qui cultivent le blé ou l'orge, élèvent des porcs, des bœufs ou des moutons. Leur nom vient du décor de leurs céramiques, ornées de spirales ou de volutes.

L'usage de la terre cuite va de pair avec la sédentarité, puisque les récipients ainsi fabriqués permettent de conserver la nourriture, désormais produite pour être stockée et non forcément consommée immédiatement comme chez les chasseurs-cueilleurs.

## Verberie, des chasseurs aux agriculteurs

15 000 ans avant notre ère, déjà, le site de Verberie était fréquenté par l'homme. Ses premiers occupants, des chasseurs de rennes de la culture magdalénienne, ultime étape avant les sociétés agraires du Néolithique, ont laissé pas moins de 8 campements successifs recouverts et préservés par les différentes crues de l'Oise. Foyers, outils en pierre et en os et ossements de rennes témoignent de leur activité. Le site, par la suite, a régulièrement été habité, comme en témoignent les vestiges de la grande maison ovale de plus de 200 $m^2$ découverts dans les années 1970 grâce à l'exploration aérienne. Datant de 300 à 150 avant notre ère et rattachée à la civilisation celte de la Tène, elle est accompagnée d'une fosse à déchet et de silos à grain, et servait sans doute à abriter à la fois les hommes et les animaux. La présence des Celtes, comme auparavant celle des Rubanés, illustre la large ouverture des territoires du nord-est aux influences venues d'outre-Rhin.

### Des Celtes aux Romains

Vers 300 avant notre ère, le nord-est de la Gaule est occupé par les Belges, ensemble de tribus celto-germaines qui se répartissent le territoire ; les Nerviens s'installent autour de Bavay, les Ambiens à Amiens, les Ménapes à Cassel, les Atrébates à Arras, les Bellovaques à Beauvais... Après la conquête de la Gaule Belgique en 57 av. J.-C. par César, les Romains font de Bavay (Bagacum), Amiens (Samarobriva) et Boulogne (Gesoriacum) des centres urbains d'importance. La région est intégrée à la province romaine de Belgique seconde, dont la capitale est Reims.

La colonisation romaine sait mettre à profit l'héritage celte et reprend le tracé des routes et les sites des *oppidums*, qui assurent une excellente défense à la région. Le commerce de l'étain, nécessaire à la fabrication du bronze, joue un rôle structurant.

## Bavay, capitale régionale

**Ensemble remarquable**

Rome, utilisant les structures existantes, densifie le réseau routier et crée ou développe des cités aux carrefours. Ce nouveau maillage favorise la circulation des biens issus des riches campagnes ou des villes côtières fournissant du poisson en abondance. Capitale de la cité des Nerviens, Bagacum devient rapidement un important centre urbain grâce à sa situation sur les routes de l'est et de la mer du Nord. C'est depuis cette ville que l'empereur Claude lance la conquête de la Grande-Bretagne, créant à cette occasion le port de Boulogne. La ville possède d'importants vestiges romains, dont un vaste forum, un *hypocauste*, des boutiques… Mais en dépit de cette politique monumentale, Rome peine à s'imposer à une population hostile. Cette romanisation lente entraîne une christianisation tardive, puisque la nouvelle religion progresse par le biais des populations urbaines romanisées. Les anciennes structures celtes réapparaissent lors des invasions barbares, dès la fin du IIIe siècle.

## Ve-Xe siècles, naissance de trois dynasties

Sous les poussées barbares, et notamment l'invasion franque de 406, les structures romaines cèdent. À la fin du Ve siècle, seul Syagrius, à Soissons, représente encore l'autorité romaine, mais le Franc Clovis s'empare de la ville en 486 et en fait sa capitale. Le pillage de la cité donne lieu à l'un des épisodes les plus célèbres de l'histoire de France.

### Le fameux vase de Soissons

Lors du partage du butin, Clovis, voulant sans doute se concilier les autorités ecclésiastiques, souhaite mettre à part un vase pour le rendre à l'évêque. Mais l'un de ses soldats, mécontent de cette entorse au partage coutumier, assène un coup de hache sur le vase. Un an plus tard, Clovis se serait vengé de cet affront en faisant subir à cet homme le même sort que le vase. Cette anecdote devenue image d'Épinal de nos manuels scolaires souligne l'alliance nouée dès avant son baptême par Clovis avec l'Église.

L'Église apporte sa caution religieuse au roi franc, mais bénéficie aussi de sa protection. La christianisation de la région, en effet, a été lente et tardive, et si l'épisode de saint Martin partageant son manteau avec un pauvre à Amiens a tant frappé les esprits, c'est que les figures chrétiennes sont alors, en 334, plutôt exceptionnelles. L'avènement du pouvoir franc se caractérise donc dans la région par une floraison d'abbayes ; Saint-Médard, Saint-Bertin, Corbie, Longpont… Les bases du royaume de France semblent jetées au cœur des Hauts-de-France, où vont éclore les trois dynasties qui dirigeront la France.

## Saint-Médard de Soissons, d'une dynastie à l'autre

À retenir

L'abbaye Saint-Médard de Soissons illustre parfaitement l'importance prise par l'Église pour le jeune royaume des Francs. Fondée dès 557 par le roi Clotaire, elle est achevée par son fils Sigebert. Les deux rois s'y font inhumer. Deux siècles plus tard, en 751, c'est au sein de l'abbaye que se joue le passage d'une dynastie à l'autre ; le dernier Mérovingien, Childéric III, est déposé par Pépin le Bref qui se fait sacrer roi des Francs. Il est le premier des Carolingiens.

S'il ne reste aujourd'hui de Saint-Médard qu'une très belle crypte préromane et quelques ruines, cette abbaye était entourée, à l'époque carolingienne, d'une véritable cité monastique accueillant plus de 400 moines. Outre la *basilique*, un palais royal, un palais abbatial, des chapelles, des églises, des écoles, des jardins, des cloîtres y étaient accolés. Son célèbre *scriptorium* accueillit notamment le très bel *évangéliaire* de Saint-Médard, présent de l'empereur Louis le Pieux, aujourd'hui conservé à la Bibliothèque nationale de France. Après bien des vicissitudes, l'abbaye Saint-Médard ferme ses portes à la Révolution.

## Les ruines de l'abbaye Saint-Bertin, victime des guerres et de l'abandon

Fondée vers 650 par saint Omer et ses compagnons, Ebertram et Bertin, c'est l'une des plus anciennes et des plus riches abbayes du nord de la France. Elle occupe une place importante dans l'histoire de la région et même du royaume, puisque c'est là qu'est enfermé le dernier roi mérovingien, Childéric III. Par la suite, plusieurs comtes de Flandre s'y feront inhumer, et les hôtes illustres, princes et rois de passage à Saint-Omer, y sont accueillis dans le « quartier des princes ». Elle accueille également certains *chapitres* du prestigieux ordre chevaleresque de la Toison d'Or, fondé au XVe siècle.

Et aujourd'hui

Aujourd'hui, il ne reste de Saint-Bertin, ravagée à la Révolution, que quelques ruines dans un jardin paysager. En effet, le clocher s'est effondré en 1947, victime des bombardements de la guerre et de l'abandon du lieu.

## Gerberoy, ville frontière

Ensemble remarquable

Si, dans les Hauts-de-France, l'envahisseur vient traditionnellement de l'est, avec les Vikings, une nouvelle menace se profile à l'ouest ! La cession en 911 du duché de Normandie à leur chef Rollon pousse le pouvoir carolingien à sécuriser la frontière qui sépare désormais le domaine royal de celui de ce dangereux vassal viking. Or, Gerberoy se trouve justement placée dans cette zone frontalière mouvementée. Dès 885, le premier seigneur du lieu fait ériger une forteresse de pierre, fait rare à une époque où les châteaux sont souvent encore de simples tours de bois. Dûment fortifiée et stratégiquement placée, Gerberoy est convoitée par les Normands, les Français et les Anglais. Ceux-ci prennent pied sur le continent après la conquête de l'Angleterre par Guillaume le Conquérant. Dès lors, Gerberoy est de toutes les batailles. En 1202, Philippe Auguste lui décerne le titre de ville, et en 1435 les Français y infligent une célèbre défaite aux Anglais.

Aujourd'hui, Gerberoy est l'un des « plus beaux villages de France » et offre au promeneur de nombreux trésors ; maisons en bois et torchis ou brique et silex des XVIIe et XVIIIe siècles, collégiale Saint-Pierre, remparts classés, ruines de la forteresse… À la belle saison, le village se couvre de roses plantées au début du XXe siècle à l'initiative du peintre Henri Le Sidaner.

### Le sacre d'Hugues Capet à Noyon

C'est également dans les Hauts-de-France que naît la dynastie capétienne, puisque son premier représentant, Hugues Capet, est sacré à Noyon en 987 après avoir été acclamé roi par l'assemblée des nobles du royaume à Senlis. Le dernier des Carolingiens, Charles de Lorraine, est ainsi écarté du pouvoir. Les Capétiens vont régner sur la France pendant plus de 8 siècles !

## L'abbaye de Vaucelles, fille de Clairvaux

Illustrant la poussée missionnaire du XIIe siècle, qui voir fleurir les fondations religieuses et va de pair avec la volonté capétienne de repousser toujours plus les frontières du royaume, l'abbaye de Vaucelles, fondée par saint Bernard lui-même, est érigée à partir de 1132 dans la haute vallée de l'Escaut. Ce gigantesque domaine possédait, un siècle plus tard, une bibliothèque riche de 40 000 volumes et la plus grande église cistercienne d'Europe, aussi vaste que Notre-Dame de Paris ! Elle règne sur un important domaine agricole et rayonne, grâce au réseau cistercien, bien au-delà de la région.

Et aujourd'hui

L'*abbatiale* a été détruite lors de la Révolution, mais il subsiste aujourd'hui de vastes bâtiments, regroupés en deux ensembles : l'aile des moines et le palais abbatial. La première comporte une belle salle *capitulaire* à voûte nervurée reposant sur quatre piliers. Le « passage sacré » permettait aux moines de gagner l'église.

## Notre-Dame de Senlis, cathédrale royale

Parallèlement au puissant réseau des abbayes, de stature souvent internationale et généralement implantées en suivant les routes de défrichement romaines, le maillage du territoire par l'Église locale est l'héritier de l'administration celte puis franque. Il est constitué des paroisses et de leurs églises regroupées au sein du diocèse, dirigé par l'évêque dont l'église est la cathédrale. Cathédrales et abbayes constituent donc deux réseaux parallèles et parfois concurrents. La première cathédrale de Senlis daterait du début du Ve siècle. La ville, relevant du fief des Capétiens, est une résidence particulièrement appréciée des rois. L'édifice actuel, de style gothique, a été bâti à partir de la fin du XIIe siècle.

Le saviez-vous ?

Le portail occidental, achevé vers 1170, représente le couronnement de la Vierge, thème alors inhabituel. Ses remarquables sculptures ont conservé des traces de polychromie puisque, comme sur la plupart des églises, elles étaient peintes. En 1504, la nef doit être en grande partie reconstruite après un violent incendie provoqué par la foudre. La construction de l'ensemble ne s'achève réellement qu'en 1560 avec l'édification de la façade nord. Cette longue genèse explique l'aspect composite de l'édifice. La cathédrale n'est pas très grande, et le *chœur* lui-même est plus long que la nef. Cela s'explique sans doute par le fait qu'en dépit de son aura royale, Senlis ne fut jamais un diocèse important.

Au cours de la Révolution, la cathédrale subit quelques dommages et sert un temps de club puis d'entrepôt. Rendue au culte en 1800, elle figure sur la première liste des monuments historiques classés en 1840.

## La chapelle des Templiers de Laon, entre la croix et l'épée

La cathédrale de Laon, contemporaine de celle de Senlis, marque par sa splendeur gothique l'importance de cette cité épiscopale qui fut aussi lieu de résidence royale sous les Carolingiens. La ville, où s'affirme le pouvoir communal, accueille à la même époque une institution singulière ; il s'agit des Templiers, ordre monastique et militaire issu des croisades. Leur *commanderie* est judicieusement établie entre la cathédrale et le château féodal, à mi-chemin du pouvoir religieux et de la puissance militaire ! La chapelle est bâtie vers 1140. Elle adopte un plan octogonal original, qui évoque le Saint-Sépulcre de Jérusalem. Elle est précédée d'un porche et prolongée par un *chevet* arrondi. En 1312, lorsque l'ordre du Temple est dissous, la plupart de ses biens, dont la *commanderie* de Laon, sont transférés aux Hospitaliers de Saint-Jean. Sous la Révolution, la *commanderie* sert de prison. Aujourd'hui, seule la chapelle, propriété du musée de Laon, témoigne encore de la présence des Templiers à Laon, le reste des bâtiments de la *commanderie* ayant été détruit.

## Les châteaux forts de Coucy et de Ham

Ces deux édifices illustrent l'histoire féodale des Hauts-de-France, région frontière où les rois n'ont cessé de lutter pour imposer leur autorité. Bâti sur une *motte féodale* par l'orgueilleux Enguerrand III de Coucy, le premier château entend rivaliser avec le roi lui-même et arbore un donjon de 53 m de hauteur, le plus haut jamais bâti en Europe. Enguerrand VII y ajoute un logis gothique vers 1380, préfigurant les châteaux d'apparat. Après sa mort, Coucy échoit à Louis d'Orléans. Assiégée par les Bourguignons lors de la guerre de Cent Ans, la forteresse doit se rendre, faute de vivres. En 1498, le château devient propriété du roi de France. Commence alors une longue période de décadence ; abandonné, démantelé, endommagé en 1692 par un tremblement de terre, il sert de carrière après la Révolution. Consolidé par Viollet-le-Duc au XIXe siècle, le château est malheureusement victime d'une guerre contre laquelle il n'était pas armé. En 1917, au cours de leur repli, les troupes allemandes font sauter le donjon et les tours de l'édifice !

Le château fort de Ham, dans la vallée de la Somme, venait de subir le même sort ! Érigé au XIe siècle par les comtes de Vermandois, il revient également à la famille de Coucy et à ses descendants. L'un d'eux, le *connétable* de Saint-Pol, fait construire en 1441 un énorme donjon. Finalement rattaché à la couronne de France, le château est aménagé par Vauban à la fin du XVIIe siècle.

**Le saviez-vous ?**

Transformé en prison, il accueille un célèbre détenu, Louis-Napoléon Bonaparte, futur Napoléon III, qui s'en évade en 1846.

# L'émergence de nouveaux pouvoirs à partir du XIIe siècle

Face aux grands féodaux, les Capétiens entreprennent d'imposer leur autorité, s'appuyant notamment sur l'émergence de nouvelles entités politiques, telles les communes.

À retenir

Le 27 juillet 1214, les troupes royales, secondées de milices communales, affrontent à Bouvines, dans le comté de Flandre, une coalition de seigneurs allemands, flamands et français soutenus par des troupes anglaises. Le roi de France Philippe Auguste remporte finalement une éclatante victoire. Si la portée de l'événement est considérable à l'époque, il a été, depuis, largement interprété, et beaucoup y voient une première victoire de la nation française, puisqu'à l'*ost* du roi s'était joint le peuple des villes. Il est en tout cas certain que Bouvines marque le début d'une période de paix et de prospérité pour le royaume, et représente un jalon important dans la longue affirmation du pouvoir royal en France.

## Le beffroi d'Abbeville ou l'entrée en scène des communes

Si Bouvines marque un certain recul du pouvoir des grands féodaux, elle souligne l'importance croissante des communes, qui sont nombreuses à obtenir des chartes de franchise en ce XIIIe siècle. Ce pouvoir bourgeois, porté par le commerce, les *guildes*, les foires, s'inscrit à son tour dans le paysage du Nord par la construction de *beffrois*, hautes tours mi-donjon mi-clocher dressées au centre des villes pour servir à la fois de tour de guet, de prison, de lieu de réunion des magistrats municipaux ou encore de conservation des archives. Celui d'Abbeville, inscrit au patrimoine mondial de l'UNESCO, est l'un des plus anciens de France puisqu'il date de 1209. Il se présente comme une solide tour carrée de 33 m de haut. On lui adjoint au fil du temps une chapelle, une grange, une halle et une trésorerie gothique, datant du XVe siècle et préservée jusqu'à nos jours. Touché en 1940 par des bombardements, le *beffroi* est restauré dans les années 1980 dans le souci de restituer son aspect médiéval. Si aujourd'hui bien des villes d'Europe possèdent des *beffrois*, cette pratique architecturale est bel et bien née dans cette contrée située entre Somme et Rhin.

## La cathédrale de Beauvais, la folie des hauteurs

Le pouvoir des cités repose aussi sur celui des évêques, incarné par les incroyables chefs-d'œuvre des cathédrales gothiques. Celle de Beauvais devait être l'une des plus vastes de la chrétienté ; construite à partir de 1225, elle possède la plus haute voûte gothique au monde, avec une hauteur de 48 m. Mais cette folie des hauteurs rend le bâtiment si fragile que le budget prévu pour l'édification de la nef est englouti par les travaux de réparation. Les voûtes s'effondrent une première fois en 1284, puis c'est la flèche, achevée en 1566 et culminant à plus de 150 m, qui s'écroule 7 ans plus tard ! La nef de la cathédrale ne sera jamais construite.

**Le saviez-vous ?**

Outre l'incroyable hauteur de ses voûtes, Saint-Pierre de Beauvais dévoile au visiteur une horloge à carillon du XIVe siècle, l'une des plus anciennes au monde. Elle possède également un exceptionnel échantillon de vitraux, conçus entre le XIIe siècle et le XXe siècle, et une somptueuse horloge astronomique datant du XIXe siècle, animée par de nombreux automates.

## Amiens, cathédrale modèle

Au XIIIe siècle, la prospérité d'Amiens s'explique par sa position stratégique entre les riches Flandres et les foires de Champagne, et par la culture et le commerce de la guède, plante tinctoriale surnommée pastel des teinturiers. Contemporaine de celle de Beauvais, la cathédrale d'Amiens est aujourd'hui encore la plus vaste de France. La brièveté relative du chantier, qui ne dure « que » 70 ans, se traduit par une grande unité de style, illustrant l'apogée de l'architecture gothique. Au XIVe siècle, deux tours sont ajoutées à la façade nord et les murs sont percés entre les contreforts pour créer des chapelles latérales. La flèche de bois recouverte de plomb date de 1533, elle remplace une précédente flèche détruite par la foudre. De proportions harmonieuses, la cathédrale possède une hauteur sous voûte de 42 m. Son décor abondamment sculpté en fait une véritable bible de pierre. Parmi ces chefs-d'œuvre, le « Beau Dieu d'Amiens », représentant le Christ, ou encore la Vierge dorée tenant dans ses bras son enfant. Ses proportions idéales font de cet édifice un modèle abondamment copié par les architectes tout au long du Moyen Âge.

**Et aujourd'hui**

Relativement épargnée par la Révolution et les deux guerres mondiales, la cathédrale est inscrite au patrimoine mondial de l'UNESCO en 1981, et de nouveau en 1998 au titre des chemins de Compostelle. Elle fête en 2020 ses 800 ans d'existence.

## Notre-Dame de Calais, une église anglaise

La défaite des troupes françaises à Crécy, au nord d'Abbeville, en 1346, ouvre la région aux Anglais qui occupent rapidement Calais. Ils y resteront près de deux siècles, marquant de leur empreinte la physionomie de la ville. Ils reconstruisent notamment l'église Notre-Dame, très abîmée par les combats, selon le style gothique perpendiculaire anglais qui privilégie les lignes verticales. Le clocher se trouve placé au centre de l'édifice, où se situe la croisée du *transept*. La ville étant isolée en territoire ennemi et les carrières de pierre inaccessibles, le clocher est construit en briques de sable. En tant que paroisse, Notre-Dame est placée sous l'autorité de l'archevêque de Canterbury jusqu'en 1558, date de la reconquête de la ville par les troupes du roi de France. Au XVII^e^ siècle, la chapelle de la Vierge, de forme ovale, vient prolonger le *chœur* et apporter un peu de rondeur à cet édifice austère aux lignes strictes.

En 1944, les bombardements alliés provoquent l'effondrement du clocher sur le *transept* nord. L'église échappe alors de justesse à la destruction, et est finalement restaurée au cours des années 1960.

### Corde au cou, les bourgeois de Calais

La guerre de Cent Ans donne lieu à un célèbre épisode, magnifiquement représenté par Auguste Rodin, celui des bourgeois de Calais. Après sa victoire à Crécy, le roi d'Angleterre Édouard III met le siège devant Calais qui, faute de ressources, doit se rendre et implore la miséricorde du vainqueur. Celui-ci accepte d'épargner la ville en échange de la vie de 6 notables, les fameux « bourgeois », qui auraient apporté, en chemise et la corde au cou, les clefs de la ville à Édouard III. Ils seront finalement épargnés à la demande de son épouse, Philippa de Hainaut, elle-même originaire de la région. La sculpture de Rodin, réalisée à la demande de la municipalité de Calais et installée place de l'hôtel de ville en 1895, ne fait pas l'unanimité car le sculpteur, étudiant chaque figure nue avant de la draper, dans une démarche d'un réalisme saisissant, a représenté une humanité souffrante et accablée plutôt qu'une demi-douzaine de braves marchant tête haute jusqu'au sacrifice.

## Le château d'Alincourt, face aux Anglais

La guerre de Cent Ans puis le conflit avec les États bourguignons rendent plus que jamais nécessaire l'établissement d'un réseau de fortifications dans les grandes plaines ouvertes des Hauts-de-France. Face à Saint-Clair-sur-Epte et au duché de Normandie réoccupé par les Anglais, le château d'Alincourt dresse sa silhouette massive ébauchée au XIIe siècle et modifiée au XVe siècle pour améliorer son système défensif. La poterne d'accès, ainsi que deux pavillons carrés, datent de cette époque. Au XVIe siècle, Pierre Le Gendre, trésorier de Louis XII et de François Ier, réalise d'importants travaux à Alincourt, ajoutant au logis médiéval et à sa tour polygonale divers bâtiments réalisés en pierre blonde du Vexin. Rappel de la vocation défensive du lieu, l'aile Renaissance comporte encore deux tourelles en encorbellement, dotées d'un parement de brique et de pierre. La chapelle date du XVIe siècle, tout comme le pavillon nord à la haute toiture.

### Les États bourguignons, un remuant voisinage

En 1369, Philippe le Hardi, quatrième fils du roi de France et duc de Bourgogne, épouse Marguerite de Flandre, l'une des plus riches héritières d'Europe. Les Flandres, l'Artois, Rethel, le comté de Nevers et la Franche-Comté figurent dans la corbeille de la mariée. Dès lors, les États de Bourgogne jouent un rôle central dans la guerre de Cent Ans. Leur puissance atteint son apogée avec Philippe le Bon, petit-fils du Hardi, qui hérite du Brabant et du Limbourg, du Hainaut, de la Hollande, de la Zélande et de la Frise. En 1443, il prend possession du duché de Luxembourg. De plus, pour prix de la paix avec le roi de France, il obtient Ponthieu et Boulogne. Son fils Charles le Téméraire ne parvient pas à préserver cet immense héritage et doit céder au roi de France une partie de ses possessions. La Bourgogne finit par rejoindre le giron français en 1477.

## Pernant, un château sauvé de justesse

Situé sur l'autre frontière de la région, face à l'est, le château de Pernant possède une silhouette trapue qui signale très clairement sa vocation militaire initiale. Si le village est ancien, il n'est pas fait mention du château avant le XIVe siècle. Sa construction correspond donc bien au contexte difficile de la guerre de Cent Ans et des luttes contre les ducs de Bourgogne. Il est alors constitué d'un châtelet et d'une enceinte ponctuée de tours. Au XVIe siècle, la paix revenue, il se fait château d'agrément grâce à l'ajout d'un corps de logis de style Renaissance.

En 1914, le château est réquisitionné par les états-majors allemand ou français, au gré des déplacements du front, sans doute parce que le domaine offre de vastes carrières qui peuvent servir d'abri lors des offensives ennemies. La vallée de Pernant est reconquise au cours de la contre-offensive Mangin, en juillet 1918, et le château est abondamment bombardé par les Allemands. Le logis Renaissance, ruiné, est rasé après la guerre. Lorsque le propriétaire, dans les années 1990, envisage de démolir le château, une association de sauvegarde créée pour l'occasion parvient à éviter le pire. Le château, finalement racheté en 2015 par des particuliers, peut espérer un nouveau souffle.

## Condé-sur-l'Escaut, la ville aux deux seigneurs

Ensemble remarquable

Les nombreux monuments de la ville de Condé illustrent l'histoire mouvementée du lieu, liée à sa position aux marches du royaume. Constituée au départ de deux seigneuries vassales du comte de Hainaut, Condé change plusieurs fois de mains au cours des guerres opposant les rois de France aux ducs de Bourgogne, mais sa muraille de pierre cède finalement à l'artillerie française en 1478. De la ville incendiée, il ne reste alors que l'église et une poignée de maisons. Par la suite, Condé sera tantôt Habsbourg, tantôt française, intégrant définitivement le royaume de France par le traité de Nimègue de 1678.

Du château de Bailleul, siège de la première seigneurie dite « seigneurie propriétaire » de Condé, ne reste que le châtelet d'entrée, construit au début du XVe siècle. Son pendant est le château de l'Arsenal, construit au XIIe siècle pour la seconde seigneurie, la « seigneurie gagère » de Condé, dont la branche princière des Bourbon-Condé tirera son nom. La porte Vautourneux, quant à elle, a été édifiée en 1707 à l'emplacement d'une porte plus ancienne, la porte Rombaut, intégrée à l'enceinte médiévale du XIIe siècle. C'est en escaladant cette dernière qu'en 1580 des huguenots s'introduisent dans la ville et se livrent au pillage et au saccage de la collégiale Notre-Dame. Le château de l'Hermitage, enfin, construit à la fin du XVIIIe siècle pour le prince Anne-Emmanuel de Croÿ, présente un étonnant exemple d'architecture palladienne au cœur d'un jardin à la française lui-même niché au cœur de la forêt domaniale de Bonsecours.

# L'apaisement de la Renaissance

À la mort de Charles le Téméraire, en 1477, le roi de France Louis XI réintègre au royaume les possessions bourguignonnes du duc, tandis que la maison d'Autriche hérite des Pays-Bas. Cependant, Louis XI parvient rapidement à mettre la main sur les villes de la Somme et le comté de Boulogne. La lutte féodale contre les ducs de Bourgogne se mue en conflit entre les États Habsbourg et français. Dès lors, la zone d'affrontement s'éloigne des Hauts-de-France. Avec la paix, la région bénéficie d'une certaine prospérité économique.

## Les cinq nefs de Saint-Maurice de Lille

L'actuelle église Saint-Maurice, de style gothique brabançon, est édifiée à partir de la fin du XIV$^{e}$ siècle à la faveur de cette embellie économique. Implantée sur un site très ancien, remontant probablement jusqu'à un temple romain, sa construction a duré plus de quatre siècles, mais les travaux menés au cours du XIX$^{e}$ siècle lui ont conféré une unité architecturale trompeuse.

À retenir

Le plan de l'édifice est remarquable ; il s'agit d'une église-halle à 5 nefs, dotée d'un *transept* très peu marqué et d'un *chœur* entouré d'un *déambulatoire* et de trois chapelles rayonnantes. Les églises-halles, typiques du gothique allemand, se caractérisent par des nefs d'égale hauteur communiquant entre elles. La tour de l'église se dresse non à la croisée du *transept* mais au centre de la façade, au-dessus de la nef centrale.

**Figure 6-1**
Saint-Maurice de Lille

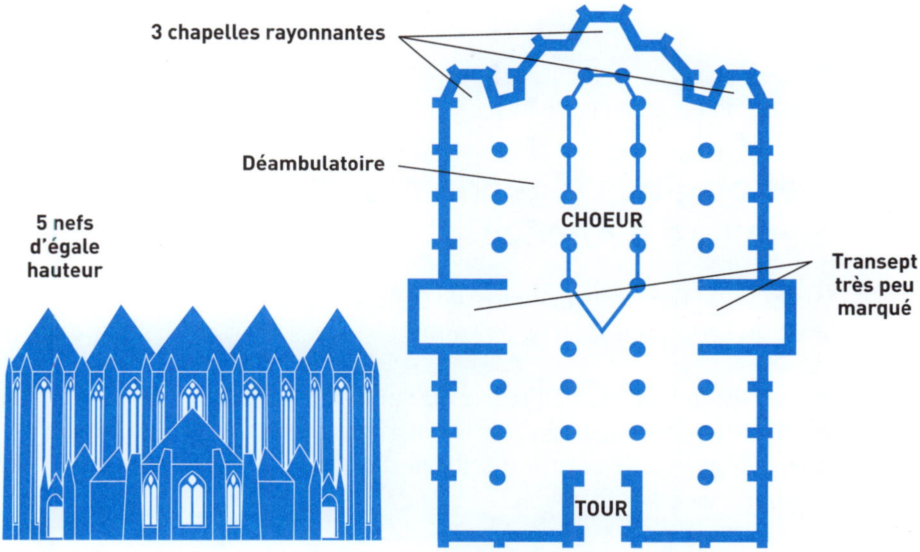


Au XIX$^{e}$ siècle, l'église est restaurée sous la direction de Philippe Canissié, qui s'attache à unifier le style du bâtiment en privilégiant son aspect gothique. Elle est également agrandie, car il est un temps envisagé d'en faire la cathédrale du tout nouveau diocèse de Lille, finalement créé en 1913.

## Le beffroi d'Arras ou le passé ressuscité

Le style gothique flamboyant du *beffroi* d'Arras est bien trompeur, puisque ce fier monument, qui surplombe l'hôtel de ville du haut de ses 75 m, n'a pas un siècle d'existence. Commencé sous Philippe le Bon en 1463, le premier *beffroi* d'Arras, symbole de la prospérité retrouvée, est achevé en 1554. Abondamment orné, il présente l'aspect d'une tour carré sur sa partie basse et octogonale sur sa partie haute. Il est surmonté d'une couronne impériale de pierre portant la statue dorée du lion d'Arras. Sous la Révolution, cette couronne faillit entraîner la décapitation du *beffroi*, mais le maire eut finalement la bonne idée de la dissimuler sous une calotte de plomb. Cependant, en 1833, l'état de l'édifice nécessite une première reconstruction, à l'issue de laquelle le monument est classé, dès 1840. Malheureusement, les bombardements de 1917 le détruisent irrémédiablement. Son classement comme monument historique lui vaut toutefois d'être reconstruit à l'identique, ou presque... puis qu'il s'élève désormais sur une structure en béton armé !

Et aujourd'hui

Achevé en 1931, il est inscrit au patrimoine mondial de l'UNESCO au titre des *beffrois* de Belgique et de France.

## Les origines légendaires de l'église du Saint-Sépulcre d'Abbeville

Après les épreuves de la guerre de Cent Ans, la société médiévale aspire à renouer avec un certain idéal chevaleresque.

Le saviez-vous ?

Ainsi naît la légende de l'église du Saint-Sépulcre. Lors de la première croisade, en 1096, les chevaliers du Nord se seraient rassemblés sur le site où elle se dresse avant de partir délivrer le tombeau du Christ, le Saint-Sépulcre. L'église ferait mémoire de cet événement.

En réalité, cet édifice est construit au XVe siècle, alors que le renouveau économique apporté par la paix permet une floraison d'églises, qui comme le Saint-Sépulcre adoptent généralement le style gothique flamboyant alors prisé. Elle est restaurée une première fois dans cet esprit en 1864. En 1940, la ville est violemment bombardée et une partie des voûtes de l'église s'effondre, tandis que tous les vitraux sont soufflés. À l'occasion de la nouvelle restauration, entamée dans les années 1970, de nouveaux vitraux sont posés, abstraits et colorés, réalisés d'après les cartons du peintre Alfred Manessier.

## L'église de l'Exaltation de la Sainte-Croix de Caix

À la fin du XVe siècle, la Flandre, le Hainaut puis l'Artois passent sous domination Habsbourg. Dès lors, la Picardie, le Boulonnais et le Santerre, petite région située à l'est d'Amiens, se trouvent placés aux frontières du royaume. Est-ce la raison pour laquelle le clocher de l'église de la Sainte-Croix de Caix en Santerre arbore l'allure d'une tour fortifiée ? Caix, seigneurie des ducs de Lorraine, est réputée pour ses maçons. L'église de la Sainte-Croix témoigne en effet de leur savoir-faire. Le *chœur* et *l'abside* sont érigés au XVe siècle, tandis que la nef, le clocher et la façade datent du siècle suivant et illustrent les dernières heures du gothique flamboyant. Le clocher, massive tour de 40 m de haut aux allures de *beffroi*, se dresse à côté du portail de l'église et présente çà et là quelques ornements typiques de la Renaissance.

## Beaucamps-le-Jeune, entre maison forte et logis de plaisance

**En péril**

La Renaissance, en effet, pointe dans les Hauts-de-France, et si les tours et l'imposant châtelet de Beaucamps évoquent le Moyen Âge, le château date pour l'essentiel du XVIe siècle. C'est à cette époque qu'Anne de Pisseleu, héritière du lieu et favorite du roi François Ier, transforme cette forteresse en demeure de plaisance inspirée de la Renaissance. Des corps de logis sont ensuite bâtis entre les tours puis, au siècle suivant, la cour carrée est fermée par des étables et des écuries. Le travail de la brique, disposée en losanges, indique des influences normandes.

Passant de main en main, le château est laissé à l'abandon à partir des années 1970 et perd peu à peu ses toitures. Racheté en 2000, il est progressivement restauré et bénéficie aujourd'hui du soutien de la Fondation du patrimoine afin de sauvegarder la partie la plus ancienne du bâtiment, le logis principal datant de 1537.

# Réforme, Fronde et guerres du Grand Siècle : la difficile situation de région frontalière

Les régions du Nord, lieux de passage et d'échange, accueillent facilement les idées neuves de la Réforme. Les écrits de Luther y circulent dès 1525 et la nouvelle religion pénètre jusque dans les villages et les faubourgs. En 1566, la « furie iconoclaste » née à Dunkerque se répand dans toutes les Flandres. Ses prédicateurs encouragent les fidèles à détruire les statues et peintures de saints et plusieurs prêtres sont assassinés. La répression est brutale, plongeant ainsi la région dans la guerre civile.

### Jean Calvin, du chapitre de Noyon à la République de Genève

Né à Noyon en 1509, le Picard Jean Calvin bénéficie des relations de son père avec les *chanoines* de Noyon, qui lui permettent, grâce à un *bénéfice ecclésiastique*, de poursuivre ses études dans cette ville puis à Paris. Un temps destiné à la prêtrise, il étudie finalement le droit puis la théologie et les lettres. Il se fait remarquer du milieu humaniste en publiant un commentaire de Sénèque. En 1534, Calvin est à Paris lorsqu'éclate l'affaire des Placards, qui fait scandale car les thèses de Luther sont affichées jusque sur la porte de la chambre du roi ! Depuis peu, le jeune Calvin a rompu avec l'Église catholique. Il quitte alors la France et, deux ans plus tard, réfugié à Bâle, publie son œuvre fondatrice : *L'Institution de la religion chrétienne*. Il y défend l'autorité supérieure de la Bible et le salut par la seule grâce de Dieu. Dans les années suivantes, Calvin participe à la mise en place de la République de Genève, tentative de régime théocratique qui se signale par sa rigueur. Un temps banni de la ville en raison de luttes internes, il est finalement rappelé et devient une figure incontestée de la Réforme. Il meurt à Genève en 1564.

## La nouvelle citadelle de Calais, ville convoitée

Le destin mouvementé de Calais place la ville sous diverses obédiences. Anglaise depuis les premières années de la guerre de Cent Ans, elle est reprise en 1558, et immédiatement les rois de France entreprennent de la faire fortifier. De la forteresse médiévale, seules quatre tours sont conservées ; la première pierre de la nouvelle citadelle est posée dès 1564. Trente ans plus tard, Calais est de nouveau assiégée, cette fois par les Habsbourg. Les murailles creuses, comblées de sable, ne résistent pas aux tirs d'artillerie ; la ville prise est soumise à un pillage en règle. Il faudra encore deux ans pour que Calais, par le traité de Vervins de 1598, redevienne définitivement française. Richelieu envisage même un temps de faire de la ville un important port militaire. La citadelle est plusieurs fois remaniée, notamment par Vauban. Mais depuis la reconquête de Dunkerque en 1658, la frontière avec les Pays-Bas espagnols s'est quelque peu éloignée et Calais a perdu de son importance stratégique.

En 1940, prise par les Allemands après de rudes combats, la citadelle est très endommagée ; elle est finalement détruite après la guerre. On peut encore aujourd'hui admirer son plan, inscrit dans le paysage ; fossés, *courtines* et *demi-lunes* placés à l'entrée de la ville, ainsi que la porte de Boulogne datant du XVI^e^ siècle.

## Les surprenantes églises fortifiées de Thiérache

Insolite

La Thiérache, région naturelle située à cheval entre France et Belgique, a pour capitale historique la ville de Guise. Sa position géographique dans une zone maintes fois disputée l'exposant aux hasards de la guerre, de nombreux villages de Thiérache ont choisi de se défendre en fortifiant… leurs églises ! Le clocher, qui domine les habitations, est en effet un point d'observation idéal. De plus, il n'y a guère loin à aller pour sonner le tocsin en cas d'attaque. Lorsque l'église est de surcroît bâtie sur un point haut, il suffit de renforcer cet avantage naturel grâce à des haies ou des fossés pour qu'elle puisse servir d'abri à la population, comme à Englancourt ou Esquéhéries. En terrain plat, ces églises sont parfois protégées par un cercle d'habitations formant rempart. C'est le cas à Macquigny et à Rocquigny. Ces édifices se singularisent également par leur décoration, car leurs parements de brique dessinent des motifs parfois répétés de clocher en clocher : cœurs, croix, dates…

La plus grande de ces églises fortes est celle de Saint-Martin de Montcornet, datée du XVIe siècle. Son portail est encadré par deux tours défensives de brique et de pierre, pourvues de meurtrières. Elle aurait autrefois accueilli une *commanderie* templière.

L'église de Saint-Médard de Parfondeval, l'un des plus beaux villages de France, est entourée d'une enceinte de maisons qui semble en interdire l'accès. Elle possède à l'étage une salle refuge pour les villageois, qui s'y rassemblaient pour échapper au passage des troupes armées au cours des XVIe et XVIIe siècles. Au XIXe siècle, elle a dû néanmoins être agrandie pour accueillir la population croissante du village. Deux bas-côtés ont été édifiés avec les briques d'une tour démantelée qui jouxtait le *chœur*, ôtant ainsi sa valeur défensive à l'édifice.

L'église de Saint-Nicolas d'Englancourt n'est pas elle-même fortifiée mais, vers la fin du XVIe siècle, un solide fort de brique qui englobe le *chœur* et tient lieu de clocher y a été ajouté ! Un passage placé dans l'épaisseur du mur permet de circuler de l'un à l'autre de ces bâtiments.

À Esquéhéries, les fondations de l'église Saint-Martin remontent au XIIe siècle mais, comme ses voisines, elle a été fortifiée au cours des XVIe et XVIIe siècles. Un bâtiment prolongeant la nef accueille à l'étage une salle de refuge, et quatre tours de brique montent la garde aux quatre coins de l'édifice. Elle était même entourée d'un fossé défensif.

En péril

Ces deux derniers édifices sont aujourd'hui menacés, et devraient faire l'objet de campagnes de restauration grâce au soutien de la Fondation du patrimoine et de la mission Bern. À Esquéhéries notamment, les maçonneries extérieures sont à reprendre, les tourelles à sécuriser et la charpente et la couverture du *chœur* nécessitent une importante restauration.

### Jean Bart, un Dunkerquois corsaire du Roi Soleil

Jean Bart, né en 1650 à Dunkerque dans une famille de corsaires, fait son apprentissage auprès de l'amiral hollandais de Ruyter. Il faut dire que la ville n'est définitivement française que depuis 1662. Dix ans plus tard, cependant, lorsqu'éclate la guerre franco-hollandaise, Jean Bart choisit son camp : il rentre à Dunkerque et se fait corsaire du roi de France. Dès 1674, on lui confie le commandement d'un bâtiment. Lorsque la guerre prend fin, 4 ans plus tard, il compte 81 prises à son actif ! La paix ne dure guère pour les corsaires. En 1689, au cours de la guerre de la Ligue d'Augsbourg qui oppose la France à une coalition de nations, Jean Bart, fait prisonnier par les Anglais, se fait encore remarquer en s'évadant de Plymouth en barque, puis en rejoignant la France à la rame ! Cette fois, le roi lui confie une escadre, qu'il emploie avec talent à désorganiser le commerce anglo-hollandais dans la Manche. Même le blocus de Dunkerque par la mer ne peut empêcher les corsaires français d'écumer les flots et de rafler d'énormes convois de vivres à la barbe des Hollandais. La paix revenue, Jean Bart prend le commandement de la marine de Dunkerque. Sa mort en 1702 prive le roi de l'un de ses plus grands corsaires, alors que se profile la guerre de succession d'Espagne.

## La Vieille Bourse de Lille, faste des Flandres espagnoles

Lors du partage de l'héritage des ducs de Bourgogne, Lille échoit aux Habsbourg. Elle est reconquise par Vauban en 1667 au cours de la guerre de Dévolution. C'est une ville prospère dont s'emparent les Français, comme en témoigne la construction toute récente de la bourse de commerce, joyau architectural de la ville achevé en 1653. Cet ensemble est constitué de 24 maisons identiques enserrant une cour bordée d'arcades. Ses *pilastres* sont soutenus par des cariatides reliées par des guirlandes de fruits. Sur les portails, la présence du lion flamand rappelle l'histoire de la ville. L'ensemble est surmonté d'un campanile portant une effigie de Mercure, dieu du commerce.

Et aujourd'hui

Classée monument historique en 1921, la Vieille Bourse, ayant perdu son usage premier, est restaurée dans les années 1990 grâce au mécénat d'entreprise.

## La citadelle de Lille et le « pré carré »

Conquise en 1667 grâce à l'art militaire de Vauban, Lille est immédiatement confiée au célèbre architecte militaire pour être dûment fortifiée. Il édifie un ensemble monumental, véritable petite ville protégée par 5 *bastions* en étoile, qu'il nommera lui-même « reine des citadelles ».

**À retenir**

Elle entre dans le dispositif dit du « pré carré », double ligne de fortifications allant de Gravelines à Rocroi et de Dunkerque à Maubeuge et comportant pas moins de 28 villes fortifiées.

Lille, forteresse modèle construite en briques et tuiles, présente un plan pentagonal parfait. Ses 5 *bastions* sont reliés par des *courtines*, elles-mêmes protégées par des *demi-lunes*. Cette première ligne, entourée d'un fossé inondable, est complétée par une seconde ligne constituée de deux *glacis*, plans inclinés destinés à ralentir la progression de l'ennemi.

Vauban éprouve pour Lille, dont il gouverne la citadelle jusqu'en 1707, un attachement particulier. Il ne la verra pas tomber aux mains des Espagnols en 1708. En 1792, par contre, elle résistera victorieusement aux troupes autrichiennes fortes de 35 000 hommes.

## Chantilly, du vainqueur de Rocroi à l'Institut de France

Chantilly, forteresse médiévale dressée sur la route de Paris à Senlis, revient à la fin du XVe siècle à la puissante famille de Montmorency. Le *connétable* de Montmorency fait ériger, au pied de la forteresse rénovée, le Petit Château (ou capitainerie). Un siècle plus tard, Henri de Montmorency fait construire le pavillon de Sylvie, au cœur du parc, avant d'être condamné à mort pour sédition. Son neveu, le Grand Condé, hérite finalement de ses biens.

**Figure historique**

Mais ce grand général, vainqueur des Espagnols à Rocroi, participe à la Fronde des princes et se voit confisquer Chantilly en 1652. Ayant récupéré son domaine en 1659, il choisit désormais de s'y consacrer. Il fait aménager les jardins par Le Nôtre, et reçoit dans son château les plus beaux esprits du temps. Son maître d'hôtel, François Vatel, veille au raffinement de sa table, où le prince accueille enfin Louis XIV, en 1671, pour sceller une réconciliation tant attendue.

Les héritiers du Grand Condé ne cesseront d'embellir et d'agrandir Chantilly ; les Grandes Écuries sont bâties vers 1725, et l'aile dite « château d'Enghien » est achevée en 1772. Le jardin « anglo-chinois », quant à lui, inspire le Trianon de Versailles. Sous la Révolution, le domaine est vendu par lots, puis démonté. Seuls subsistent les Grandes Écuries et le Petit Château.

En 1830, le domaine échoit au duc d'Aumale, avant-dernier fils du roi Louis-Philippe et petit-neveu et filleul du dernier prince de Condé. Exilé en Angleterre sous le Second Empire, il fait reconstruire le Grand Château de 1876 à 1882 pour qu'il soit l'écrin des splendides collections de manuscrits qu'il a rassemblées. À sa mort en 1897, il lègue Chantilly à l'Institut de France, qui s'engage à conserver le lieu en l'état.

## Le parlement des Flandres, symbole du rattachement à la France

Le parlement des Flandres françaises, créé en 1686, est tout d'abord installé à Tournai, mais en 1709 cette ville passe aux mains des Habsbourg. En 1714, le parlement s'installe finalement à Douai, où il exerce ses pouvoirs de justice et entreprend de défendre les particularismes flamands. Mais son installation marque une véritable ouverture de la ville aux influences françaises, tant dans le domaine du droit que dans celui des arts. Pour abriter cette prestigieuse institution, les autorités choisissent le refuge de l'abbaye de Marchiennes, datant du XIVe siècle. Les refuges étaient des couvents de ville pouvant abriter les moines des abbayes situées à la campagne en cas de danger. Bâti au bord de la Scarpe, l'édifice du parlement présente une façade de brique rouge sombre, longue de 65 m et rythmée par 8 arcades, dont 5 ont été comblées même si leurs arcs de pierre sont encore visibles. Après la Révolution et la disparition des parlements provinciaux, le parlement de Douai devient tribunal de district puis cour d'appel, fonction qu'il occupe encore aujourd'hui.

# Le temps des révolutions

Dans les Hauts-de-France, à la Révolution française succède un autre bouleversement, tout aussi marquant, qui s'inscrit durablement dans le paysage régional. L'exploitation intensive des mines de charbon a effectivement laissé un important patrimoine architectural et paysager, aujourd'hui inscrit au patrimoine mondial de l'UNESCO. Terrils, cités, écoles, églises, gares forgent aussi l'identité locale, avec le souvenir du courageux peuple des mineurs.

## Saint-Vaast, abbatiale inachevée

À Arras, la cathédrale est démantelée et vendue pierre par pierre à la Révolution. Or une vaste église, à peine terminée, semble indiquée pour devenir la nouvelle cathédrale : il s'agit de l'*abbatiale* de Saint-Vaast. L'abbaye Saint-Vaast, édifiée au VIIe siècle sur la colline de la Madeleine, constitue le cœur religieux de la cité d'Arras. À la veille de la Révolution, l'abbé Dom Vigor de Briois entreprend la reconstruction de l'édifice, confiée à l'architecte Constant d'Ivry. Mais les travaux sont interrompus par les troubles révolutionnaires. Les bâtiments, encore peu marqués par leur vocation religieuse, ne sont pas détruits, si bien qu'en 1803 les travaux peuvent reprendre, avec une nouvelle destination. Le nouvel évêque d'Arras a en effet obtenu de Napoléon de faire de l'*abbatiale* sa nouvelle cathédrale. Les travaux s'achèvent en 1833, mais le clocher prévu par l'architecte ne sera jamais construit.

**Le saviez-vous ?**

En 1915, la cathédrale et les bâtiments de l'abbaye sont ravagés par les flammes à la suite d'un bombardement, et une grande partie des collections de la bibliothèque et du musée, abritées dans l'édifice, est perdue à jamais. L'ensemble des bâtiments est restauré dans l'entre-deux-guerres, la cathédrale s'appuyant désormais sur une invisible charpente de béton armé.

## L'abbaye de Valloires, une heureuse histoire

L'abbaye de Valloires est un remarquable ensemble cistercien du XVIIIe siècle, que les hasards heureux de son histoire ont permis de préserver. Fille de Cîteaux fondée en 1137, Valloires est dans un bien triste état 6 siècles plus tard, au point qu'en 1738 l'église *abbatiale* s'effondre ! L'évêque d'Amiens, abbé *commendataire* de Valloires, entreprend alors de vastes travaux de rénovation, donnant naissance à un lieu où se mêlent pureté cistercienne et profusion baroque. Vendue à la Révolution comme bien national, l'abbaye est préservée du vandalisme. Après la Révolution, Valloires embrasse plusieurs vocations ; elle accueille tout d'abord des basiliens, artisans vivant en communauté chrétienne, puis un orphelinat tenu par des religieux. Ceux-ci sont expulsés après la loi de 1905 sur la séparation de l'Église et de l'État. Le bâtiment, mis en vente, est une nouvelle fois sauvé et classé en 1907. En 1922, finalement, une infirmière militaire, Thérèse Papillon, y crée un préventorium pour jeunes enfants puis un foyer d'accueil qui fonctionne toujours aujourd'hui.

**Figure 6-2** Histoire de l'abbaye de Valloires

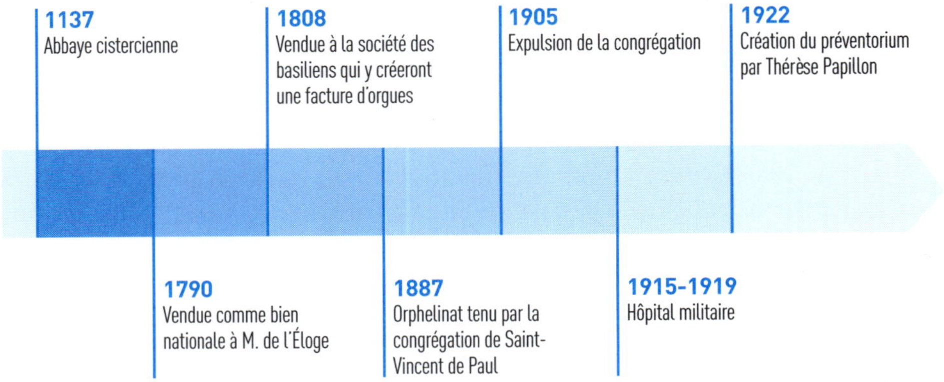


## Les fastes impériaux de Compiègne

Bientôt, les chaos de la Révolution s'estompent dans les fastes de l'Empire, si bien incarnés par le palais de Compiègne. Si ses origines sont mérovingiennes, l'aspect qu'il présente aujourd'hui date de Louis XV et est l'œuvre de son architecte Ange-Jacques Gabriel. Le roi, en effet, goûte peu l'inconfort du vieux palais médiéval mais apprécie les forêts giboyeuses qui l'entourent. Après la Révolution, Napoléon choisit cette ancienne résidence d'été de la cour pour accueillir sa seconde femme, Marie-Louise d'Autriche.

Le saviez-vous ?

Au cours du Second Empire, Compiègne est la résidence favorite du couple impérial, qui y reçoit ses prestigieux invités par « séries » de 100 personnes, les fameuses « séries de Compiègne ». Le palais conserve aujourd'hui des trésors de mobilier et décors du Premier Empire, en particulier dans les appartements de l'impératrice.

Notons, à Boulogne-sur-Mer, l'existence d'un autre « palais impérial », hôtel particulier de style néoclassique où Napoléon fit plusieurs séjours.

## Pierrefonds, château idéal

Au cœur de la forêt de Compiègne, les ruines du château de Louis d'Orléans, construit au XV$^{e}$ siècle, séduisent l'empereur Napoléon I$^{er}$ en ce début de XIX$^{e}$ siècle bercé de romantisme. Il en fait l'acquisition, mais n'aura pas le temps de mener à bien leur restauration. Un demi-siècle plus tard, son neveu Napoléon III confie cette tâche à Viollet-le-Duc, qui s'est déjà illustré dans la reconstruction de Vézelay et de Notre-Dame de Paris.

Le saviez-vous ?

Le résultat de ces travaux évoque sans doute plus un château idéal du XVe siècle que le souvenir de l'édifice disparu. Faute de documents, en effet, l'architecte, tout en respectant le style gothique d'ensemble, n'hésite pas à extrapoler pour reconstituer les parties manquantes. Il multiplie *échauguettes*, meurtrières et *mâchicoulis*, imagine quelques gargouilles, se laisse aller à des inspirations Renaissance et même Art nouveau ! Restaurer un monument, affirme Viollet-le-Duc, « c'est le rétablir dans un état complet qui peut n'avoir jamais existé à un moment donné ».

## La fosse d'Arenberg, patrimoine minier

En péril

Le Second Empire, c'est aussi le triomphe de la révolution industrielle, marquée dans le Nord par un essor sans précédent de l'industrie minière. Commencée dès 1720, l'extraction du charbon durera jusqu'en 1990. Elle a concerné un vaste bassin de 120 km de long sur moins de 12 km de large, allant de Condé-sur-l'Escaut à Lillers. Entre 1930 et 1960, elle emploie en moyenne 200 000 personnes et produit en tout 2 milliards de tonnes de charbon. Depuis 2012, le bassin minier du Pas-de-Calais est inscrit au patrimoine mondial de l'UNESCO.

Parmi les sites emblématiques de cet héritage figure la fosse de Wallers-Arenberg, ouverte en 1899 et exploitée depuis 1903. Elle produit rapidement plus de 200 000 tonnes de charbon par an, et même jusqu'à 450 000 tonnes en 1930. Modernisée dans les années 1950, elle cesse finalement son activité 20 ans plus tard. Elle servira de décors au film *Germinal*, de Claude Berri, faisant prendre conscience aux anciens mineurs de la valeur patrimoniale du lieu.

La fosse a conservé trois de ses chevalements, ces hautes structures métalliques placées sur l'entrée du puits de mine et servant à l'extraction. Outre la fosse elle-même, plusieurs sites hérités de cette période figurent sur la liste de l'UNESCO. Parmi eux, la cité des corons d'Arenberg, l'école ménagère, le dispensaire, les cités modernes de la Drève et du Bosquet, le terril plat n° 171 et le terril Mare à Goriaux, la salle des fêtes... et l'église Sainte-Barbe, construite de 1905 à 1907. Dédié à la patronne des mineurs, le sobre édifice de brique est endommagé pendant la Grande Guerre et reconstruit à l'identique. La Fondation du patrimoine soutient aujourd'hui sa réhabilitation, qui permettrait de mettre en valeur le patrimoine minier du Nord. Par ailleurs, le site d'Arenberg accueille aujourd'hui un centre dédié à la création cinématographique.

## La fosse Delloye, témoin de trois siècles d'extraction du charbon

La fosse Delloye, située à Lewarde, près de Douai, est exploitée depuis 1931. En 1963, elle atteint un record de production avec plus de 440 000 tonnes de charbon. Mais les veines de minerai y sont étroites et l'exploitation cesse rapidement d'être rentable. Elle est abandonnée en 1971. Le site est alors retenu pour la création d'un centre historique minier, afin de témoigner d'une activité qui a profondément marqué la région durant trois siècles.

Et aujourd'hui

Le Centre historique minier ouvre ses portes en 1984 et permet au visiteur de plonger dans le quotidien des mineurs. Les bâtiments d'exploitation ont tous été conservés et restaurés, et plusieurs d'entre eux sont classés monuments historiques ; la salle des compresseurs, celle des ventilateurs, les chevalements des puits n° 1 et 2, les bâtiments administratifs, la lampisterie, la dynamitière... Des galeries reconstituées présentent l'évolution historique des techniques d'extraction depuis le début du XVIIIe siècle.

# Les guerres mondiales et la reconstruction

Artois, Flandre, Somme, Chemin des Dames, ces noms évoquent des champs de bataille et des paysages dévastés. La région se trouve en effet aux premières lignes des offensives allemandes de 1914 et 1940.

Au cours de la Grande Guerre, elle paie un lourd tribut humain et voit ses villes, ses campagnes et ses industries ravagées. Après l'offensive française en Artois de 1915, les batailles de la Somme et du Chemin des Dames ne permettent pas d'obtenir un avantage décisif. En 1918, les Allemands menacent Amiens, mais l'action énergique de Foch permet d'enrayer leur avancée. Enfin, le 11 novembre, l'armistice est signé à Rethondes, au cœur de la forêt de Compiègne.

## Les tribulations de l'église de Péronne

Bâtie à l'emplacement d'un monument plus ancien, l'église Saint-Jean-Baptiste de Péronne est consacrée en 1525. De style gothique flamboyant, c'est une église-halle à trois nefs.

Le saviez-vous ?

Lors de la Révolution française, les 5 autres églises de la ville sont détruites, car seule doit subsister l'église paroissiale. Celle-ci, un temps fermée, est finalement rendue au culte et restaurée dans les années 1820. En 1870, au cours de la guerre contre la Prusse, Péronne est assiégée et l'église, incendiée, partiellement détruite. Après ces nombreuses avanies, l'église est classée monument historique en 1907. Malheureusement, ses tribulations ne sont pas terminées ; elle est occupée en 1914 par les Allemands, qui utilisent le clocher comme poste d'observation et y installent une mitrailleuse lourde ! En 1916, en préparation à la bataille de la Somme, les Alliés bombardent la ville qui doit être évacuée.

En 1918, il ne reste de l'église que quelques pans de murs et une voûte. Elle est finalement reconstruite à l'identique sous la houlette d'un architecte des monuments historiques, et achevée en 1932. Au cours de la Seconde Guerre mondiale, Péronne est à nouveau durement touchée. L'église perd tous ses vitraux, soufflés par une explosion, tandis que le clocher est endommagé par des éclats d'obus.

## La Vierge penchée de Notre-Dame de Brebières

Albert, dans la Somme, est un lieu de culte marial depuis le XI$^{e}$ siècle. Cette dévotion connaît une nouvelle ferveur à la fin du XIX$^{e}$ siècle, dans l'élan des apparitions de la Salette et de Lourdes. Par ailleurs, la révolution industrielle induit un fort développement de la ville, et l'église paroissiale est désormais trop petite. Un nouvel édifice est donc inauguré en 1895, et reçoit même le titre honorifique de « *basilique* mineure », le pape Léon XIII souhaitant qu'Albert devienne « la Lourdes du Nord ». De style néobyzantin, l'édifice reprend, selon son architecte, un certain nombre d'influences allant des palais italiens de la Renaissance aux mosquées du Maghreb en passant par les *basiliques* de Syrie. Son clocher-porche, haut de 76 m, porte une statue de la Vierge mesurant 6 m.

En 1914, Albert se trouve au cœur des combats. En janvier 1915, la ville est bombardée, l'église touchée à plusieurs reprises, le clocher endommagé. La Vierge dorée bascule et reste inclinée à l'horizontale dans un équilibre précaire. Cette Vierge penchée marque les esprits et donne naissance à une prophétie, qui associe sa chute à la fin de la guerre. Elle tombera seulement trois ans plus tard, en avril 1918.

En péril

La *basilique* est reconstruite à la fin de la guerre. En 2019, elle est bénéficiaire du loto du patrimoine pour la restauration de sa décoration intérieure.

**Figure 6-3**
Notre-Dame de Brebières durant la Première Guerre mondiale

## Thiepval, mémoire d'une bataille

La bataille de la crête de Thiepval, menée dans le cadre de l'offensive de la Somme, se déroule en septembre 1916 et fait plus de 10 000 morts du côté des Alliés. Après la guerre, ce site hautement symbolique est choisi pour l'érection d'un mémorial dédié aux 71 260 Britanniques et 830 Sud-Africains tués dans le secteur de la Somme entre juillet 1915 et mars 1918. Inauguré en 1932, ce monument figure un arc de triomphe à parement de brique haut de 45 m. Constitué d'une succession d'arches empilées, il porte gravé sur ses flancs les noms des soldats disparus. À travers sa large ouverture, on peut découvrir le cimetière militaire situé à l'arrière.

À retenir

La Grande Guerre a donné lieu à l'édification de plus de 35 000 monuments aux morts dans toute la France. Celui de Thiepval fait partie de ceux, très peu nombreux, qui ont été classés monuments historiques, et à ce titre occupe une place importante dans notre patrimoine mémoriel.

## La Nouvelle Bourse de Lille, manifeste flamand

La Chambre de commerce de Lille, hébergée par la Vieille Bourse, cherche au début du XXe siècle des locaux plus vastes et plus commodes. La municipalité propose alors un grand terrain, place du Théâtre, pour la construction d'un nouvel édifice. La première brique en est posée en septembre 1909. Les travaux, interrompus par la guerre, reprennent en 1919 et, un an plus tard, les services de la Chambre de commerce peuvent s'installer dans le nouveau bâtiment. Ce dernier s'inspire de l'architecture flamande des XVIIe et XVIIIe siècles, et arbore un haut *beffroi* de 76 m dont le carillon de 25 cloches joue chaque jour la mélodie du *P'tit Quinquin*. La coupole vitrée qui coiffe le grand hall répond quant à elle au goût contemporain pour les toitures de verre. La décoration du bâtiment, peintures, sculptures et vitraux, est à la gloire du commerce et de l'industrie de la région. Au cours de la Seconde Guerre mondiale, la Bourse est le siège de la Kommandantur de la région Nord-Pas-de-Calais.

## Saint-Éloi de Dunkerque, cathédrale des sables

Comme le sol sableux qui la porte, l'église Saint-Éloi connaît un parcours incertain et traverse de nombreuses épreuves. Son histoire peut se lire comme un résumé de celle des Hauts-de-France, entre fortunes de guerre et perpétuelles résurrections. Un premier sanctuaire, édifié au XVe siècle, est détruit lors de la prise de la ville par les armées françaises en 1558 ; seul le clocher reste debout. La reconstruction de l'église débute dès 1560, mais doit cesser en 1585, faute de moyens. Le clocher, qui n'est plus accolé à l'église mais séparé d'elle par une rue, sert désormais aussi de *beffroi* à la ville et de repère pour les marins. Deux siècles plus tard, de nouveaux travaux sont menés en vue d'agrandir l'église, qui comporte désormais 5 nefs. Devenue temple de la Raison sous la Révolution, l'église rendue au culte doit faire l'objet de nouveaux travaux, car la pierre de sa façade se délite. Une nouvelle façade néogothique est édifiée dans les années 1880. Mais le destin de Saint-Éloi est encore bien tourmenté. L'église subit d'importants dégâts pendant la Grande Guerre, puis de nouveau en 1940, lorsque l'explosion d'une bombe incendiaire au cours de la bataille de Dunkerque ne laisse subsister que ses murs. Finalement restaurée, elle n'est rendue au culte qu'en 1977.

## La villa Cavrois de Croix, manifeste moderniste

En 1929, à Croix, entre Lille et Roubaix, l'architecte Robert Mallet-Stevens construit pour un riche industriel du textile, Paul Cavrois, une singulière *villa* emblématique du courant architectural moderniste.

Le bâtiment est conçu comme un « château moderne » : ses très vastes proportions, puisqu'elle couvre 2 800 $m^2$, ainsi que la symétrie de ses ailes évoquent les demeures de plaisance de l'aristocratie, mais son allure extrêmement dépouillée est résolument moderne, tout comme sa parfaite fonctionnalité. Chauffage central et ascenseur, usage du verre et de l'acier, techniques et matériaux sont à la pointe du progrès.

Figure historique

Avec la *villa* Cavrois, Mallet-Stevens défend par ailleurs le concept d'« œuvre totale », où l'architecte conçoit non seulement le bâtiment mais aussi la décoration, le mobilier, l'aménagement du parc... Occupée pendant la Seconde Guerre mondiale, abandonnée et vandalisée après sa vente à un promoteur en 1985, la *villa* est sauvée grâce à une association et à l'intervention de l'État. Sa restauration s'achève en 2015.

Ainsi, les Hauts-de-France, étroitement liés aux grandes heures de notre histoire, ont conservé une impressionnante variété patrimoniale en dépit des épreuves traversées et des destructions massives de la Révolution et des guerres du XX$^e$ siècle. Ce riche héritage est mis en valeur avec talent et prend véritablement une dimension nationale, comme le démontre l'ouverture à Lens en 2012 du Louvre-Lens, lié au grand musée national, et bâti, comme un clin d'œil à la culture régionale, à l'emplacement de l'ancienne fosse n° 9 des mines de Lens !

### Mon coup de cœur, le familistère Godin de Guise

Voilà un concept révolutionnaire ! Dans la seconde moitié du XIX$^e$ siècle, à Guise, où il a fait fortune dans la fabrication de poêles de fonte, Jean-Baptiste Godin construit pour ses ouvriers un vaste ensemble ultramoderne nommé familistère, sorte de coopérative ouvrière dotée de nombreux services : logements, magasins, piscine, école, théâtre... Godin, qui partage la vie de ses ouvriers au sein de ce « palais social », voulait offrir à tous « les équivalents de la richesse » !

# Partie 3
# Aux marches de l'Empire

## Dans cette partie...

Découvrez deux régions qui se sont forgées sur les frontières, aux marches du Saint-Empire romain germanique, passant régulièrement au cours de l'histoire de la domination française à la vassalité impériale.
Dans le Grand Est, sillonné très tôt par des réseaux de communication essentiels au cœur de l'Europe, sont nées des cultures singulières au caractère affirmé, en Alsace, en Lorraine, en Champagne, en Moselle... Autant d'histoires à découvrir à travers les très nombreux monuments de cette région qui fut aussi, hélas, l'un des plus grands champs de bataille de l'histoire !
En Bourgogne-Franche-Comté, l'ancien royaume de Burgondie a donné naissance à deux entités ; le duché de Bourgogne et la comté de Bourgogne, devenue Franche-Comté. Séparées ou réunies au fil de l'histoire, ces deux provinces se révèlent ici à travers leur patrimoine, depuis la roche de Solutré jusqu'au Lion de Belfort !

**DANS CE CHAPITRE**

La région Grand Est est un lieu de passage au carrefour de l'Europe

•

Elle s'est forgée autour d'un très ancien réseau de routes

•

Ses peuples ont affirmé très tôt leur singularité

# Chapitre 7

# Grand Est, au carrefour de l'Europe

Comment expliquer des cultures aussi différentes au sein des territoires limitrophes du Grand Est ? Alsace, Lorraine, Vosges et Champagne, et comment comprendre l'unité de cette région ? Peut-être faut-il lire ce territoire comme un réseau de routes empruntées depuis l'époque paléolithique dans un environnement jugé hostile, et constamment considéré comme un axe de passage à maîtriser plutôt que comme un lieu de vie à coloniser. Cela explique sans doute que les peuples installés dans cette région sont demeurés très indépendants, forgeant des identités culturelles propres peu sensibles aux influences extérieures, comme les groupes mosellans et alsaciens.

L'unité de la région se trouve donc dans sa géographie, et plus singulièrement dans ses routes, itinéraires tracés à travers la Champagne crayeuse ou sèche (par opposition à la Champagne humide, trop inhospitalière) via le sillon rhodanien et le fossé rhénan : dès lors, le contrôle de ces provinces passe bien par la maîtrise des routes et non par la domination des territoires. L'ancienneté des voies, itinéraires celtes aménagés par le génie romain et employés par les dynasties franques puis capétiennes, en est la preuve. La fameuse voie romaine de Roule Bacon, dans les Vosges, illustre cette remarquable continuité, puisque ce chemin déjà pratiqué par les Celtes a été emprunté en 1914 par les soldats allemands pour envahir la France.

## EN QUELQUES DATES

| | |
|---|---|
| **700 av. J.-C.** | L'industrie du fer se développe en Lorraine |
| **451** | Attila est battu aux champs Catalauniques |
| **486 puis 496** | Clovis arrête les Alamans à Soissons puis à Tolbiac |
| **496** | Baptême de Clovis à Reims |
| **843** | Traité de Verdun et partage de l'Europe |
| **855** | Naissance de la Lorraine |
| **1420** | Traité de Troyes, le futur Charles VII est écarté du trône au profit d'un roi anglais |
| **21 mai 1429** | Sacre de Charles VII à Reims grâce à l'action de Jeanne d'Arc |
| **1648** | Acquisition des Trois-Évêchés par la France |
| **1766** | Rattachement de la Lorraine à la France |
| **1871** | La France perd l'Alsace et la Lorraine |
| **Février-décembre 1916** | Bataille de Verdun |
| **1940-45** | L'Alsace et la Moselle sont annexées au Troisième Reich avant de réintégrer définitivement la France |

# Glaciale Préhistoire

Au Paléolithique, la région se caractérise par un climat polaire peu propice à l'homme. On y devine néanmoins les routes empruntées par les chasseurs pour leurs itinéraires saisonniers, même si le paysage de toundra est dépourvu de forêts. L'aspect inhospitalier de ces territoires en fait donc essentiellement des lieux de passage, et explique la rareté des poches de peuplement anciennes.

## Saint-Mihiel, chasseurs de rennes et carriers

Les sites paléolithiques étant très rares en Lorraine, celui de Saint-Mihiel présente un intérêt archéologique majeur. En effet, des fouilles entreprises à la fin du XIXe siècle au bord de la Meuse, au pied des curieux rochers de Saint-Mihiel, ont permis de mettre au jour une halte de chasse magdalénienne datant de la fin du dernier âge glaciaire, il y a environ 10 000 ans. Outre des foyers, des ossements et quelques pierres taillées, elle renfermait une importante quantité de bois de chute de rennes, que nos ancêtres ramassaient au printemps pour fabriquer des outils et des armes.

Le site, visiblement, plaît aux hommes, qui y trouvent de surcroît les veines de silex nécessaire à la fabrication de leur outillage. Au Néolithique, ils en font une exploitation organisée, révélée par des fouilles menées en 1878 et complétées un siècle plus tard. Deux types d'extraction semblent avoir existé : une carrière à ciel ouvert et une mine constituée de galeries souterraines. Haches, ciseaux et pics soulignent la présence d'une communauté de carriers active vers 2100 avant notre ère.

## Mannlefelsen, la roche des petits hommes

En Alsace, les vestiges paléolithiques sont également rares. La grotte du Mannlefelsen, creusée dans les premiers contreforts du Jura, est à ce titre un abri sous roche exceptionnel. Fouillé entre 1971 et 1981, il a révélé 7 m de strates archéologiques, dont la plus ancienne date de la fin de la dernière glaciation. L'abri est alors occupé par des chasseurs de rennes, et ne cessera plus d'être fréquenté par l'homme. Vers 3000 avant notre ère, son entrée est défendue par un rempart de roches. À l'époque romaine, il abrite un atelier de faux-monnayeurs. Au XIXe siècle enfin, il est encore habité ! Outre les outils de silex et la faune fossile, les fouilles ont permis de découvrir un imposant crâne daté de 6000 av. J.-C., unique vestige humain de cette époque en Alsace. Cette tête a été volontairement détachée du corps, dont on n'a pas retrouvé trace ! C'est l'un des mystères de « la roche des petits hommes ».

## Le trépané d'Ensisheim

Insolite

Les fouilles du site néolithique d'Ensisheim ont mené à de bien curieuses découvertes. Elles révèlent l'installation en ce lieu, environ 6000 ans avant notre ère, d'un groupe d'agriculteurs issus de la culture du Rubané, ainsi nommée en raison des motifs dessinés sur leurs céramiques. Sédentarisés sur les bords de l'Ill, ils y bâtissent une nécropole dont 45 tombes ont été retrouvées. Les archéologues ont mis au jour les plus anciennes céramiques retrouvées en Alsace, ainsi qu'une véritable curiosité archéologique : le crâne d'un homme ayant survécu à une double trépanation !

Cette opération, qui consiste à découper une ouverture dans le crâne du patient, est pratiquée depuis au moins 10 000 ans par de très nombreuses sociétés humaines, sans que l'on sache vraiment dans quel but. Rite magique, expérience scientifique, tentative de soin de troubles tels que l'épilepsie ou la migraine ? Le plus incroyable est que la légère repousse de l'os prouve que dans 80 % des cas les individus ainsi opérés survivaient au-delà de l'opération !

## L'architecture monumentale de Pont-sur-Seine

À Pont-sur-Seine, dans les années 2000, les archéologues ont découvert un site exceptionnel illustrant à merveille le processus de sédentarisation, dans ces riches terres de Champagne, des communautés d'agriculteurs venues de l'est. Deux périodes d'occupation sont identifiées, l'une vers 4500 avant notre ère, l'autre environ 1 000 ans plus tard. L'importance du site est impressionnante pour l'époque, puisqu'il révèle les traces de trois maisons circulaires de 80 $m^2$ chacune, et de 17 bâtiments rectangulaires mesurant entre 10 et 20 m de long. Non loin se situent deux enclos de palissades, le second entourant deux édifices monumentaux couvrant respectivement 280 et 900 $m^2$ ! Plus surprenant encore, ces édifices étaient bâtis sur des fondations constituées de gros blocs de pierre liés par un mortier à l'argile. La provenance de cette dernière, qui n'existe pas dans la région, reste un mystère. Même si seuls subsistent aujourd'hui les trous des poteaux de bois soutenant les constructions et leurs fondations de pierre, Pont-sur-Seine est un site unique en Europe par la monumentalité et la densité du bâti ainsi révélé.

### Les singularités du groupe mosellan

Après l'arrivée de la culture du Rubané, vers 5000 av. J.-C., la Lorraine voit l'émergence du groupe mosellan, culture néolithique d'agriculteurs éleveurs qui s'installent le long de ce fleuve et entreprennent de défricher la forêt au moyen d'outils de silex fabriqués grâce aux carrières toutes proches. De façon étonnante, la Moselle joue un rôle de barrière, car elle semble arrêter la progression des cultures néolithique venues de l'est, avec la métallurgie du cuivre, comme de l'ouest, avec les constructions mégalithiques. De plus, comme le groupe Seine-Oise-Marne en région parisienne, le groupe mosellan se montre imperméable aux évolutions de la fin du Néolithique.

**Figure 7-1** Le site de Pont-sur-Seine

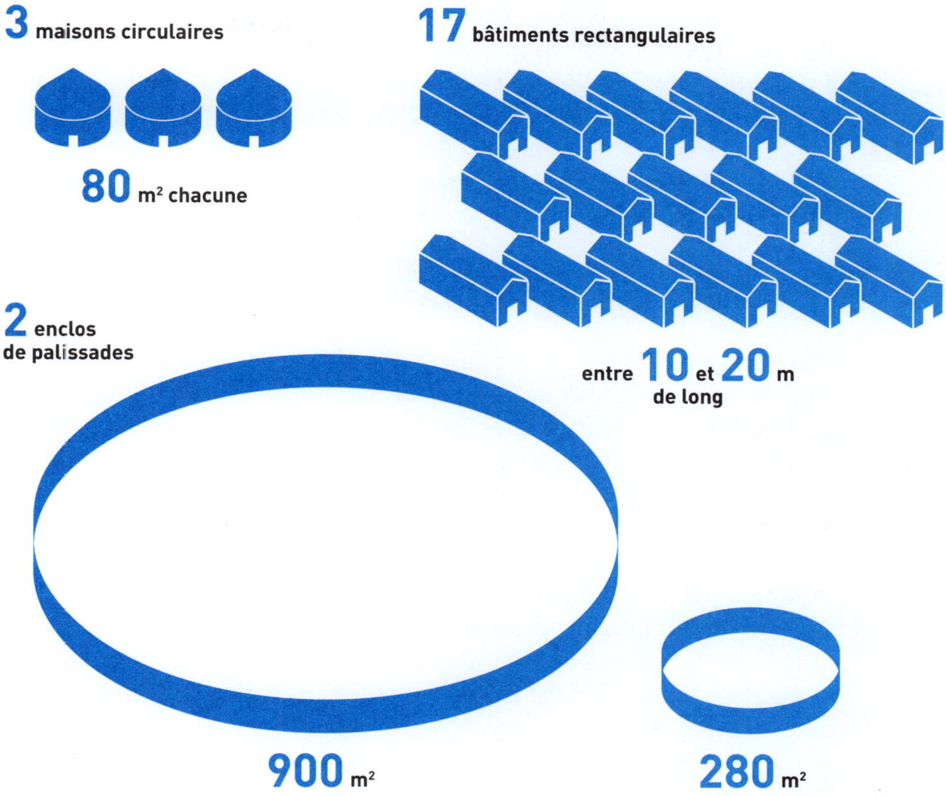


## Les remparts calcinés du camp d'Affrique à Messein

Au XVIIIe siècle, le site du camp d'Affrique passe pour un ancien camp romain et, dès 1840, il attire les archéologues. Les fouilles se succèdent jusque dans les années 1980, permettant finalement de rattacher le lieu à la fin de la culture du Hallstatt, vers le Ve siècle avant notre ère. Situé sur le plateau de Haye en surplomb de la Moselle, il occupe un emplacement stratégique sur la voie de communication reliant le Rhin à la Saône et au Rhône. La région, de plus, présente des ressources intéressantes en fer et en sel. En 1885, le tracé d'une route militaire coupe en deux endroits l'enceinte principale du camp, révélant une importante quantité de chaux, d'argile, de pierres et de bois.

Le saviez-vous ?

Ces remparts « calcinés », aujourd'hui de simples talus, ont été édifiés selon une technique complexe, comportant pas moins de 5 couches dont une imposante masse de chaux, obtenue par calcination de pierre calcaire dans un four retrouvé sur le site et pouvant atteindre 1 200 °C ! Par ailleurs, de très nombreux objets ont été découverts, dont des bijoux et objets de toilette en bronze fabriqués sur place. Ils révèlent la présence d'une agglomération de plusieurs centaines d'habitants, déjà très organisée.

## Le mystérieux Mur païen du mont Sainte-Odile

D'origine probablement celte, le Mur païen cerne le sommet du mont Sainte-Odile sur une longueur de 10 km, délimitant une surface de 100 ha découpée en trois espaces distincts par des murs transversaux. Ses dimensions atteignent par endroit 2 m de large et 3 m de haut. Les massifs blocs de pierre, extraits sur place, ont été assemblés avec des tenons de bois, fait unique dans le nord de l'Europe. La période de construction du mur, estimée au dernier millénaire avant notre ère, reste mal connue, tout comme la destination de cette enceinte monumentale, peut être vouée à protéger un lieu de culte celte sur cette éminence alors appelée *Altitona*, la montagne haute. Le mur a été réutilisé par la suite, notamment par les Romains, et aurait fait l'objet d'une importante restauration au VIIe siècle. Certaines sections ont été démantelées, et les blocs utilisés pour la construction. Il reste toutefois impressionnant et souligne la maîtrise des Celtes dans l'art de la fortification.

### Les Celtes dans le Grand Est

Vers 700 avant notre ère, les Celtes venus d'Europe centrale apportent en Lorraine la métallurgie du fer, ouvrant pour la région une période de prospérité. On y trouve en effet du fer en abondance, ainsi qu'une autre richesse, le sel, extrait notamment dans la vallée de la Seille. La région établit de fructueuses relations commerciales avec le bassin méditerranéen par l'itinéraire de la vallée du Rhône. L'industrie du verre vient bientôt enrichir son activité économique, tandis que se forment d'importantes fédérations de peuples, qui laisseront leurs noms dans le paysage français. En Lorraine, les Médiomatriques, dont la capitale est Divodurum (Metz), se partagent le territoire avec les Leuques, installés au sud autour de Tullum (Toul). En Alsace se trouvent également des Médiomatriques, voisinant avec les Séquanes et les Éduens, tandis que la Champagne est occupée par les Rèmes autour de Reims, les Sénons et les Tricasses à Troyes, les Lingons à Langres et les Catalaunes à Châlons.

## Les tumulus de la forêt de Haguenau

Ensemble remarquable

La forêt de Haguenau cache sous ses frondaisons une véritable nécropole. Les fouilles archéologiques menées à la fin du XIXe siècle ont en effet révélé la présence de près de 650 *tumulus*, petites buttes de terre recouvrant des tombes, datés d'environ 1800 à 250 avant notre ère. Ce « cimetière » a donc servi pendant plus de 1 500 ans ! Ces vénérables sépultures semblent, par leur disposition, souligner la présence d'anciennes voies de circulation, une voie principale longeant le Rhin et une autre, perpendiculaire, reliée au gué de Seltz. Les tombes ont révélé un important mobilier de bronze et d'argile bleue, armes, bijoux et céramiques richement ornées. La forêt, très tôt investie par les hommes, est un lieu de passage bientôt traversé par une voie romaine. Au Moyen Âge, ermitages et couvents lui valent le surnom de forêt sainte. Au XIXe siècle, le bois de ses hêtres attire charbonniers et potiers, et en 1945 l'armée allemande s'y retranche. Les combats provoquent alors d'importants dégâts. Elle est aujourd'hui labellisée Forêt d'Exception.

# L'organisation romaine

Avec la conquête romaine, la région Grand Est est intégrée à la province de Belgique et, pour son quart sud-est, de Germanie supérieure. En 285, la réorganisation menée par Dioclétien induit certains changements : le nord de l'Alsace dépend désormais de la Germanie supérieure et le sud de la province de Séquanaise. Ce découpage sera à l'origine des diocèses de Strasbourg et de Bâle. En Lorraine, Leuques, Médiomatriques, Verodunens de Verdun et Trévires de Trèves sont rattachés à la Belgique première, dont Trèves est la capitale. La cité de Metz, Divodurum, devient également une agglomération importante, et sera même capitale de Belgique seconde au Bas-Empire. Vers le milieu du Ve siècle surviennent de nouvelles populations, les Francs du Rhin (ou ripuaires) qui, devenus majoritaires dans le nord et l'est, imposent leur parler germanique qui se distingue dès lors des parlers romans du reste du pays.

## L'imposant amphithéâtre de Grand

La conquête romaine s'appuie sur deux leviers ; une coopération économique, qui utilise les structures en place et préserve les monnaies d'or locales, et un jeu d'alliances s'appuyant sur les rapports de force locaux. Ainsi, en Alsace et en Lorraine, comme en Bourgogne, Rome joue les Éduens contre les Séquanes, tandis qu'en Champagne elle instrumentalise la rivalité entre Lingons et Sénons.

Dès le Ier siècle, Andesina, modeste agglomération qui n'est pas encore Grand, se signale par un imposant amphithéâtre, l'un des plus grands du monde romain. De forme ovale, son grand axe mesure 148 m de long. Il pouvait accueillir jusqu'à 20 000 spectateurs ! La raison de ce faste serait un sanctuaire d'Apollon édifié en ce lieu dont les sources auraient des vertus thérapeutiques. Le musée de Grand expose une mosaïque de plus de 230 $m^2$ retrouvée dans les ruines d'une *basilique* antique.

## La voie romaine de Roule Bacon, route commerciale et sentier de la guerre

La romanisation sans heurts de l'est de la Lorraine conduit à une assimilation paisible des Celtes aux Gallo-Romains. Le réseau des voies romaines reprend les anciens tracés celtes en leur appliquant le savoir-faire des ingénieurs de Rome. Il sert dès lors de voie d'entrée à bien des invasions plus ou moins pacifiques. Une partie de la voie romaine reliant Metz à Strasbourg par le col du Donon est parvenue jusqu'à nous dans un état remarquable, puisqu'elle a conservé son pavage de larges dalles de grès et une partie des bordures de pierres basses servant à guider les roues de chariot.

Le saviez-vous ?

Ce « chemin d'Allemagne », très emprunté comme en témoigne la profondeur des ornières dans la pierre, fut aussi chemin de France pour les troupes allemandes en 1914, si l'on en croit les graffiti laissés sur des rochers bordant la voie par les soldats du Kaiser.

## L'aqueduc de Gorze à Metz, de l'eau pour Divodurum

Ensemble remarquable

Si, dans le Grand Est, les Celtes occupent un territoire morcelé, les Romains s'emploient à unifier la région par la mise en place de divers réseaux : organisation agraire, routes, adduction d'eau... Ainsi de l'aqueduc qui relie Gorze à Metz, réalisé au début du IIe siècle pour alimenter en eau la ville de Divodurum, ses quatre thermes et ses nombreuses fontaines. Sur une étendue de 22 km, cet ouvrage d'art comportait deux parties souterraines et une partie aérienne portée par un pont à arcades de plus de 1 000 m de long, dont 600 m au-dessus de la Moselle. Il en subsiste une vingtaine d'arches, réparties sur les deux rives de la Moselle, ainsi qu'un bassin collecteur et un bassin de décantation. Un ingénieux système de double canalisation permettait d'assurer l'approvisionnement en eau même lorsque l'un des conduits était bouché ou en travaux. L'importance de Metz à l'époque gallo-romaine justifiait la mise en place d'un tel système.

Outre les thermes, elle comportait un amphithéâtre de 25 000 places, qui n'est plus visible aujourd'hui. On peut par contre admirer les sculptures romaines encadrant la Vierge du pont des Thermes.

## Le camp d'Attila et l'ombre des Huns

L'*oppidum* de La Cheppe, nommé depuis le XVIIe siècle camp d'Attila, n'a peut-être jamais vu passer l'ombre d'un guerrier Hun. Situé sur la voie romaine reliant Reims à Bar-le-Duc, ce lieu parfois appelé Vieux-Châlons est un *oppidum* celte abandonné au moment de la conquête romaine. Peut-être a-t-il appartenu au peuple mal connu des Catalaunes, qui aurait finalement préféré s'installer à Châlons-en-Champagne, qui tiendrait son nom de cette mystérieuse tribu.

**Le saviez-vous ?**

Quel rapport, alors, avec Attila ? En 451, ce chef Hun se lance à la conquête de la Gaule, semant la terreur parmi les populations. Il est arrêté puis vaincu par les légions romaines et leurs alliés wisigoths. Or, certains auteurs anciens situent la bataille finale à La Cheppe. Ce sont les fameux « champs Catalauniques ».

L'histoire a fasciné l'empereur Napoléon III, passionné d'archéologie, qui fait l'acquisition de nombreux objets découverts à La Cheppe.

## Saint-Pierre-aux-Nonnains, 1 600 ans d'histoire !

En Alsace et en Lorraine, dont la romanisation s'est faite en douceur, le christianisme, qui dans les premiers siècles se place en opposition au pouvoir romain, met du temps à s'implanter. L'édifice primitif identifié à Saint-Pierre-aux-Nonnains à Metz est un bâtiment civil, construit à partir du IVe siècle et sans doute intégré à des thermes inachevés. Les travaux auraient été interrompus par l'incendie du bâtiment lors d'un raid vandale. Vers la fin du VIe siècle, il est restauré pour accueillir l'*abbatiale* d'un couvent de femmes. Deux siècles plus tard, un chancel est édifié pour séparer le *chœur* de la nef. Cette barrière de pierre richement sculptée est aujourd'hui conservée au musée de Metz. Le bâtiment est encore remanié à l'époque romane, puis doté de voûtes gothiques aux XVe et XVIe siècles.

Après le siège de la ville en 1552 par Charles Quint, Metz devient française, et l'église, placée au centre d'une citadelle défensive, perd sa fonction religieuse.

**Et aujourd'hui**

Après avoir longtemps servi d'entrepôt, elle a été restaurée dans les années 1970 et est désormais ouverte au public.

## Saint-Remi de Reims

Si l'aspect actuel de Saint-Remi date du XIIe siècle, elle s'élève sur le tombeau d'un saint entré dans l'histoire au Ve siècle, et pour des raisons historiques majeures.

**Figure historique**

En 496, en effet, c'est saint Remi, évêque de Reims, qui baptise le roi Clovis, scellant l'alliance de l'Église et de la monarchie franque. À sa mort en 533, le saint est enterré, selon ses vœux, dans la chapelle Saint-Christophe, à 2 km de la cathédrale. Selon le chroniqueur Grégoire de Tours, la *basilique* Saint-Remi, qui remplace la chapelle, existe dès les années 570. Les moines bénédictins venus s'installer à Reims deux siècles plus tard en font leur église *abbatiale*. Celle-ci est reconstruite et consacrée en 852 par l'archevêque Hincmar. Elle abrite alors le corps de saint Remi, dont le tombeau est placé au centre de l'édifice, mais aussi la Sainte-Ampoule, petite fiole de verre contenant le chrême utilisé pour le sacre. Deux siècles plus tard, l'abbé de Saint-Remi fait édifier la nef romane que l'on peut encore admirer aujourd'hui. Des éléments gothiques, dont le *chœur*, y sont ajoutés vers 1170. La façade date également de cette époque, tandis que le portail sud, de style flamboyant, remonte au début du XVIe siècle.

En 1792, les bénédictins sont chassés, l'abbaye livrée au pillage. Au début du XIXe siècle, les voûtes d'origine, trop lourdes, sont remplacées par des constructions plus légères faites de bois et de plâtre.

**À retenir**

L'édifice, classé dès 1840, brûle malheureusement en 1918 lors du bombardement de la ville. Commence alors une longue restauration, achevée en 1958. Cette fois, les voûtes sont reconstruites en pierre et la charpente en béton. Saint-Remi est inscrite au patrimoine mondial de l'UNESCO en 1991.

## Saint-Étienne de Marmoutier et Hautvillers, deux abbayes mérovingiennes

Si l'abbaye de Marmoutier connaît son heure de gloire au XIIe siècle, son origine est bien plus ancienne. Vers 589, des moines irlandais disciples de saint Colomban fondent un monastère non loin de Saverne grâce au soutien du roi d'Austrasie Childebert II, qui la dote richement. À la suite d'un incendie, elle est rebâtie par saint Maur, à qui elle doit son nom : *Mauri monasterium*. Les moines de Marmoutier adoptent la règle bénédictine. Les Carolingiens, comme leurs prédécesseurs, se font les protecteurs de l'abbaye, de nouveau rebâtie aux Xe et XIe siècles. Marmoutier atteint son apogée au XIIe siècle, puis connaît un lent déclin. La fin de la guerre de Trente Ans marque un certain renouveau, mais les bâtiments conventuels sont malheureusement détruits à la Révolution. L'église seule reste debout, offrant au visiteur sa magnifique façade romano-byzantine du XIe siècle flanquée de deux tours. Quelques éléments du XIIe siècle subsistent, tel le porche. L'intérieur de l'église est gothique.

L'abbaye de Hautvillers, en Champagne, est également une fondation mérovingienne. Créée en 650 par saint Nivard, elle adopte la règle bénédictine. À l'époque carolingienne, son *scriptorium* lui vaut une certaine réputation. On lui doit notamment *l'évangéliaire* commandé par Ebbon, archevêque de Reims. À la même époque, l'abbaye devient le lieu d'un important pèlerinage grâce aux reliques de sainte Hélène, volées à Rome en 841 par un religieux rémois.

**Figure historique**

Comme Marmoutier, Hautvillers connaît à l'époque moderne un lent déclin, jusqu'à l'arrivée, en 1668 d'un jeune moine inventif et ingénieux, Pierre Pérignon. Nommé *cellérier* de l'abbaye, il améliore la production vinicole en pratiquant l'art de l'assemblage des raisins. Il n'est cependant pas à l'origine de la méthode dite « champenoise » de fermentation du vin, mais son nom reste étroitement attaché à celui du champagne. L'abbaye, démantelée à la Révolution, est aujourd'hui propriété d'une grande maison de champagne, tandis que l'*abbatiale*, devenue église paroissiale, accueille la tombe de Dom Pérignon.

## La cathédrale de Verdun ou les révélations de la Grande Guerre

Il s'agit de l'une des plus anciennes cathédrales d'Europe, qui a fêté ses 1000 ans en 1990. Bâtie dans le style roman rhénan, elle est dotée d'un cloître au XIIe siècle, tandis que le *chœur* est rebâti sur un plan plus vaste. La Renaissance apporte quelques ornementations gothiques ainsi que deux chapelles latérales. En 1755, la foudre provoque un incendie qui ravage la toiture et les deux tours. Monseigneur de Nicolaï la fait restaurer dans le style baroque et rocaille ; deux tours sur quatre sont supprimées et les cryptes comblées. Au cours de la Grande Guerre, les tours, même gravement endommagées, servent de poste d'observation.

**Le saviez-vous ?**

Et, de façon surprenante, les bombardements révèlent des éléments oubliés de l'édifice, comme la crypte orientale de 1130 de style roman bourguignon, redécouverte après la chute d'un obus en 1916. La restauration entamée à la fin de la guerre est donc l'occasion de mettre en valeur ces trésors enfouis, dont le fameux portail du Lion, muré en 1760.

# Après l'an mil, le temps des princes

Au début du IIe millénaire, la région connaît une situation politique particulièrement instable ; la querelle des Investitures oppose l'empereur au pape pendant un demi-siècle, de 1075 à 1122, puis la vacance du trône impérial, de 1250 à 1273, profite à l'émergence des pouvoirs locaux. En Alsace, cela se traduit par un important essor des villes, tandis qu'en Champagne les comtes affirment leur autorité sur la région. En Lorraine, le duché de Bar est l'objet de toutes les convoitises, notamment françaises ! En effet, la Champagne devenant vassale des rois de France en 1284, ceux-ci souhaitent prendre pied en Lorraine, nouvelle zone frontière avec l'Alsace impériale.

## Le château des ducs de Bar

Au xe siècle, le duc de Haute-Lorraine fait édifier une place forte sur le mont Bar, au-dessus de l'Ornain, afin de se prémunir contre une éventuelle attaque venant de Champagne. Le lieu est alors assez sommaire mais, trois siècles plus tard, les comtes de Bar choisissent d'y établir leur cour et réalisent des travaux d'ampleur. Le château comtal est édifié derrière la double enceinte de la forteresse, aux côtés de la collégiale Saint-Maxe. Au xve siècle, René II, duc de Bar et de Lorraine, fait embellir le château, tandis que son épouse y crée un jardin à l'italienne. En 1567, le duc Charles III fait édifier dans l'enceinte un nouveau bâtiment de style gothique flamboyant, le Neuf-Castel, qui abrite désormais la cour des comptes du duché.

Peu à peu délaissé par les ducs, le château est finalement démantelé par Louis XIV, désireux de mater ces remuants vassaux. Seul subsiste le Neuf-Castel, avec sa magnifique salle du Trésor des chartes, la tour de l'Horloge et la tour Heyblot. La collégiale Saint-Maxe, quant à elle, disparaît sous la Révolution.

## Le Haut-Koenigsbourg, une restauration allemande

Parallèlement, en Alsace, le pouvoir impérial s'affirme. À partir de 1105, cette province revient aux ducs de Hohenstaufen. Le duc Frédéric le Borgne s'emploie alors à juguler le pouvoir de ses vassaux en multipliant les forteresses, dont certaines construites en toute illégalité sur des terres ne lui appartenant pas ! Ce serait le cas du château du Haut-Koenigsbourg. Érigé sur un éperon rocheux qui domine la plaine d'Alsace, il contrôle la route du blé et du vin, venant d'Italie, et celle du sel et de l'argent, menant de la Lorraine aux territoires d'outre-Rhin.

Au XIIIe siècle, il tombe aux mains des ducs de Lorraine, puis devient un repaire de brigands que les villes alsaciennes s'emploient à détruire pour assurer la paix civile. Le château est alors confié à la famille Thierstein avant d'être racheté par l'empereur Maximilien Ier. Il est finalement détruit au cours de la guerre de Trente Ans. En 1899, la ville de Sélestat, qui a acquis les ruines quelques années plus tôt, en fait cadeau à l'empereur Guillaume II, puisque l'Alsace est alors sous domination allemande.

Le saviez-vous ?

Lors de la restauration menée de 1901 à 1908, l'architecte Bodo Ebhardt tente de restituer l'apparence du château autour de l'an 1500, même s'il dispose pour cela de très peu de documents ou d'éléments archéologiques. On lui reprochera, comme à Viollet-le-Duc en France, d'avoir un peu trop laissé parler son imagination ! Une fois restauré, le château est transformé en musée à la gloire de la civilisation germanique.

## La cathédrale, cœur de Strasbourg

La cathédrale de Strasbourg, ville impériale, est reconstruite à partir de 1176 après que les guerres et les incendies eurent ravagé les édifices précédents. Le *chœur*, l'*abside* et le *transept*, de style roman, sont complétés par une nef et une façade gothiques. Le remarquable pilier des anges, qui soutient la voûte du *transept* sud, est élevé vers 1230. Au début du XVIe siècle, la cathédrale devient un lieu de culte protestant et accueille une magnifique horloge astronomique. En 1681, elle est rendue au culte catholique et agrémentée d'un décor baroque. Lors de la Révolution, les Strasbourgeois, soucieux de préserver leur cathédrale, soustraient les statues gothiques aux marteaux des révolutionnaires, limitant ainsi les dégâts causés à l'édifice, transformé en temple de la Raison. La flèche est affublée d'un bonnet phrygien.

Et aujourd'hui

Aujourd'hui, la cathédrale est la plus visitée de France après celle de Paris. Elle a été inscrite au patrimoine mondial de l'UNESCO comme cœur de la vieille ville de Strasbourg.

### Les Trois-Évêchés

Dans cette région frontalière à l'histoire mouvementée, l'Empire germanique peine à imposer son autorité. Il s'appuie alors sur l'Église et octroie de nombreux biens et d'importantes franchises aux évêques de Metz, Toul et Verdun, conférant à ces trois diocèses un statut véritablement princier. Cependant, comme tout *suzerain*, les

**Les Trois-Évêchés** *(suite)*

évêques doivent faire face à la voracité de leurs vassaux, qui profitent de la faiblesse du pouvoir épiscopal et de celle de l'Empire pour affirmer leurs droits. Parallèlement, la bourgeoisie des villes, enrichie, émerge sur la scène politique. La puissance des Trois-Évêchés, néanmoins, ira jusqu'à la constitution d'une province libre dans la mouvance impériale, avant que ces territoires ne rejoignent le giron français au XVIIe siècle.

## L'abbaye de Clairvaux, du cloître à la prison

À côté des seigneurs évêques et des grands féodaux se développe un troisième pouvoir, celui des ordres religieux, qui étendent leur influence dans tout le royaume et participent à l'essor économique des XIe et XIIe siècles. L'un des plus puissants d'entre eux est né à Clairvaux, aux confins de la Bourgogne et de la Champagne, au début du XIIe siècle. C'est là que décident de s'installer quelques moines venus de Cîteaux, menés par le célèbre Bernard. Très vite, le réseau cistercien s'étend, si bien que l'ordre compte 350 abbayes à la mort de saint Bernard ! Le rayonnement spirituel de l'abbaye se double d'une certaine prospérité économique, grâce à la mise en valeur de vastes domaines et à la proximité des foires de Champagne. Son aura intellectuelle est illustrée par la splendide collection d'ouvrages rassemblée dans son *scriptorium*, qui sera mise à l'abri à Troyes lors de la Révolution.

Au XVIIIe siècle, les moines de Clairvaux entreprennent de démolir une partie des bâtiments médiévaux pour rebâtir un imposant ensemble de style classique. Vendue comme bien national à la Révolution, l'abbaye est transformée en prison en 1808. En 1971, la construction de locaux modernes pour la centrale pénitentiaire permet d'ouvrir à la visite les bâtiments conventuels.

**En péril**

L'une des quatre premières filles de Cîteaux, l'abbaye de Morimond, se trouve à quelque 80 km à l'est de Clairvaux. Elle est elle-même à l'origine de plus de 200 fondations monastiques, dont certaines sont encore bien vivantes, notamment en Europe de l'Est. Presque entièrement détruite à la Révolution, elle fait aujourd'hui l'objet d'un projet de restauration soutenu par la Fondation du patrimoine.

## Les vicissitudes de l'abbaye de Longuay

En péril

Située comme Clairvaux dans la vallée de l'Aube, l'abbaye de Longuay fut d'abord un hospice puis une maison de *chanoines* augustins avant d'être agrégée à l'ordre de Cîteaux par saint Bernard lui-même. Richement dotée par les comtes de Champagne et les ducs de Bourgogne, elle est pourvue dès 1153 d'une église et d'un dortoir pour les moines, puis agrandie à plusieurs reprises. Le site, en partie détruit à la Révolution, a conservé une grange aux *dîmes*, le bâtiment des frères *convers* et un pigeonnier auxquels est venu s'ajouter un château construit vers 1830 et doté d'une façade néo-Renaissance. Le bâtiment des *convers*, doté de deux niveaux voûtés sur croisée d'ogives répartis chacun en trois nefs, est unique en France. Longuay bénéficie du soutien de la Fondation du patrimoine pour des travaux de restauration urgents.

## Saint-Étienne de Gorze et les échos du chant grégorien

L'église Saint-Étienne de Gorze, en Lorraine, illustre le passage de l'art roman au style gothique, puisqu'elle marie intimement les deux. Ainsi, elle mêle arcs en plein cintre romans et arcs brisés gothiques, et le clocher roman s'orne de fenêtres gothiques. Construite à partir du XIe siècle, elle est bâtie à l'initiative de l'abbé de Saint-Gorgon de Gorze à l'extérieur de l'enceinte monastique, pour servir d'église paroissiale. L'abbaye, quant à elle, a été fondée en 749 et devient rapidement l'un des foyers du chant messin, plus tard appelé chant grégorien, qui contribue grandement à unifier la liturgie de l'Église, alors essentiellement chantée. Et si l'abbaye disparaît au XVIe siècle, l'église Saint-Étienne demeure, habitée par les accents sublimes du chant grégorien, dont l'art restauré au XIXe siècle par l'abbé de Solesmes Dom Guéranger est plus apprécié que jamais. Il constitue sans aucun doute l'un de nos plus beaux patrimoines culturels religieux.

# Le pouvoir des villes s'affirme à la fin du Moyen Âge

La renaissance économique et culturelle des XIe et XIIe siècles permet également l'enrichissement des villes et l'épanouissement de l'architecture urbaine. C'est la grande époque des cathédrales gothiques, au pied desquelles fleurissent bientôt les couvents de ville.

Les nouveaux ordres mendiants, franciscains et dominicains, ne cherchent en effet plus le désert des campagnes mais souhaitent incarner l'Église « dans la ville ».

## Notre-Dame de Reims, cathédrale martyre

La première cathédrale de Reims aurait été fondée au début du Ve siècle par l'évêque Nicaise sur des thermes gallo-romains. Dès lors, plusieurs édifices se succèdent jusqu'à l'année 1210, lorsque la cathédrale est ravagée par les flammes. L'année suivante, l'archevêque de Reims pose la première pierre de sa nouvelle église, qui est achevée vers la fin du siècle.

**Figure 7-2** Reims, ville sacrée

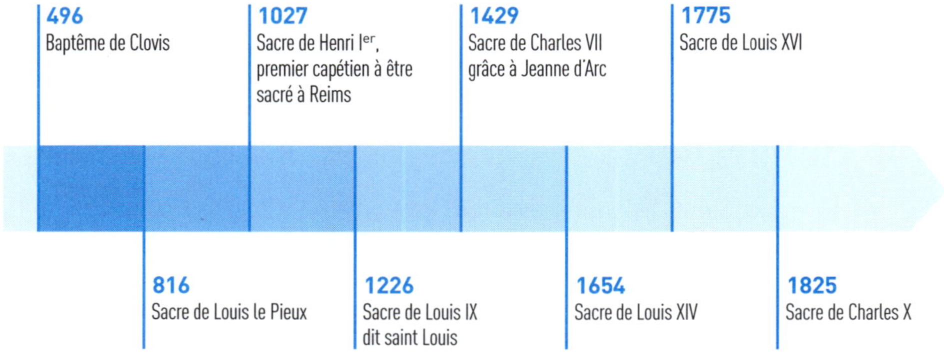


À retenir

Le premier roi sacré à Reims est Louis le Pieux, en 816, mais c'est surtout sous les Capétiens que Reims devient ville du sacre. Seule une poignée d'entre eux ne sera pas sacrée à Reims. Mais, curieusement, le symbole monarchique que représente la cathédrale n'est pas détruit lors de la Révolution, même si l'édifice est sérieusement abîmé et transformé en grenier à foin. Restaurée par Viollet-le-Duc en 1860, la cathédrale est hélas très gravement endommagée par les bombardements de 1914. Le 19 septembre, elle est touchée par plusieurs tirs d'obus qui enflamment un échafaudage posé contre la tour nord. L'incendie ravage l'édifice, faisant éclater la pierre des statues et les vitraux de la grande rose. Le toit de plomb fond sous l'effet de la chaleur. Reims sera détruite à 85 %.

Le chantier de restauration débute en 1919 et se poursuit encore de nos jours. La charpente de bois est remplacée par une structure de béton, et le plomb fondu, ramassé par les habitants de Reims, sert à fabriquer la nouvelle toiture. La cathédrale abrite à la fois des vitraux du XIIIe siècle, miraculeusement préservés, et des œuvres contemporaines, dont une série signée Marc Chagall.

Elle a été restaurée dans toute la pureté de son style gothique, et sa luminosité exceptionnelle met en valeur une statuaire unique, dont le célèbre ange au sourire.

À retenir

Ultime symbole, c'est sur son parvis que Konrad Adenauer et le général de Gaulle célèbrent la réconciliation franco-allemande en 1962. Elle est inscrite au patrimoine mondial de l'UNESCO depuis 1991.

## La cathédrale de Toul, pionnière du gothique

Toul, siège de l'un des Trois-Évêchés, revêt au Moyen Âge une certaine importance politique. La cathédrale Saint-Étienne, par son ampleur et sa magnificence, témoigne de ce passé prestigieux. Elle est la première cathédrale gothique du Saint-Empire. Conçue sur un plan roman rhénan, avec un *chevet* encadré de deux tours, elle est bâtie à partir de 1221 dans un style essentiellement gothique rayonnant mais se pare d'une étonnante façade flamboyante richement ornée. Son *transept* est rendu très lumineux par de hautes verrières surmontées de roses. Elle est flanquée d'un grand cloître gothique et possède également deux chapelles Renaissance. De conception novatrice, la cathédrale de Toul inspirera de nombreux édifices de la région.

La restauration opérée après la Seconde Guerre mondiale a recréé la polychromie intérieure, présente dans la plupart des églises médiévales mais bien souvent disparue avec les siècles.

## La cathédrale Saint-Étienne de Châlons, que de styles !

Si le diocèse de Châlons est l'un des plus anciens de France, on sait peu de choses des premières cathédrales. L'édification de l'église actuelle commence au XIIe siècle et se poursuit pendant 5 siècles, mêlant styles roman, gothique et baroque ! De la première période, elle conserve de précieux vitraux romans ainsi que les fonts baptismaux, une crypte et la tour nord. Remaniée au XIIIe siècle, elle est marquée par le style gothique rayonnant, qui se caractérise par la hauteur des voûtes et l'immensité des verrières qui semblent occuper toute la surface des murs. La façade occidentale, quant à elle, adopte une allure résolument baroque. Elle est en effet construite au début du XVIIe siècle. De cette époque datait également une immense flèche de bois et de plomb, détruite par la foudre en 1668. Les deux flèches qui la remplacent seront finalement démontées au cours de la restauration du XIXe siècle, car elles sont jugées disgracieuses.

## Notre-Dame-en-Vaux, harmonie romane et gothique

Au Moyen Âge, Châlons est un centre économique d'importance grâce à la culture de la vigne, au commerce du drap et au rayonnement des foires de Champagne. Cette richesse se lit dans la physionomie de la cité et notamment dans son patrimoine religieux. L'actuelle église Notre-Dame-en-Vaux est bâtie à partir du XIIe siècle sur un édifice plus ancien, effondré en 1157. Elle mêle harmonieusement style roman et style gothique et possède une superbe nef gothique à quatre niveaux, dont les grandes verrières apportent à l'édifice un éclairage abondant. Elle est encadrée de quatre tours romanes, dont deux ont perdu leur flèche à la Révolution.

**Le saviez-vous ?**

Elle possède de magnifiques vitraux du XVIe siècle et un carillon de 56 cloches, l'un des plus importants d'Europe ! Elle est inscrite au patrimoine mondial de l'UNESCO au titre des chemins de Compostelle.

## Les églises franciscaine et dominicaine de Colmar

Au côté des évêques, les nouveaux ordres mendiants créés au XIIIe siècle participent à la renaissance spirituelle des villes au sein desquelles leur vocation singulière les appelle ; ainsi des frères prêcheurs ou dominicains, qui s'installent à Colmar vers 1260. La cité jouit alors du statut de ville impériale et lutte contre la domination de son encombrant voisin, l'évêque de Strasbourg.

L'église du couvent des dominicains est bâtie à partir de 1289 et achevée en 1346. D'une grande sobriété, elle possède une nef unique flanquée de deux bas-côtés et un *chœur* presque aussi long que la nef. Ses minces colonnes, qui soutiennent un plafond de bois, ne comportent pas de chapiteaux. Elle est adossée à un vaste cloître et dominée par un simple clocheton. Elle renferme un véritable trésor, le *retable* de *La Vierge au buisson de rose*, de Martin Schongauer. Les bâtiments conventuels abritent aujourd'hui la bibliothèque municipale et devraient bientôt accueillir un musée du livre, perpétuant ainsi l'héritage intellectuel des dominicains.

Autre ordre prêcheur, les franciscains s'installent à Colmar au milieu du XIIIe siècle. Il ne reste de leur couvent que la chapelle, les bâtiments ayant été détruits en 1735 par un incendie. Ce sanctuaire, attribué en 1575 à la communauté protestante, prend le nom d'église Saint-Matthieu. Il rappelle par son plan la sobriété et la rigueur de l'église des dominicains.

## La « recevresse » de Notre-Dame d'Avioth

En péril

Le petit village d'Avioth, dans la Meuse, possède une bien grande église ! Cela s'explique par le pèlerinage qui s'y développe à partir du XIIe siècle, après la découverte d'une statue de la Vierge réputée miraculeuse. L'église actuelle, de style gothique flamboyant, date du siècle suivant. Elle jouxte un petit monument unique au monde, la « recevresse », délicate dentelle de pierre gothique qui marque sans doute l'endroit où la statue fut découverte. Après la construction de l'église, où prend place la statue miraculeuse, le petit édifice accueille une seconde statue, destinée à recevoir les offrandes des fidèles. Elle est surnommée « la Vierge recevresse ».

Aujourd'hui, l'église attire toujours de nombreux pèlerins, mais une partie de sa nef doit être restaurée. Ces travaux sont soutenus par la Fondation du patrimoine.

# Le souffle de la Renaissance

Si la Champagne est placée sous administration royale directe en 1361, la Lorraine, pour sa part, doit faire face aux appétits de la France et de l'Empire, qui conduisent au morcellement du Barrois, dont une partie, le « Barrois mouvant », est déclarée vassale du roi de France. L'Alsace, quant à elle, bénéficie d'un statut semi-indépendant puisque la vacance du pouvoir impérial au siècle précédent a abouti à un certain relâchement de la tutelle de l'empereur. La région subit cependant, au cours de la guerre de Cent Ans, les ravages de la peste et les pillages des bandes armées qui sillonnent le pays. C'est après ces orages que va s'épanouir dans le Grand Est l'art de la Renaissance, particulièrement bien accueilli en Lorraine.

### La Décapole alsacienne

La Décapole alsacienne est une ligue urbaine qui se caractérise par sa longévité et sa stabilité. Fondée en 1342 à Sélestat, elle réunit au départ les villes de Haguenau, Obernai, Wissembourg, Rosheim, Colmar, Turckheim, Kaysersberg, Munster, Mulhouse et Sélestat. Seltz y prend part de 1358 à 1418, et Mulhouse la quitte en 1515 ; elle est remplacée par Landau. C'est à la fois une ligue d'assistance réciproque, notamment face aux menées impériales, et un organe d'arbitrage interne entre ses membres. Elle se réunit généralement à Sélestat.

Les événements de la Réforme compromettent un temps l'unité de l'ensemble. Finalement, Wissembourg, Landau et Munster deviennent protestantes, Haguenau et Colmar adoptent une solution mixte et les 5 autres restent catholiques. La ligue est dissoute en 1679.

## Saint-Étienne de Bar-le-Duc et son saisissant transi

En 1431 sont réunis par mariage les duchés rivaux de Bar et de Lorraine. Le nouveau duc, René d'Anjou, relance le chantier de la collégiale Saint-Pierre, commencé au début du XIV^e siècle et interrompu par les combats. L'édifice est bâti dans le style gothique flamboyant, si prisé à l'époque, mais possède également quelques éléments caractéristiques de la Renaissance. Après la Révolution, Saint-Pierre devient église paroissiale sous le nom de Saint-Étienne.

L'église abrite deux sculptures remarquables dues au lorrain Ligier Richier, un *Christ en croix entre les deux larrons* et le *Transi de René de Chalon*. Ce dernier est un monument funéraire, au départ placé dans la collégiale Saint-Maxe. Érigé en mémoire de René de Chalon, tué en 1544 au siège de Saint-Dizier, il représente un impressionnant squelette dressé élevant à bout de bras son cœur vers le ciel. Les lambeaux de peau qui le recouvrent par endroit le rendent particulièrement réaliste.

### Jeanne la bonne Lorraine

Personnage hors du commun, Jeanne naît en Lorraine, au village de Domrémy, dans une famille de laboureurs, paysans relativement aisés. Son destin bascule à 13 ans lorsqu'elle entend les voix de saint Michel et de sainte Catherine lui enjoignant d'aller faire sacrer le roi à Reims et de « bouter les Anglais hors de France ». Avec un incroyable aplomb, la jeune fille, alors âgée de 17 ans, franchit tous les obstacles, écarte toutes les réticences et parvient à la cour de Chinon où elle rencontre enfin Charles VII. Ses premières victoires militaires galvanisent les troupes du jeune roi, qui parvient à Reims où il est sacré en juillet 1429. Malheureusement, un an plus tard, Jeanne est capturée par les Bourguignons devant Compiègne et livrée aux Anglais, qui lui font intenter un procès pour sorcellerie. Condamnée au bûcher et brûlée, Jeanne sera réhabilitée dès 1456. Son village natal prend le nom de Domrémy-la-Pucelle, tandis que la légende de Jeanne prend son envol. Elle atteint son apogée au XIX^e siècle, entre romantisme et nationalisme naissant. Tour à tour revendiquée par toutes les factions, catholiques, anticléricaux, nationalistes, socialistes, elle est canonisée en 1920 en même temps qu'elle entre dans le calendrier républicain, le deuxième dimanche de mai, pour la « fête de Jeanne d'Arc et du patriotisme ».

## Le palais ducal de Nancy ou les derniers feux d'une Lorraine indépendante

En 1477, René II de Lorraine remporte une victoire décisive sur Charles le Téméraire, dernier duc de Bourgogne, qui trouve la défaite et la mort sous les remparts de Nancy. Le palais ducal, qui a grandement souffert des combats, est reconstruit par René II puis par son fils Antoine. Les architectes adoptent le style Renaissance alors très apprécié en Lorraine, tout en conservant par endroit des éléments du gothique flamboyant. Ainsi de la Porterie et de son impressionnant porche flamboyant, dont le décor d'angelots, de guirlandes et de coquilles rappelle toutefois la Renaissance. L'intérieur du bâtiment, sur cour, présente une galerie gothique avec des ornements Renaissance et un escalier à vis également typique de cette époque. Au début du XVIIIe siècle, le duc Léopold fait démolir une partie de l'édifice pour ériger un nouveau bâtiment dit « Louvre », qui ne sera pas terminé faute de moyens. Quelques années plus tard, Stanislas Leszczynski, duc de Lorraine, fait bâtir le palais du Gouvernement. Le palais ducal abrite le Musée lorrain depuis 1848.

## Le château de Braux-Sainte-Cohière, au nom du roi

**En péril**

Situé aux portes de la Lorraine, le château de Braux témoigne des troubles de la Ligue à la fin du XVIe siècle. Les provinces de l'est de la France, en effet, se rallient majoritairement au parti catholique, dans lequel la maison de Lorraine joue un rôle déterminant. Mais Philippe de Thomassin, seigneur de Braux, est pour sa part un fidèle compagnon d'Henri III. En 1589, il est nommé gouverneur de Châlons et entreprend de combattre les ligueurs à la tête de sa compagnie de cavalerie. Celle-ci est logée à Braux, maison forte qu'il bâtit pour accueillir les soldats du roi. Elle est dotée d'une enceinte fermée gardée par quatre tours d'angle et de très larges douves. Mais la vocation militaire de Braux est bien vite abandonnée, les progrès de l'artillerie rendant finalement ses fortifications insuffisantes. Le logis des officiers est transformé en château d'agrément. Braux se trouve aujourd'hui dans un état très dégradé après 15 ans d'abandon. Sa restauration est soutenue par la Fondation du patrimoine.

### La Lorraine et la Ligue

En 1552, le roi de France Henri II s'empare de Metz, Toul et Verdun, mettant un terme à l'emprise germanique sur les Trois-Évêchés. Le duc Charles III de Lorraine, élevé à la cour de France, doit alors épouser Claude de France, fille d'Henri II, pour pouvoir retourner vivre souverainement dans ses États (voir arbre généalogique page suivante). Il choisit par ailleurs, en cette période de réforme, une position résolument catholique, et accueille à Nancy la création de la Ligue catholique par son cousin le duc de Guise. Il rejoint lui-même la Ligue à la mort d'Henri III, car il ne peut accepter de voir le protestant Henri de Navarre, futur Henri IV, devenir roi de France. De plus, il défend les droits de sa femme à la couronne. La paix avec la France est finalement rétablie en 1594 par le mariage de l'héritier de Lorraine avec la sœur d'Henri IV.

**Figure 7-3**

Valois, Navarre et Guise

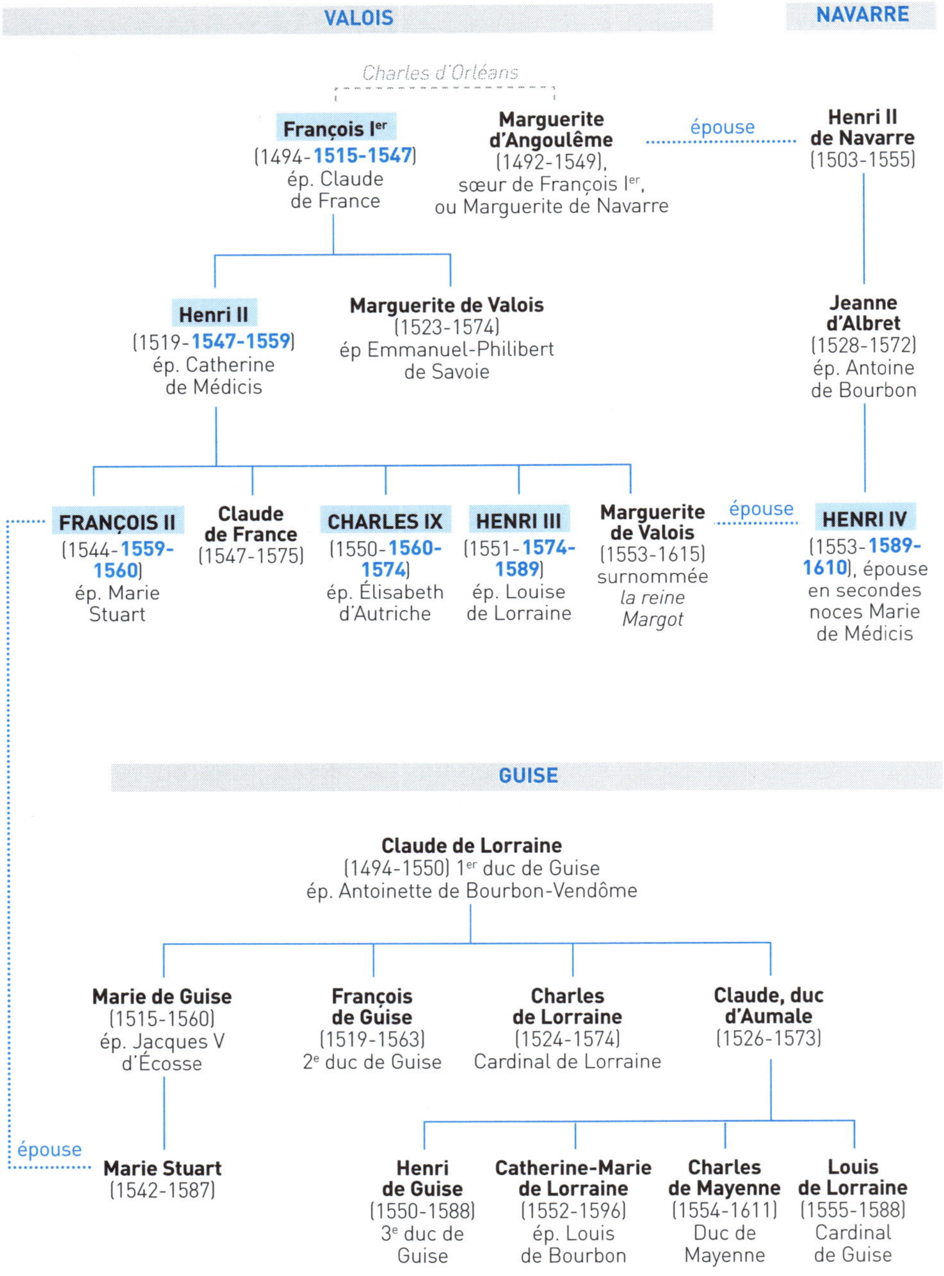


*Les rois de France sont soulignés en bleu*
*Les dates de règne sont indiquées en bleu*

# L'époque classique, des forteresses aux châteaux d'apparat

À retenir

Au cours la guerre de Trente Ans, les ducs de Lorraine choisissent le parti de l'Allemagne et de l'Angleterre contre le roi de France. Dès lors, les troupes françaises et leurs alliés suédois occupent et ravagent la province, réduite à une misère extrême. Rendue au duc par le traité de Saint-Germain en 1641, la Lorraine se trouve de nouveau en guerre contre sa puissante voisine française ; elle est de nouveau occupée. En 1648, le traité de Westphalie rattache officiellement au royaume de France les Trois-Évêchés, conquis par Henri II, et permet l'amorce d'une lente assimilation de l'Alsace à la suite de l'occupation française. En Lorraine, la situation est toujours confuse, mais le traité des Pyrénées de 1659 rend son indépendance au duché, qui se voit toutefois coupé en deux. Quant à l'Alsace, elle devient pleinement française par le traité de Ryswick, qui met fin à la guerre de la ligue d'Augsbourg en 1696.

## Notre Dame de Vitry-le-François, fondation royale

En 1544, la chute de Saint-Dizier ouvre la Champagne aux troupes espagnoles, et la petite ville de Vitry-en-Perthois est entièrement ravagée par les flammes. Une fois la paix revenue, François Ier décide de rebâtir la ville au bord de la Marne, à 2 km de là, dans un lieu mieux protégé. Au centre de cette place forte se dresse alors une église de bois et de torchis, remplacée au siècle suivant par un édifice de style classique, dont la première pierre est posée en 1629. Elle englobe peu à peu l'église de bois, démolie plus d'un siècle plus tard. Mais l'édifice n'est pas encore achevé ! Transformé en grenier à foin sous la Révolution, il est doté d'un véritable *chœur* à la fin du XIXe siècle. Au cours de la Grande Guerre, la collégiale sert d'hôpital de campagne. Lors de l'offensive allemande de 1940, la ville est détruite à 80 %, et ce qu'il en reste n'est guère épargné à la Libération. Dès 1949, les travaux de restauration débutent.

Et aujourd'hui

La collégiale a conservé un mobilier de grande valeur, dont un maître-autel à baldaquin et des grandes orgues du XVIIIe siècle.

## Neuf-Brisach, étoile de pierre

Le traité de Ryswick prive le roi de France de la place forte de Brisach, sur la rive orientale du Rhin. Pour garder sous contrôle ce lieu stratégique, il ordonne la construction d'une nouvelle forteresse sur la rive française du Rhin. Les plans en sont confiés à Vauban. Parmi les projets proposés, le roi choisit de faire ériger un fort de forme octogonale ponctué de 8 tours *bastionnées* et entouré d'un système complexe de fortifications, *tenaillons*, *glacis*, *demi-lunes*...

Le grès rose des murailles est acheminé grâce à un canal creusé pour l'occasion. En 1702, les fortifications sont achevées, et l'intérieur de l'enceinte aménagé selon un plan quadrillé autour d'une place carrée. C'est là que se dresse l'église Saint-Louis, bâtie de 1731 à 1736.

Neuf-Brisach connaît une existence paisible jusqu'en 1870 ; elle subit alors un long siège de 33 jours et capitule finalement face aux troupes prussiennes. La forteresse, devenue allemande, intègre le système de fortification du Rhin. Ses défenses sont modernisées pour répondre aux nouvelles contraintes techniques de la guerre. En 1945, elle est gravement endommagée par des bombardements américains. Elle fait l'objet d'une vaste campagne de restauration et intègre, en 2008, la liste des 12 fortifications Vauban majeures inscrites au patrimoine mondial de l'UNESCO.

**Le saviez-vous ?**

Elle représente l'unique illustration du « troisième système Vauban », le plus abouti conçu par le génial ingénieur. Ce dernier a peut-être été inspiré par le site de Montmédy, forteresse du Luxembourg français rattachée à la France en 1659 après avoir été prise d'assaut par un jeune ingénieur plein d'avenir en présence du Roi Soleil ; c'était bien sûr Vauban lui-même !

## Malbrouck s'en va-t-en guerre au château de Meinsberg

Construit au XVe siècle sur un éperon rocheux, le château de Meinsberg est pourvu d'une puissante enceinte, haute de 14 m, dont la largeur atteint presque 5 m par endroits. Ses angles sont ponctués de quatre tours massives reliées par un chemin de ronde. Au cœur de l'enceinte se trouvent deux bâtiments, des dépendances et un corps de logis, placé à l'ouest, comportant quatre niveaux.

Le château connaît son heure de gloire lors de la guerre de Succession d'Espagne, qui se déroule de 1701 à 1714 et oppose la France à une puissante coalition regroupant l'Angleterre, les Provinces-Unies et l'Empire. À sa tête se trouve le duc de

Marlborough, nom que les Français prononcent Malbrouck. En juin 1705, préparant l'invasion du royaume de France, il prépositionne son armée dans la zone séparant Meinsberg de la Moselle et s'installe au château. Il a face à lui le maréchal de Villars à la tête de 50 000 hommes, soit deux fois moins que les troupes de la coalition. Pourtant Malbrouck, faisant preuve d'une étonnante prudence, décide d'attendre de recevoir des renforts pour attaquer. Villars, de son côté, conserve prudemment ses positions.

Le saviez-vous ?

Finalement, au bout de 15 jours, Malbrouck renonce à l'affrontement car ses troupes, faute de ravitaillement, sont en train de se débander. Il s'éclipse dans la nuit du 16 au 17 juin, laissant Villars seul maître du terrain ! Abondamment moqué par les Français, le général anglais est parti sans rien laisser d'autre que son nom, désormais étroitement associé au « château de Malbrouck ». Vendu comme bien national à la Révolution, celui-ci tombe en ruine lorsque le conseil général de Moselle s'en porte acquéreur en 1975. Il a depuis fait l'objet d'une remarquable restauration.

## Le château de Lunéville, petit Versailles lorrain

Si, à la Renaissance, les ducs de Lorraine résident volontiers à Nancy, à l'époque classique ils lui préfèrent Lunéville, forteresse de l'an mil modernisée au début du XVIIe siècle. En 1702, la Lorraine est occupée pour la troisième fois par les troupes du Roi Soleil, et le duc Léopold doit quitter Nancy pour se réfugier à Lunéville. Il souhaite dès lors en faire une résidence à la hauteur de son rang et entame d'importants travaux, achevés en 1723. L'architecte choisi, Germain Boffrand, est un élève du célèbre Mansart, bâtisseur de Versailles.

Figure historique

En 1737, l'ex-roi de Pologne Stanislas Leszczynski, beau-père de Louis XV, se voit confier à titre viager le duché de Lorraine qui vient de rejoindre le giron français. Il s'installe au palais de Lunéville dont il agrémente les jardins de petits pavillons d'inspiration exotique appelés « fabriques ». À sa mort, la Lorraine devient définitivement française, et Lunéville se transforme en ville de garnison. Le château est racheté en 2000 par le conseil général de Meurthe-et-Moselle. Ravagé en 2003 par un incendie, il est actuellement en cours de restauration.

## La place Stanislas, écrin de lumière

Ensemble remarquable

Emmanuel Héré, jeune architecte bâtisseur des « fabriques » de Lunéville, donne toute la mesure de son talent à Nancy dans l'aménagement de la place Stanislas. Plus que la simple construction d'une place royale, il s'agit d'un vaste projet d'aménagement urbain destiné à relier la ville neuve et la ville vieille de Nancy. La place, qui mesure 104 m sur 126, est bordée au sud par l'hôtel de ville, à l'est et à l'ouest par quatre pavillons et au nord par les « basses faces », pavillons à un seul étage entre lesquels s'ouvre l'arc de triomphe, aujourd'hui rebaptisé arc Héré. Celui-ci s'ouvre sur la perspective de la place de la Carrière, qui mène au palais du Gouvernement. La place Stanislas est entourée de grilles dorées finement ouvragées et pourvue de deux fontaines aux majestueuses sculptures. L'ensemble représente un chef d'œuvre de l'art classique. En 1831, une statue du roi Stanislas est placée en son centre. En 1983, elle est inscrite au patrimoine mondial de l'UNESCO.

## Haroué, le château du temps qui passe

À Haroué, sur l'emplacement de l'ancien château de Bassompierre dont il subsiste les tours et les douves, Germain Boffrand crée une demeure originale pour le prince de Beauvau-Craon, *connétable* de Lorraine et vice-roi de Toscane. Il est très rare de voir ainsi un château classique intégrer des éléments médiévaux. Ses 365 fenêtres, 52 cheminées, 12 tours et tourelles et 4 ponts sont des symboles du temps qui passe ; jours, semaines, mois, saisons... Boffrand fait appel aux artistes, sculpteurs et ferronniers de la place Stanislas pour la grille d'honneur et les statues de la cour et du parc à la française. Le château possède, selon le goût de l'époque, un salon chinois. Il est encore habité de nos jours par la famille de Beauvau-Craon.

## Le château de Cirey, la mathématicienne et le philosophe

Construit en 1643 par le marquis du Châtelet sur l'emplacement d'un château féodal, Cirey est alors un édifice de style Louis XIII, en brique et pierre, pourvu d'une haute toiture.

Le saviez-vous ?

En 1734, Voltaire, qui risque la prison après la publication de ses *Lettres philosophiques*, est accueilli à Cirey par son amie et maîtresse Émile du Châtelet, brillant esprit scientifique. Tous deux entreprennent dès lors de rénover Cirey, avec l'accord du mari d'Émilie, propriétaire des lieux. Voltaire crée une aile supplémentaire dotée d'une imposante porte, dont il dessine lui-même les ornements, et aménage dans les combles un exceptionnel théâtre privé, magnifiquement restauré au XXe siècle. À Cirey, haut lieu de la vie intellectuelle, Voltaire écrit plusieurs ouvrages tandis qu'Émilie du Châtelet y réalise son magistral commentaire des *Principes mathématiques* de Newton, dont la valeur scientifique est encore aujourd'hui reconnue.

## Le palais de Rohan, symbole spirituel et politique

Le palais de Rohan est bâti au cœur de Strasbourg par l'architecte Robert de Cotte pour le prince-évêque Armand Gaston de Rohan. Cet édifice de style classique français, très apprécié en Alsace depuis son annexion au royaume, est édifié de 1732 à 1742. Son décor sculpté, dû à Robert Le Lorrain, est à l'origine du style rococo strasbourgeois. Les bâtiments, disposés autour de la cour d'honneur, sont construits en deux tons de pierre, grès jaune et grès rose. L'étage noble du palais comporte d'une part les appartements de l'évêque et d'autre part ceux réservés au roi, donnant sur la terrasse descendant vers l'Ill. Le bâtiment traduit ainsi le rôle à la fois spirituel et politique des princes-évêques aux marches du royaume, dans une région où la liberté de culte a été très récemment rendue aux catholiques après un siècle d'interdit. Le château, classé monument historique en 1920, abrite aujourd'hui trois musées.

# Le temps des révolutions

Française depuis 1766, la Lorraine réunifiée est dotée d'un parlement installé à Nancy. Elle connaît un développement industriel important, notamment dans le domaine de la porcelaine, de la faïence et du verre. Cela ne l'empêche pas de subir la crise agricole des années 1770, qui aboutit à terme aux soulèvements révolutionnaires. La Champagne, de son côté, si elle voit se dérouler sur son territoire la célèbre bataille de Valmy, est peu touchée par la Révolution. Quant à l'Alsace, si elle se montre dans un premier temps favorable aux idées révolutionnaires, la promulgation de la constitution civile du clergé en 1791 freine ses ardeurs. La Terreur s'abat très durement sur la région.

## Le beffroi de Varennes, témoin historique

L'église Saint-Gengoult du château de Varennes formait autrefois un passage voûté au-dessus de la route. Là se trouvait l'auberge du Bras d'or, devant laquelle fut arrêtée la berline où se dissimulaient Louis XVI et sa famille, fuyant Paris et la Révolution. Ce 21 juin 1791, la famille royale est ramenée à Paris sous bonne escorte, non plus souveraine mais désormais prisonnière. Témoin de ces événements, la voûte de l'église de Varennes est détruite en 1914, tandis que le *beffroi* est incendié. Il est reconstruit après la guerre et sa silhouette de pierre, coiffée d'un toit d'ardoises et flanquée d'une imposante horloge, rappelle ces heures décisives qui lui valurent le surnom de « tour Louis XVI ».

Le saviez-vous ?

Le *beffroi* de Varennes est inscrit au titre des monuments historiques depuis 1989, date éminemment symbolique.

## L'abbaye de Senones, de la bure au coton

À retenir

Rachetée comme bien national en 1793, l'abbaye de Senones est transformée en manufacture dès 1806 ; c'est la première filature mécanique de coton des Vosges ! Il ne reste alors aucune trace de ses débuts difficiles à l'époque mérovingienne, et seul le clocher de l'église témoigne encore de son passé médiéval. Les bâtiments qui accueillent la filature datent du XVIIIe siècle, et l'église elle-même est rebâtie au XIXe siècle. Les bâtiments, sobres et élégants, mettent à l'honneur le grès vosgien. L'escalier d'honneur, à la courbe étonnante, est orné de remarquables balustres en fer forgé. L'industrie textile occupe les lieux jusqu'en 1993. Ils sont ensuite dévolus à divers services et accueillent notamment l'office du tourisme.

L'abbaye Sainte-Glossinde de Metz connaît un destin similaire. Créée au VIIIe siècle, restaurée au Xe siècle, ruinée puis reconstruite au XVIIIe siècle, elle possède la seule église rococo de Metz. Lors de la Révolution, après l'expulsion des religieuses, elle sert à loger les bœufs destinés à nourrir les armées du maréchal Kellermann ! Elle sert depuis 1816 de résidence à l'évêque.

### Jean Frédéric Oberlin invente les écoles maternelles

Né à Strasbourg en 1740, Jean Frédéric Oberlin, pasteur luthérien, est affecté en 1767 à la paroisse de Waldersbach dans le comté du Ban-la-Roche. C'est une région pauvre à la population fruste. Le jeune pasteur, loin de se décourager, prend en main le développement de sa paroisse avec un volontarisme impressionnant. Il développe une industrie de tissage, privilégiant le travail à domicile, introduit de nouvelles techniques et de nouvelles semences dans l'agriculture locale, veille à l'hygiène et aux conditions de logement de ses ouailles et se lance même dans la construction d'un réseau routier pour désenclaver le comté. Il se préoccupe bien sûr de l'enseignement des plus jeunes, et va jusqu'à financer la formation de certains d'entre eux dans les métiers nécessaires à la communauté ; sage-femme, menuisier, maçon... Mieux encore, il met en place les premières écoles maternelles, destinées à prendre en charge les tout petits enfants délaissés par les parents occupés aux travaux des champs. Ils sont confiés à des « conductrices », qui leur font faire de la gymnastique, des activités manuelles et leur apprennent le français, quand leurs parents ne parlent que le patois. Oberlin invente pour cela de nombreux outils pédagogiques. Le pasteur est très vite connu dans toute l'Europe pour son action novatrice. L'abbé Grégoire le protège lors de la Révolution, et le tsar Alexandre au moment de l'invasion de la France en 1814. Louis XVIII lui décerne la Légion d'honneur.

## Le château de Brienne, de l'éclosion à la chute de l'Aigle

Bâti à l'emplacement d'une *motte féodale* du Xe siècle, le château de Brienne, dans son état actuel, date pour l'essentiel de la fin du XVIIIe siècle. Cet édifice classique campé à l'extrémité d'une superbe perspective est construit de 1770 à 1778 à l'initiative de deux hauts personnages, Étienne Charles Loménie de Brienne, cardinal et ministre de Louis XVI, et son frère Louis Marie, secrétaire d'État à la Guerre. À la même époque, la ville abrite une école militaire qui recrute la moitié de ses pensionnaires au sein de la noblesse pauvre ; le jeune Napoléon Bonaparte, tout juste âgé de 10 ans, y entre en 1779 et la quitte 5 ans plus tard pour intégrer l'école militaire de Paris. En 1805, passant par Troyes, l'empereur décide de faire un détour à Brienne, lieu de son enfance et de son adolescence ; il est reçu au château mais le collège, lui, a été en partie détruit. En 1814 enfin, Napoléon livre à Brienne-le-Château l'une de ses dernières batailles avant son abdication et son exil vers l'île d'Elbe, trois mois plus tard.

### Le concordat de 1801

La période révolutionnaire, marquée par les spoliations, les expulsions et l'exécution d'un certain nombre de prêtres et religieux, a rendu fort épineuses les relations de la France avec le Vatican et fracturé le clergé français entre prêtres « jureurs » ayant prêté serment à la Constitution et prêtres réfractaires ayant refusé cette allégeance. Le concordat de 1801 vise à apaiser ces tensions et à normaliser les relations de l'État avec les différentes religions du pays. En 1905, il est abrogé de manière unilatérale par le gouvernement français et cesse donc de s'appliquer. Mais l'Alsace-Lorraine étant alors sous domination allemande, elle conserve le régime concordataire lors de son rattachement à la France en 1919 et jusqu'à aujourd'hui encore. Dans ces départements, la loi de séparation de l'Église et de l'État n'a donc pas cours et le personnel des cultes juif, catholique, luthérien et réformé est appointé par l'État, tandis que les évêques de Metz et de Strasbourg sont nommés par le président de la République sur avis du Saint-Siège.

# D'un empire à l'autre

Les dernières heures de l'Empire se jouent dans le Grand Est, tout d'abord en 1814 lorsque les plaines de Champagne servent de théâtre aux batailles de Champaubert, Montmirail, Château-Thierry, Vauchamps. En dépit de ces victoires qui laissent le pays exsangue, Napoléon doit abdiquer le 6 avril 1814. Un an plus tard, alors que Waterloo vient de mettre fin à la folle équipée des Cent Jours, la région doit subir l'occupation des vainqueurs, qui dure deux ans.

## La basilique Saint-Epvre de Nancy et ses prestigieux mécènes

La première église Saint-Epvre date du XIIe siècle. Au milieu du XVe siècle, elle est remplacée par un édifice gothique, démoli en 1863 en raison de son état de délabrement avancé. Son curé, l'abbé Joseph Trouillet, déploie alors une énergie extraordinaire pour financer le nouvel édifice, commencé dès 1862 à son initiative par l'architecte municipal Prosper Morey.

**Le saviez-vous ?**

Trouillet obtient du pape des dalles provenant de la Via Appia, fait financer des vitraux par Napoléon III et les verrières et le grand escalier par l'empereur d'Autriche-Hongrie. Louis II de Bavière et la reine Victoria lui accordent également des subsides ! Le résultat de ces royales générosités, signe d'une coopération européenne hélas bien vite oubliée, est un chef-d'œuvre d'architecture néogothique qui domine la ville de Nancy du haut de ses 87 m. La hauteur de ses voûtes monte à 24 m sur de fines colonnades qui laissent une place majeure à la lumière entrant à flots par ses innombrables verrières.

## Le château fort de Sedan, au-delà de la défaite

**En péril**

Si son nom est attaché à une défaite, Sedan possède une riche histoire qu'il ne faut pas résumer à l'année 1870. Le château fort qui domine la ville est construit à partir de 1424 autour d'un prieuré bénédictin, dont l'église devient la chapelle du château. C'est une construction massive, dont la muraille peut atteindre 27 m d'épaisseur ! C'est aujourd'hui la plus vaste forteresse médiévale d'Europe, qui pouvait accueillir jusqu'à 4 000 combattants dans ses 35 000 m$^2$ d'enceinte. En 1642, la principauté de Sedan est rattachée au royaume de France. Curieusement, Vauban modifie à peine la forteresse de Sedan, qui lui a sans doute laissé une fort bonne impression. Malheureusement, la reddition de Napoléon III en 1870 s'attache irrémédiablement à son nom. En 1917, les Allemands en font un camp de prisonniers pour les résistants français et belges, et nombre d'entre eux y mourront. Aujourd'hui, la ville de Sedan, propriétaire des lieux, est soutenue par la Fondation du patrimoine pour la restauration du donjon et de la salle des fours.

### Raymond Poincaré, un Lorrain à l'Élysée

Né à Bar-le-Duc en 1860 dans une famille aisée, Raymond Poincaré est fortement marqué par la défaite de 1870 et l'occupation par les Prussiens de la maison familiale. Il poursuit ses études à Nancy puis à Paris, et devient avocat et journaliste. Il entre rapidement en politique, se faisant élire dans le département de la Meuse en 1887. Il impose à l'Assemblée sa stature politique et est nommé trois fois ministre au cours des années 1890. Mais il sait également conserver une distance prudente lorsqu'éclatent les grandes affaires qui déchirent l'opinion française : l'affaire Dreyfus et la séparation de l'Église et de l'État. Il repousse également le moment de prendre les rênes du pouvoir, et c'est finalement en 1912 qu'il accepte la présidence du conseil à la demande du président Fallières. Face au bellicisme allemand, le Lorrain choisit la fermeté et le renforcement des alliances. En janvier 1913, il est élu président de la République, poste qu'il occupe pendant toute la guerre. C'est lui qui fait appel à Georges Clemenceau en 1917. Sa carrière politique se poursuit après la guerre. Il meurt à Paris en 1934.

## La citadelle de Bitche

En péril

La citadelle est édifiée à l'emplacement d'un château fort datant probablement du XIIe siècle, érigé sur le promontoire dominant la ville. Louis XIV, qui s'empare de la place forte en 1680, demande à Vauban de relever les ruines du bâtiment, dont l'intérêt stratégique apparaît évident. Mais en 1698, les fortifications de Bitche, cédée à Léopold Ier de Lorraine par le traité de Ryswick, doivent être rasées ! À peine trois ans plus tard, la guerre de succession d'Espagne pousse les Français à s'emparer de nouveau de la forteresse et à remonter ses ouvrages défensifs ! Elle est reconstruite en 1738 sur ordre de Louis XV. En 1793, Bitche repousse les attaques prussiennes mais, en 1870, en dépit d'une résistance héroïque de 7 mois, la garnison doit se rendre avec les honneurs de la guerre. Les Allemands entreprennent alors de moderniser la place. Aujourd'hui, plusieurs parties du monument menacent de s'effondrer ; les projets de restauration engagés sont soutenus par la Fondation du patrimoine.

# La grande blessure

En moins d'un siècle, la région Grand Est se trouve par trois fois au cœur d'une guerre dévastatrice qui chaque fois annonce de nouveaux affrontements. En 1871, l'Alsace et la Moselle sont annexées au tout nouvel Empire allemand. Cette séparation forcée nourrit jusqu'en 1914 l'imaginaire des patriotes, qui gardent les yeux fixés sur la « ligne bleue des Vosges » au-delà de laquelle se trouvent les régions confisquées. Dès 1914 et la bataille de Champagne commence le triste décompte des pertes humaines, économiques, patrimoniales de ces terres martyres. Récupérées en 1918, l'Alsace et la Moselle sont de nouveau annexées en 1940, et leurs jeunes gens enrôlés de force dans l'armée allemande. Quatre générations auront subi les conséquences d'une « guerre civile européenne », selon les mots d'Ernst Nolte, qui ne s'achève qu'en 1945.

## Le palais du Rhin, manifeste impérial

Afin de signifier l'intégration de l'Alsace à l'Empire allemand, l'empereur Guillaume Ier fait bâtir un palais impérial au cœur de Strasbourg. Le chantier se déroule de 1884 à 1889, donnant naissance à un bâtiment rectangulaire de style néo-Renaissance germanique.

Le saviez-vous ?

Coiffé d'un dôme « à l'impériale » à quatre faces, il est couvert de tuiles canal à l'italienne et présente sur sa façade un parement de grès jaune à *bossage*, où les pierres apparaissent en saillie. L'avancée centrale de la façade est ornée d'un fronton triangulaire. Suivant les clauses du traité de Versailles de 1919, il accueille à partir de cette date la Commission centrale pour la navigation du Rhin, créée en 1815, qui lui donne son nom. Au cours du second conflit mondial, il est transformé en *kommandantur* et fortement endommagé. Dans les années 1950, il est sauvé de la destruction par l'association des Amis du vieux Strasbourg. Classé monument historique en 1993, il accueille aujourd'hui la direction régionale des affaires culturelles.

## Le théâtre des Bleus de Bar à Bar-le-Duc, une scène à sauver

En péril

Comme une parenthèse entre deux guerres, la Belle Époque se met en scène à Bar-le-Duc au Nouveau Théâtre, construit entre 1900 et 1902 sous l'impulsion d'un négociant en vins de la cité. Sa salle aux superbes boiseries sculptées devient un lieu incontournable de la ville, où se produisent des artistes renommés. Vaudeville, opérette ou cinéma, cette scène éclectique a tout pour plaire, mais le théâtre rencontre de graves difficultés financières. Vendu aux enchères en 1906, il est ensuite acquis par un groupe de Barisiens pour une association, les Bleus de Bar. Il prend alors le nom de théâtre Jeanne d'Arc où la troupe des Bleus, sous la houlette de l'abbé Michel, directeur de l'association, donne une cinquantaine de spectacles jusqu'à la déclaration de guerre de 1939. Occupé par les Allemands, le lieu peine à revivre après la guerre, malgré la création en 1945 de la « Troupe

Bleue ». En 2002, les Bleus cèdent le théâtre, voué à la destruction. Il est sauvé grâce à l'action d'une association et bénéficie en 2018 d'un important soutien financier grâce au loto du patrimoine ; sa restauration peut alors débuter.

## Le fort de la Pompelle, clef de Reims

Le fort de la Pompelle, construit en 1880, fait partie d'un vaste ensemble de fortifications édifiées dès 1874 le long des côtes et des frontières de France pour remplacer le système Vauban. Son concepteur, Adolphe Séré de Rivières, prône la construction de places fortes polygonales enterrées autour des villes ou entre deux lieux stratégiques. La Pompelle, bâtie à l'est de Reims pour protéger la ville, est désarmée en 1913 et occupée sans combat en 1914. Reprise par les Français dès le mois de septembre, elle devient la clef de la défense de Reims. À plusieurs reprises, les Allemands tentent de s'en emparer, et leur plus violente offensive échoue en juin 1918 malgré un pilonnage systématique du fort et de ses environs. Reims est sauvée !

**Et aujourd'hui**

Le fort de la Pompelle abrite aujourd'hui un remarquable musée faisant revivre au visiteur les terribles heures de la Grande Guerre.

## Mondement, souvenir de la Marne

À Mondement, un curieux monument de 35 m de haut commémore l'un des moments décisifs de la Grande Guerre, la première bataille de la Marne, qui permet de stopper l'avancée allemande sur le territoire français en septembre 1914. Les forces en présence sont colossales : d'un côté, plus d'un million de Français et de Britanniques, et de l'autre, 1,5 million de soldats allemands s'opposent sur un front de 300 km ! Le petit village de Mondement se trouve au cœur des combats ; occupé par un bataillon allemand, le château est durement reconquis par les soldats français. Dès 1920, l'érection d'un monument commémoratif est approuvée par le Parlement. Le projet retenu est une borne de 35 m de haut portant dans sa partie supérieure une victoire ailée, et au pied du monument les figures des héros de la Marne. Le béton coulé sur une armature métallique est teinté de rose pour rappeler le grès des Vosges. Les fondations mesurent 22 m de profondeur ! Achevé en 1938, le mémorial n'est inauguré qu'en 1951, et classé en 1991.

### La guerre de tranchées, 40 mois d'enlisement

Le front se fige en novembre 1914, la guerre de mouvement laissant désormais la place à une guerre de position qui durera 40 mois ! La ligne de front court de la frontière suisse à la Belgique. Les Allemands, bientôt imités par les Alliés, entreprennent de construire les structures défensives constituant le « système des tranchées ». Une tranchée de première ligne, protégée par un parapet, sinue le long de la ligne de front. Des boyaux perpendiculaires permettent d'accéder aux tranchées de seconde et de troisième ligne puis au « front arrière », où se trouvent les postes de secours et l'intendance. Entre les deux systèmes de tranchées ennemis se trouve le *no man's land*, labouré par les bombes, où se déroulent des assauts bien souvent inutiles.

## Le fort de Vaux, une héroïque résistance

Bâti à l'est de Verdun dans les années 1880 dans le cadre du système Séré de Rivières, le fort de Vaux est remanié entre 1888 et 1905 pour être adapté aux nouvelles techniques de la guerre.

Le saviez-vous ?

Les casemates, notamment, sont recouvertes d'une couche de 1 m de sable et 2,5 m de béton ! Les fossés sont équipés de grilles métalliques et défendus par un réseau de fil de fer large de 20 m. Bombardé de façon sporadique en 1915, privé de son armement lourd, le fort est très violemment canonné en juin 1916. La situation devient intenable pour les 600 défenseurs lorsque les citernes d'eau sont atteintes par les bombardements. L'épuisement, la chaleur et la soif finissent par avoir raison des quelque 250 survivants, qui doivent se rendre. Le fort est un champ de ruines. Les Allemands saluent cette résistance héroïque et rendent les honneurs aux vaincus, tandis que leur chef, le commandant Raynal, est reçu par le Kronprinz en personne. Le fort est réoccupé fin 1916 par les Français, après le départ des Allemands qui ont échoué à s'emparer de Verdun.

## Les 130 000 soldats inconnus de Douaumont

Ensemble remarquable

En 10 mois, de février à décembre 1916, la bataille de Verdun aura entraîné l'usage de 26 millions d'obus et provoqué la mort de 300 000 combattants. Dès 1918, à l'initiative de l'évêque de Verdun, Monseigneur Ginisty, bouleversé par le spectacle des champs de bataille semés de cadavres, naît le projet de bâtir un vaste ossuaire pour ces dépouilles mortelles bien souvent anonymes. L'évêque parcourt la France et le monde afin de lever des fonds, et obtient le soutien de 122 villes françaises, 18 cités étrangères et des gouvernements américain et canadien. Les travaux débutent en 1920, et en 1927 les restes de 130 000 soldats inconnus peuvent être transférés dans l'ossuaire !

**Figure 7-4**
L'ossuaire de Douaumont

Le monument, selon ses architectes, est inspiré de l'art roman. Le bâtiment principal, long de 130 m, est surmonté en son milieu d'une tour de 46 m de haut. À son pied se trouve la chapelle. La façade porte les armes des villes donatrices. La haute tour de l'édifice est à la fois clocher, puisqu'elle abrite un bourdon de 2 000 kg, et une lanterne des morts, dont les feux tournants éclairent le champ de bataille et les 16 000 tombes du cimetière.

À l'intérieur de l'édifice, longue galerie en forme de cloître percée d'étroites fenêtres, 46 tombeaux de granit rouge surplombent des fosses vitrées, qui laissent voir les os exposés depuis l'extérieur.

La nécropole nationale de Douaumont est aménagée à partir de 1923 devant l'édifice, et regroupe les corps enterrés dans les cimetières autour de Verdun.

## Le camp du Struthof, douloureuse mémoire

Le 25 novembre 1944, lorsque les soldats américains découvrent le camp de concentration de Natzweiler-Struthof, les détenus ont déjà été évacués vers l'Allemagne. Bâti en 1941 dans cette région d'Alsace alors annexée au Troisième Reich, ce lieu sinistre aurait vu passer environ 52 000 prisonniers, principalement des résistants. Au départ camp de travail où les détenus meurent d'épuisement et de sous-nutrition en extrayant du granit rose, il sert par la suite de lieu d'exécution. On estime à 22 000 le nombre de personnes mortes au Struthof et dans son réseau de sous-camps. Classé « camp de niveau III », c'est l'un des plus durs du système concentrationnaire nazi.

Après la guerre, ce sinistre lieu est transformé en mémorial national de la déportation. Les baraquements sont détruits pour ne conserver qu'un dortoir, les cuisines, un bloc cellulaire et le bloc du four crématoire. À l'emplacement des baraques détruites sont érigées des stèles de pierre portant les noms d'autres camps de concentration pour faire mémoire des déportés.

## L'usine Duval de Saint-Dié, le souffle de la reconstruction

Dès 1946, l'industriel Jean-Jacques Duval, bonnetier à Saint-Dié-des-Vosges, souhaite faire reconstruire son usine ravagée par les bombardements de novembre 1944. Il confie le chantier à Le Corbusier, qui profite de cette occasion pour appliquer ses principes architecturaux d'avant-garde ; il défend en effet l'idée que les bâtiments doivent être pensés pour les hommes et répondre à leurs besoins, plutôt que de dépendre de la seule fonction du lieu. L'usine est reconstruite sur son ancien site et se présente sous la forme d'un quadrilatère de 80 m sur 12,50 m comportant trois étages sur piliers. Elle possède une ossature de béton et deux murs pignons de grès rose de réemploi. Les plafonds sont peints de couleur vive et les ateliers vitrés protégés du soleil par des auvents de béton. L'usine Duval, toujours en activité aujourd'hui, est inscrite en 2016 au patrimoine mondial de l'UNESCO. Elle symbolise l'énergie et le goût d'entreprendre d'une région qui, si elle a beaucoup souffert, a toujours su rebondir après ses nombreuses épreuves.

## À Colombey-les-Deux-Églises, en mémoire du général de Gaulle

Le nom de Colombey est intimement lié à celui du général de Gaulle, et nul ne peut l'oublier en pénétrant le village que domine une immense croix de Lorraine. Bâtie après la mort du général grâce à une souscription lancée en France et à l'étranger, c'est une structure de béton armé de plus de 44 m de haut revêtue de granit rose. Elle est entourée d'un parc de grands cèdres offerts par le Liban et, depuis 2010, un nouveau mémorial rénové dédié au général est installé à ses pieds. Mais pourquoi Colombey ? Si c'est bien là qu'est enterré Charles de Gaulle, sa famille n'est pas originaire de la région. Mais en 1934 sa femme et lui y font l'acquisition d'une jolie gentilhommière, la Boisserie, construite en 1810. Elle a longtemps abrité la brasserie du village, et ce mot déformé aurait abouti à son appellation actuelle. En 1934, le confort est spartiate, il n'y a ni eau ni téléphone. Pendant la guerre, elle est pillée et incendiée. Le couple de Gaulle la restaure par la suite, y adjoignant une tour hexagonale où se niche le bureau du général.

Et aujourd'hui

Ce lieu, aujourd'hui transformé en musée, abrite de très nombreux souvenirs du héros du 18 Juin.

### Mon coup de cœur, le musée de la faïence de Sarreguemines

Ce lieu installé dans les anciens appartements de Paul de Geiger, directeur de la faïencerie de Sarreguemines, présente les trésors artistiques issus de cette industrie raffinée, implantée dans la ville dès 1790. L'industriel avait également fait bâtir un casino aux superbes façades décorées de faïences, lieu de loisir et de culture pour ses employés, que l'on peut encore admirer sur l'autre rive de la Sarre.

**DANS CE CHAPITRE**

La Bourgogne : royaume, duché, comté

•

Deux provinces voisines et rivales

•

Une histoire étroitement liée à celle de l'Empire germanique

# Chapitre 8

# Bourgogne-Franche-Comté, pays de marche

La Bourgogne-Franche-Comté occupe un emplacement stratégique sur le couloir de circulation reliant la Méditerranée à la mer du Nord. Entre Saône et Loire, Jura et Morvan, ses vastes plaines prolongent en l'élargissant le passage naturel de la vallée du Rhône. Terre longtemps convoitée, pays de marche à la frontière entre les mondes germanique et latin, elle a su faire de cette situation à la croisée des influences, à la charnière des puissances franque et germanique, le fondement d'une identité forte, d'une unité économique et politique remarquable. Ses très nombreux monuments composent le récit vivant de son histoire depuis les premiers hommes.

## Deux hauts lieux de culture préhistorique

Bourgogne et Franche-Comté possèdent un riche patrimoine préhistorique, d'autant plus remarquable qu'en France l'écrasante majorité des sites archéologiques classés se situe au sud. Aven, fossiles humains, grottes ornées, vestiges de faune et de flore, *bifaces*, nombreux sont les témoins de cette époque, et ce dès le Paléolithique. Solutré donne même son nom à une culture de cette époque ! Autre originalité, Bourguignons et Franc-Comtois prennent très tôt la mesure de ce patrimoine, qu'ils admirent et visitent dès l'époque moderne.

**EN QUELQUES DATES**

| | |
|---|---|
| **400 000 av. J.-C.** | Dent fossilisée de Vergranne |
| **52 av. J.-C.** | Siège d'Alésia, défaite de Vercingétorix |
| **Ier-IIIe siècles** | Paix romaine |
| **VIe siècle** | Création du royaume de Bourgogne |
| **887** | Création du duché de Bourgogne |
| **Fin du IXe siècle** | Naissance de la comté de Bourgogne, future Franche-Comté |
| **1337** | Début de la guerre de Cent Ans |
| **1477** | La Bourgogne revient aux Français, la Franche-Comté aux Habsbourg |
| **1668** | Besançon tombe aux mains des Français |
| **1678** | Traité de Nimègue, la Franche-Comté devient française |
| **1871** | Résistance héroïque de Belfort sous les ordres de Denfert-Rochereau |
| **2016** | Le nouveau découpage régional réunit les deux Bourgognes au sein de la région Bourgogne-Franche-Comté |

## La roche de Solutré, que d'os !

Cet escarpement calcaire dresse sa silhouette remarquable à 8 km à l'ouest de Mâcon. Curiosité géologique, c'est aussi un site historique et écologique remarquable, abritant une faune et une flore singulières. Elle est aujourd'hui répertoriée Grand Site de France. En 1866, Henry Testot-Ferry et Adrien Arcelin découvrent au pied de la roche des milliers d'ossements d'animaux. Cet incroyable gisement ne s'explique pas par une technique de « chasse à l'abîme », en poussant les proies dans le vide, mais par une très longue occupation humaine attestée depuis 55 000 ans.

Le saviez-vous ?

Solutré a donné son nom à une culture du Paléolithique supérieur, le Solutréen (20 000-15 000 av. J.-C.), caractérisé par des pointes de flèches en « feuille de laurier » et « feuille de saule ». L'invention de l'aiguille à chas en os date aussi de cette époque. Solutré atteste de la présence de l'homme de Néandertal en Bourgogne, où l'abondance de sites paléolithiques semble démontrer l'existence d'un carrefour de routes allant vers l'est et la Méditerranée.

## Les petites mains d'Arcy-sur-Cure

Le site d'Arcy, dans l'Yonne, offre un ensemble de 11 grottes creusées par la Cure. La Grande Grotte est, après la grotte Chauvet, la plus ancienne grotte ornée au monde. Elle présente plus de 140 dessins vieux de 28 000 ans, réalisés grâce à des pigments rouges. De nombreux animaux y figurent, oiseaux, mammouths, ours, rhinocéros... On y voit également 8 empreintes de mains négatives, ainsi que divers symboles.

Ces grottes sont fréquentées par l'homme depuis au moins 200 000 ans. Encore habitées au Néolithique, elles ont abrité à la fois des Néandertal et des Cro-Magnon bourguignons et, dès le XVIe siècle, elles sont connues, visitées et admirées pour leur incroyable richesse et leur caractère exceptionnel. Avec les sites de Champlost, Solutré et Volgu, Arcy dessine la carte de la Bourgogne paléolithique.

## La faune fossile de Romain-la-Roche

Découvert en 1980 dans une carrière du Doubs, l'aven de Romain-la-Roche est un site paléontologique exceptionnel. Les 11 m de profondeur de cette grotte creusée par une rivière souterraine ont été comblés au fil du temps, et dans les 10 couches identifiées ont été retrouvés plus de 25 000 os parfaitement conservés. Cette accumulation n'est que ponctuellement due à une présence humaine, attestée pour une seule couche au Paléolithique moyen, et s'explique par le fait que l'aven a fonctionné comme un piège et servi de tanière à des carnivores. On y trouve une faune abondante, remarquablement fossilisée, comme le squelette complet d'un rhinocéros ou encore les restes de trois lions, uniques en Europe.

La Franche-Comté compte d'autres sites paléolithiques d'intérêt, tel le gisement de Vergranne, qui comprend une dent d'enfant vieille de 400 000 ans ! Quant à la grotte d'Osselle, tanière d'ours des cavernes il y a 50 000 ans, c'est l'une des plus anciennes cavernes touristiques connues, visitée depuis 1504. Elle a abrité des messes clandestines pendant la Révolution.

### La Bourgogne-Franche-Comté à l'aube de l'histoire

10 000 ans av. J.-C., le réchauffement du climat permet la réinstallation de groupes humains venus d'Europe centrale, qui introduisent deux innovations majeures : la culture et l'élevage. La sédentarité permet le développement de nombreuses techniques, dont celle de la terre cuite, magnifiquement illustrée par les poteries retrouvées à Chassey. Vers 1500 av. J.-C., l'industrie du bronze apporte à la Bourgogne, située sur la route du cuivre et de l'étain, une certaine richesse. Grâce au savoir-faire des peuples venus de l'est, la fabrication *d'airain* se développe dans la région. Ces nouveaux venus y introduisent aussi des rites funéraires marqués par l'usage de la crémation et la construction de *tumulus*.

Le camp préhistorique de Chassey, en Saône-et-Loire, a donné son nom à la culture néolithique chasséenne. Quant à Aillevans, en Haute-Saône, on y trouve un *dolmen* autrefois sous *tumulus* qui a servi de sépulture collective au IIIe millénaire. À l'aube de l'histoire, la Bourgogne-Franche-Comté s'affirme donc bien comme un carrefour économique et culturel.

## Le trésor de Vix et sa mystérieuse princesse

En 1953 est découverte à Vix, en Côte-d'Or, une somptueuse tombe princière contenant des milliers d'objets de bronze et de fer, des perles, 150 *fibules*, un *torque* en or et un vase de bronze grec exceptionnel, véritable prouesse technique. Haut de 1,64 m, décoré d'une frise de guerriers, de chars et de chevaux, ses anses figurent des gorgones. Cet incroyable faste déployé autour de la dépouille d'une princesse celte, morte vers 500 av. J.-C., témoigne à la fois de la richesse des échanges dont la région est le cadre et de l'éclat de la civilisation celte de Hallstatt, qui se répand vers l'ouest à travers la Bourgogne-Franche-Comté. Celle de la Tène, qui lui succède vers 450 av. J.-C., suit le même chemin. Le trésor de Vix illustre également la vitalité du commerce des minerais, cuivre, étain mais également fer, que les populations locales produisent en abondance grâce à de nombreux gisements et qui font leur richesse. En août 2019, une nouvelle campagne de fouille est lancée à Vix.

## Bibracte et le pacte de Vercingétorix

Entre Nièvre et Saône-et-Loire, l'*oppidum* du Mont-Beuvray (ou Bibracte) campe sur un promontoire avancé du Morvan. Typique de ces cités fortifiées largement présentes en Europe aux deux derniers siècles avant notre ère, vaste, selon les époques, de 200 à 135 ha pour une population de 5 à 10 000 habitants, il abrite de très nombreux artisans et commerçants, mineurs, forgerons et fabricants de monnaie, au cœur du territoire des Éduens. Ceux-ci appartiennent à la civilisation de la Tène, remarquable pour son travail du métal et notamment du fer. Et, indéniablement, c'est à l'art du métal et à sa situation au carrefour de l'Europe que Bibracte doit sa richesse.

Le saviez-vous ?

Vers 50 av. J.-C., les Éduens occupent la région aux côtés des Lingons et des Séquanes. Bibracte est, selon Jules César, leur plus grande et riche ville. C'est là que Vercingétorix prend la tête d'une coalition gauloise dressée contre Rome. Symbole de la richesse et du savoir-faire des peuples celtes, Bibracte incarne également leur désunion, puisqu'ils n'ont su que trop tardivement s'y unir contre l'envahisseur romain.

### Alésia ou la Gaule conquise

Nous sommes en 52 av. J.-C. Plus de 10 légions romaines, appelées en renfort par les Éduens, encerclent l'*oppidum* d'Alésia où se sont réfugiés 80 000 Gaulois sous le commandement de Vercingétorix. La patience, la discipline et l'organisation romaine viennent bientôt à bout de la fougue gauloise ; Vercingétorix choisit de se rendre pour que ses hommes soient épargnés. La conquête de la Gaule s'achève donc en Bourgogne !

La localisation d'Alésia, haut lieu de mémoire de l'histoire de France, suscite toujours et encore des discussions. Les recherches entreprises dans les années 1860 sur ordre et à la gloire de Napoléon III à Alise-Sainte-Reine, en Côte-d'Or, ont révélé quantité de monnaies gauloises et romaines, d'armes et d'équipements militaires, dont certains auraient été opportunément placés là. Situé au sommet du Mont-Auxois, cet *oppidum* s'est d'ailleurs vu orner de la statue d'un héros gaulois dont le visage n'est autre que celui de l'empereur ! Et si la campagne de fouilles de 1990 a encore fortement étayé la candidature d'Alise comme site historique d'Alésia, d'autres lieux, dont celui de Chaux-des-Crotenay, dans le Jura, mettent en avant leurs arguments pour revendiquer cet héritage. À Chaux, notamment, la configuration de l'*oppidum* correspond en tout point à la description de Jules César dans *La Guerre des Gaules*.

## Autun, l'anti-Bibracte

Fondée en 10 av. J.-C. par Auguste, la ville d'Augustodunum semble manifester la volonté romaine de créer *ex nihilo* un nouveau chef-lieu pour la cité des Éduens, dont la capitale historique, Bibracte, est ainsi marginalisée. L'emplacement de la future Autun est judicieusement choisi, à la croisée de deux grands axes nord-sud et est-ouest, passages obligés de tous les échanges commerciaux. Indéniablement, l'empereur a de hautes ambitions pour la cité qui porte son nom ; son enceinte, longue de 6 km, comportait 4 portes et 54 tours ! Il en subsiste deux portes, la porte Saint-André et la porte d'Arroux, et des tronçons de remparts. L'espace de 200 ha ainsi délimité est organisé selon un plan carré romain autour d'un *cardo* et d'un *decumanus*. La ville renferme un théâtre, dont les ruines sont encore visibles, un amphithéâtre, aujourd'hui disparu, et divers temples, dont celui de Janus et le pseudo-temple d'Apollon dont il reste des vestiges. Ces lieux de culte signalent Autun comme un lieu de résistance de la religion romaine à l'expansion du christianisme.

# Le christianisme, ferment du royaume de Bourgogne

Avec la *paix romaine*, la région connaît une période d'essor économique et culturel marquée d'influences méditerranéennes. Les premières communautés chrétiennes, déjà importantes au IIIe siècle, sont souvent d'origine étrangère. Se propageant le long des routes romaines, elles sont essentiellement présentes dans les villes. L'Église de Gaule se structure en se calquant sur l'organisation romaine, elle-même fondée sur les divisions territoriales gauloises. Ainsi, le diocèse d'Autun recouvre pour l'essentiel le territoire des Éduens. Les premiers lieux de culte ont laissé peu de traces, car ils ont souvent été recouverts par des édifices plus récents.

Les persécutions qui touchent les chrétiens dès le Ier siècle participent de façon essentielle à la transition entre Gaule romaine et futur royaume de Bourgogne. Chaque territoire s'organise en paroisse autour d'un martyr protecteur, qui incarne une histoire avant tout locale de résistance à Rome : saint Ferréol et saint Ferjeux en Franche-Comté ; saint Léger, saint Symphorien et saint Bénigne en Bourgogne font partie du patrimoine local depuis les premiers siècles de notre ère.

## Les vestiges romains de Besançon

Jules César, dans *La Guerre des Gaules*, vante l'intérêt stratégique de Vesontio, *oppidum* des Séquanes niché dans une boucle du Doubs dont il s'empare en 58 av. J.-C. Avec la *paix romaine*, la future Besançon acquiert le statut de colonie romaine et connaît un essor économique, culturel et artistique certain, dont témoignent ses remarquables vestiges gallo-romains ; l'arc de triomphe de la porte Noire, édifié sous Marc Aurèle, le vaste amphithéâtre du Ier siècle, qui pouvait accueillir 20 000 spectateurs, l'aqueduc d'Arcier, long de 12 km, la luxueuse *domus* du collège Lumière et ses superbes mosaïques, et les vestiges du square Castan.

Mais, dès 174, la *paix romaine* est troublée par les premières incursions de peuples venus d'outre-Rhin. Suivront plusieurs vagues d'invasion, en 275, 355 puis tout au long du Ve siècle. Vesontio est presque détruite. Seule survit une petite cité, réfugiée sur le mont Cælius où se dressera plus tard la citadelle.

## Les fondations mérovingiennes de l'abbaye Saint-Bénigne de Dijon

La tombe de saint Bénigne, martyr au IIe siècle, fédère la communauté chrétienne de Dijon. En 511, l'évêque Grégoire de Langres fait construire une crypte pour abriter les restes du saint. Dès 535, une *basilique* Saint-Bénigne est érigée sur la crypte.

**À retenir**

Saint-Bénigne incarne la Bourgogne historique, apparue en 476 sous l'égide du roi Gondebaud. Cette Burgondie (ou royaume burgonde) s'étend alors sur la Savoie, la Champagne, les Alpes-Maritimes et Dijon. En 534, la Bourgogne est rattachée au royaume franc. Ce remarquable édifice, crypte, *basilique*, *abbatiale* clunisienne puis cathédrale, incarne à lui seul, par son histoire et son architecture, 2 000 ans de christianisme en Bourgogne Franche-Comté !

## L'abbaye de Luxeuil et l'invention des minuscules

Dévastée par Attila en 451, la ville de Luxovium n'était plus que ruines au fond des bois lorsque l'Irlandais Colomban entreprit d'y bâtir un monastère, vers 590. Il choisit pour cela l'emplacement des thermes, alors très bien conservés et ornés de statues de dieux païens. Ainsi, le *monachisme* chrétien prenait la suite des anciens cultes.

Haut lieu de la vie intellectuelle et spirituelle, Luxeuil devient l'un des plus importants monastères de Gaule. C'est dans son *scriptorium* qu'est mise au point, dès le VIIe siècle, la première calligraphie en minuscule. Le *lectionnaire* de Luxeuil en est l'un des plus beaux témoignages.

Colomban, homme de grande culture, fondera bien d'autres monastères. À Luxeuil, plusieurs édifices se succèdent. Ravagée en 732 par les Sarrasins, l'abbaye est reconstruite avec l'appui de Charlemagne. L'église actuelle et le cloître de grès rose datent du XIVe et du XVe siècle.

## L'abbaye de Baume-les-Messieurs, mère de Cluny

En péril

La Franche-Comté fait partie du royaume de Bourgogne depuis la création de celui-ci par les Burgondes, et jusqu'en 888. Autun en devient la capitale en 593. Les rois mérovingiens se montrent favorables au christianisme, et chaque gros bourg a désormais son église. Le *monachisme* connaît un essor significatif, comme à Baume-les-Messieurs, dont les origines historiques, mal connues, remontent peut-être à la période mérovingienne. À la fin du IXe siècle, Bernon, moine et réformateur, fait du petit établissement monastique de Baume une puissante abbaye bénédictine et fonde le monastère de Gigny, avant de devenir premier abbé de Cluny. L'abbaye de Baume, nichée au fond d'une étroite vallée glaciaire du Jura, possède une remarquable *abbatiale* romane entourée de bâtiments abbatiaux du XVIe siècle, et renferme de véritables trésors patrimoniaux, dont un triptyque flamand de la passion et d'exceptionnels vitraux mérovingiens. Malheureusement, des infiltrations d'eau dans la toiture menacent aujourd'hui les bâtiments et les œuvres qu'ils abritent.

## Chastellux, mille ans d'histoire familiale et bourguignonne

En 843, lors du partage de Verdun, la Bourgogne est séparée en deux au niveau de la Saône, sa partie orientale échappant pour un temps à l'influence du royaume de France. Dès 887 apparaît le duché de Bourgogne, qui regroupe Autunois, Sénonais et Auxerrois. Le duc de Bourgogne, Richard, installé à Autun, est alors suzerain des comtes de Chalon, Troyes, Tonnerre et Dijon. Il doit son titre de duc à sa lutte acharnée contre les Vikings ; le duché s'est en effet construit dans un contexte politique agité, entre menace viking et incursions sarrasines. Chastellux incarne, par sa remarquable permanence, l'histoire bourguignonne depuis la naissance du duché de Bourgogne.

Du haut de son promontoire surplombant la Cure, en effet, le château défie les siècles. Implanté sur le site d'un ancien camp romain, ses majestueux bâtiments marient architecture des XIe, XIIIe, XVe et XIXe siècles. La tour Saint-Jean, le plus ancien des bâtiments encore debout, a été édifiée vers 1080 ! Le château comporte également des parties Renaissance, d'autres datant du siècle des Lumières ou encore du XIXe siècle, puisqu'il a été fortement endommagé au moment de la Révolution. Ces différentes époques se marient harmonieusement en un ensemble architectural qui dessine 1 000 ans d'histoire !

Mais le plus étonnant est que cet imposant édifice n'a jamais été vendu ni cédé, puisqu'il appartient à la même famille depuis bientôt 1 000 ans.

## Le fort de Joux, la clef de la cluse

Le promontoire de Joux domine la cluse de Pontarlier et les routes commerciales et militaires reliant depuis l'Antiquité la Méditerranée à la mer du Nord et la Bourgogne à la Suisse. Les hommes ont très tôt saisi l'intérêt de ce remarquable verrou défensif. Peut-être sur un site gallo-romain, les sires de Joux y implantent une première forteresse, vers l'an mil, et pillent et rançonnent les voyageurs. Le fruit de leur rapine finance la construction d'un château en pierre. Depuis le donjon médiéval jusqu'à la batterie de la Rochette, datant du XIXe siècle, Joux témoigne de 10 siècles d'architecture militaire. Il illustre également la naissance du particularisme comtois, terre de culture française séparée de la couronne de France. Le comté de Bourgogne est en effet placé sous l'autorité directe de l'empereur germanique, avec à sa tête un noble comtois. Les postes-frontière avec la Germanie ne sont pas supprimés, comme en témoigne le fort de Joux. En 1127, cette relative autonomie encourage le comte de Mâcon à refuser l'hommage à l'empereur ; il se déclare « franc comte » de Franche-Comté, tête de pont de l'influence française en terre d'Empire.

# Réseaux monastiques et essor économique aux XIIe et XIIIe siècles

En 1031, le duché de Bourgogne, qui fait partie du domaine royal, est octroyé à Robert, frère du roi Henri Ier ; le nouveau duc tient donc le duché en *apanage* comme vassal du roi de France. Robert choisit Dijon comme capitale au détriment d'Autun. Le pouvoir ducal est alors fortement contesté par les seigneurs locaux, les évêques et les puissantes abbayes. Néanmoins, les ducs de Bourgogne restent fidèles vassaux du roi de France, et parviennent peu à peu à agrandir le duché. Ils étendent même leur autorité sur la Franche-Comté (ou comté de Bourgogne), qui demeure cependant terre d'Empire.

Les réseaux clunisiens et cisterciens contribuent à structurer les campagnes autour de larges domaines gagnés sur la forêt et reliés par un réseau de routes. Les chemins de Saint-Jacques et ceux des croisades favorisent également la circulation des savoirs et techniques monastiques, qu'illustre le système hydraulique de Fontenay. L'essor économique naît d'une synergie entre les différents acteurs : les abbayes structurent les campagnes, la paysannerie nourrit les villes, celles-ci organisent le commerce des biens tirés des campagnes et des abbayes et les seigneurs locaux en assurent la sécurité. Les villes bénéficient largement de cette prospérité et se voient octroyer des chartes et franchises (telles Dijon et Beaune en 1187) qui favorisent la naissance d'une bourgeoisie marchande, comme à Chalon-sur-Saône, qui possède une importante foire.

## L'abbaye de Cluny, un système et un réseau

**Ensemble remarquable**

Cluny, c'est d'abord un système, une chrétienté sans frontières, un pouvoir religieux qui échappe aux souverains pour ne dépendre que du pape, et une réforme de la règle bénédictine qui connaît un succès foudroyant. Cluny, c'est ensuite un réseau d'abbayes filles, possédant chacune ses propres domaines en toute indépendance, qui dessine sur la carte de l'Europe de précieux relais sur la route de Compostelle ou sur le chemin des croisades.

Mais de Cluny nous est surtout parvenu un prodigieux témoignage architectural, sommet de cet art roman qui déferle alors dans la région. Malgré les destructions révolutionnaires, ses vestiges sont impressionnants. Les bâtiments de Cluny I, datant de la fondation de l'abbaye par Bernon en 910, s'avèrent vite insuffisants, et le successeur de l'abbé mène à son tour les grands travaux de Cluny II. Cluny devient alors, à l'égal de Rome, dépositaire des reliques des apôtres Pierre et Paul ! Mais c'est à l'abbé Hugues que reviennent, au milieu du XIe siècle, les agrandissements les plus imposants. Avec Cluny III, l'*abbatiale* devient la plus grande église de toute la chrétienté. Longue de 187 m, elle possède les plus hautes voûtes romanes au monde ! Le croisillon sud du grand *transept* encore debout témoigne d'une incroyable audace architecturale. On compte trois étages sous la voûte en berceau brisé ! Vestige de ce chef-d'œuvre effondré de l'art roman, les chapiteaux retrouvés présentent des scènes d'une exceptionnelle qualité dont certains pourraient être de la main du célèbre Gislebert d'Autun. Huit d'entre eux, présentés dans le farinier de l'abbaye mais provenant du *chœur* même de l'*abbatiale*, évoquent dans leur décor symbolique les 8 tons du chant grégorien. Nombre de sculptures romanes également bien conservées sont visibles dans les différents bâtiments de l'abbaye, dont les écuries datant de la même époque. Avec le grand cloître, les bâtiments claustraux, les palais abbatiaux mais aussi la prison et l'orangerie, le site de Cluny forme un ensemble remarquable.

## L'abbaye de Gigny, une mère aux ordres de sa fille

Créée par le fameux Bernon vers 893, la prospère abbaye de Gigny est sœur de celle de Baume-les-Messieurs et mère avec elle de la prestigieuse Cluny, fondée par Bernon accompagné de moines de Baume et de Gigny. Intégrée dans le réseau clunisien, Gigny est cependant rapidement soumise à la hiérarchie qui le régit ; elle devient en 1095 simple prieuré, placé sous le contrôle direct de sa « fille ». Gigny connaît des moments difficiles ; incendie, épidémies, guerres, mais elle reste l'un des principaux prieurés clunisiens, au moins jusqu'au XIVe siècle. Cluny est alors sérieusement concurrencée par les ordres mendiants apparus au XIIe siècle.

À retenir

À partir du XVe siècle, l'abbaye est mise en *commende*, ce qui veut dire que son abbé, qui n'est plus forcément un religieux, n'y réside plus. Épargnée par l'incendie de 1157, l'*abbatiale* de Gigny est un magnifique exemple d'art roman dans le Jura.

## La Charité-sur-Loire, au service des pèlerins

Le réseau clunisien n'en finit pas de s'étendre, comme en témoigne la fondation, vers 1050, du prieuré de La Charité. Bâti au bord de la Loire, il succède probablement à un sanctuaire mérovingien. Fille aînée de Cluny placée sur la route de Compostelle, La Charité devient vite un refuge pour les pèlerins. Selon le système pyramidal clunisien, elle compte elle-même une cinquantaine de fondations dans toute l'Europe. Sa place majeure dans l'ordre de Cluny explique sans doute les proportions impressionnantes de son église qui, lors de sa construction, est la deuxième plus grande de France après Cluny III. Son portail roman et ses nefs originelles ont disparu, mais elle a conservé un *tympan* original, représentant l'Assomption de la Vierge.

Si, en 1429, Jeanne d'Arc échoue à s'en emparer, elle manque de disparaître en 1840 lors du tracé de la route royale ! Heureusement, Prosper Mérimée la fait alors classer comme monument historique.

Et aujourd'hui

Elle est aujourd'hui inscrite au patrimoine mondial de l'UNESCO comme étape majeure des chemins de Compostelle.

### Bernard de Clairvaux, géant spirituel et acteur politique

Né dans une famille noble des environs de Dijon, Bernard est très influencé par sa mère, femme d'une grande piété. Sa mort l'affecte beaucoup et, après quelques années de vie mondaine, il entre en 1112 à l'abbaye de Cîteaux, fondée en 1098 dans un désir d'ascèse monastique.

Dès 1115, il reçoit la mission de fonder une abbaye à Clairvaux, près de Troyes. Il en sera l'abbé jusqu'à sa mort, défenseur d'une spiritualité austère entre pénitence et exercices spirituels. Malgré sa grande culture, il montre une certaine défiance envers les esprits trop brillants.

»

**Bernard de Clairvaux, géant spirituel et acteur politique** *(suite)*

Prônant le renoncement au monde, Bernard est pourtant très engagé sur la scène politique. Il défend le pape, accomplit plusieurs missions diplomatiques, s'élève contre le mariage de Louis VII, et surtout prêche la deuxième croisade à la demande du pape. À sa suite, les cisterciens sont encouragés à sortir de leurs monastères pour prêcher. L'abbaye de Cîteaux connaît bien des vicissitudes ; incendies, pillages, guerres, confiscation… L'église romane est entièrement détruite, mais l'*abbatiale* de Pontigny, au nord d'Auxerre, offre un très bel aperçu de l'art cistercien. Et depuis 1898, les cisterciens sont de retour à Cîteaux.

## L'abbaye de Fontenay, pureté de l'art cistercien

Au nord de la Bourgogne, l'abbaye de Fontenay présente un magnifique exemple d'architecture cistercienne. Fondée en 1118 par Bernard de Clairvaux, elle est la plus ancienne abbaye cistercienne conservée au monde. Lorsque les moines en sont chassés à la Révolution, Fontenay, placée sous l'autorité d'un abbé *commendataire*, connaît déjà un certain déclin. Transformée en papeterie, elle est sauvée de la destruction. Au début du XXe siècle, des travaux de grande ampleur permettent de détruire les bâtiments industriels pour retrouver l'abbaye romane dans toute sa pureté. Fontenay présente un remarquable ensemble architectural regroupant l'*abbatiale*, le cloître, le dortoir, la salle *capitulaire*, la salle des moines et la forge, tous d'époque romane. C'est également une très belle illustration de l'architecture cistercienne, qui traduit dans la pierre la spiritualité de l'ordre. En effet, rien dans l'église ne doit distraire les moines de l'office divin. Le sanctuaire adopte un plan en croix latine avec une voûte en berceau brisé, sa façade est dépouillée, les chapiteaux portent de sobres motifs de feuillage et les bas-côtés sont éclairés par un unique rang d'ouvertures. Les bâtisseurs ont porté une attention particulière aux proportions du bâtiment et aux ornements utilisés, en harmonie avec la symbolique romane. Fontenay est souvent considérée comme l'archétype de l'abbaye cistercienne, et son ancienneté laisse supposer qu'elle a largement influencé les bâtisseurs de l'ordre. En 1981, elle est l'un des premiers monuments français à figurer sur la liste du patrimoine mondial de l'UNESCO. Son jardin arbore le label Jardin remarquable.

**Le saviez-vous ?**

En 2008, un marteau hydraulique identique à celui qu'utilisaient les moines a été reconstitué. Il était actionné par une roue à aubes et servait à battre le fer.

## Vézelay, une abbaye convoitée

À une première abbaye, fondée en 858 au pied de la colline de Vézelay puis dévastée par les Vikings, succède un monastère bâti au sommet de l'éminence. Bientôt dédié à Marie-Madeleine, le lieu attire une foule de pèlerins et aiguise l'appétit de Cluny. En 1027, l'abbé de Vézelay, en conflit avec le comte de Nevers, est remplacé par un prélat clunisien malgré les protestations de l'évêque d'Auxerre. Mais Cluny dénie à celui-ci tout droit de regard sur cette nomination, arguant de l'indépendance de Vézelay, libérée par le pape de la tutelle de l'évêque. La querelle prend de l'importance, illustrant les complexes jeux de pouvoir qui opposent alors les évêques à l'ordre de Cluny, soutenu par la papauté. Cluny renonce finalement à sa mainmise sur Vézelay.

Vers 1095 est lancée la construction d'une nouvelle *abbatiale*, de style roman puis gothique. Sa remarquable architecture suit la course du soleil. Appauvrie par la guerre de Cent Ans, ravagée par les guerres de religion, pillée à la Révolution, Vézelay est sauvée par Prosper Mérimée et restaurée au XIXe siècle par Viollet-le-Duc. Elle est inscrite au patrimoine mondial de l'UNESCO.

## Les trésors architecturaux de Semur-en-Brionnais, berceau de saint Hugues

Figure historique

Au XIe siècle, la petite ville est le fief des puissants comtes de Semur. Issu de cette noble famille, Hugues connaît un destin exceptionnel. Nommé abbé de Cluny à 25 ans, en 1049, il reste 60 ans à la tête de l'ordre, le menant à son apogée. Cluny a alors acquis une influence considérable, appuyant le mouvement de paix visant à adoucir la société féodale, restaurant la discipline du clergé et soutenant les papes réformateurs. Conseiller écouté de Rome, parrain de l'empereur, Hugues parcourt l'Europe pour visiter ses abbayes filles et fonde à Marcigny, près de Semur, le premier monastère clunisien pour femmes. C'est également lui qui mène le colossal chantier de Cluny III.

Comme un écho à cette œuvre, la collégiale Saint-Hilaire de Semur, bâtie au XIIe siècle, mêle le style roman du Brionnais et l'influence de Cluny III. Non loin se dresse le château de Semur où naquit saint Hugues ; il domine la cité depuis le Xe siècle. La chapelle romane Saint-Martin-la-Vallée, le grenier à sel, le *chapitre*, l'hôtel de ville et le prieuré Saint-Hugues, datant du XVIIIe siècle, complètent le riche patrimoine semurois.

# Armagnacs contre Bourguignons

**Figure 8-1**

Armagnacs contre Bourguignons

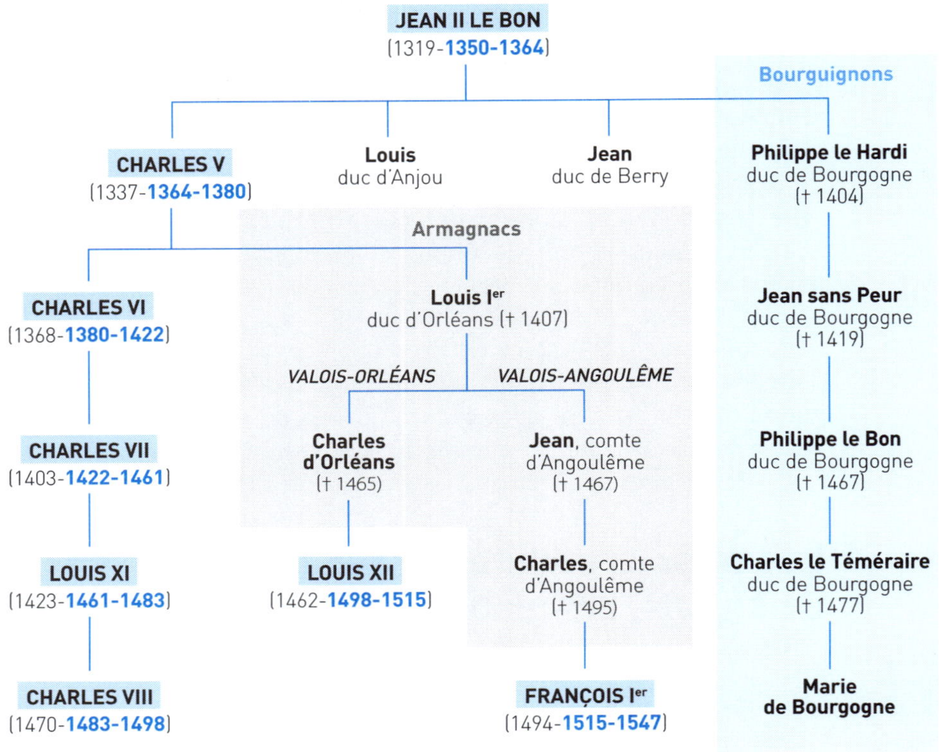


*Les rois de France sont soulignés en bleu*
*Les dates de règne sont indiquées en bleu*

Ce conflit, au cœur de la guerre de Cent Ans, n'oppose pas deux provinces de France mais deux branches cadettes de la dynastie Valois. Dans un siècle marqué par la guerre, les famines et les épidémies, la folie du roi Charles VI laisse la part belle aux factions rivales de son oncle Philippe II de Bourgogne et de son frère Louis d'Orléans. Jean sans Peur, fils de Philippe II, fait assassiner Louis d'Orléans en 1407, et les partisans de ce dernier se rassemblent alors autour du comte d'Armagnac. Jean sans Peur est finalement tué à son tour en 1419. Son fils Philippe le Bon lui succède, soutenu par les Anglais. Lui-même appuie les prétentions du roi d'Angleterre au trône de France, tandis que ses ennemis Armagnacs misent sur le *dauphin*, futur Charles VII. Ainsi, c'est dans la lutte contre les rois de France que les ducs de Bourgogne fondent leur puissance, se faisant les arbitres des destinées du royaume.

### Philippe le Bon et les prémices de la Renaissance

Si le duc de Bourgogne Philippe le Bon prend parti pour le roi d'Angleterre, il ne lui apporte qu'un médiocre soutien défensif. C'est néanmoins lui qui livre Jeanne d'Arc aux Anglais. Il se rapproche finalement des Français et signe la paix d'Arras, en 1435, y gagnant de nombreux territoires, dont les comtés de Mâcon et d'Auxerre.

Sous la férule de ce « grand duc d'Occident », la Bourgogne connaît son âge d'or, ses possessions comprenant le Luxembourg, la Flandre, l'Artois, la Franche-Comté... La vie de cour à Bruges, Bruxelles ou Lille s'entoure d'un grandiose apparat. Fasciné par l'Antiquité, Philippe préfigure la Renaissance et emploie les plus grands artistes de son temps. Il fonde l'ordre très fermé de la Toison d'Or et exalte volontiers l'idéal chevaleresque. Déjà, l'influence italienne se fait sentir en Bourgogne, où l'architecture défensive est abandonnée au profit d'un retour aux canons antiques. Les châteaux se parent de galeries italianisantes et de vastes baies vitrées.

## Le palais ducal de Dijon, ville capitale

Les premiers ducs de Bourgogne investissent le château ducal de Dijon et y demeurent jusqu'à l'extinction de la dynastie, en 1361. Le nouveau duc, Philippe le Hardi, frère du roi Charles V, entreprend de bâtir un palais gothique. Ses successeurs continuent son œuvre ; l'édifice comprend alors la tour de Bar, la tour Philippe le Bon, la grande salle du palais, la salle des gardes et la sainte chapelle aujourd'hui disparue. Puis le palais est remanié aux XVII$^{e}$, XVIII$^{e}$ et XIX$^{e}$ siècles.

## Châteauneuf-en-Auxois, entre France et Bourgogne

Châteauneuf est le dernier exemple d'architecture militaire bourguignonne du XIV$^{e}$ siècle. Il est également le symbole de la lutte opposant les Valois de Bourgogne, héritiers de Philippe le Hardi, aux Valois de France.

**Figure historique**

Ses fortifications démontrent la volonté d'indépendance du duché, et le seigneur du lieu, Philippe Pot, filleul de Philippe le Bon, est aussi l'un de ses proches collaborateurs. Le duc lui fait cadeau de Châteauneuf en 1457. Philippe Pot négocie des mariages princiers, dont celui de Charles le Téméraire, fils de Philippe le Bon, qui devenu à son tour duc de Bourgogne le nomme premier *chambellan* ! Lorsque le roi de France Louis XI hérite des domaines français de Charles le Téméraire, Philippe Pot passe à son service comme gouverneur et grand *sénéchal* de Bourgogne. Châteauneuf-en-Auxois, bâti sur un éperon rocheux, est doté d'un grand donjon carré du XIIe siècle. De hautes murailles sont élevées pendant la guerre de Cent Ans, avec tours et *courtines*. Au XVe siècle, Philippe Pot fait bâtir deux logis et une chapelle. Le Grand logis et le logis de Philippe Pot témoignent de l'engouement pour le style gothique tardif. Les ornements de la façade du logis de Philippe Pot évoquent d'ailleurs ceux du palais ducal de Dijon. La chapelle possède de belles peintures à la *détrempe* représentant le Christ et les 12 apôtres, et une copie de l'impressionnant gisant de Philippe Pot porté par 8 « pleurants » vêtus de noir, dont l'original est au Louvre.

Les hautes murailles de Châteauneuf rendront encore bien des services. Au cours de la guerre de 1870, les Prussiens échouent à s'en emparer et, en 1939, les collections du musée des beaux-arts de Dijon ainsi qu'une partie des archives départementales y trouvent abri.

## Les Hospices de Beaune, vin et charité

En 1443, dans une ville ravagée par la guerre, la famine et les pillards, le chancelier du duc de Bourgogne Nicolas Rolin et son épouse Guigone de Salins font bâtir un hôpital pour accueillir les malades et les indigents. Ils le dotent de ressources propres, tirées de l'exploitation de salines et de vignobles. L'Hôtel-Dieu ouvre ses portes en 1452, et remplit jusqu'au XXe siècle sa vocation hospitalière. Le lieu, dont la réputation grandit, fédère rapidement un certain nombre d'établissements semblables situés à Pommard, Meursault, Nolay ou Beaune, l'ensemble prenant le nom d'Hospices.

**Le saviez-vous ?**

Depuis 1971, les activités hospitalières ont été transférées dans une structure plus moderne, et les bâtiments de l'Hôtel-Dieu abritent un musée et d'immenses caves où sont conservés les vins du domaine des Hospices. Ils font l'objet, une fois par an, d'une vente aux enchères à but charitable. Quant au musée, il abrite une somptueuse collection d'objets, de tapisseries et de meubles du XVe siècle, dont le très célèbre *polyptyque* du *Jugement dernier* de Rogier Van der Weyden.

À la charnière entre gothique flamboyant et Renaissance bourguignonne, l'Hôtel-Dieu possède de belles façades à galeries de bois. Sa grande salle présente une remarquable charpente apparente en berceau renversé. Mais il est surtout célèbre pour ses vastes toitures de tuiles vernissées polychromes à motifs géométriques.

Ces tuiles sont un symbole très fort de l'architecture bourguignonne, que les techniques modernes permettent d'apprécier encore plus de nos jours... vu d'en haut !

## Le château de Saint-Fargeau, au plaisir du roi

Héribert, évêque d'Auxerre et demi-frère d'Hugues Capet, possédait à Saint-Fargeau un rendez-vous de chasse fortifié. L'ancienne forteresse est finalement rachetée par Jacques Cœur, grand argentier de Charles VII, en 1450. Mais Cœur est emprisonné et le château vendu à Antoine de Chabannes, ennemi du *dauphin* Louis. Devenu roi, Louis XI fait confisquer ses biens et le condamne à l'exil, mais Chabannes s'évade et rejoint la révolte des princes. Réconcilié avec le roi, il participe à la lutte contre le duc de Bourgogne Charles le Téméraire. Chabannes fait de Saint-Fargeau une forteresse militaire impressionnante, sur un plan pentagonal ponctué de 6 tours, marqué des influences de la Renaissance bourguignonne. Au XVIIe siècle, l'architecte Le Vau crée la cour d'honneur, chef d'œuvre du classicisme.

Le saviez-vous ?

Au cours des siècles, Saint-Fargeau accueille d'illustres hôtes, comme la Grande Mademoiselle, cousine rebelle du Roi Soleil, Lepeletier, conventionnel assassiné, ou son illustre descendant Jean d'Ormesson, qui lui consacre son livre *Au plaisir de Dieu*.

## Semur-en-Auxois, fidèle aux ducs

Fidèle aux ducs de Bourgogne, Semur dresse sa silhouette fortifiée contre l'armée royale, ce qui lui vaut d'être envahie par Louis XI en 1471. Témoin des ultimes luttes d'une Bourgogne indépendante, la ville possède quelques beaux témoignages de cette époque, telle la maison des gouverneurs au toit de tuiles vernissées typiques.

Rattachée au duché de Bourgogne en 1050, ville franche depuis 1276, Semur se dote, vers le XIIIe siècle, d'une imposante fortification trapézoïdale. Quatre immenses tours reliées par des *courtines* marquent les angles du donjon. Les murs de la tour de l'Orle d'Or mesurent à leur base 5 m d'épaisseur et atteignent 20 m de haut.

Ensemble remarquable

Si Henri IV, après les guerres de religion, fait démanteler ses remparts, Semur offre encore un cadre exceptionnel où se mêlent différentes époques : le donjon et ses tours, l'ancien pont-levis de la porte Sauvigny, la collégiale gothique, les maisons Renaissance et XVIIIe du bourg Notre-Dame...

# La Bourgogne dans le giron français

La bataille de Castillon, en 1453, met un terme à la guerre de Cent Ans. Cette période difficile, marquée par les guerres, les épidémies et une grave crise démographique et économique, donne lieu à un art extravagant et tourmenté : le gothique flamboyant. Le royaume de France, qui reconstitue ses forces après une crise de légitimité sans précédent, cherche à asseoir sa puissance sur de vastes possessions territoriales, et se heurte, notamment sous le règne de Louis XI, au puissant duché de Bourgogne.

Mais les folles ambitions de Charles le Téméraire le mènent finalement à sa perte. Le « duc flamboyant » meurt en 1477 au cours du siège de Nancy. Son unique héritière, Marie de Bourgogne, femme de l'empereur Maximilien, hérite de la Franche-Comté, tandis que le roi de France s'empare de la Picardie, du comté de Boulogne et surtout du duché de Bourgogne, qui rejoint ainsi le domaine royal après un siècle de rébellion.

## Notre-Dame de Dole et Saint-Michel de Dijon : art gothique contre Renaissance

Les luttes qui opposent Louis XI à Charles le Téméraire aboutissent à l'invasion de la Bourgogne par les troupes françaises, qui saccagent Dole en 1479. La capitale de la Franche-Comté entend bien rebâtir une collégiale encore plus vaste et plus belle. Des maîtres maçons sont donc envoyés à Dijon, voisine et rivale capitale du duché, pour étudier ses églises et notamment Saint-Michel, dont les travaux viennent de commencer. Finalement, les Dolois adoptent le style gothique flamboyant pour leur collégiale, achevée vers 1572.

Pendant ce temps, à Dijon, les bâtisseurs de Saint-Michel optent pour un étonnant mélange de styles gothique et Renaissance ; l'*abside*, le *chœur*, la nef et les *transepts* sont gothiques, les tours sont d'inspiration Renaissance, et la façade mêle les deux influences, ce qui la rend unique en France.

Ainsi s'illustre la divergence des destins bourguignons et franc-comtois et la voie originale qu'adopte la Franche-Comté.

## Le château d'Ancy-le-Franc à l'avant-garde de l'architecture

À retenir

Alors que la Première Renaissance conquiert peu à peu les provinces de France, la Bourgogne marque un temps d'avance et entre, dès 1538, dans la Seconde Renaissance, juste après l'Île-de-France et avant même le Val de Loire. Ancy-le-Franc, œuvre de l'architecte italien de François Ier Sebastiano Serlio, incarne cette audace. Situé au sud-est de Tonnerre, il compte parmi les premiers châteaux conçus sur plan et possède une harmonieuse structure quadrangulaire aux angles marqués de pavillons carrés. La cour d'honneur présente deux loggias, des arches et des niches ornées et richement sculptées. Les pièces sont éclairées par de vastes baies et dotées de plafonds à caissons peints. Les murs présentent un décor peint d'une grande finesse, rivalisant avec celui de Fontainebleau. Mêlant innovation italienne et tradition française, Serlio réalise un véritable bijou architectural, qui préfigure le classicisme du siècle suivant.

## Le château de Tanlay, refuge des chefs protestants

Les fastes de la Renaissance s'achèvent au cœur des guerres de religion, et ce tragique parcours est parfaitement illustré par le château de Tanlay. Sa construction commence au début du XVIe siècle, à l'emplacement d'une ancienne forteresse. Les travaux sont repris à partir de 1550 par François de Coligny d'Andelot, puis par son gendre, Jacques Chabot. Le château, bâti sur un plan carré et entouré de douves, est un très bel exemple d'architecture Renaissance en Bourgogne. On peut y admirer une galerie en trompe-l'œil et de surprenantes fresques, au plafond de la tour de la Ligue, représentant les grands de la cour de France sous l'apparence de dieux grecs !

Le saviez-vous ?

Au cours des guerres de religion, Tanlay abrite des réunions des chefs protestants autour de l'amiral de Coligny, frère du propriétaire, et du prince Louis de Condé. La province est toutefois relativement épargnée par le conflit, même si elle subit le passage des mercenaires allemands de Coligny.

## Le château de Cormatin ou le retour du style militaire

Bâti à partir de 1606 sur l'emplacement d'une ancienne maison forte placée sur l'une des routes de Cluny, Cormatin, qui affiche un style sobre et rigoureux, arbore au milieu de ses douves l'allure militaire qui sied à son époque. Car l'édit de Nantes, qui met fin aux guerres de religion en 1598, est encore bien récent. Et si, en 1595, la Bourgogne a soutenu Henri IV lors de la bataille de Fontaine-Française contre les Espagnols, elle se révolte en 1629 pour conserver ses exemptions fiscales, tandis que la Franche-Comté lutte contre ses envahissants voisins ; l'Empire et la France. De plus, la guerre de Trente Ans touche les deux provinces en 1636. Mais les façades austères de Cormatin, qui présentent un style dit « rustique » qui tourne le dos à la Renaissance, cachent de véritables merveilles, tel un escalier à cage vide de 21 m de haut, le plus ancien connu, ou des plafonds « à ciel », ainsi qu'un très bel appartement Louis XIII.

## Bussy-Rabutin, le château du galant

En péril

Bussy est au XIIe siècle une maison forte nichée dans un vallon de l'Auxois. Au XIVe siècle, il est aménagé en château d'agrément, puis remanié aux XVIe et XVIIe siècles. C'est à cette époque qu'il accueille son plus illustre occupant, Roger de Bussy-Rabutin, cousin de Madame de Sévigné et écrivain audacieux, chassé de la cour pour ses écrits satiriques et libertins. Et si les galeries de la cour d'honneur offrent un décor typique de la première Renaissance, la décoration intérieure, originale et foisonnante, est entièrement due à l'écrivain. Elle comprend la galerie des rois de France et des ducs de Bourgogne, l'antichambre des Hommes de guerre, la chambre de Bussy avec 25 portraits de dames de la cour, le salon de la tour Dorée, la salle des Devises et la chapelle. Dans ce foisonnement de portraits, le sarcastique comte s'est fait représenter en lieutenant général des armées du roi… Menacé par des infiltrations, des remontées d'eau et des insectes xylophages, le château de Bussy-Rabutin est l'un des monuments bénéficiaires du loto du patrimoine.

## Le château d'Époisses, une curieuse demi-forteresse

Cette forteresse, peut-être mérovingienne, reçoit en son temps Philippe le Hardi, duc de Bourgogne. Lors des guerres de religion, Époisses tombe aux mains des ligueurs qui le fortifient : son propriétaire, Louis d'Anssienville, doit rembourser les travaux pour récupérer son château ! Sa petite-fille épouse Guillaume de Guitaut, lieutenant du Grand Condé, prince de sang royal. Guitaut suit Condé dans la Fronde, cette révolte des princes contre le pouvoir royal, et c'est lui qui présente au jeune roi Louis XIV la soumission de Condé en 1659. En 1668, alors que la France est encerclée par les Habsbourg, Condé, à la tête des troupes royales, conquiert la Franche-Comté.

Guitaut entreprend de restaurer le château d'Époisses, protégé par un double rang de fortifications et pourvu d'un remarquable donjon-porte du XIIIe siècle.

Le saviez-vous ?

Au cours de la Révolution, le Comité de salut public juge que la place, dangereuse, doit être détruite ; les Guitaut obtiennent de n'en raser que la moitié fortifiée, tandis que les tours sont abaissées à hauteur des toits.

## Le château de Bazoches, au cœur du système Vauban

Les places fortes de Franche-Comté ont été massivement détruites au cours de la conquête de la province par les troupes françaises en 1668.

Figure historique

Dix ans plus tard, devenue française, elle doit être de nouveau fortifiée ; cette mission est confiée au maréchal Sébastien Le Preste de Vauban, architecte et ingénieur du roi.

En 1675, Vauban achète le château de Bazoches, forteresse du XIIe siècle située au sud de Vézelay. Il réaménage les lieux pour en faire une demeure familiale, mais aussi un bureau d'études et une garnison militaire. Il fait construire une grande galerie où s'activent les ingénieurs militaires qui tracent, sous sa direction, les plans de plus de 300 de ces étonnants ouvrages défensifs qui bientôt couvrent la France. Cette galerie a été récemment reconstituée, et les décors de la cour intérieure restaurés dans leur état du XVIIe siècle. Le château offre une plongée dans l'époque de Vauban, dont il conserve de nombreux objets personnels ainsi qu'un monumental lit à baldaquin.

## Les fortifications de Besançon, aux frontières du royaume

La Franche-Comté, intégrée au royaume de France, est plus que jamais une région de marche, alors que la Bourgogne est devenue une province intérieure. Cette situation frontalière place la Comté dans une position défensive à l'est, face à la Suisse et à l'Empire.

Besançon, fortifiée dès l'époque romaine, s'étend au Moyen Âge sur la rive droite du Doubs, nécessitant la construction de nouvelles murailles, qui atteignent au XVe siècle leur extension maximale et sont reconstruites sous Charles Quint, alors que la Franche-Comté dépend encore de l'Empire.

Ces précautions n'empêchent pas Besançon de tomber aux mains des Français en 1668. Vauban y est alors dépêché pour bâtir une citadelle sur le mont Saint-Étienne, mais le traité d'Aix-la-Chapelle prévoit finalement la restitution de la Franche-Comté aux Habsbourg. Ceux-ci, reprenant les plans de Vauban, entament la construction du front de Secours et du front Royal, ainsi que du *bastion* Sainte-Catherine. Mais, en 1674, après un siège auquel participe Vauban, la ville retombe aux mains des Français.

Le maréchal reprend alors les travaux, crée un troisième front *bastionné*, le front Saint-Étienne, à l'ouest des deux autres, et fait relier les trois fronts par des murailles à flanc de falaise parcourues de chemins de ronde et ponctuées de corps de garde et de guérites. Le front Saint-Étienne est également relié au front Royal par un souterrain. Les deux cours ainsi créées abritent différents bâtiments, logis du gouverneur et du major, casernements, arsenaux, magasins, citerne, puits, chapelle... L'œuvre de Vauban, remarquablement conservée, domine toujours Besançon.

# Bourgogne et Franche-Comté réunies à l'ère industrielle

Avec le retour de la Franche-Comté dans le giron français, les deux régions bénéficient d'un désenclavement certain, dû au recul de la frontière et à la volonté de l'État d'affirmer leur appartenance à la France. Cela se traduit notamment par un souci d'aménagement du territoire et la construction de canaux et de routes. Le canal du Charolais (aujourd'hui du Centre), le canal Saint-Symphorien (du Rhône au Rhin) et le canal de l'Yonne (de Bourgogne) datent de cette époque. Au XVIIIe siècle, dans le contexte des Lumières, ces tentatives de rationaliser le territoire pour le mettre au service de l'homme et du progrès aboutissent aux premières expériences industrielles.

## La saline royale d'Arc-et-Senans

**Insolite**

Ce lieu étonnant fut conçu pour constituer le cœur d'une cité idéale centrée autour de son industrie, fabrique formant un vaste cercle autour de la chapelle et de la maison du directeur. Avec ce projet, inspiré de la philosophie des Lumières, la Franche-Comté devait entrer dans l'ère du progrès industriel, remédiant ainsi à sa situation enclavée.

La manufacture, œuvre de Claude-Nicolas Ledoux, est bâtie entre 1775 et 1779. On y transforme la saumure extraite dans le Jura en sel de consommation. Lieu de vie autant que de travail, elle est conçue sur un plan en cercle dont seulement la moitié est réalisé. Ce demi-cercle est commandé par une entrée unique, qui donne accès aux bâtiments.

En 1895, la saline ferme ses portes. Pillée et endommagée par un incendie, elle est rachetée en 1927 et restaurée par le département du Doubs. De 1941 à 1943, elle sert de camp de rassemblement puis d'internement pour les Tziganes et les nomades. Depuis 2009, elle est inscrite au patrimoine mondial de l'UNESCO.

**Figure 8-2**
La saline royale d'Arc-et-Senans

## La verrerie de La Rochère, une entreprise comtoise vieille de cinq siècles !

La fondation de la verrerie de La Rochère, entreprise toujours en activité, remonte à 1475 ! Dans cette fabrique, située au nord de la Franche-Comté, on réalise tout d'abord du verre à vitre et de petits articles pour les besoins locaux. Détruite par un incendie en 1595, puis ravagée lors de la guerre de Trente Ans en 1636, la verrerie est chaque fois reconstruite ; son activité n'a plus cessé depuis 1666. Au XVIIIe siècle, elle incarne le développement industriel de la région et sa production se diversifie. À partir de 1870, elle fabrique des tuiles de verre, inspirées des nombreuses tuileries présentes dans le village. Elle réalise également de nombreux objets de table pour les hôteliers-restaurateurs.

À partir de 1967, la production s'automatise avec l'apparition de presses mécaniques. Mais, parallèlement, une production de verrerie faite à la main et soufflée à la bouche se développe, en même temps que le site s'ouvre au public. En 2009, La Rochère est labellisée Entreprise du patrimoine vivant.

## Le palais ducal de Nevers, influences italiennes

Le XVIIIe siècle marque l'apogée d'une autre production industrielle locale, la faïence de Nevers, qui se caractérise par un décor vitrifié en même temps que l'émail du support, interdisant toute retouche. Si la création neversoise s'inspire alors largement des faïences flamandes, persanes ou chinoises, son origine est italienne, puisque c'est Louis de Gonzague, duc de Nevers, qui, vers la fin du XVIe siècle, fait venir des faïenciers d'Italie.

Les influences italiennes se font également sentir à Nevers dans l'architecture du château ducal, édifice du XIIIe siècle qui se pare, au début du XVIe siècle, d'une belle façade pré-Renaissance au sud, puis de lucarnes dotées d'ornements Renaissance inspirés des modèles proposés par Sebastiano Serlio, architecte d'Ancy-le-Franc, dans son traité d'architecture. Aussi considère-t-on que le palais ducal et l'un des premiers châteaux de la Loire.

Enfin, c'est une famille italienne, celle des Mancini, qui hérite du château ducal après son rachat par le cardinal Mazarin. En 1810, il devient propriété de la municipalité.

## Les grandes forges de Buffon, industriel-naturaliste

En péril

Le célèbre naturaliste Buffon, esprit scientifique passionné, décide de mettre à profit ses travaux menés sur le fer en réalisant une forge à haut fourneau sur ses terres de Buffon, près de Montbard. Ce projet industriel audacieux, lancé en 1768, s'inspire de l'esprit des Lumières et constitue, comme à Arc-et-Senans, un lieu de vie unique regroupant ensemble domestique et installations industrielles. Les logis ouvriers et la demeure du maître de forges sont rassemblés autour d'une vaste cour, qui comprend une boulangerie et un potager. Dans la fabrique, le haut fourneau est accessible par un majestueux escalier, qui permet aux invités du naturaliste d'admirer la coulée de fer en fusion. Des roues à aubes fournissent l'énergie indispensable aux soufflets, aux marteaux et aux diverses machines. Détruite en 1866, transformée en cimenterie jusqu'en 1923, la forge est en cours de restauration. Le système hydraulique doit être totalement refait.

## Le château de Montbéliard et le régionalisme comtois

Possession des comtes de Wurtemberg depuis 1407, la principauté de Montbéliard, terre francophone sous autorité germanique, est rattachée à la France en 1793. Son château, dont les origines remontent au XIIIe siècle, mêle influences médiévales et Renaissance. Remanié au XIXe siècle, il était autrefois divisé en deux parties, placées sur un éperon rocheux de part et d'autre de l'église Saint-Maimboeuf, aujourd'hui disparue. Le Châtel-Derrière, flanqué des tours Henriette et Frédéric, était la demeure seigneuriale, et le Châtel-Devant, surplombé par l'hôtel du Bailli, le siège de la garnison.

Et aujourd'hui

Le château abrite aujourd'hui un musée, dont l'origine remonte, en 1850, aux collections comtoises du naturaliste Georges Cuvier, originaire de la ville. Ce musée illustre l'émergence, au XIXe siècle, d'un régionalisme culturel sans revendications politiques, qui s'attache à reconstruire les identités régionales.

### Le centralisme révolutionnaire en Bourgogne et Franche-Comté

À la veille de la Révolution, Franche-Comté et Bourgogne, bien que réunies, demeurent par bien des aspects rivales. Ainsi, lorsque l'université de Franche-Comté quitte Dole pour Besançon, en 1691, les Bourguignons jugent qu'elle est désormais trop loin de chez eux et réclament la création d'une université bourguignonne à Dijon. Mais les manœuvres comtoises entravent ces ambitions. Face au pouvoir royal, les deux provinces font de la résistance par le biais de leurs parlements et, à partir de 1788, la situation agricole dramatique les place au bord de l'insurrection. Dès 1789 éclatent émeutes de la faim et mouvements de la Grande Peur, qui poussent les populations à attaquer les nobles, piller et brûler les châteaux.

Après la Révolution, c'en est fini des frondes régionales. Les anciennes provinces disparaissent au profit des départements, dotés de nouveaux chefs-lieux. S'y déploie une architecture publique peu marquée par le style régional ; préfectures, mairies, écoles, casernes, musées, bibliothèques...

## Le Creusot, jeune cité industrielle

Ensemble remarquable

De ce hameau du *bailliage* de Montcenis, quelques audacieux entrepreneurs vont faire une ville industrielle à la pointe du progrès technique. À partir de 1769, ses gisements de charbon font l'objet d'une exploitation rationnelle, qui encourage l'implantation, en 1781, d'une vaste usine métallurgique à hauts fourneaux, la Fonderie royale de canons pour la marine, ainsi que le transfert à Montcenis de la manufacture des Cristaux de la reine, jusqu'alors située à Sèvres. En 1790, Le Creusot est érigé en commune.

À partir de 1836, les frères Adolphe et Eugène Schneider développent l'ancienne fonderie royale, lui conférant une dimension internationale : dès 1838 y est produite la première locomotive à vapeur française, puis les premiers rails et les premiers canons en acier. Ce modèle industriel performant est appuyé sur un modèle social très intégré, souvent taxé de paternalisme, où tous les aspects de la vie de l'ouvrier sont pris en charge. Les Schneider sont d'ailleurs très impliqués en politique. Cela n'empêche pas la ville, au cours du Second Empire, d'être le foyer de plusieurs mouvements sociaux. En 1877, un gigantesque marteau-pilon placé près des fours de l'usine suscite l'admiration de tous. L'impressionnant engin de 21 m de haut, aujourd'hui situé à l'entrée de la ville, en est l'un des symboles. Les usines du Creusot conservent, jusqu'à leur nationalisation en 1982, une remarquable capacité à adopter les innovations technologiques.

Le Creusot présente aujourd'hui un riche et passionnant patrimoine industriel ; cité ouvrière de la Combe des Mineurs, anciennes usines Schneider, ancienne halle aux grues et aux machines avec son atelier des locomotives... Le château de la Verrerie, ancienne manufacture des Cristaux de la reine, a été transformé en résidence familiale par les Schneider. On peut encore y admirer les fours coniques de la cristallerie.

## Le Lion de Belfort, symbole de courage

Si la chute du Second Empire ne semble guère troubler les Bourguignons, ralliés à la cause de la République, la défaite de Sedan laisse déferler les troupes prussiennes sur le nord de la province. Mais, à Belfort, le colonel Denfert-Rochereau organise la résistance de la ville, qui ne se rend aux Prussiens que 10 jours après la signature de l'armistice.

Belfort fait partie de ces territoires de langue française qui ont longtemps relevé de l'Empire. Incorporé au royaume de France en 1648, il est rattaché au département du Haut-Rhin en 1790. Et comme sa résistance héroïque lui vaut de ne pas être annexé par l'Allemagne en 1871, Belfort voit affluer sur son territoire un certain nombre d'industries mulhousiennes déplacées à la suite de l'annexion de l'Alsace. Belfort devient département en 1922, et est rattachée à la région Franche-Comté en 1963.

La résistance des Belfortains en 1871, acte fondateur de l'identité du territoire, est symbolisée par un monumental lion sculpté par le célèbre sculpteur alsacien Bartholdi. Le gigantesque animal de grès rose mesure 22 m de long et 11 m de hauteur. Il est posé sur un socle de rocaille et adossé à la falaise de la citadelle. À demi couché, une patte en avant posée sur une flèche qu'il vient d'arrêter, il incarne toute l'énergie des vaillants défenseurs de Belfort. Tourné vers l'ouest, il regarde vers sa lointaine sœur new-yorkaise, la statue de la Liberté, également créée par Bartholdi et offerte par la France pour le premier centenaire de l'indépendance américaine.

## Le patrimoine humain à l'honneur

Au XXe siècle, la Franche-Comté s'affirme comme une région industrielle d'importance, comme en témoigne le site de Belfort mais aussi celui de Sochaux, où Peugeot implante le plus grand site industriel français.

À retenir

Mais le penchant des Comtois pour l'action sociale est bien plus ancien, comme le démontre l'aventure des fruitières. Au sein de ces fromageries traditionnelles de montagne, les producteurs mettent en commun le lait de leurs troupeaux pour la fabrication du fromage. Cette très ancienne institution remonte au XIIIe siècle, comme l'atteste la fruitière de Déservillers, créée en 1273. C'est sans doute la plus ancienne coopérative fromagère au monde ! Peut-être inspirée des fruitières, une épicerie coopérative, la Fraternelle, ouvre à Saint-Claude en 1881. À partir de 1896, elle alimente un fonds social ; ce modèle se développe rapidement dans le Jura et aboutit, à Saint-Claude, à la création d'une Maison du peuple. Inventif, entreprenant, solidaire, le caractère comtois s'affirme encore en 1940, lorsqu'émergent de nombreux maquis pour faciliter le passage de la ligne de démarcation qui coupe la région en deux.

En 2016, Bourgogne et Franche-Comté, toutes deux volontaires pour ce rapprochement, sont fusionnées en une seule région administrative qui semble ressusciter l'ancienne Burgondie ou faire écho aux grandes heures des ducs Valois. Car, avec le temps et la douceur du vin de Bourgogne ou d'Arbois, irremplaçable patrimoine local, les rivalités s'estompent au profit d'un compagnonnage prometteur.

### Mon coup de cœur, le château de Commarin ou l'art de cultiver les réseaux

Les propriétaires du château de Commarin ont su miser sur les réseaux sociaux pour faire connaître leur monument, qui possède aujourd'hui plus de 2 500 abonnés. Le château lui-même est au centre de cette communication numérique ; cette personnalisation du monument permet de lui donner vie et d'instaurer une grande proximité avec le public ; c'est le château qui parle aux gens ! Les publications régulières, à la fois pratiques et historiques et non dénuées d'une touche d'humour, remportent un beau succès. Et si Commarin sait cultiver son réseau, ce n'est pas uniquement sur le plan virtuel, puisque le château est aussi en lien étroit avec les offices de tourisme, les collectivités... Il figure par exemple dans le top 10 du site du blog de voyage de luxe *A luxury travel blog*.

# Partie 4
# Influences alpines

## Dans cette partie...

Le Sud-Est, très tôt romanisé, s'est largement ouvert aux influences venues de Méditerranée et d'au-delà des Alpes. À travers ces trois régions, goûtez un petit air d'Italie en Savoie, à Nice ou en Corse, respirez l'atmosphère de la Méditerranée ou celle des montagnes d'Auvergne et des Alpes.
L'Auvergne-Rhône-Alpes, terre des Arvernes, laisse deviner à travers ses monuments une longue histoire féodale. La Provence-Alpes-Côte d'Azur, ancienne *Provincia* romaine, déploie les trésors de son riche passé grec et romain tandis que la Corse compose un bouquet méditerranéen original, entre influences étrusques, grecques, italiennes... Partez avec Louise de Savoie, Jeanne de Provence ou Sampiero Corso à la découverte des monuments de ces trois régions !

DANS CE CHAPITRE

Une région au relief prononcé, où les petites entités féodales fleurissent

L'enclavement favorise l'affirmation d'identités marquées

Les cultures locales font la part belle aux femmes

# Chapitre 9

# Auvergne-Rhône-Alpes, identités multiples

Cette vaste région se caractérise à la fois par un important morcellement et par des identités territoriales marquées. Son relief prononcé, en effet, favorise la formation de cultures bien définies dans les zones montagneuses de part et d'autre de la vallée du Rhône ; Auvergne, Savoie, Dauphiné, Forez, mont du Lyonnais... Et si les destins des provinces de montagnes sont souvent proches, l'histoire du Lyonnais, centré sur la Saône et le Rhône, est bien différente. La connaissance et la maîtrise des voies de circulation, surtout dans le massif alpin, est dès lors l'un des ressorts de l'histoire régionale, depuis l'exploit d'Hannibal franchissant les Alpes avec ses armées vers 218 avant notre ère jusqu'aux combats et aux maquis de la dernière guerre.

L'éloignement du pouvoir central, qu'il soit germanique, aquitain, toulousain, provençal ou français, confère à cette région une autonomie de fait qu'elle a toujours cherché à préserver : les dénominations du Vivarais, du Valentinois, du Forez, du Velay, de l'Auvergne, du Dauphiné, de la Dombes, de la Savoie et du pays de Gex sont nées de cette quête d'indépendance.

La région, très marquée par la féodalité et privilégiant les liens familiaux locaux, laisse une large place au pouvoir des femmes. C'est ainsi que Louise de Savoie, Jeanne d'Auvergne ou Marguerite de Bourgogne sont amenées à jouer un rôle important dans l'histoire tant politique que culturelle de la région. Ce sont encore les femmes qui prendront la direction des exploitations familiales en Auvergne après la Grande Guerre, et les héroïnes du Vercors sont nombreuses à reposer dans les nécropoles du maquis auprès de leurs camarades résistants.

## EN QUELQUES DATES

| | |
|---|---|
| **Vers 40 000 av. J.-C.** | Peintures *rupestres* de la grotte Chauvet |
| **5000 à 500 av. J.-C.** | Les « villages palafittes », habitations sur pilotis des Alpes |
| **218 av. J.-C.** | Le Carthaginois Hannibal traverse les Alpes avec son armée et ses éléphants |
| **52 av. J.-C.** | Victoire de Gergovie, sursaut d'unité celte avant la conquête romaine |
| **43 av. J.-C.** | Fondation de Lyon (Lugdunum) sur décision du Sénat de Rome |
| **177** | Martyre de Blandine et de l'évêque Pothin et entrée en force du christianisme dans la région |
| **1213** | Rattachement de l'Auvergne à la France |
| **1308** | Rattachement du Vivarais |
| **1311** | Philippe le Bel s'empare de Lyon |
| **1419** | Rattachement du Dauphiné |
| **1529** | Paix des Dames |
| **1601** | Rattachement du pays de Gex |
| **1860** | Rattachement de la Savoie à la France |

# La terre des premiers hommes

Les sites paléolithiques les plus anciens de France se trouvent au sud de la Loire, car les dernières glaciations ont été bien trop rudes pour permettre l'installation de l'homme dans les toundras du nord du pays. Au cours de la glaciation de Riss, il y a 370 à 130 000 ans, le sud couvert de steppes se montre par contre accueillant aux grands troupeaux d'herbivores et donc aux chasseurs-cueilleurs qui les suivent.

À retenir

Les ancêtres de Néandertal sont déjà présents sur le sol français près de 600 000 ans avant notre ère !

## L'aven d'Orgnac, atelier préhistorique

Si l'aven d'Orgnac est réputé pour ses grottes ornées de magnifiques concrétions calcaires, il présente aussi un très ancien site archéologique dont les vestiges remontent jusqu'à environ 310 000 ans avant notre ère. Une couche archéologique épaisse de 11 m a en effet révélé des traces d'occupation humaine sur environ 4 000 ans, et livré de nombreux débris animaux et plusieurs témoignages de l'industrie de la pierre taillée. On a notamment retrouvé de très anciens témoignages de la pratique de la méthode de taille dite Levallois. Les résultats de ces recherches sont visibles au sein du musée d'Orgnac-l'Aven, qui se présente comme un véritable chantier de fouilles, proposant de nombreuses activités immersives au visiteur.

## La grotte Chauvet ou l'entrée en scène de l'homme moderne

La grotte Chauvet, au cœur de l'Ardèche, signale l'apparition en France de l'homme moderne. Cet ensemble de 9 salles, qu'un éboulement a protégé jusqu'à sa redécouverte en 1994, présente un très riche échantillon de dessins et peintures au charbon et à l'ocre daté d'environ 42 000 à 37 000 avant notre ère. Cette datation la rattache à la culture dite aurignacienne, qui se caractérise par un outillage élaboré taillé dans la pierre et l'os et une importante expression artistique et symbolique, qui se traduit dans la parure mais également dans l'art pariétal, avec la représentation de figures mi-humaines mi-animales, comme l'atteste la surprenante Vénus de Chauvet. Le bestiaire représenté est par ailleurs très important ; 447 dessins d'animaux représentent 14 espèces différentes et forment par endroit des frises où les figures se superposent. Félins, mammouths et rhinocéros dominent l'ensemble, mais on remarque également des ours, bouquetins, aurochs, bisons... On note aussi la présence de dessins abstraits, points rouges ou formes évoquant un papillon. La grotte semble avoir été occupée alternativement par des hommes et par des ours, si bien que le sol des salles est jonché d'ossements, dont certains paraissent avoir été mis en scène.

Et aujourd'hui

La grotte n'a pas été ouverte au public, pour préserver l'intégrité de son décor, mais fait l'objet d'une reconstitution nommée Chauvet 2.

## La grotte des Fées de Châtelperron, une histoire de voisinage

À Châtelperron, habitat paléolithique découvert en 1840 sur un chantier ferroviaire, il ne fait aucun doute que Néandertal et Sapiens, c'est-à-dire l'homme moderne, se sont croisés pendant quelques millénaires. Cette constatation a représenté, en son temps, un véritable bouleversement dans la science préhistorique. On appelle d'ailleurs Castelperronien cette période de transition qui s'étale de 38 000 à 32 000 avant notre ère. Ainsi, la grotte des Fées aurait abrité successivement des hommes de Néandertal, des groupes de Sapiens issus de la culture aurignacienne, puis de nouveau des chasseurs néandertaliens qui ont laissé sur place des outils et des défenses de mammouths longues de plus de 2 m. Les milliers d'objets découverts – silex taillés, burins, grattoirs, perçoirs et les fameux couteaux de Châtelperron – sont conservés pour la plupart au musée de Philadelphie et au British Museum. Quelques objets d'époque gallo-romaine ont également été découverts dans la grotte.

## Les habitats lacustres des Alpes, les pieds dans l'eau

Insolite

À la fin du Paléolithique, la sédentarisation de groupes humains prend autour des Alpes une allure singulière ; en effet, les premiers agriculteurs s'installent sur les rives des lacs et peut-être parfois même sur l'eau, dans des villages sur pilotis dits « villages palafittes ». Leur présence est attestée entre 5000 et 500 avant notre ère, sur une zone couvrant 6 pays autour des Alpes ! Le niveau de l'eau variant, certains sites recouverts par la vase offrent un état de conservation exceptionnel, puisque même les matières organiques ont parfois été préservées. C'est donc un témoignage précieux sur la vie de nos ancêtres à l'époque néolithique. À Chalain, par exemple, les traces de 32 villages ont été conservées, avec leurs murs de pierre et de bois, leurs palissades, leurs chemins... Tissus, fibres végétales et bois nous sont parvenus dans un excellent état de conservation. D'autres villages ont été repérés dans les lacs de Clairvaux, Aiguebelette, Annecy...

Ce surprenant patrimoine subaquatique représente un bien culturel invisible et est à ce titre inscrit sur la liste du patrimoine mondial de l'UNESCO.

## Les découvertes surprises du tumulus de La Côte-Saint-André

En 1888, croyant avoir affaire à un simple tas de pierres, des ouvriers ont eu la surprise de découvrir, à La Côte-Saint-André, quatre roues de bronze et un certain nombre de débris qu'un minutieux travail archéologique a pu identifier comme une situle, sorte de récipient évoquant un seau haut de plus d'un mètre de haut. Le tas de pierres était très probablement un *tumulus* funéraire ! Ces objets une fois reconstitués, la richesse de leur décor a incité les spécialistes à penser qu'il s'agissait non d'un véhicule ordinaire mais d'un char processionnel destiné au culte, tout comme la situle qu'il transportait. La disposition des roues lors de leur découverte pourrait par ailleurs laisser croire que le char était équipé d'une roue à l'avant et de trois roues à l'arrière ! Ce chef d'œuvre de l'âge du bronze, daté d'environ 800 avant notre ère, peut aujourd'hui être admiré au musée gallo-romain de Lyon.

### Le rayonnement de la période celte

Apportant leur savoir-faire métallurgique sur les rives du Rhône, les Celtes de la civilisation de Hallstatt inaugurent l'âge du fer dans la région. La prospérité locale s'appuie sur ce nouveau savoir-faire et sur le commerce de l'ambre, qui emprunte la vallée du Rhône pour gagner la Méditerranée depuis la mer du Nord. C'est l'âge d'or celtique qui s'épanouit sous la férule du plus puissant des peuples de la région, les Arvernes. Ils fédèrent autour d'eux des peuples de moindre importance, Ségusiaves de la Loire et du Rhône, Ambarres de l'Ain, Helviens du Vivarais, Ségalaumes du Valentinois mais aussi Ceutrons de Haute-Savoie, Médulles de Maurienne, Voconces et Tricastins des Alpes du Sud. Les Allobroges, quant à eux, occupent les Alpes du Nord.

L'autorité des Arvernes se serait étendue, selon l'historien grec Strabon, jusqu'à Narbonne et à l'Océan ! Hasdrubal, frère d'Hannibal, roi de Carthage en guerre contre Rome, doit négocier avec eux sa traversée de la Gaule pour se rendre en Italie porter secours à son frère !

## Corent capitale ?

Le petit village de Corent, apparu au haut Moyen Âge, recèlerait un secret. Son *oppidum* gaulois pourrait fort bien avoir été la capitale du peuple arverne avant la conquête romaine ! Les vestiges mis au jour dans les années 2000 sont d'importance ; ils comprennent notamment un sanctuaire construit en terre et en bois entre 150 et 50 av. J.-C., et recouvert par un bâtiment semblable à l'époque romaine. Les ruines de Corent dessinent un plan complexe où se reconnaissent des quartiers commerciaux, des habitations, des rues, des places... On y trouve également une sorte d'amphithéâtre de bois, rebâti en pierre à l'époque romaine. Aurait-il accueilli l'assemblée des chefs arvernes à la veille de la guerre des Gaules ? Un vaste bassin de 14 m de long souligne également l'importance du lieu, situé à quelques kilomètres du site de la bataille de Gergovie.

# La conquête romaine

Rome aspire à reproduire l'exploit d'Hannibal franchissant les Alpes à la tête de ses armées en 218 av. J.-C., car elle a besoin d'un passage terrestre vers ses possessions d'Espagne. En 125, la Gaule transalpine est conquise, donnant lieu à la création de l'immense province de Narbonnaise, englobant tout le sud-est de la Gaule. En 121, Allobroges et Arvernes sont battus par Quintus Flavius. Les premiers sont intégrés à la Narbonnaise en 61 av. J.-C.

En 52, enfin, les peuples gaulois unis sous la houlette des Arvernes remportent la bataille de Gergovie, mais il est trop tard ; quelques mois plus tard, la défaite d'Alésia signe la fin de la conquête romaine dans la région. La province de Gaule lyonnaise est créée sous Auguste avec pour capitale Lugdunum ou Lyon.

## Le théâtre romain de Lyon, capitale des Gaules

La colonie de Lugdunum est créée en 43 av. J.-C. sur ordre du Sénat. En 27 av. J.-C., la Gaule est divisée en trois provinces : Belgique, Aquitaine et Lyonnaise. Lugdunum, désignée comme capitale de cette dernière, acquiert également le statut de capitale des Gaules et fait l'objet d'une attention particulière de la part des empereurs. Sur le lieu de fondation de la ville, Auguste fait ériger l'un des plus anciens théâtres de Gaule. Il comporte 25 gradins semi-circulaires et peut accueillir 4 700 spectateurs, avant son agrandissement sous le règne d'Hadrien qui porte sa capacité à 10 000 places. À quelques mètres de là se dresse un second théâtre, plus réduit, l'Odéon antique, édifié au IIe siècle, ainsi que les fondations d'un temple attribué à Cybèle.

**Figure 9-1**
théâtre romain de Lyon

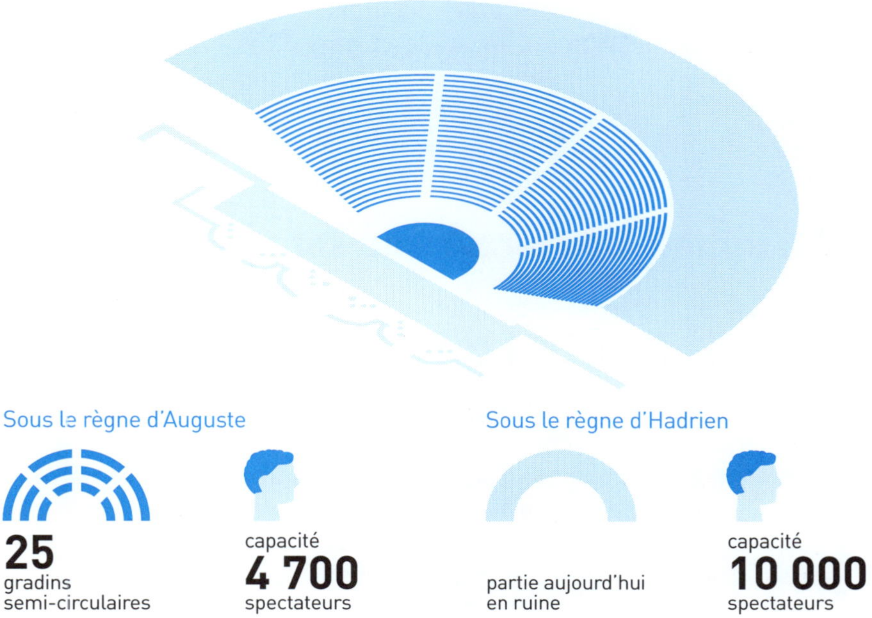


**En péril**

La capitale des Gaules était alimentée en eau par quatre aqueducs. Celui du Gier, long de 86 km, est l'un des plus longs du monde et conserve une section exceptionnelle de 72 arches ! D'une conception très moderne, il met en œuvre quatre ponts siphons pour le franchissement de cours d'eau. Il fait aujourd'hui l'objet d'un projet de restauration soutenu par la mission Bern et la Fondation du patrimoine.

## Blandine et les premiers martyrs de Gaule

C'est dans l'amphithéâtre de Lyon, érigé au confluent de la Saône et du Rhône et aujourd'hui partiellement découvert, que Blandine et ses compagnons subissent le martyre au nom de leur foi chrétienne. La petite communauté chrétienne de Lyon est alors rassemblée autour de Pothin, évêque de la ville et premier évêque de Gaule. Au cours de l'été 177, 47 de ses membres sont arrêtés, torturés et livrés aux bêtes au cours de jeux du cirque. Certains meurent en prison, d'autres dans l'arène. Parmi ces martyrs, outre le vieil évêque, les spectateurs ne peuvent s'empêcher de remarquer une femme, esclave de condition, qui semble galvaniser ses compagnons dans l'épreuve. Ayant survécu à toutes les tortures, elle est la dernière à mourir, égorgée par le bourreau. Blandine entre alors dans la légende et devient l'une des saintes les plus populaires de Gaule. Notons toutefois que la patronne de Lyon, souvent identifiée à une frêle jeune fille, était en fait probablement une femme d'âge mûr.

**Blandine et les premiers martyrs de Gaule** *(suite)*

Le successeur de Pothin, Irénée de Lyon, théologien de grande envergure, serait également mort martyr dans l'amphithéâtre de Lyon en 202.

## Le temple de Mercure au sommet de l'Auvergne

L'Auvergne, rattachée à la province romaine d'Aquitaine première, se montre comme Lyon très ouverte à l'influence romaine. Les Arvernes semblent notamment avoir adopté le dieu Mercure, auquel est dédié le temple érigé au IIe siècle au sommet du puy de Dôme. Le lieu est symbolique : situé sur l'un des plus hauts sommets d'Auvergne, le temple domine la ville d'Augustonemetum, future Clermont-Ferrand, et se trouve sur la voie Agrippa qui relie Lyon à Saintes. Ce temple, dont les vestiges peuvent sembler modestes, était le plus vaste sanctuaire de montagne de Gaule. Construit en terrasses, il menait les fidèles au sommet à l'issue d'un complexe parcours processionnel. De nombreux éléments de décor de marbre ont été retrouvés lors des fouilles menées à partir du XIXe siècle.

## Le temple de Vienne, 2 000 ans de bons et loyaux services

Vienne, cité allobroge, appartient à la province de Narbonnaise, mais sa proximité avec Lyon crée une certaine concurrence entre les deux villes. Ainsi, la création de Lyon en 43 av. J.-C. entraîne un temps la désaffection de Vienne, puis les persécutions contre les chrétiens font préférer Vienne à Lyon. Cette dernière affiche sa romanité à travers de splendides monuments, dont le remarquable temple d'Auguste et Livie, érigé dès le début du Ier siècle. Il s'agit d'un temple romain classique, rectangulaire, érigé sur un podium. Son *péristyle* de 16 colonnes corinthiennes court sur trois côtés, entourant la *cella*, partie sacrée du temple, qui s'appuie sur le quatrième côté formé d'un mur plein. Dédié à Auguste et à sa femme Livie, ce monument est un témoin précoce de l'architecture impériale.

Le saviez-vous ?

Fait remarquable, il n'a jamais cessé d'être occupé par les habitants de Vienne ; après la chute de l'Empire romain, il est transformé en église, puis devient à la Révolution un temple de la Raison, un tribunal de commerce, un musée, une bibliothèque avant de retrouver son aspect primitif au XXe siècle. Ces usages successifs l'ont très certainement sauvé de la destruction. Vienne possède également un vaste théâtre contemporain du temple.

## Sports antiques à Saint-Romain-en-Gal

Quartier résidentiel de la Vienne romaine, Saint-Romain a révélé de superbes vestiges et un certain nombre de très belles mosaïques, dont un vaste ensemble de 40 tableaux représentant des scènes de la vie quotidienne. Peuplé dès le Ier siècle avant notre ère, Saint-Romain était alors occupé par des artisans, dont on a retrouvé les échoppes, les ateliers et les entrepôts, mais également par de riches Gallo-Romains logés dans de superbes *domus* ornées de *péristyles* et de somptueux pavements. Plusieurs établissements de bain ont été mis au jour, tels les thermes du palais du Miroir ou encore les thermes des Lutteurs, découverts en 1991. Ceux-ci, qui occupaient 3 500 $m^2$, doivent leur nom aux peintures murales retrouvées sur le site. Elles représentent des sportifs en pleine action, lutteurs, discoboles, pugilistes…

# Sous l'égide des Francs

L'Empire romain d'Occident s'effondre à la fin du Ve siècle mais, dès 443, la région se trouve placée sous l'autorité des Burgondes, peuple germanique christianisé qui endosse l'héritage catholique et romain sans bouleverser les traditions culturelles et religieuses locales. Le royaume burgonde s'établit autour des Alpes et s'oppose à ses entreprenants voisins, le roi des Francs Clovis et son fils Clodomir, avant de tomber sous leur coupe en 534. La région passe alors dans la sphère mérovingienne.

Le saviez-vous ?

Notons au passage que l'un des derniers empereurs d'Occident, en 455, fut le noble arverne Eparchus Avitus, qui régna un peu plus d'un an !

## La nécropole mérovingienne de Néris-les-Bains

Si les pouvoirs se succèdent, l'architecture souligne surtout la continuité des pratiques et des coutumes. Ainsi, à Néris-les-Bains, l'église Saint-Georges, d'époque romane, est bâtie sur les vestiges d'un bâtiment gallo-romain et d'une première *basilique* chrétienne fondée par saint Patrocle, évangélisateur de la région au VIe siècle. Pendant plusieurs siècles, les Nérisiens enterrent leurs morts autour de cette église selon une pratique très répandue. Les plus anciennes tombes retrouvées remontent précisément au VIe siècle et sans doute à l'édification du premier sanctuaire. Ces sépultures mérovingiennes, caveaux de brique ou sarcophages de pierre, ont été laissées à l'endroit de leur découverte et surmontées de pyramides de verre afin de permettre au visiteur de les admirer.

À côté, un pan de mur de l'ancien château de Néris, bâti au Moyen Âge sur la nécropole, comporte encore dans ses fondations des fragments de sarcophages.

## Saint-Laurent de Grenoble, de la nécropole au musée

Autre site remarquable par la permanence de son usage, l'église Saint-Laurent de Grenoble est bâtie sur les vestiges d'une nécropole gallo-romaine et de lieux de culte plus anciens. Situé le long de la voie romaine menant en Savoie, ce cimetière, qui sera en usage jusqu'en 1800, accueille les premiers mausolées chrétiens au milieu de tombes païennes. Cela explique sans doute le choix de ce lieu lors de la fondation, au VIe siècle, d'un premier oratoire, qui sert par la suite de crypte à une église carolingienne. Cette dernière est rebâtie au XIIe siècle dans le style roman, et n'a que peu été modifiée depuis. Au XIXe siècle, son riche passé est redécouvert grâce à l'action de plusieurs éminentes personnalités, dont le Grenoblois Jacques-Joseph Champollion, frère du grand égyptologue, et Prosper Mérimée, qui fait classer la crypte en 1850. Dès lors, d'importantes fouilles sont menées sur le site jusqu'à la fin du XXe siècle.

Et aujourd'hui

L'église, désacralisée en 1983, accueille aujourd'hui le musée archéologique de Grenoble.

### Dans l'Empire de Charlemagne

Ce très large territoire se caractérise par des entités culturelles bien marquées, qu'aucune unification politique ne saurait dissoudre, celle de Charlemagne pas plus que les suivantes. Au VIe siècle, alors que les cols alpins sont fermés faute de contrôle sur la région, le pouvoir mérovingien semble bien loin pour une population en proie aux épidémies, aux famines ou aux catastrophes naturelles. Comme bien souvent, l'Église supplée aux lacunes du pouvoir, les évêques jouent un rôle politique capital et le *monachisme* se développe. En 733, et en 761 pour l'Auvergne, la région passe sous domination carolingienne. Les empereurs sont conscients qu'elle représente la seule voie de passage vers l'Italie, à l'heure où ils se proclament protecteurs de la papauté. En 843, lors du partage de Verdun, les Alpes et le Rhône sont rattachés à la Lotharingie.

## La chapelle Saint-Michel d'Aiguilhe, au plus près du ciel

**Insolite**

Au IXe siècle, l'Auvergne est devenue pour sa part un comté indépendant dans la sphère d'influence aquitaine. Gotescalc, évêque du Puy-en-Velay mais aussi premier pèlerin de Gaule à marcher vers Compostelle, soutient l'édification, au sommet d'un pic de 82 m de hauteur accessible uniquement par l'escalade, d'un oratoire préroman dédié à Saint-Michel. Pas moins de 268 marches sont taillées dans la roche pour en permettre l'accès aux pèlerins. L'édifice, achevé en 961, s'inspire de l'architecture romaine, selon les goûts d'une société carolingienne qui a pris Rome pour modèle. Au XIIe siècle, il est agrandi pour faire face à l'afflux de pèlerins ; l'oratoire est alors intégré dans une chapelle dont les murailles épousent les contours de l'étroite plateforme du sommet du pic. Son portail roman surmonté d'un arc trilobé est remarquable, tout comme les peintures murales d'époque carolingienne qui ornent les murs de l'oratoire primitif, retrouvées au XIXe siècle sous un badigeon lors des travaux menés sous la houlette de Prosper Mérimée.

# L'émergence des comtés au XIe siècle

La mise en place de la société féodale passe dans la région par l'émergence des comtés, qui modèlent désormais la géographie au même titre que les grands axes de circulation, chemins de Saint-Jacques ou routes des croisades. Le Dauphiné est dominé par les puissants comtes d'Albon, qui prennent au XIe siècle le titre de dauphins de Viennois avant de passer sous la tutelle bourguignonne. Région rivale dans les cols alpins, la Savoie est placée sous l'autorité du comte de Maurienne, qui devient par la suite comte de Savoie et marquis de Turin, contrôlant ainsi les deux versants des Alpes. La vallée du Rhône dépend du comte de Forez et du seigneur de Beaujeu, tandis que le Vivarais entre dans la mouvance provençale. L'Auvergne demeure vassale du duc d'Aquitaine.

À moindre échelle, les limites des seigneuries comme les sphères d'influence des grandes abbayes se lisent également dans le paysage. Sous le pouvoir capétien, les structures politiques régionales se révèlent exemplaires en matière de relations féodales, puisqu'elles s'appuient sur des ensembles culturels marqués, établis sur des territoires définis, et qui cherchent à monter dans la hiérarchie féodale en s'appuyant sur le réseau familial et le clergé local. Le rôle des femmes est d'ailleurs très marqué dans la région. C'est dire si la féodalité y est vivante : dans les structures familiales restreintes et resserrées autour de la dynastie régnante, en l'absence de chef de famille ou d'héritier mâle il n'est pas question d'aller chercher un cousin dans la province voisine, mais adverse, et l'on a recours aux femmes, filles, sœurs ou mères.

## La cité médiévale de Pérouges au cœur des luttes féodales

**Ensemble remarquable**

Si l'occupation de Pérouges semble ancienne, le site entre dans l'histoire au XIIe siècle. Il est alors occupé par un « vieux château », tenu par un vassal du comte de Forez, et assiégé par les troupes de l'archevêque de Lyon. Ces deux puissants seigneurs s'affrontent en réalité pour la seigneurie de Lyon et aboutissent finalement à un curieux accord ; ils procèdent à un échange de territoires, Pérouges passant ainsi sous la domination de l'archevêque. Au siècle suivant, Pérouges est rattachée à la Savoie et le vieux château détruit pour permettre aux habitants de bâtir une cité pourvue de droits et de franchises. Le bourg de Pérouges connaît même une certaine prospérité grâce à la fabrication et au commerce du chanvre. Pérouges devient française en 1601. Désertée à l'ère industrielle, la cité a conservé tout son charme médiéval lorsqu'elle est redécouverte au début du XXe siècle et aussitôt restaurée. Elle compte 80 monuments classés ou inscrits, parmi lesquels la maison du Prince, la tour de guet, l'enceinte et ses portes, l'église fortifiée et bien d'autres trésors patrimoniaux.

## Saint-Julien de Brioude, merveille de couleurs

Les chemins de Compostelle revêtent une importance majeure à l'époque médiévale ; ponctués de sanctuaires et d'hôtelleries, ces itinéraires de pèlerinage représentent un gage certain de développement économique. La ville de Brioude se trouve à la fois sur la route de Compostelle et sur celle de Rome et Jérusalem, et bénéficie au XIIe siècle du succès de ces différents pèlerinages. Les *chanoines* de la ville décident alors de rebâtir la collégiale Saint-Julien, église carolingienne édifiée sur un sanctuaire du IVe siècle. Depuis 1095, cette fondation religieuse est placée sous l'autorité directe du pape. De style roman, la nouvelle *basilique* mêle les influences aquitaines et auvergnates. Elle est bâtie en pierre polychrome, et conserve à l'intérieur de remarquables pavages ainsi que d'admirables peintures du XIIIe siècle ornant les piliers et les voûtes.

**Le saviez-vous ?**

Non loin de Brioude, le dynamisme monastique est illustré par la création en 1043 de l'abbaye de La Chaise-Dieu par l'un des *chanoines* de Saint-Julien. Elle connaît un succès immédiat, abrite bientôt 300 moines et fonde une dizaine d'abbayes filles et plus de 300 prieurés.

## La cathédrale du Puy, départ pour Compostelle

Le Puy-en-Velay se trouve au départ de la Via Podiensis, principal itinéraire du pèlerinage de Compostelle. La cathédrale serait bâtie sur un sanctuaire païen, dont il resterait la pierre dite « des fièvres », toujours présente dans l'église. Un sanctuaire marial y est établi dès le IVe siècle, puis au VIIe siècle la ville devient le siège de l'évêché. La dévotion à Marie remportant un vif succès, le Puy devient rapidement un passage incontournable sur la route de Compostelle. C'est là qu'en 1095 le pape Urbain II prêche la première croisade. Il faut bientôt agrandir l'église primitive, juchée sur le rocher Corneille qui domine la ville du Puy. Pour pallier le manque de place, la cathédrale actuelle, érigée au XIIe siècle, est en partie construite au-dessus du vide, soutenue par de massifs piliers et de hautes arcades. Le nouvel édifice mêle diverses influences, interprétées selon les règles de l'art roman. Sa façade polychrome rouge, noir et blanc trône en haut d'un escalier de 102 marches qui se prolonge sous le porche. Les degrés aboutissent au centre de la nef, face au *chœur* ! L'ornementation de l'église évoque des influences byzantines, perceptibles dans la voûte en coupoles ou encore dans certaines fresques du porche du For, au sud de l'édifice. La tour carrée qui surplombe le *transept* est également coiffée d'une coupole.

**Le saviez-vous ?**

Au XIXe siècle, l'édifice menace ruine ; il est presque entièrement démoli et rebâti à l'identique, si l'on excepte la coupole et *l'abside*, reconstruites de manière un peu différente. La cathédrale est inscrite depuis 1998 au patrimoine mondial de l'UNESCO au titre des chemins de Compostelle.

## Le silence de la Grande Chartreuse

Si certains expriment leur foi par des pèlerinages et de vastes rassemblements, d'autres préfèrent le silence. L'expérience de saint Bruno et de ses compagnons s'inscrit certes dans un élan monastique propre à toute la chrétienté, mais elle est radicale ; les chartreux vivent en silence, coupés du monde, dans le travail et la prière. C'est en 1084 qu'ils s'installent au cœur du massif de la Grande Chartreuse, en une sorte d'ermitage collectif composé de deux maisons ; la Correrie pour les frères, les ateliers et les dépendances, et la Maison haute pour les pères et le prieur. Balayée par un gigantesque éboulement en 1132, cette dernière doit être reconstruite 2 km plus bas. Seule l'église, dont il subsiste les voûtes, est en pierre. Incendié plusieurs fois, notamment lors des guerres de religion, le monastère prend son allure définitive avec les reconstructions de la fin du XVIIe siècle. Chassés à la Révolution, les moines reviennent en 1816. En 1857, un décret impérial définit une « réserve naturelle » autour du monastère pour préserver la beauté du paysage et la paix des moines.

De nouveau expulsés en 1903, ceux-ci regagnent enfin la Chartreuse en 1940. Le musée installé dans la Correrie permet d'appréhender leur histoire et leur mode de vie.

# L'intégration de l'Auvergne

Si au XI$^e$ siècle les puissants comtes d'Auvergne, vassaux des ducs d'Aquitaine, reconnaissent tacitement l'autorité des rois de France dont dépend l'Aquitaine, leurs terres sont disputées au sud par les comtes de Barcelone, devenus rois d'Aragon. En 1167, ils deviennent vassaux de ces derniers pour la seigneurie de Carlat. Cette même année, le comté de Forez passe sous domination française.

Sur le plan économique, ce XII$^e$ siècle est marqué par une certaine prospérité, qui se traduit notamment par l'éclosion de superbes églises de style roman, témoins de la richesse des villes auvergnates.

**Ensemble remarquable**

Si le patrimoine roman auvergnat est exceptionnel, 5 églises se détachent du lot par la pureté et la beauté de leur style, qui leur vaut le surnom d'« églises majeures ». Il s'agit de l'église de Saint-Nectaire, de Saint-Austremoine d'Issoire, de Notre-Dame d'Orcival, de Notre-Dame de Saint-Saturnin et enfin de Notre-Dame du Port, à Clermont.

## Notre-Dame du Port et sa Vierge noire

Cette église succéderait à un sanctuaire du IV$^e$ siècle, rebâti au IX$^e$ siècle après avoir été ravagé par les Vikings. L'édifice actuel date du XII$^e$ siècle. Sa pierre blonde présente quelques éléments de polychromie, notamment sur le *chevet* orné d'élégantes mosaïques. Son plan en croix latine obéit aux règles du fameux nombre d'or. Elle possède un élément spécifique de l'art roman auvergnat, le « massif barlong », élément surplombant la croisée du *transept* avec des toits en appentis, et qui semble surélever le clocher. À l'intérieur, la beauté de ses chapiteaux romans est soulignée par la remarquable sobriété du décor. Sa crypte abrite une Vierge noire, d'origine mal connue, qui fait l'objet à l'époque moderne d'un très important pèlerinage. Menacée de destruction à la Révolution, l'église est sauvée par une pétition et restaurée en plusieurs étapes au cours des siècles suivants.

**Et aujourd'hui**

Les dernières restaurations ont notamment permis de refaire les toitures en tuiles canal, comme elles l'étaient à l'origine, et de restituer le sobre badigeon intérieur.

## Saint-Nectaire, roman modèle

Du haut du mont Cornadore, l'église de Saint-Nectaire domine le petit village qui porte son nom. Nectaire, disciple de saint Austremoine qui vécut au IIIe siècle, aurait fondé en ce lieu un premier sanctuaire. Le splendide édifice roman qui lui a succédé est l'une des 5 « majeures » d'Auvergne, joyau de l'art roman dans la région. Bâti aux XIe et XIIe siècles, il évoque à bien des égards le monument précédent. Son *chevet*, en pierre polychrome, présente dans l'esprit de l'art roman d'Auvergne une série de volumes étagés de plus en plus hauts ; *absidioles*, chapelles, *déambulatoire*, *chœur*, *transept* et massif barlong s'élèvent vers le clocher octogonal qui surplombe l'édifice. La façade occidentale est également encadrée de deux tours.

**Le saviez-vous ?**

Le tombeau de saint Nectaire, placé au centre du sanctuaire lors de sa fondation, était un tombeau-autel qui servait à dire la messe.

## Saint-Austremoine d'Issoire et son étonnante polychromie

Autre église majeure, Saint-Austremoine d'Issoire est une ancienne *abbatiale*, édifiée dès 1130. Elle doit son nom à Stremonius, évêque de Clermont et évangélisateur des Arvernes au IIIe siècle. Elle possède un très impressionnant *chevet* étagé, depuis les *absidioles* jusqu'au clocher octogonal qui surmonte le massif barlong ouvert par des baies en plein cintre. Les volumes du *chevet* sont décorés d'élégantes mosaïques noir et blanc et de médaillons représentant les 12 signes du zodiaque. L'intérieur de l'église présente une foisonnante polychromie, dont l'origine remonte au XIIIe siècle. Ces fresques ont été entièrement restaurées au XIXe siècle. Saint-Austremoine serait bâtie sur une ancienne *abbatiale* du IXe siècle, et a abrité une communauté monastique florissante jusqu'aux guerres de religion. L'abbaye périclite ensuite et ferme ses portes à la Révolution ; l'église devient alors paroissiale.

## En pèlerinage à Notre-Dame d'Orcival

Une statue sculptée par saint Luc l'Évangéliste en personne serait à l'origine d'un très populaire pèlerinage médiéval. Pour protéger la statue et accueillir les pèlerins, une église est bâtie au milieu du XIIe siècle à Orcival ; il s'agit de la quatrième église majeure d'Auvergne. Elle possède comme les précédentes un *chevet* roman étagé comprenant un massif barlong, et arbore également des mosaïques de pierre polychrome, quoique plus sobrement. Comme dans la plupart des églises romanes, orientées à l'est, la progression de la nef vers le *chœur* est organisée comme une marche vers la lumière, l'autel se trouvant inondé par la lumière des baies surplombant le *chœur*.

## Notre-Dame de Saint-Saturnin, dernière majeure

Dernière des 5 églises majeures, Notre-Dame est bâtie à la fin du XIIe siècle. Plus petite et plus sobre que les précédentes, elle ne possède pas de chapelles rayonnantes autour du *déambulatoire* et présente donc un *chevet* plus simple où l'on retrouve malgré tout d'élégantes frises polychromes. L'intérieur, d'une sobriété toute romane, renferme toutefois un splendide autel en bois doré du début du XVIIe siècle. Fait rare, l'église a conservé son clocher d'origine et sa flèche de pierre alors que ses voisines ont pour la plupart été décapitées à la Révolution.

## Au château de Tournoël, la fin de l'indépendance auvergnate

La simple reconnaissance de leur lointaine *suzeraineté* ne semble plus satisfaire les rois de France, qui se lassent par ailleurs des incessantes querelles de la famille des comtes d'Auvergne. En 1199, le comte Guy II enferme au château de Tournoël son frère Robert, évêque de Clermont, partisan du roi de France, puis saccage l'abbaye de Mozac. Philippe Auguste réplique en confisquant purement et simplement les immenses terres du comte !

À retenir

Tournoël, dernier *bastion* de Guy II, est assiégé puis pris par ruse en 1212 ; l'Auvergne tombe alors dans l'escarcelle royale. Le donjon carré, qui succède sans doute à une construction de bois, est bâti à cette époque. Au XIIIe siècle, il se voit accoler un donjon rond typique de l'architecture militaire de Charles V, puis au siècle suivant une tour à canon. Le tout est enserré dans de hautes murailles qui dominent la plaine de Limagne. Après une phase d'abandon et de démantèlement au XIXe siècle, le château a été restauré dans son état d'origine.

# Les crises du XIVe siècle

Si l'Auvergne a rallié le domaine royal, l'est de la région demeure encore très divisé et échappe à bien des égards aux rois de France. Le Vivarais, sous influence provençale, est rattaché au royaume en 1308. Proche du Languedoc, il est fortement marqué par l'épisode cathare.

À la même époque, de 1282 à 1334, une lutte acharnée oppose la Savoie et le Dauphiné aux frontières du royaume. Cette guerre au cœur du verrou alpin représente une telle menace pour l'équilibre politique européen que le pape et le roi de France se liguent pour faire cesser les combats. Par ailleurs, Philippe le Bel continue la politique d'élargissement du domaine royal et s'empare de Lyon en 1311. Cette période marque également la fin de l'embellie économique du XIIe siècle, alors que déjà s'accumulent les sombres nuages de la guerre de Cent Ans.

### Le concile de Vienne ou la fin des Templiers

La figure de Philippe le Bel est indissociable de celles des Templiers, dont ce roi précipita la fin au début du XIVe siècle. L'ordre du Temple, ainsi nommé en référence au temple de Jérusalem, est créé en 1129 pour assurer la protection des pèlerins de la ville sainte. À la fois moines et soldats, ces singuliers religieux, qui mettent en place un important réseau international, doivent se replier en France après la chute de Saint-Jean d'Acre en 1291. Dès lors, leur richesse et leur pouvoir, ainsi que leur statut singulier qui les place directement sous l'autorité du pape, représentent un obstacle à l'entreprise d'affirmation royale menée par Philippe le Bel. Il fait arrêter les principaux chefs du Temple sur des motifs aujourd'hui contestés et les fait condamner au bûcher en 1310. Quelques mois plus tard, un *concile* rassemblé à Vienne autour du pape Clément V décide la dissolution de l'ordre, tandis que Philippe le Bel campe avec ses armées sur l'autre rive du Rhône… Les chefs templiers sont exécutés en 1314.

## Le château des Hospitaliers

L'ordre des Hospitaliers de Saint-Jean, grand rival des Templiers, bénéficie largement de leur disparition puisqu'il hérite de tous leurs biens ! Installés dans le Forez et le Vivarais, les Hospitaliers possèdent déjà un fort beau patrimoine, dont le fameux château des Hospitaliers de Le Poët-Laval, bâti au XIIe siècle. Remanié au XIIIe siècle, il prend l'allure d'un imposant donjon rectangulaire surmonté d'une terrasse défensive. Rapidement, une petite agglomération naît autour du mur d'enceinte. Au XVIe siècle, un vaste corps de logis est bâti au pied du donjon, que vient coiffer un étonnant pigeonnier. Assiégé lors des guerres de religion, le château est démantelé sous Louis XIII puis passe de main en main avant d'être acquis par la commune en 1988 et restauré. À ses pieds subsistent les ruines de la chapelle Saint-Jean des Commandeurs, effondrée dans les années 1930.

## Le château de Largentière ou les richesses du Vivarais

Si Philippe le Bel obtient le rattachement du Vivarais à la France en 1308, il octroie à ce petit territoire de caractère un certain nombre d'exemptions qui soulignent sa singularité. L'évêque de Viviers, seigneur du lieu, possède en effet le droit de battre monnaie. C'est d'ailleurs pour protéger les mines d'argent permettant de fabriquer cette monnaie qu'est bâtie au début du XIIIe siècle la tour Argentaria, qui domine la vallée de la Ligne. Cet ouvrage est renforcé au XVe siècle par l'ajout de deux tours flanquant la porte de l'enceinte et la construction de la « tour pentagonale », qui relie la porte au donjon. L'ensemble constitue désormais un seul bâtiment, haut et massif. Au XVIIIe siècle, les évêques cèdent le château au marquis de Brison, qui l'aménage afin d'en faire une résidence d'apparat moderne et confortable, notamment par l'adjonction d'un grand escalier à double volée sur la façade. Transformé en tribunal puis en prison à la Révolution, il est racheté en 1847 par la ville qui y loge un hôpital. Deux étages supplémentaires sont ajoutés au donjon.

**Et aujourd'hui**

L'hôpital ferme ses portes en 1996. Commence alors un long travail de restauration, qui se poursuit encore aujourd'hui.

## Murol, le château du chevalier écrivain

La place forte de Murol, au cœur de l'Auvergne, témoigne des crises qui secouent le XIVe siècle après la mort de Philippe le Bel et des derniers Capétiens directs ; la peste noire de 1348-1349 tue un quart de la population, puis viennent les premiers heurts de la guerre de Cent Ans, qui livrent l'Auvergne aux routiers et aux bandes anglaises.

**Figure historique**

Guillaume II, seigneur de Murol né en 1350, mène une vie de chevalier bien remplie puis se retire dans sa forteresse. Il laisse ses souvenirs et ses poèmes ainsi qu'un long testament autobiographique à la postérité. Ce rare témoignage permet de faire revivre ce château fondé au XIIe siècle dont les seigneurs ont vaillamment résisté à l'ennemi anglais. Son donjon, de style roman, enserre la haute cour et surplombe une enceinte polygonale. Il est dominé par la tour Chautignat, datant du XIIIe siècle. Le château, perdant peu à peu toute fonction défensive, est délaissé par ses propriétaires puis donné à la mairie de Murol, qui y présente une reconstitution historique basée sur les écrits du chevalier écrivain.

# Les ducs de Savoie, portiers des Alpes

En 1416, Amédée VIII de Savoie obtient pour ses vastes possessions le statut de duché d'Empire, avec pour capitale Chambéry. Dès lors, la Savoie ne cesse de s'étendre, par l'acquisition du comté de Genève, du Piémont et même plus tard de la Sardaigne et de la Sicile ! Face à la France, c'est une entité politique d'envergure, en pleine expansion, alors que son rival de toujours, le Dauphiné, est passé en 1349 sous domination française.

## Le palais du Parlement du Dauphiné à Grenoble

À retenir

Acheté par le roi de France Philippe VI en 1349 par le traité de Romans, le Dauphiné est désormais l'*apanage* des fils aînés du roi, qui porteront le titre de *dauphins*. Le traité prévoit également un statut particulier, le statut delphinal, qui implique une certaine autonomie, notamment financière. En 1453, le Conseil delphinal devient parlement du Dauphiné ; cette cour de justice souveraine siège désormais à Grenoble, où les travaux du palais du Parlement sont lancés en 1500. Cet édifice, de style gothique flamboyant, comporte une curieuse saillie en encorbellement qui est en fait *l'abside* d'une chapelle. Le palais est agrandi deux fois au XVIe siècle dans le style Renaissance et orné de somptueuses boiseries gothiques. Le 7 juin 1788, au cours de la journée des Tuiles, les Grenoblois contraignent leurs magistrats à rouvrir le parlement fermé sur ordre du roi. La Révolution ayant supprimé les parlements, le palais devient palais de Justice, fonction qu'il remplit jusqu'en 2002 au prix d'un très important agrandissement en 1890.

## Le château de Chambéry, une histoire de la Savoie

La Savoie, quant à elle, conserve son indépendance pour de longs siècles encore, histoire qu'illustre à merveille le château de Chambéry. Cette forteresse occupe un emplacement stratégique au carrefour des routes de l'Italie, de Lyon, de Grenoble et de Genève. Bâtie au XIe siècle, elle est acquise en 1295 par les comtes de Savoie qui en font leur résidence principale ; le lieu accueille alors à la fois la cour et les institutions du comté. À la fin du XIVe siècle, plusieurs tours défensives sont ajoutées à l'ensemble, dont la tour Trésorerie, la tour Demi-ronde ou encore la tour des Archives. Au siècle suivant, Amédée VIII, premier duc de Savoie, fait ériger la Sainte-Chapelle, de style gothique flamboyant, qui abrite le Saint-Suaire du Christ jusqu'à sa translation à Turin.

Au XVIe siècle, la cour se fixe à Turin, mais Chambéry conserve un rôle administratif d'importance ; le château héberge la chambre des comptes, l'intendance générale et le gouvernement de Savoie. Néanmoins, les bâtiments périclitent jusqu'au XVIIIe siècle, où d'importants travaux sont menés avec la création de l'aile royale. Laissé à l'abandon après un incendie, le lieu devient en 1802 préfecture du tout nouveau département du Mont-Blanc. Mais, en 1815, la ville redevient propriété de la famille de Savoie. Victor-Emmanuel II, futur roi d'Italie, y poursuit les travaux de l'aile royale, puis cède le château au département de Savoie lors du rattachement de ce dernier à la France en 1860.

## Au château de Ripaille, des ducs et des moines

Autre résidence des ducs de Savoie, le château de Ripaille, au bord du lac Léman, est bâti sur un site antique vers le milieu XIIIe siècle. La comtesse Bonne de Bourbon le fait par la suite agrandir et transformer en maison de plaisance, mais c'est à son petit-fils Amédée VIII que Ripaille doit sa renommée.

**Figure historique**

Ce dernier, premier duc de Savoie, fait bâtir à Ripaille un prieuré, cédé avec le manoir et ses dépendances aux moines augustins. Il choisit de s'y retirer du monde, mais en 1439 il est tiré de sa retraite par le *concile* de Bâle qui vient de l'élire pape ! Il prend alors le nom de Félix V. Un siècle plus tard, le prieuré ruiné par les guerres est abandonné. En 1579, il redevient place forte et résidence ducale, avant d'être cédé en 1624 à l'ordre des Chartreux. Ceux-ci quittent Ripaille lors de la Révolution. Au XIXe siècle, Ripaille est restauré dans le style Renaissance pour les extérieurs et Art nouveau pour l'intérieur. Depuis 1976, sa mise en valeur a été confiée à la Fondation Ripaille.

## Le château d'Annecy en mission diplomatique

Dès 1401, le château d'Annecy échoit à la maison de Savoie qui, 40 ans plus tard, acquiert le reste du comté de Genève. L'édifice, qui date du siècle précédent, se compose alors d'une grosse tour carrée dite tour de la Reine et d'un logis seigneurial, ou Vieux Logis, qui succèdent à une forteresse ancienne. Le Genevois est érigé en *apanage* des cadets de la maison de Savoie. Ces derniers font bâtir au château d'Annecy le logis et la tour Perrière, sur l'emplacement de l'ancien donjon. Le château accueille alors d'importants pourparlers de paix, qui doivent mettre fin à la guerre opposant la Bourgogne à la France. En 1468, le duc de Bourgogne Charles le Téméraire y rencontre Louis XI puis, en 1477, la duchesse de Savoie, qui avait pris le parti bourguignon, y signe la paix avec les Suisses. Au XVIe siècle, le château connaît deux agrandissements, le Logis neuf et le Logis Nemours.

En effet, à cette époque, les cadets de Savoie portent le titre de ducs de Genevois-Nemours. Le dernier d'entre eux meurt en 1659, et le château devient la résidence du gouverneur d'Annecy.

Et aujourd'hui

Transformé en caserne à la Révolution, il est racheté par la commune et restauré à partir de 1953 pour accueillir le musée municipal d'Annecy.

# Le beau XVI^e^, de la Renaissance à l'agonie

La fin de la guerre de Cent Ans marque pour la région une véritable embellie économique, dont bénéficie largement la vallée du Rhône. Lyon est alors la deuxième ville du royaume ! Mais le beau XVI^e^ siècle, marqué par l'humanisme et la Renaissance, voit déjà s'amonceler les sombres nuages des guerres de religion, qui laisseront les provinces d'Auvergne et de Rhône-Alpes exsangues et dépeuplées.

## Le monastère royal de Brou, un témoignage d'amour

Figure historique

Veuve à 24 ans, Marguerite d'Autriche, duchesse de Savoie, veut donner à son défunt époux Philibert le Beau une sépulture exceptionnelle. Elle rachète pour cela le prieuré de Brou, construit autour de l'ermitage carolingien de Saint-Gérard, et entreprend d'y bâtir, à partir de 1506, un somptueux monastère de style gothique flamboyant confié aux moines augustins. Elle choisit elle-même les peintres, sculpteurs et architectes dignes de travailler à ce prestigieux bâtiment, dont elle surveille les travaux depuis les Pays-Bas où elle exerce la régence pour son neveu Charles Quint. Elle fait placer dans le *chœur* de l'église *abbatiale* les tombeaux de son mari et de sa belle-mère, et celui qu'elle se destine. Ces monuments se parent d'impressionnantes sculptures de pierre animées de multiples personnages, qui font écho au splendide *retable* des Sept Joies de la Vierge et au riche *jubé* sculpté. Marguerite meurt en 1530 et rejoint son époux sous les voûtes gothiques de Brou.

### Louise de Savoie, dame de la paix

Sœur de Philibert le Beau, Louise est élevée à la cour de France par la remarquable Anne de Beaujeu, sœur du roi Charles VIII, et épouse en 1490 Charles de Valois, comte d'Angoulême, prince de la maison d'Orléans. Charles VIII puis Louis XII étant

**Louise de Savoie, dame de la paix** *(suite)*

morts sans héritier mâle, Louise voit son fils François monter sur le trône de France en 1515 sous le nom de François Ier. Celle qui ne fut jamais reine devient l'une des femmes les plus puissantes d'Europe ! Régente du royaume en 1515 puis en 1525 lors de la captivité du roi en Espagne, elle œuvre à sa libération puis signe en 1529, avec sa belle-sœur Marguerite d'Autriche, la « paix des Dames » qui réconcilie Charles Quint et François Ier. Sur le plan intérieur, elle contribue à la chute du puissant *connétable* de Bourbon, travaillant ainsi dans le sens de l'unification du royaume.

## Le château de Montvallat, une campagne raffinée

En péril

Au cœur de l'Auvergne, le château de Montvallat illustre à merveille les éclats et les drames de ce XVIe siècle mouvementé. Les seigneurs de Montvallat, puissants féodaux auvergnats, font bâtir à la Renaissance un ensemble d'une remarquable unité architecturale autour du fort donjon bâti peu après 1400. Le nouvel édifice, de plan carré, conserve les allures d'une forteresse et se trouve de fait au cœur des combats lors des guerres de religion ; François de Montvallat ayant embrassé le parti catholique, le château est occupé et pillé par les forces protestantes en 1585. Après un grave incendie en 1610, il est rebâti et connaît une véritable renaissance avec la mise en place d'un décor raffiné et surprenant, inspiré des *Métamorphoses* d'Ovide. On trouve ainsi la pièce de Vénus et Adonis, le cabinet des Métamorphoses, entièrement peint, ou encore, aux murs de la pièce dite féodale, des scènes des « misères de la guerre » évoquant la guerre de Trente Ans. Montvallat, transformé en ferme au XIXe siècle, nécessite une profonde restauration et bénéficie à ce titre du soutien de la mission Bern.

## Lettres du château de Grignan

Au sud du Dauphiné, un personnage incarne avec éclat les fastes de la Renaissance ; Louis Adhémar, seigneur de Grignan, gouverneur de Provence, lieutenant-général du Lyonnais, du Forez et du Beaujolais, est un intime de François Ier qui lui octroie le titre de comte ! Un si haut seigneur se doit d'avoir un logis digne de son rang ! Il poursuit donc les travaux entamés par son père pour transformer la forteresse féodale de Grignan en un château de plaisance inspiré des arts de la Renaissance.

Le saviez-vous ?

L'un de ses héritiers, François de Castellane, épouse une certaine Françoise de Sévigné, fille de la célèbre marquise ! Le couple s'installe à Grignan, qui connaît une nouvelle phase de travaux épousant le style classique, avec notamment la création de terrasses offrant une vue époustouflante sur la Drôme provençale ! Madame de Sévigné, dont la correspondance avec sa fille est passée à la postérité, meurt à Grignan en 1696. Son cabinet de travail a été conservé dans la tour qui porte son nom, de pur style Renaissance.

Démantelé et à demi ruiné au XIXe siècle, le château est patiemment restauré et son décor reconstitué au siècle suivant par une riche veuve, Marie Fontaine.

## La Bâtie d'Urfé et le roman d'Honoré

Claude d'Urfé occupe également de hautes fonctions à la cour de François Ier, puisqu'il fut gouverneur du *dauphin* ! Mais il est surtout marqué par sa mission d'ambassadeur à Rome, qui l'initie aux beautés de la Renaissance et l'incite à restaurer la demeure familiale selon les raffinements de cet art. Grange monastique transformée en maison forte puis en manoir, l'édifice médiéval est alors agrémenté d'une loggia à 12 colonnes. Le parc est aménagé en jardin Renaissance autour d'une élégante rotonde, et conserve les seules grottes artificielles de l'époque parvenues jusqu'à nos jours.

**Le saviez-vous ?**

Le petit-fils de Claude, Honoré d'Urfé, place son célèbre roman *L'Astrée* dans le cadre de la Bâtie. La famille d'Urfé disparaît au XVIIIe siècle, et le château est peu à peu délaissé. Il est finalement sauvé par la Société historique et archéologique du Forez, qui obtient son classement en 1912.

### Les guerres de religion, ruines et déchirements

L'Auvergne, déjà appauvrie par les guerres d'Italie, subit de plein fouet les guerres de religion. Issoire devient rapidement un foyer du protestantisme et un lieu de troubles. Les troupes du capitaine Merle, chef huguenot, sèment la terreur dans toute l'Auvergne. Il est finalement vaincu en 1577 par les troupes royales. La guerre civile se poursuit sous Henri IV, jusqu'à la mise au pas des villes ligueuses de Riom, Saint-Flour ou Ambert. Dans la vallée du Rhône, Lyon est prise et mise à sac par les protestants en 1562, provoquant la fuite des élites économiques de la région. Le Dauphiné est en proie aux exactions du baron des Adrets, ardent protestant qui rallie finalement le parti catholique en 1567. La province est ensuite pacifiée par François de Lesdiguières, protestant rallié à la cause d'Henri IV. Au siècle suivant, la région est soumise aux dragonnades, persécutions antiprotestantes menées sous Louis XIV. En Savoie, l'heure est plutôt à la Contre-Réforme catholique, portée par la figure de François de Sales, évêque de Genève résidant à Annecy. Le Vivarais, quant à lui, est sous la coupe de la « République protestante » qui s'organise pour lutter contre la répression menée sous Louis XIII.

## Le collège de Billom, bastion de la Contre-Réforme

En péril

L'ordre des Jésuites, fer de lance de la Contre-Réforme catholique, ouvre son premier collège français à Billom par l'entremise de l'évêque de Clermont. Porteurs d'une pédagogie novatrice, les pères jésuites reprennent les enseignements classiques en leur appliquant des méthodes nouvelles ; par exemple, leurs collèges comportent généralement un théâtre, l'art de la scène étant fortement valorisé dans leur projet éducatif. L'ensemble du collège rappelle toutefois les établissements religieux, puisqu'il est organisé autour de cours fermées évoquant autant de cloîtres. Édifié au XVIe siècle, remanié après la brève expulsion des pères de 1594 à 1604, le collège de Billom comprend salles de classe, cuisine, réfectoire, apothicairerie, jardin, chapelle, église… Les jésuites sont une nouvelle fois expulsés en 1762 et le collège connaît alors diverses affectations avant de revenir à sa fonction première en devenant collège d'État. Abandonné depuis 25 ans, il est aujourd'hui dans un état préoccupant qui nécessite d'importants travaux, et est soutenu à ce titre par la mission Bern.

## Les tours décapitées du château de La Bâtisse

L'Auvergne, désormais bien intégrée au royaume, résiste cependant à sa manière, comme la plupart des provinces, à la centralisation du pouvoir. En 1622, Richelieu entreprend de pacifier la région en détruisant un certain nombre de places fortes, possibles foyers de rébellion. Ainsi d'Usson ou de Montpensier et de plus petites forteresses telle La Bâtisse, qui perd dans l'opération ses murs d'enceinte, une tour et les créneaux de trois autres tours. La Bâtisse n'était pourtant pas conçue pour tenir un siège ; simple tour de guet au XIIIe siècle au sein de l'ensemble défensif protégeant le flanc sud de Clermont, elle est épaulée de trois autres tours reliées par un logis au siècle suivant, mais sa position dans la vallée de l'Auzon ne la désigne pas vraiment comme une forteresse défensive. Pour couvrir ses tours décapitées, le propriétaire fait poser des dômes à lanternons vers 1633.

Et aujourd'hui

Au siècle suivant, La Bâtisse devient demeure de plaisance et relais de chasse sous l'égide de la famille de Chasteauneuf, toujours propriétaire du lieu.

## Le château de Parentignat, ou Versailles en Auvergne

L'unification du royaume impose comme seul modèle Versailles et sa cour, qui inspirent bien des seigneurs en quête de prestige. Anne-François II de Lastic et son oncle achètent en 1707 le vieux château de Parentignat, ouvrage carré flanqué de tours, afin de le transformer en demeure de plaisance. Pour ce faire, Lastic rachète patiemment les maisons du village groupées autour du château, qu'il fait raser pour laisser place au parc. La maison forte est englobée dans l'aile gauche du nouveau bâtiment, reliée à l'aile droite par un corps de logis orné d'un fronton à la grecque selon les goûts de l'époque. Le plan, tout comme le jardin à la française, évoque en effet Versailles ! Lorsqu'éclate la Révolution, le propriétaire des lieux, Anne-François IV, se montre ouvert aux idées nouvelles et crée même un atelier de salpêtre « libre et républicain » au sein de son domaine, ce qui vaut au château d'être épargné et conservé dans la famille. Ses remarquables collections de peintures des XVIIe et XVIIIe siècles ont donc pu être transmises jusqu'à nos jours, pour être exposées à la curiosité des visiteurs.

Au nord de Parentignat, le château de Ravel, forteresse féodale puis royale, offre un autre superbe exemple de transformation d'un château fort en demeure de plaisance, entourée ici d'un parc à la française dessiné par Le Nôtre.

## Au lendemain de la Révolution

À Grenoble, la journée des Tuiles aboutit à la structuration de l'opposition au pouvoir royal autour de figures comme Claude Périer, Jean-Joseph Mounier ou Antoine Barnave, qui participent aux premiers élans révolutionnaires ; mais Mounier se retire dès 1789 et Barnave est guillotiné en 1793. La province adopte une attitude plutôt prudente pendant la période révolutionnaire, qu'elle traverse sans trop de heurts. Quelques Dauphinois choisissent de se mettre à l'abri en Savoie en attendant la fin des troubles.

L'Auvergne, région plutôt conservatrice, réagit violemment aux événements du 14 Juillet en cédant à la « Grande Peur » et en mettant villes et villages en état de défense. Peu perméables aux idées parisiennes, les Auvergnats supportent mal les campagnes de déchristianisation lancées dès 1790, qui provoquent de graves troubles.

À retenir

À Lyon, qui prend le parti des Girondins contre la Convention, la répression révolutionnaire provoque des milliers de morts et de nombreuses destructions. La ville est débaptisée et renommée « Ville-affranchie ». Dès lors, elle accueille l'avènement de Bonaparte avec une certaine satisfaction, d'autant plus qu'il coïncide avec la reprise de l'industrie et du commerce.

## Les forts de l'Esseillon ; Charles-Albert, Marie-Christine et les autres...

La Savoie, conquise puis occupée par la Révolution et l'Empire, est restituée en 1815 aux ducs, qui sont également rois de Sardaigne. À partir de 1819, et grâce aux indemnités versées par la France, Victor-Emmanuel Ier fait bâtir la barrière de l'Esseillon sur la route du Mont-Cenis, pour se garder de toute nouvelle invasion ; elle est constituée de quatre forts étagés et d'une redoute, baptisés d'après des membres de la maison de Savoie ; Charles-Albert, Marie-Christine, Charles-Félix, Victor-Emmanuel et Marie-Thérèse. Les forts font face à la redoute de part et d'autre de la vallée de l'Arc et sont reliés par un étroit pont de pierre. Ces fortifications n'ont jamais connu l'épreuve du feu et sont aménagées, après le rattachement de la Savoie à la France en 1860, pour parer une attaque dans l'autre sens !

## L'abbaye d'Hautecombe, nécropole royale

Avec le congrès de Vienne de 1815, Victor-Emmanuel Ier recouvre également la propriété de l'abbaye d'Hautecombe, ancienne nécropole des ducs de Savoie désertée par les moines à la Révolution. Les origines de ce très ancien monastère, niché au bord du lac du Bourget, remontent au XIIe siècle et à la réforme cistercienne. Les comtes de Savoie en font leur nécropole, suivis par quelques membres de la famille ducale, puis cet usage tombe en désuétude. Charles-Félix, héritier de Victor-Emmanuel, et sa femme Marie-Christine décident de réinvestir ce lieu hautement symbolique de la maison de Savoie, et le font rebâtir dans le style baroque troubadour, qui vise à restituer l'architecture du Moyen Âge et de la Renaissance. Les cisterciens sont de retour dès 1826, et le couple royal choisit de se faire inhumer à Hautecombe.

**Le saviez-vous ?**

Après le rattachement de la Savoie à la France en 1860, Hautecombe conserve son statut à part, puisque le dernier roi d'Italie, Humbert II, y est inhumé en 1983.

## Notre-Dame de Fourvière, reine des lumières

Lyon est l'un des plus anciens sites chrétiens de Gaule, et le culte de Marie semble y avoir été pratiqué dès l'épiscopat de saint Irénée, qui voit en elle la nouvelle Ève. Au Moyen Âge, le culte marial se développe sur la colline de Fourvière autour d'une petite chapelle, d'abord dédiée à saint Thomas, puis prend une ampleur particulière en 1642 lorsque la ville est délivrée de la peste à la suite d'un vœu à Marie. Fourvière devient lieu de pèlerinage, si bien qu'il faut rebâtir le vieux sanctuaire. Sur le clocher construit à l'occasion est placée une imposante statue de la Vierge ;

son inauguration, le 8 décembre 1852, marque la naissance de la fête des Lumières de Lyon. À la fin du XIXe siècle, reconnaissants du fait que leur ville a été épargnée durant la guerre de 1870, les Lyonnais décident l'édification d'une *basilique* plus vaste pour accueillir des pèlerins toujours plus nombreux. Une souscription populaire assure l'essentiel de son financement. L'architecte, Pierre Bossan, opte pour un style néobyzantin d'une grande originalité. La mauvaise qualité du sol impose de construire d'importantes fondations de béton, tandis que la charpente est bâtie en poutres métalliques. L'église est consacrée en 1896 et érigée un an plus tard en *basilique* mineure. Dès lors, sa singulière silhouette domine la ville de Lyon de ses quatre tours évasées dont les sommets dentelés évoquent des couronnes. Le porche occidental, ponctué de trois arches, est surmonté par un fronton triangulaire. À l'intérieur se superposent deux églises, l'église basse, dédiée à saint Joseph et dont l'iconographie retrace la vie de la Sainte Famille, et l'église haute, ornée de mosaïques de style byzantin, dédiée à Marie.

## La cuivrerie de Cerdon, cuivre et soie

**En péril**

La prospérité de la région lyonnaise s'appuie précocement sur le commerce et l'industrie plus que sur l'agriculture. L'industrie de la soie est bien sûr capitale, et soutient un vaste réseau économique auquel appartient la cuivrerie de Cerdon, qui s'installe en 1854 sur le site d'un ancien moulin à papier, autre industrie majeure de la région. L'énergie de la roue à aubes est utilisée pour actionner des tourets servant à polir le cuivre, le reste des opérations se faisant à la main, par martelage. Spécialisée dans les plateaux de balance, la cuivrerie crée également des tables conçues pour le dévidage des cocons de soie. La production est exportée dans le monde entier ; bouilloires, aiguières et plateaux au Maghreb et en Orient, machines destinées à la filature de soie à Tomioka, au Japon ! L'énergie hydraulique est remplacée par la vapeur en 1900. La cuivrerie emploie alors jusqu'à 80 ouvriers. Le déclin s'amorce dans les années 1930, et malgré l'investissement de quelques passionnés, l'établissement ferme définitivement ses portes en 2010. Le département de l'Ain le rachète en 2017 et entreprend de le restaurer avec le soutien de la mission Bern.

## Le palais du Commerce de Lyon, la richesse de la soie

L'effervescence économique du Second Empire et le succès de l'industrie de la soie dans la région lyonnaise s'affichent dès 1860 au cœur de Lyon, lors de l'inauguration par Napoléon III et l'impératrice Eugénie du palais du Commerce, vaste bâtiment néoclassique destiné à accueillir la chambre de commerce, le tribunal de commerce, la compagnie des agents de change et des courtiers en soie, un musée de l'industrie, des boutiques… Le Crédit lyonnais, créé en 1864 par des industriels de la soie, s'y installe également jusqu'en 1934. Le bâtiment, rectangulaire, comporte quatre pavillons d'angle. Son cœur est constitué d'une vaste salle éclairée par des verrières, la salle de la Corbeille, autour de laquelle courent deux niveaux de galeries. Le décor, peintures, sculptures et ornements divers, s'inspire du thème de l'édifice ; le Commerce, l'Industrie, l'Agriculture, la Justice y sont représentés de manière allégorique.

Le succès de l'industrie de la soie conduit la municipalité lyonnaise à fonder, en 1883, une école de tissage gratuite, réservée au départ aux Lyonnais. Cette institution intègre en 1943 de nouveaux bâtiments conçus par Tony Garnier, qui accueillent encore aujourd'hui l'Institut textile et chimique de Lyon et son pôle de tissage. L'ensemble du centre-ville de Lyon est inscrit au patrimoine mondial de l'UNESCO.

Le saviez-vous ?

En 1894, le lieu est témoin d'un tragique événement ; le président de la République Sadi Carnot est assassiné par un anarchiste italien en sortant du palais du Commerce. Un pavé rouge et une plaque commémorative marquent l'emplacement de l'attentat.

## La Casamaures, rêve d'Orient au pied des Alpes

En péril

Illustrant la richesse de Grenoble en cette seconde moitié du XIXe siècle, ce bien curieux monument, construit à partir de 1855, est né du mariage des techniques les plus modernes, telle la poutrelle métallique, et de rêves orientalistes typiques de cette période où naît l'empire colonial français. Ce petit palais de quatre étages, édifié par le Grenoblois Joseph Jullien, affiche en effet un étonnant style mauresque fort prisé alors à Grenoble, garnison de l'armée d'Orient. Il faut dire que Grenoble possède un second atout, celui de première exportatrice de ciment artificiel d'Europe, grâce aux découvertes du savant Louis Vicat qui retrouve en 1817 la formule du ciment artificiel perdue depuis les Romains ! Cette invention permet la fabrication de fausses pierres en ciment moulé ainsi que d'éléments préfabriqués, tels les encadrements de fenêtres, utilisés pour la première fois à la Casamaures ! Autre innovation remarquable, l'utilisation dans les décors mauresques du bleu Guimet, un pigment artificiel. La *villa*, qui a changé 13 fois de propriétaires, nécessite aujourd'hui des travaux urgents, menés avec l'appui de la Fondation du patrimoine.

## Le viaduc de Garabit, signé Eiffel

La poutrelle métallique a décidément le vent en poupe ! Dans les Causses, pour faire franchir les gorges de la Truyère à la voie ferrée reliant Béziers à Neussargues, l'ingénieur Léon Boyer imagine un élégant pont de fer dont il confie la réalisation à la société de Gustave Eiffel. Bâti entre 1880 et 1884, il franchit en une seule arche gracieuse le cours de la rivière. Long de 565 m, le viaduc atteint 122 m de hauteur, ce qui en fait à l'époque le plus haut pont du monde. Entièrement repeint en rouge dans les années 1990, le viaduc surplombe aujourd'hui un vaste lac, créé par l'installation en 1959 du barrage de Grandval.

**Figure 9-2** Le viaduc de Garabit

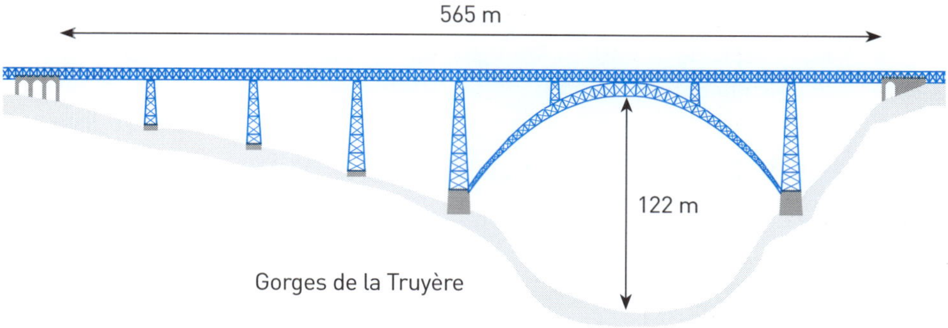


## Vichy, cité thermale

Ensemble remarquable

Sous le Second Empire, les villes thermales font les beaux jours de l'Auvergne et y drainent une société élégante, désireuse de goûter aux bienfaits des eaux de Royat, Châtel-Guyon ou encore Vichy. L'empereur et sa famille prisent particulièrement cette dernière, connue pour la qualité de ses eaux et fréquentée par la bonne société depuis le XVIe siècle. Madame de Sévigné en vante déjà les mérites dans ses lettres ! En 1862 est ouverte la ligne Paris-Vichy, et la ville connaît dès lors une croissance impressionnante. En matière architecturale, l'originalité semble de mise et l'exotisme est à l'honneur. Les inspirations se veulent vénitiennes, flamandes ou anglo-normandes, mais surtout orientales, comme l'illustre le grand établissement thermal inauguré en 1903, appelé thermes des Dômes, qui abrite la source des Célestins. De style mauresque, ce monumental édifice qui s'étend sur trois hectares s'orne de céramiques et de mosaïques aux tons bleus. Il est coiffé d'un imposant dôme orné de grès bleu et de deux minarets à bulbes turquoise, qui contenaient autrefois des réservoirs d'eau. La ville compte de nombreuses « folies » architecturales, telle l'Alhambra, rue Sornin, qui imite le palais de Grenade, ou le Castel gothique du boulevard de Russie. D'allure plus sobre, le chalet Marie-Louise et le chalet de l'Empereur conservent le souvenir des heures impériales de Vichy.

## L’église Saint-Blaise de Vichy, joyau Art déco

Avec le succès de la station thermale, l’église Notre-Dame de Vichy devient rapidement trop petite. L’édification d’un nouveau sanctuaire est décidée dans les années 1930, avec une double contrainte ; il n’est pas question de détruire l’ancien sanctuaire, qui abrite une célèbre Vierge noire, et le nouvel édifice sera bâti sur le même site, dans un espace restreint. La nouvelle église Saint-Blaise adopte donc un plan basilical très simple et vient s’accoler au flanc sud de l’ancien bâtiment sur lequel elle est ouverte. Réalisée en béton armé, elle adopte une silhouette Art déco très verticale, qui répond aux contraintes de place. La coupole est surmontée d’une statue de la Vierge qui trône à 42 m de hauteur. Sa décoration intérieure, foisonnante, est éclairée par de riches verrières. Les murs sont recouverts de peintures, tout comme le plafond du *chœur*, composant un remarquable ensemble Art déco.

## Le viaduc des Fades et ses piles géantes

**En péril**

Le chemin de fer, qui met Vichy à portée des thermalistes, contribue de manière générale à désenclaver l’Auvergne, belle endormie que la révolution industrielle vient éveiller à la modernité. Sur la ligne de Lapeyrouse à Volvic, les voies doivent enjamber la profonde vallée de la Sioule. Le viaduc inauguré en 1909 pour franchir cet obstacle est de conception audacieuse ; il s’appuie sur deux immenses piles de maçonnerie creuses de 92 m de haut, qui sont édifiées de l’intérieur, ce qui évite de recourir à un échafaudage. Le tablier, qui culmine à plus de 132 m, est monté grâce à des cages volantes. Lors de sa construction, le viaduc des Fades est le plus haut pont du monde. Il reste aujourd’hui le plus haut jamais construit sur des piles de maçonnerie traditionnelle. L’ouvrage, aujourd’hui désaffecté, nécessite des travaux de restauration urgents, soutenus par le loto du patrimoine.

# Guerres et résistances

Si la Grande Guerre se déroule loin de la région, la population entière est mobilisée dans l’effort de guerre. Une fois les hommes partis au front, suivant des habitudes séculaires, les femmes reprennent le flambeau et font tourner l’économie régionale. La Seconde Guerre mondiale fait de l’Auvergne-Rhône-Alpes l’un des théâtres de l’histoire, entre collaborationnisme de Vichy et résistance du Vercors ou du maquis des Glières.

## L'hôpital de la Charité de Lavault-Sainte-Anne, une vocation immuable

En péril

En 1893, la commune de Lavault-Sainte-Anne hérite d'une importante somme d'argent et des dernières volontés d'un fortuné bienfaiteur, le vicomte Paillhou, qui souhaite que ce legs serve à l'édification d'un hôpital et d'un orphelinat. Les travaux de cet ensemble, conçu dans un style éclectique aux accents anglo-normands, débutent en 1908 et s'achèvent en 1913, juste à temps pour qu'il puisse être transformé en hôpital de campagne au profit des blessés de la Grande Guerre. Il reprend dès la fin de la guerre sa vocation première, en étroite cohérence avec la conception des bâtiments ; il comprend plusieurs lingeries, des espaces de bain, est équipé du chauffage central et d'un système de ventilation... Depuis 2011, il abrite un ensemble multigénérationnel comprenant un EHPAD, un centre social rural, un accueil de loisirs.

La mairie souhaite rénover le dernier bâtiment inexploité, le bâtiment B, destiné à accueillir un pôle de santé et un centre pour la petite enfance. Elle est soutenue dans cette démarche par la mission Bern.

## L'hôtel du Parc et le régime de Vichy

La Seconde Guerre mondiale provoque en Auvergne un afflux de réfugiés fuyant les combats. Après l'établissement de la ligne de démarcation entre zones libre et occupée, la région devient synonyme de liberté et accueille le gouvernement du maréchal Pétain qui prend ses quartiers à Vichy. La ville, située en zone libre, présente en effet deux atouts majeurs ; son central téléphonique et sa grande capacité hôtelière. Pendant 4 ans, le maréchal Pétain s'installe à l'hôtel du Parc, établissement Second Empire agrandi au début du XXe siècle dans le style haussmannien. En 1942, le cabinet du président du Conseil Pierre Laval s'installe au deuxième étage. L'hôtel abrite également de nombreuses instances gouvernementales, secrétariat aux Affaires étrangères, à l'Information, commandement des forces militaires... Après la guerre, il est vendu par lots à des propriétaires privés.

## Le mur des fusillés de La-Chapelle-en-Vercors

Si Vichy abrite le gouvernement collaborationniste du maréchal Pétain, les mouvements de résistance s'organisent dans toute la France, y compris au cœur du pouvoir, à Vichy même ! L'un des plus célèbres d'entre eux a pour cadre le massif du Vercors, au sud de Grenoble. Issu d'un camp de réfractaires fuyant le Service de travail obligatoire, installé à la ferme d'Ambel sous couvert d'une exploitation forestière, le maquis du Vercors est l'un des plus anciens de France et comptera plusieurs camps. En juillet 1944, les forces allemandes décident d'en finir avec les maquisards du Vercors. Le village de La-Chapelle-en-Vercors est occupé, la population extraite des maisons et regroupée sur la place. Le 25 juillet, 16 jeunes gens sont fusillés dans la cour de la ferme Albert tandis que le village est incendié. Du lieu de l'exécution, il subsiste un pan de mur et un escalier, conservés en mémoire de ces jeunes résistants. La région Auvergne-Rhône-Alpes a massivement adhéré à la Résistance et compte d'importants maquis.

À retenir

Lyon est pendant toute la guerre une plaque tournante de la Résistance ; c'est là qu'est arrêté Jean Moulin en 1943. Ce sont d'ailleurs les résistants qui libèrent Lyon et Valence en août 1944.

La région, qui n'a pas trop souffert des dégâts matériels générés par la guerre, bénéficie de l'élan de la reconstruction et s'affirme comme pôle économique grâce aux bassins industriels de Lyon, Grenoble, Saint-Étienne ou Clermont-Ferrand. Portée par une riche histoire et un patrimoine remarquable, elle est choisie à deux reprises pour accueillir les Jeux olympiques d'hiver, à Grenoble en 1968 et à Albertville en 1992.

### Mon coup de cœur, le mas Daudet à Saint-Alban-Auriolles

Ce superbe mas du XVIe siècle, propriété familiale d'Alphonse Daudet, témoigne de la vie ardéchoise au XIXe siècle et expose les secrets de la culture de la soie, qui fit la fortune de la famille de l'écrivain. Son parc propose un sentier découverte des techniques agricoles du XIXe siècle et abrite un conservatoire du figuier.

**DANS CE CHAPITRE**

La plus romaine des régions de France, qui échappe longtemps à la domination franque

•

La présence des papes à Avignon en fait le cœur battant de l'Europe médiévale

•

Rattachée tardivement au royaume, elle conserve une forte personnalité

# Chapitre 10

# Provence-Alpes-Côte d'Azur, l'héritage méditerranéen

Les régions du sud de la France ne sont pas de culture franque, comme la plupart de celles évoquées jusqu'ici. On y parle le grec, le latin ou l'arabe, qui donneront naissance au franco-provençal, bien différent de la langue d'oïl du Nord. Notre langue française, indéniablement latine, a gagné le pays par Marseille, le Rhône et la Durance.

La région Provence-Alpes-Côte d'Azur, c'est l'héritage méditerranéen de la France ; les monuments romains de Vaison, d'Arles ou d'Orange rivalisent avec ceux du forum de Rome ! Mêlant influences étrusques, sarrasines, catalanes, aragonaises, elle possède un patrimoine historique varié d'une grande valeur, que la douceur du climat a préservé de la dégradation. La Provence elle-même (*Provincia*, en latin) est véritablement l'ambassadrice de Rome en Gaule, comme elle sera, plus tard, le cœur battant de l'Europe médiévale avec la présence des papes à Avignon.

La carte des éléments de défense et places fortes de la région illustre la présence des différentes familles régnantes, qui se partagent le territoire avant une unification tardive par les travaux de Vauban. Le réseau des abbayes, quant à lui, marque au contraire une certaine présence franque puis française.

### EN QUELQUES DATES

| | |
|---|---|
| **950 000 av. J.-C.** | Premiers galets taillés retrouvés dans la grotte du Vallonnet |
| **380 000 av. J.-C.** | Vestiges acheuléens de Terra Amata |
| **4650 av. J.-C.** | Courthézon, premier village de France |
| **600 av. J.-C.** | Fondation de Marseille par les Grecs de Phocée |
| **122 av. J.-C.** | Fondation romaine d'Aix-en-Provence |
| **947** | Les Sarrasins sont définitivement chassés de la région |
| **1348** | Jeanne de Provence vend Avignon au pape Clément VI |
| **1481** | La Provence est rattachée au royaume de France |
| **1660** | Le jeune roi Louis XIV vient en personne mettre Marseille au pas |
| **1713** | Le traité d'Utrecht donne Nice à la Savoie et Orange à la France |
| **1791** | Avignon et le Comtat Venaissin demandent leur rattachement à la France |
| **1794** | Première victoire du jeune Napoléon à Toulon contre les Anglais |
| **1860** | Nice est définitivement rattachée à la France |

# Une terre douce aux premiers hommes

Même lors des périodes glaciaires, le climat de la région reste suffisamment doux pour encourager la fréquentation des régions méridionales par des groupes de chasseurs-cueilleurs nomades. La grotte du Vallonnet, non loin de Menton, a livré dans les années 1960 des galets façonnés vieux de 950 000 ans !

## Terra Amata ou l'art du feu

Découvert en 1966, le site de Terra Amata a révélé un campement de chasseurs-cueilleurs installé dans une crique au bord de la mer, à proximité d'une source.

Le saviez-vous ?

Daté d'il y a environ 380 000 ans, il témoigne d'une grande maîtrise du feu par la présence de plusieurs vastes foyers installés dans des trous de sable et protégés par de petits murets de pierre, que nos ancêtres alimentaient avec du bois mais aussi des herbes et des plantes marines. Le cœur de ces foyers aurait atteint 350 à 400 °C ! Des traces d'implantation de piquets laissent penser que ces feux étaient peut-être placés au centre de vastes cabanes ovales. Les chasseurs de Terra Amata pratiquaient également la taille de galets afin de fabriquer toutes sortes d'outils et d'armes. Leur gibier était constitué de lapins, de cerfs et d'éléphants. Une dent de lait et une empreinte de pied témoignent encore aujourd'hui de la présence éphémère de ces très lointains ancêtres.

## La grotte Cosquer, 20 000 ans sous les mers

Découverte en 1985 par le plongeur Henri Cosquer, cette étonnante grotte sous-marine était, lors de la dernière glaciation, à des kilomètres de la mer !

À retenir

Lorsque le climat s'est réchauffé il y a 10 000 ans, la mer a submergé l'entrée du tunnel d'accès, qui se trouve aujourd'hui à 36 m sous la surface. Long de 175 m, ce couloir monte vers une vaste grotte dont une importante partie est demeurée hors de l'eau, ce qui a permis de préserver un remarquable ensemble de peintures et de gravures du Paléolithique supérieur. Elles témoignent de deux périodes d'occupation, l'une il y a 27 000 ans et l'autre 8 000 ans plus tard. De la première subsistent de nombreuses mains peintes en négatif, rouges ou noires, ainsi que des tracés au doigt. La seconde s'illustre par des représentations animales, chevaux, bouquetins, cervidés, bisons, aurochs mais aussi phoques, pingouins, méduses et poissons ! Signes et gravures complètent ce remarquable ensemble.

La grotte ne semble pas avoir été habitée, elle aurait plutôt servi de lieu d'expression artistique et peut-être de culte.

## La vallée des Merveilles, un musée à ciel ouvert

**Ensemble remarquable**

Autour du mont Bégo, 7 hautes vallées alpines abritent un étonnant ensemble de 100 000 gravures *rupestres* sur plusieurs milliers d'hectares. Les deux sites les plus remarquables sont ceux de la vallée des Merveilles et de Fontanalba. Les œuvres les plus anciennes, réalisées il y a environ 4 000 ans, ont été gravées par percussion, afin de créer des centaines de petits trous qui constituent des motifs selon une technique un peu pointilliste. Les motifs les plus nombreux représentent des animaux à cornes, des armes, ou encore des quadrillages, et quelques rares figures anthropomorphiques, dont un fameux « sorcier » ou encore une « danseuse ». Si l'interprétation de ces signes est difficile, beaucoup y voient l'expression d'une sensibilité religieuse.

Dans la période historique, des hommes de passage ont ajouté des gravures à l'ensemble, depuis quelques mots latins du IIe siècle jusqu'aux signatures des soldats et des bergers italiens de l'époque contemporaine.

### Des Celtes, mais pas seulement !

Si l'influence celte est majeure dans une vaste partie nord de la Gaule, elle est tempérée dans le sud-est par la présence de populations autochtones à l'identité affirmée, les Ligures. Avant la romanisation de la région se met donc en place une culture celto-ligure singulière, dont le groupe le plus représentatif est celui des Salyens, installés entre le Rhône et le Var. *L'oppidum* d'Entremont, situé au nord d'Aix-en-Provence, aurait été leur capitale. Marseille affirme toutefois sa singularité culturelle au cœur de la Provence celto-ligure, puisqu'il s'agit d'une ville grecque fondée vers 600 avant notre ère par des colons venus de Phocée, en Ionie. Massalia fondera d'ailleurs ses propres colonies, à Antipolis (Antibes), Nikaïa (Nice) et Olbia (Hyères).

## Le port antique de Marseille, 2 600 ans d'histoire !

**Ensemble remarquable**

En 1967, les travaux d'aménagement de la ville permettent de mettre au jour, à l'est du Vieux Port, une vaste zone antique de 30 000 $m^2$, vestige du passé grec et romain de la cité. Il s'agit plus exactement d'une zone portuaire, située entre la ville et le port. Parmi ces remarquables découvertes, la plus ancienne semble être une portion de voie remontant au VIe siècle av. J.-C., ainsi qu'un segment de rempart grec, datant du V$^e$ siècle av. J.-C. Ce dernier a été rebâti un siècle plus tard, et l'on a retrouvé une porte *bastionnée* datant de cette époque. Le mur du II$^e$ siècle av. J.-C., quant à lui, est utilisé jusqu'au Moyen Âge. Parmi les vestiges figurent également un vaste bassin d'eau douce, des quais et des entrepôts d'époque romaine ainsi que deux enclos funéraires datant du IV$^e$ siècle av. J.-C., situés sur des terrasses ; les urnes contenant les cendres des défunts y étaient placées dans des caissons de pierre creusés dans la terrasse.

Aujourd'hui, un tiers du terrain fouillé est visible au sein du jardin archéologique de Marseille, le reste ayant dû être détruit selon le plan d'aménagement urbain initialement prévu. Les objets issus des fouilles sont exposés au musée d'histoire de la ville. On peut y admirer un bateau de 23 m de long, datant du III$^e$ siècle, admirablement conservé par un long séjour dans la vase. Les fouilles menées plus récemment au nord du vieux port ont permis de réaliser d'importantes découvertes soulignant l'ancienneté du port grec de Marseille, grâce à la présence d'objets, de céramiques et d'épaves grecques du VI$^e$ siècle av. J.-C.

# Les grandes heures de la Provincia

Dans un premier temps, la colonie grecque de Marseille est pour la région un gage d'équilibre et de prospérité ; assurant la liaison entre la Gaule et le monde méditerranéen. Elle est une sorte de trait d'union entre Rome et le monde celto-ligure. Sa richesse lui permet d'établir de nombreux comptoirs sur l'arc méditerranéen, d'Agde à Nice. Cependant, vers 125 avant notre ère, la pression celto-ligure se faisant trop forte, les Massaliotes en appellent aux Romains ! Rome fait ainsi irruption en Gaule par la porte provençale. La lutte entre Salyens et Massaliotes se solde par la défaite des premiers, écrasés par l'armée romaine en 122 avant notre ère. La région, rattachée à l'Empire romain, prend le nom de *Provincia*.

## Arles, romaine et romane

Ensemble remarquable

Le site celto-ligure d'Arles est mis à profit par les Massaliotes qui y fondent vers 500 avant notre ère un comptoir sur le Rhône puis une colonie, qui repasse finalement sous domination autochtone. Devenue romaine avec la conquête de la *Provincia*, elle obtient le statut de colonie en 46 av. J.-C. pour avoir soutenu Jules César dans son combat contre Marseille. Arles connaît alors un premier âge d'or, avant d'être détruite par les Alamans à la fin du III$^e$ siècle. Elle est restaurée sous le règne de Constantin, qui y séjourne à plusieurs reprises. En 407, Arles devient préfecture du prétoire des Gaules et donc capitale de ces provinces ; elle est alors au sommet de sa gloire ! De son riche passé romain, la ville a conservé de remarquables vestiges dont le spectaculaire amphithéâtre du Ier siècle. Enfoui dans le tissu urbain au Moyen Âge, il est dégagé au XIXe siècle et présente un état de conservation remarquable, si bien qu'il sert encore de nos jours notamment pour les spectacles de corrida. Non loin se dresse le théâtre, datant du Ier siècle avant notre ère. C'est l'un des plus anciens monuments romains de Gaule. Enfoui lui aussi au cœur de la ville, il est redécouvert et dégagé au XVIIe siècle, ce qui permet de mettre au jour de nombreux vestiges dont la remarquable Vénus d'Arles, statue de marbre de 2 m de hauteur ! Moins bien conservé que son voisin l'amphithéâtre, le théâtre pouvait accueillir jusqu'à 10 000 spectateurs et mesurait 102 m de diamètre. De la même époque datent les cryptoportiques d'Arles, sortes de galeries voûtées qui formaient le soubassement du forum de la ville.

L'époque constantinienne est marquée à Arles par la construction de vastes thermes, situés au bord du Rhône. Arles connaîtra encore un âge d'or aux XIe et XIIe siècles, se parant de merveilles de l'art roman provençal telle la cathédrale Saint-Trophime et son cloître. Les merveilleux monuments d'Arles sont inscrits au patrimoine mondial de l'UNESCO.

**Figure 10-1**
L'histoire d'Arles antique

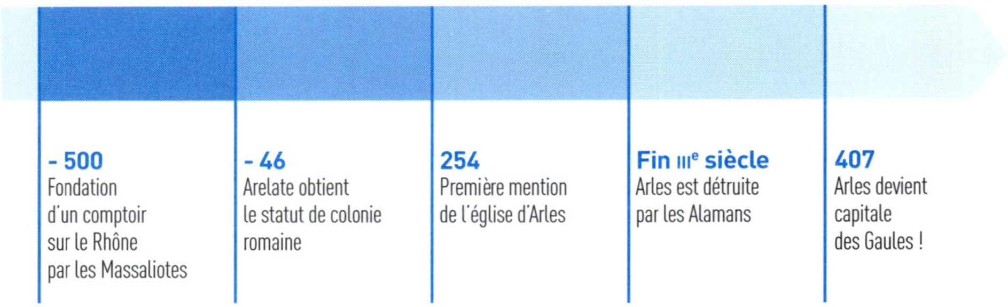


## Au théâtre antique d'Orange, le spectacle continue !

Colonie romaine fondée au Ier siècle avant notre ère, Orange se dote immédiatement d'un vaste théâtre à la romaine pouvant accueillir près de 10 000 spectateurs. Deux mille ans plus tard, ce remarquable monument présente un état de conservation impressionnant ; il a notamment conservé l'intégralité de son mur de scène de 37 m de hauteur ! Sur sa façade extérieure, celui-ci présente le sobre aspect d'une haute muraille percée de trois portes donnant sur la scène, et d'autres menant aux coulisses. Côté théâtre, le mur de scène assure à l'ensemble une acoustique remarquable et constitue le seul décor, non modifiable, des spectacles de l'époque romaine. Celui d'Orange est richement orné de frises, colonnes, niches, statues de marbre polychrome. Il est percé de trois portes ; celle du milieu, la porte royale, était réservée à l'entrée des acteurs principaux. Elle est surmontée d'une niche abritant une statue monumentale d'Auguste, haute de 3,5 m ! Aux deux extrémités du mur, d'imposantes tours encadrent la scène, longue de 61 m et profonde de 13 m, qui était percée de trappes. Devant la scène, la fosse d'orchestre était destinée à accueillir les chœurs et les musiciens. La scène était protégée par un toit appuyé sur une charpente de bois, aujourd'hui remplacé par une vaste verrière achevée en 2006 ; ainsi, sur les planches d'Orange, le spectacle peut continuer !

31

Et aujourd'hui

Le théâtre offre une programmation éclectique, entre fêtes romaines, concerts et visites, mais la plus célèbre manifestation est le festival de musique lyrique des Chorégies d'Orange, qui dure tout l'été. Le théâtre d'Orange est inscrit au patrimoine mondial de l'UNESCO en même temps que l'arc de triomphe du Ier siècle placé au nord de la ville sur la Via Agrippa, érigé en l'honneur de Germanicus et de Tibère.

### La fin de la Pax Romana

Le nom de *Provincia* narbonensis, province narbonnaise, souligne à quel point la Gaule transalpine est intégrée à l'Empire et jouit de la *paix romaine* instaurée par les conquérants. Les colonies grecques conservent une certaine indépendance jusqu'à 49 avant notre ère environ, et la mise au pas de Marseille par Jules César. La ville intègre alors la province de Narbonnaise et participe à sa prospérité fondée sur le commerce du vin, de l'huile et du blé. Le Ve siècle marque la fin de cette période de paix, avec les premières invasions barbares et le morcellement de cette vaste province.

## L'abbaye Saint-Victor de Marseille

La *Provincia* romaine est christianisée au IIe siècle. À Marseille, au début du siècle suivant, la communauté chrétienne se rassemble autour de la dépouille de saint Victor, martyrisé lors des persécutions de Maximien. C'est sur sa tombe qu'est fondée, au Ve siècle, l'abbaye qui porte son nom, premier monastère urbain de Gaule. Bâti sur l'emplacement d'une carrière ayant servi de cimetière, il succède à un très ancien lieu de culte chrétien. Le monastère fondé par Jean Cassien abrite une brillante vie intellectuelle et profite, après que Charles Martel eut repris la ville dont le duc s'était allié aux Sarrasins, des largesses carolingiennes. Il connaît son apogée aux siècles suivants avec l'installation des bénédictins, et possède pas moins de 440 églises et prieurés dans le diocèse de Marseille ! L'abbé Isarn fait rénover les bâtiments et édifier l'imposante tour qui marque sa silhouette. Vers la fin du XIIe siècle, l'abbaye est entièrement rebâtie dans le style roman. C'est de cette époque que date le monument que l'on peut admirer aujourd'hui, même si le cloître et une partie des bâtiments ont été détruits. Il abrite de très anciens témoignages de l'art chrétien, dont de magnifiques sarcophages du IVe siècle.

### Les racines romaines de Saint-Sauveur d'Aix-en-Provence

Fondée en 122 av. J.-C., Aquæ Sextiæ aurait été érigée en diocèse dès le Ier siècle, et même en archidiocèse au Ve siècle ! La cathédrale est donc le cœur de la ville depuis 2 000 ans ! Elle serait bâtie sur les ruines d'un temple romain, à l'emplacement du forum. Sa partie la plus ancienne est le baptistère, construit au début du VIe siècle et alimenté par l'eau chaude des thermes. Le reste de l'édifice, détruit par les Sarrasins au cours des raids des VIIIe et IXe siècles, est rebâti au XIe siècle dans le style roman. L'église est dotée d'un superbe cloître ajouté au siècle suivant, dont le plafond de bois est soutenu par de fines colonnes et par quatre piliers d'angle, portant les symboles des quatre évangélistes. Au fil du temps, la cathédrale mêle les influences ; elle possède aujourd'hui trois nefs de trois styles différents : roman, gothique et baroque !

## L'émergence du monde féodal

Au Ve siècle, les Burgondes descendent jusqu'à la Durance tandis qu'Ostrogoths et Wisigoths se disputent l'ouest de la région. Césaire, évêque d'Arles, négocie avec l'Ostrogoth Théodoric le rétablissement d'une préfecture du prétoire des Gaules à Arles. Finalement, les rois francs s'emparent du sud de la Provence en 536. Leur autorité est représentée par un patrice, dont le pouvoir est limité. Cela explique peut-être que ce haut fonctionnaire royal, qui siège à Marseille, fasse alliance avec les Sarrasins auxquels les Provençaux font bon accueil avant de souffrir durement de leurs pillages. Charles Martel réprime sévèrement ces velléités d'indépendance et la région est plongée dans une période d'incertitude et de pauvreté, en marge de la renaissance carolingienne. Lors du partage de Verdun, en 843, elle est coupée en deux. En 879, Boson, beau-frère de Charles le Chauve, crée un éphémère royaume de Provence qui rejoint en 935 le royaume de Bourgogne. En 1125, la région est divisée en trois fiefs : marquisat de Provence, comté de Provence et comté de Forcalquier. Les deux derniers sont unifiés en 1193, tandis que le marquisat échoit au pape en 1274 et prend le nom de Comtat Venaissin.

## Vaison-la-Romaine, cité médiévale

Ensemble remarquable

Ce complexe jeu féodal est illustré par les luttes qui opposent, au sein d'une même ville, l'évêque de Vaison-la-Romaine et le puissant comte de Toulouse. Vaison est, depuis des siècles, un lieu de pouvoir. Connu surtout pour ses remarquables vestiges romains, le site de la ville est occupé depuis le Néolithique. Avant la conquête romaine, la cité est la capitale du peuple voconce. La *Pax Romana* permet le développement de la ville dans la plaine, sur la rive droite de l'Ouvèze. Érigée en évêché au IVe siècle, la cité voconce devient un centre religieux important. La cathédrale et le palais épiscopal sont bâtis sur la rive droite, tandis que les comtes de Toulouse, devenus aussi marquis de Provence, bâtissent un château sur le promontoire de la rive gauche. Mais leurs rapports avec les évêques sont tumultueux et la ville est plusieurs fois envahie. Au XIIIe siècle, la population se réfugie dans la Haute-Ville, au pied du château, devenu propriété du pape.

Les trésors de Vaison illustrent cette riche histoire médiévale ; sur la rive droite se dresse la cathédrale Notre-Dame, magnifique édifice roman provençal flanqué d'un très beau cloître. Ce sanctuaire du XIe siècle est érigé sur des lieux de cultes plus anciens en utilisant les matériaux antiques qui, une fois resculptés, constituent notamment les chapiteaux du cloître. Non loin se dresse la chapelle Saint-Quenin, bâtie au XIIe siècle, qui possède un très original *chevet* triangulaire, marqué aux angles par trois colonnes d'inspiration antique. Le reste de la cité médiévale de la rive droite a disparu lorsque les habitants se sont réfugiés sur la rive gauche, à l'ombre de l'ancien château comtal dont les imposantes ruines dominent toujours la ville. Abritée derrière ses remparts, protégée par la porte fortifiée et sa tour du Beffroi, la Ville-Haute constitue le cœur de Vaison jusqu'au XIXe siècle. Le pont romain, quant à lui, enjambe les siècles comme il franchit la Vézère.

Le saviez-vous ?

Son arche unique a résisté aux crues majeures comme au dynamitage allemand, et depuis 2 000 ans il relie toujours les deux Vaison, la romaine et la médiévale.

### La carte des abbayes

Le pouvoir de l'Église s'incarne également dans le réseau des abbayes, qui confère une certaine unité à ce territoire politiquement morcelé par les conflits féodaux. Ce très ancien maillage connaît un nouvel essor dans la région avec la fin de la présence arabe. Les conquérants musulmans sont définitivement chassés en 947 ; la province jouit alors d'une certaine sécurité, qui favorise l'épanouissement d'un important réseau monastique.

## Le monastère fortifié des îles de Lérins, poste avancé sur la mer

C'est sur les îles de Lérins qu'est créé, au début du Ve siècle, le plus ancien monastère de Provence. Son fondateur, Honorat, doit quitter sa retraite lorsque les habitants d'Arles le choisissent pour évêque, et à sa suite de nombreux moines de Lérins occuperont des fonctions épiscopales, soulignant le rayonnement du monastère, qui s'étend jusqu'en Angleterre ! Mais l'abbaye est victime des raids sarrasins et est entièrement détruite à la fin du VIIIe siècle. Elle est alors rebâtie par les moines survivants et rejoint la communauté clunisienne. Un nouveau raid, en 1047, et la déportation de tous les moines emmenés captifs en Espagne, conduit à l'édification d'imposantes fortifications, dont une massive tour située au bord de l'eau qui constitue, avec le temps, un véritable « monastère fortifié ».

Le saviez-vous ?

Il comporte notamment deux cloîtres superposés, trois chapelles, de vastes caves, un moulin à huile et un four à pain ! Sa partie haute est aménagée pour la garnison chargée de défendre les moines, car aux raids arabes ont succédé les pirates génois et les Espagnols. L'île abrite encore aujourd'hui une communauté monastique, installée dans le plus vaste ensemble édifié au cœur de l'île entre le XIe et le XIXe siècle.

## Montmajour, de l'ermitage troglodytique au monastère fortifié

En péril

Fondée en 948 sur un affleurement rocheux au cœur des marécages, Montmajour connaît un succès rapide et se voit placée sous l'autorité directe du pape. Elle possède bientôt une cinquantaine de prieurés et devient lieu de pèlerinage. Menacée par les troubles de la guerre de Cent Ans, elle est fortifiée à la fin du XIVe siècle. Au XVIIIe siècle, elle est réformée par les moines mauristes, qui entreprennent d'importants travaux. Mais cela ne suffit pas à restaurer une communauté monastique affaiblie, qui disparaît à la veille de la Révolution. L'abbaye est rachetée en 1838 par la ville d'Arles. Ses bâtiments les plus anciens datent du XIe siècle ; il s'agit de l'ermitage et de la chapelle Saint-Pierre, en grande partie troglodytique. L'église, le cloître, le réfectoire, le dortoir datent des siècles suivants, tandis que la tour Pons de l'Orme est le dernier témoin des fortifications du XIVe siècle. L'abbaye médiévale est reliée par une arche au monastère mauriste du XVIIIe siècle. Fragilisée par le temps, l'abbaye nécessite une restauration, soutenue par la Fondation du patrimoine.

## Le bestiaire fantastique de l'abbaye de Ganagobie

L'histoire de Ganagobie est également mouvementée. Fondé au X$^{e}$ siècle sur le parcours de la voie Domitienne qui relie la Provence à l'Italie, ce prieuré est rattaché à Cluny et affiche une certaine prospérité. Saccagé lors des guerres de religion, il est relevé au XVII$^{e}$ siècle par Jacques de Gaffarel, bibliothécaire de Richelieu, et son frère Pierre. Partiellement démoli à la Révolution, il est occupé par des moines à la fin du XIX$^{e}$ siècle. Ceux-ci entreprennent de déblayer à nouveau les décombres de l'église et découvrent ainsi de rarissimes pavements en mosaïque datant du Moyen Âge. Mais il faut attendre les années 1950 pour que le relèvement de l'église romane, sous l'égide des Monuments historiques, permette de restaurer ces précieux vestiges. L'*abbatiale* à double *transept* a aujourd'hui retrouvé la pureté de son architecture romane provençale, teintée d'influences clunisiennes qui se lisent notamment dans l'extrême sobriété de la façade. Ses splendides mosaïques présentent un bestiaire fantastique et des frises géométriques dans des tons noirs, blancs et rouges. L'abbaye comporte également un très beau cloître roman et une bibliothèque riche de 100 000 ouvrages dont plusieurs milliers de livres et manuscrits anciens.

## L'abbaye du Thoronet et les trois sœurs provençales

**À retenir**

Après Cluny, l'ordre de Cîteaux investit également la Provence avec notamment trois fondations majeures ; le Thoronet, Sénanque et Silvacane. Bâtie entre 1160 et 1230, la première illustre magnifiquement l'idéal architectural cistercien, austère et dépouillé, où chaque bâtiment doit exactement répondre à la fonction à laquelle il est destiné. Les ornements sont réduits à l'extrême et seule demeure la pierre, parfaitement taillée et ajustée sans mortier. Le plan du monastère répond aux impératifs de la vie monastique, avec son *abbatiale* et son cloître accolé, la salle *capitulaire*, le dortoir, le réfectoire… Son passé glorieux et son rayonnement ont failli tomber dans l'oubli avec son déclin et sa vente comme bien national en 1791. En 1854, grâce à l'intervention de Prosper Mérimée, l'abbaye est rachetée par l'État et a fait depuis l'objet de plusieurs campagnes de restauration.

## Silvacane, déchéance et renaissance

Silvacane, la seconde sœur, est bâtie à partir de 1175 sur un coteau dominant la Durance par une communauté cistercienne qui met en valeur ces terres marécageuses grâce à son savoir-faire en matière de drainage. Elle connaît son apogée aux XII$^{e}$ et XIII$^{e}$ siècles, puis vient le temps des épreuves : épidémies, conflits locaux, guerre de Cent Ans... En 1513, l'*abbatiale* est réduite à l'état d'église paroissiale, tandis que le monastère, délaissé, sert de carrière de pierres. En 1742, l'église elle-même est désaffectée, puis transformée en exploitation agricole à la Révolution. Rachetés en 1846 par l'État, les bâtiments subsistants sont restaurés, retrouvant l'élégance des lignes et la simplicité cistercienne qui ont présidé à leur édification au XIIe siècle. L'abbaye possède notamment un chauffoir, seule pièce dotée d'une cheminée où les moines pouvaient s'adonner à la copie de manuscrits. Les bâtiments de l'hôtellerie ont également pu être restitués.

## Sénanque ou l'éternel retour des moines

**En péril**

Sénanque, troisième sœur, est fondée en 1148. L'ordre cistercien compte alors plus de 350 abbayes et s'affirme nettement à travers ce style architectural dépouillé dont témoignent les exemples précédents. Comme ses sœurs, Sénanque est bâtie dans un lieu retiré, selon les consignes de l'ordre, et doit pourvoir seule à sa subsistance. Achevée vers 1220, l'abbaye connaît un développement comparable à celui des abbayes sœurs, avant le déclin du XVe siècle, l'épreuve des guerres de religion et la vente lors de la Révolution. Mais la vie religieuse renaît à Sénanque au XIXe siècle, et les moines, qui sont bientôt 72, agrandissent et modernisent l'abbaye. De nouveau chassés en 1880 puis en 1903, ils reviennent en 1926 lorsque le monastère est racheté par l'abbaye de Lérins. Dans les années 1960, ils se retirent de nouveau à Lérins et l'abbaye est louée à la société Berliet, qui s'engage à la restaurer puis accepte, en 1988, de mettre fin au bail pour permettre le retour des moines. Ceux-ci vivent désormais des visites et de la culture de l'olive et du lavandin. Aujourd'hui, l'*abbatiale* romane est en grand péril et a été choisie pour recevoir un soutien dans le cadre du loto du patrimoine.

## Notre-Dame du Bourguet et les beaux jours de Forcalquier

**En péril**

Contemporaine de l'essor cistercien, la création en 1125 du comté de Forcalquier fait de la ville l'une des capitales de la Provence, dotée d'un vaste marché où se négocient les vins de la région. De plus, depuis 1065, la cité accueille le siège de l'évêque de Sisteron qui, ne pouvant entrer dans cette dernière ville, s'installe à Forcalquier et y instaure une seconde cathédrale ou « concathédrale » dans la collégiale Saint-Mary. En 1408, celle-ci étant trop endommagée, le titre est transféré à l'église Notre-Dame, construite au XIIe siècle, qui témoigne des grandes heures de Forcalquier. Parfois appelé Notre-Dame du marché, puisqu'il se tient aux abords de ce lieu stratégique, cet édifice bâti à partir de 1155 témoigne des premiers pas de l'art gothique en Provence. En effet, si son *transept* est roman, son *chœur*, sa nef centrale et son clocher révèlent des inspirations gothiques. Le campanile est ajouté au XVIe siècle, et au siècle suivant l'église est élargie par l'ajout de nefs latérales tandis que son clocher est surélevé.

Si les diocèses restent la base du maillage religieux du pays, le rôle des monastères, déjà évoqué, est également important et ne se limite pas aux campagnes ; Forcalquier accueille ainsi l'un des premiers couvents franciscains de Provence, fondé par Raimond-Bérenger IV de Provence, comte de Forcalquier. Les *frères mineurs* de l'ordre, dits cordeliers, s'installent dans un ancien prieuré bénédictin vers 1236 et bâtissent un ensemble gothique dont il subsiste aujourd'hui une chapelle, le cloître et des bâtiments conventuels appartenant à la mairie de la ville.

### Les quatre reines de Forcalquier

Raimond-Bérenger IV, fils du comte de Provence et de la comtesse de Forcalquier, a quatre filles. L'aînée, Marguerite, épouse en 1234 le roi de France Louis IX, futur saint Louis. La seconde, Éléonore, devient quant à elle reine d'Angleterre par son mariage avec le roi Henri III en 1236. Sancie, leur cadette, épouse en 1243 le frère de ce dernier, le duc de Cornouailles, Richard, élu en 1257 roi des Romains. Enfin, Béatrice, la benjamine, désignée comme unique héritière du comté de Provence, se marie en 1246 avec Charles Ier d'Anjou, frère de saint Louis, roi de Naples et de Sicile ! Ainsi, la plupart des familles princières d'Europe descendent des comtes de Forcalquier. Raimond-Bérenger IV, ancêtre des princes d'Europe, est également le fondateur de la ville de Barcelonnette, ainsi nommée en l'honneur de la Catalogne, où il a passé sa jeunesse.

## À la fin du Moyen Âge, une intégration incomplète au royaume

En 1229, à l'issue de la croisade contre les albigeois, si le marquisat de Provence revient au pape, le comté de Provence et de Forcalquier tombe dans l'escarcelle royale et est confié à Charles Ier d'Anjou, frère de saint Louis et époux de Béatrice de Provence, qui étend ses territoires jusqu'à Gap et Vintimille. Mais en 1388, Nice et les terres environnantes font sécession et se placent sous la protection des ducs de Savoie. Le comté de Nice ne rejoindra la France qu'au XIXe siècle. L'union de la Provence à la France après la mort des derniers comtes capétiens est quant à elle entérinée en 1486.

Et, pendant ce temps, en 1178, le seigneur Bertrand des Baux instaure à Orange une principauté souveraine, dans la mouvance de l'Empire germanique, qui sera rattachée à la France au XVIIe siècle seulement.

## La basilique de Saint-Maximin, sanctuaire de Marie-Madeleine

La plus grande église gothique de Provence est bâtie sur le lieu présumé de la tombe de Marie-Madeleine, disciple de Jésus qui serait venue se réfugier en Provence et évangéliser la région. Devenue ermite, elle aurait fini sa vie dans une grotte du massif de la Sainte-Baume, qui abrite encore aujourd'hui une église et un monastère. Après sa mort, la sainte est enterrée dans la plaine, à Saint-Maximin, où des fouilles ont révélé la présence d'un lieu de culte paléochrétien. Le sanctuaire de Saint-Maximin est confié à des moines, qui cachent l'entrée de la crypte lors des invasions sarrasines. Au XIIIe siècle, les reliques de Marie-Madeleine sont redécouvertes sous l'impulsion de Charles II d'Anjou, comte de Provence et neveu de saint Louis. Dès lors débute le chantier d'une vaste *basilique* gothique, œuvre de longue haleine qui ne s'achève qu'au XVIe siècle ! Puis les guerres de religion et les modifications du XVIIe siècle altèrent l'édifice, qui est restauré à partir du XIXe siècle. Ce superbe ensemble gothique comporte une nef et deux bas-côtés bordés de chapelles placées entre les contreforts. Son *chœur*, en forme de trèfle, ne possède pas de *déambulatoire*. La *basilique* a trois niveaux de voûtes, et sa hauteur culmine, sous la nef, à près de 29 m. Elle est flanquée du Couvent royal, destiné aux religieux dominicains à qui avait été confiée la garde du sanctuaire au XIIIe siècle. Au XXe siècle, les religieux cèdent la place à un espace culturel et touristique.

## La gloire gothique du Palais des papes

Située à la frontière entre le marquisat de Provence, propriété des comtes de Toulouse, et le comté de Provence, Avignon n'intègre pleinement ce dernier qu'en 1291. Au début du siècle suivant, les papes font de la ville leur résidence, alors que Rome est en proie à la guerre civile. Puis, en 1348, ils la rachètent à Jeanne de Provence et elle constitue désormais, tout comme le Comtat Venaissin voisin, un territoire autonome placé sous leur autorité directe.

La résidence avignonnaise des papes, à la fois forteresse et palais, résulte de l'imbrication de deux bâtiments : le palais vieux, érigé par Benoît XII vers le milieu du XIVe siècle, est une imposante forteresse juchée sur le rocher des Doms. Le palais neuf, commandé par son successeur Clément VI, est le plus imposant édifice gothique jamais construit. Ce pape entretient à Avignon une brillante cour, qui réunit les meilleurs artistes du temps ; architectes, mosaïstes, musiciens, écrivains... Outre l'harmonie de son aspect extérieur, ponctué de tourelles, hautes tours et clochers, le palais présente un décor intérieur d'une grande richesse, depuis les pavages polychromes jusqu'aux fresques et portiques qui ornent les murs.

À retenir

Mais les papes décident finalement de regagner Rome, dont ils sont après tout les évêques ! Toutefois, lorsque les dissensions au sein du collège des cardinaux aboutissent à l'élection d'un antipape en 1378, celui-ci choisit de siéger à Avignon ; c'est le grand schisme d'Occident. Pendant 40 ans, la chrétienté se trouve scindée en deux ! Après la fin du schisme, Avignon est confiée à des légats du pape. Elle est rattachée à la France en 1791, en même temps que le Comtat Venaissin.

On ne peut quitter Avignon, inscrite au patrimoine mondial de l'UNESCO, sans évoquer le fameux pont du XIIe siècle ; il était alors le seul pont sur le Rhône entre Lyon et la Méditerranée ! Long de 920 m, son étroitesse limitait toutefois le trafic, les charrettes ne pouvant s'y croiser. Il ne subsiste aujourd'hui que 3 de ses 22 arches originelles.

### Jeanne de Provence, la dernière comtesse

Descendante de Charles Ier d'Anjou, reine de Naples et comtesse de Provence, Jeanne épouse en premières noces André de Hongrie, qu'elle aurait fait assassiner en 1345. Son second mariage n'est pas plus heureux, puisque son second époux, son cousin Louis de Tarente, meurt de la peste en 1362. Jeanne reprend alors en main les affaires de son royaume et écarte désormais ses maris (elle en aura deux autres) de la politique. En Provence, elle fait face énergiquement aux grandes compagnies, bandes armées qui ravagent les campagnes à l'occasion des troubles de la guerre de Cent Ans, mais en Italie sa cour est un nid d'intrigues dont elle finit par être victime. En effet, la reine n'a pas d'héritier et les prétendants se déchirent. De plus, Jeanne a pris parti pour le pape d'Avignon Clément VII contre celui de Rome, Urbain VI, alors que la chrétienté est déchirée par le grand schisme d'Occident. Destituée par le pape romain, elle est emprisonnée et assassinée par son neveu, Charles de Duras, qui s'empare de la couronne de Naples. La Provence, quant à elle, revient à Louis d'Anjou, frère du roi de France.

## Le château d'Ansouis, de la défense à la plaisance

Avec Louis d'Anjou, la Provence échoit à la seconde maison d'Anjou, qui conserve le comté encore un siècle avant son retour à la couronne en 1486.

Figure historique

Le personnage le plus remarquable de cette lignée est sans doute le roi René, personnage épris d'art et de beauté, qui entretient une cour savante et fait prospérer ses États. Avignon et Aix-en-Provence bénéficient de ses largesses. Peu à peu, et surtout au siècle suivant, les forteresses provençales prennent des allures de demeures Renaissance, comme dans le Luberon, ou Lourmarin, Lacoste ou encore La Tour-d'Aigues témoignent de cette métamorphose. À Ansouis également, la forteresse militaire érigée par les ducs de Forcalquier puis habitée par la célèbre famille de Sabran s'adoucit au XVIe siècle et devient une demeure d'apparat. Les jardins à la française voient le jour au siècle suivant, tandis que le décor intérieur se pare de tomettes et de *gypseries* évoquant les riches demeures aixoises.

## Le château d'If à l'heure de la Provence française

Le rattachement de la Provence à la France se manifeste à travers les institutions, tel le parlement d'Aix, créé en 1501, ou encore par l'édification d'ouvrages militaires marquant les nouvelles limites du royaume, tel le château d'If, au large de Marseille. Cette forteresse, édifiée par François Ier dans le contexte des guerres d'Italie, prend l'allure d'un massif bâtiment de trois étages ponctué de trois tours rondes. Ses défenses sont complétées par une longue muraille rythmée de plateformes d'artillerie qui fait le tour de la petite île. Sa vocation militaire est cependant brève, puisqu'elle accueille des détenus dès 1540 et jusqu'en 1914, acquérant rapidement une réputation de prison sinistre. L'espérance de vie des prisonniers dans les cellules du rez-de-chaussée aurait été de 9 mois ! Seuls les riches détenus peuvent s'offrir une chambre à l'étage, avec fenêtre et cheminée. Au XVIIIe siècle y sont enfermés des milliers de protestants, après la révocation de l'édit de Nantes, et au XIXe siècle les républicains hostiles au Second Empire remplissent ses geôles.

Le saviez-vous ?

Au fil des siècles, le château d'If reçoit d'illustres pensionnaires, tels Mirabeau ou Blanqui, mais le plus célèbre d'entre eux est issu de l'imagination fertile d'Alexandre Dumas ; il s'agit du fameux comte de Monte-Cristo !

## Vaudois et réformés, les guerres de religion en Provence

Les vaudois, mouvement réformiste déclaré hérétique dont les origines remonteraient au XIIe siècle, ont surtout prospéré en Italie du Nord jusqu'à ce que les persécutions les chassent vers les vallées alpines. Vers la fin du XVe siècle, les vaudois du Piémont émigrent en Provence et créent une importante communauté dans le Luberon. Ils sont, à partir de 1530, l'objet d'une brutale répression qui aboutit à Cabrières, Mérindol ou Lourmarin à de terribles massacres. Cependant, les adeptes trouvent bientôt un écho de leurs croyances dans la réforme protestante, qui gagne peu à peu la Provence, déchirée par les guerres de religion dès 1545 et jusqu'à l'avènement d'Henri IV. Et si le peuple se range plutôt du côté du « bon roi Henri », le parlement ne cache pas ses sympathies pour ses ennemis de la Ligue catholique.

## Le château de Tallard, victime des guerres de religion

Les origines de Tallard remontent au Xe siècle. Possession des princes d'Orange puis des Hospitaliers de Saint-Jean, Tallard est véritablement fortifié au XIIIe siècle par Arnaud de Trians. Son lointain héritier, Bernardin de Clermont, transforme à la fin du XVe siècle l'austère forteresse en demeure de plaisance, toujours protégée par ses épais remparts. Mais en 1562, la famille de Clermont, qui a pris le parti du roi dans les guerres de religion, doit s'exiler. Le chef protestant François de Lesdiguières convoite Tallard, qui fait l'objet de nombreux combats. En 1600, l'un de ses proches, Étienne de Bonne d'Auriac, rachète finalement le château. Attaqué et incendié en 1692, il connaît un long abandon et ne renaît véritablement qu'au XXe siècle. Racheté par la commune de Tallard, le château a conservé sa *courtine* et ses tours d'angle, son donjon carré à demi ruiné et son logis seigneurial ainsi que l'aile des gardes, d'époque Renaissance. La chapelle Saint-Jean arbore une façade gothique flamboyante terminée par un élégant clocheton qui porte une étonnante statue représentant la Trinité !

## Le palais des ducs, quand Nice était savoyarde

Alors que la Provence devient française, Nice et son comté poursuivent pour un temps un chemin différent sous l'égide des ducs de Savoie. La ville est même assaillie par les armées du roi de France et la flotte ottomane en 1543, et seule la résistance du château empêche qu'elle soit totalement prise. Très endommagé, le château est abandonné par les ducs qui se font construire une nouvelle demeure dans la ville basse. Ce massif bâtiment est peu à peu agrandi jusqu'à jouxter l'église des dominicains. Saccagé lors de l'entrée des troupes françaises dans Nice en 1792, il est restitué à la Savoie en 1814. Érigé par Victor-Emmanuel Ier de Savoie en palais royal, il est entièrement rénové. C'est dans ses salons qu'est organisée la cérémonie officielle de dévolution du comté de Nice à la France en 1860. Il est alors réaménagé dans le goût du Second Empire afin de recevoir les souverains étrangers.

Et aujourd'hui

Il accueille ensuite divers services de l'État, tout en servant de cadre à plusieurs réunions de chefs d'État comme en 2001 ou en 2008.

### La citadelle Saint-Elme de Villefranche ; l'ennemi vient de la mer ?

Le siège de 1543 a démontré la nécessité de se garder des dangers venus de la mer et de conserver une certaine liberté maritime, indispensable pour relier Nice aux possessions italiennes des ducs de Savoie. Le port de Villefranche, port militaire des ducs dans le comté de Nice, est donc rapidement protégé par un réseau de fortifications dont la pièce maîtresse est le fort Saint-Elme, situé au cœur de la rade.

À retenir

Le projet débute en 1550 sous la houlette de l'architecte et ingénieur en chef de Charles Quint, Olgiati. Le fort est rapidement équipé par des canons pris… aux Français ! De conception très moderne pour s'adapter aux nouvelles contraintes de l'artillerie, il est l'un des premiers forts *bastionnés* d'Europe. Le dispositif défensif est complété par le fort du mont Alban et la tour Saint-Hospice, placés sur les hauteurs de part et d'autre de la rade. Malheureusement, ce système, efficace pour parer une attaque maritime, n'empêche pas la citadelle de tomber quatre fois aux mains des Français attaquant par la terre !

## La Provence à l'heure française

Avec la période classique, les constructions royales se multiplient en Provence, et sont pour une certaine part militaires. Il faut en effet défendre cette région frontalière mais aussi, parfois, affirmer la puissance royale face aux sujets récalcitrants ! Mais l'art de vivre à la française fait également son entrée en Provence, dans les bâtiments publics comme dans les belles demeures provençales.

## Le fort Saint-Nicolas, protéger ou soumettre Marseille ?

En péril

La ville de Marseille se montre particulièrement récalcitrante à la centralisation royale mise en œuvre par Louis XIV. Celui-ci, tout jeune roi, vient en personne soumettre la ville en 1660 et met en place la réforme des institutions municipales et une occupation militaire. Celle-ci est concrétisée par l'édification de deux forts de part et d'autre de l'entrée du port. Le fort Saint-Nicolas, au sud, est un imposant édifice *bastionné* qui domine la ville et dont les remparts descendent jusqu'à l'entrée du port. Sa citadelle est démontée par les Marseillais à la Révolution avant que Napoléon ne donne l'ordre de la remonter en raison de son importance stratégique. En 1860, le fort est séparé de sa partie basse par un boulevard. Il poursuit sa vocation militaire jusqu'en 2011, puis est racheté par la ville au ministère de la Défense. Sa restauration est soutenue par la Fondation du patrimoine et la mission Bern.

## Le fort Saint-Jean aux portes de Marseille

Face au fort Saint-Nicolas se dresse le fort Saint-Jean, ancienne *commanderie* des Hospitaliers de Saint-Jean dont l'origine remonte au XIIe siècle. Au XIVe siècle, il comporte une chapelle, une église et un hôpital et le palais du commandeur. Au siècle suivant, le roi René y fait ajouter une vaste tour carrée. La tour ronde ou tour du fanal, emblématique du monument, est quant à elle édifiée en 1664 à la demande des armateurs marseillais pour servir à la fois de vigie et de repère pour la navigation. C'est ce site que choisit Louis XIV pour l'édification du second fort qui doit garder l'entrée de Marseille. L'ensemble est fortifié par un mur *bastionné*, et un profond fossé le sépare de la ville.

Le fort Saint-Jean a comporté jusqu'en 1944 un marégraphe de marbre, qui permettait, avec celui de la Corniche construit en 1883, de déterminer le point zéro de l'altitude en France.

En péril

Le marégraphe de la Corniche est aujourd'hui en péril.

## Fort Queyras, Vauban au sommet

Le royaume fortifie également ses frontières alpines face au voisin savoyard, réutilisant à l'occasion les forteresses existantes au cœur du massif. Ainsi à Queyras, où la présence d'un château est attestée dès le XIIIe siècle. Au siècle suivant, celui-ci prend les allures d'une véritable forteresse, toutefois aménagée pour permettre au châtelain d'y vivre avec sa famille. Pris lors des guerres de religion, il est remanié au début du XVIIe siècle et résiste victorieusement aux troupes savoyardes en 1692. Vauban décide alors d'en faire une forteresse moderne et englobe le château médiéval dans une enceinte *bastionnée* qui vient renforcer les remparts originaux. Remanié plusieurs fois par la suite, le fort perd toute vocation militaire après la Seconde Guerre mondiale. C'est aujourd'hui une demeure privée.

## Le pont d'Ondres, clef des Alpes

**En péril**

Autre point important des défenses alpines, la ville de Colmars, fortifiée par Vauban, est commandée au sud par la vallée du Haut Verdon. Outre son aspect stratégique, celle-ci est également source de richesse commerciale grâce à la production de laine et de bois. Le chemin du Haut Verdon, appelé alors chemin royal, permet donc de relier la ville fortifiée et la vallée à Saint-André-les-Alpes et au-delà à la Provence. Cette route franchissait le Verdon à plusieurs reprises, empruntant notamment le pont d'Ondres, ou pont du Moulin, construit dans la deuxième moitié du XVIIe siècle. Si la route de Colmars suit désormais un autre tracé, la silhouette en dos d'âne de cet ouvrage d'art aux deux arches inégales est devenue emblématique de la région, mais il est aujourd'hui dans un état préoccupant. Il a été choisi pour bénéficier du soutien du loto du patrimoine.

## Le château de Sauvan ou l'art de vivre à la française

Au XVIIIe siècle, la Provence s'épanouit au sein du royaume, bénéficiant d'une paix qui permet le développement du commerce et de l'industrie ; les ports de Marseille et de Toulon, les parfums de Grasse, les faïences de Moustiers, le commerce du textile, du vin et de l'huile font la prospérité de la région.

**Figure historique**

Le château de Sauvan, édifié vers 1720 par Joseph de Forbin, héritier d'une riche lignée d'armateurs marseillais devenus officiers royaux, témoigne de cette nouvelle douceur de vivre dans la Provence française. Cet édifice surnommé « petit Trianon de Provence » est un rare exemple d'architecture classique dans la région. Sa longue façade à un étage est ornée en son centre d'un fronton triangulaire surmontant un balcon soutenu par quatre colonnes. Le sommet de la façade est agrémenté d'une balustrade ponctuée d'urnes de pierre. Le bâtiment périclite à la fin du XIXe siècle, et souffre gravement du tremblement de terre de 1909. Racheté en 1981, il est magnifiquement restauré et connaît une nouvelle vie.

## L'opéra de Marseille

À la même époque, Marseille, autrefois rebelle au pouvoir royal, s'affirme comme capitale régionale et centre culturel. Les Marseillais aiment passionnément le théâtre et surtout l'opéra, présents à Marseille depuis 1685 par privilège royal. Pour satisfaire cet engouement, un Grand-Théâtre est inauguré en 1787 au cœur de la ville. Mais cet édifice classique, qui accueille, parfois avant Paris, les plus grands opéras du XIXe siècle, est ravagé par un incendie en 1919. Seuls subsistent les éléments extérieurs, murs, colonnade et façade. Sa restauration est entreprise à partir de 1920 dans le style Art déco avec le concours de nombreux artistes.

# Révolutions et guerres

Certains épisodes marquants de la Révolution se déroulent en Provence, d'où est originaire le célèbre Mirabeau, président aixois de l'Assemblée constituante. Ainsi, en 1791, Avignon et le Comtat Venaissin demandent leur rattachement à la France, tandis que Nice et sa région sont conquises par les armées révolutionnaires en 1793. Elles doivent toutefois être restituées en 1814 à la Savoie, et ne rejoignent définitivement la France qu'en 1860. En 1793 également, les Anglais assiègent Toulon et le jeune Napoléon Bonaparte fait ses premières armes lors du siège de la ville. En 1815, c'est à Golfe Juan qu'il débarque à l'aube des Cent Jours avant d'emprunter la fameuse route Napoléon pour gagner Paris, évitant soigneusement la vallée du Rhône qu'il sait hostile ! Enfin, comment ne pas citer *La Marseillaise* qui, si elle est écrite pour l'armée du Rhin en 1792, est portée à Paris par les fédérés marseillais avec un tel enthousiasme que le célèbre chant patriotique prend désormais leur nom ! En 1879, il est choisi comme hymne national par la jeune Troisième République ! Au cours du XIXe siècle, la vallée du Rhône et la côte provençale connaissent un développement rapide, tandis que les Alpes et la Haute Provence, plus agricoles, s'ouvrent plus lentement à la révolution industrielle.

## L'hôpital Caroline ou les vertus de la mer et du vent

Les navires qui font la richesse de la côte n'apportent pas dans leurs cales les seuls trésors des îles lointaines ; ils convoient également des maladies. La plupart des ports sont donc dotés de *lazarets*, qui permettent de garder en quarantaine les voyageurs susceptibles d'infecter la population. À Marseille, l'hôpital Caroline est construit sur l'île Ratonneau, l'une des îles du Frioul, entre 1823 et 1828.

Figure historique

Il est nommé d'après la duchesse de Berry, belle-fille du roi Charles X. Le site présente l'avantage d'être à la fois proche de Marseille et isolé, et de disposer de toute l'eau nécessaire pour laver les sols ! De plus, le vent fournit une aération naturelle pour disperser les miasmes. Malades et convalescents sont strictement séparés ; entre leurs quartiers respectifs se dresse la chapelle, de style grec, où les malades peuvent assister à la messe derrière une vitre. Les capacités du *lazaret* sont rapidement augmentées pour faire face aux épidémies de fièvre jaune et de choléra qui touchent Marseille, avec la création d'un ensemble comprenant deux ports de quarantaine, nommé *lazaret* des Îles. Détruit par les bombardements de 1944, l'hôpital est aujourd'hui en cours de restauration.

## Notre-Dame de la Garde, résolument moderne !

Voici le meilleur endroit pour admirer les îles du Frioul et la ville de Marseille ; cette colline surplombant la cité est occupée dès le XIIe siècle par un petit sanctuaire dédié à Marie, qui est agrandi au début du XVe siècle. En 1524, François Ier y fait bâtir un fort pour assurer, avec le château d'If, la défense de Marseille. La chapelle est incluse dans l'édifice, mais reste pourtant accessible aux fidèles !

Ceux-ci sont toujours plus nombreux à visiter la « Bonne Mère », si bien qu'au XIXe siècle les administrateurs de la chapelle demandent l'autorisation à l'armée de construire un nouvel édifice, plus vaste et plus haut ; et le ministre donne son accord ! Le projet retenu est d'inspiration romane et comporte deux sanctuaires ; l'église basse, creusée dans le roc, de style roman, et l'église haute aux accents byzantins. Le clocher est surmonté d'une statue de la Vierge de 11 m de haut, entièrement creuse, réalisée par les ateliers Christofle selon un procédé révolutionnaire : la galvanoplastie.

Le saviez-vous ?

La statue abrite un escalier métallique qui permet d'aller admirer Marseille à travers les yeux de la Vierge ! Consacrée en 1864, l'église est ensuite parée de splendides mosaïques d'inspiration byzantine qui ornent le *chœur*, les sols et les coupoles. Comble de modernité, elle est accessible par un ascenseur dès 1892 ! Dans les années 1930, le fort de la Garde est finalement cédé au diocèse de Marseille, qui peut désormais ajouter un certain nombre d'annexes au sanctuaire.

La *basilique*, gravement endommagée lors de la libération de Marseille en 1944, malgré les ordres stricts du commandement français, a fait depuis l'objet de plusieurs campagnes de réparation et de restauration.

## Le palais Lumière à La Ciotat, quand le cinéma entre en gare

En péril

La beauté de la côte provençale attire déjà de nombreux touristes, et c'est à La Ciotat qu'Antoine Lumière, riche industriel passionné de photographie et de peinture, se fait bâtir en 1893 une somptueuse *villa* de 36 pièces. Deux ans plus tard, ses fils Louis et Auguste inventent un procédé révolutionnaire d'images animées ; le cinéma ! La première projection publique a lieu le 21 septembre 1895 dans le grand salon de la *villa* Lumière et présente à une foule effrayée *L'arrivée d'un train en gare de La Ciotat*. Le grand salon fait aujourd'hui l'objet d'une campagne de restauration, soutenue par la mission Bern, afin de restituer son décor d'origine. Des carreaux en terre cuite à motif de lion ont été retrouvés sous les plâtres des murs, comme un écho à la rosace du plafond, dont la tête de lion semble tenir dans sa gueule le câble soutenant un lustre électrique datant de l'époque des Lumière. La médiatisation de cette restauration a même permis de retrouver une partie du mobilier de la *villa* !

## Le château de La Napoule, fleuron des années folles

Insolite

Le succès de la côte méditerranéenne ne se dément pas ! En 1918, elle attire un couple de riches Américains, Henry et Marie Clews, qui font l'acquisition d'une forteresse médiévale du XIVe siècle, située au bord de l'eau, dont les ruines abritent une maison de maître du XIXe siècle. Ils s'emploient dès lors à façonner ce lieu selon leur fantaisie, créant un univers enchanté. De la forteresse, ils conservent deux tours, la tour Romaine et la tour Sarrasine, et en construisent une troisième, nommée tour de la Mancha. Marie aménage des terrasses sur la mer et de somptueux jardins que viennent habiter les statues sculptées par Henry. Le château est de style gothique et possède une galerie de cloître ; la salle à manger évoque quant à elle la nef d'une église. L'atelier conserve les œuvres du sculpteur, et la tour de la Mancha renferme la chambre funéraire des époux et une étrange pièce murée, qui ne pourra être ouverte qu'un siècle après la mort du dernier d'entre eux, soit en 2059 ! Le château appartient aujourd'hui à une fondation privée.

### Les guerres du XXe siècle

Si la Provence souffre, comme toute la France, des terribles pertes humaines provoquées par la Grande Guerre, elle est surtout marquée par le second conflit mondial, au cours duquel sa position l'expose à de nombreux combats. L'entrée en guerre

»

**Les guerres du XXe siècle** *(suite)*

de l'Italie le 10 juin 1940 ouvre un nouveau front au cœur des Alpes, où les attaques italiennes sont repoussées. Toulon et Marseille sont bombardées. Après l'armistice, les deux villes, seuls débouchés maritimes de la zone libre et indispensable lien vers les colonies d'Afrique du Nord, prennent une importance nouvelle. En novembre 1942, lorsque la zone libre est envahie, la flotte militaire stationnée à Toulon se saborde dans la rade pour ne pas tomber aux mains des Allemands. Seuls quelques navires parviennent à s'échapper et à rallier l'Afrique du Nord. Puis, en août 1944, les forces alliées venues d'Italie et d'Algérie débarquent à Toulon. Deux semaines plus tard, la Provence est libérée !

## Le mémorial du mont Faron, l'autre débarquement

Le débarquement de Provence, moins célèbre sans doute que celui de Normandie, a pourtant joué un rôle crucial dans la reconquête du territoire, puisqu'il permet de libérer Lyon dès le 3 septembre 1944.

À retenir

Le site choisi pour le débarquement est la rade de Toulon, site naturel exceptionnel déjà utilisé par Louis XII lors des guerres d'Italie. Toulon devient port de guerre au XVIIe siècle, sur décision de Richelieu. Les hauteurs qui dominent la ville, notamment le mont Faron, sont alors fortifiées. C'est au sein de la tour Beaumont, édifiée en 1845, qu'est inauguré en 1964 le mémorial du débarquement de Provence. Cet édifice a l'aspect d'une grosse tour basse semi-circulaire, dotée de *mâchicoulis* et complétée par une batterie et un magasin.

La Provence rendue à la liberté se tourne résolument vers l'avenir, mettant à profit la douceur de son climat mais aussi la richesse de son histoire et de son patrimoine et la beauté de ses paysages pour devenir l'une des plus belles destinations touristiques de France.

### Mon coup de cœur, le village des bories de Gordes

Les bories, ces cabanes de bergers voûtées construites entièrement en pierre sèche, sont présentes dans une grande partie de la région, mais à Gordes, elles s'organisent en véritable village ! Ces constructions temporaires étaient généralement liées aux travaux saisonniers. Les bories de Gordes auraient été construites lors du grand mouvement de défrichage qui anime la région entre les XVIIe et XVIIIe siècles.

**DANS CE CHAPITRE**

Une île façonnée par des influences venues de toute la Méditerranée

•

Une culture à nulle autre pareille

•

Des personnalités uniques

# Chapitre 11

# La Corse, belle insoumise

La Corse est la plus petite région de France métropolitaine, et possède comme les Outre-mer un statut singulier de collectivité territoriale. Cette île, disputée et désirée tout au long de l'histoire, fait véritablement figure de belle insoumise.

De son relief escarpé et de sa nature insulaire, elle a su faire des atouts de défense, et les diverses tentatives de conquête dont elle a fait l'objet au cours des siècles lui ont sans cesse apporté des influences novatrices. Sur ce petit territoire se trouvent regroupés un site préhistorique des plus spectaculaire, des monuments inspirés de toutes les cultures méditerranéennes ou encore un château bâti avec les pierres du palais des Tuileries !

De ses héritages sarde, grec, romain, vandale, lombard, pisan, génois, français et même anglais, l'île de Beauté a tiré une culture corse à nulle autre pareille.

### EN QUELQUES DATES

| | |
|---|---|
| **7000 à 6500 av. J.-C.** | La Dame de Bonifacio |
| **Vers 2000 av. J.-C.** | Présence de la culture torréenne d'influence sarde |
| **VIe siècle av. J.-C.** | Les Grecs de Phocée créent le comptoir d'Alalia, future Aléria |
| **Vers 303** | Martyre de sainte Julie et sainte Dévote |
| **Ve siècle** | Les Corses quittent le rivage et s'installent sur les hauteurs de l'île pour fuir les invasions vandales, lombardes puis sarrasines |
| **774** | Charlemagne rend la Corse au Saint-Siège |
| **1014** | Génois et Pisans chassent les Sarrasins de Corse |
| **1420** | Alphonse d'Aragon échoue à prendre Bonifacio |
| **1553-1559** | La Corse est brièvement française grâce à Sampiero Corso |
| **15 mai 1768** | Gênes cède la Corse à la France |
| **1794-1796** | Royaume anglo-corse |
| **4 octobre 1943** | Libération de la Corse occupée par les forces de l'Axe |

# Les guerriers de pierre de Filitosa et Palaghju

La présence en Corse de groupes de chasseurs-cueilleurs est attestée au IXe millénaire avant notre ère. La célèbre Dame de Bonifacio, dont le squelette est découvert en 1972, aurait vécu pour sa part 6 à 7000 ans avant notre ère.

Au cours du IIe millénaire av. J.-C. émerge la culture dite torréenne, d'influence sarde, ainsi nommée parce qu'elle se caractérise par la construction de tours. Elle nous a également laissé d'impressionnants *mégalithes* sculptés, les statues-menhirs, qui illustrent la richesse de la civilisation corse à l'âge du bronze. Elles sont taillées de manière à évoquer des silhouettes humaines, probablement des guerriers car nombre d'entre elles arborent des épées.

Ensemble remarquable

À Filitosa, 3 monuments torréens et 16 statues sculptées se côtoient au sein d'un vaste *oppidum* où l'on retrouve également des cabanes formant un petit village néolithique. Cet espace est délimité par une enceinte de gros blocs de pierre. La destination des monuments circulaires, évoquant des tours, est mal connue, même si certains pensent y voir les vestiges d'un culte du feu.

Ils semblent postérieurs aux statues-menhirs, puisque des fragments de ces *mégalithes* ont été retrouvés dans les murailles des tours.

À Palaghju, les statues-menhir s'organisent en 7 alignements regroupant en tout 258 *mégalithes* ! Tous ont été sculptés pour leur conférer une allure humaine, même si certains sont à peine ébauchés. Le site comporte également une sépulture en coffre, semblable à un *dolmen* qui aurait été enterré. Elle a révélé un riche mobilier, poignard de bronze, perles d'or et d'argent... soulignant la richesse de la Corse de l'époque torréenne.

## Aléria, grecque, étrusque et romaine

Au VIe siècle av. J.-C., des Grecs venus de Phocée, cité qui est également à l'origine de la création de Marseille, fondent une colonie à Alalia, sur la côte est de la Corse. Bientôt, les Étrusques s'y installent également, comme en attestent les superbes tombes retrouvées sur place, datées entre 500 et 250 av. J.-C. Finalement, les Romains s'emparent de la ville en 259 av. J.-C. et la rebaptisent Aléria, puis l'élèvent au rang de colonie romaine et même de capitale de l'île sous Auguste ! Le représentant de l'empereur y a désormais son palais, le prétoire. La ville compte même un port de guerre car, comme le souligne l'écrivain romain Tacite, les Corses sont d'excellents marins. Aléria sert de base à la conquête romaine de la Corse, œuvre de longue haleine puisque l'île résiste près d'un siècle !

À retenir

Les fouilles menées dans les années 1960 ont permis de mettre au jour le forum, des boutiques, des temples, un vaste réseau hydraulique ainsi que des thermes. Un très riche mobilier y a été découvert. La ville possédait également des remparts, qui n'ont toutefois pas suffi à la protéger des invasions qui touchent l'île à partir du IVe siècle. Le site d'Aléria est alors progressivement délaissé, sans être totalement abandonné pour autant. Les monuments romains sont démantelés et leurs pierres réutilisées, par exemple lors de l'édification de la petite église romane Saint-Marcel. Au XIVe siècle, les Génois y construisent le fort de Matra, qui abrite aujourd'hui le musée Jérôme Carcopino où sont exposés les trésors antiques découverts lors des fouilles.

## Notre-Dame-des-Neiges et les chapelles pisanes

Si le martyre de sainte Julie et sainte Dévote au début du IVe siècle témoigne de la progressive christianisation de l'île, celle-ci a bien du mal à s'imposer dans le chaos des siècles suivants. Au Ve siècle, Aléria est détruite par les Vandales, puis les Lombards s'installent en Corse avant d'être à leur tour chassés en 774 par les Sarrasins. Ceux-ci opèrent de sévères razzias sur l'île jusqu'au Xe siècle, contraignant la population à se réfugier dans les montagnes. Finalement, en 1014, la coalition de Pise et de Gênes vient à bout des conquérants musulmans. Le patrimoine religieux de l'île est mis à rude épreuve. Ainsi, à Mariana, la première église est saccagée une demi-dizaine de fois avant d'être abandonnée au XIe siècle.

Après leur victoire, Pise et Gênes se disputent l'île, finalement partagée entre les deux cités.

**Le saviez-vous ?**

Au XIIe siècle, Ajaccio, Aléria et Sagone sont des diocèses pisans, tandis que Gênes se voit octroyer Mariana, Nebbio et Accia. Les Pisans encouragent l'édification et la reconstruction de nombreuses églises, telle Notre-Dame-des-Neiges, église du VIe siècle rebâtie au Xe siècle puis remaniée à la fin du XIVe siècle. D'une grande sobriété, elle est de plan rectangulaire avec une *abside* arrondie, et éclairée par une seule fenêtre et une ouverture en croix pratiquée au-dessus de l'*abside*. Son décor intérieur a conservé de monumentales peintures représentant des saints. Saint-Michel de Murato, pour sa part, est une construction pisane du XIIe siècle bâtie en pierre polychrome blanche et verte. Elle possède un étonnant clocher-porche perché sur deux imposantes colonnes.

## La citadelle de Bonifacio, côté génois

**En péril**

Les Pisans s'emploient également à fortifier la ville de Bonifacio, mais la cité leur est arrachée par leurs rivaux génois à la fin du XIIe siècle. Ces derniers, mécontents de l'attitude de la population corse, vident la ville de ses habitants au profit de nouveaux venus génois. Dès lors, Bonifacio ne cesse d'être l'objet des luttes incessantes entre les républiques de Pise et de Gênes. Ce site impressionnant, juché sur de hautes falaises, est maintes fois fortifié au fil des siècles pour résister aux attaques des Aragonais, des Français ou encore des Turcs, et change plusieurs fois de mains. Les remparts de la ville gardent le souvenir des occupants pisans, génois puis français, et composent un superbe ensemble en surplomb sur la mer. Ils sont malheureusement aujourd'hui menacés et se dégradent rapidement. Leur restauration est soutenue par la Fondation du patrimoine.

Autre citadelle perchée, celle de Calvi. Elle est créée au XIIIe siècle par les Génois, appelés par la population locale pour mettre un terme aux luttes féodales qui déchirent la ville. Calvi reste fidèle à Gènes jusqu'au rattachement de la Corse à la France, et si elle est conquise en 1420 par le roi d'Aragon, la population se révolte et chasse les occupants l'année suivante. La citadelle est un chef d'œuvre d'art militaire italien, à la fois sobre et redoutable, bien campée au-dessus de l'eau à l'entrée du golfe de Calvi.

Ensemble remarquable

Outre ces forteresses, la Corse se couvre de ces tours dites « génoises » qui fleurissent sur les rivages après la prise de Constantinople par les Turcs. Les pirates barbaresques, en effet, effectuent alors de fréquentes razzias sur les côtes de l'île. Les tours génoises sont à la fois des tours de guet et des fanaux car, une fois les pirates repérés, elles donnent l'alerte au moyen de feux, de fumée ou d'une sonnerie de trompe. On dénombre encore aujourd'hui 83 tours, dont certaines sont en ruine. Elles forment un ensemble remarquable par leur homogénéité architecturale.

## L'escalier du roi d'Aragon, les pieds dans l'eau

Insolite

Ce surprenant escalier de 187 marches permet de descendre depuis le cœur de la citadelle de Bonifacio jusqu'à une plateforme située 12 m au-dessus de l'eau, puis par un escalier plus étroit jusqu'à la mer. Creusé dans le dur calcaire de Bonifacio, il apparaît vu de la mer comme une blessure barrant la falaise. La légende l'attribue aux soldats du roi d'Aragon, qui en 1420 l'auraient creusé en une nuit pour accéder à la ville ! Certains imaginent au contraire qu'il a été bâti par les habitants de la cité, soucieux de conserver un débouché sur la mer en cas de siège. En fait, il s'agit sans doute plutôt d'un passage aménagé vers la source Saint-Barthélemy, située au pied de la falaise, et qui aurait permis d'abreuver la ville en cas de siège puisqu'il n'existe pas d'autre source à l'intérieur de la cité, mais seulement des citernes.

**Figure 11-1**
L'escalier du roi d'Aragon

Ce monument insolite rappelle en tout cas les prétentions aragonaises sur la Corse, et le bref règne, de 1421 à 1434, du vice-roi Vincentello d'Istria, qui fait bâtir un château à Corte, au cœur de l'île. Corte sera également la capitale de la République de Corse, établie par Pascal Paoli entre 1755 et 1769.

## Sampiero Corso, le choix de l'alliance française

**Figure historique**

En 1453, la république de Gênes confie à l'Office de Saint-Georges, banque génoise, le gouvernement de la Corse. Un siècle plus tard, les Corses s'allient aux Turcs et aux Français pour se révolter contre Gênes. Ils placent à leur tête Sampiero Corso, *condottiere* issu d'une famille de notables de Bastelica. Sampiero fait ses premières armes au service d'un seigneur florentin puis, passé en 1535 au service du cardinal Jean du Bellay, ambassadeur de France à Rome, il s'illustre au sein de l'armée française et combat aux côtés du célèbre chevalier Bayard. En 1547, il est nommé colonel et se voit confier les soldats corses passés au service de François Ier.

En 1553, le soulèvement dont il prend la tête rencontre un certain succès avant de tourner court. Sampiero est rappelé en France en 1555, alors qu'un armistice avec Gênes place temporairement la Corse sous domination française. En

1559, par le traité de Cateau-Cambrésis, la Corse redevient génoise, tandis que Sampiero Corso est nommé ambassadeur extraordinaire à Constantinople. Après avoir tué de sa propre main sa femme qu'il accusait de trahison, Sampiero tente de reprendre pied en Corse à partir de 1564. Mais le chef corse, abandonné par les grandes familles de l'île, poursuivi par la rage vengeresse de sa belle-famille, est finalement tué en 1567 dans une embuscade.

### Pascal Paoli, père de la nation corse

En 1729, les Corses se révoltent contre les impôts excessifs réclamés par les représentants de Gênes dans une période de mauvaises récoltes. En 1737, le soutien des troupes françaises permet à Gênes de rétablir son autorité sur l'île. Les chefs rebelles prennent la route de l'exil. Parmi eux, Hyacinthe Paoli emmène à Naples son jeune fils Pascal, âgé de 15 ans. Mais bientôt, la situation redevient favorable aux insurgés, et Pascal Paoli revient en Corse en 1755. Élu général en chef, il promulgue une constitution d'inspiration démocratique. La république de Corse prend fin en 1769, lors d'une ultime défaite contre la France. L'île est en effet devenue propriété de la France un an plus tôt par le traité de Versailles. Pascal Paoli s'exile en Angleterre, pour revenir 30 ans plus tard à la faveur de la Révolution. Élu en 1790 chef de la garde nationale de Corse, il a sous ses ordres le jeune Napoléon Bonaparte, mais les deux hommes ne s'entendent pas. Bientôt, la modération de Paoli le fait condamner par la Convention comme « traître à la République française ». Dès lors, et avec le soutien du peuple corse, il s'appuie sur l'Angleterre pour fonder un éphémère royaume anglo-corse. La famille Bonaparte, condamnée à l'infamie, est contrainte à l'exil. En 1796, le vice-roi anglais est chassé par les Corses, qui accueillent ensuite sans résistance les armées napoléoniennes. Paoli meurt exilé en Angleterre, n'ayant réussi à établir ni une république ni une monarchie corse, mais ayant gagné pour la postérité le titre de père de la nation.

## Les souvenirs de la maison Bonaparte

La famille Bonaparte, originaire de Sarzane, au nord de Pise, est présente en Corse depuis le XVe siècle. Au XVIIe siècle, elle s'installe dans une maison d'Ajaccio et devient peu à peu propriétaire de toute la bâtisse, grâce notamment à quelques mariages. Les Bonaparte entreprennent alors de la rénover et d'y installer un escalier, car jusque-là l'accès aux étages se faisait par une échelle ! En 1764, Charles, dernier héritier du nom Bonaparte, épouse Letizia Ramolino. C'est alors un propriétaire terrien aisé et un juriste éminent, avocat au Conseil supérieur de Corse. Le couple a 14 enfants, dont 8 survivent. Le futur empereur Napoléon est le second de cette célèbre fratrie. La maison demeure dans la famille jusqu'en 1923, date où elle est offerte à l'État. Elle abrite aujourd'hui un musée.

# Le palais Fesch, Ajaccio impériale

Figure historique

Joseph Fesch, oncle maternel de Napoléon Ier, est un homme d'Église qui réalise une fort belle carrière dans le sillage de son neveu ; archevêque de Lyon, cardinal, ambassadeur de France auprès du Saint-Siège, la fin de l'Empire le contraint toutefois à l'exil. Il se consacre alors à des œuvres pieuses et à ses collections d'art, qui comptent pas moins de 16 000 tableaux ! Il en lègue un millier à la ville d'Ajaccio. Ces œuvres prennent place dans le palais Fesch, bâti à partir de 1828 et achevé en 1852, après la mort du cardinal.

En 1859, afin d'exaucer le vœu de Joseph Fesch, Napoléon III fait construire une chapelle accolée au palais, où le cardinal est enterré aux côtés d'autres membres de la famille Bonaparte, dont Charles et Letizia, parents de Napoléon Ier et grands-parents du nouvel empereur. Nommée chapelle palatine ou chapelle impériale, elle est bâtie sur un plan en croix latine dans un style néo-Renaissance.

## Napoléon Bonaparte, de la Corse à Moscou

Fils de Charles Bonaparte, Napoléon grandit en Corse au sein d'une famille nombreuse. Il se forme au métier des armes, mais rien ne laisse alors deviner que ce futur officier va se révéler un tacticien de génie. Ses qualités lui valent pourtant d'être promu général dès 1793. Il défend alors les idées de la Révolution et sauve le Directoire lors de l'insurrection royaliste du 13 vendémiaire. Bonaparte prendre ensuite la tête de l'armée d'Italie, avec laquelle il enchaîne les succès, comme à Arcole ou Rivoli. Mais, bientôt, c'est l'Égypte, où Bonaparte se rêve en nouvel Alexandre ; cette campagne ne sera pourtant un succès que sur le plan culturel. Rentré précipitamment en France, le général s'empare du pouvoir et se fait nommer Premier consul. Cinq ans plus tard, le 2 décembre 1804, il se fait sacrer empereur sous le nom de Napoléon Ier. Les nations européennes inquiètes déclarent alors la guerre à la France, mais Napoléon remporte la fameuse victoire d'Austerlitz. C'est à cette période qu'il donne au pays une organisation durable, créant le corps des préfets, la Banque de France, le Code civil ou encore une nouvelle monnaie, le franc ! Encouragé par ses nombreux succès, l'empereur s'engage alors dans la campagne de Russie, entreprise qui lui sera fatale. Les nations européennes, s'unissant contre lui, le forcent à abdiquer en 1814. Mais moins d'un an plus tard, profitant de l'impopularité de la restauration monarchique, il quitte son exil méditerranéen de l'île d'Elbe et tente une incroyable marche sur Paris : en trois mois, il gagne la capitale et reprend le pouvoir. De nouveau, les puissances d'Europe s'allient pour mettre un terme définitif à l'aventure ; l'épopée des Cent Jours prend fin à Waterloo, et l'empereur déchu est exilé à Sainte-Hélène, au cœur de l'Atlantique Sud, où il meurt le 5 mai 1821.

## Le château de la Punta, hommage à la France

En péril

« Jérôme, duc Pozzo di Borgo, et Charles, son fils, ont fait construire cet édifice avec des pierres provenant du palais des Tuileries, incendié à Paris en 1871, pour conserver à la Patrie Corse un précieux souvenir de la Patrie française. » Cette inscription figurant sur la façade du château de la Punta résume à elle seule l'histoire de l'intégration de la Corse à la France, et notamment de ses élites, et celle de ce singulier bâtiment construit en 1891. Charles-André Pozzo di Borgo, oncle de Jérôme, est en effet représentant de l'île à l'Assemblée législative lors de la Révolution, et s'oppose fermement aux visées impériales de son compatriote Bonaparte. Il est l'un des acteurs clefs du congrès de Vienne comme ambassadeur du tsar, et un francophile enthousiaste après la chute de l'Empire.

Le château de la Punta est inspiré d'éléments détruits du palais des Tuileries, disparu lors de la Commune ; ses quatre façades présentent quatre aspects différents de l'ancien palais, tandis que sa décoration intérieure s'inspire largement du classicisme français. En 1978, l'édifice est gravement endommagé par un feu de maquis. Une quinzaine d'années plus tard, le conseil général de Corse-du-Sud en fait l'acquisition ; mais malgré la construction d'une nouvelle charpente en poutrelles métalliques, l'édifice est très abîmé et nécessite d'importants travaux de restauration.

### Mon coup de cœur, l'oriu de Grussettu

L'oriu est une singularité corse, un abri sous roche fermé par des murs de pierre sèche. L'oriu de Grussettu, installé sous un énorme rocher calcaire creusé d'alvéoles, comporte deux abris spacieux et bien protégés dominant le paysage alentour. Certains de ces refuges remonteraient à l'âge du fer et auraient servi de sépulture. Par la suite, ils ont été utilisés comme cabanes de bergers, réserves et même caches d'armes.

# Partie 5

# Sud-Ouest, entre deux mers

## Dans cette partie…

Entre Atlantique et Méditerranée, la Nouvelle-Aquitaine et l'Occitanie composent un vaste ensemble livré à de nombreuses influences ; basques et ibères, grecques et romaines, espagnoles et anglaises… Découvrez la Nouvelle-Aquitaine au gré de ses très nombreux monuments, témoins d'un territoire où s'est longtemps jouée la rivalité entre France et Angleterre. Région atlantique par excellence de La Rochelle à Saint-Jean-de-Luz, elle comprend aussi des provinces historiques anciennes tels le Poitou, le Périgord ou le Limousin.

Côté Occitanie, entrez dans l'histoire d'une région singulière façonnée par la présence romaine et le puissant royaume wisigoth. Suivez l'épopée cathare, les relations tumultueuses avec l'Espagne, l'aventure du canal du Midi…

**DANS CE CHAPITRE**

Une région marquée par des cultures plurimillénaires profondément liées au sol

•

Des cultures qui résistent à travers les siècles aux invasions et aux tentatives d'uniformisation

# Chapitre 12

# La Nouvelle-Aquitaine, entre permanence et résistances

L'histoire de la Nouvelle-Aquitaine s'inscrit entre résistances et permanence. Permanence d'une culture attachée à un sol où l'homme est présent depuis des millénaires, où les ports de La Rochelle et Bordeaux pratiquent le commerce de l'étain depuis les Celtes, où la culture de la vigne marque le paysage depuis les Romains. Mais cette permanence est acquise grâce à une certaine résistance aux invasions et aux heurts de l'histoire, qui a permis de préserver les identités singulières de la région. Avant la conquête romaine, des populations celtibères, issues de la rencontre des Ibères venus du sud et des Celtes arrivés du nord, côtoient des peuples bascophones dont la culture originale résiste à la romanisation. L'arrivée des Wisigoths, peuple fortement romanisé, aboutit au v^e^ siècle à la création d'un vaste royaume, dont le cœur se trouve à Toulouse. La puissance de cette ville explique les résistances locales au pouvoir carolingien puis capétien, mais aussi aux invasions arabes et vikings, tandis que s'affirment l'indépendance du duché d'Aquitaine et la singularité du Poitou, de l'Aunis, de la Saintonge ou du Périgord, qui émergent avec la féodalité.

## EN QUELQUES DATES

| | |
|---|---|
| **35 000 av. J.-C.** | Apparition de l'homme de Cro-Magnon, le plus vieil homme moderne de France |
| **Autour de 15 000 av. J.-C.** | Peintures *rupestres* de Lascaux |
| **VIe siècle av. J.-C.** | Les Ibères venus d'Espagne s'installent dans les vallées « soulanes » des Pyrénées |
| **IIIe siècle av. J.-C.** | Fondation du port de Burdigala (Bordeaux) par les Bituriges Vivisques |
| **15 av. J.-C.** | Auguste crée la région Aquitaine, qui s'étend de la Loire aux Pyrénées |
| **300** | Saint Martial évangélise Limoges |
| **350** | Saint Hilaire évangélise Poitiers |
| **507** | Victoire du roi franc Clovis à Vouillé contre les Wisigoths d'Alaric II |
| **732** | Victoire de Charles Martel contre les Arabes à Poitiers |
| **781** | Création du royaume d'Aquitaine par Charlemagne |
| **1154** | Henri Plantagenêt, duc d'Aquitaine, devient roi d'Angleterre |
| **1347** | Gaston Fébus profite du conflit franco-anglais pour se déclarer indépendant et revendiquer la souveraineté du Béarn |
| **1594** | Le Béarnais Henri de Navarre est sacré roi de France sous le nom d'Henri IV |
| **1660** | Mariage de Louis XIV avec l'infante d'Espagne Marie Thérèse à Saint-Jean-de-Luz |
| **XVIIIe siècle** | Le beau siècle de Bordeaux, capitale internationale du vin |

Au XIVe siècle, c'est Gaston Fébus qui refuse de s'inscrire dans une vassalité française ou anglaise et se déclare souverain en ses États ! Au sortir de la guerre de Cent Ans, cette vaste région qu'on appelle désormais Guyenne voit la ville de Bordeaux prendre une certaine importance. Mais si le pouvoir central se cherche ainsi un interlocuteur légitime, cela ne semble pas gommer d'autres systèmes d'appartenance locale tels que l'Agenais ou le Quercy, les entités basques telles que la Soule, le Labourd avec Bayonne ou la Basse-Navarre, mais aussi le Béarn, l'Albret et l'Armagnac.

À l'issue des guerres de religion, c'est le roi Henri de Navarre qui monte sur le trône de France sous le nom d'Henri IV ; on parlera désormais des rois « de France et de Navarre » ! Mais l'unité politique en marche ne gomme pas les particularismes locaux, pas plus que le découpage révolutionnaire en départements. Cependant, ces identités ont pu évoluer au cours du temps, s'incarnant aujourd'hui dans des entités géographiques tel le Bordelais et son vignoble, ou dans des départements à fort héritage historique tel le Périgord. Le Béarn et le Pays basque, de leur côté, parient sur leurs cultures ancestrales et singulières.

# Quand les hommes s'installent

Dans la région, les plus riches vestiges paléolithiques se trouvent dans la vallée de la Dordogne, qui est à ce titre exceptionnelle. Elle abrite certains des plus beaux monuments du monde pour cette période. Le Néolithique est quant à lui largement représenté en Limousin, avec une importante présence de *mégalithes* et de monuments funéraires.

## Lascaux et la vallée de la Vézère, exposition d'artistes

**Ensemble remarquable**

En Périgord, la présence humaine remonte à 350 000 ans ! La vallée de la Vézère regroupe à elle seule plus de 150 sites archéologiques, et compte des lieux aussi prestigieux que Cro-Magnon ou Lascaux. Ce dernier site est véritablement exceptionnel. Il s'agit d'un ensemble de salles courant sur 235 m de galeries, dont les plus célèbres sont la salle des Taureaux, le cabinet des Félins, la Nef ou encore l'Abside. Il contient des milliers de dessins, peintures et gravures, évoquant pour la plupart des animaux, toujours représentés de profil et qui souvent se superposent. Quelques représentations humaines symboliques complètent l'ensemble, comme ce guerrier bousculé par un bison dans la salle du Puits. Ces œuvres sont généralement attribuées à la culture magdalénienne, vers 15 000 av. J.-C. Découvertes en

1940 par quatre adolescents, ces grottes exceptionnelles souffrent rapidement de leur surfréquentation et sont fermées au public en 1963. En 1983, l'ouverture du site de Lascaux II, fac-similé partiel de la grotte, permet aux visiteurs un aperçu de ses trésors. En 2016, avec Lascaux IV, c'est la totalité de la grotte qui est reproduite à quelque distance du site originel. Lascaux, Cro-Magnon et les sites de la vallée de la Vézère sont inscrits au patrimoine mondial de l'UNESCO.

**Figure 12-1**
Le Paléolithique

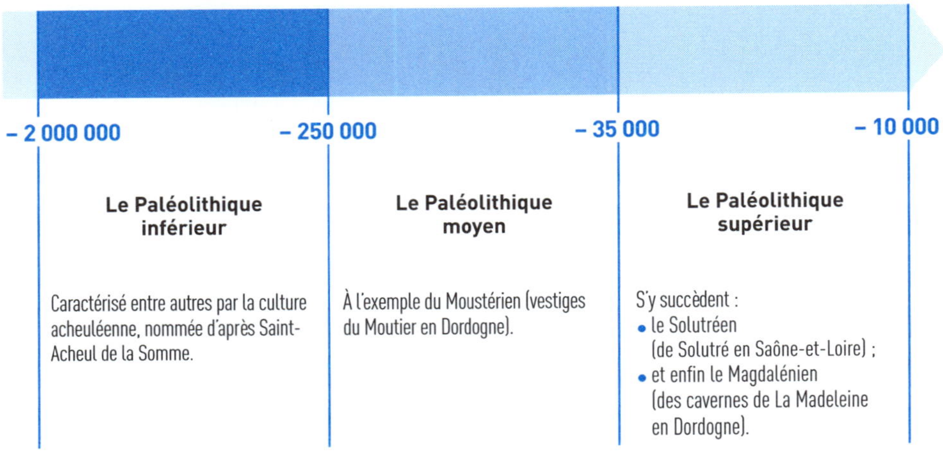


## L'abri de Cro-Magnon, la maison de l'homme moderne

En 1868, la découverte de l'abri sous roche de Cro-Magnon représente une véritable révolution ; datés d'environ 26 000 avant notre ère, les 5 squelettes mis au jour, qui semblent avoir fait l'objet de rites funéraires, permettent aux anthropologues de définir une nouvelle race humaine, grande et robuste, avec un crâne volumineux, qui se distingue nettement des races préhistoriques connues jusque-là. Les armes et les outils qu'ils confectionnent font preuve d'une maîtrise supérieure. Ils inventent l'aiguille et le propulseur, qui permet de projeter une lance avec plus de force. Mais Cro-Magnon est aussi un artiste, qui réalise d'admirables dessins et crée des instruments de musique.

**Le saviez-vous ?**

Sa lente évolution au cours des millénaires aboutit à l'homme moderne, c'est-à-dire… nous ! L'appellation de Cro-Magnon est d'ailleurs aujourd'hui délaissée par les spécialistes au profit de celle d'homme moderne ou d'Homo sapiens ; tous ces termes désignent nos ancêtres directs !

**Figure 12-2**
Les hominidés

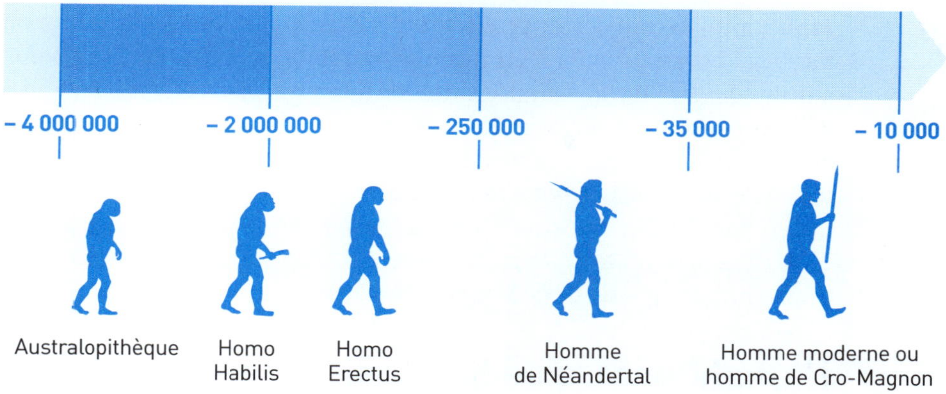


### Les Celtes de Nouvelle-Aquitaine

La multitude de peuples celtes qui s'installent dans la région à l'âge du fer, sans doute sensibles à la douceur du climat, nous laisse entrevoir les identités culturelles qui peu à peu se construisent dans la région :

- Les Boïates s'installent sur les rives du bassin d'Arcachon.
- Les Vasates investissent le pays Bazadais.
- Les Pétrocores choisissent la région de Périgueux.
- Les Nitiobroges s'établissent à Agen.
- Les Bituriges Vivisques s'installent à Burdigala, future Bordeaux, qui pratique le commerce du vin avec le monde romain dès la fondation de la province romaine de Narbonnaise en 118 av. J.-C.
- Les Pictons créent l'*oppidum* de Lemonum, future Poitiers.
- Les Santons s'établissent en Charente, autour de Saintes.
- Les Lémovices, près de Limoges, exploitent des mines d'or et d'étain et se livrent à l'élevage des bœufs et des chevaux.

Au sud, les Celtes se mêlent aux Ibères, présents dans les Pyrénées jusqu'au Béarn.

## L'oppidum de Villejoubert, capitale oubliée

En 10 avant notre ère, la fondation par les Romains de la ville d'Augustoritum, future Limoges, voue à l'oubli la capitale des Lémovices, qui fut pourtant le plus grand *oppidum* de toute la Gaule !

À retenir

Mesurant 4 000 m dans sa plus grande longueur et 600 m de large, il représentait une surface de 238 ha protégée par un rempart typiquement gaulois, nommé *murus gallicus*. Sur son assise faite de blocs de pierre était fixé un quadrillage de poutres de bois, lui-même recouvert de pierres. Plusieurs cadres de poutres étaient ajoutés au fur et à mesure que la muraille s'élevait, pour servir de structure à l'ensemble. Les poutres étaient fixées entre elles par de longs clous de fer. Le rempart de Villejoubert atteint encore par endroit 18 m de hauteur ! Cependant, ce vaste espace n'était que partiellement habité. Il a conservé des vestiges d'habitat et révélé la présence de très nombreuses amphores à vin.

## L'amphithéâtre de Saintes, des vivants et des morts

En péril

En 15 av. J.-C., Auguste crée la région Aquitaine, qui va de la Loire aux Pyrénées. Sa capitale est fixée à Mediolanum, future ville de Saintes, idéalement placée au débouché de l'axe venant de Lyon à travers la Gaule. Située sur le territoire des Santons et très anciennement occupée, Saintes devient une véritable ville sous l'impulsion romaine, et arbore bientôt tous les signes extérieurs de romanité ; *basiliques*, thermes, arc triomphal et bien sûr un amphithéâtre, bâti au Ier siècle de notre ère. Appuyé à flanc de vallon, il mesurait 126 m sur 102 et pouvait accueillir jusqu'à 15 000 spectateurs. Le génie romain s'exprime dans sa conception particulièrement ingénieuse, qui permettait d'atteindre la trentaine de niveaux de gradins par une centaine d'accès, évitant toute presse inutile à l'entrée et à la sortie. L'arène était commandée par deux portes, la porte des vivants, par laquelle entraient les gladiateurs, et la porte des morts par où étaient évacuées les dépouilles des vaincus. Au Moyen Âge, ce remarquable édifice sert de carrière de pierres avant de tomber dans l'oubli. Il n'est retrouvé et dégagé qu'au XXe siècle, et nécessite aujourd'hui d'importants travaux de restauration, soutenus par la Fondation du patrimoine.

## Le palais Gallien, faux palais et vrai amphithéâtre

Peu à peu, la province d'Aquitaine s'organise. La cité des Lémovices, qui a donné son nom au Limousin, y est rattachée avec sa nouvelle capitale, Augustoritum (Limoges), située au carrefour des axes Lyon-Saintes et Bordeaux-Bourges. En 70, Bordeaux devient la nouvelle capitale de l'Aquitaine. Elle se dote au début du IIe siècle d'un amphithéâtre romain, lieu de spectacle qui pouvait accueillir jusqu'à 22 000 spectateurs. Ce lieu est traditionnellement appelé palais Gallien.

Le saviez-vous ?

Ce nom vient d'une légende médiévale qui fait de Galiène, reine légendaire de Bordeaux, la femme de Charlemagne qui aurait construit ce palais pour elle. Galiène, bien sûr, n'a jamais existé ! Au fil des siècles, l'amphithéâtre a été absorbé par le tissu urbain de Bordeaux, et seuls quelques vestiges en sont encore visibles. Ils ont notamment permis de conclure que les gradins étaient probablement en bois et non maçonnés comme dans la plupart des amphithéâtres de l'époque.

## L'abbaye de Ligugé, une expérience inédite

Au IVe siècle, les invasions barbares bousculent fortement les structures politiques et religieuses de la région et favorisent la propagation des hérésies. Les envahisseurs wisigoths sont en effet des adeptes de *l'arianisme*. Mais l'orthodoxie catholique est défendue par des évêques de haute stature, tel Martial à Limoges, Hilaire à Poitiers ou encore Martin, futur évêque de Tours, qui fonde à Ligugé le premier monastère de Gaule ! Il s'y installe en 361 avec le désir de mener une vie d'ermite, mais se voit bientôt entouré de nombreux disciples. Il organise la prière et le travail commun, même si chaque moine possède son « ermitage », grotte ou cabane solitaire. Les premiers moines sont donc des ermites qui vivent en communauté ! Dès lors, l'histoire de Ligugé s'avère singulièrement mouvementée. Abandonnée lors des persécutions wisigothes contre les catholiques, elle reprend vie après la victoire de Clovis, défenseur du catholicisme, en 507 à Vouillé. Ravagée par les Vikings en 865, elle est restaurée au Xe siècle et adopte la règle bénédictine. La guerre de Cent Ans puis les guerres de religion provoquent de nouvelles destructions, et la Révolution signe le départ des moines. Restaurée par l'ordre de Solesmes, la vie monastique reprend réellement en 1923. Durant la Seconde Guerre mondiale, l'abbaye sert de refuge à plusieurs personnalités fuyant vers la zone libre.

**Et aujourd'hui**

De l'abbaye de saint Martin, il ne reste aujourd'hui que les fondations et la vie spirituelle de la communauté des moines.

### Les Wisigoths

Après avoir erré dans l'Empire romain, les Wisigoths, peuple germanique venu de l'est, s'installent dans le sud-ouest de la Gaule et obtiennent de Rome le statut de peuple fédéré au début du Ve siècle. C'est la naissance du royaume de Toulouse, qui englobe la Novempopulanie (au sud de l'Aquitaine romaine) et la Septimanie (partie ouest de la Narbonnaise) jusqu'à l'Auvergne et à la Loire. Au sud, ils conquièrent l'Espagne. Leur singularité religieuse, puisque ce sont des adeptes de l'hérésie chrétienne nommée *arianisme*, n'implique cependant pas une architecture particulière, et leurs églises sont les mêmes que les églises catholiques. De plus, le réseau des évêques catholiques demeure puissant, et se voit encore renforcé par la disparition du pouvoir romain. La défaite des Wisigoths en 507 face aux Francs marque le début de l'influence franque dans la région, même si celle-ci est remise en cause au sud par l'arrivée des Vascons, venus de Navarre au VIe siècle s'installer dans la future Gascogne.

# Des Francs aux Capétiens, l'émergence de la féodalité

Le pouvoir des Wisigoths, symbolisé par le code de loi appelé *Bréviaire d'Alaric*, promulgué en 506, s'efface bientôt devant les nouveaux venus francs. Le roi Alaric II est battu et tué à Vouillé face aux armées de Clovis en 507, et l'Aquitaine devient franque. Le duché d'Aquitaine, créé au VIIe siècle, fait bientôt face aux invasions arabes, mais les nouveaux envahisseurs sont vaincus entre Tours et Poitiers par Charles Martel en 732. En 781, Charlemagne crée le royaume d'Aquitaine pour son fils Louis le Pieux, qui succède ensuite à son père à la tête de l'Empire. À la mort de Charles le Chauve, fils de Louis le Pieux, le pouvoir carolingien est contesté par les seigneurs locaux, qui s'arment pour défendre leurs territoires contre les invasions vikings et prennent leur indépendance. Outre le duché d'Aquitaine émergent alors les comtés de Poitiers, Angoulême, Aunis et Saintonge. Le Limousin, quant à lui, est déchiré entre factions rivales. Mais face au pouvoir seigneurial, l'Église affirme son autorité et tente d'imposer une trêve lorsque la région est durement frappée par l'épidémie d'ergotisme, le fameux « mal des ardents », en 994.

La Gascogne rejoint le giron aquitain en 1063. Le Pays basque est également intégré au duché, tandis que le Béarn demeure indépendant. Aux XIIe et XIIIe siècles, la région connaît un fort développement, porté par l'élan des croisades et le dynamisme du pèlerinage de Compostelle.

## Saint-Martial de Limoges, pouvoir spirituel et rayonnement intellectuel

Pour lutter contre le mal des ardents, l'évêque de Limoges a recours aux reliques de saint Martial, premier évangélisateur du lieu, qui sont exposées à la foule ; c'est le début d'une pratique religieuse qui a lieu tous les 7 ans jusqu'à nos jours, les ostensions limousines, reconnues comme patrimoine immatériel culturel par l'UNESCO. Mais, en cette fin du Xe siècle, elle souligne surtout l'importance de l'abbaye Saint-Martial, cœur intellectuel et spirituel de Limoges. Le sanctuaire bâti sur la tombe du saint est érigé en abbaye puis confié à l'ordre de Cluny en 1062. Dotée d'un riche *scriptorium* et, fait plus rare, d'une bibliothèque, l'abbaye se spécialise dans la musique sacrée et dans l'art délicat des émaux champlevés, une technique d'incrustation de l'émail. Saint-Martial se détache peu à peu de Cluny à mesure que sa puissance économique et politique s'affirme, et devient indépendante en 1246. Après bien des péripéties, elle est démantelée lors de la Révolution. Aujourd'hui, de cette abbaye, proche architecturalement de Saint-Martin de Tours, ne restent que des vestiges et une crypte, découverte dans les années 1960, qui a révélé d'importants trésors, dont les tombeaux de saint Martial et de ses compagnons et de très beaux chapiteaux romans.

## Le château de Comborn, de bien puissants vicomtes

**En péril**

L'Aquitaine morcelée se hérisse de forteresses, suffisamment proches les unes des autres pour être reliées en une demi-journée de cheval. Celle de Comborn, surplombant la Vézère, reprend le site perché d'un *oppidum* gaulois. Elle est bâtie à partir du XIe siècle par les puissants vicomtes de Comborn et permet de contrôler la rivière ainsi que l'ancienne voie romaine reliant Brive à Limoges. De la période médiévale subsiste la tour maîtresse, dont il ne reste qu'un seul étage sur quatre, ainsi que trois salles souterraines. Après les ravages de la guerre de Cent Ans, les vicomtes de Comborn font rebâtir un logis et une chapelle, dont les vestiges sont encore visibles. Le logis actuel, de style rustique limousin, date du XVIIIe siècle. Il fait l'objet d'une campagne de restauration soutenue par la Fondation du patrimoine.

## Le château de Saint-Jean d'Angle et le roi de Jérusalem

La mer, quelle que soit l'époque, constitue pour l'Aquitaine une indéniable source de richesses ! Construit à la fin du XIIe siècle par Guillaume de Lusignan, le château de Saint-Jean d'Angle, situé dans le golfe de Saintonge, a pour mission de veiller sur les marais salants, importante source de revenus pour les seigneurs et les abbayes de la région.

**Figure historique**

La famille de Lusignan, puissante lignée du Poitou, compte à la même époque un illustre membre, le fameux Guy, roi de Jérusalem de 1186 à 1192 !

De conception très simple, le château de Saint-Jean comporte une enceinte érigée autour d'une butte de terre et un logis niché au creux de la muraille, qui ne compte que deux tours. Il est entouré de douves et accessible par un pont de pierre. Son aspect actuel, issu d'une restauration remarquable ayant valu plusieurs prix à son propriétaire, restitue fidèlement l'allure massive et puissante des premiers châteaux forts.

## Notre-Dame-la-Grande à Poitiers, église modèle

Face au pouvoir seigneurial incarné par les châteaux forts, la puissance de l'Église s'illustre par l'édification de sanctuaires toujours plus grands et fastueux, alors qu'éclot l'art roman. Notre-Dame-la-Grande, merveille du roman poitevin, illustre ainsi l'âge d'or du Poitou, lorsque les comtes de Poitiers sont également ducs d'Aquitaine, jusqu'au début du XIIe siècle. Cette église fait suite à la fin du XIe siècle à un édifice plus ancien. Sa haute nef, son *chœur* et sa crypte ornés de peintures du XIe siècle en font un édifice remarquable, tout comme son extraordinaire façade, datée du siècle suivant. Celle-ci, plate et plus haute que l'église, semble former un écran ou un mur de scène. Encadrée de deux tourelles soutenues par des colonnettes, elle est rythmée par 3 porches surmontés de 12 arcs plus petits richement sculptés. La façade est animée de nombreux personnages de pierre. Ce splendide monument est amplement copié à l'époque, et inspire également au XIXe siècle les architectes à la recherche de modèles historiques. Ses toitures en écailles se retrouvent par exemple sur la *basilique* de Montmartre à Paris.

L'église se voit par la suite ajouter de nombreuses chapelles, et se trouve peu à peu enfouie dans un dense habitat urbain. Saccagée lors des guerres de religion, elle est dégagée et restaurée au XIXe siècle, mais son cloître roman est malheureusement rasé en 1857.

## La cathédrale Saint-Caprais d'Agen

À Saint-Caprais, l'art roman s'exprime surtout dans l'*abside*, tandis que la nef qui la précède est gothique. Mais l'église, à vrai dire, est plus ancienne encore, puisqu'un premier sanctuaire dédié à saint Caprais, martyr agenais, est attesté dès la fin du VIe siècle. *Basilique* puis collégiale, elle est rebâtie au XIIe siècle dans un style très inspiré de Saint-Sernin de Toulouse. Les comtes de Toulouse auraient-ils tenté d'influencer les *chanoines* de Saint-Caprais ? Saccagée lors des guerres de religion, transformée en magasin à fourrage sous la Révolution, elle connaît ensuite un nouveau destin.

**À retenir**

La cathédrale Saint-Étienne ayant été détruite par les révolutionnaires, Saint-Caprais devient en 1802 la nouvelle cathédrale d'Agen. Dans les années 1840, l'évêque fait rebâtir le clocher de bois en imitant le style gothique, dont trois époques sont représentées ; gothique à lancettes, gothique rayonnant, gothique flamboyant. Saint-Caprais possède également un splendide cul-de-lampe, sorte de console de pierre soutenant un grand arc de pierre et portant la statue du saint protecteur de l'église. L'intérieur de l'édifice a été entièrement peint au XIXe siècle.

## L'église monolithe de Saint-Émilion, sanctuaire souterrain

Insolite

À Saint-Émilion, l'art roman prend des allures singulières puisqu'il se fait souterrain ! Cette petite ville du Bordelais s'érige au Moyen Âge autour du tombeau de saint Émilion, ermite breton du IXe siècle, et du monastère qu'il a créé. Vers le début du XIIe siècle, le vicomte d'Aubeterre y fait bâtir, ou plus exactement creuser, une nouvelle église ! Celle-ci est en effet créée par l'extraction de 15 000 m³ de roche, qui dégage un espace de 38 m de long pour une hauteur de voûte de 12 m ! Cette structure singulière aurait été inspirée par celle des églises *rupestres* de Cappadoce, découvertes par les seigneurs bordelais lors des croisades. L'église de Saint-Émilion se signale, de l'extérieur, par un haut clocher de 68 m et par un élégant portail gothique. De sa décoration intérieure il ne reste plus rien, car elle a servi de fabrique de salpêtre après la Révolution ! Elle accueille notamment aujourd'hui les cérémonies de la Jurade, confrérie des vins de Saint-Émilion. La Jurade était à l'origine l'assemblée de magistrats créée en 1199, lorsque la commune obtint ses libertés en échange du privilège des vins de Saint-Émilion accordé à son souverain, le roi d'Angleterre !

## L'église du Saint-Sépulcre de Lavinadière, un témoignage rare

En péril

Les croisades marquent durablement la société médiévale, où apparaissent notamment les ordres militaires, dont les membres sont à la fois moines et soldats. Si celui des Templiers et celui des Hospitaliers de Saint-Jean sont assez connus, celui du Saint-Sépulcre l'est moins, notamment parce qu'il a laissé peu de traces sur notre territoire, alors que les *commanderies* de deux premiers ordres sont nombreuses. À Lavinadière, en Limousin, a été découvert le seul exemple de *commanderie* de cet ordre sur le sol français. Des bâtiments du XIIIe siècle, probablement abandonnés au XVIIe siècle, ne subsiste que l'église, le reste ayant été mis au jour par un chantier de fouilles récent. Le sanctuaire, d'une grande sobriété architecturale, possède de remarquables peintures du XVIIe siècle dont la restauration est soutenue par la Fondation du patrimoine. Autre *commanderie* en péril, celle de Lavaufranche, dans la Creuse, qui appartenait à l'ordre des Hospitaliers.

## Saint-Jean-Pied-de-Port, ville nouvelle

Ensemble remarquable

Si les croisades jouent un rôle important pour la région, le pèlerinage de Compostelle, qui connaît un très important succès, est également essentiel dans le développement de nombreux sites. Ainsi de Saint-Jean-Pied-de-Port, ville créée au XIIe siècle au pied des Pyrénées, non loin du col de Roncevaux, à la jonction de trois des principaux chemins de Compostelle. Sa création est due au roi de Navarre Sanche VII, figure de la reconquête de l'Espagne contre les Maures, qui bâtit sur une éminence le château de Mendiguren, plus tard transformé en citadelle Vauban. C'est à ses pieds que se développe le bourg, profitant de l'essor du pèlerinage vers Saint-Jacques. Lové au bord de la Nive, il est entouré de remparts à portes ogivales dont certaines sections sont encore visibles, notamment autour de la porte Saint-Jacques. De l'église paroissiale Sainte-Eulalie, contemporaine du château, il ne reste par contre que le portail roman. L'église de l'Assomption, qui mêle roman et gothique, était quant à elle l'église de l'hôpital Sainte-Marie, destiné à accueillir les pauvres et les malades et à soigner les nombreux pèlerins traversant la ville. La petite cité compte aussi une mystérieuse prison des évêques, bâtiment du XIIIe siècle qui a bien servi de geôle, mais qui n'a guère de rapport avec l'Église. D'autant que la ville n'a jamais été le siège d'un évêché, même si elle a accueilli pendant quelques années un évêque schismatique, et donc non reconnu par l'Église, lors du grand schisme d'Occident. C'est cette information qui a donné lieu à l'appellation, tardive et erronée, de prison des évêques.

## Sainte-Marie de Bayonne à l'épreuve des siècles

À Bayonne, autre ville étape sur les chemins de Compostelle, le roman cède la place au gothique lors du chantier de reconstruction de la cathédrale, qui succède à d'anciens édifices illustrant les aléas et les invasions subis par la région. Car après le départ des Wisigoths vers l'Espagne à l'issue de la bataille de Vouillé, en 507, la région voit s'affirmer l'influence des Vascons, qui s'imposent également en Gascogne. En 778 à Roncevaux, ils se heurtent violemment aux troupes de Charlemagne, et dès lors le pouvoir impérial veille à encadrer étroitement ce peuple rebelle. Érigée en comté puis en duché carolingien, la Vasconie aurait été confiée en 864 à un certain Sanche Mitarra, qui serait l'ancêtre des ducs et comtes de Gascogne dont la dynastie s'éteint en 1032.

**Le saviez-vous ?**

L'histoire de la région est si mouvementée que Bayonne, érigée en évêché dès le IVe siècle, n'a plus d'églises après les raids vikings du IXe siècle ! Une nouvelle église est rebâtie à l'emplacement d'un temple de Mars, mais elle est victime de nouveaux raids sarrasins ! Au XIIe siècle commence la construction d'une cathédrale romane, détruite en 1258 par le gigantesque incendie qui ravage la ville. L'église est une nouvelle fois rebâtie, cette fois dans le style gothique ! Elle est achevée en 1404. À l'intérieur, les fleurs de lys et les léopards anglais ornant les clefs de voûte rappellent la longue domination anglaise sur la ville, sous la *suzeraineté* lointaine du roi de France. Elle possède un vaste cloître du XIVe siècle, mais ses hautes flèches, qui culminent à 70 m, sont ajoutées au XIXe siècle par un élève de Viollet-le-Duc, Émile Boeswillwald.

# L'essor économique des XIe-XIIIe siècles

Du XIe au XIIIe siècle, l'ouverture et l'intensification des échanges qui résultent tant des croisades que du pèlerinage de Compostelle viennent s'ajouter à l'extraordinaire essor économique généré par l'action des abbayes, qui se développent à cette époque et entreprennent un véritable aménagement du territoire ! Car les moines défrichent des terrains incultes, drainent les marécages, et notamment le marais poitevin, et créent de nouveaux réseaux commerciaux, plus efficaces encore que ceux hérités des Romains. Mais bientôt se profilent les troubles de la guerre de Cent Ans...

## Saint-Savin-sur-Gartempe, un précieux livre d'images

L'*abbatiale* de Saint-Savin, à l'est de Poitiers, témoigne de cet essor remarquable et de la richesse des fondations monastiques, qui se lit dans la pierre et l'ornement du sanctuaire. Fondée à l'époque carolingienne, l'abbaye est rebâtie au XIe siècle dans le style roman, et se singularise par un décor peint d'une valeur exceptionnelle, réalisé au siècle suivant.

À retenir

La voûte entièrement peinte de scènes bibliques représente une surface de 460 $m^2$ ! Cet incroyable livre d'images, remarquablement conservé, constitue une source de connaissance capitale sur l'imaginaire médiéval.

Comme bien des abbayes, Saint-Savin connaît un lent déclin à partir de la guerre de Cent Ans, durant laquelle elle est saccagée. Pillée lors des guerres de religion, elle est ensuite confiée à des abbés *commendataires*. L'un d'eux va jusqu'à en chasser les moines ! Vers le milieu du XVIIe siècle, Louis XIII y installe une communauté de moines mauristes qui entreprennent de relever l'abbaye. Les bâtiments conventuels sont alors rebâtis et l'église consolidée, mais les moines sont chassés par la Révolution. Au XIXe siècle, l'*abbatiale* est finalement restaurée et sa haute flèche gothique, détruite par la foudre en 1820, est rebâtie à l'identique. Saint-Savin est inscrite au patrimoine mondial de l'UNESCO en 1983.

## L'abbaye de Solignac et son rouleau des morts

Solignac est encore plus ancienne que Saint-Savin, puisque sa fondation est due au fameux saint Éloi, orfèvre et futur évêque de Noyon et ministre du roi mérovingien Dagobert ! L'abbaye souffre de l'anarchie qui frappe la région à la fin de la période carolingienne ; elle est aussi la cible des attaques sarrasines et vikings. L'*abbatiale* est rebâtie au XIIe siècle dans le style roman, qui domine encore largement dans sa construction. Elle possède un massif clocher-porche, légèrement décalé par rapport à la nef. Sa voûte, très originale, est constituée de quatre coupoles, dont la dernière, couvrant l'*abside*, est légèrement irrégulière.

L'histoire de Solignac nous a par ailleurs légué un bien curieux document. En 1240, un moine est envoyé auprès des monastères liés à Solignac pour annoncer le décès de l'abbé Hugues. Au bout de plusieurs mois, il rapporte à Solignac une sorte de livre de condoléances sur parchemin long de... 17 m ! Il reste 13 m de ce « rouleau des morts », aujourd'hui conservé aux archives départementales.

## Le mystère des lanternes des morts

Insolite

Contemporaines de ces remarquables abbayes, les lanternes des morts semblent pourtant ne rien avoir en commun avec la religion chrétienne et seraient même des survivances de cultes païens. Ces curieux monuments se présentent sous la forme de tourelles ou de colonnes surmontées de lanternes de pierre. Plantées au milieu des cimetières, elles étaient allumées la nuit pour signaler ces lieux de sépulture. Pour guider les âmes égarées ?

L'origine païenne des lanternes des morts est toutefois incertaine, car outre le fait qu'elles sont généralement surmontées d'une croix, elles ne semblent pas préexister au christianisme, puisque les plus anciennes connues remontent au XIIe siècle. Assez répandues dans le sud-ouest du pays, elles sont d'ailleurs une invention française et datent toutes des XIIe et XIIIe siècles.

L'Aquitaine possède plusieurs exemples de ces étranges monuments, notamment à Cellefrouin, en Charente, où l'édifice de style roman atteint plus de 12 m de haut. Le fanal était hissé à 3 m de hauteur par l'intérieur de la colonne au moyen d'une corde. À Antigny, la lanterne des morts se trouve sur la place du village, où aurait été situé l'ancien cimetière. Sa base comporte un autel de pierre.

**Figure 12-3**

La lanterne des orts de Fenioux

## Aliénor d'Aquitaine, entre deux royaumes

Mais comment le roi d'Angleterre est-il devenu duc d'Aquitaine ?

Depuis la conquête de l'Angleterre par Guillaume le Conquérant, les rois d'Angleterre, en tant que ducs de Normandie, étaient vassaux des rois de France. Mais avec l'Aquitaine, ils possèdent en fief presque la moitié du royaume ! Et tout cela à cause d'Aliénor... La jeune fille, devenue duchesse d'Aquitaine à la mort de son père, épouse en premières noces Louis VII de France. Mais les deux époux s'entendent mal et choisissent de rompre leur mariage. Quelques semaines plus tard, en 1152, Aliénor épouse le rival du roi de France, Henri Plantagenêt ! Celui-ci devient roi d'Angleterre en 1154 et duc d'Aquitaine par sa femme, qui continue cependant à administrer son duché depuis sa brillante cour de Poitiers. La vie mouvementée d'Aliénor n'est pas pour autant terminée ; enfermée dans un couvent pour avoir soutenu la révolte de ses fils contre leur père, elle est libérée par son fils Richard Cœur de Lion et assume la régence d'Angleterre lorsqu'il part en croisade. Elle doit ensuite parcourir l'Europe pour payer la rançon de Richard, fait prisonnier par l'empereur germanique ! Après la mort de Richard, Aliénor favorise l'avènement de son dernier fils, Jean sans Terre, qui perdra tous ses territoires français face à l'habileté de Philippe Auguste.

## Les cluzeaux, refuges secrets

Au XIIIe siècle, la région est touchée par les guerres opposant les rois de France à ceux d'Angleterre, qui sont en Aquitaine leurs turbulents vassaux. La population prend des mesures originales pour se mettre à l'abri des combats ; elle creuse ! Les abris souterrains ainsi créés sont nommés cluzeaux. Celui de Pétrou, redécouvert au XIXe siècle, a probablement été creusé au XIIe siècle et abritait peut-être, au départ, une communauté religieuse. Au début du XIIIe siècle, il sert de refuge aux cathares lors de la croisade contre les albigeois, puis permet aux habitants de s'abriter lorsque, à partir de 1242 et pendant deux longs siècles, les rois de France et d'Angleterre s'affrontent pour les terres d'Aquitaine. La région est alors parcourue par des bandes de routiers qui pillent et tuent ceux qu'ils trouvent en travers de leur chemin. Ce cluzeau aurait également servi à des déserteurs de l'armée napoléonienne. Divisé en plusieurs pièces creusées sur trois niveaux, le cluzeau de Pétrou est défendu par une profonde fosse, une entrée surbaissée et plusieurs chicanes. Il comporte une sortie de secours. Le cluzeau de Chambrebrune, à Brantôme, datant de la même époque, compte deux étages et comporte des silos, afin de stocker des réserves.

## L'abbaye de la Réau, entre Français et Anglais

En péril

Bâtie à l'époque d'Aliénor au sud de Poitiers, l'abbaye de la Réau se réclame de fondation royale. Mais de quel roi, France ou Angleterre ? Le mystère demeure, mais il est certain qu'Henri Plantagenêt, second mari de la duchesse Aliénor, confirma les droits des abbayes du Poitou, dont la Réau. Mais la prospérité de l'abbaye dure peu, et bien que fortifiée au XIVe siècle, elle est brûlée par les Anglais en 1372. Rebâtie par les moines, elle est de nouveau pillée au XVIe siècle, puis passe brièvement sous obédience calviniste. Réformée au XVIIe siècle, elle est abandonnée et vendue comme bien national à la Révolution. L'abbaye a perdu ses murailles et ses douves, et seules subsistent les ruines de l'*abbatiale* ainsi que quelques bâtiments conventuels et une imposante tour ronde à toit de tuiles. Les ruines de l'*abbatiale* menacent de s'effondrer, leur restauration est soutenue par la Fondation du patrimoine.

## Les coupoles de l'abbaye de Châtre

En péril

Contemporaine de la précédente, cette abbaye de style roman fondée par les moines de Fontevraud près de Cognac bénéficie des largesses de la famille de Lusignan, et connaît rapidement une certaine prospérité. Mais son histoire se heurte ensuite, comme à la Réau, aux mêmes difficultés, et les épreuves n'ont rien épargné de ses bâtiments conventuels. Seule subsiste sa splendide église romane, qui se signale par d'imposantes dimensions et une haute silhouette. Longue de 45 m, elle est composée d'une unique nef dont la voûte est constituée de trois coupoles et d'une quatrième plus vaste à la croisée du *transept*. Sa façade romane, d'une grande sobriété, présente trois étages d'arcs aveugles en plein cintre, finement sculptés de délicats motifs. Son intérieur est très dégradé, et l'édifice nécessite des réparations urgentes, soutenues par la Fondation du patrimoine.

# De l'Aquitaine à la Guyenne

Dans l'Aquitaine anglaise, la cour d'Aliénor, haut lieu de l'amour courtois, s'avère particulièrement brillante, portant la culture poitevine à son apogée. Mais les rois de France ne peuvent souffrir longtemps la présence d'un si puissant vassal, et Philippe Auguste n'aura de cesse de réduire à néant les possessions anglaises en France. Et s'il parvient à conquérir l'ensemble de la Normandie, les rois anglais conservent la région de Bordeaux, dénommée Guyenne, qui ne deviendra française qu'à l'issue de la guerre de Cent Ans en 1453. Donné en *apanage* au frère de Louis XI, le duché d'Aquitaine intègre définitivement la couronne de France en 1472.

## Les sept seigneurs des tours de Merle

L'Aquitaine anglaise se doit de défendre ses frontières, qui sont nombreuses. Aux confins du duché, la région de Xaintrie jouxte le comté d'Auvergne, le comté de Toulouse et deux diocèses indépendants. C'est l'endroit idéal pour établir un péage, tenu ici selon une modalité un peu singulière ; bâtie à partir du XIIe siècle, la forteresse de Merle, juchée sur un éperon rocheux, regroupe 7 tours carrées appartenant à 7 seigneurs différents !

Le saviez-vous ?

On les appelle coseigneurs. L'enceinte du *castrum* abrite une petite communauté villageoise active, liée aux seigneurs, abritée dans de petites maisons de pierre nichées au pied des tours. Mais après les ravages des guerres de religion, les seigneurs de Merle quittent la forteresse, rendue obsolète par les progrès de l'artillerie ; ils sont bientôt suivis par les villageois. Merle est abandonné. Parmi les familles seigneuriales présentes à Merle, les Carbonnières étaient également coseigneurs du village dont ils portent le nom, situé non loin de Merle. Carbonnières a conservé les deux tours seigneuriales du XIe siècle, qui veillent sur un village oublié endormi sous une épaisse végétation.

## Beynac, forteresse française

Beynac, qui surplombe la Dordogne, est doté dès le XIIe siècle d'une double enceinte crénelée et d'un double réseau de douves. Il faut dire que le site, un temps confié à un favori de Richard Cœur de Lion, est d'importance. Lorsque Philippe Auguste s'empare de l'Anjou puis du Poitou, la forteresse devient française, tandis que, sur la rive opposée, le château de Castelnaud demeure anglais ! Beynac a conservé de cette époque un haut donjon flanqué d'une *échauguette* auquel est accolé un logis de la même époque, remanié à la Renaissance. Il accueillait les États du Périgord, réunion des quatre familles les plus influentes de la région. La salle des États ouvre sur un oratoire du XVe siècle, qui conserve de très belles fresques. À la Renaissance, un escalier ajouré est ajouté dans la cour pour répondre aux impératifs architecturaux de la demeure d'apparat.

## Castelnaud, le rival anglais

En 1258, le traité de Paris entre rois de France et d'Angleterre fixe la frontière des domaines anglais à la Dordogne ; mais contrairement à Beynac, Castelnaud, qui lui fait face, se retrouve côté anglais ! La forteresse du XIIe siècle ayant été détruite lors de la croisade contre les albigeois, un nouveau château fort est alors bâti. À l'issue de la guerre de Cent Ans, en 1442, Castelnaud est repris par les Français. Ses propriétaires, les Caumont, ne cesseront au fil des siècles d'améliorer ses qualités défensives face aux progrès de l'artillerie, et ce jusqu'au XVIIe siècle. Abandonné lors de la Révolution, le château sert de carrière de pierres avant d'être restauré dans les années 1960 par un propriétaire privé.

Et aujourd'hui

Ce très bel exemple d'architecture militaire médiévale accueille aujourd'hui un musée de la guerre au Moyen Âge présentant de nombreux engins de siège ainsi que de très nombreuses épées, arbalètes, armures…

## Le château de Fénelon, un balcon sur la Dordogne

L'histoire de Fénelon fait écho à celle de Castelnaud. Bâti au XIIe siècle sur l'emplacement d'une forteresse de l'an mil, il sert de refuge aux cathares lors de la croisade contre les albigeois. En 1360, le traité de Brétigny l'attribue aux Anglais, mais il est repris par les Français 15 ans plus tard.

Figure historique

Mais Fénelon est surtout célèbre pour avoir vu naître en 1651 François de Salignac de la Mothe-Fénelon, futur archevêque de Cambrai, passé à la postérité sous le nom de Fénelon comme l'un des plus grands prédicateurs de son temps.

Le château, après avoir accueilli un élevage de vers à soie lors de la Révolution, est restauré au XIXe siècle. Il comporte toujours trois enceintes fortifiées au sein desquelles se dresse un imposant logis gothique, ponctué de tours, qui a conservé sa toiture de pierres de lauze supportée par une robuste charpente de châtaigner. L'une des tours comporte une chapelle datée du XIIIe siècle. Au XVIIIe siècle est édifiée une galerie voûtée surmontée d'une terrasse offrant une superbe vue sur la vallée de la Dordogne.

## Monpazier et les bastides du Périgord, souvenirs anglais

Ensemble remarquable

La domination anglaise se traduit, aux XIIIe et XIVe siècles, par l'édification de bastides ou villes neuves. Si la pratique n'est pas nouvelle, elle illustre cependant la volonté du roi d'Angleterre d'organiser et de contrôler ses territoires. Les bastides sont des villes franches, qui reçoivent des chartes et échappent ainsi au droit féodal. L'acte de fondation de Monpazier date de 1284. La ville est construite sur un plan rectangulaire autour d'une place centrale, dont les maisons à galeries sont appelées couverts ou cornières. La cité devient rapidement un enjeu de lutte entre Français et Anglais, et souffre gravement de la peste noire puis de la guerre de Cent Ans. Redevenue française après la fin de la guerre, Monpazier se voit confirmer ses chartes par le roi Louis XI. La bastide possède aujourd'hui 32 monuments classés, parmi lesquelles les maisons cornières, les halles du XVIe siècle, trois des portes de la ville et l'église gothique du XIIIe siècle. Parmi les nombreuses bastides du Périgord, signalons également celle de Domme, contemporaine de Monpazier mais bâtie à l'initiative du roi de France, et celle de Beaumont, d'origine anglaise.

## Sarlat ou la conquête de l'indépendance

Ensemble remarquable

Sarlat n'est pas une ville neuve et doit conquérir de haute lutte les libertés accordées aux bastides dès leur création. La cité naît d'une abbaye bénédictine fondée à l'époque carolingienne. C'est une prospère seigneurie monastique mais, dès le début du XIIIe siècle, les Sarladais cherchent à s'affranchir de la tutelle des moines. Ils créent en 1223 un « consulat », sorte de conseil municipal, et obtiennent en 1298 un certain nombre de droits : droit de sceau, droit de consulat et création d'une maison commune. Les quatre consuls représentent les quatre quartiers de la ville. Celle-ci se dote de remparts autour de 1300, alors qu'elle acquiert un nouveau statut et un nouveau prestige ; elle est érigée en évêché en 1318. L'*abbatiale* du monastère devient alors cathédrale. La nouvelle cité épiscopale joue un rôle actif pendant la guerre de Cent Ans et se range du côté du roi de France. La ville perd son statut d'évêché lors de la Révolution, mais trouve un nouveau souffle en 1962 avec la loi Malraux sur la préservation des centres-villes, qu'elle est la première à appliquer ! Il faut dire qu'elle a bien des trésors à protéger, depuis la cathédrale Saint-Sacerdos, ancienne *abbatiale*, jusqu'à l'église gothique Sainte-Marie, transformée en marché couvert en 2001 par l'architecte Jean Nouvel, en passant par la lanterne des morts, le jardin des enfeus, les ruines du château de l'évêque et de nombreuses églises, chapelles et hôtels particuliers.

Non loin de Sarlat, le manoir d'Eyrignac, belle demeure du XVIIe siècle, propose un ensemble unique d'art topiaire, cette pratique qui consiste à sculpter les végétaux pour leur donner forme. Les jardins d'époque, disparus au XIXe siècle avec la mode des jardins à l'anglaise, ont inspiré la restauration du XXe siècle et la mise en place de remarquables jardins à la française où les topiaires adoptent les formes géométriques chères à la Renaissance et à l'époque classique.

## Le prieuré Saint-Étienne de Lagrange à Durance dans la Navarre indépendante

En péril

En Navarre, la période de la guerre de Cent Ans correspond à une phase d'indépendance. En effet, si le royaume a été rattaché à la France par le mariage de Philippe le Bel avec Jeanne de Navarre, les règles de succession sont différentes dans les deux royaumes. Aussi, lorsque le royaume de France passe par les hommes à la branche des Valois, Jeanne II, petite-fille de Jeanne de Navarre et de Philippe le Bel, devient reine de Navarre et le royaume pyrénéen retrouve son indépendance.

C'est à cette époque que les rois de Navarre font bâtir un château à Durance, où existe déjà un prieuré dépendant de l'abbaye de la Grâce-Dieu, en Aunis. Durance est en effet idéalement situé sur la route de Compostelle. La chapelle du prieuré est alors rebâtie dans le style gothique, et ornée de remarquables peintures au siècle suivant. Il s'agit d'une imposante fresque murale dont les 480 personnages représentent, en 87 scènes, des épisodes de la *Légende dorée*, une vie de saints très romancée. Les travaux actuels de restauration du prieuré sont soutenus par la Fondation du patrimoine.

## La chapelle de Géou, Notre-Dame des cyclistes !

En péril

En 1355, le Prince Noir, héritier du roi d'Angleterre, fait raser le château de Géou, forteresse templière qui défiait son autorité ! Seule subsiste la petite église, bâtie sur un site gallo-romain, qui poursuit son obscur destin d'église paroissiale à travers les aléas de l'histoire. Pillée et partiellement détruite au cours des guerres de religion, elle est ensuite restaurée puis rattachée à la Révolution à la commune voisine de Labastide d'Armagnac. Au début du XXe siècle, elle sombre peu à peu dans l'oubli puis connaît une étonnante renaissance en 1959 ; le curé des paroisses voisines, l'abbé Joseph Massie, passionné de vélo, a en effet l'idée d'en faire un sanctuaire pour les cyclistes, à l'image de l'église de la Madonna del Ghisallo qu'il a découverte en Italie. Dès lors, la chapelle cumule deux fonctions : elle est à la fois lieu de culte et musée, où les plus grands cyclistes de l'histoire ont déposé leurs maillots ; Eddy Merckx, Bernard Hinault, Laurent Jalabert… Ces quelque 700 maillots, tels des ex-voto, ornent les murs de l'église dont l'entrée présente une collection de vélos anciens, dont une bicyclette ayant participé au premier tour de France en 1903 ! La chapelle souffre cependant de dégradations liées à une forte humidité. Sa restauration est soutenue par la Fondation du patrimoine.

## La maison forte de Reignac

Insolite

Les convoitises dont fait l'objet l'Aquitaine, attisées par les enjeux de la guerre de Cent Ans, poussent les habitants à chercher des abris. À Reignac, ils mettent pour cela leurs pas dans ceux de leurs lointains ancêtres, puisque les seigneurs de la Roque-Saint-Christophe choisissent de fortifier une grotte déjà fréquentée par l'homme de Cro-Magnon ! Pour cela, ils font ériger une façade fermant l'entrée des grottes, et protègent ce curieux château-falaise d'un rempart. Cette redoutable place forte, qui présente un seul front à l'ennemi, est équipée de nombreux dispositifs de défense, dont 12 bouches à feu, ancêtres de nos canons. La grotte supérieure, juchée à 40 m, est imprenable. Les fenêtres ne seront percées qu'en 1508, une fois la paix assurée. À l'intérieur, une vingtaine de salles abrite la vie du seigneur et de sa famille. Le château de Reignac nous est parvenu dans un état exceptionnel. Ouvert à la visite depuis 2006, il propose au visiteur d'évoluer dans le décor du XIVe siècle et présente également une exposition permanente sur la torture au Moyen Âge.

## Le château des Milandes ou la paix retrouvée

En 1453, la bataille de Castillon signe la fin de la guerre de Cent Ans dans la province et le rattachement définitif de l'Aquitaine à la France. Dès lors, le retour de la paix ramène douceur et prospérité et permet l'épanouissement de l'art de la Renaissance. En 1491, l'installation en Poitou des premières imprimeries souligne l'intégration de la province au royaume, puisque par cet outil révolutionnaire c'est la langue française qui s'impose au détriment des langues régionales. Au XVIe siècle, Poitiers, surnommée l'Athènes de France, renoue avec l'âge d'or de la cour d'Aliénor et accueille Rabelais, Ronsard ou du Bellay. C'est à cette époque propice que le seigneur de Castelnaud, François de Caumont, fait bâtir en 1489 pour son épouse le château des Milandes, le vieux château de Castelnaud étant devenu trop austère et inconfortable. Le style adopté mêle Renaissance et gothique et conserve la forme classique du château de défense, avec ses tours, *échauguettes* et *mâchicoulis* ! Mais les vastes ouvertures pratiquées dans la muraille pour y placer des fenêtres à *meneaux* sont caractéristiques de la demeure de plaisance. Au temps des guerres de religion, Anne et Geoffroy de Caumont embrassent la foi protestante et déshéritent leur fille, mariée à un catholique. Les Milandes reviennent alors à leur neveu, Jacques Nompar de Caumont, protégé d'Henri IV, qui deviendra duc et pair de France. Abandonnées après la Révolution, les Milandes sont sauvées en 1900 par Charles Auguste Claverie, qui entreprend de restaurer le château et y fait ajouter une aile, puis y crée un jardin à la française.

Figure historique

En 1937, une nouvelle propriétaire s'installe aux Milandes ; il s'agit de la danseuse afro-américaine Joséphine Baker, qui y vit avec ses 12 enfants adoptés venus de toute la planète. Ruinée, elle doit cependant revendre les Milandes en 1969 à des propriétaires privés.

## Guerres et frondes à l'époque classique

En Aquitaine, les guerres de religion atteignent une intensité singulière à partir de 1569 et ont un impact particulier du fait que le béarnais Henri de Navarre, souverain protestant, est désigné pour succéder au catholique Henri III sur le trône de France. Las de payer au prix fort les querelles des puissants, les paysans du Limousin se soulèvent en 1593 ; c'est la révolte des croquants. Et si, après une répression sévère, Henri IV tente malgré tout d'apporter quelques réponses au peuple écrasé de misère, les séquelles de ces guerres se font sentir bien après le retour de la paix, comme en témoigne le célèbre siège de La Rochelle, place protestante, mené en 1627 par le cardinal de Richelieu.

### Le château de Vassinhac à Collonges-la-Rouge

En péril

À Collonges, petite cité de la vicomté de Turenne, le XVIe siècle est une période de grande prospérité, à peine entamée par les guerres de religion. Celles-ci s'y déroulent dans un climat plutôt calme, et les deux nefs de l'église servent alternativement aux catholiques et aux protestants. La prospérité de Collonges, bâtie autour d'un prieuré fondé en 782, tient sans doute en partie au statut singulier de la vicomté de Turenne, territoire quasi autonome jusqu'au XVIIIe siècle. Collonges dispose dès 1308 d'une charte de franchise, et devient, au XVI^e siècle, lieu de résidence de nombreux officiers et administrateurs de la vicomté, qui s'emploient à bâtir des demeures dignes de leur rang. Ainsi du castel de Vassinhac, construit à la fin du XVI^e siècle par une famille de gouverneurs de Turenne. Ses tours et *poivrières* lui confèrent une allure médiévale, mais son escalier à vis logé dans une imposante tourelle située à l'angle de ses deux ailes évoque la Renaissance. Vassinhac se pare de la superbe pierre du pays, qui vaut à Collonges son surnom de « la Rouge ». Ce très beau manoir est actuellement soutenu par la mission Bern pour une campagne de restauration visant notamment à assurer son étanchéité.

## Le château de La Rochefoucauld, mille ans d'histoire

À La Rochefoucauld, la Renaissance s'exprime pleinement, faisant presque oublier la longue histoire des édifices qui ont précédé sa transformation au début du XVI^e siècle. Le site est en effet occupé depuis le début du XI^e siècle, et c'est un certain Foucauld, seigneur de la Roche, qui fait bâtir le donjon primitif, dont la partie inférieure existe toujours. Peu à peu, les seigneurs de La Rochefoucauld progressent dans la hiérarchie féodale, si bien qu'en 1453, Jean de La Rochefoucauld, devenu *chambellan* de Charles VII, reçoit le roi dans son château lorsque leur parvient la nouvelle de la victoire de Castillon sur les troupes anglaises. L'Aquitaine est désormais française. En 1515, les La Rochefoucauld sont faits comtes et, pour marquer ce nouveau statut, transforment leur château en superbe demeure Renaissance. Autour de l'imposant donjon et des tours médiévales sont bâtis deux corps de logis et une chapelle. Le très bel escalier Renaissance, qui s'enroule en une élégante spirale sans palier, est placé dans une tour de l'aile sud. La cour intérieure du château comporte trois niveaux de galeries superposées, ce qui est unique en France. Les La Rochefoucauld, faits ducs à la fin de la Renaissance, ont conservé le château jusqu'à nos jours.

## Le château de Pau et le bon roi Henri

Henri de Navarre, futur roi de France, est né à Pau en 1553. La ville est alors capitale des princes de Béarn, qui sont devenus rois de Navarre en 1481. Le château de Pau est bâti au XII^e siècle sur un site probablement plus ancien. Il a conservé de cette époque les tours Mazères, Billère et Montauser. Vers la fin du XIV^e siècle, il est remanié par le fameux Gaston Fébus, fastueux vicomte de Béarn, homme cultivé et habile politique qui se taille une vaste principauté à la faveur de la guerre de Cent Ans. Il fait du château de Pau une imposante citadelle défendue par trois enceintes et dominée par le donjon Fébus, haut de 33 m. Au XV^e siècle, ses successeurs transforment peu à peu l'austère forteresse en demeure d'apparat, créant un étage, perçant des fenêtres et coiffant les tours de hauts toits d'ardoises. En 1481, François Fébus, descendant de Gaston, devient roi de Navarre. Sa sœur Catherine, qui lui succède, se voit arracher par les rois d'Espagne ses terres de Haute-Navarre, au sud, et dès lors le petit royaume se replie sur les terres de Basse-Navarre, dont Pau est la capitale. Son fils Henri fait du palais royal de Pau une demeure Renaissance, à laquelle sa petite-fille Jeanne d'Albret fait ajouter de splendides jardins à la française. Elle est la mère d'Henri IV.

En 1620, c'est au château de Pau que Louis XIII fait enregistrer l'édit d'union de la Navarre et du Béarn à la France, et la résidence royale est confiée à des gouverneurs. Mais l'imposant bâtiment se dégrade, et il faut attendre le roi Louis-Philippe pour voir entreprendre d'importants travaux de restauration, qui seront poursuivis par Napoléon III.

**Et aujourd'hui**

Après la chute de l'Empire, le château se fait résidence présidentielle puis, en 1929, musée national.

## Le château de Cazeneuve et l'exil de la reine Margot

Henri de Navarre épouse en 1572 Marguerite de France, sœur du roi Charles IX. Ce mariage, qui a surtout pour but de réconcilier les factions catholiques et protestantes, est malheureusement l'occasion du massacre de la Saint-Barthélemy. Mais même passé cet épisode tragique, le couple ne s'entend pas, d'autant qu'Henri multiplie les aventures tandis que Marguerite complote entre cours de France et de Navarre. En 1583, son royal époux l'assigne à résidence au château de Cazeneuve, où elle demeure quelque temps avant de regagner Pau. Le couple, qui n'a pas eu d'enfants, se sépare finalement lorsqu'Henri devient roi de France.

Cazeneuve conserve précieusement le souvenir de la malheureuse reine Margot. Ce superbe château, qui repose sur des salles troglodytiques et sur de vastes caves, est construit sur une *motte castrale* du XIe siècle. Il mêle forteresse du XIIIe siècle et demeure de plaisance du XVIIe siècle. C'est un élégant logis classique protégé par des douves et des remparts ! Propriété royale au XVIe siècle, il appartient aujourd'hui à la famille de Sabran-Pontevès. Son parc classé abrite la grotte de la reine, ainsi nommée en mémoire de Marguerite de France.

## Les remparts de La Rochelle, ville rebelle

Port atlantique d'importance dès le XIIe siècle, La Rochelle, tantôt française et tantôt anglaise depuis le mariage d'Aliénor d'Aquitaine avec Henri Plantagenêt, est définitivement acquise à la France en 1372. À la France, certes, mais au roi ? Elle possède déjà une enceinte médiévale, datant du XIIIe siècle et partiellement détruite à la fin du siècle suivant à la suite de l'extension de la ville. Lorsque surviennent les guerres de religion, la population rochelaise est majoritairement protestante. Après le massacre de la Saint-Barthélemy, elle se révolte contre le roi qui entreprend d'en faire le siège. L'enceinte médiévale est alors renforcée, puis la ville ayant obtenu en 1590 le statut de place de sûreté protestante se voit accorder le droit d'ériger une seconde enceinte, dite enceinte huguenote.

**Le saviez-vous ?**

Avec l'édit de Nantes de 1598, le statut de La Rochelle est confirmé, mais les places fortes protestantes représentent une menace pour l'unité du royaume car elles sont massivement soutenues par des puissances étrangères, Anglais et Hollandais. En 1621, la cité rebelle se déclare indépendante. Le cardinal de Richelieu en personne mène alors le siège de la ville, faisant bâtir une vingtaine de forts pour l'encercler et jetant sur la mer une digue de 1500 m de long afin d'éviter que les Anglais ne portent secours aux rebelles ! La ville se rend en 1628, et ses fortifications sont presque entièrement rasées. La Rochelle sera fortifiée une dernière fois au XVIIIe siècle, avant de perdre son statut de place forte militaire au XXe siècle. De nombreux monuments témoignent du passé complexe de cette redoutable place forte. Parmi eux, la tour de la Chaîne se dresse depuis le XIVe siècle à l'entrée du vieux port. Elle permettait de tendre une chaîne jusqu'à la tour Saint-Nicolas, sur l'autre rive du chenal, afin d'en protéger l'accès. Elle servait également de réserve de poudre, si bien qu'en 1651 une grave explosion faillit la mettre à bas ; tout le haut de la tour est détruit. La tour Saint-Nicolas, qui lui fait face, est légèrement antérieure. Haute de 36 m, elle compte trois salles superposées reliées par un puits central permettant de hisser des objets ou de se parler d'un étage à l'autre. Un peu plus loin sur le front de mer se dresse la haute tour de la Lanterne, qui mesure 55 m. Ce surprenant édifice porte, sur une base ronde et massive plutôt classique, une haute flèche de pierre gothique. Intégrée au XVe siècle à l'enceinte médiévale, sa lanterne servait de repère pour la navigation.

## Les cicatrices du château de Bouteville

**En péril**

À Bouteville, les guerres de religion ont failli avoir raison de la solide forteresse remontant à l'an mil. Ses origines sont même plus anciennes, puisqu'elle est bâtie sur l'emplacement d'une *villa* gallo-romaine ! Le château appartient à diverses familles, dont les Lusignan et les La Rochefoucauld. La guerre de Cent Ans le fait plusieurs fois changer d'allégeance entre France et Angleterre. En 1453, Jean d'Orléans, comte d'Angoulême, en relève les ruines, mais un siècle plus tard les guerres de religion placent Bouteville au cœur des luttes entre catholiques et protestants. Le château est de nouveau ruiné. Une fois la paix revenue, les nouveaux propriétaires engagent des travaux colossaux, qui seront finalement menés à bien à la veille de la Révolution. Bouteville est alors vendu et partiellement démoli. Il faut attendre le XXe siècle pour que des propriétaires privés tentent de nouvelles restaurations avant de céder le château à la commune. Il dresse désormais ses imposantes ruines au-dessus d'une vaste cour fermée par un rempart. Ce remarquable bâtiment nécessite d'importants travaux, soutenus par la mission Bern.

## Le château de Bridoire, une histoire mouvementée

Comme Bouteville, Bridoire a failli disparaître lors des guerres de religion. Pourtant, cette forteresse médiévale du XIIe siècle avait encore bien des aventures à vivre ! Pendant la guerre de Cent Ans, c'est un repère de pillards. Lors des guerres de religion, il tombe aux mains des protestants et est pratiquement détruit par les armées du roi en 1568. Après bien des aventures et des restaurations, le château est racheté au XXe siècle par un industriel suisse, puis offert en 1978 à la commune, qui refuse, et c'est une société sénégalaise qui l'achète ! Dès lors, le château, délaissé, est littéralement vidé de ses meubles et occupé par des squatteurs. Et le propriétaire reste injoignable ! Afin de sauvegarder le monument, celui-ci est classé d'office en 1992. Une association de sauvegarde tente de limiter les déprédations et de médiatiser la situation rocambolesque du château pour obliger les pouvoirs publics à agir.

**Le saviez-vous ?**

Enfin, en 2003, l'expropriation du mystérieux propriétaire est prononcée, et l'on apprendra que Bridoire était destiné à la famille du dictateur centrafricain Bokassa, empereur autoproclamé déchu en 1979 ! Les premiers travaux de restauration peuvent commencer, mais il y aura encore bien des obstacles administratifs à surmonter pour que Bridoire soit racheté et mis en valeur par un couple d'amoureux du patrimoine, qui l'ouvre au public en 2012. Mais qui n'est toujours pas propriétaire du parc entourant le château…

## Samuel de Champlain, le rêve d'une Amérique française

Si le xvie siècle s'achève dans la violence des guerres de religion, c'est aussi le temps des explorateurs et d'une ouverture sans précédent de l'Europe sur le reste du monde. Né à Brouage en Saintonge, fils de marin, le jeune Samuel est très tôt attiré par la mer. Au début du xviie siècle, il effectue un voyage aux Antilles. Fasciné par la richesse des Amériques, il rembarque en 1603 pour les terres nord-américaines reconnues par Jacques Cartier. Il remonte le Saint-Laurent à la recherche d'un passage vers l'Orient, puis visite Gaspé et Cap-Breton. En 1604, il rembarque pour un nouveau voyage d'exploration dans le but de fonder une colonie en Acadie, mais doit rentrer 3 ans plus tard. En 1608 enfin, un nouveau voyage permet de fonder une colonie sur le Saint-Laurent, à la pointe de Québec. Dès lors, il se partage entre l'exploration des territoires canadiens et de fréquents voyages en France pour tenter de financer la colonie. En 1627 enfin, ses efforts portent leurs fruits avec la création par Richelieu de la Compagnie des Cent-Associés, qui reçoit le monopole du commerce en Amérique du Nord contre l'obligation de financer la colonie de Québec. Le rêve d'une Amérique française prend forme.

# Le phare de Cordouan

L'appel de la mer se fait d'autant plus fort que l'on sait la présence, de l'autre côté de l'horizon, de terres à explorer. Mais la navigation reste une pratique risquée. L'estuaire de la Gironde est réputé pour être particulièrement dangereux, et depuis l'Antiquité des feux de signal semblent avoir été entretenus sur l'îlot de Cordouan.

**Figure historique**

Au xive siècle, le Prince Noir, héritier d'Angleterre et duc d'Aquitaine, y fait construire une tour à feu, qui tombe en ruine faute d'entretien. En 1584, le roi Henri III décide l'édification d'un nouveau phare, qui doit être une œuvre véritablement royale. Sur le petit îlot est installé un important chantier, comprenant notamment un four à chaux et une forge, des ateliers, des magasins et des logements pour les ouvriers. Ralentie par les guerres de religion et les difficultés techniques, la construction se poursuit sous Henri IV pour s'achever en 1611. Le luxe de cette étonnante construction correspond fort peu à son usage ; le phare possède une chapelle, dotée de magnifiques vitraux, et un appartement royal décoré des plus beaux marbres ! Haut de 37 m, il est surnommé la huitième merveille du monde. Il est accessible par une chaussée de pierre recouverte par la marée haute. En 1719, la partie supérieure de la tour, élégante lanterne Renaissance, est démolie pour laisser place à une construction plus sobre et sans doute plus fonctionnelle. En 1786, la ville de Bordeaux décide de rénover le phare et de le surélever, car sa portée est insuffisante. L'architecte municipal Joseph Teulère porte sa hauteur à 60 m et y installe l'un des tout premiers feux tournants à réverbères paraboliques. L'éclairage est fourni par des lampes à huile. En 1823, les fameuses lentilles de Fresnel sont testées pour la première fois à Cordouan avant d'équiper bientôt les phares du monde entier ! Le phare de Cordouan a été le dernier phare habité de France ; ses gardiens, qui prenaient également en charge l'accueil des très nombreux visiteurs, sont partis en 2012.

## Les remparts et le château de Navarrenx

**En péril**

Si Cordouan symbolise l'affirmation du pouvoir royal voulue par Henri III puis Henri IV au-delà des factions, cette volonté unificatrice commande également la politique de Louis XIII, qui se rend en 1620 à Pau pour imposer l'union de la Navarre et du Béarn à la France et rétablir le culte catholique. L'opération se fait sans résistance et, à Navarrenx, l'imposante forteresse perd son statut de place de sûreté pour les protestants. Cet édifice, qui enserre la petite ville de ses 1 600 m de remparts, avait été bâti dès 1549 par les arrière-grands-parents du roi, Henri de Navarre et Marguerite de France, selon un plan très moderne de fort à *bastions* conçu par l'italien Fabricio Siciliano. Ses murs hauts de 10 m, ses quatre *bastions*, *demi-lunes* et *glacis* ont prouvé leur efficacité lors des guerres de religion. En 1680, un arsenal est bâti sur l'emplacement de la maison des rois de Navarre. Ce bel édifice en U autour d'une cour centrale est déclassé en 1871. Il est en cours de restauration, soutenu par la mission Bern.

# Du Roi Soleil aux Lumières

Depuis le rattachement de la vicomté de Limoges au domaine royal en 1607, la totalité de la région est placée sous l'autorité des rois. En Limousin, l'intendant Henri d'Aguesseau gagne le surnom de père du Limousin, prouvant que la tutelle royale est particulièrement bien acceptée dans cette province. Mais en Poitou, en Saintonge ou en Aunis, la Fronde contre le roi rencontre un vif succès. Elle est ardemment soutenue par le parlement de Bordeaux. Les événements de la Fronde, qui marquent l'enfance du Roi Soleil, poussent ce dernier à accentuer l'unification politique et religieuse du royaume. En 1685, il révoque l'édit de tolérance de Nantes, provoquant le départ ou l'entrée en clandestinité de milliers de protestants.

Au siècle suivant, les idées des Lumières sont bien accueillies dans la région et notamment en Limousin, préparant le terrain aux événements révolutionnaires. Bordeaux, patrie de Montesquieu, s'y montre particulièrement ouverte et envoie de nombreux députés aux États généraux de 1789, les fameux Girondins.

## Le traité des Pyrénées et l'île des Faisans

Ce traité, signé en 1659, entérine la paix entre la France et l'Espagne et porte un sérieux coup d'arrêt à la puissance des Habsbourg en Europe. Cette paix est scellée par le mariage du jeune Louis XIV avec l'infante d'Espagne Marie-Thérèse. Les négociations du traité et des fiançailles ont lieu à la frontière franco-espagnole, sur une petite île de la Bidassoa qui a déjà servi de rendez-vous diplomatique, par exemple lors de l'échange de François Ier, prisonnier de Charles Quint, contre ses fils, ou encore lors d'un échange de fiancées royales en 1615. Cette petite bande de terre de 200 m de long a donc vu passer nombre d'illustres personnages !

**Le saviez-vous ?**

En souvenir de ces événements, la frontière entre les deux pays passe sur l'île, qui bénéficie du statut de condominium franco-espagnol : les deux pays y exercent leur souveraineté en alternance tous les 6 mois. Côté français, cette vice-royauté est exercée, encore aujourd'hui, par un officier de marine ; l'écrivain Pierre Loti fut lui-même vice-roi de l'île des Faisans !

## La maison de l'Infante et la maison Louis XIV à Saint-Jean-de-Luz

**À retenir**

Le mariage prévu par le traité des Pyrénées est célébré en 1660 à Saint-Jean-de-Luz. Cette cité connaît alors un véritable âge d'or, grâce aux libertés et franchises accordées par les rois de France en compensation des dommages de guerre subis jusqu'en 1640. La pêche, la chasse à la baleine et la guerre de course, autrement dit l'activité corsaire, font la prospérité de la cité basque, réputée pour ses marins. La ville se pare de belles maisons de pierre. Dès lors, elle représente le lieu idéal pour célébrer le mariage royal, d'autant qu'elle est située à quelques lieues de la frontière. L'infante Marie-Thérèse est accueillie dans la maison Joanoenia, propriété d'un armateur basque. Bâtie sur le port, cette demeure flambant neuve, puisqu'elle date de 1640, se signale par ses deux tours de brique rose encadrant une élégante façade dotée de deux galeries à l'italienne.

À quelques pas de là se situe la maison Louis XIV, appartenant également à un riche armateur. Bâtie sur le plan des maisons traditionnelles basques, elle arbore une façade classique en pierre, encadrée par deux *poivrières*. La façade opposée, de style navarrais, comporte deux étages de galeries entre deux tourelles coiffées d'ardoises. Le cadre dans lequel évolua le Roi Soleil à la veille de son mariage a été soigneusement préservé par les descendants de l'armateur, et peut encore être admiré aujourd'hui au deuxième étage de la maison. Le 9 juin 1660, le roi et l'infante s'unissent en l'église Saint-Jean-Baptiste, située deux rues plus loin. Cet édifice se caractérise par un impressionnant *retable* de bois doré, mis en place quelques années après le mariage royal.

### Turenne, soldat du roi et gouverneur du Limousin

Né en 1611, Henri de La Tour d'Auvergne, vicomte de Turenne, reçoit une stricte éducation protestante. Ce jeune homme à la volonté de fer obtient de réaliser son rêve ; embrasser la carrière des armes ! Il sert tout d'abord comme simple soldat en Hollande, avant de commander une compagnie. Passé au service de la France, il se fait remarquer par Louis XIII lors de la campagne du Roussillon, mais Mazarin, ministre du jeune Louis XIV, préfère tenir à l'écart ce trop brillant chef de guerre. Pourtant, son talent éclate face à son rival Condé au cours de la guerre de Trente Ans, et ses victoires permettent la signature de la paix de Westphalie en 1648. Mais ce grand soldat cède bientôt aux sirènes de la Fronde, où il s'engage par amour ! Vaincu à Rethel par les armées du roi, il change de camp et bat les rebelles frondeurs en 6 mois. Dès lors, sa fidélité au roi est acquise mais ne dénote aucune flagornerie, puisqu'il refuse de se convertir au catholicisme pour obtenir le rang de *connétable*… ce qui ne l'empêchera pas de se convertir peu après par conviction. En 1660, il est nommé gouverneur du Limousin et ministre d'État, mais il reste avant tout un soldat. Ce stratège de génie mène encore bien des batailles, en chef adoré de ses hommes qu'il n'hésite pas à payer de sa propre poche. Car la fortune ne l'intéresse guère ; seule compte la gloire, la sienne et celle du roi ! Il meurt sur le champ de bataille, en 1675, fauché par un boulet de canon.

## La corderie royale de Rochefort, un bâtiment hors norme

Le Roi Soleil et son ministre Colbert entreprennent de donner à la France une marine de guerre digne de sa puissance. En 1665, le site de Rochefort, à l'embouchure de la Charente, est choisi pour implanter l'arsenal du Ponant. Dès l'année suivante commencent de titanesques travaux de construction, qui imposent d'abord de surélever le sol marécageux. Le premier bâtiment réalisé, la corderie, est sans doute le plus spectaculaire, puisqu'il faut pouvoir y fabriquer des cordages d'un seul tenant de presque 200 m de long ! Comme la torsion du câble réduit la longueur d'un tiers, la longueur de départ est de 300 m : la corderie de Rochefort mesure 374 m de long ! Et si sa façade côté ville est d'une sobriété toute fonctionnelle, elle présente, côté Charente, un aspect véritablement royal destiné à signifier la majesté de son fondateur. Jusqu'en 1862, les cordages de Rochefort équipent 550 navires sortis des bassins de l'arsenal. Parmi ceux-ci, *L'Hermione*, *La Méduse* ou encore *Le Sphinx*, en 1829, premier bâtiment à vapeur de la marine française.

Et aujourd'hui

Après sa fermeture en 1862, la corderie est affectée à divers usages avant d'accueillir, en 1985, le Centre international de la mer.

### Les vins de Bordeaux, un fabuleux patrimoine

Sécuriser les mers, c'est aussi garantir le commerce maritime de la région et l'exportation des précieux vins de Bordeaux. Si la culture de la vigne remonte à l'époque romaine, elle est fortement encouragée par les privilèges accordés par le roi d'Angleterre aux vignerons bordelais au temps de la Guyenne anglaise. Au XIIIe siècle, La Rochelle, prise par le roi de France, perd son statut de port exportateur, et Bordeaux prend alors sa place. Au XVIIe siècle apparaissent les premiers vins vendus sous un nom de domaine, qui connaissent un succès immédiat. Le vignoble bordelais s'étend alors de façon considérable, et les vignobles du Médoc sont créés. Dans la seconde moitié du XIXe siècle, le vignoble bordelais fait face à une terrible épidémie de phylloxera. Les cultures sont sauvées par greffage de plants résistants. Cette technique est réutilisée 20 ans plus tard lorsque le mildiou menace les vignes. La pénurie de vin favorise alors la consommation du cidre breton et normand, tandis que quelques commerçants peu scrupuleux vendent des vins coupés ou trafiqués. Mais le Bordelais se remettra bien vite de ces crises, et produit aujourd'hui des vins appréciés dans le monde entier.

## La place de la Bourse de Bordeaux, royal décor

Au XVIIIe siècle, Bordeaux connaît un essor sans précédent et affiche sa richesse en édifiant de remarquables monuments. Les architectes royaux Jacques Gabriel et son fils Ange-Jacques viennent en personne superviser la construction de la place royale, aujourd'hui place de la Bourse. De manière très symbolique, elle est bâtie en démolissant une portion des remparts du Moyen Âge, signifiant ainsi que la protection du roi, dont la statue orne le centre de la place, procure à la ville paix et sécurité. Ouverte sur le fleuve, elle est bordée de deux bâtiments identiques, le palais de la Bourse et l'hôtel des douanes, et ornée de deux grilles ouvragées placées au nord et au sud et aujourd'hui disparues. Le fond de la place est occupé par un étroit pavillon bordé par deux rues perpendiculaires. Lors de la Révolution, la statue de Louis XV est abattue et remplacée par un arbre de la Liberté. La place prend alors le nom de place de la Liberté, puis devient place Impériale sous l'Empire puis de nouveau place Royale avec la Restauration. En 1848, elle prend son nom définitif de place de la Bourse puis, en 1869, son centre s'orne de la fontaine des Trois Grâces, qui remplace la statue disparue. Le centre historique de Bordeaux est inscrit au patrimoine mondial de l'UNESCO pour son architecture exceptionnelle et comme haut lieu de l'esprit des Lumières, en ce qu'il correspond à la vision que les philosophes entretenaient des villes, hauts lieux d'humanisme et de culture.

## Le port de la Lune, un croissant de Garonne

Ensemble remarquable

Le port de Bordeaux doit son nom poétique à la courbe décrite par la Garonne au cœur de la cité. Actif depuis 2000 ans, il est aujourd'hui inscrit au patrimoine mondial de l'UNESCO pour le remarquable ensemble qu'il constitue ; la Garonne et ses quais, les façades historiques qui les bordent, la place de la Bourse ; c'est un secteur sauvegardé de 150 ha qui bénéficie de ce label. Mais parmi les nombreux trésors de ce vaste ensemble, ce sont surtout les bâtiments classiques et néoclassiques qui sont distingués pour l'unité remarquable qu'ils confèrent à la ville. L'activité du port de la Lune se concentre aujourd'hui autour de la plaisance et du tourisme, le port marchand ayant été déplacé vers l'aval.

## Le haras de Pompadour ou les chevaux de la favorite

Figure historique

En 1745, Louis XV offre à sa maîtresse Jeanne-Antoinette Poisson le marquisat de Pompadour, situé entre Brive et Limoges. Mais si elle en porte désormais le nom, elle ne réside jamais au château. La marquise décide néanmoins de transformer cet édifice, dont les origines remontent à l'an mil, et remet au goût du jour le château du XVe siècle. Elle fonde également à Pompadour un haras, qui est rattaché en 1768 au domaine royal. Une jumenterie est alors créée, et l'orangerie détruite au profit d'une vaste écurie de 24 stalles. Le château sert de logement au personnel du haras. Désaffecté au moment de la Révolution, il est en grande partie abattu. Seuls subsistent son aile sud et un châtelet d'entrée. Sous le consulat, Pompadour devient haras national. Napoléon y introduit les étalons arabes rapportés d'Égypte, si bien que Pompadour est le berceau de la race des coursiers anglo-arabes. Il accueille la direction des Haras nationaux de 1870 à 2004.

# La Nouvelle-Aquitaine à l'ère contemporaine

Lors de la Révolution, les violences sont rares en Limousin, qui fournit quelques grandes figures au mouvement révolutionnaire et à l'Empire, tels le maréchal Brune ou le maréchal Jourdan. La période napoléonienne, quant à elle, est plutôt favorable à l'économie limousine, et dessine une nouvelle cartographie de la région, tandis que le blocus continental imposé par l'empereur, puis l'occupation de la ville par les armées anglaises en 1814 provoquent la ruine du commerce maritime bordelais. Par la suite, les trois guerres successives menées contre l'Allemagne aboutissent en 1870, 1914 et 1940 au repli du gouvernement à Bordeaux, ultime recours…

## La manufacture Saint-Jean d'Aubusson, un patrimoine vivant

La tapisserie se pratique à Aubusson depuis des siècles, peut-être sous l'impulsion de l'épouse flamande du duc Louis de Bourbon, qui confirme les privilèges de la ville en 1331. L'influence de la tapisserie flamande est en tout cas indéniable. Au XVIe siècle, les tapissiers fabriquent de nombreuses « verdures » au décor essentiellement végétal, ainsi que des scènes de chasse. En 1665, les ateliers privés d'Aubusson reçoivent le titre commun de manufacture royale, tandis que sont créées de nombreuses structures communes pour les aider dans leur tâche ; atelier de dessin, teinturerie… Les ateliers s'organisent au XIXe siècle pour donner naissance à de véritables manufactures, à l'image de celle créée par Georges et René Hamot en 1883 dans des bâtiments plus anciens. Cette unité de production est agrandie autour de 1900 par la construction de bâtiments sous sheds, ces toits en dents de scie typiques des usines de l'époque. Renommée en 1984 manufacture Saint-Jean, elle conserve un remarquable ensemble de machines et de métiers à tisser.

## L'église orthodoxe de Biarritz, nostalgie russe

**En péril**

Vers la fin du XIXe siècle, le succès touristique de la côte basque, tant appréciée de l'impératrice Eugénie, attire l'aristocratie de l'Europe entière, et singulièrement la noblesse russe. Cette communauté exotique, surtout présente à l'automne, la « saison russe », souhaite bientôt disposer d'un lieu de culte orthodoxe. En 1870, la toute nouvelle Troisième République refuse, si bien que c'est un salon de l'ancienne *villa* Eugénie qui accueille provisoirement la petite communauté.

Finalement, le tsar en personne intervient pour que soit autorisée la construction d'un monument dédié en 1888. Inaugurée en 1892, l'église, dotée de deux coupoles, affiche un style romano-byzantin alors très à la mode et possède une riche décoration intérieure. Après la révolution russe, de nombreux Russes blancs choisiront d'émigrer à Biarritz. L'église est restaurée une première fois en 1984 grâce au soutien financier de la diaspora russe, mais la coupole principale est aujourd'hui dans un état préoccupant qui nécessite de nouveaux travaux. Ils sont soutenus par la Fondation du patrimoine.

## La maison de Pierre Loti, un voyage intérieur

**Figure historique**

Pierre Loti incarne une tout autre forme d'exotisme, celle d'un écrivain voyageur que sa carrière d'officier de marine mène sur toutes les mers du monde. Julien Viaud, de son vrai nom, tire de ses voyages des récits qui connaissent un très rapide succès. Sa maison natale de Rochefort est le reflet de la vie d'aventure et des passions de cet écrivain atypique. Dans cette demeure du XVIIIe siècle, il rassemble les souvenirs glanés au cours des escales, et aménage, à partir de 1880, une chambre arabe, un salon turc, une pagode japonaise, une salle gothique et même une mosquée et une chambre des momies, chaque pièce transportant le visiteur dans un univers différent. Cette extraordinaire maison, devenue aujourd'hui un musée, fait partie des projets sélectionnés pour bénéficier des gains du loto du patrimoine. L'écrivain, disparu en 1923, aurait-il imaginé un tel succès pour sa maison des rêves ?

## Le four à porcelaine des Casseaux, l'art du feu

**En péril**

Limoges profite d'autant mieux de la révolution industrielle qu'elle possède des savoir-faire anciens, portés à leur apogée grâce au progrès technique. Ainsi de la porcelaine, travaillée à Limoge depuis les années 1760 grâce à la découverte d'un gisement de kaolin à proximité de la ville. Le four des Casseaux, construit en 1884, témoigne de la maîtrise du feu acquise par les porcelainiers pour réaliser la cuisson parfaite de leurs pièces. Édifice de brique circulaire cerclé de fer, ce four à flamme renversée, conservé dans les bâtiments industriels, est un bâtiment cylindrique de 80 $m^3$, capable de cuire 10 à 15 000 pièces à la fois, chaque cuisson durant presque une semaine ! Il cesse son activité à la fin des années 1950, quand se généralise l'usage des fours à gaz. Autre exemple de l'art des porcelainiers, le four Haviland de Limoges, construit en 1907, est soumis aux intempéries après la destruction en 1991 de l'usine qui l'abritait. Il nécessite des travaux de restauration urgents, soutenus par la Fondation du patrimoine.

## Les arènes de Dax, à l'ombre des pins des Landes

Dans les Landes, le XIXe siècle se traduit par un remodelage du paysage et une nouvelle impulsion donnée à l'agriculture, avec le drainage de landes incultes et la plantation de milliers d'hectares de pins sous l'impulsion de Napoléon III. La forêt des Landes est née ! Elle incarne désormais la singularité de la culture landaise, également représentée par la tradition ancienne des courses de taureaux qui, en ce XIXe siècle, s'organisent de façon plus officielle. D'abord pratiquées dans les rues, elles sont officiellement autorisées en 1784 à la condition de se tenir dans un espace fermé. À Dax, des édifices de bois sont construits à cet effet, dont le bâtiment de 1857, en forme de fer à cheval, qui doit être agrandi en 1890. Face au succès grandissant des courses de taureaux, la municipalité de la ville décide la construction d'arènes de ciment armé, inaugurées en 1913. D'une capacité de 5 500 places, elles adoptent un style andalou inspiré de celles de Séville.

## Le château Chavat et son château d'eau

**En péril**

Sur les bords de la Garonne, François Thévenot, commerçant enrichi lors de la Première Guerre mondiale, se fait bâtir un château en 1917. L'édifice flanqué de quatre tourelles, de style éclectique, se situe au cœur d'un vaste parc orné de copies de marbres antiques et doté de bassins japonais, alimentés grâce à un château d'eau. François Thévenot confie la réalisation de cet ouvrage d'art à un jeune architecte prometteur, Charles-Édouard Jeanneret, qui passera à la postérité sous le nom de Le Corbusier ! Celui-ci choisit d'utiliser un matériau révolutionnaire, le béton armé, et de faire de cet édifice utilitaire un lieu d'agrément, puisqu'il place juste sous le réservoir une pièce panoramique entièrement ouverte par 8 portes vitrées. On y accède par un escalier en colimaçon. Ce lieu surprenant tombe dans l'oubli après la Seconde Guerre mondiale, puis est repris dans les années 1980 et fait aujourd'hui l'objet d'un projet de rénovation soutenu par le loto du patrimoine.

## Les batteries du mur de l'Atlantique

**Ensemble remarquable**

En 1940, la zone occupée par les Allemands à la suite de l'armistice couvre la totalité du littoral atlantique de la France, de Dunkerque à Hendaye. En 1942, les occupants entreprennent de fortifier cette côte dans le cadre du projet de mur de l'Atlantique, qui doit les garder d'un débarquement allié par la construction d'ouvrages défensifs depuis la frontière franco-espagnole jusqu'à la Norvège ! Ce dispositif comprend notamment des forteresses, destinées à protéger les ports, des batteries côtières et des ouvrages défensifs sur les plages, ainsi que des obstacles anti-débarquement, barbelés, plots de béton... La construction des bunkers, lourds ouvrages de béton armé, a été normalisée par l'organisation Todt, chargée de l'édification du mur, même si la méthode n'est pas toujours applicable à cause du terrain. La côte aquitaine compte de nombreux vestiges de ce dispositif. Ainsi de la batterie Kora Karola, située à Ars-en-Ré, l'une des plus puissantes du mur de l'Atlantique. Elle était destinée à protéger l'entrée du port de La Rochelle et la base sous-marine de La Pallice. Elle comporte une batterie de marine dont les deux pièces avaient une portée de 27 km, et une batterie d'artillerie équipée de quatre pièces pouvant tirer dans toutes les directions. De nombreuses salles, dortoirs, un atelier, et une soute à munitions complètent l'ensemble.

Dans le secteur de La Rochelle, aux Mathes, les Allemands ont réutilisé une batterie française qu'ils ont totalement modifiée, notamment pour qu'elle se fonde dans le paysage. Baptisée Rest Adler Cosel, elle est équipée de quatre canons et dotée de plusieurs bunkers. Juste à côté, à La Tremblade, la batterie Muschel est édifiée en 1944, mais ne sera que partiellement terminée.

## Oradour-sur-Glane, douloureuse mémoire

Le repli ennemi ne se fait pas sans drame. Le 10 juin, un détachement de la division *Das Reich*, qui vient de pendre 99 otages à Tulle, entre dans le village d'Oradour-sur-Glane et contraint la population à se rassembler sur la place en deux groupes ; les femmes et les enfants d'un côté, les hommes de plus de 14 ans de l'autre. Ceux-ci sont emmenés dans des granges et fusillés à la mitrailleuse. Les femmes et les enfants sont enfermés dans l'église, les Allemands y jettent des explosifs puis mettent le feu. Pas moins de 642 personnes sont ainsi assassinées, et seule une trentaine d'habitants survit. Oradour ne sera pas reconstruite. Dès juillet 1944, la décision est prise de laisser le village dans l'état de ruine où les Allemands l'ont laissé afin de conserver intacte la mémoire de ce monstrueux crime de guerre. Cette démarche inédite sera reprise dans certains lieux de douloureuse mémoire, tels les camps de concentration. En 1945, le site est classé, et le village reconstruit un peu plus loin.

Et aujourd'hui

Un centre de la mémoire y est inauguré en 1999, et en septembre 2013 le président allemand Joachim Gauck visite le village martyr.

## La villa blockhaus d'Oléron

À Oléron, les Allemands ne rendent les armes qu'en avril 1945. Dans les années 1950, un architecte, Georges-René Fournier, ayant acquis un terrain près de la plage, tente de détruire les deux bunkers qui s'y trouvent. Ne pouvant y parvenir, il décide de bâtir sa maison sur les bunkers, dont l'un est utilisé comme cave. Son architecture étagée présente quatre niveaux superposés en courbe ornés de colonnades. Au sommet, face à la mer, se trouve la chambre du capitaine, bien nommée puisque le bâtiment, très visible depuis l'océan, sert depuis sa construction de repère à la navigation ! La *villa*, pourtant construite à l'époque sans permis, est classée en 1992.

Ce dernier monument démontre une volonté de surmonter le passé (sans l'oublier) qui sous-tend toute l'histoire de notre région. Celle-ci a su faire preuve, au cours des siècles, d'une remarquable capacité à aller de l'avant, tirant chaque fois le meilleur des expériences passées et ouverte à toutes les influences : celtes, romaines, anglaises, espagnoles, françaises...

### Mon coup de cœur, le château de Ventadour

Cette impressionnante forteresse médiévale juchée sur son rocher au-dessus de l'Ardèche était la propriété des puissants ducs de Ventadour. Démantelée au XVIII^e^ siècle, elle tombe lentement en ruine et sert de carrière de pierres à la Révolution. Elle est sauvée en 1968 par un passionné, Pierre Pottier, qui parvient à la racheter et met en place chaque année des chantiers de restauration bénévole.

**DANS CE CHAPITRE**

L'identité occitane s'affirme loin de l'influence du pouvoir franc

•

Cette cohérence entre territoire et culture donne naissance à des joyaux d'architecture

## Chapitre 13

# L'Occitanie, carrefour d'influences

Cette région, très anciennement habitée par l'homme, bénéficie de la douceur de son climat et d'un excellent réseau de communication, tant fluvial que routier. Elle demeure fort éloignée de l'influence franque, à bonne distance du pouvoir central et suffisamment riche pour être autonome, toutes caractéristiques qui en font une terre très convoitée. Enclavée entre mer et montagnes, nourrie d'influences grecques et romaines, wisigothiques puis arabes, l'Occitanie est une région où la féodalité a pu s'épanouir et se traduire dans l'architecture ; la cohérence des réseaux routiers, religieux et politiques y est remarquable, sous le pouvoir des rois d'Aragon comme des comtes de Toulouse ou du roi de France, au gré des voies romaines, des chemins de Saint-Jacques ou du canal du Midi.

Cette cohérence entre le territoire et l'identité culturelle languedocienne lentement façonnée a donné naissance à des merveilles d'architecture, bien souvent remarquées par l'UNESCO et appréciées des touristes.

**EN QUELQUES DATES :**

| | |
|---|---|
| **Il y a 450 000 ans** | Homme de Tautavel |
| **5000 à 4000 av. J.-C.** | L'agriculture se développe dans les vallées des Pyrénées |
| **580 av. J.-C.** | Fondation d'Agde par les Grecs de Marseille |
| **218 av. J.-C.** | Hannibal franchit les Pyrénées puis les Alpes |
| **778** | Roland meurt avec l'arrière-garde de Charlemagne au col de Roncevaux, dans une embuscade tendue par les Vascons |
| **1088** | Le comté de Toulouse, sous la férule de Raymond IV, affirme sa puissance |
| **1209-1244** | Croisade contre les albigeois pour mettre fin à l'hérésie cathare |
| **1220** | Création de la plus ancienne université de médecine du monde occidental toujours en activité à Montpellier |
| **1659** | Traité des Pyrénées |
| **1666-1681** | Creusement du canal du Midi |
| **1936** | Toute la région subit de plein fouet la guerre d'Espagne |
| **2 mars 1960** | Toulouse, capitale européenne de l'aéronautique, accueille le premier vol du Concorde, qui rallie New York en 3 h 30 |

# Une présence humaine immémoriale

La région s'avère propice à l'homme depuis des centaines de milliers d'années et offre d'incomparables vestiges préhistoriques. Depuis les premiers hommes européens jusqu'à l'avènement de l'homme moderne, l'histoire de nos ancêtres s'écrit en Occitanie !

## La grotte de Tautavel et le premier Français

Le héros de cette histoire n'est pas encore l'homme moderne, mais plutôt l'un de ses lointains cousins, baptisé Arago 21, qui appartient à l'espèce *Homo heidelbergensis* aujourd'hui disparue. Ce « premier Français », ainsi qu'il a été baptisé, a été découvert en 1964 dans la caune d'Arago, une grotte de la commune de Tautavel. Placée en surplomb dans une falaise, elle mesurait, avant un effondrement partiel, plus de 100 m de long, et permettait aux tribus de chasseurs-cueilleurs de surveiller le gué en contre-bas, point de passage du gibier. Environ 150 restes humains y ont été découverts, dont un crâne incomplet, le fameux Arago 21, qui serait vieux de 450 000 ans.

Le saviez-vous ?

Le dernier vestige retrouvé, une dent de lait, remonterait quant à lui à 560 000 ans ! De nombreux outils de pierre, galets, *bifaces*, racloirs témoignent de l'activité de l'homme de Tautavel, qui chassait le cheval, le cerf, le renne, le mouflon ou encore le bison, gibier dont les restes ont également été retrouvés. La grotte semble avoir été ponctuellement occupée pendant près de 150 000 ans au Paléolithique.

## La grotte d'Aurignac, habitat de l'homme moderne

À retenir

L'abri sous roche d'Aurignac est découvert en 1852, et donne son nom à une culture du Paléolithique supérieur, l'Aurignacien, qui court de 37 à 26 000 ans avant notre ère. C'est dire son importance du point de vue de la science préhistorique ! La présence d'Homo sapiens, l'homme moderne, y est attestée il y a environ 35 000 ans. Le paysage de steppe et de toundra sert alors de cadre à la chasse à l'ours, au rhinocéros laineux ou au lion des cavernes. L'homme moderne met au point un riche outillage, lames, grattoirs, burins, poinçons et pointes, réalisé en pierre, ivoire, os ou bois de rennes. À Aurignac, les restes d'un foyer ont également été retrouvés. Puis l'abri sert de tanière à diverses espèces sauvages, aurochs, rennes et chevaux. Enfin, il est de nouveau utilisé au IIIe millénaire av. J.-C. comme lieu de sépulture, 17 personnes y ont alors été inhumées.

## Les mains mutilées de la grotte de Gargas

Insolite

À Gargas, hommes et animaux ont occupé alternativement le site, exploré dès le XIXe siècle. Outre un mobilier de dents d'animaux percées et de silex taillés, la grotte, longue d'au moins 700 m, a révélé un exceptionnel ensemble de peintures pariétales remontant au Paléolithique supérieur. Dans la partie inférieure de la grotte se trouve une série de 231 mains peintes en négatif à l'aide de pigments rouges ou noirs, représentant tous les âges du nourrisson à l'adulte. Mais le plus surprenant, c'est que la moitié de ces mains a été amputée d'un ou de plusieurs doigts, à l'exception du pouce. Mutilations sacrées, signes de deuil, punitions, maladies ? Le mystère demeure. On ignore d'ailleurs si les mutilations étaient réelles ou seulement feintes, en repliant un doigt, par exemple. Ces peintures ont été réalisées vers 25 000 avant notre ère. La grotte comporte également, dans sa partie supérieure, des représentations d'animaux, bouquetins, bisons ou cervidés, tableau de chasse de nos ancêtres chasseurs-cueilleurs.

## Le chamane dansant de la grotte des Trois-Frères

**Ensemble remarquable**

Découverte en 1914 par trois jeunes frères, cette grotte de plus de 800 m de long a révélé environ 1 300 gravures et peintures extraordinaires, réparties sur plusieurs salles. Elles sont datées de l'époque magdalénienne, entre 15 et 10 000 ans avant notre ère. La salle du Sanctuaire regroupe à elle seule plus de 500 figures, mammouths, félins, éléphants ou oiseaux, ainsi que deux étonnants personnages, mi-homme mi-animal. Le « chamane dansant », à la fois gravé et peint, possède le bas du corps d'un homme et le haut du corps d'un cervidé. Il a été orné de peinture noire. Le « petit sorcier à l'arc musical », mi-homme mi-bison, semble tenir dans sa bouche une flûte ou un arc musical. Une théorie picturale intéressante touchant les peintures préhistoriques a été illustrée par un bison de la grotte des Trois-Frères, qui possède plusieurs queues ; cet artifice aurait pour but de suggérer un mouvement, comme dans le cas des lions de la grotte de la Vache, en Ariège, qui auraient été représentés avec plusieurs pattes pour signifier qu'ils courent. Les étranges figures des Trois-Frères sont interprétées par certains comme le signe d'un éveil spirituel et d'une conscience du divin qui aurait touché nos ancêtres en ces temps reculés.

### Présences celtes

Si l'usage de la métallurgie du cuivre se répand dans la région à la fin du IIIe millénaire avant notre ère, les Celtes y apportent, au Ier millénaire av. J.-C., l'art du fer.

Parmi eux, les Cadurques s'installent dans le Quercy, autour de Cahors. Dans le Rouergue, les Rutènes fondent Segodunum, future Rodez. Les Volques Tectosages s'installent à Tolosa, dans la vallée de la Garonne. Les Sardones, quant à eux, choisissent les Pyrénées orientales, tandis que les Pyrénées atlantiques sont investies par les Tarbelli. Dans les montagnes, les Celtes se mélangent aux Ibères déjà présents. Enfin, la vallée de l'Aude est occupée par les Atacini, tandis que les Gabales s'installent dans le Gévaudan. Toutes ces tribus se livrent à de florissants échanges avec les Grecs, installés à Marseille, qui fondent des

»

comptoirs dans la région, comme à Agde en 580 avant notre ère. Lors de la conquête de la province, les Romains signalent la présence de peuples bascophones au pied des Pyrénées, et notamment dans les vallées du Comminges.

# De la romanisation au haut Moyen Âge

En 218 avant notre ère, Hannibal, chef carthaginois ennemi de Rome, entreprend de faire le tour de la Méditerranée pour aller affronter sa rivale. Après avoir traversé l'Espagne en évitant les cités grecques de la péninsule, il franchit les Pyrénées avec ses armées et ses éléphants, et reçoit un excellent accueil de la part des Celtes d'Occitanie, qu'il traverse sans combat jusqu'au Rhône. Cette géniale manœuvre lui permet de couper Rome de ses forces présentes en Espagne. Dès lors, Rome n'aura de cesse de rétablir cette liaison, au prix de la conquête de la Gaule cisalpine. Il importe de garder la Via Domitia libre et sûre pour permettre cette jonction.

En 118 avant notre ère, les Romains fondent Narbo Martius, future Narbonne, ainsi nommée en l'honneur du dieu Mars. La ville est peuplée par des vétérans de l'armée romaine. Elle sert de base arrière à la colonisation de la région, et bientôt les Pyrénées ne sont plus un obstacle aux ambitions de Rome, puisque le col de Roncevaux est franchi en 56 av. J.-C. La province romaine de la Narbonnaise s'étend des Pyrénées à Lyon.

## Nîmes la Romaine

**Ensemble remarquable**

Nîmes, colonie romaine fondée en 27 av. J.-C. sur un important *oppidum* celtique, possède un véritable trésor patrimonial ; la Maison Carrée, temple romain le mieux conservé au monde ! Il faut dire que ce bâtiment n'a jamais cessé de servir ; édifié au début du Ier siècle, il est tout d'abord dédié à Auguste et à ses petits-fils. Son plan, inspiré du temple d'Apollon à Rome, est très classique. Il est érigé sur un podium et dessine un rectangle de 13 m sur 26, entouré de 30 colonnes de 9 m de haut. Au centre, la *cella*, lieu sacré où se déroule le culte, est accessible aux seuls prêtres. Les chapiteaux corinthiens dénotent une certaine influence grecque. L'inscription du fronton, qui confirmait la dédicace, a disparu. À partir du XIe siècle, la Maison Carrée fait office de maison consulaire, les consuls étant les officiers municipaux de Nîmes. Puis, au XVIe siècle, elle est transformée en habitation, en écurie et enfin en église, attenante au couvent des augustins. Après la Révolution, elle sert même de préfecture ! Elle est finalement restaurée dans son état d'origine en 1820, et sert dès lors de lieu d'exposition.

Autre vestige exceptionnel, l'amphithéâtre de Nîmes, communément appelé les arènes, qui a été bâti vers 90 de notre ère. Ce vaste édifice, mesurant 133 m sur 100, pouvait accueillir 24 000 spectateurs sur ses 34 rangs de gradins. Au début du ve siècle, les combats de gladiateurs ayant été interdits, les Wisigoths, alors maîtres de la région, transforment les arènes en forteresse où la population trouve refuge. C'est alors une vraie petite ville, comportant plus de 200 habitations, un château, des églises… Le monument originel n'est dégagé par décret royal qu'à la veille de la Révolution. Il est restauré et même en partie rebâti sous le Second Empire.

Et aujourd'hui

Aujourd'hui, les arènes ont retrouvé leur vocation première de lieux de spectacle, accueillant bien sûr les corridas lors de la feria de Nîmes, mais aussi de nombreux concerts et événements artistiques.

## Le pont du Gard ou le génie romain

À partir de 14 de notre ère, toute l'Occitanie est romanisée et se couvre d'édifices dus au génie bâtisseur de Rome. Ceux-ci viennent sans heurts consolider les infrastructures existantes et créer de nouvelles voies de communication et de richesse. Le pont du Gard est un exemple particulièrement frappant de la brillante ingénierie romaine, au point de servir encore aujourd'hui de modèle. Il est la partie la plus spectaculaire d'un aqueduc long de 52 km destiné à alimenter en eau la ville de Nîmes.

Le saviez-vous ?

Cet incroyable ouvrage d'art fonctionne grâce à une pente moyenne d'à peine 25 cm par kilomètre ! Bâti au milieu du Ier siècle, le pont est constitué de trois étages d'arches enjambant le Gardon, qu'il surplomb de 50 m. L'étage inférieur ne comporte que 6 arches, le suivant 11 et le dernier 35. Il était à l'origine plus long de 12 arches, et réalisé presque sans mortier avec de la pierre extraite localement. Le conduit se situe au niveau supérieur. Son étanchéité est assurée par une couche de béton romain et une couche d'oxyde ferrique. Les pierres étaient hissées par un système d'échafaudages et par des instruments de levage utilisant la force humaine grâce à des « cages d'écureuil ». Au cours de sa longue histoire, le pont connaît bien des vicissitudes ; il sert notamment de carrière de pierres au Moyen Âge, tandis que les piles du second niveau sont creusées pour laisser le passage aux véhicules. À la Renaissance, avec la redécouverte de l'Antiquité, le pont du Gard suscite un nouvel intérêt. Mais il faudra attendre 1700 pour que sa structure fragilisée fasse l'objet d'une première campagne de travaux.

Un pont routier est accolé au premier niveau dans les années 1740, afin d'épargner la structure millénaire du pont romain. Dès lors, les restaurations se succèdent, permettant au pont de défier le temps et de résister aux crues, même lors des terribles inondations de 2002. Depuis 1985, il est inscrit au patrimoine mondial de l'UNESCO.

**Figure 13-1**
Le pont du Gard

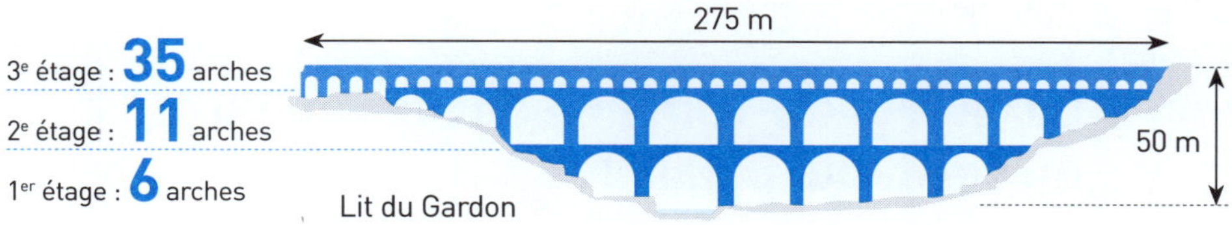


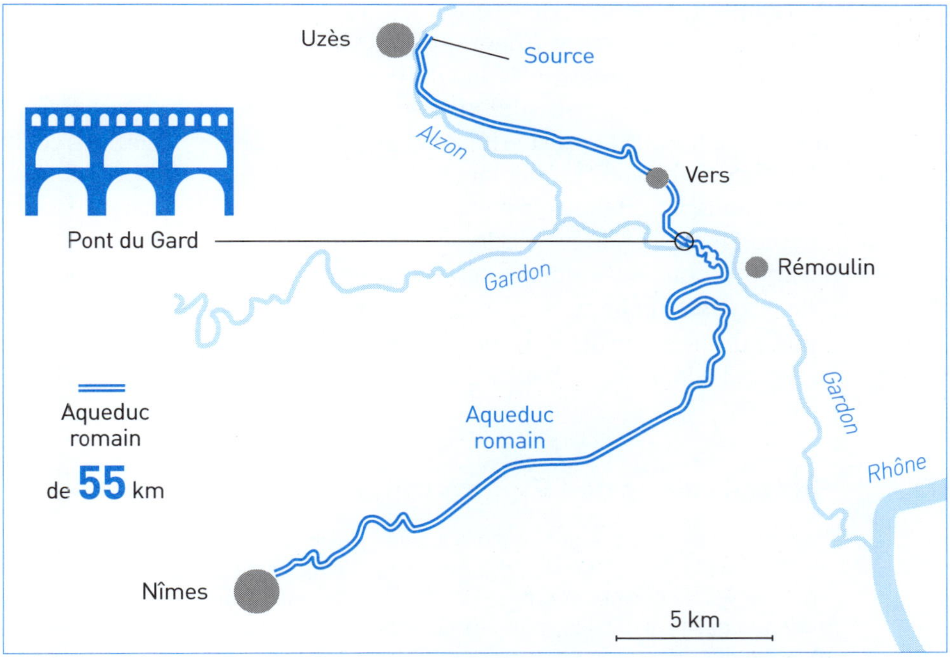


## Le pont-aqueduc d'Ansignan, un double usage

À Ansignan, un imposant ouvrage d'art de 170 m de long, comportant 29 arches de tailles inégales, traverse un paisible vallon dans lequel sa massive présence semble un peu incongrue. Ses origines remonteraient au IIIe siècle. Il s'agirait au départ d'un aqueduc destiné à irriguer les terres domaniales d'une riche *villa*. Au IXe siècle, un second conduit ouvert aurait été bâti au-dessus du premier, transformant celui-ci en tunnel, éclairé par des fenêtres latérales et réservé à la circulation des personnes. À l'époque moderne, un moulin est bâti contre le pont, puis remplacé en 1903 par une usine électrique destinée à alimenter les communes alentour.

Et aujourd'hui

L'usine a cessé son activité dans les années 1950 mais l'aqueduc romain, lui, continue d'alimenter en eau le vallon d'Ansignan !

## La villa gallo-romaine de Montmaurin, un véritable palais !

Depuis 27 av. J.-C., le nord-ouest de l'actuelle Occitanie est intégré à la Gaule Aquitaine, qui se voit divisée au IIIe siècle en trois nouvelles régions, dont la Novempopulanie, entre Atlantique et Pyrénées, qui prend pour capitale Elusa, l'actuelle Eauze, capitale de la cité des Elusates. C'est sur son territoire qu'est bâtie, au Ier siècle, une somptueuse *villa* dont le luxe et les dimensions hors norme traduisent la prospérité de la région, basée sur le commerce du vin et du blé. Placée au sein d'un domaine de plus de 1 000 ha, elle prend au IVe siècle les dimensions d'un véritable palais, avec ses 5 800 $m^2$ de surface ! Les fouilles de la seconde moitié du XXe siècle ont révélé une façade de quelques 117 m de long. La cour d'honneur en demi-cercle, bordée de colonnades, comporte un temple. Elle ouvre sur un imposant vestibule menant aux quartiers d'habitation, disposés autour d'une cour carrée. Le palais comptait environ 200 pièces, des thermes, des viviers... Le logis était chauffé par le sol et clos de fenêtres vitrées !

### Sur les ruines de l'Empire romain

La région est très tôt touchée par les invasions barbares, avec l'arrivée des Alamans en 276. Puis, dès le début du Ve siècle débarquent les Vandales, puis les Suèves et enfin les Wisigoths, qui colonisent la région. Ces derniers, fortement romanisés, s'opposent à l'Église catholique car ils ont embrassé l'hérésie arienne. En 462, le roi wisigoth Théodoric II prend possession du Roussillon, tandis que saint Valier évangélise les monts ariégeois.

Rapidement, les Wisigoths dominent l'Aquitaine puis la Narbonnaise, et prennent Toulouse comme capitale sous Euric. Mais dès 507 et sa victoire à Vouillé, le roi franc Clovis occupe le Haut-Languedoc. Les Wisigoths se replient sur l'Espagne, qu'ils ont conquise pour le compte de Rome au siècle précédent. La Gaule wisigothique est désormais appelée Septimanie. Ses ducs choisissent Narbonne comme capitale, et maintiennent les structures politiques »

»

héritées des Romains. Ils se heurtent cependant à l'opposition des évêques, partisans des Mérovingiens catholiques.

Vers la fin du VIe siècle, les Vascons, peuple bascophone venu d'Espagne, s'installent en Aquitaine et dans l'ouest de l'Occitanie. Enfin, la région fait face aux invasions arabes à partir de 719. Les conquérants musulmans franchissent les Pyrénées par le col du Perthus et menacent bientôt Toulouse, sauvée par le duc Eudes d'Aquitaine.

La Septimanie est finalement conquise par les premiers Carolingiens, qui créent des régions de marche, c'est-à-dire de frontière, pour défendre l'Empire face aux conquérants arabes ; la marche de Navarre et la marche catalane. Mais Charlemagne fait également face aux Vascons, qui attaquent les armées impériales près du col de Roncevaux. C'est là que se place le fameux épisode de Roland ! La fin du IXe siècle est marquée par les invasions normandes, qui ne s'arrêtent qu'au pied des Pyrénées et touchent jusqu'à Nîmes. Mais ces diverses invasions renforcent les pouvoirs locaux au détriment du pouvoir impérial puis royal, plus lointain, et peu à peu le système féodal se met en place. Le comté de Foix, les vallées du Comminges, les comtés de Bigorre, d'Aure et de Roussillon et la vicomté de Couserans émergent alors, ainsi que le royaume de Navarre et le comté de Béarn, aujourd'hui en Nouvelle-Aquitaine.

## Le château de La Salvetat, lieu de refuge

**En péril**

Le comté de Toulouse s'affirme rapidement comme une puissance majeure de la région, et regroupe bientôt le Quercy, l'Albigeois, le Gévaudan et les Cévennes sous la houlette de Raymond IV. Celui-ci, partant pour la première croisade, veille aux défenses du comté et fait notamment bâtir, entre 1088 et 1096, le château de Saint-Gilles, à l'ouest de Toulouse. En 1167, Toulouse est ravagée par la peste, si bien que les capitouls, magistrats municipaux de la ville, se réfugient à Saint-Gilles, qui échappe à l'épidémie. C'est pour rappeler cet épisode que le lieu aurait pris le nom de La Salvetat-Saint-Gilles. Mais le terme de salvetat (ou sauveté) caractérisait aussi tout lieu de refuge où les fugitifs ne pouvaient être poursuivis. Quoi qu'il en soit, le château de La Salvetat, robuste forteresse médiévale, est très peu remanié au cours des siècles suivants, mais conserve toutefois de fort belles frises au pochoir datant du XVIIe siècle. Le château est saisi et vendu à la Révolution ; son propriétaire guillotiné. Il est extrêmement délabré lorsque la mairie en fait l'acquisition en 2016 et entame un programme de restauration bénéficiaire du loto du patrimoine.

## Sainte-Foy de Conques, un trésor millénaire

Les croisades, tout comme les chemins de Compostelle qui traversent la région, drainent de nombreuses richesses économiques et permettent le développement des villes. Et l'heure étant aux pèlerinages, la possession de reliques permet le développement d'imposants sanctuaires qui font la richesse de certaines cités. À Conques, la première *abbatiale*, érigée au IXe siècle sur le lieu d'un ermitage, est tout d'abord dédiée au Saint-Sauveur. Mais, quelques années plus tard, un moine aurait rapporté à l'abbaye les reliques de sainte Foy, enfant martyre, après les avoir volées à Agen ! Elles font l'objet d'un pèlerinage qui remporte un tel succès qu'une nouvelle *abbatiale* à trois nefs est bâtie au milieu du Xe siècle. Bientôt, Conques devient une étape obligée sur la Via Podiensis, le plus fameux des chemins de Saint-Jacques. L'*abbatiale* est une nouvelle fois rebâtie au XIe siècle dans le style roman, à l'image d'autres grands édifices rythmant le chemin de Compostelle. Elle inspirera largement la construction romane en Auvergne. Sa voûte en berceau de 22 m de haut s'ouvre sur un long *transept* coiffé d'une tour lanterne tout en lignes verticales. Le *chœur* est entouré d'un *déambulatoire*, qui permet aux fidèles de processionner autour des reliques. Mais le succès de Sainte-Foy décline au XIIIe siècle, puis l'*abbatiale* subit d'importants dégâts au cours des guerres de religion avant d'être abandonnée à la Révolution. Elle est restaurée dès 1837 à l'initiative de Prosper Mérimée, puis vient le renouveau religieux, avec l'arrivée en 1873 des religieux prémontrés. L'un des éléments les plus remarquables de l'édifice est sans doute le *tympan* roman représentant le Jugement dernier. Les 250 chapiteaux de l'église, animés de nombreuses figures, représentent également un superbe exemple de sculpture romane.

**À retenir**

Enfin, Sainte-Foy possède un exceptionnel trésor d'orfèvrerie religieuse, dont la fameuse statue reliquaire de sainte Foy, dont les origines remontent au IXe siècle.

## Saint-Sernin ou l'âge d'or du comté de Toulouse

Contemporaine de Sainte-Foy, Saint-Sernin est également l'une des étapes clefs du chemin de Compostelle. Ce lieu de culte très ancien s'organise autour des reliques de saint Saturnin, premier évêque de Toulouse martyrisé au IIIe siècle. Face à l'afflux de pèlerins, le vieux sanctuaire du Ve siècle est remplacé à la fin du XIe siècle par un grandiose édifice roman, dont la construction ne s'achèvera que trois siècles plus tard. Et, au fil du temps, la pierre fait place à la brique dans la construction de l'édifice, lui conférant la teinte rose propre à Toulouse. Avec son *chevet* admirable et sa voûte en berceau de 21 m de haut, Saint-Sernin est la plus grande église romane de France et l'une des plus grandes d'Europe. Son statut d'église canoniale, confiée à une communauté de *chanoines*, fait de son abbé l'un des plus puissants personnages du comté de Toulouse, et un concurrent direct de l'évêque de la ville.

Après la Révolution, le cloître de Saint-Sernin est détruit. La *basilique* est restaurée sous l'égide de Viollet-le-Duc.

# La puissance des abbayes au Moyen Âge

La puissance des comtes de Toulouse sait s'appuyer sur l'Église, qui développe un important réseau monastique dans la région et favorise un certain développement économique. Mais contrairement à ce qui se passe ailleurs, l'isolement des abbayes prend rapidement fin avec la création de nombreux villages et villes fondés à l'ombre de ces sanctuaires. Certains ont le statut de sauveté ou salvetat, idée qui trouve son pendant dans la création des castelnaus, petites agglomérations fortifiées derrière les remparts d'une *motte féodale* et placées sous la protection du seigneur du lieu.

L'Occitanie connaît également un développement précoce de ses villes, administrées par des consuls (ou capitouls) sous l'œil bienveillant des comtes de Toulouse.

## L'abbaye de Lagrasse, chère à Charlemagne

L'abbaye bâtie en 779 succède à un monastère plus ancien encore. La nouvelle fondation bénéficie de la protection de l'empereur Charlemagne, assurant sa prospérité et son rayonnement. Quelques siècles plus tard, le rôle d'intermédiaire que jouent les abbés lors de la crise cathare leur vaut la reconnaissance du roi saint Louis. L'abbaye décline ensuite et doit être fortifiée pour se protéger des pillards. Au XVIe siècle, un abbé *commendataire* fait bâtir un clocher qui doit mesurer plus de 80 m de haut ! Inachevé, il domine toutefois l'abbaye de son imposante silhouette. Les bâtiments monastiques sont rénovés au XVIIIe siècle, avec notamment l'adjonction d'un vaste cloître classique.

Le saviez-vous ?

Vendue par lots à la Révolution, l'abbaye est coupée en deux ; cette séparation demeure encore aujourd'hui. La partie la plus ancienne appartient au conseil général de l'Aude, tandis que l'autre partie, la plus vaste, est successivement occupée par plusieurs communautés religieuses. Elle accueille aujourd'hui les *chanoines* réguliers de la Mère de Dieu.

## Saint-Michel-de-Cuxa et le violoncelliste

La fondation monastique de Saint-Michel est très ancienne. Venus d'un premier couvent fondé vers 840 dans les gorges de la Têt et détruit par une inondation en 878, les moines s'installent à Cuxa où ils bâtissent un nouveau monastère. L'église, édifiée à partir de 956, est un exemple exceptionnel d'architecture préromane. Au XIIe siècle, elle est accolée d'un cloître de marbre aux superbes chapiteaux sculptés. Après les graves dégâts subis à la Révolution et l'exportation d'une partie de son cloître aux États-Unis, Saint-Michel connaît une véritable renaissance au XXe siècle, grâce à l'arrivée d'une nouvelle communauté monastique en 1919 et à de nombreuses campagnes de restauration.

**Et aujourd'hui**

Dans les années 1950, le violoncelliste Pablo Casals, exilé à Cuxa lors de la guerre civile espagnole, y fonde un festival qui existe encore aujourd'hui.

## Saint-Martin-du-Canigou, une renaissance

Les abbayes romanes d'Occitanie témoignent de la remarquable unité culturelle de la région, qui s'appuie également sur une langue commune et une riche tradition orale et littéraire. Fondée il y a plus de 1 000 ans par les moines bénédictins de Saint-Michel-de-Cuxa, Saint-Martin-du-Canigou connaît un parcours classique, où le succès des premiers temps laisse place à un déclin précoce. Elle est très endommagée par le tremblement de terre de 1428, qui détruit de nombreux bâtiments. Placée sous le régime de la *commende* en 1506, elle est finalement sécularisée à la veille de la Révolution puis pillée et réduite à l'état de ruine. Elle connaît cependant une réelle renaissance à partir de 1902, sous l'impulsion de l'évêque de Perpignan, et accueille de nouveau aujourd'hui une communauté monastique. L'*abbatiale* restaurée révèle les secrets du premier art roman dans la région. Fait original, elle est constituée de deux églises superposées, l'église inférieure étant presque souterraine. L'imposant clocher carré, qui évoque une tour de défense, accueille également une chapelle à l'étage. Le cloître a conservé quelques très beaux chapiteaux.

## Saint-Sever-de-Rustan à l'épreuve des siècles

Le tombeau de saint Sever, prêtre à la grande charité mort vers 502, attire rapidement des foules de fidèles à Rustan. Vers 800, un monastère bénédictin s'y installe. Il est détruit plusieurs fois et ravagé par les Normands au IXe siècle, et il faut attendre la fin du siècle suivant pour que les moines reviennent à Rustan. Malgré une nouvelle destruction vers 1060, le rayonnement de l'abbaye est tel qu'au XIIIe siècle une bastide (ou ville neuve) est implantée à proximité. Bientôt cependant commence le temps des épreuves ; guerre de Cent Ans, tremblement de terre, guerres de religion, puis un bref sursaut au XVIIIe siècle et la mise en vente à la Révolution. En 1890, le cloître de l'abbaye doit être vendu à des antiquaires, mais la mairie de Tarbes s'en porte finalement acquéreur et l'installe dans un jardin public.

**Le saviez-vous ?**

Classée puis restaurée par la suite, l'abbaye trahit par son aspect sa longue histoire mouvementée. Ainsi, les quatre *travées* de la nef unique de l'église révèlent trois époques de construction distinctes.

## L'abbaye de l'Escaladieu, le chemin du ciel

Au XIIe siècle apparaît un nouvel ordre monastique, l'ordre de Cîteaux, fondé par saint Bernard, qui connaît un succès foudroyant. Dès 1140, les cisterciens fondent une abbaye non loin de Bagnères-de-Bigorre, sur l'un des itinéraires de Compostelle. Elle prend le joli nom d'Escaladieu, ou « échelle vers Dieu ». L'église, construite à partir de 1142, traduit dans la pierre l'idéal cistercien de sobriété et de dépouillement, puisque ses pierres de taille agencées avec soin ne comportent aucun ornement. Les aléas de l'histoire, notamment lors des guerres de religion, où le monastère est assiégé trois fois et partiellement détruit, ont façonné l'édifice. Ainsi, la salle *capitulaire* est de style gothique, et le clocher a été rehaussé au XVIIIe siècle sur la base de la tour romane de la croisée du *transept*. Quant au cloître, aujourd'hui disparu, il aurait été vendu au début du XIXe siècle.

**Et aujourd'hui**

Soumise dès lors à des fortunes diverses, l'abbaye est finalement rachetée par le conseil général des Hautes-Pyrénées et devient un lieu de culture à travers des expositions, spectacles, concerts...

## Saint-Michel de Grandmont, la voie de l'ascèse

Plus radical encore que les cisterciens, l'ordre de Grandmont prône un dépouillement extrême et une vie d'ermite. Fondé vers 1076 aux environs de Limoges, il s'installe finalement à Saint-Michel-de-Grandmont, au-dessus de Lodève, vers 1125. L'ordre comptera jusqu'à 160 abbayes avant de décliner et de s'éteindre au XVIIIe siècle. Le prieuré de Saint-Michel conserve les échos de cette recherche d'absolu, et son église aux proportions majestueuses se signale par une sobriété rigoureuse et un éclairage réduit à trois fenêtres situées au *chevet*. Le petit cloître qui la jouxte affiche la même rigueur architecturale.

**Et aujourd'hui**

Après la dissolution de l'ordre, le prieuré devient propriété privée. Il est aujourd'hui ouvert à la visite et accueille des expositions et des concerts dans l'église, dont l'acoustique est remarquable.

## La cathédrale de Saint-Bertrand-de-Comminges

À Comminges, c'est encore une fois la présence de reliques qui se trouve à l'origine de la fondation du sanctuaire. Le site est ancien, puisqu'il est bâti sur un *oppidum* celte ayant donné naissance à une petite cité, devenue cité épiscopale. Mais la ville disparaît au VIe siècle, et n'est relevée que 5 siècles plus tard par l'évêque Bertrand, qui restaure la cathédrale et lui adjoint un cloître. À sa mort, sa réputation de sainteté fait de Comminges un lieu de pèlerinage, et l'église doit être agrandie.

**Figure historique**

Dès lors, elle connaît plusieurs phases de travaux, et à l'église romane du XIIe siècle succède un édifice gothique construit au XIVe siècle sous l'impulsion de Bertrand de Got, évêque de Comminges devenu pape sous le nom de Clément V. Le clocher-tour endosse une fonction défensive de donjon, comme le rappellent les *hourds* de bois qui ornent toujours son sommet. À la Renaissance, le *chœur* est paré de splendides boiseries sculptées. Les reliques de saint Bertrand se trouvent toujours dans l'église, même si l'histoire mouvementée du lieu a bien souvent contraint les habitants à les dissimuler pour éviter leur destruction ; ainsi lors des guerres de religion puis à la Révolution. En 1801, le diocèse de Comminges ayant disparu, la cathédrale devient église paroissiale.

Au pied de la colline où se dresse la cathédrale, la petite *basilique* romane Saint-Just de Valcabrère a également des origines fort anciennes, puisque son site a révélé la présence de sarcophages antiques et de nombreux matériaux provenant de monuments romains. En s'écartant un peu vers l'est, on peut embrasser d'un seul regard la *basilique* Saint-Just, son *chevet* roman et son clocher-tour, et la cathédrale de Saint-Bertrand, profilant au loin sa silhouette gothique.

## Rocamadour, cité de la foi

**Ensemble remarquable**

À Rocamadour, la ville entière repose sur la dynamique liée au pèlerinage à la Vierge noire, et cela dure encore aujourd'hui. Ce site spectaculaire perché à flanc de rocher est habité par l'homme depuis la Préhistoire, mais la cité naît véritablement au Moyen Âge autour du culte d'une Vierge noire du XIIe siècle à qui très vite sont attribués de nombreux miracles. Le sanctuaire, bâti à la même époque, attire d'innombrables pèlerins, d'autant qu'au culte de la Vierge noire vient s'associer celui des reliques d'un certain saint Amadour. Henri Plantagenêt, Blanche de Castille, saint Bernard ou saint Louis se rendront à Rocamadour. Le *Livre des miracles*, précieux document rédigé vers la fin du XIIe siècle, témoigne de la ferveur qui anime la petite ville. Mais les difficultés économiques du XIIIe siècle puis la peste et les ravages de la guerre de Cent Ans touchent le sanctuaire. La reconstruction s'avère difficile, puis viennent les guerres de religion et la mise à sac du sanctuaire par les mercenaires protestants. Après les nouvelles épreuves de la Révolution, Rocamadour nécessite des réparations urgentes, mais malgré les demandes pressantes du préfet du Lot, les autorités tardent à débloquer des fonds. L'évêque de Cahors, monseigneur Bardou, imagine alors d'organiser une grande loterie pour financer les travaux. Malgré bien des obstacles, la restauration de la cité religieuse est achevée en 1872. Car c'est bien une cité dont il s'agit ici, avec son château, la *basilique* Saint-Sauveur et la crypte Saint-Amadour, l'église Notre-Dame et les nombreuses chapelles qui ponctuent le parcours du pèlerin, qui chemine par le monumental escalier gravissant les trois étages de la cité. Protectrice des marins, Notre-Dame de Rocamadour est vénérée dans de nombreuses régions de France.

**Figure 13-2**
Rocamadour

## Saint-Étienne de Cahors, cathédrale et forteresse

Les cathédrales, comme les abbayes, marquent l'influence de l'Église sur le territoire. Mais ce pouvoir n'est pas seulement spirituel et les évêques, tels ceux de Cahors ou de Rodez, s'affirment comme des seigneurs temporels participant aux réseaux de féodalité. La cathédrale de Cahors illustre cette ambiguïté par son aspect mi-église, mi-forteresse. Érigée au XIIe siècle, elle succède à plusieurs monuments dont l'histoire est mal connue. Sa façade principale, massive, comporte un imposant *beffroi* flanqué de deux tours. Sa sobre décoration renforce encore ses allures de château fort. Son plan intérieur, très simple, est composé d'une nef unique coiffée non pas d'une voûte mais de deux coupoles de 16 m de diamètre chacune. L'une de ces coupoles a conservé son décor peint du XIVe siècle, et des fragments de peinture murale datant de la même époque ont été découverts dans le *narthex* lors des restaurations contemporaines.

## Le roman pyrénéen à Sainte-Marie de Brouilla

Dans les Pyrénées, le maillage paroissial et villageois se fait très dense, les bourgs n'étant séparés que de quelques centaines de mètres afin de pouvoir se porter secours et de baliser la route des pèlerins. Les églises sont alors autant de repères sur les chemins de pèlerinage. Celle de Brouilla, d'une robuste simplicité, est un édifice roman du XIIe siècle. Composée d'une nef unique couverte d'une voûte basse en plein cintre, elle est fermée à l'ouest par un clocher-mur, sans doute ajouté *a posteriori*. L'entrée se fait par le côté de la nef, par un portail de marbre blanc. L'*abside* arrondie, flanquée de deux chapelles latérales, évoque la forme d'un trèfle.

# La crise cathare

Les cathares, plus souvent appelés albigeois à l'époque, viennent au milieu du XIIe siècle compromettre l'unité religieuse de la région. Ils proposent une doctrine religieuse inspirée du manichéisme, distinguant un monde matériel mauvais créé par Satan et un monde spirituel bon créé par Dieu. L'église cathare s'organise autour des « parfaits », chefs spirituels ayant renoncé au monde et menant une vie sans reproche. Le catharisme connaît un succès rapide entre Pyrénées et Massif central, alors que beaucoup reprochent à l'Église catholique ses compromissions et le relâchement de ses mœurs. Paysans, artisans, bourgeois ou issus de la petite noblesse, les adeptes deviennent suffisamment nombreux pour inquiéter le pouvoir. Le pape envoie des missionnaires et un légat, qui est assassiné à Toulouse en 1208.

Dès lors, il appelle à la croisade, et obtient à partir de 1229 le soutien du roi de France qui y voit un moyen de mettre au pas les puissants comtes de Toulouse.

Parallèlement aux combats menés par les troupes de Simon de Montfort s'engage une autre lutte, spirituelle, dirigée par Dominique de Guzman, fondateur de l'ordre des Prêcheurs ou dominicains, qui prennent le relais des cisterciens dont les campagnes d'évangélisation ont échoué.

### Simon de Montfort contre les albigeois

Issu d'une famille noble d'Île-de-France, Simon de Montfort se joint en 1209 à la croisade décrétée contre les albigeois. Après avoir obtenu le ralliement du comte Raymond VI de Toulouse, les croisés entreprennent de mettre au pas Raimond-Roger Trencavel, vicomte de Béziers et de Carcassonne, dont les terres abritent de nombreux cathares. Une fois Trencavel battu et ses possessions investies, Simon de Montfort se voit proposer la succession du vicomte déchu, qu'il finit par accepter après bien des hésitations. Et, de fait, ses nouveaux vassaux se montrent particulièrement rebelles, et les croisés peu empressés à soutenir le nouveau vicomte. Il échoue à prendre les châteaux de Lastours, mais s'empare de Mirepoix, Pamiers, Saverdun, et reçoit les hommages des habitants de Castres et d'Albi. Mais la mort de Raimond-Roger Trencavel dans sa prison provoque le soulèvement du pays, et les deux partis s'opposent dès lors avec une égale cruauté. Par ailleurs, le comte de Toulouse ayant de nouveau changé de camp, Simon de Montfort se voit attribuer le comté. Il meurt en 1218 au cours du siège de Toulouse, ville restée fidèle au comte Raymond VII. Celui-ci se soumettra au pouvoir royal en 1229, et le comté de Toulouse tombera dans le domaine royal en 1271 à la mort de sa fille, mariée à Alphonse de Poitiers, frère du roi saint Louis.

## Quéribus, sentinelle cathare

Cette forteresse perchée sur un piton rocheux aurait été bâtie autour de l'an mil, puis agrandie et modifiée par la suite. Lors de la croisade contre les albigeois, c'est l'un des derniers points de résistance de la rébellion cathare face aux armées du roi de France. Elle tombe en 1255 après un rapide siège. À partir de 1258, devenue forteresse royale, elle intègre la ligne de défense du royaume face au voisin aragonais au sud. C'est l'un des 5 « fils de Carcassonne », avec Aguilar, Peyrepertuse, Termes et Puylaurens, 5 châteaux constituant une ligne de défense au sud de la ville fortifiée. Cette fonction défensive cesse en 1659 avec le traité des Pyrénées et le traçage définitif de la frontière franco-espagnole. Quéribus est abandonné à partir de la Révolution et se dégrade lentement, jusqu'aux premiers travaux de restauration menés dans les années 1950.

Il a conservé son aspect défensif austère, avec ses trois enceintes étagées, ses *archères*, meurtrières et *mâchicoulis* et son solide donjon terminé par une terrasse.

**Figure 13-3**

Les cinq « fils de Carcassonne »

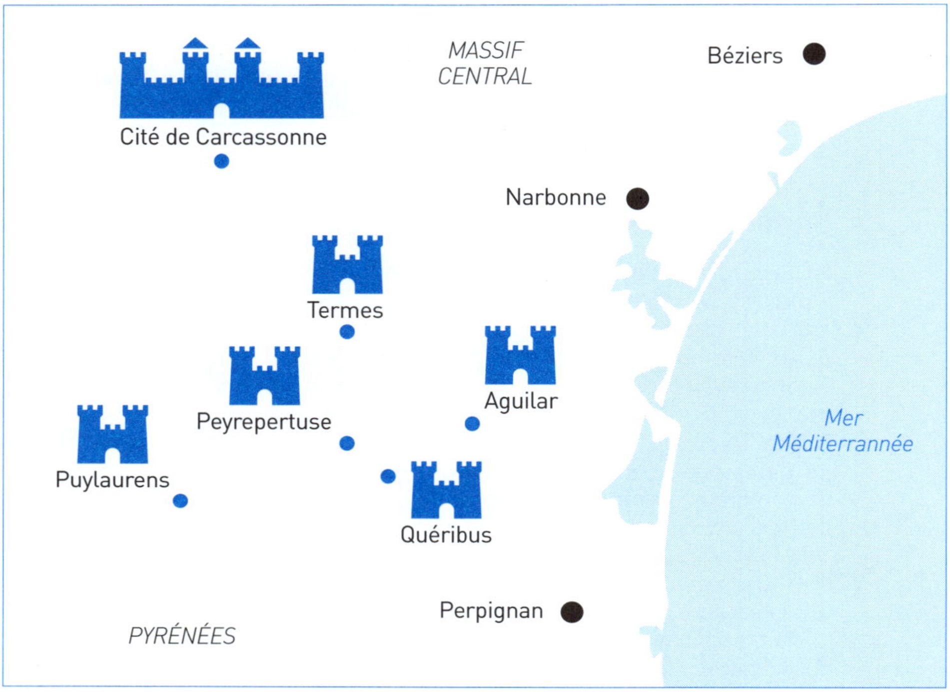


## Le long siège du château de Termes

En péril

Cet autre fils de Carcassonne campe depuis le XIe siècle sur une éminence dominant les profondes gorges du Termenet. Le seigneur du lieu étant acquis à la cause albigeoise, Simon de Montfort entreprend en 1210 d'y mettre le siège. Il lui faudra 16 semaines pour en venir à bout, car il a affaire à forte partie ; Raymond de Termes dispose en effet de 400 hommes d'armes, 20 chevaliers et un spécialiste des machines de guerre, et c'est finalement la dysenterie qui met hors d'état de nuire la garnison du château ! À l'issue du siège, Termes est confisqué au profit de la couronne et intégré au système défensif de la frontière avec l'Aragon. Le village castral de Termes, abrité derrière les murailles du château, est alors déplacé plus bas dans la vallée. Le château sera démantelé en 1654 lors des événements de la Fronde. Il fait aujourd'hui l'objet d'une campagne de fouilles et de restauration soutenue par la Fondation du patrimoine.

## Montségur, de l'histoire à la légende

Montségur incarne à lui seul la légende cathare. Ce château du XIe siècle, plusieurs fois rebâti jusqu'au XIIIe siècle, accueille à partir de 1232 une communauté cathare venue s'y réfugier. La place forte paraît en effet imprenable, puisqu'elle a déjà résisté par deux fois aux tentatives de siège des croisés.

**Le saviez-vous ?**

Mais, en 1242, le massacre d'inquisiteurs à Avignonet pousse le *sénéchal* de Carcassonne à une ultime tentative ; 6 000 hommes prennent position sous les remparts du château. Les défenseurs ne sont que 150, mais le lieu est si inaccessible qu'il faudra presque un an pour obtenir la reddition de la place. Environ 200 cathares sont alors remis aux assaillants et, ayant refusé d'abjurer, livrés aux flammes, mais probablement pas sur le lieu même du siège. La garnison, quant à elle, obtient les honneurs de la guerre. Si le siège de Monségur ne fut pas aussi décisif que la légende veut bien le dire, l'événement a fortement marqué les esprits et auréole de légendes ce lieu sauvage et désolé, où certains continuent de chercher le fameux trésor des cathares.

## La cité épiscopale d'Albi

**Ensemble remarquable**

Au lendemain de la croisade contre les cathares, Albi s'affirme comme une puissante cité épiscopale, comme si la ville voulait faire oublier que son nom fut autrefois associé à cette hérésie. Au cœur de la cité se dresse la cathédrale Sainte-Cécile, imposant monument gothique de brique rose de 113 m de long et 78 m de haut. C'est la plus grande cathédrale de brique du monde ! Son allure extérieure, plutôt austère, offre un étonnant contraste avec ses volumes intérieurs entièrement peints, où domine un bleu profond. Ce décor date de la Renaissance. La brique rose, fabriquée sur place avec l'argile du lit du Tarn, est également la signature du palais de la Berbie, ancien palais des évêques bâti au XIIIe siècle en même temps que la cathédrale. Ces deux bâtiments monumentaux composent, avec les quartiers qui les entourent, Castelviel, Castelnau, bourg Saint-Salvi et Combes, la cité épiscopale d'Albi, inscrite au patrimoine mondial de l'UNESCO.

## La ville fortifiée de Carcassonne, sur les frontières

**Ensemble remarquable**

Après la conquête de la région par le pouvoir royal, Carcassonne, appuyée de ses « 5 fils », campe aux frontières du royaume face à l'Aragon. Occupé dès le VIe siècle av. J.-C., l'*oppidum* de Carcaso est fortifié par les Romains puis investi par les Wisigoths. La ville connaît une brève occupation arabe au VIIIe siècle, avant d'être reprise en 759 par Pépin le Bref. Au XIe siècle, la cité se développe sous la férule des vicomtes Trencavel, protecteurs du catharisme, mais tombe finalement dans le domaine royal à l'issue de la croisade contre les albigeois. Dès 1262, la ville connaît un agrandissement par la création sur la rive gauche de l'Aude d'une bastide (ou ville neuve), nommée Bastide Saint-Louis, qui se distingue encore aujourd'hui par son plan orthogonal. Quant à la forteresse, incendiée pendant la guerre de Cent Ans, elle est rapidement reconstruite. Mais les progrès de l'artillerie et la redéfinition de la frontière espagnole, déplacée plus au sud par le traité des Pyrénées, la rendent finalement obsolète et signent son déclin. Elle est redécouverte au XIXe siècle et restaurée sous la houlette de Prosper Mérimée et de Viollet-le-Duc. Aujourd'hui, ses deux enceintes restaurées, ponctuées de 52 tours et percées de la porte Narbonnaise et de la porte de l'Aude, enserrent de nombreuses merveilles architecturales, dont la *basilique* Saint-Nazaire, ancienne cathédrale gothique du XIIe siècle. Le château comtal, bâti à la même époque par les Trencavel, se dissimule derrière une enceinte aux nombreuses tours, une *barbacane* et un large fossé. Entre les deux enceintes, la promenade des lices permet de faire le tour de la cité. Elle accueille chaque été des tournois de chevalerie !

# Après la crise cathare, le temps de l'affirmation royale

La croisade contre les albigeois, si elle permet de contrecarrer une hérésie qui prend des allures politiques avec le ralliement du comte de Toulouse et des grands féodaux, entraîne également une ingérence majeure de la puissance papale sur les territoires du roi de France. Le roi Louis IX parvient, par le traité de Paris de 1229, à faire rentrer dans les rangs le comte de Toulouse, dont il s'affirme le *suzerain* et qui doit donc lui prêter allégeance et lui céder la moitié de ses territoires, soit les terres des Trencavel et les Cévennes.

En 1255, la vicomté du Gévaudan est également rattachée au royaume. Désormais, l'œuvre royale vise à pacifier cette région et à l'ouvrir aux influences françaises. Car l'Occitanie, région de droit écrit, possède une culture propre très prononcée, teintée d'influences catalanes.

## Les remparts d'Aigues-Mortes, ville royale

En décidant la création ex nihilo de la ville d'Aigues-Mortes, le roi saint Louis remplit un triple objectif ; assurer un débouché au royaume sur la Méditerranée, créer un port d'embarquement pour les croisades et affirmer la puissance royale sur les terres du comte de Toulouse. La fille de ce dernier, héritière du comté, est d'ailleurs mariée à Alphonse de Poitiers, frère du roi, ainsi qu'il était prévu dans le traité de Paris. Les travaux, entamés vers 1248, permettent la création d'un port situé à 6 km de la mer et relié au large par des canaux. Un second port permet de rallier, par un réseau d'étangs, Montpellier ou bien le Rhône. La ville neuve d'Aigues-Mortes adopte le plan quadrangulaire des bastides, entouré des 2 300 m d'une enceinte formant un rectangle régulier.

À retenir

Saint Louis s'embarquera deux fois à Aigues-Mortes pour les croisades, et ne rentrera pas de son dernier voyage puisqu'il meurt à Tunis en 1270. Jeanne de Toulouse et Alphonse de Poitiers, qui l'accompagnaient, meurent également de maladie sur le trajet du retour, en août 1271. Le comté de Toulouse entre alors dans le domaine royal. Aigues-Mortes conserve sa vocation portuaire mais s'ensable lentement, et se voit supplantée par Sète au XVIIe siècle. La forteresse de la ville et plus singulièrement la fameuse tour de Constance servent également de prison, pour les Templiers condamnés par Philippe le Bel mais aussi, plus tard, pour les protestants, lors de la révocation de l'édit de Nantes.

## La cathédrale d'Elne, reflet d'une histoire complexe

Philippe le Hardi, fils de saint Louis, se heurte à forte partie en Roussillon. En 1285, il combat les armées du roi d'Aragon et met le siège devant Elne qui, une fois prise, est traitée avec une grande sévérité ; la cathédrale, érigée aux XIe et XIIe siècles, conserve encore aujourd'hui les traces de l'incendie déclenché en 1285 lors de la prise de la ville ! Au début du XIVe siècle, le bâtiment roman est doté d'un imposant *chevet* gothique à 7 chapelles rayonnantes, mais les travaux ne sont pas achevés car l'étoile d'Elne, érigée en cité épiscopale par les rois wisigoths depuis la fin du VIe siècle, décline au profit de Perpignan, où la résidence épiscopale est transférée en 1602 et l'évêché en 1801.

Les imposantes tours romanes intégrées à la façade témoignent à la fois de l'ancienneté de l'édifice et de son histoire tourmentée, puisque le clocher nord a été reconstruit en brique, ce qui confère à l'ensemble une allure un peu disparate. Le cloître, par contraste, constitue un ensemble d'une grande unité, orné de sculptures romanes et gothiques.

## Le palais des Archevêques de Narbonne, forteresse gothique

Relativement épargnée par l'hérésie cathare, Narbonne affiche sa puissance, à la fin du XIIIe siècle, en lançant la construction d'une nouvelle cathédrale de style gothique et en agrandissant le palais épiscopal. Narbonne, bâtie sur un ancien *oppidum*, doit son développement précoce à sa situation sur la Via Domitia qui relie l'Italie à l'Espagne. Elle est choisie comme capitale par les Wisigoths, puis plus tard par les ducs de Septimanie.

Mais Narbonne est surtout siège épiscopal depuis le IIIe siècle et même archevêché depuis le IXe siècle ! Au cœur de la ville, la cathédrale aux tours fortifiées, le cloître gothique, le Palais Vieux roman et le Palais Neuf de style gothique composent un imposant ensemble aux allures de forteresse, dominé par le donjon du XIIIe siècle et par la tour Martial, ajoutée au siècle suivant. La puissance de Narbonne décline avec la guerre de Cent Ans puis avec le traité des Pyrénées, qui la prive, comme Carcassonne, de son statut de ville frontière. Au XIXe siècle, elle cesse d'être une ville archiépiscopale, mais connaît un nouvel âge d'or grâce à la viticulture. Le palais des Archevêques est restauré par Viollet-le-Duc.

## Le château royal de Collioure, cité convoitée

Cité romaine puis wisigothique avant d'être propriété des comtes de Roussillon, Collioure passe en 1172 sous l'autorité du roi d'Aragon. Collioure fait alors partie, avec le Roussillon, de l'*apanage* des rois de Majorque, cadets de la lignée d'Aragon. Ceux-ci font construire, de 1242 à 1280, le château royal, ouvrage défensif qui se transforme peu à peu en résidence princière. Après la disparition du royaume de Majorque en 1344, Collioure revient à l'Aragon.

Tantôt française et tantôt espagnole, poste-frontière, verrou ou tête de pont, Collioure devient définitivement française avec le traité des Pyrénées. Dès lors, Vauban entreprend de transformer le palais royal en forteresse moderne, et fait raser pour cela la ville haute, sur l'emplacement de laquelle il fait bâtir l'enceinte et le *glacis*. Le palais gothique, au cœur de l'enceinte, est toutefois préservé à l'ombre de son haut donjon carré. La forteresse, déclassée en 1922, est transformée en prison en 1939.

## Gaston Fébus, dernier comte de Foix

Le comté de Foix existe depuis le XIe siècle, et se soumet en 1229 à la *suzeraineté* des rois de France. En 1290, les comtes de Foix héritent de la vicomté de Béarn, principauté indépendante qui fait leur fortune. Le dernier d'entre eux, Gaston III dit Fébus, flamboyant personnage qui accède au pouvoir en 1343, a laissé un vif souvenir dans l'histoire locale. Cet énergique souverain met à profit la guerre de Cent Ans pour agrandir ses domaines en Albigeois et en Bigorre. Ayant refusé de prêter hommage au roi de France, il est emprisonné à Paris et finalement relâché. La trêve établie entre France et Angleterre après la bataille de Poitiers lui laisse le loisir d'aller se battre en Prusse aux côtés des chevaliers teutoniques. À son retour, il reprend la lutte contre le comte d'Armagnac, son éternel rival. La vie violente et mouvementée de celui qui se fait appeler Fébus, « le soleil », s'achève en 1391 au cours d'une partie de chasse. Quelle meilleure fin pour un seigneur passé à la postérité en Béarn non pas tant pour son action politique que pour son *Grand Livre de la chasse*, superbe ouvrage enluminé qui fera longtemps autorité en matière de vénerie ?

# Les Bourines, grange ou château ?

À retenir

Dans l'Aubrac, le monastère de la Domerie d'Aubrac joue un rôle politique et spirituel important, en veillant notamment sur les pèlerins parcourant la Via Podiensis, l'un des plus importants chemins de Compostelle. Mais la guerre de Cent Ans livre la région aux routiers et aux pillards, et les moines doivent fortifier leurs possessions. Parmi celles-ci se trouve la grange des Bourines, grenier à blé construit au XIIIe siècle et comprenant un corps de logis et un massif donjon servant à stocker les céréales produites sur place et celles provenant de la *dîme* perçue par la Domerie.

Au siècle suivant, pour faire face aux bandes armées qui écument le pays, l'ensemble est protégé par une enceinte et quatre tours d'angle. Une chapelle est ajoutée au XVe siècle, car la grange se transforme peu à peu en demeure seigneuriale. Au XVIe siècle, elle est propriété du cardinal d'Armagnac, évêque de Rodez et *Dom* (ou abbé) de la Domerie. Ce dernier y fait quelques aménagements et embellissements, sans toutefois effacer le caractère médiéval de l'ensemble. Vendu comme bien national à la Révolution, le château est aujourd'hui propriété privée.

## Le pont Valentré aux portes de Cahors

En ce hasardeux XIVe siècle, les villes comme les campagnes songent à se protéger.

**Figure historique**

La cité de Cahors, enrichie par le commerce de la laine, du bois et du vin, connaît de plus un grand rayonnement intellectuel grâce à Jean Duèze, Cadurcien devenu pape en 1316 sous le nom de Jean XXII. Pour protéger la ville des luttes incessantes opposant Anglais et Français, les magistrats municipaux font construire un pont achevé en 1380 et doté de trois solides tours qui constituent autant de portes pour passer d'une rive à l'autre. Les deux tours situées aux extrémités sont pourvues d'*archères* et de *mâchicoulis*, et des *barbacanes*, dont subsiste celle de la rive est, complètent cette défense. Les 6 arches ogivales gothiques franchissent le Lot en dos d'âne sur une longueur de 138 m. Mais le chantier aura pris près de 70 ans ! Pour expliquer cette lenteur naît une légende faisant intervenir le diable, qui aurait été dupé par l'architecte. En souvenir de quoi, un petit diable est sculpté sur l'une des tours lors de la restauration du XIXe siècle ! La belle ambiance médiévale qui règne à Cahors est également très présente à Saint-Cirq-Lapopie, l'un des plus beaux villages de France niché à quelques kilomètres de là dans la vallée du Lot.

## Le château de Belcastel, une renaissance

Pour les rois de France, la guerre de Cent Ans rend plus que jamais nécessaire la création de relais sûrs de leur pouvoir dans les provinces. C'est pourquoi en 1390 ils confient le château de Belcastel, dont la lignée s'est éteinte au siècle précédent, au fidèle chevalier Saunhac et à sa famille. Le château de Belcastel est né au IXe siècle autour d'une chapelle, agrandie puis entourée d'une forteresse. Conservé par la famille Saunhac jusqu'au XVIe siècle, il est par la suite abandonné puis démantelé. En 1973, le château est racheté par l'architecte Fernand Pouillon, qui entreprend une restauration à l'ancienne, avec des pierres extraites sur place, sans grue ni machine. Il fait même venir des maîtres-verriers sur le chantier. Le résultat est si impressionnant qu'il est impossible aujourd'hui de distinguer les éléments restaurés de ceux d'origine. L'architecte impulse aussi la restauration du village, aujourd'hui l'un des plus beaux de France.

**Le saviez-vous ?**

Mais, paradoxalement, la rénovation du château a eu pour effet de le désinscrire de l'inventaire des monuments historiques où il figurait à l'état de ruine !

## L'abbaye de Marcilhac, les stigmates de l'histoire

En péril

Si l'abbaye Saint-Pierre de Marcilhac-sur-Célé existe sans doute dès le IXe siècle, l'église *abbatiale* est bâtie à partir du milieu du XIe siècle ; elle est contemporaine de Sainte-Foy de Conques. Au XIIe siècle, sa richesse est immense et sa puissance s'étend sur une centaine de fiefs ! Mais la guerre de Cent Ans provoque bientôt sa ruine et sa destruction, le village est déserté et les moines réduits à la pauvreté. La reconstruction s'amorce lentement, en style gothique, mais n'est toujours pas achevée en 1515. Les guerres de religion provoquent de nouveaux dégâts, et les travaux menés alors n'empêchent pas la lente dégradation des lieux ; l'église est en ruine. L'abbaye disparaît en 1750, l'église devient paroissiale. Elle fera l'objet de plusieurs campagnes de restauration, dont la dernière, au début du XXIe siècle, est financée par plusieurs opérations de *crowdfunding* et bénéficie du soutien de la mission Bern. À côté de l'église gothique se dressent encore aujourd'hui les ruines de l'*abbatiale* romane et du cloître.

## Le réseau hydraulique de Castelnau-Pégayrols

Insolite

L'incertitude des temps conduit chaque communauté à s'organiser sous la protection d'un seigneur garant de l'ordre social. Ceux de Castelnau-Pégayrols ont certainement contribué au financement du coûteux réseau hydraulique mis en place à partir du XVe siècle, que les villageois devaient utiliser en payant une redevance selon le principe féodal. Cet aqueduc permettait d'alimenter le village en eau, mais aussi de remplir la citerne du château en cas de siège et de faire tourner quatre moulins à blé. Il comprenait des conduites et même une salle souterraine voûtée, située sous le parc du château. Deux des quatre moulins ont fonctionné jusqu'à 1955 environ, l'un d'entre eux est en cours de restauration.

# Renaissance et intégration au royaume

L'influence française progresse lentement en Occitanie et vient bientôt à bout de tous les obstacles ; sédition cathare, ingérence papale, puissance des comtes de Toulouse et incursions anglaises, qui prennent fin avec la guerre de Cent Ans. Pendant cette période troublée, le Languedoc reste fidèle au roi de France et accueille avec la paix le souffle de la Renaissance, qui se traduit par une lente francisation jusqu'au traité des Pyrénées de 1659.

## La Renaissance au château de Bournazel

La Renaissance s'épanouit au château de Bournazel, résidence d'apparat qui tourne le dos à l'architecture militaire grâce à la paix retrouvée. Tandis que son mari guerroie en Italie aux côtés de François Ier, Charlotte de Mancip supervise la transformation du logis médiéval hérité de sa famille en demeure de plaisance, nichée à l'ombre de deux massifs donjons qui rappellent son histoire. Le logis comprend désormais deux ailes aux façades inspirées de l'Antiquité, ponctuées de frontons et de *pilastres* faisant référence aux ordres architecturaux grecs. L'étage de l'aile est comporte une galerie à arcades et aboutissait à l'escalier d'honneur, aujourd'hui en cours de restauration. La cour délimitée par les deux ailes ne sera jamais fermée, peut-être en raison des guerres de religion qui marquent la fin du XVIe siècle.

**Et aujourd'hui**

Les jardins Renaissance du château sont labellisés Jardin remarquable.

## Le fort Saint-Elme, avec les honneurs de la guerre

Le rattachement du Roussillon à la France est un lent processus, parfaitement illustré par l'histoire du fort Saint-Elme dominant Collioure. Cette tour de guet qui remonte au moins au IXe siècle passe entre les mains des Français à l'issue de la croisade contre les albigeois, puis retourne à l'Aragon. Les Français s'en emparent de nouveau en 1462 et entreprennent de l'agrandir et de la fortifier pour accueillir une importante garnison. De nouveau occupée par les Espagnols en 1493, elle est fortifiée au siècle suivant sous l'impulsion de Charles Quint, selon les nouvelles techniques italiennes adaptées aux progrès de l'artillerie ; sa muraille en étoile à 6 branches atteint 8 m d'épaisseur. En 1642, les troupes françaises prennent une nouvelle fois le fort Saint-Elme et saluent le départ de la garnison espagnole avec les honneurs de la guerre. Le traité des Pyrénées rend Collioure définitivement française en 1659, et fait de la petite cité une ville frontière. Vauban s'emploie donc à renforcer le système de défense du fort. Celui-ci sera de nouveau disputé en 1793 lors de la Révolution, mais la tentative espagnole pour s'en emparer tourne court.

**Et aujourd'hui**

Aujourd'hui, ce vénérable bâtiment abrite une collection d'armes du Moyen Âge et de la Renaissance.

## Saint-Christophe de Peyre, une église dans une grotte

Insolite

Au début du XVIIe siècle, les temps sont encore suffisamment incertains pour que la population de Peyre, petit village accroché à flanc de falaise au-dessus du Tarn, éprouve le besoin de bâtir une église qui soit aussi un refuge. Ce très étrange monument est constitué d'un abri rocheux qui forme la nef et la voûte, et d'une belle façade de pierre avec un clocher, plaquée sur la paroi, qui vient fermer l'ensemble. Le clocher est doté de meurtrières et de *bretèches* soulignant sa fonction défensive. Au XIXe siècle, l'église connaît un curieux sort, puisqu'elle est vendue aux enchères en 1872 par la commune. L'argent récolté a permis de construire une autre église, à distance de la falaise.

## Le château de Bonrepos et le canal royal du Languedoc

Après le traité des Pyrénées, l'intégration de la province au royaume passe par une politique volontariste et ambitieuse d'aménagement du territoire.

Figure historique

Or, dans cette optique, Pierre-Paul Riquet, percepteur de la gabelle en Languedoc, imagine l'aménagement d'un canal reliant la Méditerranée à l'Atlantique. C'est à Bonrepos, où il s'installe en 1651, qu'il mène sur les sources du vallon de la Garène les expériences qui lui permettent d'étudier à petite échelle les défis techniques posés par ce vaste projet. La construction du canal royal du Languedoc sera lancée en 1666. Pendant ce temps, l'infatigable Riquet mène des travaux à Bonrepos, où il entreprend de bâtir une demeure de plaisance adoptant le classicisme français cher au siècle de Louis XIV. L'édifice conserve les tours carrées et les *poivrières* qui rappellent son passé militaire. Au siècle suivant, château et parc sont remaniés, un labyrinthe, une orangerie et une glacière sont créés.

En péril

Cette dernière, aujourd'hui en péril, fait l'objet d'un projet de restauration soutenu par la Fondation du patrimoine.

## Le canal du Midi

Le projet de canal royal du Languedoc est un peu la traduction architecturale de la victoire entérinée par le traité des Pyrénées, et reflète également l'esprit du Grand Siècle, qui met en avant la science et le progrès technique. De plus, cet imposant ouvrage d'art doit permettre de désenclaver la région. C'est pourquoi Louis XIV adopte le génial projet de Riquet, dont l'aspect grandiose ne peut que le séduire.

Colbert, son ministre, anticipe quant à lui les retombées économiques d'un tel ouvrage. Le canal, long de 240 km, est un canal à bief de partage, c'est-à-dire qu'il relie deux vallées en franchissant un point haut, ici le seuil de Naurouze. La difficulté d'un tel ouvrage consiste à alimenter en eau ce point haut. Pour cela, Riquet imagine de récupérer les eaux de la montagne Noire grâce à différents réservoirs. Pour mener à bien ces travaux, Riquet refuse d'avoir recours à la réquisition de main d'œuvre permise par le système de la corvée et préfère salarier les hommes et les femmes qui participent au terrassement, et leur accorde des avantages sociaux inédits. Le canal, qui comporte plus de 350 ouvrages d'art, ponts, tunnels, écluses ou aqueducs, échelonnés entre Toulouse et Sète, est inauguré en 1681. En 1686, une nouvelle campagne de travaux est confiée à l'ingénieur Vauban pour améliorer l'alimentation du canal en eau. Celui-ci fait bâtir 49 ouvrages d'art, aqueducs et ponts-canaux. Le canal, rebaptisé par les révolutionnaires canal du Midi, sera complété au XIXe siècle par le canal latéral de la Garonne, reliant Toulouse à Bordeaux et à l'océan. Il sert alors essentiellement au transport de marchandises, puis, concurrencé par le rail et la route, devient un lieu de tourisme et de loisir. Inscrit en 1996 au patrimoine mondial de l'UNESCO, le canal représente un ensemble architectural unique, mais aussi un patrimoine végétal incomparable en raison des nombreuses espèces d'arbres qui le bordent.

**En péril**

Plusieurs ouvrages du canal font l'objet de projets de restauration, soutenus par la Fondation du patrimoine.

## Le château de Flaugergues, une folie !

Le règne de Louis XIV est marqué par l'émergence d'une classe aisée de grands serviteurs de l'État, qui tentent de s'intégrer à l'aristocratie en copiant son mode de vie. Ils bâtissent d'opulentes demeures, comme les « folies », luxueuses maisons de campagne qui fleurissent autour de Montpellier. Celle de Flaugergues semble avoir servi de modèle à un certain nombre d'entre elles. Bâtie par un conseiller à la cour des comptes de la ville à partir de 1696, elle affiche une façade classique en pierre de taille bordée d'une terrasse surélevée donnant sur un jardin à la française. La façade arrière comporte des fenêtres en trompe-l'œil, mais est dans la réalité presque aveugle.

**Le saviez-vous ?**

À l'intérieur, l'escalier monumental occupe presque un quart du volume du bâtiment ! Le château conserve un très bel ensemble de tapisseries flamandes. Le jardin, quant à lui, est entouré de vignes qui remonteraient à l'époque romaine ; les traces d'une *villa* romaine sont d'ailleurs encore visibles dans le parc.

## La chapelle de Pouey-Laün, les ors du Grand Siècle

Bâtie sur un site probablement ancien, la chapelle de Pouey-Laün était flanquée d'un hospitalet, petit dispensaire destiné aux pèlerins se rendant à Notre-Dame du Pilar, à Saragosse, ou à Saint-Jacques de Compostelle. Détruite par un important séisme en 1660, elle est aussitôt rebâtie dans le goût du Grand Siècle, avec une riche décoration intérieure de stuc et d'or qui lui vaut son surnom de chapelle dorée. Elle possède un imposant *retable* de bois doré, que surplombe une voûte bleue piquée d'étoiles. Une ample coupole coiffe le *chœur*. En 1717, l'afflux des pèlerins est tel que l'oratoire se fait église. Lors de la Révolution, l'édifice est transformé en caserne, puis vendu comme bien national. Il aurait été rendu au culte sur l'intervention d'Hortense de Beauharnais, belle-fille de Napoléon, en 1808. Restaurée au XIXe siècle, la chapelle est intégrée à un collège, transformé par la suite en sanatorium puis en institut médical.

# À l'ère contemporaine, un destin commun

Au XVIIIe siècle, la région, administrée par des intendants royaux, connaît une certaine prospérité économique grâce à une agriculture florissante qui privilégie le maïs, la vigne et les céréales, mais également le tabac. L'assèchement des marais, la construction de routes et de canaux permettent le désenclavement du territoire et le développement de l'industrie, notamment textile. Les vallées pyrénéennes se développent également, mais la colère y gronde dès 1788, teintée de velléités autonomistes. La Révolution est bien accueillie dans le Languedoc, tout comme en Haute-Garonne et dans le Gers, tandis que l'Aveyron, le Tarn et le Lot restent royalistes. Le découpage en départements rencontre par ailleurs un certain succès dans la région, car il met en valeur les identités locales.

L'Empire et la paix religieuse acquise grâce au Concordat contribuent à apaiser la région, malgré les exactions de la « terreur blanche » menée par certains royalistes lors de la Restauration.

## La place du Capitole à Toulouse, les fastes de l'Ancien Régime

Ensemble remarquable

Construite à partir de 1730, la place du Capitole témoigne des jeux de pouvoir qui tiraillent l'Ancien Régime, et notamment de l'opposition séculaire des parlements à la monarchie. Car c'est en s'appuyant sur le pouvoir royal que les Capitouls de Toulouse, magistrats municipaux, parviennent à contourner l'opposition du parlement de la ville à l'aménagement de la place ! Celle-ci s'étendra devant le Capitole, siège de la municipalité, lui-même construit sur les ruines romaines de la ville de Tolosa. L'espace prévu, qui couvrira au total 12 000 $m^2$, est dégagé à partir de 1730. L'uniformisation des façades est entreprise dès 1750 ; elles devront être en brique et recouvertes d'un enduit blanc, pour être en harmonie avec la nouvelle façade du Capitole, de style néoclassique, faite de briques et de pierres calcaires blanchies. Le vaste bâtiment accueille, outre la municipalité de Toulouse, des salles d'apparat et le théâtre de la ville. Un siècle plus tard, la place est fermée à l'ouest, face au Capitole, par un long immeuble à arcades accueillant des cafés et des boutiques. En 1951, les immeubles de la place retrouvent la teinte rose de la brique qui donne à Toulouse son surnom après la suppression de l'enduit blanc. Le parvis est refait dans les années 1970, et orné en son centre d'une imposante croix occitane.

Lieu de pouvoir et de culture, la place du Capitole est le cœur de la vie de la cité, place du marché, point de ralliement lors des grands événements, elle constitue aujourd'hui un vaste espace piéton au cœur de la ville rose.

## Le palais épiscopal de Montpellier, de la foi à la science

En 1795, les autorités révolutionnaires décident d'attribuer le palais épiscopal de Montpellier à l'école de médecine, réalisant ainsi la fusion de deux très anciennes institutions montpelliéraines. Le droit d'exercer et d'enseigner la médecine, reconnu à Montpellier dès 1180, est organisé en 1220 par le cardinal Conrad, légat du pape, donnant ainsi naissance à la plus ancienne école de médecine encore en activité. Les bâtiments de l'évêché ont une histoire presque aussi ancienne ; il s'agit d'un couvent bénédictin du XIVe siècle, bâti à la demande du pape Urbain V, ancien professeur à l'université de la ville. En 1536, lorsque l'évêque de Maguelone obtient de déplacer son siège épiscopal à Montpellier, il s'installe dans ce couvent dont la chapelle devient la nouvelle cathédrale. Les bâtiments, saccagés lors des guerres de religion, seront rénovés aux XVIIe et XVIIIe siècles, adoptant alors les goûts classiques de l'époque dans le décor intérieur et extérieur. Ils possèdent notamment de superbes boiseries et *gypseries*.

Et aujourd'hui

Ils appartiennent toujours aujourd'hui à la faculté de médecine.

### Les secrets de la toile de Nîmes

Dès le XVIIe siècle, Nîmes possède une industrie textile florissante et inventive, capable de s'adapter en fonction du matériau disponible ; car à la laine et à la soie viennent bientôt s'ajouter le coton, ainsi que l'indigo et la cochenille qui servent à réaliser des teintures. Les manufactures royales du sud de la France, à Nîmes mais aussi dans d'autres villes, comme Carcassonne, fabriquent un drap de laine appelé Nims, bientôt exporté dans le monde entier grâce au port de Marseille. Très appréciée en Angleterre à la fin du XVIIe siècle, la toile de Nîmes y côtoie la futaine de Gênes (prononcé jean), étoffe mêlant laine et lin ou coton. Au XVIIIe siècle, les manufactures anglaises fabriquent aussi bien du « jean » que du « denim », qui connaîtront aux États-Unis un succès foudroyant dans la fabrication de vêtements de travail puis des fameux pantalons de toile ; les jeans !

## L'hôtel de Polignac à Condom, un air de Paris

En péril

Le goût si parisien du beau XVIIIe siècle s'exporte désormais dans tout le pays, dont les élites cherchent avant tout à imiter la cour. En 1780, l'abbé Jean-Marie d'Orlan de Polignac entreprend ainsi de faire bâtir à Condom, riche cité commerciale et aristocratique, un hôtel particulier typiquement parisien. Il est construit sur l'enceinte médiévale de la ville, si bien que la cour d'honneur se trouve 12 m plus haut que le jardin. Le bâtiment central et les deux ailes forment une cour fermée par un mur orné de colonnes et par une monumentale grille en fer forgé. La façade principale, sur deux étages, reprend les codes de l'architecture néoclassique, avec ses colonnes ioniques sur deux niveaux encadrant un balcon de fer forgé et soutenant un fronton triangulaire. Les grandes baies vitrées du rez-de-chaussée s'arrondissent à leur sommet. Avec la Révolution, l'abbé de Polignac se voit privé de ses revenus et ne peut achever les travaux. À sa mort, ses héritiers revendent l'hôtel, qui sera cédé en 1882 à la municipalité pour accueillir une école. La vétusté des locaux impose aujourd'hui des réparations urgentes, soutenues par la mission Bern.

## L'escalier monumental de Pont-Saint-Esprit

En péril

Les lendemains de la Révolution signent le retour d'une prospérité déjà bien assurée, dans une région qui possède désormais, grâce notamment au canal du Midi, un important réseau de communication. Le Rhône, qui la borde à l'est, constitue également un axe stratégique, en ce XIXe siècle où le transport fluvial est un vecteur économique majeur. Située au confluent du Rhône et de l'Ardèche, Pont-Saint-Esprit possède un important port fluvial, qui se voit paré au milieu du siècle d'un monumental escalier de pierre à double volée commandant l'accès au quai. D'inspiration médiévale, il sert de socle à deux monuments majeurs de la ville, l'église Saint-Saturnin et le prieuré Saint-Pierre, et possède un riche registre décoratif évoquant les marchandises transitant dans la ville : tissus, vins, fruits et légumes, volailles... D'autres symboles possèdent une signification religieuse, telle l'ancre symbolisant l'espérance, ou le pélican symbolisant la charité. Ce monument original nécessite des réparations urgentes, soutenues par la Fondation du patrimoine.

## Un lieu hors norme, le sanctuaire de Lourdes

Ensemble remarquable

Dans les Pyrénées, la révolution industrielle provoque un important exode urbain et le dépeuplement des vallées, où l'industrie traditionnelle du fer périclite. À Lourdes, cependant, un événement pour le moins inattendu change radicalement le destin de la petite ville.

Figure historique

De février à juillet 1858, la jeune Bernadette Soubirous, issue d'une famille pauvre de la ville, a plusieurs apparitions de la Vierge Marie dans une grotte au bord du Gave. Une enquête ecclésiastique serrée conclut à la véracité des visions, alors que déjà les foules se pressent devant la grotte de Lourdes, où Bernadette a déterré une source qui semble opérer des miracles. Très vite, une première église, la *basilique* de l'Immaculée Conception, est bâtie au-dessus de la grotte. En 1866, l'affluence est telle que la gestion du sanctuaire est directement confiée au diocèse de Tarbes. Et, dès 1883, une seconde église est édifiée en contrebas de la première, dédiée à Notre-Dame du Rosaire. Bâtie dans le style romano-byzantin alors en vogue, elle s'ouvre sur une vaste esplanade destinée à accueillir les processions quotidiennes. Le succès de Lourdes dépasse rapidement les frontières de la région, et même du pays, si bien que l'afflux de pèlerins rend nécessaire la construction d'une troisième église, inaugurée en 1958, la *basilique* Saint-Pie X, qui a la particularité d'être entièrement souterraine pour préserver l'ensemble architectural constitué par la grotte et les deux premiers sanctuaires. Cette imposante nef de béton, située sous l'esplanade, mesure 191 m de long ! Enfin, dans les années 1980, une quatrième église est construite face à la grotte de l'autre côté du Gave, dédiée à Sainte-Bernadette. La présence du sanctuaire bouleverse l'existence lourdaise, qui est équipée dès 1866 d'une gare de chemin de fer ; le premier train spécial de pèlerinage date de cette même année !

Bernadette, quant à elle, termine sa vie dans l'anonymat d'un couvent de Nevers. Elle est canonisée en 1933.

## La Belle Époque au casino de Vernet-les-Bains

**En péril**

La ville de Vernet-les-Bains doit également son succès à ses eaux, qui ne sont certes pas miraculeuses mais possèdent des vertus curatives reconnues. Le site est connu depuis l'époque romaine, et fréquenté à la fin du XIX$^{e}$ siècle par d'élégants curistes qui font son succès. Le casino, bâti dans les années 1880, se compose d'un long bâtiment central à fronton triangulaire flanqué de quatre pavillons carrés. Emblématique de la Belle Époque, cet édifice est aujourd'hui en péril et nécessite des travaux urgents sur les charpentes. Cette restauration est soutenue par la mission Bern et la Fondation du Patrimoine.

### Jean Jaurès, enfant de Castres

Né en 1859 dans une région rurale plutôt traditionnelle et catholique, Jean Jaurès est issu de la moyenne bourgeoisie ; il parle occitan et conserve un enracinement rural important. Ce brillant jeune homme entame une carrière d'enseignant qui le mène à Albi, puis à la faculté de lettres de Toulouse. Passionné de politique, il est élu en 1885 député du Tarn, mais le milieu politique lui-même le déçoit profondément. Parallèlement, la préparation de sa thèse de philosophie le pousse à réfléchir aux mouvements socialistes et marxistes, tandis que la situation des mineurs de Carmaux le sensibilise à la condition du prolétariat. Dès lors, il nourrit une foi ardente dans la révolution socialiste, comme l'illustre son *Histoire socialiste de la Révolution française* publiée de 1901 à 1904. Son engagement est total, au sein de la SFIO, ancêtre du parti socialiste, comme à la tête du journal *L'Humanité* qu'il fonde en 1904. Cet homme au talent oratoire incontestable, respecté de ses amis comme de ses adversaires, se dresse contre l'engrenage menant le pays à la guerre en 1914. Le 30 juillet de cette même année, il est assassiné dans un café parisien par un homme qui, après la guerre, sera jugé déséquilibré, et acquitté ! En 1924, la dépouille de Jaurès est transférée au Panthéon.

## L'hôtel Belvédère du Rayon vert, un étrange vaisseau de pierre

À Cerbère, dans l'entre-deux-guerres, l'Art déco s'affiche à l'hôtel Belvédère du Rayon vert, construit entre 1928 et 1932. La petite ville frontière est alors traversée par la voie ferrée reliant la France à l'Espagne, mais la différence d'écartement des rails entre les deux pays impose aux convois ferroviaires un changement d'essieux à Cerbère. Pendant ce temps, les voyageurs peuvent se reposer à l'hôtel Belvédère. Celui-ci, de style « paquebot », évoque la silhouette d'un navire à la poupe relevée, avec ses balustrades blanches et sa forme allongée effilée aux deux extrémités. Il est coiffé d'une grande terrasse. À l'intérieur, il recèle des fresques peintes par un artiste espagnol qui entendait payer ainsi son loyer. Malheureusement, la guerre d'Espagne entraîne la fermeture de la frontière en 1936, ce qui cause le déclin de l'hôtel. Il est aujourd'hui transformé en appartements.

### Les échos de la guerre civile espagnole

En février 1936, un gouvernement de front populaire est élu en Espagne, puis rapidement mis en cause, en juillet, par un soulèvement militaire. Dès lors, le pays est déchiré par une terrible guerre civile, qui oppose les républicains aux nationalistes, dirigés par le général Francisco Franco. Dès les premiers jours du *putsch* militaire, des volontaires, principalement français, affluent vers la frontière espagnole pour aller se battre aux côtés des républicains au sein des Brigades internationales. Certains, moins nombreux toutefois, choisiront de rejoindre les nationalistes.

## La mine de la Pinouse, le fer et la Résistance

**En péril**

Ce lieu perché à plus de 1 300 m d'altitude abrite l'une de ces mines de minerai de fer qui firent la richesse des Pyrénées jusqu'au début du $\text{XX}^{\text{e}}$ siècle. À la Pinouse, l'extraction du fer se pratique depuis l'époque romaine, mais connaît son apogée entre 1904 et 1931 ; la mine emploie alors jusqu'à 100 ouvriers, et comporte des galeries et des fours, un marteau-pilon, un système d'irrigation, une voie de chemin de fer et une cité minière... Lors de la Seconde Guerre mondiale, ce lieu isolé et désormais abandonné sert de refuge au maquis du Conflent, actif dans le massif du Canigou. En août 1944, les Allemands entreprennent le « nettoyage » de la région. Après avoir incendié le village de Valmanya, ils attaquent le *bastion* résistant de la Pinouse, puis ils torturent et exécutent l'un des chefs des maquis contre le mur de la cantine de la mine. Une plaque commémorative marque l'endroit. Les vestiges de ce lieu de mémoire doivent faire l'objet d'une restauration, soutenue par la Fondation du Patrimoine.

## Le viaduc de Millau, un pont vers l'avenir

Du pont du Gard au viaduc de Millau, l'histoire de l'Occitanie témoigne d'un talent architectural remarquable et d'un constant souci d'aménagement du territoire. Afin de désenclaver le Massif central, le tracé de l'A75 et le franchissement du Tarn à la hauteur de Millau sont envisagés dès les années 1980. La première pierre du viaduc est posée en 2001. Les piles de béton, dont la plus haute culmine à 245 m, sont achevées deux ans plus tard. La construction du tablier, menée des deux côtés à la fois, aboutit à la jonction des deux tronçons en mai 2004. Pylônes et haubans peuvent alors être mis en place. Dès lors, le viaduc franchit avec une étonnante légèreté, en une élégante courbe, les 2 460 m de la vallée, permettant de relier Clermont-Ferrand à Béziers sur l'A75.

Ce remarquable ouvrage d'art témoigne des richesses d'une région à la pointe de la technique, berceau de l'aéronautique française, qui est entrée dans la modernité sans renier un passé historique aussi riche que singulier, qu'elle sait aussi ressusciter. Ainsi, à Sylvanès, ancienne abbaye cistercienne restaurée dans les années 1970 dans toute la pureté de ses origines, passé et présent se mêlent au sein du Centre culturel de rencontre qui accueille chaque année de nombreuses manifestations, dont un festival international de musique sacrée.

### Mon coup de cœur, la chapelle des Pénitents noirs de Villefranche-de-Rouergue

Cette superbe chapelle bâtie au XVII^e^ siècle au cœur de Villefranche cache derrière sa façade classique un magnifique décor baroque richement sculpté et peint. Le plafond entièrement peint et le superbe *retable* en bois doré méritent amplement le détour.

# Partie 6

# La conquête de l'Ouest

## Dans cette partie...

Ces terres de l'Ouest sont conquises de haute lutte par les rois de France, qui se heurtent sur leur sol à un bien encombrant vassal ; le roi d'Angleterre. Embarquez pour la Bretagne, province historique fortement marquée d'influence celte, que les rois de France durent épouser deux fois pour la rattacher au royaume ! Partez à la découverte des hommes du Nord, ces fiers Normands à qui les rois offrirent un duché pour acheter la paix, et qui partirent conquérir un royaume au-delà de la Manche ! Le Centre-Val de Loire, au cœur de la France, vous offrira ensuite la douceur de ses paysages et la beauté de ses châteaux, puis, suivant le puissant cours du fleuve, vous découvrirez les Pays de la Loire, région frontière, région de passage mais aussi d'ouverture vers le large. Encore de belles découvertes de monuments en perspective !

**DANS CE CHAPITRE**

Une région que sa position maritime a ouverte sur le monde, et qui a su assimiler les très nombreux apports qu'elle a reçus

•

Une terre marquée par une culture forte, sans repli sur soi

## Chapitre 14

# La Bretagne, terre d'assimilation réussie

La Bretagne possède une identité culturelle forte sans céder pour autant au repli sur soi. Ainsi, elle a fourni le plus gros contingent régional envoyé au front en 1914 et s'est montrée massivement républicaine et pro-européenne. Au cours de l'histoire, elle a joué la carte normande puis franque avant de donner sa fidélité à la France.

La Bretagne est une terre d'assimilation réussie. Les monuments y sont nombreux, car réemployés ou assimilés à la vie quotidienne. Très fortement christianisée, ses côtes sont ponctuées de monastères qui font office de postes de douanes où passent toutes les migrations, qui ainsi christianisées répandent à leur tour la religion chrétienne en centre Bretagne. La mer est un facteur d'ouverture extraordinaire, et si les nouveaux venus l'empruntent, les Bretons, peuple de marins, en font une voie privilégiée pour partir à la conquête du monde.

Il reste un délicat sujet, celui de Nantes, bretonne depuis 851 et placée en 1941 hors de la région !

**EN QUELQUES DATES**

| | |
|---|---|
| 7000 av. J.-C. | Les alignements de Carnac |
| 200 av. J.-C. | Première monnaie d'or frappée par les Vénètes |
| 56 av. J.-C. | Défaite des Vénètes face aux Romains après une mémorable bataille navale |
| 845 | Nominoë, premier roi de Bretagne |
| 851 | Traité d'Angers qui fixe les frontières bretonnes jusqu'en 1941 |
| 938 | Naissance du duché de Bretagne |
| 1399 | Début du règne de Jean V : âge d'or de la Bretagne |
| 1491 | Mariage d'Anne de Bretagne et du roi de France Charles VIII |
| 1515 | Mariage de Claude de France, fille d'Anne de Bretagne et de Louis XII, avec François Ier, et rattachement de la province au royaume |
| 1534 | Le Malouin Jacques Cartier explore le Canada |
| 1666 | Création du port de Lorient pour accueillir le siège de la Compagnie des Indes |
| 1858 | Tournée triomphale de Napoléon III pour l'inauguration du canal de Nantes à Brest |
| 1931 | Création du Parti national breton |

# Les premiers hommes

La Bretagne compte des vestiges d'une ancienneté remarquable, comme à Menez Dregan, près d'Audierne, où une grotte marine effondrée a révélé la présence d'habitats paléolithiques vieux de 350 à 500 000 ans ! Ils comportent notamment des traces de feu domestique parmi les plus anciennes au monde. Mais la région se distingue surtout par plusieurs sites néolithiques exceptionnels et souvent spectaculaires.

## Le mystère de Carnac

**Figure 14-1**
es alignements de Carnac

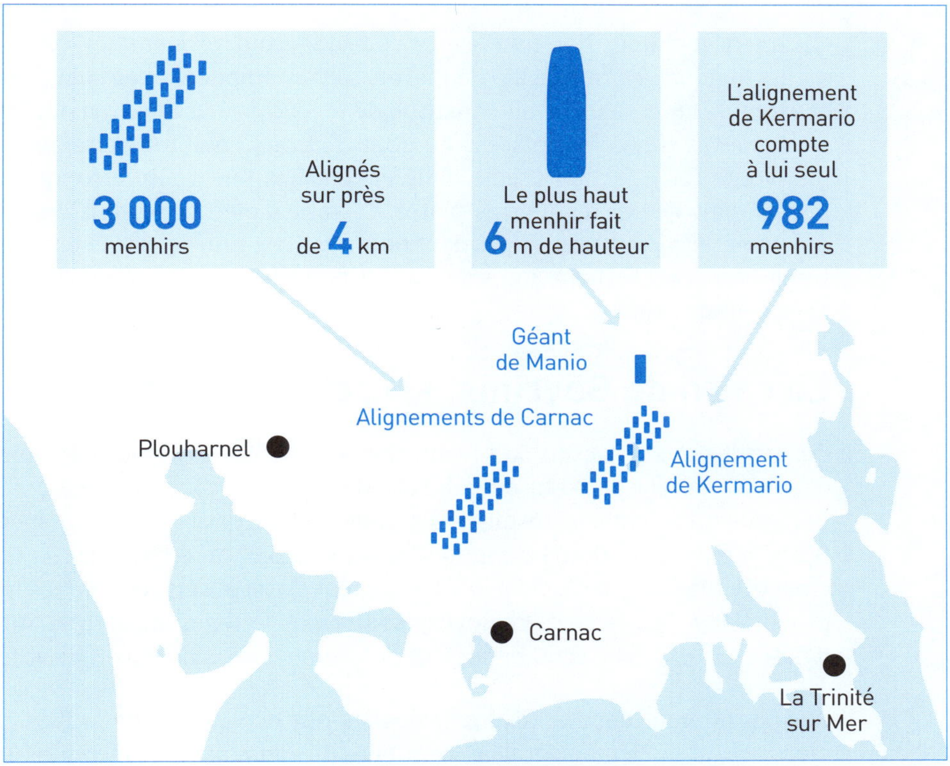


**Ensemble remarquable**

Carnac n'a pas fini de livrer ses mystères. C'est l'un des 550 sites mégalithiques du Morbihan, et incontestablement le plus impressionnant ; aménagé il y a 7 000 ans, il regroupe plus de 3 000 *menhirs* alignés sur près de 4 000 m ! Chaque alignement comporte des pierres dressées de plus en plus petites et aboutit à une enceinte mégalithique. L'alignement de Kermario compte à lui seul 982 *menhirs*, et celui du Manio comporte un *menhir* de 6 m de haut ! Toutes les pierres ont été extraites localement, mais on ignore encore dans quel but. Sans doute faut-il y voir les vestiges d'un lieu de culte néolithique. Au XIX$^{e}$ siècle, historiens et archéologues se penchent sur les alignements et y mènent des fouilles. Les sites sont classés en 1939, et protégés depuis 1991 d'une fréquentation estivale très importante.

## Le cairn de Barnenez, un impressionnant tas de pierres !

En 1955, alors que ce gigantesque amas de pierres est démantelé par un entrepreneur en travaux publics, les destructions sont stoppées de justesse et le site classé en urgence.

À retenir

Commencent alors des fouilles de sauvetage qui révèlent un véritable trésor archéologique ; ce monticule de pierres sèches empilées avec soin, long de 75 m et large de 28 m, est en fait constitué de deux *cairns* accolés qui abritent en tout 11 chambres funéraires placées au bout d'étroits couloirs. Certaines présentent une voûte formée d'une seule dalle et d'autres une voûte arrondie réalisée en juxtaposant de petites pierres plates. Certaines pierres portent des gravures et des traces de peinture. Vieux de 7 000 ans, le *cairn* de Barnenez témoigne de l'importance des rites funéraires collectifs dans une société néolithique en voie de sédentarisation.

## Le cairn de Gavrinis, secrets dessins

Construit sur une presqu'île devenue depuis une île, le *cairn* de Gavrinis se dresse depuis 6 000 ans au cœur du golfe du Morbihan. Découvert accidentellement en 1832, il est rapidement restauré et fouillé à plusieurs reprises. Prosper Mérimée le visite en 1835 et note la singularité de l'endroit ; en effet, si le *cairn* abrite une chambre funéraire sous *dolmen* relativement classique en dépit de ses imposantes proportions, les pierres employées sont recouvertes d'un surprenant décor de lignes courbes, droites ou brisées, et de quelques dessins plus figuratifs.

Le saviez-vous ?

Plus surprenant encore, les archéologues ont découvert que la face cachée des pierres était également gravée, comme s'il s'agissait d'un réemploi. La signification des gravures de Gavrinis reste un mystère, en dépit de nombreuses tentatives d'interprétation parfois fantaisistes. L'entrée du *cairn* a été condamnée vers 3000 av. J.-C.

## Le dolmen de la Roche-aux-Fées, source de légendes

À Gavrinis, le *dolmen* (couloir et chambre funéraire aux parois constituées de dalles verticales recouvertes d'une pierre horizontale formant la voûte) a été recouvert d'un appareil de pierre sèche. À la Roche-aux-Fées, le *dolmen*, dont l'enveloppe de pierre sèche a disparu, présente au grand jour cette étonnante structure de pierres massives. Long de près de 20 m, large de 6, il comporte une antichambre et une grande chambre compartimentée en 4 espaces distincts. Avec ses 41 blocs encore debout, c'est l'un des *dolmens* les mieux conservés d'Europe. Les pierres auraient été acheminées sur 4 km pour permettre l'érection de cet étonnant monument, dressé vers 3000 à 2500 avant notre ère, mais on ignore les techniques utilisées pour réaliser cet exploit. Il s'agit probablement d'un monument funéraire, dont le nom laisse deviner les nombreuses légendes qu'il a suscitées au cours des siècles !

## Le menhir de Saint-Uzec ou le syncrétisme breton

**Insolite**

Dressé à l'époque néolithique, le *menhir* de Saint-Uzec est christianisé en 1674 au cours d'une mission menée par le père Julien Maunoir. Le *mégalithe*, qui mesure 7,40 m de haut, dont un tiers enterré, est entouré d'un petit enclos de pierre bas. À son sommet est fixée une imposante croix de pierre portant un Christ au visage incliné. Au pied de cette croix, le haut du *menhir* a été sculpté de deux volutes, sous lesquelles figure en bas-relief une femme agenouillée entourée de la lune et du soleil et des instruments de la Passion. Juste au-dessous figurait un Christ peint aujourd'hui totalement effacé, tout comme la polychromie des sculptures. Le dos du *mégalithe* est creusé de profondes rigoles et de deux vasques qui laissent penser que la pierre a d'abord été utilisée couchée, avant d'être dressée il y a plusieurs milliers d'années.

## De l'Armorique à la Bretagne

Au ve siècle avant notre ère, les Celtes apportent à la Bretagne leur langue et leur culture, et leur précieux savoir-faire dans la métallurgie du fer. Ils développent l'agriculture, l'élevage et le commerce, et produisent de l'étain et du plomb argentifère. Cinq peuples occupent la région ; les Osismes à l'ouest, les Vénètes autour de Vannes, les Namnètes au sud autour de Nantes, les Riedones à l'est et les Coriosolites au nord-est. L'Armorique ne devient pas romaine sans résistance, puisque les Romains doivent battre les Vénètes sur mer, dans la baie de Quiberon, puis les Coriosolites dans la région d'Avranches, et enfin une coalition de peuples dans la région de Rennes. Par la suite, les peuples armoricains participent à de nombreux soulèvements, soutenant notamment Vercingétorix.

Figure 14-2

Peuples celtes en Bretagne au $V^e$ siècle av. J.-C.

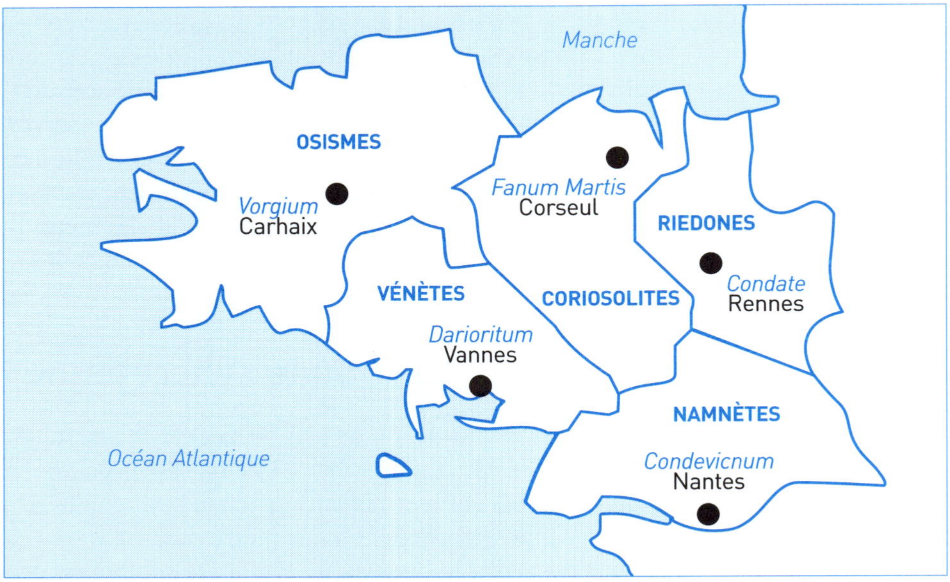


## Le temple de Mars à Corseul, symbole d'une romanisation active

L'Armorique pacifiée est rattachée à la Gaule lyonnaise et organisée en 5 divisions ; Carhaix, Nantes, Rennes, Vannes et Corseul. Dès lors, les Romains appliquent à la région leurs remarquables talents de bâtisseurs, comme en témoigne le temple de Mars retrouvé à Corseul, capitale des Coriosolites. Bâti à partir de 90 de notre ère sur une éminence, c'est un monument purement romain dont subsiste aujourd'hui la *cella*, cœur du temple réservé aux prêtres et aux représentants de l'empereur. Haute de 20 m à l'origine, elle mesure encore aujourd'hui plus de 10 m de haut. Elle s'ouvrait sur l'aire sacrée, vaste espace clos de 5 000 $m^2$ entouré de portiques, destiné à accueillir les pèlerins. Le plan en serait dû à l'architecte Vitruve, mandaté par Auguste pour construire les capitales des cités conquises. Ce monument est classé dès 1840.

À retenir

Autre exemple de l'empreinte romaine en Armorique, l'aqueduc de Vorgium, actuelle Carhaix, capitale des Osismes. Long de 27 km, pourvu d'une très faible pente, il comprenait notamment un tunnel de 800 m et un pont de 900 m de long à l'arrivée à Carhaix.

# Les remparts de Vannes face aux invasions

**Ensemble remarquable**

À la fin du IIIe siècle, la crise qui secoue l'Empire romain déstabilise la région, par ailleurs en proie aux pirates francs. Les domaines de bord de mer sont abandonnés, les populations se réfugient dans les villes fortifiées à la hâte. Ainsi de Vannes, dont les remparts ont été élevés avec des matériaux provenant de bâtiments publics. La cité des Vénètes abandonne alors son site principal, la colline de Boismoreau, pour se réfugier sur celle fortifiée du Méné. Cette première enceinte, quoique fragilisée par les guerres opposant le duc de Bretagne à ses voisins, résiste tout de même pendant 1 000 ans, jusqu'à ce que le duc Jean Ier décide de la restaurer en 1287. Elle est agrandie en 1370 et dotée de tours au XVe siècle. En 1580, dans le contexte des guerres de religion, elle est renforcée de plusieurs *bastions*. Les guerres de Bretagne imposent à Vannes d'innombrables sièges, mais la ville conserve aujourd'hui les trois quarts de ses murailles, en partie grâce à la mobilisation des Vannetais, décidés dès 1911 à protéger leur patrimoine urbain. Ils obtiennent l'année suivante le classement de la porte Prison, puis de l'ensemble des fortifications.

### Grandes invasions et transferts de peuples

En 261, les troubles politiques qui touchent l'Empire et les premières invasions venues de l'est provoquent un recul des structures romaines, et la réorganisation de l'Armorique autour de ses cités et de ses *oppidums*. La réémergence des cultures locales conduit à rebaptiser les capitales régionales du nom des peuples qui les habitent. Ainsi Darioritum, capitale des Vénètes, devient-elle Vannes, et Condate, chef-lieu des Riedones, prend le nom de Rennes. Au IVe siècle, Rome abandonne l'île de Bretagne face à la poussée saxonne ; nombre d'habitants des îles Britanniques franchissent alors la Manche pour se réfugier en Armorique, où ils s'assimilent facilement aux Gallo-Romains. Leur présence importante incitera peu à peu à rebaptiser Bretagne l'ancienne province romaine d'Armorique.

# L'abbaye de Landévennec, quinze siècles de vie monastique

Idéalement située au fond de la rade de Brest, à l'embouchure de l'Aulne, l'abbaye aurait été fondée au Ve siècle par saint Guénolé, évangélisateur de la Cornouaille. Les vestiges retrouvés sur le site semblent attester cette ancienneté. Au IXe siècle, l'abbaye adopte la règle bénédictine et est reconstruite à la manière carolingienne, rassemblée autour d'un cloître. En 913, les moines fuient devant les Vikings qui pillent l'abbaye. Ils ne peuvent regagner les lieux que 23 ans plus tard, avec l'avènement du duc Alain Barbetorte. Le monastère est reconstruit dans le style roman. En 1636, l'abbaye rejoint la congrégation bénédictine de Saint-Maur et connaît une certaine restauration spirituelle et matérielle après une période de décadence due au système de la *commende*. L'abbaye est vendue comme bien national à la Révolution et subit d'importantes dégradations.

**Et aujourd'hui**

Elle est rachetée en 1950 par la communauté bénédictine de Kerbénéat, qui fait bâtir une nouvelle abbaye au-dessus de l'emplacement de l'ancienne. Le site historique fait l'objet de nombreuses fouilles, permettant de mettre au jour des éléments des édifices carolingiens et romans, dont un cloître du IXe siècle unique en son genre.

# La Bretagne, royaume puis duché au Moyen Âge

Les Carolingiens entreprennent de contrôler la Bretagne, menant des invasions plus ou moins poussées dans une région sans unité politique. Ils instaurent une zone frontière ou marche de Bretagne, dont le fameux Roland de Roncevaux fut préfet ! Finalement, la situation leur échappe lorsque Nominoë, représentant de Louis le Pieux en Bretagne, se révolte contre l'Empire et prend la tête de la province enfin unifiée. Ses descendants prennent le titre de rois.

## L'abbatiale Saint-Sauveur de Redon, allégeance carolingienne

Nominoë, comte de Vannes et représentant de l'empereur, approuve en 834 la création d'une abbaye à Redon, à l'initiative du moine Conwoïn. Ce dernier, issu d'une famille sénatoriale, appartiendrait à la vieille aristocratie gallo-romaine. L'abbaye est dédiée au Saint-Sauveur, appellation chère aux Carolingiens qui démontre alors la volonté d'inscrire la région rebelle de Bretagne dans la mouvance impériale. La première église, bâtie en 848, est détruite par un raid viking en 860. Elle est reconstruite 8 ans plus tard un peu à l'ouest de l'ancien site. Le rayonnement de Saint-Sauveur atteint son apogée au XIIe siècle ; lieu de pèlerinage réputé, elle a alors autorité sur 27 prieurés et 12 paroisses. Après la Révolution, l'abbaye est transformée en lycée.

À retenir

L'*abbatiale* a conservé de sa longue histoire une splendide nef romane dotée d'un *chevet* gothique, surmontée d'une exceptionnelle *tour de croisée* romane. L'incendie de 1780, détruisant la partie occidentale de la nef, provoque le raccourcissement de celle-ci, désormais séparée de son clocher par une petite rue.

### Erispoë et le royaume de Bretagne

Erispoë, fils du comte rebelle Nominoë, bat les armées de l'empereur Charles le Chauve en 851 à Jengland, près de la Vilaine. Le traité d'Angers, signé quelque temps plus tard entre les deux ennemis, confère à la Bretagne des frontières qui ne varieront plus jusqu'en 1941 ! Il reconnaît aussi symboliquement Erispoë comme roi de Bretagne et vassal de Charles le Chauve. Salomon, successeur d'Erispoë, continue de s'opposer à l'empereur en soutenant les révoltes de ses vassaux ou en faisant alliance avec les Normands. Il obtient ainsi la Mayenne et le Cotentin contre son engagement à protéger les côtes contre les incursions de ces derniers.

## Saint-Samson de Dol, entre Bretagne et Normandie

En 848, Nominoë fait ériger l'évêché de Dol, créé en 555, en archevêché, et obtient du pape de regrouper les évêchés bretons en province épiscopale indépendante. Dol devient ainsi la capitale religieuse du petit royaume. À l'église primitive, fondée par saint Samson, succède une cathédrale préromane, détruite par les Vikings en 1014. Le nouvel édifice roman est incendié en 1204 et rebâti sur ses bases romanes dans le style gothique anglo-normand. Typique de cette époque, une grosse tour carrée, de faible hauteur, coiffe la croisée du *transept*. Le *déambulatoire* rectangulaire et ses 10 chapelles carrées sont exceptionnels en France et dénotent là aussi des influences anglaises. Au XIVe siècle est construit le grand porche sud, abondamment sculpté, qui fait office d'entrée principale de l'édifice jusqu'au XIXe siècle, ce qui explique son aspect majestueux.

Insolite

Enfin, Saint-Samson recèle un curieux double puits possédant un accès dans la cathédrale et un autre à l'extérieur ; les travaux de l'édifice ayant sans doute englobé le premier, un accès extérieur a dû être créé pour les habitants du quartier !

### Les neuf évêchés de Bretagne

La tradition bretonne retient 7 saints fondateurs, venus des îles Britanniques aux Ve et VIe siècles pour évangéliser la province. Ainsi, Malo aurait fondé Saint-Malo, Samson Dol-de-Bretagne, Brieuc Saint-Brieuc, Tugdual Tréguier, Pol Aurélien Saint-Pol-de-Léon, Corentin Quimper et Paterne Vannes.

L'histoire retiendra plutôt 9 évêchés, dont la création s'étale sur plusieurs siècles. Très tôt, les anciens chefs-lieux gallo-romains sont érigés en sièges épiscopaux. Ainsi de Nantes, diocèse créé par saint Clair dès la fin du IIIe siècle, mais aussi de Vannes, Alet (Saint-Malo) et Rennes, créé par saint Mélaine. À la même époque apparaissent également les diocèses de Saint-Brieuc et Dol. Au pays des Osismes, à l'ouest de la Bretagne, l'évêché de Cornouailles n'est créé qu'au IXe siècle, à la même époque que ceux de Saint-Pol-de-Léon et de Tréguier. Un éphémère diocèse de Redon naît en 1449, mais est aussitôt supprimé face aux protestations des évêques voisins.

Le fameux *Gwenn ha Du*, drapeau noir et blanc de la Bretagne créé au début du XXe siècle, rappelle par ses 9 bandes horizontales les 9 diocèses historiques.

## Suscinio, emblème ducal

À partir de 913, le royaume de Bretagne est occupé par les Vikings. Alain Barbetorte, héritier du trône, parvient à les chasser en 936 et prend le titre de duc des Bretons. En 1213, le duché passe par mariage sous la *suzeraineté* du roi de France. À cette époque, Suscinio n'est qu'un petit prieuré au milieu des marais sur la presqu'île de Rhuys. Les ducs y implantent un manoir entouré d'un vaste parc de 2 600 ha, où ils s'adonnent au plaisir de la chasse. Agrandi au XVe siècle, Suscinio a conservé ses 6 tours et ses *courtines* encadrant deux logis. Meurtrières, pont-levis et *mâchicoulis* sont autant des dispositifs de défense que des symboles du pouvoir ducal. Intégré en 1532 au domaine royal, le château est fortement endommagé à la Révolution. Il a depuis 1965 été magnifiquement restauré sous l'égide du département du Morbihan.

Le saviez-vous ?

Des fouilles menées en 1975 ont notamment permis de révéler un splendide pavement de 300 m$^2$.

## La cathédrale Saint-Tugdual de Tréguier et ses influences anglaises

La cathédrale Saint-Tugdual incarne la naissance du gothique breton, sous la double influence du roman français et de l'architecture anglo-normande. De son époque romane subsiste la tour dite tour Hastings, au bout du *transept* nord, sans doute conservée parce qu'elle abritait le tombeau de saint Yves. Le chantier de la cathédrale gothique est interrompu en 1345 par la guerre de succession de Bretagne, et repris quelques années plus tard sous l'égide de la dynastie Montfort, alliée aux Anglais. Les bâtiments portent de nombreux indices de l'influence anglaise, notamment dans le décor du *chœur*. La silhouette de l'édifice est assez singulière, avec ses porches accolés et son clocher juché au bout du *transept* sud. Au creux de la nef et du *transept* nord est bâtie la chapelle funéraire du duc Jean V, désireux d'être enterré près de saint Yves, dont la popularité en Trégor est immense. Un cloître trapézoïdal est ajouté au nord. L'église, saccagée sous la Révolution, est restaurée dès 1841.

## Une difficile succession

La guerre de succession de Bretagne, qui voit le duché hésiter entre *suzeraineté* anglaise et soumission au roi de France, a laissé des traces tant dans l'architecture que dans l'administration de la province, et profondément divisé la société bretonne.

### La guerre de succession de Bretagne

C'est une vieille habitude bretonne que de jouer les Vikings puis les Normands contre les Francs, comme l'ont illustré déjà les périodes mérovingienne et carolingienne. La Bretagne est donc bien souvent le théâtre des affrontements de ses deux puissants voisins, comme l'illustre la guerre de succession qui divise la province de 1341 à 1380. Le conflit éclate à la mort du duc Jean III, qui n'a d'autre héritier que sa nièce Jeanne de Penthièvre, mariée à Charles de Blois, neveu du roi de France. Cependant, Jean de Montfort, demi-frère du duc disparu, conteste cette succession, s'empare de certaines places fortes et fait alliance avec les Anglais. Le roi de France Philippe VI soutient son neveu Charles de Blois et et emprisonne Jean de Montfort. La trêve signée à Malestroit en 1343 ne dure pas, et c'est au tour de Charles de Blois de tomber aux mains de ses ennemis. Les Français doivent se retirer de Bretagne, livrée aux bandes armées des Montfort et des Penthièvre. Finalement, le fils de Jean de Montfort bat les troupes de Charles de Blois à Auray en 1364. Le neveu du roi de France est tué. Le vainqueur est reconnu comme duc sous le nom de Jean IV, mais le roi de France Charles V s'acharne et fait occuper la province par du Guesclin. Le duc s'enfuit en Angleterre, ses biens sont confisqués. Finalement rappelé par la noblesse bretonne, Jean IV doit renoncer à son alliance anglaise et faire allégeance au roi de France.

**Figure 14-3** Les ducs de Bretagne et la guerre de succession

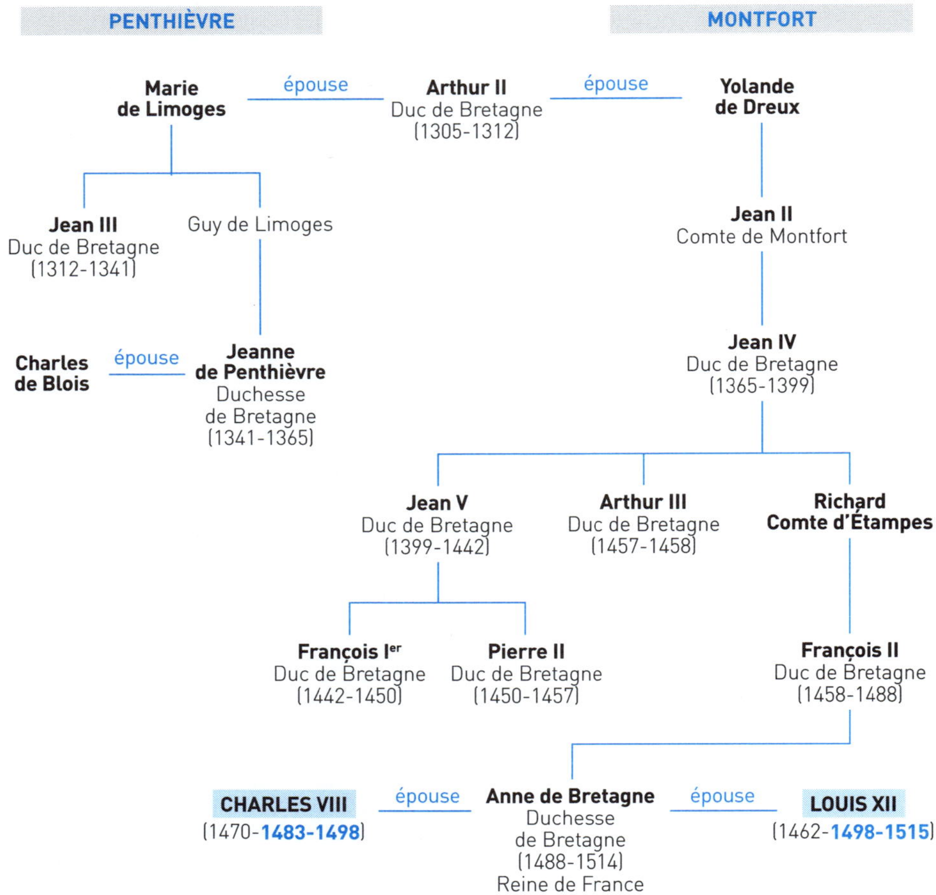


*Les rois de France sont soulignés en bleu*
*Les dates de règne sont indiquées en bleu*
*Les dates associées aux ducs de Bretagne sont leurs dates de règne*

## Quand Josselin défie les ducs de Bretagne

**Figure historique**

Olivier de Clisson illustre à merveille les revirements d'une haute noblesse bretonne déchirée entre Penthièvre et Montfort. D'abord ennemi des rois de France, il embrasse finalement leur cause car il rejette l'alliance anglaise de Jean IV. C'est à cette époque qu'il fait l'acquisition de la seigneurie de Josselin, au cœur de la Bretagne. Sur un site castral datant de l'an mil, il fait édifier une redoutable forteresse s'étendant sur un demi-hectare, pourvue d'un énorme donjon de 26 m de diamètre et hérissée de 9 tours. Le site est construit en à-pic sur la vallée de l'Oust.

Nommé *connétable* de France en 1380, Clisson finit par se réconcilier avec le duc de Bretagne. À sa mort, le château revient à son gendre Alain VIII de Rohan. Au début du XVIe siècle, Jean II de Rohan entreprend la construction d'un vaste logis mêlant les influences du gothique flamboyant et de la Renaissance bretonne, offrant une façade d'une grande élégance. Lors des guerres de religion, les Rohan embrassent le parti réformé, si bien qu'au début du XVIIe siècle Richelieu ordonne la destruction de Josselin. Finalement, seuls la partie est et le gros donjon sont rasés à la poudre. Après bien des avanies, le château est restauré au XIXe siècle par la famille de Rohan, qui y vit encore aujourd'hui.

## Fort La Latte, un modèle de château fort

Dans le contexte troublé de la guerre de succession de Bretagne, Étienne Goyon, seigneur de Matignon, obtient du duc de Bretagne l'autorisation de fortifier ce lieu nommé alors la Roche Goyon. En 1379, le château subit les assauts des troupes françaises menées par du Guesclin, et se voit confisqué puis restitué par le roi de France. Lors de la réunion de la Bretagne à la France en 1532, il est assiégé par les Anglais, mais ne tombe pas. Malheureusement, en 1597, le seigneur de Matignon, maréchal de France, ayant pris le parti d'Henri IV, le château est pillé et détruit par les soldats de la Ligue catholique, ennemie du nouveau roi de France. De ce site qui porte alors le nom de La Latte, seul subsiste le donjon. Restauré à la fin du XVIIe siècle pour faire partie du système de défense de Saint-Malo, il prend alors son aspect actuel ; le donjon, construit sur un rocher en surplomb sur la mer, est coiffé d'un toit arrondi. Il est situé au cœur d'une enceinte fortifiée dont l'entrée est gardée par deux châtelets munis de ponts-levis. Dans la cour, à côté de la chapelle, la citerne, le four à boulet et les différentes batteries rappellent sa vocation défensive.

## Le château de Brest, dix-sept siècles d'histoire

Lorsque le duc Jean IV rachète le château de Brest en 1397, cette forteresse quelque peu hétéroclite a déjà 10 siècles d'existence ! *Castellum* romain au IIIe siècle, c'est un élément clef du contrôle de la Basse-Bretagne ; si bien que les ducs de Bretagne en font l'acquisition en 1235. Enjeu stratégique au cours de la guerre de succession, il est livré aux Anglais par Jean de Montfort, puis racheté par son fils Jean IV. Fortifié par les ducs au XVe siècle pour être adapté à l'avènement de l'artillerie, il est remanié par Vauban deux siècles plus tard. Pour Louis XIV et ses ministres, en effet, le choix de Brest s'impose comme premier port de la marine royale. « Seul port naturel que le roi ait dans la mer océane », selon Vauban, la place se voit dotée d'un arsenal à partir de 1669, mais aussi d'un imposant port militaire et d'un bagne.

Et aujourd'hui

Le château, auquel ses imposantes tours confèrent toujours un aspect médiéval, abrite aujourd'hui la préfecture maritime et le musée de la marine.

### Bertrand du Guesclin, Breton de légende

Issu d'une famille de modeste noblesse, Bertrand s'enrôle en 1355 dans l'armée de Charles de Blois, prétendant au duché soutenu par le roi de France. Son courage et son habileté le font bientôt remarquer, et l'année suivante il s'illustre en prenant Rennes aux Anglais. Fait chevalier en 1357, il entre au service du roi de France. Nommé capitaine général du duché de Normandie, il mène contre les Anglais une guerre de harcèlement qui lui vaut d'être surnommé le « dogue noir de Brocéliande ». En 1364, il remporte une victoire remarquée à Cocherel, puis participe à la bataille d'Auray, où Charles de Blois trouve la mort. Fait prisonnier à deux reprises, il est chaque fois libéré contre une rançon payée par le roi. En 1370, du Guesclin est nommé *connétable* de France. Il chasse les Anglais du Poitou et parvient à les tenir à distance de l'Île-de-France. Il meurt en 1380, sans avoir jamais cessé de combattre pour son roi. Son corps est enterré à Saint-Denis, près de Charles V, le roi qu'il a servi toute sa vie, et son cœur est placé à Dinan, non loin de sa terre natale.

## Montmuran, château de du Guesclin

Avant d'appartenir brièvement au célèbre chevalier breton, le château de Montmuran a déjà connu une longue histoire. Bâti sur un *oppidum* qui fut probablement la capitale des Coriosolites avant la création de Corseul, il est rasé une première fois par le roi d'Angleterre en 1168 et reconstruit peu après. Les deux tours nord de l'édifice témoignent de cette époque. Au XIVe siècle, il est pourvu d'un imposant châtelet flanqué de deux tours et défendu par une herse, deux ponts-levis et des douves. C'est à cette époque que du Guesclin entre dans l'histoire de Montmuran ; en 1354 il y est fait chevalier puis, en 1373, il épouse l'héritière du lieu, Jeanne de Laval-Châtillon, devenant jusqu'à sa mort seigneur de Montmuran.

À retenir

En 1547, la dernière héritière des Laval-Châtillon épouse le célèbre amiral de Coligny, chef du parti protestant qui sera assassiné lors de la Saint-Barthélemy. Le château connaît alors divers propriétaires, dont le fameux marin La Motte-Picquet, qui l'achète en 1750. Restauré après les ravages révolutionnaire, incendié en 1889, il a conservé un élégant logis des XVIIe et XVIIIe siècles, flanqué de deux tours médiévales et de son massif châtelet.

## Dinan, une tour pour le duc

Dinan a longtemps soutenu les prétentions à la couronne ducale de Charles de Blois, aussi son victorieux rival Jean IV décide-t-il d'y faire bâtir une imposante tour, symbole de son autorité. La tour ducale, composée de deux tours rondes accolées dépassant 30 m de haut, est construite dès la fin de la guerre de succession. Elle présente un impressionnant appareil de *mâchicoulis*. Mais ce massif édifice défensif est aussi une résidence ducale, qui comporte des cuisines, une salle de banquet, une chapelle… Au XVe siècle, une tour d'artillerie, la tour Coëtquen, est érigée au sud-est du bâtiment.

**Le saviez-vous ?**

Au cours de l'épisode de la Ligue catholique, le duc de Mercœur, gouverneur de Bretagne, fait relier les deux édifices par un souterrain et par une fortification dont les systèmes de défense sont tournés vers la ville ! L'ennemi serait donc à l'intérieur…

Transformé en prison pendant deux siècles, le château accueille le musée municipal de Dinan depuis 1908.

## Fougères, aux marches de Bretagne

Quoique vassale des rois de France, la Bretagne s'emploie à préserver jalousement son autonomie face à ses voisins français et anglais. Le château de Fougères, aux marches de la Bretagne, revêt une importance majeure dans la défense du duché. Les ducs en font d'ailleurs l'acquisition en 1430.

Le château de bois de l'an mil détruit en 1166 par le roi d'Angleterre est aussitôt rebâti en pierre, alternant schiste et granit et conférant à l'enceinte une forme en croissant épousant le terrain. Les ducs de Bretagne entreprennent à leur tour des travaux au XVe siècle, notamment pour adapter les défenses de la place à l'usage de la poudre.

En 1532, le rattachement de la Bretagne à la France ôte tout intérêt stratégique au château, qui connaît un lent déclin. En 1793, il est occupé par les Chouans, épisode célèbre raconté par Balzac et Victor Hugo. Au XXe siècle, il connaît une restauration visant à supprimer les ajouts du XVIIIe siècle. Le château, qui s'étend sur deux hectares, a conservé son premier donjon, la tour des Gobelins. Il est composé de trois cours qui représentent autant d'enceintes successives. La célèbre tour Mélusine, second donjon, date de la fin du XIIIe siècle, et les forts *bastions* de la muraille sud du XVe siècle.

## La forteresse de Largoët, donjon rebelle !

Si les ducs doivent se garder de leurs puissants voisins, ils ont aussi à mater leurs remuants vassaux, dont certains, comme les Rohan, les Penthièvre ou les Rieux, possèdent d'immenses fiefs dans la province. Au XVe siècle, ces derniers héritent de la forteresse de Largoët, longtemps disputée lors de la guerre de succession de Bretagne. Jean IV de Rieux y retient même prisonnier Henri Tudor, futur roi d'Angleterre ! En 1490, le roi de France Charles VIII fait démanteler l'édifice, qui sera restauré par Anne de Bretagne. Au XVIe siècle, il est acheté par l'intendant Nicolas Fouquet, qui souhaite investir son immense fortune dans la propriété foncière. Haut lieu de la chouannerie sous la Révolution, Largoët, menacé de destruction, est sauvé par Prosper Mérimée qui le fait classer en 1862. L'aspect actuel de l'édifice remonte aux XIIIe et XVe siècles. Le donjon de 45 m est l'un des plus hauts de France. Ses murs atteignent 9 m d'épaisseur ! Lieux d'habitation seigneuriale, ses 5 étages sont desservis par des escaliers dissimulés dans l'épaisseur des murs.

# Les débuts de l'âge d'or de la Bretagne

La fin de la guerre de succession de Bretagne marque le début d'une période de prospérité. Sous le règne du duc Jean V et de ses successeurs, celle-ci connaît un essor économique très important dont les effets se font sentir jusque dans les campagnes les plus reculées, provoquant une floraison d'églises. Cette richesse nouvelle s'appuie sur le développement de la production de toile de chanvre et de lin et du commerce maritime.

## Locronan, les voiles du Roi Soleil

La petite cité de Locronan, qui présente un ensemble architectural unique, développe dès le XIVe siècle la fabrication de toile à voile, sans doute utilisée par les embarcations pratiquant le commerce du sel à partir de la baie de Douarnenez toute proche. Cette industrie se développe et connaît son apogée au XVIe siècle, lorsque les voiles de Locronan équipent les marines de guerre française et espagnole. Au siècle suivant, elles sont choisies par la Compagnie des Indes qui installe des commis dans la petite cité. Celle-ci s'orne alors de belles maisons de granit.

À retenir

Mais la prospérité de Locronan tient également à son très célèbre pèlerinage, la Troménie, organisée autour des reliques de saint Ronan et reprenant peut-être des pratiques liées à un ancien sanctuaire druidique. L'église Saint-Ronan, datant du XV^e siècle, constitue d'ailleurs le cœur du village, au centre d'une place remarquable par ses immeubles aux façades de granit bleuté et son puits à margelle.

## Saint-Thégonnec et les enclos paroissiaux, une invention bretonne !

Ensemble remarquable

Les enclos paroissiaux, nés au cœur de cette période de grande prospérité qui profite à toute la région, sont typiquement bretons ! Il s'agit de vastes enclos de pierre dotés d'une porte monumentale et rassemblant autour de l'église, placée au centre, un calvaire et un ossuaire, et parfois même le cimetière du village, une chapelle reliquaire ou une fontaine. On les trouve essentiellement en Basse-Bretagne. Ainsi à Saint-Thégonnec, en pays de Léon, région qui connaît un fort développement grâce au commerce de la toile de lin, donnant naissance à une classe paysanne très aisée, les « Julots ». Soucieux de posséder la plus belle église de la région, les habitants de Saint-Thégonnec commanditent la création d'un somptueux enclos paroissial, agrandi et embelli avec soin jusqu'au XVII^e siècle. La porte triomphale est de style Renaissance et prend la forme d'un imposant arc de triomphe surmonté de lanternes et de croix. L'ossuaire, également de style Renaissance avec des éléments rappelant le gothique flamboyant, évoque un magnifique reliquaire et n'a jamais servi à entreposer des ossements. Il fait office de chapelle funéraire et abrite une superbe mise au tombeau dont les personnages de bois sculptés sont grandeur nature. Le calvaire en granit, réalisé en 1610, présente notamment un Christ aux outrages dont le bourreau adopte les traits du roi Henri IV ! L'église enfin connaît actuellement une lente renaissance après avoir été accidentellement incendiée en 1998. Elle est dotée d'un premier clocher de style gothique au XVI^e siècle, mais celui-ci étant jugé trop petit, une imposante tour Renaissance est ajoutée sur la façade sud le long de la nef, au-dessus d'un porche donnant accès à l'église.

Si cet enclos est l'un des plus récents de la région, celui de Lampaul-Guimiliau, à 10 km de là, est l'un des plus anciens. Privilégiant le style gothique, il affiche une sobriété élégante qui contraste avec la richesse ostentatoire de Saint-Thégonnec.

## Le château de Vitré, vers la fin de l'indépendance

À Vitré, la fin de l'indépendance bretonne se lit dans la pierre, puisque la construction d'ouvrages défensifs cède alors le pas à des aménagements de confort. Le château, situé sur les marches de Bretagne, perd en effet tout intérêt stratégique avec le rattachement à la France. Construit au XIII^e siècle, l'édifice actuel adopte un plan triangulaire. Dominée par un massif donjon circulaire, son architecture rappelle les forteresses édifiées en France sous Philippe Auguste. Au XVe siècle, le château est agrandi et remanié, et d'ultimes travaux de fortifications y sont effectués avec notamment l'ajout d'un imposant châtelet à double pont-levis. Par la suite, les aménagements visent à transformer en demeure confortable la massive forteresse. Un oratoire et des galeries intérieures témoignent de cette préoccupation. Lors des guerres de religion, le château se mue en *bastion* huguenot, abritant pendant un demi-siècle le culte protestant. Peu à peu délaissé, il est restauré à la fin du XIXe siècle et accueille aujourd'hui la mairie.

À 60 km de Vitré, sur la route de Saint-Malo, se dresse le château de Combourg, qui reproduit la même architecture puisqu'il remplit les mêmes fonctions ; défendre les marches de Bretagne.

**Figure historique**

François-René de Chateaubriand a immortalisé dans ses *Mémoires d'outre-tombe* ce lieu qui l'a vu grandir. C'est le père de l'écrivain, noble désargenté devenu armateur, qui a acquis cette demeure dont les origines remonteraient au XIe siècle. Elle a été restaurée à la fin du XIXe siècle dans le style néogothique.

### Saint-Aubin-du-Cormier ou le destin d'Anne de Bretagne

En 1488, le duc de Bretagne François II affronte les troupes du roi de France à Saint-Aubin-du-Cormier, non loin de Rennes. Cet épisode met un terme à la « Guerre folle », révolte de grands féodaux contre la régence d'Anne de Beaujeu. La défaite de ces puissants seigneurs a pour la Bretagne des conséquences décisives, puisque le duc François II, vaincu, s'engage à ne pas marier sa fille Anne, héritière du duché, sans l'accord du souverain. Et de fait, après bien des péripéties, c'est le roi lui-même qu'Anne devra épouser !

## Et la Bretagne devint française

Lorsqu'Anne de Bretagne, héritière du duché, épouse le roi de France Charles VIII, elle n'abandonne ni son titre ni son rôle de souveraine de Bretagne, mais le contrat de mariage prévoit que le roi de France hérite du duché si Anne meurt avant lui sans enfants vivants. S'il meurt le premier, elle conserve le duché mais s'engage à épouser son successeur. Et c'est bien ce qui se produit ! Le roi meurt à 27 ans des suites d'un accident. Anne recouvre la souveraineté sur son duché, que son royal époux administrait à sa place. En 1499, elle épouse le nouveau roi, Louis XII, ancien compagnon d'armes de son père, qui la laisse administrer librement son duché. Sur le plan dynastique toutefois, leur union est un nouvel échec.

Le couple a deux filles, mais point d'héritier mâle. L'aînée, Claude de France, épouse l'héritier du trône, François d'Angoulême, futur François Ier. L'annexion officielle de la Bretagne à la France est ainsi assurée, et sera entérinée par l'édit d'union promulgué à Nantes en 1532.

## Le palais du parlement de Bretagne, symbole des libertés provinciales

En 1532, 8 ans après la mort de Claude de France, dernière duchesse de Bretagne, les États de Bretagne demandent que soit entériné le rattachement de la province à la France. En 1554, le parlement général breton devient parlement d'Ancien Régime et siège alternativement à Nantes, Vannes et Rennes, avant de se fixer dans cette dernière ville sous le règne d'Henri IV. Il y siège de façon permanente de 1655 à 1790, lorsque la Révolution dissout les parlements provinciaux.

Le palais construit à Rennes au XVIIe siècle pour accueillir cette institution est conçu par Salomon de Brosse dans le style classique, sur un plan carré rythmé de quatre pavillons d'angle. Le rez-de-chaussée paré de granit supporte un premier étage de pierre blanche. La cour intérieure est dotée d'une galerie couverte à l'étage.

Et aujourd'hui

Ravagé par un incendie en 1994, le parlement a été entièrement restauré et abrite aujourd'hui la cour d'appel de Rennes.

## Le château de Bienassis et la guerre de la Ligue en Bretagne

La fin du XVIe siècle est marquée en Bretagne par la guerre de la Ligue catholique, ultime épisode des guerres de religion. Le duc de Mercœur, gouverneur de Bretagne, est en effet un ligueur acharné, qui ne se ralliera à Henri IV qu'en 1598. Le château de Bienassis, au nord de Lamballe, garde mémoire de ce triste épisode ; occupé par les troupes de Mercœur, il est en grande partie détruit et son aspect actuel laisse bien peu deviner de ses fondations du XIIe siècle. Entouré de douves, il a conservé une partie du logis médiéval, prolongé par une aile Renaissance dotée d'un monumental escalier à double volée. Les tours d'angle et les tourelles du mur d'enceinte datent du XVIIe siècle. Le château, actuellement habité, présente une belle collection de mobilier comportant notamment des meubles de la Renaissance bretonne.

## Le château de Pontivy, côté protestant

Face au duc de Mercœur, champion de la Ligue, le parti protestant est incarné en Bretagne par les Rohan, qui ont embrassé la Réforme. Or, depuis la guerre de succession de Bretagne, Pontivy est la capitale de leurs vastes domaines. Ils y édifient, à la fin du XVe siècle, un puissant château mi-forteresse mi-logis seigneurial, qui est l'un des derniers châteaux forts construits en Bretagne et présente des caractères bretons affirmés, comme l'utilisation de schiste et de granit ou la présence de *mâchicoulis* bretons, à la forme caractéristique. Signe des temps, les quatre tours, dont seules deux subsistent, misent plus sur l'épaisseur et la solidité de la base pour résister aux attaques d'artillerie que sur la hauteur qui les mettrait hors de portée d'un assaut à l'échelle. Lors de la Réforme, le château accueille d'importantes réunions protestantes et sa chapelle est transformée en temple. Assiégé par la Ligue en 1589, il capitule et perd bientôt sa vocation militaire. Le logis seigneurial, encadré par les deux tours, est remanié au XVIIIe siècle.

En 1940, le château est choisi par le Parti national breton pour une déclaration d'indépendance qui fait long feu. Racheté après la guerre par la municipalité, c'est aujourd'hui un lieu d'exposition.

## Port-Louis et Belle-Île, deux citadelles, deux objectifs différents

La citadelle de Port-Louis, près de Lorient, est construite en 1591 par les Espagnols, alliés des ligueurs du duc de Mercœur. Le fort, bâti sur une presqu'île rocheuse qui commande l'entrée du Blavet, est pourvu de deux solides *bastions* tournés vers la terre. En 1598, la paix étant signée entre le roi de France Henri IV et le souverain d'Espagne, les troupes espagnoles se retirent et la citadelle est partiellement détruite à la demande des États de Bretagne. Seuls subsistent les casernes, une *courtine* et deux *bastions*. Vers 1618, Louis XIII décide de refaire fortifier le site, qui prend en son honneur le nom de Port-Louis. Vauban ajoutera à la citadelle un arsenal et un parc à boulet. En 1666, la création de la ville de Lorient dans l'estuaire du Blavet confère à Port-Louis une importance notable, et ce d'autant plus que Lorient devient un important port militaire. Occupée par les Allemands de 1940 à 1945, elle perd toute vocation militaire en 2007 et accueille aujourd'hui un musée.

Au sud de Port-Louis, à Belle-Île, une autre citadelle déploie son étoile de pierre au-dessus de la commune de Palais. Contrairement à Port-Louis, elle fut conçue pour se garder des ennemis extérieurs ! Le premier fort de Palais, construit par les bénédictins de Redon, propriétaires de l'île au IXe siècle, est remplacé par un fortin de pierre puis par une véritable forteresse sous la houlette des Gondi, marquis de Belle-Île, puis de Nicolas Fouquet, qui rachète l'île à ces derniers en 1658. Belle-Île revient au domaine royal après la chute du surintendant, et Louis XIV confie alors la fortification de la citadelle à Vauban. Malheureusement, les projets du grand ingénieur n'ayant pas été totalement réalisés, la citadelle tombe en 1761 aux mains des Anglais, qui l'occupent pendant deux ans.

Et aujourd'hui

Désarmée en 1933, elle abrite depuis 2005 le premier hôtel-musée de France, conçu sur le modèle des Paradores espagnols.

## Kerjean, parangon de la Renaissance bretonne

Après la fin de la guerre de la Ligue, la Bretagne connaît une période de paix et peut pleinement profiter de la prospérité économique due à son ouverture sur la mer et au commerce de la toile. Le château de Kerjean, bâti vers 1570, témoigne de cette opulence. De la forteresse, il conserve de puissants et larges remparts, flanqués de *bastions* d'angle, derrière lesquels se dresse un splendide château emblématique de la Renaissance bretonne. Il fait à l'époque de sa construction figure de modèle pour les bâtisseurs de la région. Louis XIII lui-même l'aurait admiré ! À la demande de la famille Barbier, propriétaire du lieu, il l'érige en marquisat.

Le saviez-vous ?

Au XVIIIe siècle, sous l'égide de la marquise de Coatanscour, Kerjean devient l'un des hauts lieux de la noblesse léonarde. Mais la Révolution met fin à cette fastueuse vie de château et la marquise est guillotinée en 1794, bien qu'elle ait pris soin de faire boucler le château et relever le pont-levis chaque soir.

## Le château des Rochers, la marquise et les Bonnets rouges

Près de Vitré se dresse le château des Rochers, manoir gothique du XVe siècle rendu célèbre par son illustre propriétaire, la marquise de Sévigné.

Figure historique

Marie de Rabutin-Chantal, jeune femme d'ancienne lignée, épouse en 1644 le marquis Henri de Sévigné, de vieille noblesse bretonne. Après la mort de son mari, elle séjourne souvent au château des Rochers, appréciant le calme de l'endroit et le contact de la nature. Elle y fait bâtir une étonnante chapelle octogonale. Depuis sa demeure bretonne, cette grande épistolière écrit nombre de ses célèbres lettres à sa fille, Madame de Grignan, évoquant notamment la révolte du papier timbré qui secoue la Bretagne en 1675. Il s'agit d'émeutes antifiscales dont les meneurs reçoivent le surnom de « Bonnets rouges » en raison de leurs couvre-chefs. Ils protestent contre la hausse des taxes, notamment sur le papier timbré, et contraignent le parlement de Bretagne à s'exiler à Vannes pendant de longues années. Madame de Sévigné, témoin averti de son temps, relate ces événements tout en blâmant la sévérité de la répression. Les Rochers conservent précieusement le souvenir de cette célèbre femme de lettres à travers des portraits et des objets lui ayant appartenu.

# L'appel du large

À partir du XVIIe siècle, la Bretagne se lance pleinement dans l'épopée maritime sous l'impulsion de Richelieu, qui crée en 1626 trois compagnies maritimes et entreprend de fortifier les côtes, et assume même en personne le gouvernement de la province en 1631. Deux ports de guerre de grande importance sont implantés à Brest et à Lorient.

### Jacques Cartier, un Malouin au Canada

La vie de Jacques Cartier avant sa mission au nord de l'Amérique est très mal connue, mais il est possible qu'il ait participé à divers voyages maritimes, dont une mission d'exploration des côtes brésiliennes. Quoi qu'il en soit, c'est un riche mariage qui lui permet de s'élever socialement et d'être présenté à François Ier, qui lui confie l'exploration du mythique passage du Nord-Ouest. Les Bretons, en effet, ont la réputation de bien connaître les parages de Terre-Neuve, qui semble être la clef de ce passage. Parti de Saint-Malo en avril 1534, le navigateur atteint Terre-Neuve puis la Gaspésie, qu'il revendique au nom du roi. Au cours d'un second voyage, l'année suivante, il découvre l'embouchure du Saint-Laurent et nomme Canada le pays alentour. Il remonte le fleuve jusqu'à une grande île qu'il baptise Montréal. Mais ce n'est toujours pas le passage du Nord-Ouest ! Une troisième expédition, menée en 1541, s'avérant également décevante, le souverain français se désintéresse désormais de la « Nouvelle-France ».

## Fort National, aux portes de la Cité corsaire

**Ensemble remarquable**

Saint-Malo, cité corsaire, présente un remarquable système de fortifications, en grande partie épargné par les bombardements de 1944. Outre de formidables remparts, il comporte une série de forts répartis à plus ou moins grande distance sur les îlots alentour et englobe même le fameux fort La Latte, situé sur le cap Fréhel. Bien plus près de la ville, face aux remparts, se dresse Fort National, *bastion* avancé de la cité bâti en même temps que ses hautes murailles vers 1689.

Nommé alors Fort Royal, il s'inscrit dans le système mis au point par Vauban et édifié par l'ingénieur Siméon Garengeau. Il s'agit d'un fort *bastionné* gardé par un pont-levis et un fossé, qui regroupe un magasin à poudre, un hangar et un corps de garde. La cité fortifiée connaît très rapidement son baptême du feu, puisque dès 1693 elle est attaquée par une flotte anglo-hollandaise. Le fort de la Conchée et l'île de Cézembre, qui gardent la baie de Saint-Malo, tombent aux mains de l'ennemi, qui tente de s'emparer du Fort Royal. En même temps, un navire bourré de poudre est dirigé vers Saint-Malo, mais heureusement dévié par le vent il explose à bonne distance, secouant la cité corsaire mais ne provoquant pas de dégâts majeurs. Ses vestiges se trouvent au Fort National.

**Le saviez-vous ?**

Autre épisode épique, en 1816, le célèbre corsaire malouin Robert Surcouf provoque en duel 12 officiers prussiens et les bat l'un après l'autre au pied du Fort National. À quelques encablures de là, le Grand Bé, îlot rocheux accessible à marée basse, reçoit en 1848 la dépouille de Chateaubriand, qui enfant jouait sous les remparts du Fort National.

### Les pouvoirs exorbitants de la Compagnie des Indes

La Compagnie des Indes, conçue par Colbert et créée par Louis XIV, n'est pas une simple organisation commerciale même si, à ce titre, elle possède de très nombreux privilèges associés à son statut de manufacture royale et jouit du monopole du commerce avec l'Orient puis avec l'Afrique. C'est également un organisme à vocation politique, chargé de représenter la France sur toutes les mers du globe et qui a pouvoir de nommer des ambassadeurs, déclarer la guerre ou signer des traités ! Elle est même chargée d'une mission religieuse, puisqu'elle doit encourager l'évangélisation des terres lointaines. Créée en 1664, elle s'implante tout d'abord au Havre, puis à partir de 1666 à Lorient, ville nouvelle créée expressément à son usage.

## L'abbaye de Beauport et les terre-neuvas

À la conquête de la mer, les Bretons se lancent bientôt dans une nouvelle aventure, celle de la pêche à la morue sur les bancs de Terre-Neuve qui débute dès le XVIe siècle. L'abbaye de Beauport, en Trégor, se montre immédiatement intéressée par cette entreprise qu'elle participe à financer. Il faut dire que Beauport, implantée depuis 1202 dans l'anse de Paimpol, occupe une place importante dans la vie économique et politique de la région. Sa juridiction s'étend sur une quinzaine de paroisses de Bréhat à Saint-Brieuc. De plus, l'abbaye possède des droits sur la mer en tant que seigneurie maritime ; on comprend dès lors son intérêt pour la pêche ! Elle exploite d'ailleurs le sel de la baie ainsi que diverses pêcheries, et possède un moulin à marée.

L'abbaye, qui appartient aujourd'hui au Conservatoire du littoral, présente un magnifique exemple d'architecture gothique normande, qui s'explique par sa filiation avec l'abbaye de La Lucerne en Normandie.

## Le château du Taureau, entre ciel et mer

Morlaix, cité prospère nichée au creux d'une vallée, subit en 1522 un terrible pillage de la part des Anglais. Dès lors, les Morlaisiens s'emploient à obtenir du roi l'autorisation de construire un fort dans la baie de Morlaix pour assurer la défense de la ville. Mais l'état des finances royales ne permet pas d'avancer les sommes nécessaires : les Morlaisiens financent donc la construction du fort dans l'attente des subsides royaux, et gagnent le droit de nommer son gouverneur.

Le fort est bâti sur un îlot au milieu de la baie, et se compose d'une haute muraille, de canonnières situées au ras de l'eau et d'une tour d'artillerie, la tour Française, intégrée à la muraille.

En 1660, le fort est repris par Louis XIV qui en confie la restauration à Vauban. Celui-ci en fait un véritable château de 1 450 $m^2$ avec des logements, un carré des officiers, une chapelle, des cuisines, des latrines, des cachots... Les travaux ne seront achevés qu'en 1745.

Le saviez-vous ?

Au XIXe siècle, en plus de sa fonction défensive, le fort sert de prison et accueille notamment Auguste Blanqui à la veille de la Commune de Paris. Il perd toute vocation militaire en 1878. Abandonné en 1980, il est sauvé par une association de communes.

# De l'esprit des Lumières à la révolution industrielle

Au siècle des Lumières, un vent d'émancipation souffle sur les parlements, comme l'illustre la complexe « affaire de Bretagne », qui voit s'affronter le duc d'Aiguillon, commandant en chef de la région de Bretagne, et La Chalotais, procureur général du parlement de Rennes. À travers eux se perçoit la résistance des structures d'Ancien Régime, attachées à leur privilège, face aux tentatives de réforme menées par le pouvoir royal. Ces luttes trouveront une issue radicale dans l'épisode révolutionnaire, qui en Bretagne est fortement marqué par la chouannerie.

## Le double château de Quintin

Rohan, Coligny, Choiseul, Polignac, les plus grands noms de l'histoire de France se rattachent au château de Quintin, siège de l'une des 9 baronnies de Bretagne. Ravagé par les guerres de succession de Bretagne et par les guerres de la Ligue, il n'en reste presque plus rien au début du XVIIe siècle. Ses propriétaires entreprennent alors la construction d'un vaste bâtiment classique, qui ne sera jamais achevé. Il en reste aujourd'hui un double pavillon flanqué par les soubassements de deux ailes perpendiculaires. Au XVIIIe siècle, leurs héritiers, plutôt que de reprendre les travaux, choisissent d'aménager les vastes écuries construites de l'autre côté de la cour. Ainsi, un deuxième château fait face au premier, affichant un style sobre et épuré. Transmis de génération en génération, le château a conservé un magnifique mobilier et de très belles collections.

## La manufacture de tabac de Morlaix, 250 ans d'histoire industrielle

En péril

Pour Colbert, l'économie est aussi l'affaire de l'État, fut-ce au détriment des privilèges locaux. Ainsi de la fabrication et de la vente du tabac, confiées à la Compagnie des Indes. La manufacture de Morlaix est l'une des premières créées dans le royaume, dès 1674. Les bâtiments actuels datent de 1736. Leur architecture d'inspiration classique traduit les visées rationalistes du XVIIIe siècle. Plusieurs agrandissements viendront modifier leur apparence, notamment dans les années 1870 avec l'apparition des machines à vapeur. La manufacture de Morlaix atteint son apogée à la fin du XIXe siècle, période à laquelle elle emploie 1 800 personnes ! Elle conserve de cette époque un exceptionnel parc de machines, dont d'imposants moulins à râper le tabac. En 2004, la manufacture ferme ses portes après 260 ans d'activité. Dès lors, d'importants travaux de restauration sont entrepris par la chambre de commerce et d'industrie de Morlaix, qui a fait l'acquisition des lieux. Elle a notamment bénéficié du soutien de la mission Bern.

### La chouannerie en Bretagne

En 1793, la décision de la Convention de lever 300 000 hommes pour défendre les frontières du pays provoque en Bretagne une vaste insurrection. En effet, le traité de 1532 rattachant la province au royaume prévoyait que les autorités françaises ne pourraient imposer de conscription en Bretagne. À cela s'ajoute l'attachement des Bretons à la monarchie et à l'Église, et le rejet de la constitution civile du clergé et des impôts révolutionnaires. Jean Chouan, ainsi surnommé car il imite le cri de la

»

**La chouannerie en Bretagne** *(suite)*

chouette pour donner l'alerte, prend la tête de l'insurrection populaire, qui en Bretagne est avant tout rurale et centrée sur la partie orientale de la province. La chouannerie regroupe une multitude d'organisations disséminées sur ce territoire, qui se livrent à une guerre d'embuscade contre les gardes nationaux. En 1793, les Chouans de Bretagne rejoignent l'insurrection vendéenne, puis se dispersent de nouveau. La chouannerie connaît divers soubresauts avant de s'éteindre en 1797. Elle connaîtra une brève résurrection lors des Cent Jours.

## Le bâtiment au lion de l'arsenal de Brest, un bâtiment à tout faire

Ce curieux bâtiment, qui doit son nom à 10 gargouilles à têtes de lions dorées, cumule divers usages ; en sous-sol, il permet le passage des eaux de ruissellement. L'intérieur du bâtiment, placé face à des bassins de radoub, sert d'entrepôt, tandis que son toit soutient une chaussée routière. Cette fonction lui vaut d'ailleurs sa première appellation de levée de Pontaniou. Le rez-de-chaussée du bâtiment sert de porte d'accès à l'arsenal, et ses sous-sols sont percés en 1932 d'un tunnel de circulation. Cet étonnant édifice, bâti au début du XIX$^{e}$ siècle, est l'un des plus remarquables du vaste arsenal de Brest, dont les origines remontent à 1631. À la fois lieux de construction des navires et port de guerre, il illustre la puissance maritime de la France et l'emprise de l'État sur la pointe bretonne, face à l'Atlantique.

## Le phare d'Ar-Men, sentinelle de l'Ouest

La construction du phare d'Ar-Men donna lieu à une incroyable épopée. Nous sommes en 1859, en cette époque où la révolution industrielle et les progrès de la science tentent de repousser toujours plus loin les limites du possible. Avec l'avènement de la vapeur, la navigation se doit d'être toujours plus sûre et plus rapide. Hélas, en cette nuit du 23 septembre, le vaisseau à aubes *Sané* fait naufrage sur la chaussée de Sein, redoutable haut fond s'étendant à l'ouest de l'île bretonne. Ce drame pousse les autorités à envisager la construction d'un phare de haute mer sur un groupe de rochers affleurant à peine à marée basse. Les travaux commencent en 1867, sur une base rocheuse de 100 m$^2$. C'est une équipe d'habitants de Sein, spécialement recrutée pour cette tâche, qui s'échine, au gré du temps et des marées, à fixer dans la roche les barres de fer devant porter la structure du phare. En un an, ils effectuent 100 heures de service dont 8 de travail effectif pour percer 15 trous ! À force d'acharnement, les premières pierres peuvent être posées en 1869, avec un ciment à l'eau de mer. En dépit de conditions de travail dantesques, et grâce au courage et au professionnalisme des marins sénans, le phare est finalement mis en service en 1881. Mais cet édifice, haut de 33,5 m et à peine fixé sur le roc, semble trop léger. En 1897, une seconde campagne de travaux est décidée pour le lester d'une chape de ciment de 50 cm d'épaisseur. Elle s'achève en 1902.

À retenir

Le phare est servi par deux ou trois gardiens, treuillés sur l'île au moyen d'un câble, car il est presque impossible d'accoster sur Ar-Men. Jusqu'en 1940, la relève se fait tous les 30 jours... si la mer le permet ! Certains gardiens ont passé 100 jours à Ar-Men sans pouvoir être relayés ! Ce délai est raccourci jusqu'à une semaine, puis en 1990 les derniers gardiens quittent le phare, désormais automatisé.

## Les forges de Paimpont, cœur industriel de la Bretagne

En péril

Au XVIIe siècle, le site de Paimpont, au cœur de la forêt de Brocéliande, présente tous les atouts pour l'installation de forges ; un gisement de minerai de qualité, le bois de la forêt pour fabriquer le charbon et un réseau hydraulique créé au Moyen Âge. Elles sont en activité dès 1656. Le site comprend alors un haut fourneau et une affinerie de minerai qui fait figure de modèle.

Au XVIIIe siècle sont bâtis un laminoir à tôle, des habitations ouvrières et le logis du maître de forges. Les forges emploient alors près de 230 personnes, et compteront, au siècle suivant, jusqu'à 400 ouvriers. Elles fournissent notamment l'arsenal de Brest, l'arsenal d'artillerie de Rennes et fabriquent des rails pour le réseau ferré breton. Un deuxième haut fourneau est bâti pour augmenter la production mais, face à l'usage du coke, le charbon de bois n'est désormais plus compétitif. Les hauts fourneaux sont définitivement arrêtés en 1884. Une activité de fonderie subsiste jusqu'en 1954, puis les forges tombent dans l'oubli. Elles sont restaurées à partir de 2001, et ce chantier de longue haleine se poursuit encore aujourd'hui avec le soutien de la mission Bern.

## Sainte-Anne d'Auray, le grand pardon !

Le progrès industriel donne également un nouveau souffle à la pratique du pèlerinage, grandement facilitée par l'arrivée du train ! À Auray, les pèlerins se pressent depuis le XVIIe siècle pour vénérer sainte Anne, qui serait apparue à un paysan de la région. En 1865, l'évêque de Vannes décide de faire agrandir le sanctuaire, devenu trop petit face à l'afflux de pèlerins. La première pierre de l'édifice néogothique est posée en 1872 et, deux ans plus tard, l'église reçoit le rang de *basilique* mineure. Le plan en croix latine, la façade à trois registres horizontaux, la grande rose centrale, les *arcs-boutants*, tous les codes de l'architecture médiévale sont repris à Sainte-Anne.

Et aujourd'hui

Le succès du pèlerinage ne se démentira pas, et Sainte-Anne attire aujourd'hui 800 000 visiteurs par an ! Chaque année, le 26 juillet, le grand pardon rassemble des milliers de Bretons venus célébrer leur sainte patronne.

# La Bretagne contemporaine

L'élan économique du XIXe siècle, porté par l'industrialisation de la région, est mis à mal par les guerres mondiales auxquelles les Bretons participent massivement. Dès lors, la Bretagne devient terre d'émigration vers le reste de la France, mais aussi vers le monde entier. Aujourd'hui, un million de Bretons résideraient à l'étranger !

## Trévarez à la pointe du progrès

**Figure 14-4**
Trévarez

En péril

À la fin du XIXe siècle, James de Kerjégu, président du conseil général du Finistère, fait bâtir au cœur de la Bretagne une extravagante demeure au style éclectique mêlant néogothique, style victorien et décor breton, qu'il fait doter des équipements les plus modernes. Il possède une charpente métallique et dispose de l'eau courante, de l'électricité, du chauffage central et d'un ascenseur ! Fait inédit, les domestiques jouissent comme leurs maîtres de ces commodités. Les cuisines sont équipées d'une glacière électrique, et les fruits et légumes frais proviennent des serres du domaine, qui sont également chauffées. À la Belle Époque, Trévarez emploie jusqu'à 80 domestiques !

Bombardé en 1944, le château est abandonné pendant plus de 20 ans, puis racheté et restauré par le conseil général du Finistère. Ces travaux sont soutenus par la Fondation du patrimoine.

## La conserverie Le Gall, souvenir des sardinières

En péril

Bâtie en 1901, la conserverie Le Gall de Loctudy rappelle à la fois le passé industriel de la Bretagne et l'importance de la pêche pour la région. Même si elle a cessé toute activité en 1954, elle revêt une importance patrimoniale majeure car elle a été maintenue depuis dans son état d'origine, avec ses meubles, ses machines, ses collections… Elle comprend des ateliers de fabrication, les laboratoires de sauces, la maison du directeur et un magasin à marée où était réceptionné le poisson frais. Après la Grande Guerre, l'usine est dotée d'une chaudière à vapeur et d'une sertisseuse mécanique pour les boîtes de sardines. Les ouvrières sont les fameuses sardinières bigoudènes, qui sont bien souvent des femmes de pêcheurs.

Classée en 2016 avec une grande partie de son mobilier, la conserverie est aujourd'hui en cours de restauration, avec le soutien du loto du patrimoine.

### La Bretagne en guerre

La Bretagne est la région ayant envoyé le plus important contingent sur le front pendant la Grande Guerre et, de fait, elle a subi plus de pertes humaines que le Grand Est ou les Hauts-de-France ! Cette épreuve, conjuguée à la crise industrielle du textile, conduit à un important exode rural incarné entre les deux guerres par le personnage de Bécassine, petite bonne bretonne débarquant dans le Paris des années folles. Cette époque est également marquée par l'émergence d'un courant régionaliste actif, illustré par la création en 1923 du fameux *Gwenn ha Du*, le drapeau breton.

**La Bretagne en guerre** *(suite)*

Au cours de la Seconde Guerre mondiale, avec la bataille de l'Atlantique, la Bretagne redevient une « zone frontière » dont les côtes sont fortifiées à tout-va par l'organisation Todt, qui bâtit en 5 mois près de 4 600 ouvrages défensifs sur les côtes françaises !

## La pointe Saint-Mathieu, un résumé de l'histoire bretonne

**Ensemble remarquable**

L'incroyable richesse du patrimoine breton, évoquée ici rapidement, semble tout entière résumée à la pointe Saint-Mathieu, à l'extrémité ouest de la péninsule armoricaine. Face au large, deux *menhirs* christianisés montent la garde. Ils côtoient les ruines d'une ancienne abbaye, édifiée au VIe siècle pour abriter les reliques de l'apôtre Matthieu. De l'*abbatiale*, seules subsistent aujourd'hui une façade romane, les arcades de la nef et les voûtes du *chœur*.

À quelques pas de là se dresse le phare de Saint-Mathieu, qui trouve ses origines dans la construction en 1720 d'un fanal placé en haut du clocher de l'*abbatiale*. Le phare, haut de 37 m, est construit en 1835 et porte à 24 km. À ses côtés se dresse un sémaphore, édifié en 1906 à la place d'un ancien bâtiment datant de 1806, qui veille du haut de la pointe sur l'entrée du goulet de Brest. Enfin, le site abrite un cénotaphe, ou Mémorial national des marins morts pour la France, érigé en 1923 et marqué par une haute stèle dont le sommet représente une femme de marin en coiffe de deuil. Cet émouvant monument démontre à quel point la Bretagne, terre porteuse d'une très forte identité régionale, est une terre d'ouverture nourrissant un certain patriotisme français, loin de toute tentation de repli identitaire.

### Mon coup de cœur, l'hôtel Magon ou la demeure du corsaire

Au cœur de la ville de Saint-Malo, cette demeure bâtie au début du XVIIIe siècle par un corsaire devenu directeur de la Compagnie des Indes offre aujourd'hui un passionnant parcours de découverte, plongeant le visiteur dans un univers à la fois surprenant et exotique.

**DANS CE CHAPITRE**

Une région façonnée par la mer et par des vagues de débarquements et d'embarquements

•

L'appel du large pousse les Normands sur des mers toujours plus lointaines

•

Une région au patrimoine très marqué par les guerres

## Chapitre 15

# La Normandie, façonnée par la mer

La Normandie présente une unité territoriale remarquable depuis 933. C'est une région façonnée par la mer et les méandres de la Seine et par des vagues contraires d'embarquements et de débarquements, depuis les Celtes et les Vikings jusqu'aux Alliés de 1944.

Le double héritage culturel viking et normand, puis français, a produit un style architectural singulier, le style anglo-normand, propre à la région.

L'appel de la mer s'est aussi fait pressant pour les Normands, qui sont à la pointe de la découverte des Amériques depuis la Louisiane, l'Ohio, le Mississippi et jusqu'au golfe du Mexique.

Mais cette position d'avant-garde a aussi coûté à la Normandie de massives pertes culturelles, la région essuyant pillages, incendies et bombardements. De ce drame patrimonial, porté à son paroxysme au cours de la Seconde Guerre mondiale, elle a souhaité faire un atout, comme l'illustre la reconstruction du centre du Havre, inscrit au patrimoine mondial de l'UNESCO.

## EN QUELQUES DATES :

| | |
|---|---|
| 12 000 av. J.-C. | Peintures *rupestres* de la grotte de Gouy |
| 280 | Intégration de la région à la Lyonnaise seconde |
| 486 | Domination franque sur la région, morcelée en 12 comtés |
| 911 | Traité de Saint-Clair-sur-Epte, la Normandie devient terre viking |
| 933 | La région est établie dans ses frontières actuelles (moins le Passais autour de Domfront qui sera annexé en 1052 par Guillaume le Conquérant) |
| 963 | La frontière avec la Bretagne est fixée au Couesnon |
| 1066 | Le duc Guillaume le Conquérant conquiert l'Angleterre par la bataille d'Hastings |
| 1135 | Mathilde, unique héritière du duché, épouse Geoffroy Plantagenêt, comte d'Anjou |
| 1150 | Henri II Plantagenêt devient duc de Normandie |
| 1204 | Conquête de la Normandie par Philippe Auguste |
| 9 novembre 1469 | Louis XI brise l'anneau ducal, marquant la fin du duché |
| 1639 | Révolte des Nu-pieds |
| 1944 | Les bombardements alliés causent d'énormes dégâts sur le littoral normand |
| 6 juin 1944 | Débarquement allié sur les plages normandes |

# À l'aube de l'histoire

La Normandie conserve peu de traces de présence humaine à l'époque paléolithique, car elle se situe alors à la limite de la zone de glaciation. Lorsque le climat se réchauffe, il y a environ 10 000 ans, elle se couvre de vastes marécages peu propices à l'installation des hommes de la Préhistoire. Le Néolithique a laissé davantage de vestiges dans la région, et l'on y relève notamment la trace de la culture dite Seine-Oise-Marne (ou SOM), fait qui souligne l'importance prise déjà par la Seine dans le développement régional.

## La grotte de Gouy et les chasseurs du fleuve gelé

**En péril**

Seul vestige du Paléolithique en Normandie, la grotte de Gouy présente des gravures datées de 12 000 ans avant notre ère ; le climat était alors si rude que certains préhistoriens avancent que les chasseurs-cueilleurs de Gouy chassaient sur la Seine gelée ! Découverte une première fois en 1881 puis oubliée, la grotte est retrouvée en 1956 par deux enfants de Gouy, commune située en bord de Seine au sud de Rouen. Les parois en sont presque entièrement recouvertes de peintures ocre rouge à orangé et de gravures représentant aussi bien des motifs mystérieux, presque abstraits, que divers animaux, chevaux, oiseaux, bovidés. C'est la grotte ornée la plus septentrionale de France, et l'une des plus au nord de l'Europe. Elle a malheureusement été très abîmée par des travaux routiers ainsi que par des racines, et seul subsiste aujourd'hui un étroit couloir de 12 m de long sur 2 m de large.

## Le tumulus de la Hogue, sauvé de justesse !

Du néolithique normand nous est parvenu le magnifique *tumulus* de la Hogue, sauvé de justesse de la destruction au XIXe siècle. En effet, identifié comme site funéraire et fouillé dès 1829 par la Société des antiquaires de Normandie, il est ensuite menacé de démantèlement car ses matériaux sont extraits pour réaliser des travaux de voirie. Le *tumulus* est sauvé *in extremis* par le propriétaire du château tout proche de Fontenay-le-Marmion, qui rachète le terrain en 1840 pour éviter sa destruction totale. Mesurant 40 m sur 30, le *tumulus* comporte 12 couloirs convergeant vers le centre du monticule, chacun menant à une chambre funéraire. Les couloirs sont de pierre sèche et surmontés de vastes dalles, et les plafonds des chambres sont réalisés en encorbellement. Une épaisse couche d'argile recouvrant le sol a permis la conservation des ossements humains placés là 3600 ans av. J.-C., entourés d'un modeste mobilier composé d'une hache et de deux vases de terre noire. À 500 m de là se trouve un second *tumulus*, de taille plus modeste, nommé *tumulus* de la Hoguette.

### Les Celtes en Normandie

Les migrations celtes se font en deux étapes, l'une vers 1000 avant notre ère, la seconde au IIIe siècle av. J.-C. Si la première apporte la métallurgie du fer, la seconde structure les territoires de Gaule de façon déterminante. En Normandie, on relève la présence de nombreuses tribus, ce qui conduit à un certain morcellement du territoire. Les Calètes, par exemple, occupent la rive nord de la Seine, tandis que les Véliocasses s'installent dans le Vexin. Au sud se côtoient Aulerques, Bajocasses, Viducasses, Ésuviens... les Abrincates occupent l'Avranchin et les Unelles le Cotentin. Les Celtes de Normandie commercent avec l'Angleterre, important notamment l'étain – indispensable à la fabrication du bronze. La Manche se révèle en effet, tout comme la Seine, un facteur d'ouverture économique important.

Le territoire normand, hérissé *d'oppidums* celtes, oppose une résistance acharnée à la conquête romaine, jusqu'à la défaite du chef unelle Viridorix en 56 av. J.-C. dans le Cotentin.

## Acteurs et gladiateurs au théâtre romain de Lillebonne

L'époque romaine a laissé fort peu de traces en Normandie. Les invasions venues de l'est puis celles menées par les Vikings auraient conduit à la destruction de la plupart des monuments, soit de manière directe, soit parce qu'ils auraient été démontés pour bâtir des murs de protection, remparts ou murailles. Le théâtre de Lillebonne, ou Juliobona en latin, découvert en 1754, est l'un des seuls vestiges romains de la région encore debout. Ses fondations remonteraient au Ier siècle apr. J.-C. D'une capacité de 5 000 spectateurs, il comportait à la fois une scène de théâtre et une fosse pour les combats de gladiateurs et d'animaux. La cité de Juliobona, capitale des Calètes, revêt alors une certaine importance due à sa position à l'embouchure de la Seine, comme en témoignent les vestiges d'un aqueduc, de thermes, de plusieurs *villas* et d'une enceinte fortifiée. À la fin du IIIe siècle, lors des invasions barbares, le théâtre est transformé en forteresse où la population trouve abri.

# La Normandie chrétienne

L'existence d'un diocèse à Rouen semble attestée dès la fin du IIIe siècle. En effet, en 260, saint Mellon est nommé évêque de la ville, ce qui dénote une communauté chrétienne conséquente. D'autres sièges épiscopaux sont créés à Bayeux,

Évreux, Coutances, Avranches, Sées et Lisieux, puis le christianisme se diffuse peu à peu dans les campagnes. Cette organisation marque durablement la région, puisque Rouen, siège du primat de Normandie, reste jusqu'à aujourd'hui la capitale de la province.

## L'abbaye de Jumièges ou la beauté des ruines

Le nouveau pouvoir franc, établi à la fin du Ve siècle, n'hésite pas à s'appuyer sur le solide réseau mis en place par l'Église et encourage notamment les fondations monastiques. Ainsi, l'abbaye de Jumièges est fondée en 654 grâce à une donation du roi de Neustrie Clovis II et de sa femme Bathilde. Son premier abbé, saint Philibert, s'installe à la tête d'une communauté de 70 moines suivant la règle de saint Benoît. À la fin du siècle, l'abbaye aurait compté plus de 900 moines ! Détruite par les Vikings en 841, elle renaît véritablement au XIe siècle avec la consécration en 1067 d'une nouvelle *abbatiale* dédiée à Notre-Dame. Le duc Guillaume le Conquérant dote Jumièges de nombreux biens anglais. Le XIIIe siècle marque l'apogée de l'abbaye, qui est saccagée lors des guerres de religion puis démolie lors de la Révolution. La sauvegarde de ses vestiges est entreprise dès le XIXe siècle.

**Et aujourd'hui**

Aujourd'hui subsistent les murs de l'église Saint-Pierre, première église de l'abbaye et sa partie la plus ancienne, placés sous les colossales ruines de l'*abbatiale* Notre-Dame, de style romano-gothique. Quelques murs de la salle *capitulaire* et des celliers sont encore debout.

## La ténacité des moines de Saint-Wandrille

Le destin de l'abbaye Saint-Wandrille semble un écho à celui de Jumièges. Fondée également au milieu du VIIe siècle par un haut fonctionnaire mérovingien ayant abandonné titres et richesses pour entrer dans les ordres, l'abbaye est victime des Vikings en 852, ce qui provoque un long exil de la communauté monastique. De retour à Saint-Wandrille vers 960, les moines participent à la fondation du Mont-Saint-Michel. Les siècles passent, surviennent les guerres de religion et un nouveau saccage de l'abbaye. Celle-ci retrouve au XVIIe siècle un certain rayonnement intellectuel, puis la Révolution chasse de nouveau les moines. Vendue, l'abbaye accueille diverses manufactures tandis que l'église sert de carrière de pierres. En 1894, les moines reviennent à Saint-Wandrille, puis sont de nouveau expulsés en 1901. Ils parviennent finalement à racheter leur abbaye en 1931, et édifient une nouvelle *abbatiale* dans les années 1960.

Le saviez-vous ?

Pour ce faire, ils rachètent à Canteloup, dans l'Eure, une grange *dîmière* du XIIIe siècle qu'ils font remonter dans l'abbaye !

De l'*abbatiale* médiévale subsistent de hautes ruines gothiques communiquant avec le cloître du XIVe siècle, seul cloître gothique de Normandie.

## Ivry-la-Bataille, une forteresse à la frontière

À retenir

En 911, le roi de France Charles III choisit une solution radicale pour se débarrasser de la menace viking ; il fait alliance avec l'un de leurs chefs, Rollon, lui concédant un vaste fief s'il s'engage à défendre le royaume contre les autres Vikings. Ces territoires cédés aux Normands, ou « hommes du Nord », par le traité de Saint-Clair-sur-Epte prennent le nom de Normandie. Le château d'Ivry, construit à la fin du Xe siècle, marque la frontière du nouveau duché. D'une grande modernité, c'est l'un des premiers donjons de pierre de Normandie, qui aurait servi de modèle à la tour de Londres. Son enceinte est fortifiée au cours des siècles suivants et dotée de tours et d'un châtelet d'entrée. Disputé au long des siècles entre Français et Anglais, le château d'Ivry est désarmé à la fin de la guerre de Cent Ans, puis sert de carrière et disparaît peu à peu sous la végétation. Il n'était donc plus en activité lors de la bataille d'Ivry, remportée par Henri IV contre la Ligue catholique en 1590, et qui vaut à Ivry son nom actuel. Redécouvertes en 1968, les ruines sont fouillées puis classées en 1992.

# Au temps de Guillaume le Conquérant

Dès 963, la Normandie est établie dans ses limites actuelles et la frontière avec la Bretagne fixée aux rives du Couesnon. Le petit-fils de Rollon, Richard, premier duc de Normandie, est le tuteur du jeune Hugues Capet et contribue à le placer sur le trône de France. Ceci explique les relations complexes qui unissent désormais les ducs aux Capétiens.

Comme leurs souverains, les ducs normands s'appuient sur l'Église pour affermir leur pouvoir ; Richard II, fils du précédent, s'emploie notamment à restaurer l'Église normande, affaiblie par les invasions vikings. Il incarne un pouvoir fort qui favorise le développement économique de la région, mais pousse aussi quelques vassaux mécontents à s'exiler en Sicile, où ils fondent un royaume promis à un bel avenir.

## Guillaume le Conquérant, le roi bâtard ?

Fils du duc Robert le Magnifique et de sa concubine Herlève, Guillaume n'est pas considéré comme bâtard par les Normands, qui pratiquent encore à l'époque la polygamie héritée des Vikings. Le jeune garçon devient donc légitimement duc de Normandie à la mort de son père. Il n'a alors que 8 ans. Une trentaine d'années plus tard, lorsque le roi d'Angleterre Édouard le Confesseur meurt sans héritier, Guillaume, au nom de leurs liens de famille, revendique la couronne anglaise. Il se heurte à Harold, puissant seigneur anglais qui brigue également le trône. Guillaume se lance alors à la conquête de l'Angleterre, et en 1066 débarque sur les côtes du Sussex à la tête de ses troupes. C'est là que se déroule la fameuse bataille d'Hastings, où Harold trouve la mort. Devenu roi d'Angleterre, Guillaume entreprend de réformer l'administration du royaume et en confie les postes clefs, ainsi que de vastes fiefs, à ses fidèles normands.

**Figure 15-1**
Les ducs de Normadie, de Rollon à Guillaume le Conquérant

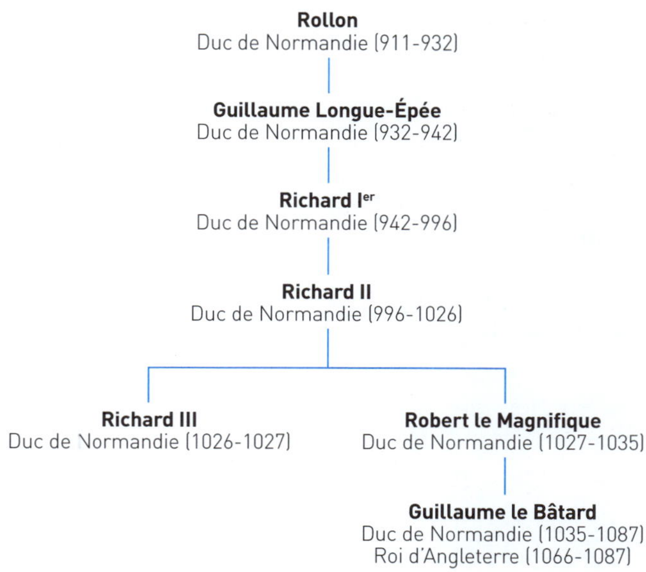


*Les dates mentionnées sont les dates de règne*

# L'abbaye aux Dames, l'abbaye aux Hommes, symboles du pouvoir ducal

**Ensemble remarquable**

Pour Guillaume, le chemin du pouvoir n'a pas été sans embûches ! Une fois proclamé duc, il doit lutter contre les barons rebelles et asseoir son pouvoir sur le duché. Il utilise pour cela des moyens bien éprouvés, et s'attache donc à construire des châteaux forts mais aussi des abbayes, autres relais du pouvoir ducal. À Caen, proche des régions rebelles, il fonde vers 1050 avec sa femme Mathilde deux abbayes jumelles, l'abbaye aux Hommes et l'abbaye aux Dames. Il s'agit pour le nouveau roi de contrebalancer le pouvoir de Rouen, où l'influence des insoumis se fait sentir. L'abbaye aux Dames est achevée vers 1130. La nef de l'*abbatiale*, qui date de cette époque, est la première voûte ogivale de Normandie. La façade illustre le principe de la façade harmonique, inventé par les architectes normands du XIe siècle ; elle se compose d'une partie centrale dans le prolongement de la nef et de deux parties latérales surmontées de tours, et comporte un portail pour chaque partie. Les bâtiments conventuels sont reconstruits au XVIIIe siècle, mais l'édification du cloître est interrompue par la Révolution ; il ne sera jamais terminé.

L'abbaye aux Hommes, fondée à la même époque, est placée sous l'autorité spirituelle de l'abbesse de l'abbaye aux Dames. Elle bénéficie, pour sa construction et son développement, des richesses conquises en Angleterre et des revenus de nombreux villages anglais. Sa construction est achevée en 1083. Si les tours de façade possèdent des influences lombardes, la façade harmonique est une innovation normande, tandis que le plan de l'*abbatiale* s'inscrit dans la continuité carolingienne. L'influence de cette architecture se retrouve dans plusieurs cathédrales anglaises. Au XIVe siècle, l'abbaye se voit dotée d'un palais ducal, destiné à accueillir les invités de marque. La salle des gardes, bâtiment gothique datant de la même époque, servait de salle de réception et de salle de jugement. L'abbaye est remaniée au XVIIIe siècle ; le cloître et la salle *capitulaire* datent notamment de cette époque.

Après la Révolution, les deux abbayes connaissent des destins divers ; l'abbaye aux Dames devient Hôtel-Dieu puis accueille le conseil régional de Normandie, tandis que l'abbaye aux Hommes est occupée par un lycée avant d'être transformée en hôtel de ville. Les deux églises *abbatiales* deviennent églises paroissiales. Elles accueillent toujours les tombeaux de Guillaume et de Mathilde.

## L'abbaye du Bec-Hellouin, un rayonnement international

Si l'abbaye du Bec participe à l'affirmation du pouvoir ducal, son origine se trouve dans la donation d'un simple chevalier, nommé Herluin qui, devenu ermite, se voit rapidement entouré d'une communauté qui compte déjà 136 moines en 1041.

**Figure historique**

En 1045, le nouveau prieur, Lanfranc, fonde au Bec une école qui acquiert très vite une réputation internationale. Il deviendra abbé de Caen puis archevêque de Canterbury ; l'un de ses élèves, le célèbre Anselme de Canterbury, lui succède à ce poste en 1093. L'abbaye, dotée par les rois d'Angleterre et les seigneurs normands, fonde de nombreux prieurés. Malheureusement, à partir du XVI^e^ siècle, le régime de la *commende* et les guerres de religion lui portent de rudes coups, jusqu'à la restauration monastique du XVII^e^ siècle. Les moines sont chassés à la Révolution et l'abbaye transformée par Napoléon en dépendance du haras du Pin, ce qui contribue à la sauver. Une nouvelle communauté monastique, à vocation œcuménique, s'y installe en 1948. Aujourd'hui, il ne reste rien de la grande *abbatiale* du Bec, mais le site comporte encore une tour du XV^e^ siècle, un cloître et une salle *capitulaire* du XVI^e^ siècle et d'imposants bâtiments conventuels datant du siècle suivant.

## La cathédrale de Bayeux, écrin de la célèbre tapisserie

Dédicacée en 1077 en présence du Conquérant et de la reine Mathilde, la cathédrale de Bayeux est érigée sur l'emplacement probable du forum romain, et remplace une cathédrale mérovingienne. L'édifice roman est plusieurs fois incendié et doit être rebâti au XIII^e^ siècle, laissant place à un splendide bâtiment où domine le gothique normand de différentes époques ; gothique premier, rayonnant, puis flamboyant. De son passé roman, il a conservé une crypte et les tours encadrant le porche occidental. Le *chœur*, reconstruit vers 1220, présente quant à lui des éléments typiquement normands, dont des arcs brisés très aigus et une profusion de colonnes. Les tours romanes sont coiffées de flèches gothiques et la façade occidentale est agrémentée de 5 porches gothiques, tandis qu'une tour est élevée à la croisée du *transept* aux XIV^e^ et XV^e^ siècles.

Pillée lors des guerres de religion puis de la Révolution, la cathédrale se détériore, et Viollet-le-Duc préconise même de faire raser la tour centrale, finalement sauvée et restaurée. L'édifice est miraculeusement épargné par les combats de l'été 1944.

### La tapisserie de Bayeux, une BD millénaire

Lors de la construction de la cathédrale romane, l'évêque Odon, demi-frère du Conquérant, commande pour orner la nef une tapisserie retraçant les péripéties de la bataille d'Hastings. Cette immense bande brodée de 68 m de long sur 70 cm de haut évoque une bande dessinée géante, commençant en 1064 lorsqu'Édouard le Confesseur désigne Guillaume comme son successeur, et s'achevant le 14 octobre 1066 à Hastings. Communément attribuée à la reine Mathilde, elle aurait été réalisée par des brodeuses anglaises juste après la bataille.

**La tapisserie de Bayeux, une BD millénaire** *(suite)*

Les combats y sont représentés avec force détails, chevaux à terre, membres coupés, corps de soldats tués débordant dans la bordure inférieure. Lors des guerres de religion puis de la Révolution, la tapisserie échappe de justesse à la destruction puis, en 1804, Napoléon la fait exposer à Paris lorsqu'il projette d'envahir l'Angleterre.

La tapisserie est classée monument historique et « mémoire du monde » par l'UNESCO.

## Les foires de l'abbaye de Saint-Pierre-sur-Dives

C'est encore en présence de Guillaume qu'est consacrée en 1058 l'*abbatiale* de Saint-Pierre, fondée par l'une de ses tantes. Et si le duc agit en protecteur de l'Église normande, il trouve son intérêt à encourager de telles fondations, car les abbayes représentent des pôles spirituels mais aussi économiques pour la région. À Saint-Pierre, qui organise chaque année plusieurs foires importantes, cette réalité est illustrée par les vastes halles construites par les moines au XIIIe siècle, en même temps qu'ils rebâtissent leur *abbatiale* dans le style gothique. Il faut dire que l'abbaye jouit d'une position importante, puisqu'elle est érigée en comté en 1280 !

**En péril**

Comme ses voisines normandes, l'abbaye est saccagée lors des guerres de religion et à la Révolution, mais présente encore à ce jour un remarquable ensemble monastique, même si la tour Saint-Michel, très endommagée, menace de s'effondrer. Sa restauration est soutenue par le Fondation du patrimoine.

# La Normandie au cœur du système Plantagenêt

Troisième fils de Guillaume le Conquérant, Henri Beauclerc n'hérite d'aucune terre à la mort de son père. Il parvient néanmoins à succéder à son frère Guillaume le Roux sur le trône d'Angleterre en 1100, puis à reprendre la Normandie à l'aîné, Robert Courteheuse, 6 ans plus tard. Il rétablit ainsi l'unité anglo-normande créée par le Conquérant. Sa fille Mathilde épouse en secondes noces Geoffroy d'Anjou, dit Plantagenêt, mais ne parvient pas à s'imposer en Angleterre face à son cousin et rival Étienne de Blois. C'est son fils Henri II qui réalisera finalement, et pour la troisième fois, l'unité du royaume anglo-normand, auquel son mariage avec la duchesse Aliénor permet d'ajouter l'Aquitaine, et l'héritage de son père l'Anjou et le Maine.

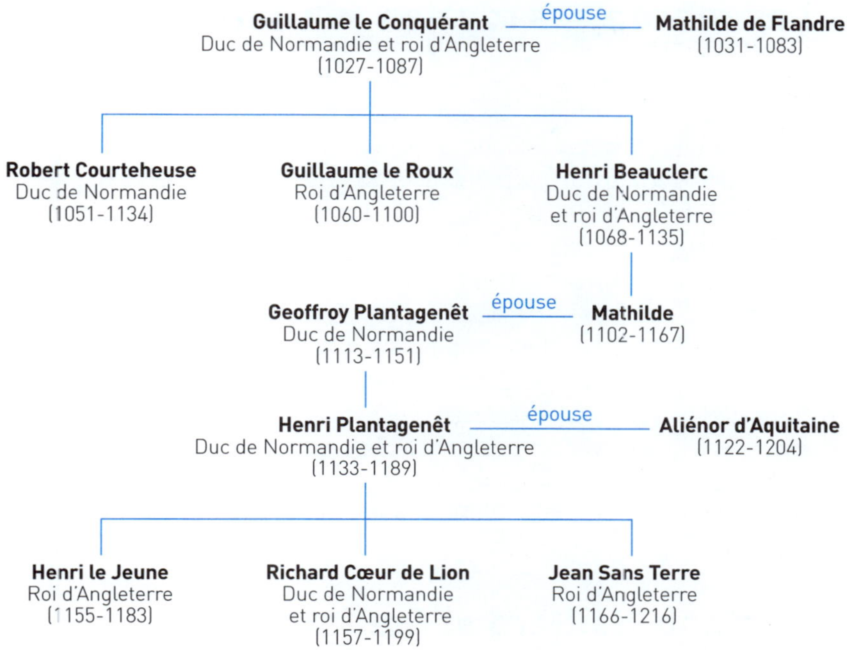


**Figure 15-2**
es descendants de Guillaume le Conquérant

*Les dates mentionnées sont les dates de vie*

## Les trois donjons du château de Falaise

Du donjon de l'an mil qui a vu naître Guillaume le Conquérant, il ne reste rien. Son fils Henri Beauclerc entreprend en effet de restaurer le château familial en s'inspirant des forteresses anglaises ; il fait ériger un massif bâtiment carré aménagé en demeure seigneuriale en plus d'une fonction défensive primordiale. Sous Henri II Plantagenêt, le château est flanqué au sud d'un petit donjon, également carré. Cela n'empêche pas Philippe Auguste de conquérir le duché de Normandie en 1204, et de s'emparer de Falaise qu'il s'emploie à reconstruire. Il ajoute au château un troisième donjon, haute tour ronde de 30 m de haut, qui domine symboliquement les deux autres, et rénove les remparts auxquels il ajoute un châtelet d'entrée. Lors de la guerre de Cent Ans, le château fait face à plusieurs vagues d'invasion anglaises, puis les Anglais réoccupent la Normandie en 1418 et entreprennent à Falaise de nouveaux travaux de fortification… Au cours des guerres de religion, Henri IV prend lui-même Falaise d'assaut, la ville se montrant rebelle à son autorité. En 1840, le château fait partie de la première liste des monuments historiques.

## Les rencontres royales du château de Gisors

Construit sur ordre de Guillaume le Roux en 1097, le donjon de bois de Gisors occupe un emplacement stratégique aux frontières du duché. En 1120, une révolte des seigneurs normands conduit le roi d'Angleterre à bâtir un massif donjon de pierre octogonal protégé par une épaisse enceinte en gros appareil. Puis Gisors redevient français. En 1157, le roi de France Louis VII et Henri II Plantagenêt y scellent leur réconciliation ; Marguerite de France est promise à l'héritier d'Angleterre avec pour dot Gisors, qui rejoint ainsi le giron normand. De nouveau consolidé et rehaussé de deux étages, le donjon accueille une autre rencontre royale en 1188 ; Henri II et Philippe Auguste y signent une trêve, ce qui n'empêche pas ce dernier de s'emparer de nouveau de Gisors en 1193 et d'y bâtir de nouvelles fortifications. Mais la forteresse médiévale perd peu à peu de son intérêt stratégique, et est désarmée dès le XVIe siècle.

Le saviez-vous ?

Ayant servi de geôle aux Templiers au XIVe siècle, le donjon demeure auréolé de légendes.

## Château-Gaillard et Cœur de Lion

Figure historique

En 1189, Richard Cœur de Lion succède à Henri II Plantagenêt à la tête des vastes domaines anglo-normands. Il devient rapidement le rival de Philippe Auguste, qui tente à toute force de conquérir la Normandie. Ayant cédé au roi de France les places fortes de Gaillon, Vernon et Gisors en 1196, Richard entreprend d'ériger une nouvelle forteresse sur la Seine, alors même que le traité le lui interdit. De plus, il choisit le site des Andelys, qui pourtant appartient à l'archevêque de Rouen. Le projet aboutit malgré tout à la construction d'un important système défensif, comprenant, outre la forteresse dominant la Seine, un pont sur le fleuve, des avant-postes fortifiés et un semis de pieux sur la rive pour empêcher tout accostage. Le château, achevé en deux ans, présente un plan complexe et novateur au cœur duquel se trouve le massif donjon dans sa haute cour. La basse-cour qui les englobe est protégée par un fossé et des remparts. Un ouvrage avancé défensif, placé au sud-est et relié à la basse-cour par un pont mobile, sert d'entrée au château. Bien qu'il semble inexpugnable, Château-Gaillard est finalement enlevé en 1204 par les Français, qui se sont introduits dans la basse-cour en passant par la chapelle !

Le saviez-vous ?

En 1314, lors de l'affaire de la tour de Nesle, les femmes adultères des héritiers du trône de France, Marguerite et Blanche de Bourgogne, sont enfermées à Château-Gaillard. Un siècle plus tard, lors de la guerre de Cent Ans, Château-Gaillard est la dernière place forte de Normandie à résister au roi d'Angleterre ; mais la dernière corde du puits se casse, et les assiégés, assoiffés, doivent se rendre après 16 mois de résistance ! En 1591, il faudra presque deux ans de sièges à Henri IV pour prendre la forteresse investie par les rebelles de la Ligue catholique. Elle est alors démantelée.

## Honfleur, ville historique !

**Ensemble remarquable**

En s'emparant de la Normandie, les rois de France voient tomber dans leur escarcelle la ville et le port de Honfleur, qui jouent à l'embouchure de la Seine un rôle de premier plan dans le commerce avec l'Angleterre. Au début de la guerre de Cent Ans, Charles V fait fortifier Honfleur et Harfleur, qui lui fait face sur l'estuaire, pour interdire la Seine aux Anglais. Honfleur est malgré tout occupée par deux fois. Redevenu français en 1450, le port normand se développe grâce au commerce et à la construction navale, et c'est un Honfleurais, Jehan Denis, qui prend possession de Terre-Neuve au nom du roi en 1506. De ce riche passé, la petite ville a conservé pas loin de 57 bâtiments classés monuments historiques ! Parmi ceux-ci, le vieux bassin créé par Colbert, le quai Sainte-Catherine et ses maisons des XVIIe et XVIIIe siècles, la Lieutenance, la chapelle Notre-Dame de Grâce ou encore l'église Sainte-Catherine, dont la double nef entièrement en bois évoque des carènes de bateau.

## Le Mont-Saint-Michel, une incroyable prouesse !

Lors de la conquête française de la Normandie en 1204, le petit village du Mont est pris d'assaut et pillé, mais l'abbaye, qui résiste, est livrée aux flammes, et doit être rebâtie. Fondée en 966 par des moines venus de diverses abbayes normandes sur un sanctuaire plus ancien dédié à l'archange Saint-Michel, l'abbaye bénédictine du Mont-Saint-Michel conserve encore la trace de cette époque préromane dans la chapelle Notre-Dame-sous-Terre, enfouie sous les constructions suivantes. Aujourd'hui, outre l'abbaye romane et son *chœur* gothique flamboyant, le Mont est surtout remarquable pour l'ensemble de bâtiments conventuels nommé la Merveille, élevé sur trois niveaux au sommet desquels se trouve le cloître. Cet exceptionnel ensemble gothique, construit à partir de 1204, est soutenu par 15 contreforts à la hauteur vertigineuse. Mais le Mont-Saint-Michel est aussi une forteresse, dont les remparts, remarquablement conservés, ont tenu les Anglais à distance pendant toute la guerre de Cent Ans.

**À retenir**

Ces divers éléments doivent au Mont d'être inscrit au patrimoine mondial de l'UNESCO à divers titres. C'est un lieu où la combinaison de l'architecture et du site naturel constituent « une réussite esthétique unique ». De plus, l'harmonieux agencement, dans un espace restreint, du village et de l'abbaye, est lui aussi exceptionnel. Par ailleurs, ce haut lieu de la civilisation chrétienne médiévale a été conservé dans une intégrité remarquable, notamment grâce aux restaurations du XIXe siècle. Enfin, le Mont prend place dans un site naturel, la baie, avec lequel il compose un paysage singulièrement harmonieux.

## La cathédrale de Rouen, le cœur du Lion et la bonne Lorraine

En Normandie, le temps des ducs est désormais terminé, mais la cathédrale de Rouen perpétue leur souvenir ; ne renferme-t-elle pas les restes de Rollon et le cœur de Richard Cœur de Lion ? Rouen revêt une importance majeure dans l'histoire normande, car elle accueille dès le IIIe siècle le premier évêché de la région, et s'affirme en 911 comme capitale ducale. La cathédrale actuelle est bâtie au XIIe siècle sur les fondations d'une *basilique* du IVe siècle !

Ce monument gothique a conservé son palais épiscopal, datant de la même époque, toujours habité par l'archevêque de Rouen. À la croisée du *transept* s'élève une tour lanterne typique du gothique normand, dont la flèche reconstruite au XIXe siècle s'élève à plus de 150 m ! Son portail occidental, caractéristique du gothique flamboyant, possède une certaine irrégularité qui trahit les aléas d'un très long chantier. Les deux tours qui l'encadrent sont construites en saillie de la nef. En 1431, elle est témoin d'un triste événement, la mort de Jeanne d'Arc, condamnée au bûcher par les Anglais et brûlée à quelques pas de là, place du Vieux Marché.

**Et aujourd'hui**

Incendie, guerres, ouragan, la cathédrale résiste au temps, et conserve encore aujourd'hui sa silhouette élancée immortalisée par le peintre Claude Monet.

# La Normandie française

En 1204, les Capétiens prennent aux Plantagenêts une province économiquement favorisée par ses ouvertures vers l'Aquitaine et l'Angleterre, et bénéficiant d'infrastructures militaires et urbaines solides. Mais les rois d'Angleterre ne renoncent pas si facilement. La Normandie est très disputée lors de la guerre de Cent Ans. Reconquise par du Guesclin entre 1364 et 1374, elle tombe de nouveau sous la coupe des Anglais en 1420. Cette occupation aboutit, en 1431, à la condamnation et à la mort de Jeanne d'Arc, qui s'oppose à leur politique de conquête du trône de France.

La guerre de Cent Ans a mis à mal cette riche région, que les rois de France reconquièrent une dernière fois en 1450.

### Formigny, la revanche d'Azincourt !

Après la défaite cinglante d'Azincourt en 1415 et celle, moins connue mais néanmoins terrible de Verneuil-sur-Avre en 1424, qui a beaucoup marqué le futur roi Charles VII, Formigny représente un succès français longtemps désiré : et quelle victoire ! Si en ce 15 avril 1450 les forces en présence ne dépassent sans doute pas 10 000 hommes, la victoire des Français et de leurs alliés bretons a une portée considérable ; les Anglais refluent, Vire et Avranches tombent à leur tour et, après la chute de Cherbourg le 12 août, la Normandie redevient française et la guerre de Cent Ans prend fin dans la province.

Cette victoire stratégique est due, pour la première fois sans doute dans l'histoire des armées de France, à un usage judicieux de l'artillerie précédant la charge de cavalerie.

## Le parlement de Rouen, une institution très française

Le 9 novembre 1469, le roi de France Louis XI brise l'anneau ducal, mettant fin au duché de Normandie ! Les anciennes structures administratives anglaises, qui composaient l'Échiquier de Normandie et étaient itinérantes, sont francisées et adoptent en 1515 l'appellation de parlement. Sédentarisé à Rouen, celui-ci siège au sein du palais royal, bâti à partir de 1499 dans le style gothique flamboyant qui fait de sa façade une véritable dentelle de pierre. Une aile est ajoutée au nord au XVIe siècle, puis une troisième, à l'est, au XIXe siècle. Le parlement étant supprimé à la Révolution comme tous les parlements provinciaux, les bâtiments accueillent désormais le palais de justice de Rouen.

## Le château de Dieppe, un trésor d'ivoire

Bâti en 1360 sur une forteresse plus ancienne, le château de Dieppe vise à protéger la ville des Anglais et des Flamands. En 1435, après la fin de l'occupation anglaise, la place forte est agrandie. Au XVIe siècle, les progrès de l'artillerie motivent une nouvelle campagne de travaux, tandis que Dieppe devient l'une des premières villes maritimes du royaume, qui abrite l'école de cartographie royale et voit les vaisseaux de Jehan Ango partir à la conquête du globe. Le château, cependant, se transforme peu à peu en lieu d'habitation, puis en caserne et même en prison. Pourtant, lors des deux guerres mondiales, il retrouve sa vocation défensive et se voit notamment intégré au fameux mur de l'Atlantique.

Et aujourd'hui

Aujourd'hui, il abrite un très riche musée de la sculpture de l'ivoire, souvenir de l'époque où les défenses d'éléphant, arrivant directement d'Afrique dans le port de Dieppe, étaient travaillées avec talent par les artisans dieppois.

**Figure 15-3** Le château de Dieppe

## Saint-Jacques de Dieppe et les « sauvages »

En péril

Au cœur de Dieppe, l'église Saint-Jacques incarne l'esprit de cette ville de marins. Commencée au XIIe siècle, mêlant gothique flamboyant et style Renaissance, elle est dédiée à Saint-Jacques et représente une étape sur le chemin de Compostelle. Élément singulier de son architecture, le mur du trésor, percé d'une fenêtre, permettait au prédicateur de surveiller le déroulement de la messe afin d'arriver au bon moment pour faire son sermon. Ce mur est décoré de la frise « des sauvages », représentant les diverses nations visitées par les marins dieppois. C'est une commande de l'armateur Jehan Ango, mécène de l'église, qui s'y est fait bâtir une chapelle. Par ailleurs, les marins de Dieppe ont laissé de nombreux graffitis sur les murs de l'édifice.

Malheureusement, ce trésor gothique est très abîmé, et le campanile a dû être démonté en urgence en 2015 car il menaçait de s'écrouler. Les travaux nécessaires ont été entrepris avec le soutien de la Fondation du patrimoine.

## Notre-Dame du Havre, une survivante

La fondation du port du Havre en 1517 sous François Ier marque le destin maritime de la Normandie. Une première chapelle de bois y est érigée en 1520, mais elle est détruite par la « male-marée » de 1525 puis par les huguenots en 1575. On décide alors d'édifier un bâtiment de pierre, qui mêle quelques traces gothiques, une allure classique et des éléments baroques, et dont la construction durera 60 ans. En 1638, Richelieu offre le grand orgue. Dès lors, l'histoire de l'église fait écho à celle de la province ; elle subit les bombes anglaises en 1759, devient temple de la Raison en 1793, est ravagée en 1944 par les bombardements.

**À retenir**

Mais sa façade baroque, son imposante tour et le *chœur* restent debout ; elle est donc l'un des rares monuments havrais à être restaurés dans leur état d'origine, et devient même cathédrale en 1974.

# Les épreuves du Grand Siècle

La période classique est marquée pour la Normandie par de nombreuses épreuves. Les guerres de religion s'y révèlent particulièrement violentes, le patrimoine religieux est souvent pris pour cible, détruit et pillé par les huguenots. De plus, la guerre de la Ligue bretonne, à la fin du XVIe siècle, se fait sentir dans la province. Après la fin des luttes, la bourgeoisie protestante prend néanmoins une certaine importance. Mais la paix ne dure pas, et la Normandie subit les exactions de la soldatesque qui pille la région lors de la guerre de Trente Ans dans la première moitié du XVIIe siècle. Pour rebâtir les villes ravagées, les impôts augmentent, la population s'appauvrit, la misère frappe les Normands qui se rebellent ; mais la révolte des Nu-pieds de 1639 est brisée par Richelieu. Ultime drame, la révocation de l'édit de Nantes en 1685 provoque une émigration massive de la bourgeoisie protestante, artisans, négociants, industriels, donnant un coup d'arrêt à l'économie de la province.

## Le château de la Mésangère, havre des écrivains

**En péril**

Ce château du XIIIe siècle est assiégé en 1592 par les partisans de la Ligue catholique. Très endommagé, il est reconstruit dans le style classique français, mêlant pierres de parement et briques de remplissage. Un siècle plus tard, il est doté d'un pigeonnier et d'un jardin à la française dont les dessins sont attribués à Le Nôtre. Il est agrandi en 1740, et son parc est alors peuplé de statues inspirées de la mythologie. Au fil des siècles, il accueille d'illustres écrivains : La Fontaine,

Fontenelle, La Varende... Passé de main en main depuis la Révolution, cet édifice, qui nécessite d'importants travaux de restauration, est aujourd'hui soutenu par le loto du patrimoine.

## Champs-de-Bataille, le château du frondeur

Si l'on ne sait à quelle bataille ce curieux nom fait allusion, cet édifice, qui n'a rien de guerrier, doit son existence à la Fronde. À l'issue de la révolte des grands du royaume contre le pouvoir royal, Monsieur de Créquy est exilé en Normandie. Il décide alors de bâtir un lieu qui lui rappellerait les fastes de la cour sur ses terres de Champs-de-Bataille ; mais il meurt criblé de dettes. En 1754, la propriété revient à Anne-François d'Harcourt, duc de Beuvron, qui entreprend de restaurer l'édifice, très endommagé, et d'agrandir le domaine. De style classique, le château possède deux corps de bâtiment se faisant face de part et d'autre d'une cour, chacun ponctué en son centre d'un pavillon coiffé d'un dôme. « Ici règne l'ampleur. Le décor n'intervient qu'après la déclaration de puissance » écrira La Varende.

Et aujourd'hui

Après la Révolution, le château connaît diverses fortunes. Le propriétaire actuel s'est appliqué à restituer à Champs-de-Bataille l'ambiance et les décors du XVIIIe siècle.

## Le haras du Pin ou les chevaux du Roi Soleil

Sous l'Ancien Régime, point de cour, point de transport, point de guerre sans chevaux. La reproduction et la sélection des chevaux de l'armée et de la maison royale sont donc organisées par l'État, et en 1714 la terre normande est choisie pour l'implantation du haras royal.

À retenir

Dès lors, Louis XIV ordonne la construction d'un véritable « Versailles du cheval », confié aux architectes Robert de Cotte et Jacques Gabriel. Les majestueux bâtiments, témoins du clacissisme français, semblent avoir été achevés à la fin du siècle. Supprimé par la Révolution, le haras ressuscite sous l'Empire puis devient haras national en 1815. Il joue alors un rôle majeur dans le développement et l'amélioration des races de chevaux de course, créant le fameux trotteur français et introduisant le pur-sang anglais. Cette activité de reproduction est confiée au début du XXIe siècle au secteur privé, mais le haras reste un lieu important de la culture du cheval en France.

### La Révolution en Normandie

À la veille de la Révolution, la Normandie a retrouvé une certaine prospérité grâce au développement de l'industrie laitière et de l'industrie textile. De plus, la fin des guerres du Roi Soleil a libéré le commerce maritime, qui connaît une croissance sans précédent. Lorsque surviennent les événements révolutionnaires, le soutien des Normands aux nouvelles institutions témoigne d'une certaine tiédeur, et la province est même gagnée par la chouannerie, plus sans doute par rejet des réformes que par conviction profonde. Sous l'Empire, le blocus continental, qui empêche tout commerce vers les îles Britanniques, ruine les ports normands : les Cherbourgeois feront à l'empereur un accueil glacial !

# La Renaissance normande du XIXe siècle

Avec la fin de la Révolution et de l'Empire, l'apaisement de la situation internationale stimule la reprise du commerce maritime, amplifié par la mise en place de lignes transatlantiques régulières. L'essor industriel de la région est notable, mais bénéficie différemment à chacun.

**En péril**

En effet, si les zones portuaires prospèrent grâce au commerce maritime, certaines industries anciennes périclitent, comme les forges de Varennes, datant du XVIe siècle, qui doivent cesser leur activité en 1866 face à la concurrence du fer anglais.

## Le château d'Eu, souvenirs de la monarchie de Juillet

À l'issue de la Révolution et de l'Empire, bien des familles nobles émigrées reviennent en France et récupèrent leurs biens, châteaux et domaines. La duchesse d'Orléans rentre ainsi en possession du château d'Eu, demeure millénaire qui revient en 1821 à son fils Louis-Philippe.

Les origines d'Eu remontent en effet à une *motte féodale* du Xe siècle, agrandie par les comtes d'Eu puis rasée par Louis XI en 1475. Le bâtiment actuel date de la fin du XVIe siècle. Sa longue façade déploie un décor de quatre pavillons autour d'une galerie à arcades. Les murs de brique et de pierre sont dominés par de hautes toitures d'ardoises. L'aile en retour située au nord est démolie sous l'Empire.

Figure historique

Louis-Philippe, lorsqu'il hérite du château, entreprend de le faire restaurer. Lorsqu'il devient roi des Français en 1830, Eu est érigé en résidence royale. Louis-Philippe y reçoit par deux fois la reine Victoria, dans le cadre de la première Entente cordiale entre la France et la Grande-Bretagne.

La révolution de 1848 chasse les Orléans de France ; ils n'y reviendront qu'en 1871. Dès lors le château d'Eu se transmet jusqu'en 1954, puis est racheté par la ville d'Eu, qui y installe la mairie et un musée Louis-Philippe. Dans la galerie des Guise, une collection de 46 portraits retrace l'histoire de ce lieu exceptionnel.

## Le palais de justice du Havre, temple du droit ?

L'unification du droit par Napoléon au début du XIXe siècle engendre une nouvelle image de la justice, qui se traduit dans l'architecture. Les nouveaux palais de justice, censés incarner l'universalité et l'unité du droit, prennent des allures de temples néoclassiques, comme en écho aux vertus civiques prêtées alors aux Romains et aux Grecs antiques. La justice ne mérite-t-elle pas qu'on lui érige des temples ? C'est en tout cas ce que fait l'architecte Jules Bourdais au Havre, où il conçoit un bâtiment néogrec à la façade rythmée de colonnes ioniques, inspiré du palais de justice de Paris. Inauguré en 1876, l'édifice est flanqué de deux lions de pierre, remplacés après la Seconde Guerre mondiale par les effigies de deux célèbres Havrais ; l'écrivain Bernardin de Saint-Pierre et le poète Casimir Delavigne.

### Les trois tours du monde de Jules Dumont d'Urville

Ce grand marin normand n'est pas né au bord de la mer mais à Condé-sur-Noireau, au cœur de la Suisse normande, et c'est sa passion pour la botanique qui le pousse à s'engager dans la marine pour participer aux voyages d'exploration scientifique.

Son premier coup d'éclat est cependant historique ; en escale en Grèce en 1820, il découvre la fameuse Vénus de Milo et parvient à la faire ramener à Paris ! Cet exploit vaut au jeune officier de 30 ans l'occasion de participer à un premier tour du monde, en 1822. Il repart très rapidement et fait la découverte, en 1828, des restes de l'expédition de La Pérouse, disparue dans le Pacifique en 1788. Il effectue un troisième tour du monde de 1837 à 1840, et tente d'approcher le pôle Sud. En janvier 1840, les terres antarctiques sont en vue : le capitaine normand les nomme terre Adélie, en hommage à sa femme Adèle. Les exploits de Dumont sont unanimement salués, mais cet homme, qui meurt en 1842 dans l'un des tout premiers accidents ferroviaires, n'était pas seulement un marin expérimenté. C'était aussi un esprit scientifique reconnu, aux connaissances impressionnantes, qui rapporta de ses voyages des observations d'un intérêt majeur.

## Les châteaux d'eau marégraphes de Rouen, au service du commerce maritime

Insolite

Ces curieux monuments incarnent l'industrialisation de la Normandie et le développement du commerce maritime. Le plus ancien, inauguré en 1891, est conçu dans un style éclectique mêlant néoclassique et inspiration médiévale, ce qui lui confère une allure de *beffroi*. Comme le second édifice, il sert de château d'eau au système de grues à énergie hydraulique mis en place sur le port de Rouen. En 1893, il est équipé d'une horloge et d'un marégraphe, placé sur la face sud pour être visible depuis la Seine. Cet instrument, semblable à une grosse horloge, indique en haut la pleine mer et en bas la basse mer. Le second château d'eau, construit en 1910, est équipé dès le départ de l'un de ces précieux instruments, qui permettent de prévenir les navigateurs des aléas de la marée.

## Le fort du Roule à Cherbourg, sentinelle de la marine

À Cherbourg, c'est sur la marine militaire que s'appuie le développement de la ville, qui pourrait offrir la possibilité d'abriter une flotte de 80 vaisseaux de guerre à proximité des côtes anglaises.

Ensemble remarquable

Pour ce faire, Louis XVI prévoit la construction de la plus grande rade artificielle du monde grâce à un ensemble de digues de 7 km de long. Mis en œuvre par Napoléon, le projet est achevé en 1895. Ce dispositif exceptionnel est défendu par un ensemble de forts, dont celui du Roule, bâti entre 1853 et 1857 à l'emplacement d'un ancien camp romain. De plan trapézoïdal, il est doté de *bastions* aux angles. Au cours de la Seconde Guerre mondiale, il est intégré au mur de l'Atlantique et équipé par l'organisation Todt de casemates d'artilleries placées à l'extrémité de longs tunnels. Repris par les Alliés le 26 juin 1944, il abrite aujourd'hui le musée de la libération de Cherbourg.

## La villa Strassburger à Deauville, palais néo-normand

Pour les Normands, la mer est décidément source de richesse. Dès les années 1820, elle attire en Normandie les riches parisiens qui, à la suite de la duchesse de Berry, s'essaient aux bains de mer à Dieppe, Étretat, Trouville, Cabourg et Deauville. Bientôt, les premières stations balnéaires voient le jour autour de somptueuses résidences secondaires bâties par ces baigneurs fortunés. À Deauville, la *villa*

Strassburger est édifiée à partir de 1907 pour Henri de Rothschild. De style néo-normand, avec ses toits de tuiles plates, ses pans de bois, ses épis de faîtage en céramique et ses *colombages*, elle se pare de tourelles, *bow-windows*, balcons…

Et aujourd'hui

Elle est rachetée en 1924 par le milliardaire américain Ralph Strassburger, puis offerte par ses héritiers à la ville de Deauville.

# La Normandie contemporaine

Si la région est épargnée par les combats de la Grande Guerre, la proximité du front l'implique profondément dans le conflit ; certains jours, on entend tonner les canons de la Somme ! Sa position confère à la Normandie le rôle de base logistique alliée, impulsant un certain dynamisme aux secteurs textiles, sidérurgiques ou encore maritimes. Elle accueille massivement les populations réfugiées des zones de front, et certains choisissent de s'établir sur les terres normandes.

## Le hangar à dirigeable d'Écausseville, une cathédrale de béton

Insolite

Dans le Cotentin, à Écausseville, est bâti en 1917 un immense hangar destiné à accueillir les dirigeables utilisés dans la lutte contre les sous-marins. Cet impressionnant édifice mesure 150 m de long pour 40 de large et 30 de hauteur ! Sa charpente en forme de cloche est réalisée en béton armé selon le procédé Hennebique. Mais déjà les progrès de l'aviation frappent les dirigeables d'obsolescence, et le hangar ne servira qu'une fois, en 1922. Il est désaffecté dès 1927. En 1936, la marine renonce à l'usage des dirigeables, et les hangars de Brest, Rochefort et Orly sont détruits.

En péril

Celui d'Écausseville reste l'unique témoin de cette aventure, mais son état nécessite des soins urgents ; ses tuiles de béton préfabriquées sont notamment fragilisées. Sa restauration est soutenue par la Fondation du patrimoine.

## La gare transatlantique de Cherbourg, du chemin de fer aux géants des mers

Dès le début du xx$^{e}$ siècle, Cherbourg accueille des milliers de voyageurs fortunés, débarqués des trains les plus luxueux d'Europe pour embarquer à bord des très chics paquebots de la Cunard Line faisant route vers l'Angleterre ou les États-Unis.

Le saviez-vous ?

La ville accueille ainsi le Titanic en avril 1912. Après la Grande Guerre, la gare de Cherbourg s'avère trop petite pour cet usage. Elle est délaissée au profit d'un nouveau bâtiment, édifié à partir de 1938 dans le style Art déco. Deux paquebots peuvent y accoster face aux trains, et les voyageurs n'ont plus qu'à sauter de l'un dans l'autre ! Bâtie en brique et pierre de béton imitant le granit sur une structure en béton, la gare transatlantique arbore une vaste verrière au-dessus de la halle des trains. Elle est dotée d'un campanile de 70 m de haut, malheureusement détruit par les Allemands en 1944. La gare est reconstruite en 1948 selon l'esprit Art déco ayant présidé à sa création. Mais le transport transatlantique périclite, et la gare est partiellement détruite avant d'être sauvée en 1989 par son inscription au titre des monuments historiques.

## Deauville : des bains, des planches, des étoiles

Autre joyau des années 1920, les bains de Deauville et leurs célèbres planches succèdent à plusieurs établissements balnéaires créés depuis le lancement de la station sous le Second Empire.

À retenir

Un concours organisé par la municipalité en 1921 voit émerger le projet de l'architecte Charles Adda, qui propose la création de « bains pompéiens » inspirés de l'Antiquité, arborant colonnades, mosaïques, atriums et fontaines réalisés en béton blanc. Les cabines de balnéothérapie s'organisent autour de 9 cours fermées disposées le long du rivage, auxquelles s'adossent d'autres cabines, ouvertes face à la mer et bordées des célèbres « planches » qui permettent de déambuler le long de la plage sans avoir à fouler le sable. Cette promenade de plus de 600 m de long vaut à Deauville une réputation internationale, grâce au film de Claude Lelouch *Un homme et une femme*. Le Festival du film américain y est créé en 1975, et les lices des cabines de la plage arborent désormais les noms de stars du cinéma.

## Les batteries allemandes de Normandie, un douloureux souvenir

En 1942, l'histoire de la Normandie se joue encore sur les plages, mais on est loin de l'insouciance de Deauville ! Après l'entrée en guerre des États-Unis, les Allemands entreprennent de fortifier 4 000 km de côtes européennes grâce au titanesque projet du mur de l'Atlantique. S'il n'est pas terminé en 1944, il comporte tout de même, pour la seule Basse-Normandie, plus de 1 600 ouvrages achevés et environ 80 sur le point de l'être. Parmi ces dispositifs, certains ont été détruits, d'autres surplombent toujours les plages de Normandie 75 ans après les événements.

Ainsi de la batterie d'Asnelles ou encore de celle de Longues, qui possède encore ses canons de l'époque et domine toutes les plages du débarquement. En tout, 8 batteries du mur de l'Atlantique ont été classées monuments historiques.

### Le débarquement de Normandie, une aventure hors norme

Pour les Alliés anglo-américains, la lutte contre l'Allemagne nazie ne peut s'accomplir sans un débarquement massif de troupes au nord-ouest de l'Europe. Les côtes de Normandie sont finalement choisies pour mener à bien cette opération, car elles sont bordées de plages facilement accessibles et sont moins bien défendues que les ports du nord de la France. Cette manœuvre doit permettre de s'emparer de Cherbourg et de son port en eau profonde.

L'opération *Overlord* est finalement déclenchée dans la nuit du 5 au 6 juin 1944. Au préalable, plus de 23 000 parachutistes sont largués derrière les lignes allemandes afin de dégager Utah Beach et de couper la route de Caen. Le débarquement proprement dit est précédé du bombardement des batteries gardant les plages rebaptisées Utah, Omaha, Juno, Sword et Gold, où prennent bientôt pied 130 000 Américains, Canadiens et Britanniques. Les Allemands, quoique peu nombreux, résistent âprement, et Omaha manque d'être perdue !

Finalement, l'aviation et les blindés allemands ne se montrant pas, l'opération est un succès et permettra, dans les semaines suivantes, de faire débarquer des millions d'hommes sur les plages et dans les ports français. Un port artificiel est même créé au large d'Arromanches, grâce à des éléments préfabriqués convoyés depuis l'Angleterre.

Cette reconquête de la Normandie aura coûté la vie à près de 7 000 soldats alliés, dont plus de la moitié sont tombés à Omaha Beach. Les milliers de croix blanches du cimetière américain de Colleville-sur-Mer, surplombant la plage, rappellent leur souvenir. Précisons que plusieurs milliers de civils normands ont également perdu la vie lors du débarquement.

## Saint-Joseph du Havre, au cœur d'une ville ressuscitée

Le patrimoine normand a durement souffert des bombardements de 1944. La ville du Havre est détruite à 82 %, et si quelques monuments peuvent être sauvés, une grande partie des bâtiments est rasée et reconstruite. Au cœur de la ville martyre se dresse désormais l'église Saint-Joseph, dont la tour de 107 m de haut se voit depuis la pleine mer. Elle est édifiée à partir de 1951 sur l'emplacement d'un sanctuaire totalement détruit en 1944. Conçue selon les plans de l'architecte Auguste Perret, elle possède une structure en béton qui permet l'évidement maximum de sa partie centrale, qui ne comporte pas de piliers. L'autel, placé au centre de l'église, est illuminé par les vitraux de la tour lanterne creuse qui le surplombe.

Auguste Perret dirige également la reconstruction de la ville du Havre, s'appuyant sur le principe de la préfabrication et exploitant les potentialités du béton.

Ensemble remarquable

Le centre-ville du Havre a été inscrit au patrimoine mondial de l'UNESCO en 2005.

Le patrimoine normand est donc intimement marqué par les embarquements et débarquements successifs qui ont donné naissance à cette belle région façonnée par la mer, ses trésors et ses dangers, pour offrir aujourd'hui une richesse en tout point remarquable.

## Mon coup de cœur, Saint-Céneri-le-Gérei

Au cœur des Alpes mancelles, le village de Saint-Céneri-le-Gérei est l'un des plus beaux villages de France. Destination prisée des peintres au XIXe siècle, il possède de nombreux trésors du patrimoine : église romane, chapelle champêtre, un hôtel et une auberge classés et même une source réputée miraculeuse !

**DANS CE CHAPITRE**

Une région empreinte de douceur de vivre

Où se forgent les résistances qui font l'âme du pays

# Chapitre 16

# Le Centre-Val de Loire, cœur de France

Comment ne pas limiter l'histoire de cette région à celle des châteaux de la Loire ? De fait, le Centre-Val de Loire est un territoire où bat le cœur du pays et où naissent les résistances aux forces qui voudraient le soumettre. Ainsi, les grandes lames, ces armes protohistoriques façonnées dans la région, se retrouvent jusqu'en Méditerranée. Plus tard, les Bituriges de Bourges, qui s'imaginent rois du monde et possèdent une cité réputée pour être la plus belle de Gaule, partent à la conquête de Rome en 386 av. J.-C. Quelle audace ! Celle-ci s'avère bien utile lorsqu'il faut défendre les frontières de ce cœur de France face à de puissants voisins, Poitevins, Aquitains et Anglais. Et du « roi de Bourges », Jeanne d'Arc fait le roi de France ! Ce mouvement de résistance se dessine depuis le siège d'Orléans jusqu'à Jean Moulin, préfet d'Eure-et-Loir et unificateur de la Résistance. Enfin, les châteaux de la Loire sont comme autant d'ostentatoires bornes plantées sur le territoire pour fixer définitivement les contours de ce pays de la douceur de vivre.

## EN QUELQUES DATES

| | |
|---|---|
| **386 av. J.-C.** | Les Bituriges partent à la conquête de Rome et la pillent |
| **52 av. J.-C.** | Massacre des négociants d'Orléans par les Romains et début de la conquête de la région |
| **350** | Tours devient la capitale de la Lyonnaise troisième |
| **451** | L'évêque saint Aignan défend Orléans contre les Huns |
| **853** | Les Vikings descendent la Loire et ravagent Tours |
| **1234** | Saint Louis conquiert Chartres, Blois et Sancerre |
| **1422** | Charles VII est proclamé roi à Mehun-sur-Yèvre dans une France occupée par les Anglais |
| **1429** | Victoire de Jeanne d'Arc lors du siège d'Orléans |
| **1491** | Mariage d'Anne de Bretagne et de Charles VIII dans la forteresse de Langeais |
| **1519** | François I$^{er}$, auréolé de la gloire de Marignan, entreprend la construction de Chambord |
| **1584** | Henri IV est sacré à Chartres car Reims et Paris sont aux mains de la Ligue |
| **1920** | Création de la Section française de l'Internationale communiste à l'issue du congrès de la SFIO à Tours |
| **1940** | Jean Moulin, préfet d'Eure-et-Loir, refuse l'occupation allemande |

# Une région propice aux premiers hommes

Les traces préhistoriques sont nombreuses dans la région, même si ce patrimoine n'est pas toujours mis en valeur. La présence de la Loire et de grandes plaines propices à la chasse attire notamment l'homme de Néandertal, tout comme les nombreux abris sous roche qu'offre la région. Avec la fin de la dernière glaciation et la révolution néolithique, les villages d'éleveurs agriculteurs se multiplient. Les Ligériens deviennent experts dans la fabrication de pierres polies, dont les fameuses grandes lames de silex du Grand-Pressigny sont un témoignage unique. Leur fabrication est contemporaine des mystérieux monuments mégalithiques qui peuplent la région.

## La Pierre-Levée de La Chapelle-Vendômoise

L'ensemble *mégalithique* de la Pierre-Levée est probablement le vestige d'une vaste chambre funéraire collective, qui aurait accueilli de 400 à 500 défunts sur une période de près de 2 000 ans avant d'être recouverte de terre et condamnée. Les dalles de couverture, posées à plat sur des pierres dressées, pèsent une vingtaine de tonnes, et ont probablement été mises en place grâce à des rampes de terre et des rouleaux de bois. Un portique composé de trois pierres marque l'entrée de la chambre. Au Moyen Âge, ce monument matérialisait la frontière entre les comtés de Blois et de Vendôme. Il a failli disparaître au XIXe siècle, un paysan ayant imaginé d'utiliser ses pierres comme remblai de route. Il est finalement sauvé par la Société archéologique du Vendômois, qui en est toujours propriétaire aujourd'hui.

### De puissantes tribus celtes

Cette région du cœur de la France abrite de très puissantes tribus celtes. Ainsi des Turones, atour de Tours, ou encore des Bituriges, dans le Berry. Leur cité, Avaricum, est la plus importante de Gaule grâce à l'industrie du fer. Ce peuple, dont le nom signifie les rois du monde, se serait lancé à la conquête de Rome au cours d'une migration sacrée décidée par un oracle !

Autre puissant peuple de la région, les Carnutes occupent le territoire allant de la Seine à la Sauldre, et cultivent en Beauce des céréales qu'ils exportent grâce au port d'Orléans. Ils contrôlent également la route de l'étain, et semblent avoir joué un rôle déterminant dans la révolte gauloise de 52 av. J.-C. contre les Romains. Leur vaste forêt était réputée abriter la réunion de tous les druides de Gaule.

## L'aqueduc de Luynes, construit pour durer

Cet ouvrage d'art témoigne de la très efficace organisation romaine, qui contribue pour beaucoup à l'unification des territoires occupés. L'aqueduc, construit autour de 100 apr. J.-C., avait pour vocation d'alimenter en eau l'important domaine de Malliacum, à l'ouest de Tours. Des documents carolingiens prouvent qu'il fonctionnait encore près de 8 siècles plus tard ! Il est encore aujourd'hui dans un excellent état de conservation. Il était composé d'un pont de 500 m de long, dont il reste aujourd'hui 44 piles et 8 arches, aboutissant à une conduite souterraine encore mal connue.

Insolite

À quelques kilomètres de là, en descendant la Loire, on peut observer un curieux monument, la pile de Cinq-Mars, colonne de brique et de ciment atteignant 30 m de hauteur ! Édifiée autour de 200 apr. J.-C., elle marquait probablement la tombe d'un notable.

## Les fortifications romaines de Bourges, capitale régionale

Ensemble remarquable

L'organisation romaine s'appuie sur la Loire, qui déjà sert de frontière entre deux grandes régions administratives, la Lyonnaise au nord et l'Aquitaine au sud. Au IIIe siècle, celles-ci sont divisées en trois ou quatre provinces ; Tours devient capitale de la Lyonnaise troisième, et Bourges celle de l'Aquitaine première. C'est dire l'importance d'Avaricum, cité des Bituriges ! Celle-ci est soulignée par ses remparts, érigés au IVe siècle, qui enserrent une vaste surface de 25 ha. Bâtis en pierre de réemploi, ils sont ponctués d'une quarantaine de tours fortifiées reliées par de larges *courtines*. Ils comportent quatre portes monumentales placées aux quatre points cardinaux. Leur construction répond peut-être au contexte politique incertain marqué par les invasions barbares, mais peut également correspondre à une période de vaste remaniement urbanistique. Néanmoins, les éléments de décor, frises ou colonnettes, trouvés lors des fouilles dans les soubassements des remparts, laissent imaginer une construction à la hâte avec les matériaux immédiatement disponibles, sans doute sous la pression d'une menace extérieure. L'enceinte disparaît vers 1180 pour laisser place à de nouvelles fortifications. Elle est redécouverte par hasard au XIXe siècle dans les caves du palais ducal. Dans les années 1980, ces vestiges sont aménagés en promenade afin de les préserver et de les mettre en valeur. Bourges renferme encore bien des traces de cette époque, qui sont cependant mal connues et souvent peu visibles.

### Saint Martin de Tours, père des moines de Gaule

Martin est passé à la postérité sous la figure d'un soldat romain partageant son manteau avec un miséreux alors qu'il est en campagne dans les environs d'Amiens. Mais cette immense figure rayonne bien au-delà de cette image d'Épinal. Né vers 316 en Pannonie, dans l'est de l'Empire, Martin quitte l'armée à 40 ans, reçoit le baptême et se retire auprès de l'évêque Hilaire à Poitiers. Il entreprend ensuite

»

plusieurs voyages et revient finalement fonder à Ligugé, près de Tours, le premier monastère de Gaule. Prêcheur infatigable, il multiplie les conversions et lutte contre les cultes païens. En 372, les Tourangeaux le choisissent comme évêque. Il fonde ensuite un second monastère, à Marmoutier. À sa mort en 397, son tombeau devient un lieu de pèlerinage très fréquenté. Dès lors, on ne compte plus les fondations religieuses et les villages portant son nom.

## Dans le royaume de France

Sous l'impulsion de saint Martin apparaissent les premières paroisses rurales, tandis que l'organisation ecclésiastique se substitue à l'administration romaine défaillante. À Orléans, c'est l'évêque Aignan qui défend la ville contre les Huns en 451. Les nouveaux maîtres francs de la Gaule, Mérovingiens puis Carolingiens, se placent sous le patronage de Martin alors que Tours s'affirme comme métropole culturelle avec la célèbre figure de Grégoire de Tours, historien de l'Église et des Francs au VIe siècle.

**Figure historique**

Grégoire, issu de l'aristocratie arverne romanisée, compte de nombreux ecclésiastiques de haut rang dans sa famille. Élu évêque de Tours en 573, il remplit sa charge épiscopale au cœur des querelles mérovingiennes et n'hésite pas à tenir tête aux membres de cette remuante dynastie. Son œuvre la plus célèbre est son *Histoire des Francs*, qui mêle faits historiques et récits hagiographiques.

Plus tard, c'est encore à Tours que Charlemagne réunit ses fidèles en l'an 800 avant d'aller se faire couronner empereur à Rome. La région participe alors avec éclat à la renaissance carolingienne et le célèbre Alcuin, moine et ministre de l'empereur, crée à Tours un *scriptorium* réputé, tandis que Théodulf, autre conseiller impérial, développe les écoles abbatiales d'Orléans où il est nommé évêque.

### L'oratoire de Germigny-des-Prés, Byzance au cœur du Loiret

Vers l'an 800, Théodulf fait bâtir dans sa *villa* de Germigny, sur les terres de l'abbaye de Saint-Benoît-sur-Loire dont il est également abbé, une petite église de style carolingien contemporaine de la chapelle d'Aix-la-Chapelle et qui rivalise de magnificence.

Le saviez-vous ?

Dans les années 840, elle accueille les premiers états généraux de l'histoire du royaume ! Elle est restaurée au XIe siècle, puis de nouveau au XVIe siècle après avoir été partiellement détruite lors des guerres de religion. Elle est malheureusement démolie puis reconstruite à partir de 1867 dans un style néocarolingien. De l'époque de sa fondation, elle conserve son *abside* est et sa célèbre mosaïque représentant l'Arche d'Alliance encadrée de deux chérubins, très certainement réalisée par un mosaïste byzantin.

## Saint-Benoît-sur-Loire, foyer de culture

L'abbaye de Saint-Benoît-sur-Loire, propriétaire de Germigny, possède alors une influence considérable. Fondé en 651, ce monastère est le premier en Gaule à appliquer la règle de saint Benoît, dont il possède les reliques. Lieu de pèlerinage fréquenté, il devient au fil des siècles un haut lieu de culture, doté d'un *scriptorium* réputé et d'une bibliothèque remarquable. Son église *abbatiale*, reconstruite à partir de 1026, est un joyau d'art roman. Elle est dotée d'une monumentale tour porche ajourée de 18 arches superposées, dont la largeur égale celle de la nef et des collatéraux. Elle possède de remarquables chapiteaux romans et un magnifique pavement du XVIe siècle.

À partir de la fin du Moyen Âge, l'abbaye vit un lent dépérissement jusqu'à la restauration entreprise au XVIIe siècle par les bénédictins de Saint-Maur et encouragée par le cardinal de Richelieu, alors abbé de Saint-Benoît. Les bâtiments monastiques datent de cette époque.

Et aujourd'hui

Désertée à la Révolution, Saint-Benoît accueille de nouveau une communauté bénédictine depuis 1944.

### L'ombre des Plantagenêts

Le rayonnement culturel de la région et les richesses qu'elle renferme, alliés à sa position stratégique au cœur du royaume, provoquent bien des convoitises. Le Berry et la Touraine sont disputés entre les comtes de Blois et la maison d'Anjou et, en 1016, Foulques Nerra, comte d'Anjou, arrache la Touraine à Eudes de Blois. Près d'un siècle et demi plus tard, son successeur et descendant, Henri II Plantagenêt, comte d'Anjou, comte du Maine, duc d'Aquitaine et de Normandie, devient de surcroît roi d'Angleterre ! Ce très puissant voisin représente une sérieuse menace pour la tranquillité de la région.

## Saint-Étienne du Saint-Sépulcre, souvenir de Jérusalem

Les pèlerinages sont, aux XIe et XIIe siècles, sources de richesses et d'échanges. Si les pèlerins se rendent en nombre sur les tombeaux de saint Martin et de saint Benoît, certains sont attirés par des destinations plus lointaines ; Compostelle, Rome et même Jérusalem ! Ainsi d'Eudes de Déols, seigneur de Châteauroux, qui rentrant de Terre sainte vers 1040 fonde à Neuvy une étonnante église, dédiée à Saint-Jacques car elle se trouve sur le chemin de Compostelle. Inspirée du tombeau du Christ, le Saint-Sépulcre de Jérusalem, elle se singularise par la présence d'une vaste rotonde de 22 m de diamètre à trois niveaux et cernée d'un *déambulatoire*. Ce joyau d'art roman devient à son tour lieu de pèlerinage lorsqu'y sont déposées, en 1257, quelques gouttes du sang du Christ rapportées de croisade. Par la suite, l'église prend le nom de Saint-Étienne et est élevée au rang de *basilique*. Elle est restaurée au XIXe siècle sous la direction d'Eugène Viollet-le-Duc, et figure au patrimoine mondial de l'UNESCO au titre des chemins de Saint-Jacques.

## Lumière et pureté de l'abbaye de Noirlac

Ensemble remarquable

Après 1071, l'accès au tombeau du Christ est interdit par les Seldjoukides. La reconquête du Saint-Sépulcre fera l'objet d'une dizaine de croisades, dont la seconde est prêchée par le célèbre Bernard de Clairvaux, réformateur monastique et fondateur de l'ordre de Cîteaux. Et tandis que les chevaliers chrétiens partent pour la Terre sainte, les moines cisterciens mènent une reconquête intérieure et fondent de nombreuses abbayes ; ainsi, à Noirlac, un nouveau monastère s'élève en 1150 sous l'œil attentif de saint Bernard lui-même. La vie de l'abbaye est mouvementée ; fortifiée lors de la guerre de Cent Ans, elle est endommagée lors de la Fronde, vendue en 1791 et même transformée en manufacture de porcelaine ! Rachetée par le département du Cher dès 1909, elle demeure remarquablement préservée et offre un parfait exemple d'architecture cistercienne, où dortoir, cellier, réfectoire, salle *capitulaire*, bâtiment des *convers* se groupent autour du cloître dominé par la majestueuse *abbatiale*. Celle-ci adopte une pureté de forme soulignée par la lumière entrant par trois niveaux de baies latérales et par le *chœur* au *chevet* plat, largement ouvert par une petite rosace et trois grandes baies.

## La cathédrale de Bourges, une pure audace

Bientôt, aux épures romanes succèdent les envolées gothiques, dédiées à la plus grande gloire de Dieu avec le soutien du roi ! Car la monarchie ne peut se passer de la force politique et économique que représente l'Église. À Bourges, poste avancé au sud du domaine capétien, les architectes de la cathédrale ne reculent devant rien en cette fin de XIIe siècle ! Les incroyables charpentes gothiques de l'édifice, véritable défi à la pesanteur, en sont la preuve. Le plan du bâtiment, à 5 nefs sans *transept*, est d'une grande simplicité. Il est soutenu par une double volée d'*arcs-boutants* qui confère à l'ensemble une verticalité aérienne. Sa façade principale compte 5 portails richement sculptés et surplombés de deux tours. Le portail central comporte un magnifique bas-relief sur le thème du Jugement dernier. Le *chœur* est éclairé par trois niveaux de vitraux datant du XIIIe siècle. Joyau gothique du cœur de la France, la cathédrale est inscrite au patrimoine mondial de l'UNESCO.

## La cathédrale de Chartres, couleurs et lumières

À la même époque, et à l'autre extrémité du domaine royal, le style gothique est mis au service de la reconstruction de la cathédrale romane de Chartres, incendiée en 1194. Ainsi, la façade, épargnée par les flammes, est rehaussée d'une superbe rose et conserve la très belle flèche de pierre de la tour sud. Le *chœur* gothique est particulièrement imposant, et possède un double *déambulatoire*. Il doit en effet accueillir les très nombreux *chanoines* de la cathédrale. L'ensemble est exclusivement soutenu par trois niveaux d'*arcs-boutants*, sans usage de contreforts. Ceci permet d'ouvrir pleinement les parois, dotées des superbes vitraux qui ont fait la réputation de Chartres.

Malgré les incendies et les pillages, la cathédrale traverse le temps, mais doit être équipée au XIXe siècle d'une charpente métallique et d'une toiture de bronze après l'incendie qui ravage sa charpente en 1836.

**Et aujourd'hui**

Dès lors, les restaurations se succèdent jusqu'à aujourd'hui, avec une nouvelle campagne qui permet notamment de restituer une partie de la polychromie des voûtes. Comme celle de Bourges, la cathédrale de Chartres est inscrite au patrimoine mondial de l'UNESCO.

# Cent ans de guerre

Plusieurs épisodes importants de la guerre de Cent Ans se jouent dans le Centre-Val de Loire, qui semble représenter un temps le dernier refuge de la monarchie française. Dès 1337, le roi d'Angleterre Édouard III, petit-fils de Philippe le Bel par sa mère, entend faire valoir ses droits sur la couronne de France. En 1350, son fils, le Prince Noir, ravage la Sologne à la tête de ses troupes puis bat le roi de France à Poitiers en 1356. Après quelques années de répit, l'assassinat du duc d'Orléans, frère du roi fou Charles VI, scinde le royaume en deux camps ennemis : les Bourguignons, alliés aux Anglais, et les Armagnacs, partisans des Orléans et du jeune *dauphin* Charles. Celui-ci se réfugie à Bourges où il tient sa cour, puis à Chinon, où Jeanne d'Arc vient le trouver. La jeune Lorraine le convainc de se faire sacrer à Reims en délivrant Orléans assiégée par les Anglais, puis en remportant à Patay une écrasante victoire contre l'occupant. C'est donc bien du cœur de la France qu'est partie la reconquête du royaume par le jeune Charles VII !

**Figure 16-1**
nagnacs contre Bourguignons

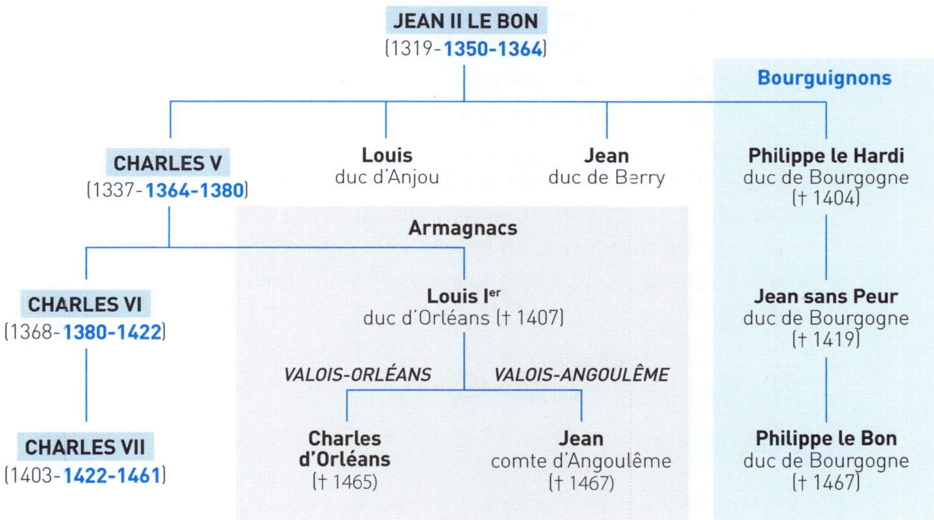


*Les rois de France sont soulignés en bleu*
*Les dates de règne sont indiquées en bleu*

# Loches, royal donjon

Charles VII, alors qu'il n'est encore que le « roi de Bourges » au destin incertain, aime à passer du temps à Loches, qui fait encore partie des maigres territoires qu'il contrôle. La ville est dominée par un imposant donjon, bâti par Foulques Nerra peu après l'an mil. Son descendant, Henri Plantagenêt, fait ériger les remparts de la ville haute au XIIe siècle.

**À retenir**

En 1249, saint Louis en fait une ville royale où viendront séjourner Charles VII et sa maîtresse Agnès Sorel, qui y est enterrée au sein de la collégiale Saint-Ours, mais aussi Louis XI, Charles VIII, Louis XII, Anne de Bretagne et François Ier. Le château, qui domine la ville, est surplombé par l'imposant donjon de pierre, l'un des plus anciens de France. Il comporte le logis royal, de style gothique flamboyant, et la porte royale, imposant ouvrage du XIIe siècle gardant l'entrée de la cité haute, ainsi que diverses tours. Le tout compose un ensemble remarquable, admirablement conservé.

## Saint-Martin de Candes, église ou château fort ?

Si la guerre de Cent Ans touche à sa fin, les temps paraissent encore bien incertains. La collégiale Saint-Martin de Candes est donc fortifiée, pratique pourtant peu courante dans la région. Cette église possède une prestigieuse histoire, puisque c'est à Candes, paroisse qu'il avait créée, que saint Martin meurt en 397. Devenue lieu de pèlerinage, elle est plusieurs fois rebâtie. L'édifice actuel est construit entre le XIe et le XIIIe siècle dans le style gothique de l'Ouest. Sa nef, très richement sculptée, ouvre au nord sur un portail monumental. Les tours à *mâchicoulis* ajoutées au XVe siècle lui confèrent l'allure d'un petit château ! Elle est malgré tout ravagée pendant les guerres de religion, puis endommagée par deux séismes successifs, en 1711 et 1840. La restauration qui en découle, très critiquée, restitue malgré tout le caractère surprenant de ce monument, mi-église, mi-forteresse !

## Le château de la Verrerie, quelques arpents d'Écosse

Au cours de la guerre contre l'Angleterre, Charles VII, quoique très isolé, peut compter sur l'*Auld Alliance*, qui unit depuis 1295 les rois d'Écosse et de France. Ainsi, les Écossais envoient par quatre fois en France des centaines d'archers dont l'habileté contribue à changer le cours de la guerre.

**Insolite**

Pour remercier son allié John Stuart, *connétable* d'Écosse, Charles VII lui fait don de la seigneurie d'Aubigny, qui demeure écossaise jusqu'en 1672 et continue d'appartenir aux Stuarts jusqu'au XIXe siècle ! Vers 1500, le petit-fils de John Stuart y fait bâtir le château de la Verrerie et sa chapelle de style Louis XII, qui forme une transition entre gothique et Renaissance. Il est agrémenté en 1525 d'une aile Renaissance dotée au rez-de-chaussée d'une élégante galerie, puis au siècle suivant de superbes jardins à la française. Une aile supplémentaire est ajoutée au XIXe siècle.

La petite ville d'Aubigny-sur-Nère, quant à elle, garde encore aujourd'hui la trace bien vivante de son passé écossais. L'atmosphère de la cité évoque la Renaissance, et de très belles demeures à *colombages*, comme la maison Victorine ou la maison François Ier, côtoient l'église gothique Saint-Martin et les remparts de Philippe Auguste. En 1512, les Stuarts reconstruisent la cité ravagée par un incendie et y encouragent la fabrication et le commerce du drap, qui font la prospérité et la renommée d'Aubigny. Tous les ans, la cité des Stuarts organise des fêtes franco-écossaises qui ressuscitent, durant trois jours, la belle époque de l'*Auld Alliance*.

### Jeanne à Orléans

En 1428, les Anglais occupent le nord de la Loire, tandis que le *dauphin* Charles s'est réfugié au sud, protégé de ses ennemis par le fleuve que seuls deux ponts permettent de franchir, à Angers et Orléans. Passant par le sud, les troupes anglaises mettent donc le siège devant cette dernière pour mettre fin à la résistance du « petit roi de Bourges ». Les Orléanais ont eu le temps de couper le pont et s'emploient à détruire les faubourgs, qui constituent une faiblesse dans la défense de la ville. Les Anglais, quant à eux, construisent 7 *bastions* au nord-ouest de la ville et deux à l'opposé.

La première mission confiée à Jeanne d'Arc, en mars 1429, est donc de faire lever le siège. Elle entre dans la ville le 29 avril avec un convoi de ravitaillement. Dès lors, les Orléanais reprennent espoir. Le 6 mai, après plusieurs succès des défenseurs d'Orléans, une attaque est décidée contre les *bastions* anglais de la rive sud. Désormais, toutes les forces ennemies sont concentrées dans le *bastion* des Tourelles, au sud du pont. Au soir du 7 mai, alors que les chefs français tergiversent, Jeanne prend l'initiative d'un assaut qui tourne à l'avantage des Français. Le siège de la ville prend fin, mais la victoire française est définitivement acquise un mois plus tard, à Patay, au nord d'Orléans. La route du sacre est désormais ouverte.

## Beaugency et le carillon de Vendôme

Jean de Dunois, bâtard d'Orléans et compagnon de Jeanne, hérite en 1422 de la châtellenie de Beaugency. La cité fait alors partie, avec Cléry, Vendôme et Orléans, du noyau dur des villes fidèles au *dauphin* de France égrenées dans la fameuse chanson du *Carillon de Vendôme*.

### Le Carillon de Vendôme

Aujourd'hui, que reste-t-il
À ce dauphin si gentil
De tout son beau royaume ?

Orléans, Beaugency,
Notre-Dame de Cléry,
Vendôme, Vendôme

Hélas, la forteresse du XIe siècle et la cité de Beaugency tombent aux mains des Anglais en 1428. Mais dès l'année suivante, les troupes françaises menées par Jeanne d'Arc libèrent la petite ville. Une fois la paix revenue, Dunois fait bâtir un logis seigneurial à la place du château médiéval en ruine, dont il ne reste que l'imposant donjon, surnommé tour César. Au siècle suivant, ses héritiers y ajoutent le logis de Longueville et comblent les fossés du château, transformés en jardin puis en terrasse.

Au cours des guerres de religion, un important incendie détruit l'abbaye Notre-Dame toute proche et endommage le donjon ; les religieux se réfugient dans le château. Celui-ci connaît diverses fortunes après la Révolution, accueille un dépôt de mendicité puis un musée avant d'être revendu par le département du Loiret à des propriétaires privés.

Quant à l'abbaye, elle a été transformée en hôtel-restaurant, mais l'on peut toujours admirer la splendide *abbatiale* romane qui se dresse non loin du château.

## Le palais Jacques Cœur, une modernité gothique

**Figure historique**

Le personnage de Jacques Cœur, nommé en 1439 grand argentier de Charles VII, incarne la renaissance de la royauté après les épreuves de la guerre de Cent Ans. Déployant une énergie hors du commun, il bâtit une fortune qu'il met au service du jeune roi dans la reconquête du royaume. Son insolente réussite lui vaut cependant de tomber en disgrâce et d'être emprisonné puis exilé en Grèce.

Il laisse à Bourges, où il est né, un superbe témoignage de son aventure, le palais Jacques Cœur, merveille du gothique flamboyant bâtie en 1453. Sa conception est d'une étonnante modernité puisqu'il permet une circulation totalement indépendante des domestiques et possède des cheminées dans chaque pièce, une cuisine très bien pensée avec passe-plats et une étuve, ancêtre de nos salles de bain ! Sa façade est ponctuée de coquilles et de cœurs, emblèmes du propriétaire.

Jacques Cœur, exilé, n'en profitera pas. Après bien des aventures, les bâtiments sont affectés au tribunal de Bourges en 1820 et sérieusement dégradés par des aménagements peu adéquats. Rachetés par l'État, ils sont finalement restaurés au cours du XXe siècle.

## Notre-Dame de Cléry, dévotions royales

Après la guerre vient le temps de la reconstruction. À Cléry se dressait, depuis le XIIIe siècle, une collégiale érigée sur ordre de Philippe le Bel après la découverte d'une statue de la Vierge à laquelle on attribuait des miracles. Cette première église est détruite par les Anglais en 1428, seul le clocher nord subsiste. À la suite d'un vœu fait pendant la bataille de Dieppe, le *dauphin* Louis, futur Louis XI, fait rebâtir le sanctuaire à partir de 1443. C'est un joyau de l'art gothique flamboyant dont la structure aérienne laisse entrer un flot de lumière. Elle renferme 43 stalles de bois datant du XVIe siècle, époque où fut également construite la chapelle Saint-Jacques, de style Renaissance. Louis XI et son épouse sont inhumés à Cléry en 1483, entorse notable à la tradition bien établie pour les rois de France de se faire enterrer à Saint-Denis. Hélas, le tombeau du roi est détruit par deux fois, par les troupes protestantes en 1562 et lors de la Révolution. Un nouveau mausolée est installé à Cléry au cours du XIXe siècle, et la chapelle royale est érigée en *basilique* en 1891.

# Le Val de Loire au cœur du pouvoir

Refuge royal au temps des troubles, le Centre-Val de Loire demeure par la suite un lieu de villégiature apprécié des rois, qui se méfient de Paris depuis les révoltes de la capitale lors de la guerre de Cent Ans. De plus, le Val de Loire, accueillant « jardin de la France », est une région économiquement riche que sa position au centre du royaume désigne comme voie de communication privilégiée entre les différentes provinces et au-delà vers le reste de l'Europe.

## Le château royal de Langeais, sur les ruines des grands féodaux

La reprise en main du royaume entreprise par Charles VII et son fils Louis XI passe par l'édification de nouvelles places fortes. À Langeais, le second décide la construction d'un nouveau château sur un lieu hautement symbolique. Le premier donjon de la place est en effet bâti par Foulques Nerra. Mais Langeais, longtemps convoitée par les comtes de Blois et d'Anjou, a finalement été rattachée au domaine Plantagenêt puis au domaine royal en 1204. La forteresse sert de refuge à des bandes armées pendant la guerre de Cent Ans, et Charles VII décide sa destruction en 1428. Seul subsiste le donjon, autour duquel Louis XI fait bâtir un château neuf à partir de 1465.

À retenir

Celui-ci est à la fois une forteresse et une résidence royale, et sert de cadre, en 1491, au mariage de Charles VIII avec Anne de Bretagne. Restauré à la fin du XIXe siècle par Jacques Siegfried, qui s'efforce de reconstituer son décor médiéval, le château est offert à l'Institut de France en 1904. Il présente une très belle collection de mobilier et de tapisseries d'époque. Cheminées et pavages sont également remarquables.

## Amboise, du gothique à la Renaissance

Demeure de prédilection de Charles VIII, Amboise incarne le passage du gothique flamboyant à l'art de la Renaissance. Charles VIII, fils de Louis XI, est justement né à Amboise, forteresse médiévale bâtie sur un *oppidum* romain. Il y mène de premiers aménagements, dont la construction de la chapelle Saint-Hubert et de l'aile dite Charles VIII, de style gothique flamboyant, et fait bâtir deux énormes tours cavalières qui renferment des rampes permettant l'accès des carrosses aux terrasses.

Le saviez-vous ?

Charles VIII meurt à Amboise après s'être violemment cogné au linteau d'une porte. Louis XII, qui lui succède, fait bâtir l'aile Renaissance du château. Le futur François Ier grandit entre ses murs, mais une fois devenu roi le délaisse pour Chambord ou Fontainebleau. C'est néanmoins là qu'il loge Léonard de Vinci, au Clos-Lucé, non loin du château. Amboise connaît ensuite un lent déclin et d'importantes destructions avant de renaître au XXe siècle.

## Blois, une histoire de styles

Bientôt, Blois détrône Amboise, même si la cour, à l'époque, demeure essentiellement itinérante : car le roi est partout chez lui ! Blois, belle forteresse médiévale, est acquise en 1392 par la famille d'Orléans, branche cadette des Valois. Lorsque Louis d'Orléans monte sur le trône sous le nom de Louis XII, il fait de Blois une résidence royale et entreprend de rebâtir le château dans le style dit Louis XII, ne conservant de la forteresse que la grosse tour du Foix. François Ier y fait ajouter une aile Renaissance, remarquable par son monumental escalier ajouré.

Le saviez-vous ?

C'est là qu'éclate, en 1534, l'affaire des Placards ; les thèses protestantes se retrouvent affichées jusque sur la porte de la chambre du roi ! Blois est prisée des rois François II et Charles IX, et Marie Stuart y est élevée en compagnie des enfants royaux. En 1588, Henri III y fait assassiner le duc de Guise, chef de la Ligue catholique. En 1626, le château revient à Gaston d'Orléans, frère de Louis XIII, qui y fait construire par François Mansart une troisième aile de style classique.

Mais le manque de moyen l'empêche d'achever les travaux. Le château est alors délaissé jusqu'à la Révolution. Il est pillé puis sert de caserne, et est finalement sauvé par l'intervention de Prosper Mérimée.

## Chambord, le château de la Salamandre

Les comtes de Blois possèdent, dès le xe siècle, une place fortifiée à Chambord, qui passe également à la maison d'Orléans puis à la couronne. De ce château fort devenu maison de plaisance, François Ier, rentré victorieux de sa première campagne en Italie en 1515, entend faire un grandiose palais à la mode italienne.

L'ancien château est rasé et les fondations posées lorsque survient le désastre de Pavie et la captivité du roi en Espagne. Après sa libération, François Ier relance les travaux avec la volonté d'effacer cette humiliation. Le plan arrêté, peut-être inspiré par Léonard de Vinci, est d'une grande originalité. Au centre se trouve un immense donjon carré pourvu de grosses tours d'angle. Il est entouré de deux ailes et ceint d'une cour bordée de bâtiments bas.

**Figure 16-2**
L'escalier de Chambord

Le saviez-vous ?

Le donjon lui-même possède un plan en croix grecque au centre duquel se dresse un monumental escalier à double vis, où deux volées de marches s'enroulent sans jamais se croiser ! Entièrement ajouré, il est surplombé d'une tour lanterne, point culminant du château, qui y diffuse la lumière du jour. Le décor est richement sculpté de motifs évoquant la Renaissance, et l'on reconnaît çà et là la salamandre, emblème de François Ier. Les toitures hérissées de cheminées et de tourelles, les grosses tours d'angle et l'enceinte close évoquent encore l'architecture militaire médiévale, à la fois comme une allusion aux aspirations de celui qui se voulait roi-chevalier et comme une affirmation de puissance guerrière.

Délaissé à la fin du XVIe siècle, le château est achevé par Mansart sur ordre de Louis XIV. Pillé à la Révolution, il revient finalement au dernier des Bourbons, petit-fils de Charles X, qui prend le nom de comte de Chambord.

Et aujourd'hui

Il est finalement racheté en 1930 par l'État français avec l'immense domaine forestier qui l'entoure. En 1981, il est inscrit au patrimoine mondial de l'UNESCO.

## La Possonière et le poète

Le faste royal déployé dans le Val de Loire ne saurait faire oublier le rayonnement intellectuel de la région, porté par des personnalités telles que Vinci, Rabelais ou Ronsard.

Figure historique

Ce dernier naît en 1524 au château de la Possonière, dans cette région du Vendômois qu'il se plaira à exalter dans ses poèmes. Ce château possède une singularité ; il est partiellement troglodytique, et l'était sans doute même entièrement à l'époque médiévale. Au XVe siècle, le grand-père du poète y fait bâtir un manoir, remanié par son père dans le style de la première Renaissance après son retour des guerres d'Italie. Privé jusqu'en 2000, le château est alors racheté par la communauté de communes du pays de Ronsard, qui y crée notamment un très beau jardin de roses. Des origines troglodytiques du bâtiment subsistent un pigeonnier et des caves. L'architecture troglodytique est très présente dans la région, car les carrières de tuffeau dont on extrayait la pierre de construction ont été très tôt habitées par les carriers puis transformées en chapelles, pigeonniers ou caves, leur température constante étant idéale pour élever le vin. Cette étonnante architecture peut notamment être observée dans la chapelle de Rochecorbon, dans celle de l'Écheneau à Vouvray, ou à Notre-Dame-de-Lorette à Saint-Épain. Celle-ci, entièrement creusée dans la roche, date du XVe siècle. Citons également les manoirs d'Andigny et de Matval, et le château de Chalay à Montoire-sur-le-Loir.

## Azay-le-Rideau, rêve de grandeur

La présence de la cour attire dans le Val de Loire bon nombre de personnes soucieuses de se tenir dans l'ombre du roi.

Figure historique

Ainsi de Gilles Berthelot, conseiller de Louis XII de très récente noblesse, qui achète la seigneurie d'Azay pour asseoir sa situation sociale. C'est sa femme, Philippa Lesbahy, qui dirige l'essentiel des travaux. La plus grande partie du château médiéval, posé sur une île de l'Indre, est démolie pour laisser place à un logis constitué de deux ailes en équerre. Les angles sont marqués de tourelles, comme un rappel des structures médiévales, typique de la première Renaissance. Au centre se trouve l'escalier monumental dans sa loggia ouverte par quatre niveaux de doubles fenêtres. Gilles Berthelot, cependant, ne profite guère de son château, confisqué par le roi pour cause de malversations. Son œuvre sera achevée bien plus tard, au XIXe siècle, dans l'esprit de la Renaissance tel qu'il est alors imaginé. Le château est alors agrémenté d'un superbe parc à l'anglaise.

## Chenonceau, le château au féminin

Après les financiers et les poètes, voici un château illustrant le pouvoir des femmes, reines, favorites ou dames du monde. Jeté tel un pont sur le Cher, il est bâti sur l'emplacement d'un édifice médiéval dont la fonction est de veiller sur le trafic fluvial. Il est acheté en 1496 par Thomas Bohier, de récente noblesse, qui fait raser l'ancien château dont l'esplanade sert désormais d'avant-cour au nouvel édifice, bâti au-dessus de l'eau sur les piles d'un ancien moulin. Ses héritiers sont contraints de vendre le château qui devient domaine royal. Henri II l'offre à sa maîtresse Diane de Poitiers, qui y aménage un jardin et le fait relier par un pont à la rive gauche du Cher. À la mort du roi, sa veuve Catherine de Médicis récupère le château et fait bâtir des galeries sur le pont, comme pour effacer les traces de la favorite ! En 1589, Louise de Lorraine, veuve d'Henri III, hérite de Chenonceau qu'elle pare des couleurs de son deuil ; plusieurs pièces sont peintes en noir et ornées d'ossements. Mais la propriété est grevée de dettes, et la reine veuve ne peut la conserver que grâce à l'intervention de Gabrielle d'Estrées, maîtresse d'Henri IV. Au XVIIIe siècle, le château est racheté par le financier Claude Dupin et sa femme Louise, qui tient un salon très couru. Lors de la Révolution, elle parvient à sauver l'essentiel du château et du domaine. Au XIXe siècle, c'est encore une femme, Marguerite Wilson, qui s'attelle au chantier de restauration du château. C'est aujourd'hui une demeure privée.

**Figure 16-3**
Chenonceau et les femmes

XVIe siècle

1. **Catherine Briçonnet (1494-1526)**
Épouse de Thomas Bohier
Co-architecte du château de Chenonceau dès 1513

2. **Diane de Poitiers (1500-1566)**
Maîtresse d'Henri II
A aménagé un jardin et l'a relié au château par un pont à la rive gauche du Cher

3. **Catherine de Médicis (1519-1589)**
Épouse d'Henri II
A fait bâtir des galeries sur le pont

4. **Louise de Lorraine (1553-1601)**
Épouse d'Henri III
A paré le château d'ossements et des couleurs du deuil

5. **Gabrielle d'Estrées (1573-1599)**
Maîtresse d'Henri IV
A permis à Louise de Lorraine, endettée, de conserver Chenonceau

6. **Louise Dupin (1706-1799)**
Épouse de Claude Dupin
A fait de Chenonceau un salon très couru au XVIIIe siècle

7. **Marguerite Wilson (1836-1902)**
Femme du monde et propriétaire de Chenonceau de 1864 à 1888
A fait d'importants travaux de restauration pour le remettre dans son état du XVIe siècle

XIXe siècle

# Au XVIe siècle, la royauté exilée

Les guerres de religion qui se succèdent à l'issue de la Saint-Barthélemy sont très largement politisées et recouvrent également des enjeux successoraux. Sans préjuger de leur foi réelle, si Catherine de Médicis et ses trois fils – François II,

Charles IX et Henri III – choisissent le parti catholique, c'est qu'il est majoritaire dans le royaume, et que le roi se doit alors d'avoir la même religion que ses sujets. Par ailleurs, les chefs ligueurs catholiques sont des princes trop puissants et trop dangereux pour leur opposer un roi protestant ; on le verra avec Henri IV, ils brigueraient alors le trône pour eux-mêmes ! Paris, aux mains de la Ligue catholique, devient dangereux pour les rois, qui se réfugient dans le Val de Loire. Ainsi s'achève le règne des Valois, sur ces terres où il avait commencé !

### La Saint-Barthélemy à Orléans

Le massacre de la Saint-Barthélemy, déclenché à Paris le 24 août 1572 après l'assassinat du chef huguenot Coligny, vise des milliers de protestants dans tout le royaume. À Orléans, il débute dans la nuit du 25 au 26 août et dépasse à certains égards les violences parisiennes. Cette fureur antiprotestante cause la mort de 500 à 1 500 personnes en une semaine.

## Villandry, le dernier château de la Loire

Comme à Azay ou Chenonceau, c'est un financier, Jean Le Breton, ministre de François Ier, qui entreprend de transformer la forteresse médiévale de Villandry en chef d'œuvre de la Renaissance. De l'ancien édifice, il ne conserve que le donjon, auquel il fait accoler trois corps de bâtiment en U à l'impeccable symétrie. Ici, il n'y a plus trace d'architecture gothique ou d'ornement italianisant ; Villandry préfigure le style Henri IV et l'architecture classique. Le bâtiment est enchâssé au cœur d'un remarquable jardin Renaissance. Agrémenté au XVIIIe siècle d'un certain nombre de bâtiments – grands communs, orangerie, pavillons – Villandry connaît au cours du siècle suivant des fortunes diverses.

Figure historique

En 1906, il est racheté par Joachim Carvallo qui ressuscite le château de la Renaissance et ses remarquables jardins. Se basant sur des planches et des textes de l'architecte du XVIe siècle Jacques Androuet du Cerceau, Carvallo redessine, sur quatre niveaux de terrasses, des espaces conformes au goût italianisant de cette époque ; symétrie des parterres, art de la taille géométrique, fontaines, canaux et cascades et importance de la perspective. Les jardins de Villandry comportent également un labyrinthe, un jardin potager agrémenté de tonnelles, des serres… Ils sont labellisés Jardin remarquable. Joachim Carvallo est également le fondateur de l'association La Demeure historique.

## Sully-sur-Loire, le château du fidèle

La paix revient dans le royaume sous le règne d'Henri IV, épaulé par son fidèle Sully.

Figure historique

Celui-ci, noble protestant peu fortuné, conseille au roi le ralliement à la foi catholique pour rétablir la paix civile. Devenu le tout puissant surintendant des finances, il fait l'acquisition en 1602 du château de Sully, conforme à son nouveau rang. Cet édifice, bâti pour protéger le pont sur la Loire, se compose alors d'un fort donjon carré datant de 1395, qui sert également de résidence d'apparat, et d'un petit château au caractère plus privé. Sully englobe ces deux bâtiments au sein d'une vaste cour en les reliant par des galeries couvertes et en créant une tour supplémentaire, la tour de l'artillerie. Il fait également renforcer la levée de la Loire, digue qui protège le château et la ville des crues du fleuve. Au XVIIIe siècle, le château subit quelques aménagements et, en 1794, le huitième duc de Sully fait découronner ses tours pour marquer l'intérêt qu'il porte aux idées révolutionnaires. Le château appartient aujourd'hui au département du Loiret.

## Cheverny, classicisme et sobriété

Si avec Louis XIII et Louis XIV le pouvoir fait son retour en Île-de-France, la douceur du Val de Loire n'est pas délaissée pour autant. Mais l'architecture des demeures ligériennes, qui tend vers le style classique, se fait désormais plus sobre. Il est vrai qu'il n'est pas toujours bon d'étaler sa richesse ! En 1630, les propriétaires de Cheverny décident la destruction de l'ancienne forteresse Renaissance bâtie par leurs ancêtres, qui est remplacée par le château classique que l'on peut admirer aujourd'hui et qui se signale par une remarquable unité de style et une façade parfaitement symétrique. Habité par la même famille depuis 6 siècles, il possède un mobilier exceptionnel, notamment dans la chambre du roi, où rien n'a changé depuis 400 ans, même si aucun monarque n'y a jamais dormi !

Et aujourd'hui

Outre le parc et le château, Cheverny propose au visiteur la découverte de son important chenil de chiens de chasse ainsi qu'une exposition permanente consacrée à Hergé, Cheverny ayant servi de modèle au célèbre château de Moulinsart !

## Richelieu, ville nouvelle

Ensemble remarquable

L'austère cardinal de Richelieu semble céder lui-même aux charmes de la région, où il mène un projet d'envergure historique en créant, en lieu et place du village de ses ancêtres, une véritable ville nouvelle. Entièrement close, gardée par trois portes monumentales, cette cité conçue par l'architecte Jacques Lemercier possède un plan en damier à la romaine organisé autour de deux places, la place Royale et la place du Cardinal. La Grand Rue est bordée d'hôtels particuliers, édifiés par des fidèles du cardinal. Église, halles, grenier à sel, rien ne manque à cette cité construite en harmonie avec le château tout proche dans son immense parc. Mais à la mort du cardinal, en 1642, la cité est désertée jusqu'au siècle suivant. Les héritiers de Richelieu encouragent alors sa renaissance, et la prospérité revient. Lors de la Révolution, le château est entièrement détruit et vendu pierre par pierre. En 1930, le dernier duc de Richelieu fait don du domaine à l'université de Paris, afin de rappeler le rôle du cardinal, restaurateur de la Sorbonne.

# Un esprit révolutionnaire modéré, un esprit de résistance affirmé

Si les habitants de la région accueillent volontiers les idées révolutionnaires et fournissent à l'Assemblée de brillants députés, tel Sieyès, Brissot ou encore l'abbé Grégoire, élu de Blois, leur engagement révolutionnaire reste modéré. Ils ne cèdent pas pour autant à la tentation contre-révolutionnaire, même lorsque les Vendéens prennent Chinon en 1793 ou que les Chouans s'approchent de Blois. L'Empire les laisse relativement indifférents, mais les guerres impériales mettent à mal l'économie locale en provoquant de massifs départs de jeunes combattants. La paix relative de la Restauration puis du Second Empire est donc plutôt bien accueillie, et permet, comme dans le reste de la France, un essor industriel sans précédent.

## À l'abbaye de Fontmorigny, des moines et des ouvriers

La Révolution apporte malgré tout son lot de pillages, de destructions et d'expropriations ; à Fontmorigny, l'abbaye est vendue comme bien national après le départ de la communauté monastique implantée depuis le XII^e^ siècle. Les moines exploitaient alors les gisements de fer de la région. Endommagée lors de la guerre de Cent Ans, l'abbaye avait été remaniée au XV^e^ puis au XVI^e^ siècle, puis massivement reconstruite au siècle suivant, avec notamment l'édification d'un nouveau cloître et la réduction des dimensions de l'église. En 1791, elle est donc achetée par un entrepreneur en métallurgie, propriétaire d'un haut fourneau à Torteron et Feuillarde, non loin de l'abbaye. Il loge ses ouvriers dans les cellules des moines !

En péril

Depuis 1988, les propriétaires actuels s'attachent à restaurer les bâtiments groupés autour de l'*abbatiale* ; le cloître, en ruine, le réfectoire des *convers*, le vivier, le jardin de l'abbé. Ils sont soutenus par la mission Bern et la Fondation du patrimoine.

## Nohant et la belle Aurore

Figure historique

George Sand, de son vrai nom Aurore Dupin, est l'arrière-petite-fille de Claude Dupin, seigneur de Chenonceau, mais c'est dans le Berry qu'elle choisit de s'installer, au château de Nohant, autre propriété familiale. Séparée de son mari, cette femme de lettres, féministe engagée préoccupée de la cause du peuple, y mène une vie libre et brillante entourée de ses illustres amis : Flaubert, Balzac, Liszt ou Chopin. Cette société choisie se retrouve au cœur de cette campagne berrichonne qui a tant inspiré George Sand, dans la belle maison de maître bâtie à la fin du XVIIIe siècle. Léguée à l'État par la petite-fille de l'écrivain, Nohant est labellisée Maison des illustres. Elle est restée telle que George Sand l'a quittée, et présente une vision très intime de la vie de l'écrivain. La demeure est entourée d'un remarquable parc à la française de 6 ha.

En péril

La petite ville de Nohant-Vic compte également une très belle église romane dotée de fresques exceptionnelles. Leur état nécessite aujourd'hui d'importantes restaurations et une mise en valeur adaptée ; ce projet est soutenu par la Fondation du patrimoine.

## Valençay, château du « diable boiteux »

Au XIXe siècle, la région séduit toujours les puissants. Ainsi de Valençay, dont les origines remontent aux premiers siècles de notre ère ! *Villa* gallo-romaine, donjon de l'an mil, château féodal se succèdent en ce lieu avant de céder la place à une imposante demeure Renaissance achevée à l'époque classique.

Figure historique

Ces différentes époques se lisent dans l'architecture du lieu, que le prince de Talleyrand, brillant diplomate surnommé le diable boiteux, acquiert en 1803 avec le soutien de Bonaparte. Celui-ci souhaite en effet que son ministre des Relations extérieures puisse y recevoir avec faste les diplomates étrangers. Talleyrand aménage les jardins et le parc, vaste ensemble de 53 ha, et fait bâtir un petit théâtre. Le château conserve de très belles collections de meubles et d'objets témoignant de cette époque ; en effet, il a été transmis sans heurts aux héritiers de Talleyrand, car ce fin diplomate a su traverser tous les régimes, passant de l'Empire à la Restauration puis à la monarchie de Juillet en mettant à chaque fois ses immenses talents au service du nouveau pouvoir.

## La chapelle royale de Dreux, tombeau du dernier roi

Dès les débuts de la monarchie de Juillet, le nouveau roi, Louis-Philippe d'Orléans, fait du tombeau de ses ancêtres une nécropole royale. Son grand-père maternel avait déjà fait transférer les dépouilles de ses aïeux dans la collégiale du château de Dreux, propriété familiale saccagée et presque détruite à la Révolution. La mère du roi rachète le domaine en 1816, et y fait bâtir une chapelle de style néogothique qui accueille les tombeaux de son mari et de deux de ses fils. En 1839, Louis-Philippe fait agrandir la chapelle et y fait ajouter de remarquables vitraux réalisés par la manufacture de Sèvres d'après des cartons dessinés par Ingres. Le sommet du dôme est lui-même percé d'un étonnant vitrail en coupole. Les gisants surmontant les tombeaux, tous réalisés par de grands sculpteurs, racontent à eux seuls l'histoire mouvementée du XIXe siècle. Louis-Philippe, dernier roi à avoir régné sur la France, y est inhumé en 1876, 26 ans après sa mort en exil.

## Le château de Montrésor, un petit air de Pologne

La monarchie de Juillet est balayée en 1848 par la Deuxième République puis par le Second Empire. Sous Napoléon III, le petit village de Montrésor, reconnu aujourd'hui comme l'un des plus beaux villages de France, accueille un hôte fort exotique ; le comte Xavier Branicki, exilé de Pologne pour ses opinions politiques. Il entreprend de restaurer totalement le château de Montrésor, dont les origines remontent au Moyen Âge. Si le donjon a été détruit, il subsiste la chapelle du XIIIe siècle, les fortifications du XIVe siècle avec notamment un châtelet d'entrée, et un superbe logis Renaissance dont les tours et les tourelles élancées dominent l'ensemble. Le comte réalise quelques agrandissements, crée un parc d'inspiration romantique et meuble le logis qu'il enrichit de ses collections. Depuis, rien n'a changé ou presque, et aujourd'hui Montrésor n'a rien renié de son âme polonaise.

### Le Centre-Val de Loire, zone de repli stratégique

Lorsque le Second Empire s'achève par la défaite de Sedan, le gouvernement se replie un temps sur la Loire pour organiser la résistance face aux Allemands avant de partir à Bordeaux.

L'adhésion à la Troisième République, née après la fin de la guerre contre la Prusse, se fait sans difficulté majeure. L'entre-deux-guerres, marqué par une forte instabilité politique, voit se tenir à Tours un

»

»

**Le Centre-Val de Loire, zone de repli stratégique** *(suite)*

congrès historique qui consacre le divorce entre socialistes et communistes.

La Seconde Guerre mondiale signe finalement la fin de la Troisième République. En 1940, le gouvernement se replie en Touraine puis à Bordeaux, les ponts sur la Loire sont dynamités. De rudes combats ont lieu à Blois, Orléans, Tours ou Amboise, puis, le 24 octobre, à Montoire-sur-le-Loir, Hitler et Pétain jettent les bases de la collaboration. La ligne de démarcation entre zone libre et zone occupée traverse la région.

## Jean Moulin, des résistances à la Résistance

**Figure historique**

La résistance n'attend pas l'entrevue de Montoire pour s'organiser. Avant même l'appel lancé le 18 juin 1940 par le général de Gaulle, le préfet d'Eure-et-Loir, un certain Jean Moulin, refuse d'obéir aux occupants allemands. Remercié par Vichy pour son indiscipline, il gagne Londres où de Gaulle le charge d'unifier les mouvements de résistance de la zone libre, alors très divisés. Parachuté en Provence, il s'attelle à la tâche et, en 1943, parvient à mettre en place un Conseil national de la résistance, permettant au général de Gaulle d'asseoir sa légitimité aux yeux des Alliés. Mais alors que les arrestations se multiplient, il refuse de se faire exfiltrer vers Londres et tombe aux mains de la Gestapo le 21 juin 1943 à Caluire, près de Lyon. Malgré les tortures qu'il subit, il refuse de parler et meurt peu après pendant son transfert vers l'Allemagne.

Après la guerre, si le pouvoir semble s'éloigner définitivement du Centre-Val de Loire, la région sait notamment miser sur son remarquable patrimoine pour assurer son développement. Le Val de Loire n'est-il pas inscrit sur la liste du patrimoine mondial de l'UNESCO depuis 2000 ?

**Mon coup de cœur, la maison Picassiette**

À l'ombre de sa majestueuse cathédrale, Chartres abrite un bien curieux monument ; la maison Picassiette a été entièrement construite puis décorée de millions de fragments de porcelaine et de céramique venant de vaisselle usagée par son créateur, Raymond Isidore. Sols, murs, plafonds, jardin, tout est entièrement recouvert de ces étonnantes mosaïques !

**DANS CE CHAPITRE**

Une région qui s'étend sur quatre provinces historiques : Anjou, Maine, Poitou et Bretagne

•

Une position stratégique sur la Loire, à la fois passage et frontière

# Chapitre 17

# Les Pays de la Loire ou les méandres de l'histoire

Les Pays de la Loire s'étendent sur quatre provinces historiques : Anjou, Maine, Poitou et Bretagne. Dès lors, l'unité de cette région se fait bien sûr autour de la Loire, voie de communication d'est en ouest, mais aussi frontière entre le nord et le sud. L'idée même de « passer la Loire » ne marque-t-elle pas encore notre imaginaire ?

Passage ou frontière, cette position stratégique fait peser sur la région les lourdes menaces de ses voisins : Bretagne, Normandie, Aquitaine, Anjou, Poitou... De nombreux monuments défensifs illustrent les luttes permanentes dont la région fait l'objet, car la douceur angevine promise par une géographie riante et une richesse agricole et économique reposant sur le fleuve fait bien des envieux ! Pour tenir ce verrou stratégique, de complexes alliances sont tissées au fil des siècles.

Des Vikings à Richelieu, la nécessité de maîtriser les caprices du fleuve comme son utilisation explique donc l'histoire régionale ; ainsi en témoignent les ports, châteaux, digues, ponts, levées qui ponctuent son parcours.

Son histoire contemporaine est tristement marquée par les massacres de Vendée et la destruction de ses monuments au cours de la Révolution. Napoléon Ier vint en personne superviser la construction de villes nouvelles au milieu de ces ruines, comme à La Roche-sur-Yon.

**EN QUELQUES DATES**

| | |
|---|---|
| **25 000 av. J.-C.** | Peintures *rupestres* des grottes de Saulges en Mayenne |
| **51 av. J.-C.** | Dernières défaites régionales entre Les Ponts-de-Cé et Saumur ; l'occupation romaine est totale |
| **275** | Fin de la *paix romaine* et repli des peuples gaulois derrière les murailles des villes |
| **461** | Le *concile* d'Angers marque les progrès de la christianisation dans la région |
| **1170** | Première digue sur la Loire |
| **1481** | Retour du Maine et de l'Anjou au domaine royal |
| **1532** | Signature de l'accord de rattachement de la Bretagne à la France au château ducal de Nantes |
| **1626-1627** | La peste ravage la région et fait perdre à Angers 2 000 habitants en moins d'un an |
| **1793-96** | Les guerres de Vendée entraînent de très nombreuses destructions architecturales et font 200 000 morts |
| **1830** | Fin de la traite négrière et du commerce triangulaire du port de Nantes |

# À l'aube de l'Histoire

Les empreintes de la Préhistoire sont plutôt discrètes en Pays de la Loire. Peintures *rupestres* et hachettes de pierre témoignent malgré tout de la présence ancienne de l'homme, tout comme de nombreux *mégalithes*, dont la pierre Saint-Julien au Mans ou le *dolmen* de Duneau.

## Les artistes des grottes de Saulges

À Saulges, les eaux de l'Erve ont creusé un canyon percé de nombreuses grottes, fréquentées par l'homme depuis l'époque paléolithique. Parmi la vingtaine de sites repérés, certains sont connus depuis des siècles et étudiés depuis le XIXe siècle. Ainsi de la grotte Margot, ornée de plus de 200 peintures et gravures représentant des cerfs, des oiseaux ou encore des empreintes de mains datant de 25 à 12 000 ans avant notre ère, mais découvertes seulement il y a une quinzaine d'années ! La grotte est pourtant connue depuis fort longtemps, puisqu'on y trouve également des graffiti du XVIIIe siècle ! La grotte Rochefort, quant à elle, présente une vaste salle dite des Troglodytes, dans laquelle les fouilles actuellement en cours ont permis de découvrir des vestiges de gibier, rennes, rhinocéros ou chevaux datant de la période glaciaire, et des objets en os gravé. D'autres grottes, non accessibles au public, ont révélé des traces de présence humaine.

Et aujourd'hui

L'ensemble constitue de plus une réserve écologique importante pour certaines espèces, notamment de chauves-souris.

### Celtes ligériens

Les Celtes s'installent dans la région à partir de 700 avant notre ère. Au nord de la Loire, les Aulerques Cénomans occupent la zone de Vindunum, qui deviendra Le Mans, tandis que les Diablinthes s'établissent dans le Maine, autour de Jublains. Angers est la cité des Andes ou Andécaves, et au sud du fleuve s'installent les Pictons, dont la capitale, Lemonum, donnera naissance à la ville de Poitiers. À l'époque celte, déjà, la région fait preuve d'un fort dynamisme économique, dont témoignent les nombreuses monnaies, céramiques, poteries ou haches de *dolérite* retrouvées lors des fouilles archéologiques.

## Allonnes, un sanctuaire pour deux divinités

Occupé avant la conquête romaine, le site d'Allonnes, fouillé dès 1774, dépendait de la tribu des Cénomans. Des découvertes récentes ont permis de mettre au jour une très importante agglomération celto-romaine, dont la prospérité reposait sans doute sur l'exploitation de gisements de fer ainsi que sur la culture des riches terres alentour. Le site semble avoir été romanisé sans rupture, comme en témoigne le temple de Mars-Mullo.

Le saviez-vous ?

En effet, cet important sanctuaire est dédié à la déesse celte Mullo, puis conjointement au dieu romain Mars. Il aurait fonctionné durant 8 siècles avant de fermer ses portes au IVe siècle de notre ère ! Sa présence expliquerait qu'une agglomération d'une telle importance se soit développée à quelques kilomètres du Mans antique, capitale de la cité des Cénomans. Le site a également révélé les vestiges d'une *villa*, de thermes, de nombreuses habitations, d'un vaste bâtiment public de 700 m² récemment identifié et d'une nécropole avec un second temple, de style corinthien.

## Les murailles du Mans, un travail d'artiste !

Si les Cénomans participent, avec les Pictons, au soulèvement de Vercingétorix, César rencontre ensuite peu de résistance dans la conquête de la région. La défaite de Dumnacos, chef des Andécaves, aux Ponts-de-Cé, ouvre la voie à la romanisation des Pays de la Loire. Vindunum, *oppidum* dont le peuplement remonte au IVe millénaire, devient la capitale de la cité administrative des Cénomans. Au IIIe siècle, elle se dote d'une enceinte rectangulaire de 1 300 m de long, ponctuée de tours et de poternes, dont une bonne partie est encore visible aujourd'hui. Cet ouvrage de très belle qualité ne semble pas avoir été bâti dans l'urgence, comme ce fut le cas ailleurs en Gaule, mais édifié avec soin et dans un souci esthétique évident. Le blocage de béton romain est recouvert d'un parement dont les matériaux, de couleurs variées, composent des motifs élaborés. Cette superbe enceinte protège la ville jusqu'au XIVe siècle ; elle est alors agrandie, puis oubliée, partiellement enfouie dans l'enchevêtrement de bâtiments. Elle est dégagée et mise en valeur au XXe siècle.

## Jublains, ville nouvelle

Ensemble remarquable

Si les Romains n'hésitent pas à reprendre les sites urbains celtes, comme au Mans, certaines agglomérations sont créées de toute pièce. Parmi celles-ci, Jublains a été remarquablement préservée ; comme elle a périclité au Moyen Âge, ses monuments n'ont été ni détruits ni réemployés et sont encore visibles aujourd'hui. La ville, capitale des Diablinthes, est bâtie autour d'un temple gaulois reconstruit en pierre à la manière romaine. Elle possède un double *cardo*, cet axe nord-sud présent dans toutes les villes romaines autour duquel sont implantés les grands bâtiments publics ; le forum, les thermes, le théâtre et le temple. Les thermes sont situés sous l'église, qui a dû être rehaussée pour en faciliter l'accès aux visiteurs ! On y admire encore la piscine du *frigidarium* et l'*hypocauste*, système de chauffage par le sol. À quelques pas de là, le *castellum* était dédié à la défense de la ville, ou peut-être à la protection de denrées ou de biens précieux.

De plan rectangulaire, il comportait 9 tours pleines. Longtemps oublié, le site de Jublains est redécouvert au XVIIIe siècle, puis fouillé et mis en valeur aux siècles suivants.

## L'âge féodal et la convoitise des puissants

La fin de l'Empire romain ne signe pas celle du rêve impérial, qui perdure aux temps mérovingiens avant de prendre une nouvelle dimension avec le sacre de Charlemagne en l'an 800. Les descendants de l'empereur d'Occident démantèlent cependant son héritage au cours de luttes fratricides. En 865, Charles le Chauve et son fils Louis le Bègue s'affrontent à propos du duché du Mans, érigé par Charlemagne en frontière de l'Empire aux marches de la Bretagne. Bientôt, aux luttes internes et à l'opposition entre Francs et Bretons vient s'ajouter le problème normand, lorsque les rois de France mettent fin aux attaques vikings par la création du duché de Normandie, qui jouxte les Pays de la Loire. Ainsi, à l'heure où se mettent en place les complexes relations féodales, la richesse de la région attise la convoitise de bien puissants voisins !

### Foulques Nerra et les grandes heures de l'Anjou

Violent, batailleur mais profondément pieux, Foulques III, comte d'Anjou, né autour de 970, est surnommé Nerra, ce qui veut dire le Noir. Il passe son existence à batailler contre ces redoutables seigneurs qui pressent son domaine de toute part : Bretons au nord, Aquitains au sud et surtout, à l'est, son principal ennemi, le comte de Blois. Afin de le contenir, il construit de très nombreux donjons de pierre, comme à Langeais, Montrichard, Montbazon, Sainte-Maure ou Loches. Il s'empare d'Angers et de Saumur, conduisant le comté d'Anjou à son apogée. Foulques, très croyant, effectue également plusieurs pèlerinages et de nombreuses donations et fondations religieuses, sans doute en réparation de sa violence guerrière. Il se rend quatre fois à Jérusalem et fonde l'abbaye de Beaulieu-lès-Loches, près de la cité où il se fait inhumer.

## L'imprenable Sainte-Suzanne

**Ensemble remarquable**

Les seigneurs du Maine ont également affaire à forte partie en la personne de Guillaume le Conquérant, duc de Normandie et roi d'Angleterre par conquête. Il a subi un seul échec dans sa brillante ascension ; il n'a pas réussi à prendre Sainte-Suzanne, clef de la province du Maine. Cet éperon rocheux dominant la vallée de l'Erve est occupé dès l'époque préhistorique, comme l'attestent le *dolmen* des Erves et les remparts gaulois en pierre vitrifiée. Au XIe siècle, le village fortifié se transforme en véritable forteresse, pourvue d'un massif donjon de pierre. C'est là que le vicomte du Maine résiste pendant 4 ans aux hommes de Guillaume, installés au camp de Beugy, au nord de la place. Par la suite, une enceinte de pierre est ajoutée au dispositif, qui demeure imprenable jusqu'au XVe siècle. Aujourd'hui, un élégant logis mêlant style Renaissance et classicisme côtoie les ruines de la forteresse ; édifié par un ministre d'Henri IV qui avait racheté la seigneurie de Sainte-Suzanne, il ne fut jamais terminé. La petite ville offre bien d'autres merveilles au promeneur, comme le grenier à sel qui au XVIIe siècle fait de la cité un maillon de l'administration royale.

## Solesmes, une renaissance

Dans le Maine comme en Normandie, Guillaume le Conquérant se montre soucieux de s'appuyer sur l'Église et approuve la création, en 1010, du prieuré de Solesmes. Fondée par les moines de l'abbaye mancelle de la Couture, cette communauté monastique reste plutôt modeste pendant des siècles. Jusqu'à la guerre de Cent Ans, elle connaît une certaine prospérité, mais en 1425 le monastère est brûlé et le village pillé par les Anglais. L'église du XIe siècle est alors reconstruite dans des proportions plus modestes.

**Figure historique**

Le prieuré connaît des fortunes diverses, mais sa véritable résurrection se produit au XIXe siècle grâce à l'abbé Dom Guéranger, qui recrée la communauté dispersée par la Révolution, rachète les bâtiments et restaure la vie monastique. Il est notamment à l'origine de la restauration du chant grégorien. Solesmes acquiert un rayonnement international et fonde de très nombreuses abbayes en France et à l'étranger. L'église est la partie la plus ancienne de l'abbaye, dont les bâtiments conventuels ont été reconstruits en 1722. Le petit cloître date de cette époque, mais le grand cloître a été ajouté en 1937. La Congrégation de Solesmes regroupe aujourd'hui 32 monastères.

## Au Mans, la cathédrale au cœur de la cité Plantagenêt

**Ensemble remarquable**

Au XIIe siècle, le Maine passe dans la mouvance angevine alors même que la maison d'Anjou s'unit à la dynastie anglo-normande par le mariage de Geoffroy d'Anjou, dit Plantagenêt, avec Mathilde, petite-fille du Conquérant. Leur fils Henri, qui devient roi d'Angleterre en 1154, est baptisé dans la cathédrale du Mans, où Geoffroy est enterré en 1151. La vieille ville du Mans, qui a conservé ses ruelles pavées, ses maisons à pan de bois et ses hôtels Renaissance, mérite donc bien son nom de Cité Plantagenêt. Au cœur de ce quartier historique, la cathédrale Saint-Julien déploie, sur des bases romanes normandes, une architecture gothique angevine aux dimensions impressionnantes. Elle abrite le plus ancien vitrail encore en place, qui fut posé il y a 900 ans !

### Le château de Saumur

Parmi les biens de la maison d'Anjou, les Plantagenêts héritent du château de Saumur, pris par Foulques Nerra au comte de Blois qui l'a fait bâtir au XIe siècle. Philippe Auguste l'annexe à la couronne au début du XIIIe siècle, si bien qu'il échoit, au siècle suivant, à Louis Ier d'Anjou, frère du roi Charles V. Ce prince en fait une fastueuse demeure et remplace ses tours rondes par des tours octogonales.

Le saviez-vous ?

Sa silhouette élancée est reproduite dans une miniature enluminée des *Très Riches Heures du duc de Berry*. Saumur réintègre le domaine royal en 1480, à la mort du dernier duc d'Anjou. Dès lors, le château est confié à la garde de gouverneurs, et offert comme place de sûreté au parti protestant en 1589. Il est alors fortifié par une enceinte d'une grande modernité qui préfigure l'œuvre de Vauban ! Transformé en prison puis en arsenal, le château est racheté au XXe siècle par la ville de Saumur, qui y loge les riches collections du musée municipal.

## Morcellement territorial, unité religieuse du Moyen Âge

Si les domaines des Plantagenêts occupent une large partie de la région, ils ne couvrent toutefois pas sa portion occidentale, partagée entre Bretagne et Poitou. Mais ce morcellement politique n'empêche pas une profonde unité religieuse, incarnée par les grandes fondations monastiques de l'époque.

### À Nieul-sur-l'Autise, le souvenir d'Aliénor

À retenir

Fondée au XIe siècle grâce à la générosité des ducs d'Aquitaine, l'abbaye Saint-Vincent de Nieul-sur-l'Autise incarne très concrètement l'importance d'un réseau monastique qui transcende les logiques politiques, puisqu'en unissant ses forces aux abbayes de Maillezais, Saint-Maixent, l'Absie et Saint-Michel de l'Herm, elle entreprend la vaste tâche d'aménager le Marais poitevin, apportant à la région une certaine prospérité. En 1141, elle reçoit la visite d'Aliénor, reine de France et duchesse d'Aquitaine, et bientôt reine d'Angleterre par son second mariage avec Henri Plantagenêt ! Elle confère à Saint-Vincent, où sa mère est inhumée, le statut d'abbaye royale. La puissance du monastère de Nieul s'étiole avec les guerres de religion, qui endommagent gravement les bâtiments. Malgré les efforts menés au XVIIe siècle, la vie monastique ne s'en relève pas et cesse lors de la Révolution. Au XIXe siècle, Mérimée fait classer le monument, chef d'œuvre du roman poitevin. C'est un ensemble remarquable qui a conservé son église romane à double clocher et un très beau cloître roman.

## Fontevraud, une expérience révolutionnaire !

Fontevraud, fondée en 1101, est à ses débuts une communauté monastique peu commune ; en effet, son fondateur, le charismatique prédicateur Robert d'Arbrissel, crée avec ses disciples un monastère mixte, où hommes et femmes vivent côte à côte la vie de travail et de prière des moines ! Rapidement cependant, Fontevraud s'organise sur un schéma plus classique autour de quatre prieurés, l'un destiné aux hommes, un autre aux femmes, le troisième aux sœurs *converses* et le dernier aux sœurs hospitalières. La direction de l'ensemble est confiée à une abbesse. Peut-être désireuse d'y créer une nécropole royale, Aliénor d'Aquitaine y fait enterrer son mari, Henri Plantagenêt, et leur fils Richard Cœur de Lion. Elle y est inhumée à son tour après y avoir passé les dernières années de sa vie. Par la suite, Fontevraud bénéficie d'une certaine aura et compte, parmi ses abbesses comme parmi ses pensionnaires, plusieurs membres de la famille royale. C'est ici que sont éduquées les filles de Louis XV. La communauté est dispersée à la Révolution, puis les bâtiments sont transformés en prison en 1804. Cette maison de détention, réputée comme étant l'une des plus dures de France, ferme définitivement ses portes en 1963.

**Et aujourd'hui**

Fontevraud peut alors entamer sa renaissance et offre aujourd'hui au regard du visiteur sa vaste *abbatiale* romane, le cloître du XVIe siècle, la salle *capitulaire* et ses ornements Renaissance ou encore la cuisine, curieux édifice circulaire entouré de 5 *absidioles* dont les origines remontent au XIIe siècle.

## L'abbaye de l'Épau, les dernières volontés d'une reine

**Figure historique**

Bérengère de Navarre, veuve de Richard Cœur de Lion, se voit concéder la ville du Mans par le roi de France Philippe Auguste. Retirée dans cette ville, elle fonde non loin de là, à l'Épau sur les bords de l'Huisne, une abbaye qu'elle confie à l'ordre cistercien. La communauté s'installe en 1230 et entreprend de drainer les marais de l'Huisne et de bâtir une abbaye cistercienne de plan classique, en commençant par l'église *abbatiale*. Si les bâtiments souffrent pendant la guerre de Cent Ans, ils sont restaurés et embellis par la suite mais sans modification majeure. Au XVe siècle, l'abbaye est placée en *commende* ; l'abbé se fait construire un logis en 1528. Quelques ornements, *retables* et autels signalent les aménagements classiques du XVIIe siècle, puis le réfectoire est remplacé par de petits salons… La vie monastique, qui semble bien peu fidèle à l'idéal du XIIe siècle, cesse avec la Révolution. L'abbaye devient propriété privée avant d'être rachetée en 1959 par le conseil général de la Sarthe. Elle conserve le gisant de la reine Bérengère, inhumée là en 1230 lors de la fondation de l'abbaye.

# Des richesses et des positions à défendre

Les abbayes contribuent fortement au développement économique régional en menant d'importants travaux de défrichement, d'aménagement ou de drainage, comme dans le Marais poitevin ou à l'Épau. Dès 1170, les premières digues sont construites sur la Loire afin de maîtriser le parcours de l'eau, qui draine un limon fertile d'un intérêt majeur pour les cultures. Dès lors, ces terres prospères doivent également être défendues dans un contexte territorial complexe où s'enchevêtrent des influences politiques que la guerre de Cent Ans vient bouleverser en profondeur.

## Guérande et l'or blanc de la mer

**Ensemble remarquable**

La richesse de Guérande, c'est bien sûr le sel, exploité depuis la Préhistoire. L'exploitation des marais salants permet une certaine prospérité, si bien qu'au XIIIe siècle la ville se dote d'une première enceinte fortifiée. Celle-ci est mise à mal lors de la guerre de succession de Bretagne, au cours de laquelle la cité embrasse le parti de Jean de Montfort, son *suzerain*. Plusieurs fois prise et pillée par les Français, elle se dote de nouveaux remparts au XVe siècle, une fois la paix revenue, et connaît alors un véritable âge d'or fondé sur le commerce maritime et la production de sel et de vin. Cette seconde enceinte, intégralement conservée, comporte aujourd'hui 10 tours, 4 portes et une poterne, reliées par une *courtine* longue de 1 400 m. La porte Saint-Michel, flanquée de deux grosses tours rondes, marque l'entrée de la cité. Au cœur de la ville, la chapelle Notre-Dame-la-Blanche, qui date du XIIIe siècle, accueillit la signature du second traité de Guérande mettant fin à la guerre de succession. La collégiale Saint-Aubin, de style gothique flamboyant, domine la ville de son imposante stature. Au XXe siècle, alors que sa puissance maritime s'est étiolée, Guérande a su rebondir grâce au tourisme en mettant en valeur ce riche patrimoine.

## Tiffauges, dans le château de Barbe bleue

Entre Anjou, Bretagne et Poitou, les vicomtes de Thouars se sont taillé un riche domaine et savent jouer des rivalités de leurs puissants *suzerains* pour défendre leurs intérêts. Seigneurs de Tiffauges, ils bâtissent en ce lieu, au XIIe siècle, un massif donjon de pierre cerné par un rempart muni de tours.

**Figure historique**

Au cours de la guerre de Cent Ans, l'héritière de Tiffauges, Catherine de Thouars, épouse le fameux Gilles de Rais, compagnon de Jeanne d'Arc. En 1440, celui-ci est condamné à mort pour divers crimes, dont de très nombreux et atroces meurtres d'enfants. Il est surnommé le Barbe bleue nantais.

Les conflits ont causé d'importants dégâts au donjon, qui au début du XVe siècle est doté d'une chemise de pierre destinée à le renforcer. En 1520, une grosse tour d'artillerie, la tour du Vidame, vient étayer les fortifications à l'opposé du donjon. En 1626, Richelieu fait araser le sommet de ce dernier, qui se trouve rempli des gravats. Le site conserve également les ruines d'une chapelle seigneuriale et de sa crypte romane.

## Le Lude, une histoire de l'architecture

**En péril**

Le Lude, comme Tiffauges, occupe un emplacement stratégique entre Anjou, Maine et Touraine. Le site, d'origine romaine, est fortifié au XIIIe siècle, et résiste vaillamment lors de la guerre de Cent Ans avant de tomber aux mains des Anglais en 1425. Le château est repris deux ans plus tard par les compagnons de Jeanne d'Arc, dont Gilles de Rais. La fin de la guerre ouvre une période de prospérité, dont le Lude profite sous l'égide de la famille de Daillon, qui transforme la rude forteresse médiévale en château de plaisance. Ces seigneurs occupent de hautes fonctions à la cour, dont la magnificence du Lude témoigne avec éclat. Le dernier membre de cette brillante famille est lieutenant général des armées et gouverneur de Versailles ! La terre du Lude est alors érigée en duché-pairie par Louis XIV. Au XVIIIe siècle, le château est racheté par Joseph Julien Duvelaër, directeur du comptoir de Canton à la Compagnie des Indes, qui s'y installe avec son épouse chinoise. Il lègue le domaine à sa nièce, qui parvient à le sauver de la destruction lors de la Révolution. Il appartient toujours à ses descendants, qui ont su mettre en valeur son allure singulière pour en faire profiter les visiteurs. L'édifice propose en effet un véritable voyage dans le temps. Du Moyen Âge, il a conservé de puissantes tours, de larges douves et des souterrains voûtés. La façade sud témoigne de la première Renaissance, avec ses imposants médaillons sculptés. La cour d'honneur illustre quant à elle la Renaissance française, entre rigueur et symétrie. L'aile orientale, pour sa part, témoigne d'une sobre inspiration classique. Enfin, au XIXe siècle est bâtie une jumenterie, dédiée à l'élevage des chevaux en cette période férue de courses hippiques. En 1957, Le Lude innove en accueillant le premier spectacle son et lumière avec des acteurs, puis se tourne vers la mise en valeur de ses jardins, labellisés Jardin remarquable, notamment à travers la Fête des jardiniers. Ce site, qui nécessite de vastes travaux de restauration, est soutenu par la Fondation du patrimoine.

## Fresnay-sur-Sarthe, aux marches de la Normandie

**Ensemble remarquable**

Autres confins, autre forteresse, le château de Fresnay-sur-Sarthe se dresse aux frontières du Maine et de la Normandie. Attesté dès le IXe siècle, il fait face plusieurs fois aux attaques des ducs de Normandie. Le bourg connaît ensuite, aux XIIe et XIIIe siècles, une certaine prospérité, dont témoignent encore aujourd'hui les remparts de la ville, l'église ou encore la cave au Lion, tous bâtis à cette époque. Occupée lors de la guerre de Cent Ans, Fresnay est libérée en 1450 et renoue dès lors avec sa richesse d'autrefois. La poterne du château, avec ses deux grosses tours rondes, rappelle ces luttes passées tandis que l'hôtel de Chervy, demeure du *bailli* de Fresnay, illustre l'opulence du XVIe siècle. La ville prospère alors grâce à la culture et au tissage du chanvre, puis du lin. Grenier à sel, hôpital, moulins, prieurés, Fresnay prend de l'importance et devient ville de marchés et de foires. Elle en compte jusqu'à quatre ! La prospérité fresnoise survit à la Révolution, comme en témoignent les superbes halles, reconstruites au XIXe siècle. Avec le déclin de la production textile, Fresnay mise sur l'industrie et sur le tourisme pour assurer son développement.

## Goulaine, la belle des marais

Goulaine se dresse pour sa part sur les marches de Bretagne, illustrant les complexes problématiques frontalières de cette région des Pays de la Loire ! Bâtie au XIIe siècle, la forteresse érigée par Jean de Goulaine, capitaine de la ville de Nantes, met à profit le terrain marécageux, utilisé ici comme ceinture défensive ! Avec le rattachement de la Bretagne à la France, de telles précautions semblent devenues inutiles, et Goulaine se transforme alors en demeure de plaisance de style gothique flamboyant. Au XVIIe siècle, les Goulaine sont faits marquis, et transposent ce nouveau statut social dans la riche ornementation intérieure de leur demeure, typique de cette époque. En 1788, le château est vendu à un armateur hollandais, ce qui permet de le préserver des destructions révolutionnaires.

Et aujourd'hui

Il est racheté en 1858 par un membre de la famille de Goulaine, qui est toujours propriétaire du lieu aujourd'hui. Il est considéré comme le plus occidental des châteaux de la Loire.

## Le château ducal d'Angers

Si, trois siècles avant la Bretagne, la Normandie et l'Anjou ont intégré le domaine royal, ce dernier comté est donné en *apanage* au frère de saint Louis, Charles Ier d'Anjou. L'édification à Angers d'une énorme forteresse, dont les 17 tours reliées par une *courtine* de près de 500 m de long forment une enceinte en U fermée par la Maine, vient alors de s'achever. Aux siècles suivants, les ducs d'Anjou, descendants du roi de France Jean II, confèrent à la cour d'Angers un faste sans précédent, transformant le palais comtal roman des xe et xiie siècles en une confortable résidence. Le roi René de Naples, duc d'Anjou, fait édifier le logis royal au cœur de l'enceinte. Partiellement détruit lors des guerres de religion, le château est par la suite transformé en prison, garnison, dépôt de munitions...

Le saviez-vous ?

Aujourd'hui doté de magnifiques jardins, il présente aux visiteurs un rare chef d'œuvre médiéval : la tapisserie de l'Apocalypse, commandée par le duc Louis d'Anjou en 1375. Cette œuvre monumentale mesure plus de 100 m de long sur 6 m de haut !

## Le château des ducs de Bretagne à Nantes

À retenir

Les Pays de la Loire occupent une position de marche aux frontières de la Normandie, mais ils jouxtent aussi la Bretagne qui, jusqu'à la suppression des provinces par la Révolution, englobe l'estuaire de la Loire. Elle possède alors deux capitales, Rennes et Nantes. C'est dans cette dernière ville que les ducs choisissent de bâtir, au xiiie siècle, un premier château ducal sur les murailles gallo-romaines. Il est remplacé au xve siècle par un second bâtiment, mi-forteresse, avec son imposante muraille, car la Bretagne défend toujours son indépendance face au roi de France, mi-résidence d'apparat, où le duc tient sa cour. Après le rattachement à la couronne, il devient logis royal. La duchesse Anne y fait ajouter plusieurs éléments de décor mêlant influences gothiques et première Renaissance, et renforce, côté ville, les fortifications du château. Celles-ci sont modernisées à la fin du xvie siècle par le duc de Mercœur, chef de la Ligue catholique, lors des guerres de religion. Le château connaît ensuite divers usages – caserne, arsenal, prison – avant de renaître à la fin du xxe siècle grâce à d'importants travaux de restauration.

# Renaissance et époque classique, douceur angevine ?

Incarnée par la figure du bon roi René, duc d'Anjou, qui porte le titre de roi mais a perdu tous ses royaumes, la période qui s'ouvre après la guerre de Cent Ans est marquée par la paix et la prospérité économique. Mais le beau XVIe siècle, qui évoque l'éclat de la Renaissance et la « douceur angevine » chantée par Joachim du Bellay, sombre bientôt dans une véritable guerre civile lorsqu'éclatent les guerres de religion.

## Lassay-les-Châteaux, un bouquet de tours

En péril

À la fin de la guerre de Cent Ans, le roi Charles VII autorise le seigneur de Lassay à rebâtir son château, rasé en 1422 car trop endommagé. Sur l'emplacement de la place forte du XIIe siècle, une surprenante forteresse sort alors de terre en l'espace d'une année. Huit hautes tours reliées par des *courtines* forment l'enceinte. Seules deux d'entre elles sont parfaitement rondes. Les autres, dont les deux qui forment le châtelet d'entrée, possèdent côté cour une façade plate, percée de rares ouvertures. L'ensemble est complété par un boulevard d'artillerie, érigé à la fin du XVe siècle lors du conflit avec la Bretagne. Lassay est en effet un château moderne, dont la conception intègre l'usage des armes à feu. Cet étonnant édifice, qui n'a presque pas évolué depuis sa construction, nécessite d'importants travaux de consolidation. Il est à ce titre soutenu par la Fondation du patrimoine et la mission Bern.

## Brissac, mi-château fort mi-palais

Insolite

La forteresse de Brissac, édifiée par le *sénéchal* de Normandie Jacques de Brézé sur les ruines d'une place forte attribuée à Foulques Nerra, fait également partie de ces châteaux forts modernes marqués par l'apparition de l'artillerie. Érigé dans les années 1480, il est racheté dès 1502 par René de Cossé, *chambellan* de Charles VIII, qui y opère quelques légères modifications. À la fin du XVIe siècle, catholiques et protestants se disputent la place au cours des guerres de religion, et Henri IV y met le siège !

Figure historique

Il faut dire que Charles de Cossé-Brissac a embrassé le parti de la Ligue contre celui du roi ! Nommé gouverneur de Paris, c'est toutefois lui qui remet les clefs de la ville ligueuse à Henri IV en 1594. La paix venue, cette réconciliation s'avère profitable ; l'ancien rebelle est fait maréchal de France, duc et pair ! Il entreprend alors de rebâtir sa demeure avec un faste conforme à son nouveau rang social. Le projet est ambitieux ; avec ses 7 étages, Brissac sera le plus haut château de France ! L'ancienne forteresse est progressivement démolie pour laisser place au nouvel édifice. Mais sa mort en 1621 suspend les travaux, si bien que deux des tours médiévales ne sont finalement pas détruites, et l'aile droite du nouveau bâtiment n'est jamais construite !

Le château arbore dès lors une allure singulière, surtout côté est où la façade Louis XIII est encadrée par deux sévères tours médiévales dont l'une est en partie ébréchée. Le pavillon d'entrée, haut de 5 étages, se trouve déporté à droite de la façade dont il aurait dû constituer le centre. L'un des ducs de Brissac le définissait ainsi : « Brissac est un château neuf à demi-construit dans un château vieux à demi-détruit. » Ce surprenant édifice est toujours habité par la famille de Cossé-Brissac.

## Le château de Terre-Neuve à Fontenay-le-Comte

La Renaissance et l'époque classique marquent l'apogée de la ville de Fontenay, qui depuis le XIIIe siècle se nomme Fontenay-le-Comte en hommage au comte Alphonse de Poitiers, frère de saint Louis. Au XVIe siècle, la cité se pare de superbes hôtels particuliers tandis qu'est aménagée la fontaine des Quatre-Tias, qui date de 1542. L'église Notre-Dame, bâtie au XVe siècle, est dotée d'élégantes chapelles Renaissance. Enfin, à partir de 1584, l'écrivain Nicolas Rapin, compagnon d'armes du roi Henri IV, fait construire le fameux château de Terre-Neuve, sobre édifice Renaissance bâti sur un plan en équerre.

Fontenay connaît des jours difficiles lors de la Révolution ; rebaptisée Fontenay-le-Peuple, elle fait l'objet de combats entre Vendéens et républicains puis est abandonnée. En 1804, elle perd son statut de préfecture au profit de La Roche-sur-Yon.

**Figure historique**

Le château de Terre-Neuve, quant à lui, connaît une étonnante renaissance au XIXe siècle ; son propriétaire Octave de Rochebrune, grand amateur d'antiquités, prélève de nombreux éléments architecturaux sur des demeures abandonnées de la région pour en décorer son château ; ainsi à Coulonges-les-Royaux, dont proviennent de très nombreux éléments Renaissance présents à Terre-Neuve, dont des cheminées monumentales. Sur l'une d'elle figure gravé le processus alchimique censé permettre la fabrication de la fameuse « pierre philosophale », sorte de remède universel. Rochebrune obtient également des boiseries et panneaux peints provenant de Chambord.

Les collections de Rochebrune peuvent encore être admirées au château ; elles constituent l'un des trésors d'une ville au riche passé, que François Ier qualifiait de « fontaine des beaux esprits ».

### Les levées de la Loire, la belle insoumise

Les châteaux somptueux et la douceur de vivre en ces Pays de la Loire ne doivent pas nous tromper ; les caprices du fleuve peuvent se muer en désastres ! Mais après les crues ravageuses de la première moitié du XVIIe siècle, le ministre Jean-Baptiste Colbert, porteur d'une vision volontariste du rôle de l'État, entend agir. L'idée de dompter la Loire est certes ancienne ; Henri Plantagenêt déjà, au XIIe siècle, avait fait construire une importante digue et pourvu à son entretien. À sa suite, les seigneurs d'Anjou font bâtir de nombreuses levées, qui s'étendent bientôt de Gien à Angers. Sous Louis XIII, on imagine même la mise en place de déversoirs destinés à recevoir le trop-plein d'eau pour éviter des ruptures de digues. Colbert entend plutôt renforcer les digues pour les rendre insubmersibles. Son programme est mis en œuvre à partir de 1668. Les levées se multiplient, toujours plus hautes ! Malheureusement, cela a pour conséquence d'amplifier la puissance des crues. Celles du début du XVIIIe siècle emportent sur leur passage la plupart des ponts médiévaux de la Loire, qui ne sont pas prévus pour résister à un tel débit. On se décide à construire quelques déversoirs, dont le nombre sera renforcé au siècle suivant, sans toutefois parvenir à dompter définitivement le plus long fleuve de France.

## L'île Feydeau et le port négrier de Nantes, une triste mémoire

À l'embouchure du fleuve, la cité de Nantes affiche, en cette fin d'ancien régime, une insolente prospérité. Celle-ci repose hélas sur une bien terrible pratique, la traite d'esclaves, qui permet l'édification d'immenses fortunes parmi les armateurs nantais.

À retenir

Ce triste trafic représente jusqu'à un tiers du commerce maritime de la ville, et 43 % du trafic négrier français. On estime que les navires nantais ont transporté plus de 500 000 esclaves en un peu plus d'un siècle ! Au cœur de la ville, l'île Feydeau et les quais qui l'entourent gardent mémoire de ce triste passé. Sur l'île, aujourd'hui entourée de pelouses et non plus d'eau, les négriers font construire de très riches hôtels particuliers bâtis sur pilotis, qui arborent comme décoration des figures africaines ou le visage de Mercure, dieu du commerce. Non loin se dresse l'ancienne bourse, où se négociaient les prix des esclaves et des marchandises.

Certaines rues portent encore le nom de grands armateurs négriers, qui ont légué leurs richesses à la ville.

Et aujourd'hui

Aujourd'hui, Nantes ne souhaite plus cacher ce triste héritage, et accueille depuis 2012 le Mémorial de l'abolition de l'esclavage, symbole de ce travail de mémoire.

# Après la Révolution, une nouvelle ère

La fin de l'Ancien Régime correspond, dans les Pays de la Loire, à une certaine prospérité, fondée sur le commerce maritime, certes, mais aussi sur le développement des industries textiles et métallurgiques. Mais l'écart se creuse rapidement entre des populations urbaines opulentes, éduquées mais de plus en plus contestataires et anticléricales, et un milieu rural plus pauvre et beaucoup plus traditionnel. Le climat est particulièrement propice aux idées révolutionnaires.

**Figure 17-1** Les guerres de Vendée en 1793

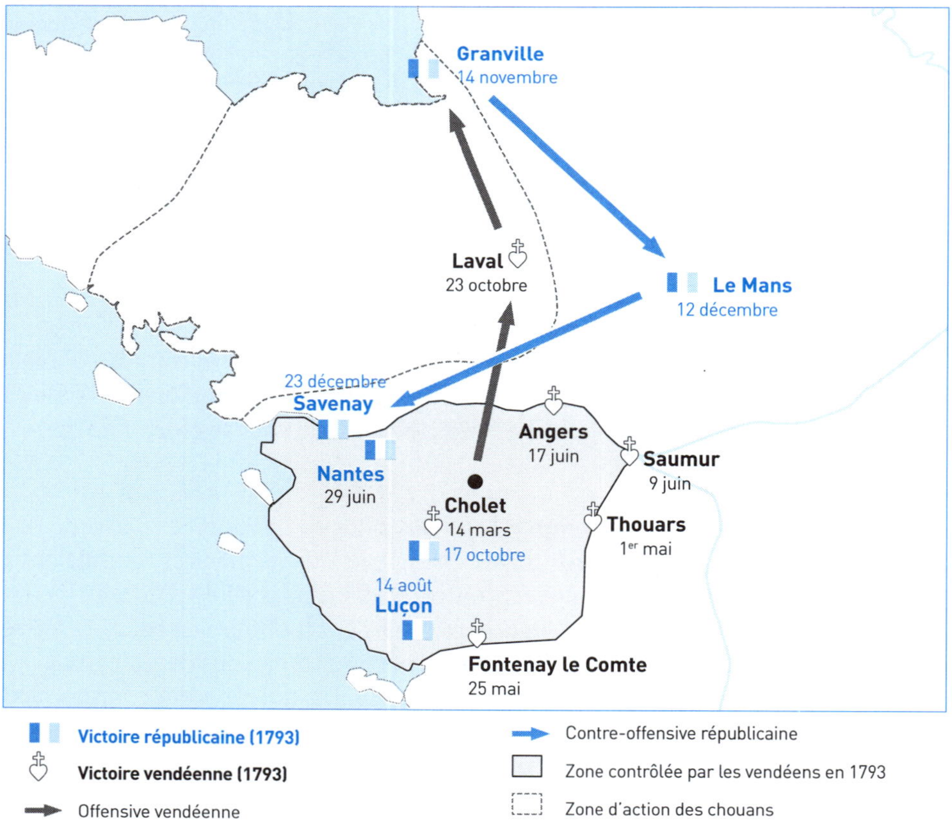

## Les guerres de Vendée

C'est indéniablement, pour la région, l'épisode le plus marquant de la période révolutionnaire. La trace qu'il a laissée dans le patrimoine local est comparable à une empreinte en négatif, tant il a engendré de destructions. Il s'agit, en réalité, d'une véritable guerre civile, provoquée par la levée en masse de 1793, qui vise à réquisitionner un maximum de soldats pour les armées de la République. De simple révolte paysanne, elle se transforme en entreprise contre-révolutionnaire menée par de véritables chefs militaires issus de la noblesse locale ; d'Elbée, Charette, Talmond, La Rochejaquelein... Ces « blancs » s'opposent aux soldats « bleus » de la République, et rétablissent le culte catholique supprimé par la Révolution. Le succès, au départ, est au rendez-vous, et l'« Armée catholique et royale » s'empare d'Angers puis de Luçon. La réponse de la Convention est sévère, la répression très dure. La paix revient peu à peu en Vendée après l'ultime tentative de débarquement de Charette à Quiberon, en 1795, avec l'appui des Anglais. La Vendée est ravagée ; la guerre aurait fait plus de 200 000 morts.

## Les moulins du mont des Alouettes, de surprenants sémaphores

La mémoire des guerres de Vendée est perpétuée sur le mont des Alouettes, que sa position élevée désigne depuis le XVIe siècle comme lieu d'implantation de moulins à vent.

**Le saviez-vous ?**

Les 8 moulins installés sur cette petite éminence à la fin du XVIIIe siècle ont en effet connu d'autres usages que la fabrication de farine ; ils ont servi de télégraphe optique ! Ainsi, les révoltés vendéens communiquaient l'avancée des troupes ennemies en positionnant les ailes des moulins selon un code préétabli ! Détruits par les armées républicaines, les moulins sont restaurés après la Révolution, mais cessent finalement de fonctionner faute de rentabilité. Seuls deux d'entre eux, récemment restaurés, subsistent aujourd'hui.

**Et aujourd'hui**

Dans l'un de ces moulins ont lieu des démonstrations de meunerie à l'ancienne. Le site du mont des Alouettes abrite également une chapelle, érigée à la demande de la duchesse d'Angoulême, fille de Louis XVI.

### François Charette, le « roi de la Vendée »

Le plus célèbre des chefs vendéens, de petite noblesse d'origine et officier de marine de formation, se montre fort réticent lorsque les paysans insurgés viennent lui demander de prendre la tête de leur soulèvement. Après un engagement plutôt mesuré en 1793, il se jette dans les combats et parvient en 1794 à contrôler le centre de la Vendée. Indépendant de caractère, il accepte mal d'œuvrer aux côtés des chefs de l'Armée catholique et royale et échoue à s'entendre avec La Rochejaquelein. En 1795, le pouvoir qu'il détient sur la province lui permet de traiter d'égal à égal avec les envoyés de la République, dont il obtient le retour de la liberté religieuse et la reconnaissance de son commandement militaire. Quelques mois plus tard, cependant, alors qu'il tente d'organiser le débarquement à Quiberon de troupes royalistes soutenues par les Anglais, il est désavoué par les princes, abandonné par les paysans qui se satisfont du retour de la liberté religieuse, et finalement pris et fusillé à Nantes par les soldats du général Hoche.

## Saint-Louis de La Roche-sur-Yon, l'église « républicaine »

La Vendée, dévastée par les guerres révolutionnaires, doit être amplement rebâtie. À La Roche-sur-Yon, petite ville prise par les royalistes puis dévastée par les colonnes infernales des armées républicaines, Napoléon décide en 1804 la construction d'une ville nouvelle. Les travaux de l'église paroissiale dédiée à saint Louis débutent en 1808, sur un plan rectangulaire de type basilical qui doit bientôt être étayé de deux chapelles latérales à cause du poids de la charpente. L'inspiration antique ne se lit pas seulement dans le plan de l'édifice, mais aussi à l'intérieur, où se déploie un vaste *péristyle* de colonnes corinthiennes.

**Insolite**

Cette évocation de l'architecture civile romaine a des accents républicains qui seront soulignés par la suite par plusieurs détails, telles les représentations du Christ en vêtements bleu-blanc-rouge sur certains vitraux, la présence du drapeau français sur le clocher nord ou celle des élus de la République sur un vitrail de 1925 !

## Le Prytanée national militaire, une ambition impériale

À La Flèche, les bâtiments du Prytanée, que Napoléon établit pour offrir une éducation secondaire de qualité à des élèves méritants, soulignent la volonté impériale de former des élites pour la nation. Mais, à vrai dire, les origines de ce lieu sont bien plus anciennes. En 1603, Henri IV encourage en effet les pères jésuites à ouvrir un collège dans ce « Château-Neuf » appartenant à sa famille. Les plans du collège sont l'œuvre de Louis Métezeau, architecte royal. En 1761, les jésuites sont chassés du royaume et leurs collèges fermés. Celui de La Flèche devient une école de cadets se destinant à la carrière militaire. Fermé en 1793, il est transformé en hôpital, en fabrique, en pensionnat, puis en 1808 Napoléon y installe le Prytanée, où se préparent désormais les élèves désireux d'intégrer l'école des officiers de Saint-Cyr ou encore l'école polytechnique. Cette destination n'a que peu varié au cours du temps, et le Prytanée est aujourd'hui l'un des 6 lycées de la Défense. Ses bâtiments comportent trois *cours accolées dominées par l'imposante église Saint-Louis* et placées au cœur d'un parc à la française. Le portail monumental comporte un buste d'Henri IV.

**Le saviez-vous ?**

L'église abrite d'ailleurs les cendres du cœur du roi et de celui de Marie de Médicis, brûlés à la Révolution.

## Les fours à chaux de Benet, témoins industriels

**En péril**

La révolution industrielle permet un développement significatif de la région par la mise en valeur de ses nombreuses ressources ; ses ports maritimes, la Loire, mais aussi ses nombreux gisements et carrières. Le calcaire du sud de la Vendée, par exemple, est exploité depuis l'Antiquité, tant pour la construction que pour la production de chaux destinée à amender les sols. En 1873, à Benet, est construit un important complexe de production de chaux comprenant plusieurs fours installés dans un massif édifice de pierre, et une bluterie, où la chaux vive obtenue par calcination du calcaire était broyée, éteinte puis conditionnée. Cet ensemble fonctionne jusqu'en 1980 grâce au charbon extrait localement, puis doit cesser son activité. Il fait aujourd'hui l'objet d'une campagne de restauration, soutenue par la mission Bern. On peut notamment y voir une collection de photos anciennes très complète sur le fonctionnement des fours. Non loin de là, près des mines de charbon de Faymoreau, on peut également admirer les fours à chaux de Foussais-Payré, construits en 1859.

## La rotonde ferroviaire de Montabon, un curieux bâtiment

**En péril**

La révolution industrielle rime bien sûr avec le développement du transport ferroviaire. La ligne Paris-Bordeaux, ouverte en 1886, prend rapidement une telle ampleur qu'il faut prévoir le long du parcours des dépôts consacrés à l'entretien des locomotives et au ravitaillement en charbon et en eau des chaudières à vapeur. Dès 1889 est bâti à Montabon, dans la Sarthe, un étonnant complexe en forme de demi-cercle qui abrite 10 voies intérieures sur fosses pour l'entretien des machines. Mais, peu à peu, la modernisation des locomotives et des voies rend ce dépôt inutile. Bombardé au cours de la Seconde Guerre mondiale, il est fermé en 1954. Il fait actuellement l'objet d'un projet de restauration visant à le transformer en musée, soutenu par la mission Bern.

Les guerres, en effet, n'ont pas épargné les Pays de la Loire. La Grande Guerre marque une véritable réconciliation nationale, car la région soutient amplement l'effort de guerre mené par Georges Clemenceau, Vendéen et républicain ! La région connaît un important développement industriel après la Seconde Guerre mondiale, avec notamment l'émergence du bassin industriel nantais. Elle n'oublie pas pour autant son riche patrimoine, qui en fait une importante destination culturelle au fil du fleuve.

## Mon coup de cœur, l'abbaye de Fontaine-Daniel

Le petit village de Fontaine-Daniel abrite une abbaye cistercienne fondée en 1204, qui connaît après la Révolution une étonnante seconde vie ; transformée en usine textile, elle est le berceau des célébrissimes Toiles de Mayenne ! Chaque année, le village met en valeur ce patrimoine à l'occasion de la Fête de la Terre, festival écologique et villageois.

# Partie 7
# Les Outre-mer

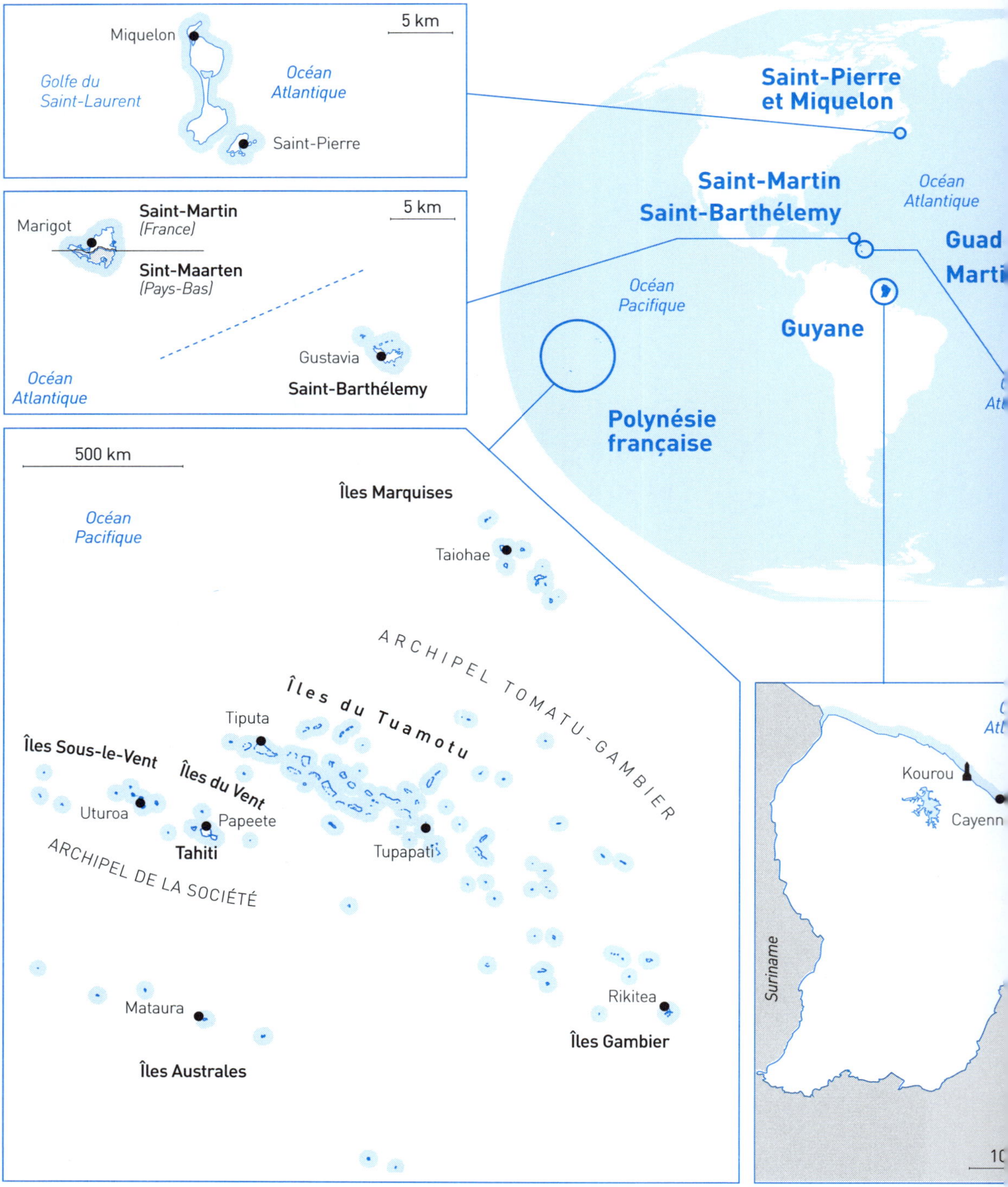

Miquelon
5 km
Golfe du Saint-Laurent
Océan Atlantique
Saint-Pierre
Saint-Pierre et Miquelon
Marigot
Saint-Martin (France)
5 km
Sint-Maarten (Pays-Bas)
Gustavia
Saint-Barthélemy
Océan Atlantique
Saint-Martin
Saint-Barthélemy
Océan Atlantique
Océan Pacifique
Guyane
Polynésie française
500 km
Îles Marquises
Océan Pacifique
Taiohae
ARCHIPEL TOMATU-GAMBIER
Îles du Tuamotu
Tiputa
Îles Sous-le-Vent
Îles du Vent
Uturoa
Papeete
Tahiti
Tupapati
ARCHIPEL DE LA SOCIÉTÉ
Mataura
Rikitea
Îles Gambier
Îles Australes
Kourou
Suriname

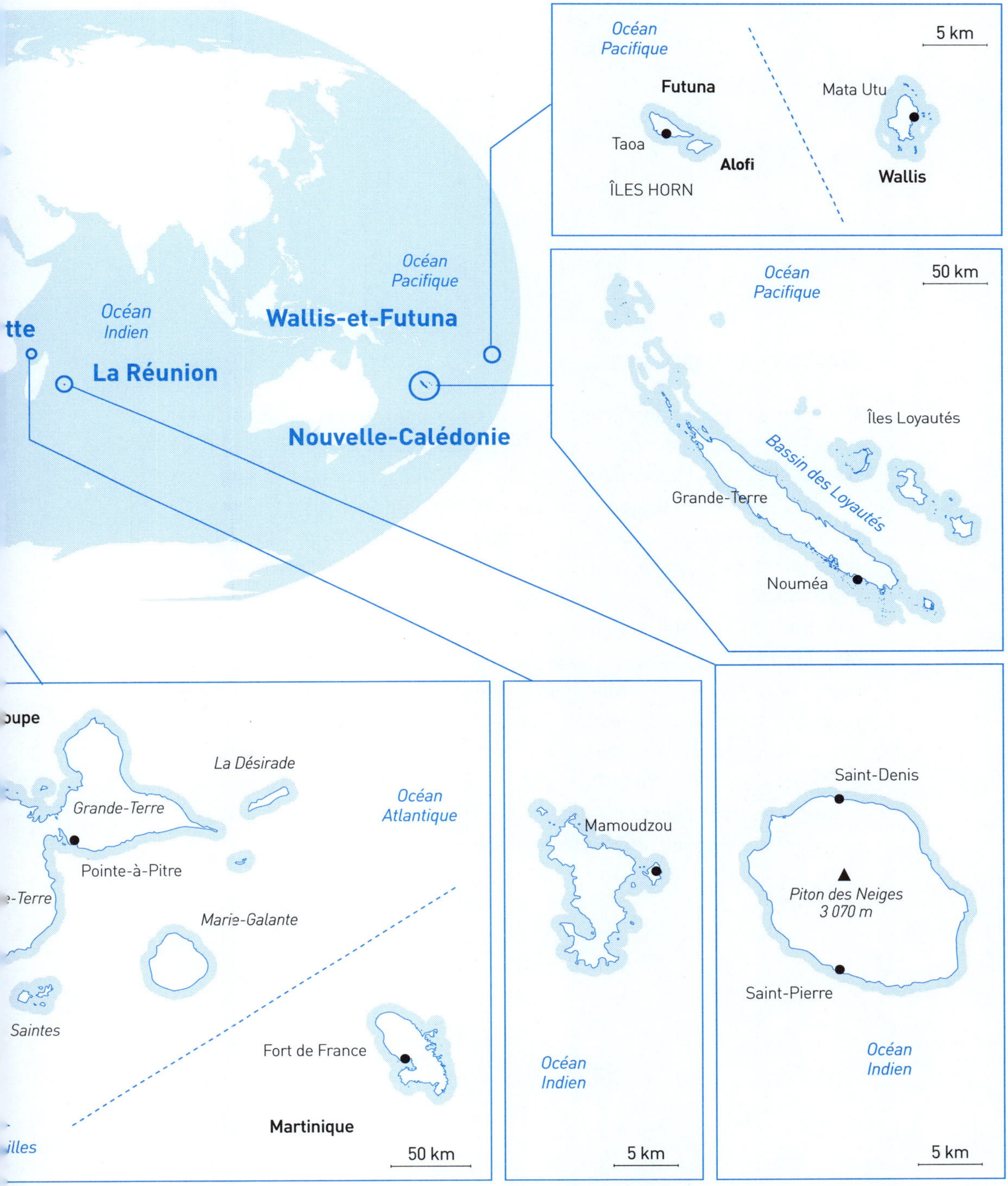

Océan Pacifique
Wallis-et-Futuna
Océan Indien
La Réunion
Nouvelle-Calédonie
Océan Pacifique
5 km
Futuna
Mata Utu
Taoa
Alofi
Wallis
ÎLES HORN
Océan Pacifique
50 km
Îles Loyautés
Bassin des Loyautés
Grande-Terre
Nouméa
La Désirade
Grande-Terre
Océan Atlantique
Pointe-à-Pitre
Marie-Galante
Saintes
Fort de France
Martinique
50 km
Mamoudzou
Océan Indien
5 km
Saint-Denis
Piton des Neiges
3 070 m
Saint-Pierre
Océan Indien
5 km

## Dans cette partie...

Embarquez pour un long voyage vers les tropiques et les lagons bleu turquoise, en passant par les eaux glacées de Terre-Neuve ! Découvrez les perles des Antilles, Guadeloupe, Martinique, Saint-Martin et Saint-Barthélemy, et leur héritage culturel aux accents caraïbes, africains, suédois, néerlandais... Partez ensuite à la découverte de Mayotte, morceau de France au large de l'Afrique, et de la Réunion, île aux paysages spectaculaires et à la culture issue d'un métissage unique. Mettez ensuite le cap sur Saint-Pierre-et-Miquelon, petit archipel au large de Terre-Neuve où les pêcheurs basques, bretons et normands ont créé une culture singulière dans une atmosphère unique ! Faites un détour par la Guyane, mystérieuse terre d'Amazonie, puis envolez-vous pour le Pacifique et les dizaines d'îles de la Polynésie, allez à la rencontre des rois coutumiers de Wallis et Futuna et achevez votre voyage en Nouvelle-Calédonie, entre souvenirs du bagne et architecture futuriste.

**DANS CE CHAPITRE**

Les Antilles françaises, quatre îles principales et des dizaines d'îlots situés au nord de l'Amérique du Sud

•

Une culture créole originale et une architecture singulière

## Chapitre 18

# Guadeloupe, Martinique, Saint-Martin et Saint-Barthélemy, richesse de la culture créole

Le peuplement des Antilles a commencé il y a environ 4 000 ans depuis les Amériques voisines. Aux peuples arawaks venus du Venezuela succèdent bientôt les Karibs (ou Caraïbes), qui ont laissé sur les îles de nombreux vestiges : roches gravées, poteries... Découvertes dès les premiers voyages de Christophe Colomb, les Antilles ne sont pas investies par les Espagnols qui se heurtent à la résistance farouche des Caraïbes. L'ère coloniale débute en 1635 avec l'arrivée des colons français, encouragés et soutenus par les compagnies de commerce et par le pouvoir royal.

### EN QUELQUES DATES

| | |
|---|---|
| **3000 av. J.-C.** | Début du peuplement de la Martinique et de la Guadeloupe par les Arawaks |
| **1350** | Les Indiens caraïbes se rendent maîtres de la Martinique et chassent les Arawaks |
| **1625-35** | Début de la colonisation française en Martinique puis en Guadeloupe |
| **1648** | L'île de Saint-Martin est officiellement coupée en deux et placée sous administration française pour la moitié nord de l'île, et sous autorité hollandaise pour la moitié sud |
| **1784-1877** | Saint-Barthélemy est vendue aux Suédois, qui la rétrocèdent à la France en 1877 |
| **1794** | Les Anglais s'emparent de la Martinique, reprise par les Français en 1802 |
| **1838** | Après l'occupation anglaise de Saint-Martin, une convention franco-hollandaise conforte les accords de partage précédents |
| **1946** | À la suite de débats animés où se distingue Aimé Césaire, la Martinique et la Guadeloupe obtiennent le statut de départements français |
| **2003** | La Guadeloupe choisit de rester département d'outre-mer et par extension région monodépartementale d'outre-mer |
| **2007** | Saint-Martin et Saint-Barthélemy sont érigées en collectivités territoriales |
| **2010** | La Martinique est érigée en collectivité territoriale |

Rapidement se met en place le système des plantations, exploitations agricoles dont la main d'œuvre est constituée d'esclaves venus d'Afrique. Les Caraïbes, en effet, disparaissent, décimés par les guerres mais surtout par les maladies importées par les colons. En 1685, le Code noir, qui régit la pratique de l'esclavage dans les Antilles et en Louisiane, entérine l'exploitation des îles dans le but de faire bénéficier la métropole de leur richesse économique. En 1848, l'esclavage est aboli dans les colonies françaises. L'accès à la citoyenneté des Antillais se fait progressivement sous la Troisième République, puis en 1946 les Antilles accèdent au statut de département français et cessent d'être considérées comme des colonies.

L'histoire de l'architecture antillaise commence pour l'essentiel au XVIIe siècle, car les populations amérindiennes n'ont pas laissé de traces de bâti. L'idée de construire dans la durée naît avec l'arrivée des colons. Mais l'ère pionnière qui s'étend de 1635 à 1850 n'a guère laissé de vestiges non plus, en grande partie en raison du climat. À partir de 1850 se développe une architecture originale, l'architecture créole, qui aura tendance, un siècle plus tard, à se dissoudre dans un modèle d'urbanisation occidental relativement uniforme.

## Les souvenirs précolombiens de Saint-Martin

L'île de Saint-Martin, au nord-est des Antilles, est partagée depuis 1648 entre la France et la Hollande. La partie française, qui couvre 53 $km^2$, est vallonée de plusieurs petites collines (ou mornes), qui culminent à 424 m. L'île ne possède pas de rivière permanente, mais uniquement des cours d'eau temporaires coulant au fond des ravines, ainsi que des mares, des forages permettant d'accéder à la nappe phréatique et un petit lac créé en 1975. Elle recèle également 5 sources, dont la source de Moho qui présente de rares vestiges précolombiens.

**Ensemble remarquable**

Il s'agit de trois roches gravées, dont la principale porte 80 cupules formant des motifs où l'on distingue parfois des visages très simplifiés, dont les yeux sont soulignés d'un trait. Ces motifs se retrouvent dans une très vaste partie des Petites Antilles. Des tessons de céramique coloniale et même précolombienne ont été retrouvés autour de la source.

## Saint-Barthélemy, entre Suède et France

Saint-Barthélemy, à 25 km au sud-est de Saint-Martin, est une île vallonnée entourée de nombreux îlets, qui ne couvre pas plus de 25 $km^2$. Christophe Colomb est le premier Européen à y poser le pied, en 1493. Il la baptise du nom de son frère, Barthélemy. Son sol pauvre et son climat sec ne favorisent pas l'installation de colonies agricoles, mais elle occupe une place stratégique dans l'arc antillais et offre un mouillage abrité au Carénage. L'économie de l'île repose sur la pêche, l'élevage et la récolte du sel.

### Un aventurier au paradis

Un temps cédée à la Suède, qui rebaptise la ville principale Gustavia en l'honneur de son roi, Saint-Barthélemy est rattachée à la Guadeloupe et donc à la France en 1878, avec l'approbation de ses habitants. En 1946, pour la première fois, un avion se pose sur l'île. L'aventurier Rémy de Haenen, aux commandes de l'appareil, tombe sous le charme du lieu et se fait construire une *villa* dans l'anse de Colombier. En quelques années, Saint-Barth se transforme en destination touristique de luxe, au paysage préservé par une réglementation urbanistique stricte.

### La maison des gouverneurs, souvenirs suédois

À Gustavia, la maison des gouverneurs témoigne du passé suédois de l'île, parenthèse d'un siècle de 1784 à 1878. Construite dans les années 1780 comme maison de maître, elle est investie par les gouverneurs suédois dès leur arrivée sur l'île. Mais les Suédois, comme les autres nations coloniales des Antilles, voient surtout les îles sous l'angle de leur utilité économique.

**À retenir**

À Saint-Barthélemy, une ordonnance de police générale suédoise se substitue au Code noir, et l'esclavage ne sera définitivement aboli qu'en 1847. En 1852, l'île est ravagée par un cyclone, sa capitale gravement endommagée par les flammes. Dès lors, cette lointaine colonie perd tout intérêt pour la couronne suédoise, qui choisit de la rétrocéder à la France. La maison des gouverneurs devient alors l'hôtel de ville de Gustavia avant d'être fermée en 2001. Illustrant les techniques de construction européennes adaptées aux possibilités locales, elle possède un soubassement de pierres de lave liées par un mortier de sable volcanique et un étage de bois, ainsi qu'une dépendance placée sur l'arrière.

## La Guadeloupe et ses îles, Marie-Galante, la Désirade et les Saintes

La Guadeloupe est en fait constituée de deux parties, la Grande-Terre et la Basse-Terre, séparées par un étroit bras de mer, la Rivière-Salée. Située au cœur des Petites Antilles, elle est baignée à l'est par l'océan Atlantique et à l'ouest par la mer des Antilles. Au sud, plusieurs îles habitées se dressent à faible distance, les

Saintes, Marie-Galante et la Désirade. Les paysages de l'archipel sont riches et variés, depuis les récifs coralliens jusqu'aux mangroves et à la forêt tropicale des flancs du volcan de la Soufrière. Ils font l'objet de plusieurs mesures de protection visant à les restaurer après des siècles d'exploitation bien souvent destructrice. Le patrimoine bâti guadeloupéen présente une grande diversité : parc des roches gravées amérindiennes de Trois-Rivières, bâtiments religieux comme la cathédrale de Basse-Terre, architecture militaire au fort Delgrès, habitation de la Grivelière, palais d'Orléans à Basse-Terre... Ces monuments évoquent la richesse d'une histoire singulière.

## L'ancienne glacière de Basse-Terre, symbole du luxe d'Ancien Régime

En Guadeloupe, la période révolutionnaire est riche en rebondissements. L'île est occupée par les Anglais, qui en sont finalement chassés alors que la Convention déclare l'abolition de l'esclavage. Hélas, cette liberté ne dure pas, car Napoléon décide en 1802, sous la pression des milieux planteurs, de rétablir l'esclavage. Les révoltes d'esclaves sont sévèrement réprimées, et la société esclavagiste retrouve son mode de vie luxueux.

Le saviez-vous ?

En témoigne la pratique des glacières, vastes réservoirs souterrains permettant de stocker de la glace amenée par bateau depuis les États-Unis. Celle de Basse-Terre, édifiée au début du XIXe siècle, avait une capacité de 20 000 kg de glace. Ses voûtes de forme octogonale sont en pierre de taille et couvertes d'une coupole. Elle sert aujourd'hui de cave à vin. Les glacières participaient de la gestion de l'eau sur l'île, parfois complexe car toutes les zones n'étaient pas identiquement irriguées. À Petite Guinée, un aqueduc et un réservoir bâtis au XVIIIe siècle témoignent de ces enjeux ; ils alimentaient le quartier Saint-François de Basse-Terre.

## Le monument aux morts des Abymes, le prix du sang

Depuis la Révolution, le sentiment républicain est très vif en Guadeloupe, très sensible aux idéaux de 1789.

À retenir

Au cours de la Grande Guerre, plus de 9 000 Guadeloupéens sont mobilisés, dont quelque 6 300 sont envoyés se battre en métropole. Dès les années 1920, la presque totalité des communes de l'île se dote de monuments aux morts en l'honneur des 1 168 soldats guadeloupéens morts pour la France. Celui de Pointe-à-Pitre est érigé dès 1925 ; celui de Basse-Terre, datant de 1926, est de loin le plus imposant. À Petit-Bourg, c'est un « poilu mourant pour le drapeau » qui orne le mémorial. Au Lamentin, à l'Anse-Bertrand, chacun de ces monuments illustre les sentiments de la Guadeloupe vis-à-vis de la métropole. Celui des Abymes, érigé en 1937, est un large obélisque de béton de 6 m de haut dont le sommet arrondi évoque une tête d'obus, et qui porte sur chacune de ses quatre faces une allégorie peinte sur des carreaux de céramique dans le style Art déco. Les figurations de la France, de la Guadeloupe victorieuse, de la République soutenant un blessé noir ou de la participation des troupes coloniales à la défense de la patrie montrent une volonté d'assimilation portée à l'époque par des personnalités comme Félix Éboué, administrateur colonial originaire de Guyane.

# La Martinique, île aux fleurs

La Martinique, située à 200 km au sud de la Guadeloupe, présente un territoire homogène et des paysages variés, entre les plages de sable blanc de la côte et les régions de l'intérieur escarpées, ponctuées de mornes ou collines, culminant au nord avec la montagne Pelée, volcan actif dont la terrible éruption de 1902 raya de la carte la ville de Saint-Pierre et ses quelque 28 000 habitants. Plus au sud, la plaine du Lamentin assure le passage de la côte est à la côte ouest, où se situe la très belle rade de Fort-de-France.

Malgré l'étroitesse de ses espaces agricoles dans le nord, la Martinique deviendra une terre de colonisation intensive sous l'impulsion de Colbert et de la Compagnie des Indes occidentales.

## L'église Saint-Étienne du Marin, le clocher au milieu du village

L'importation aux Antilles d'un certain mode de vie européen implique une forte évangélisation des îles, que celle-ci soit menée par calcul politique, intérêt national ou conviction profonde. Dès lors, les villages fondés par les colons sont dès l'origine dotés d'églises, dont les modèles architecturaux sont généralement importés d'Europe et ne sont pas toujours adaptés au climat des îles. Au Cul-de-Sac du Marin, un prêtre est présent dès 1660, et une paroisse est créée 10 ans plus tard.

Le saviez-vous ?

En 1766 est lancé le chantier de l'église qui doit remplacer la première chapelle paroissiale, et c'est le curé lui-même qui en assume les frais, ses paroissiens étant bien trop pauvres pour cela. L'édifice possède une façade en pierre de taille de style jésuite dotée de *pilastres*. Le clocher de pierre est séparé du bâtiment et surmonté d'un *beffroi* de bois octogonal. Construite sur un plan en croix latine, l'église possède une magnifique charpente apparente réalisée par des charpentiers de marine. Au fond de la nef s'élève le maître-autel de marbre blanc incrusté de marbres de couleur.

### Aimé Césaire, la négritude comme un étendard

Né en 1913 dans une famille modeste de Fort-de-France, Aimé se montre brillant élève et est envoyé poursuivre ses études en métropole. Il intègre en 1935 l'École normale supérieure et fréquente les milieux intellectuels noirs, où il se lie d'amitié avec Léopold Sédar Senghor. C'est là qu'émerge la notion de négritude, que Césaire illustre par son long poème du *Cahier d'un retour au pays natal*, publié en 1939. Il passe les années de guerre en Martinique, où il est professeur de lycée, et s'engage en politique. En 1945, il est élu maire de Fort-de-France et député à l'Assemblée nationale, et se montre un ardent partisan du statut de département pour la Martinique. Dès lors, Césaire se positionne entre deux camps, nostalgiques du colonialisme d'une part et communistes de l'autre. Il fonde en 1958 le Parti progressiste, qui prône l'autonomie des îles. Il continue, parallèlement à sa carrière politique, son importante œuvre poétique et théâtrale. Sa *Tragédie du roi Christophe*, qui s'inspire de l'histoire d'un esclave haïtien devenu roi, est un succès mondial. Aimé Césaire meurt en 2008. La maison qu'il avait achetée à Fort-de-France, où ont été recueillis ses souvenirs, est aujourd'hui en cour de restauration avec le soutien de la mission Bern.

## Le château Aubéry ou le rêve antillais

La douceur des Antilles et la fortune affichée de certains colons poussent bien des Français de métropole à tenter l'aventure martiniquaise, incarnée par la figure de Joséphine Tascher de La Pagerie, la belle créole devenue impératrice aux côtés de Napoléon Bonaparte ! Les familles « békés » de l'île, ainsi que l'on nomme les descendants de ces colons, sont encore très présentes dans l'économie martiniquaise.

Au début du XXe siècle, un étrange personnage, Eugène Aubéry, contremaître d'une usine sucrière, parvient par un riche mariage à se hisser au rang de cette aristocratie très fermée. Pour marquer ce rang social et témoigner de son immense fortune, il se fait bâtir au Lamentin une immense demeure de style Art déco surnommée le château Aubéry.

Le saviez-vous ?

Mais l'origine de sa fortune issue d'une liquidation douteuse et ses démêlés avec le fisc lui valent d'être pris pour cible par le journaliste André Aliker, dont la mort mystérieuse est largement imputée à Aubéry. Le château Aubéry, dont l'architecture et les matériaux n'étaient pas adaptés au climat local, est aujourd'hui à l'état de ruine.

## L'habitation Clément, héritage et transmission

L'habitation Clément témoigne, quant à elle, d'une belle continuité historique !

Figure historique

En 1887, le docteur Homère Clément s'installe dans l'habitation Acajou, maison de maître d'un domaine constitué 40 ans plus tôt, et lui donne son nom. L'habitation, de style antillais traditionnel, date du XVIII^e^ siècle. Élu en 1902 député de la Martinique, Homère Clément s'engage pendant la Grande Guerre dans l'effort de guerre en installant une distillerie sur le domaine. La marque de rhum Clément acquiert par la suite une certaine réputation sous le label Héritiers H. Clément.

Rachetée en 1986 par Yves et Bernard Hayot, l'habitation devient lieu de culture et de prestige ; en 1991, François Mitterrand y accueille le président américain George Bush !

En 2003, une importante campagne de restauration permet la création d'un centre d'interprétation du rhum, puis d'une salle d'exposition. Enfin, en 2016 est inauguré un bâtiment contemporain destiné à accueillir la Fondation Clément. Celle-ci, créée en 2005, œuvre en faveur des arts et du patrimoine culturel de la Martinique et des Caraïbes. Elle est notamment investie dans la restauration de l'habitation Pécoul, belle demeure du XVIII^e^ siècle située sur les contreforts de la montagne Pelée.

### Mon coup de cœur, le jardin de Balata

Ce jardin paradisiaque a été créé en 1982 par Jean-Philippe Thoze, horticulteur et paysagiste, dans la maison de ses grands-parents. Entourant une habitation créole typique située au cœur de l'île, il propose sur trois hectares de rares collections d'hibiscus, d'anthuriums ou encore de nymphéas, installées à l'ombre des palmiers royaux et des pandanus.

DANS CE CHAPITRE

Situées dans l'océan Indien, ces deux îles possèdent des cultures bien différentes

•

Peuplées de plusieurs vagues d'immigrants, elles se sont forgé des personnalités singulières et uniques

# Chapitre 19

# La Réunion et Mayotte, carrefours de peuples

Connue par les Arabes sous le nom de Dina Morgabin, la Réunion n'est pas habitée avant le XVIIe siècle et l'arrivée des marchands français de la Compagnie des Indes orientales. Elle prend alors le nom d'île Bourbon. L'entreprise de colonisation commence véritablement au début du XVIIIe siècle avec la culture du café puis de la canne à sucre, qui repose jusqu'en 1848 sur l'esclavage. En 1946, la Réunion acquiert le statut de département français, avant de devenir, en 2003, une collectivité territoriale d'outre-mer. Sa position entre Afrique et Asie a conduit à un peuplement très divers, européen et africain mais aussi malgache, indien, malais ou chinois, donnant naissance à une culture caractérisée par le créole réunionnais, la musique et les pratiques culinaires locales.

Mayotte, qui fait partie de l'archipel des Comores, est également une terre de métissage car au peuplement bantou d'origine sont venues se mêler, au fil des siècles, différentes vagues d'immigration venues principalement de Madagascar. La société mahoraise est marquée par une influence musulmane sunnite modérée et une très forte tradition orale. Les Mahorais peuvent se voir appliquer un statut civil de droit local, inspiré du droit musulman. L'île a acquis en 2011 le statut de département français, à l'issue d'un referendum confirmant de façon massive la volonté des Mahorais de rester Français.

À retenir

L'influence française dans l'océan Indien s'appuie également sur les îles Éparses du canal du Mozambique, Europa, Bassas da India et Juan de Nova, qui sont inhabitées, et sur les Terres australes et antarctiques françaises, qui englobent les Crozet, les Kerguelen, Saint-Paul et Amsterdam et une soixantaine d'îlots, ainsi que la terre Adélie. Les Terres australes sont inscrites au patrimoine mondial de l'UNESCO pour leur valeur écologique exceptionnelle.

## EN QUELQUES DATES :

| | |
|---|---|
| **À partir du VIIIe siècle** | Première phase de peuplement de Mayotte, d'origine bantoue |
| **XIIIe siècle** | Mayotte, place commerciale du canal du Mozambique, est placée sous l'autorité de chefs arabes de culture musulmane |
| **Vers 1470** | Établissement d'un sultanat shirazi, originaire de Perse, qui disparaît au XIXe siècle |
| **XVe siècle** | Débarquement portugais à la Réunion, déjà fréquentée depuis longtemps par les Arabes |
| **1638** | Le commandant du Saint-Alexis, navire de la Compagnie des Indes orientales, prend possession de l'île de la Réunion au nom du roi de France |
| **1810-1814** | Occupation anglaise de la Réunion |
| **1841** | Le sultan Andriantsoly, d'origine malgache, cède l'île de Mayotte à la France |
| **1882** | Construction du chemin de fer de la Réunion |
| **1912** | Les Comores et Mayotte deviennent l'une des provinces de la colonie de « Madagascar et dépendances » |
| **Décembre 1974** | Referendum sur l'indépendance des Comores. Seule parmi les quatre îles, Mayotte choisit de rester française. |

# La Réunion

La Réunion, île volcanique culminant à plus de 3 000 m d'altitude au piton des Neiges, possède également un intérêt écologique majeur. Bénéficiant du régime des alizés, elle abrite des écosystèmes particulièrement riches, et son relief singulier de pitons, remparts et cirques est inscrit au patrimoine mondial de l'UNESCO.

## Les lazarets de La Grande Chaloupe, témoins de l'engagisme

**Ensemble remarquable**

Après l'abolition de l'esclavage, les propriétaires terriens ont recours à une pratique déjà existante mais qui va connaître un développement très important à partir de 1860, l'engagisme. Il s'agit de contrats de travail de 5 ans renouvelables, proposés à des travailleurs étrangers. Ceux-ci reçoivent un salaire et sont logés, nourris, soignés et habillés. À leur arrivée, les immigrés sont placés en quarantaine dans un *lazaret*. Étant donné l'afflux des candidats, les autorités décident en 1860 de construire un nouvel ensemble de bâtiments à La Grande Chaloupe, au nord de l'île, pour remplacer le *lazaret* de la Ravine à Jacques, devenu trop exigu. Le *lazaret* n° 1 est élevé en 1860, le *lazaret* n° 2 en 1865. Ces ensembles clos de murs comportaient, outre un quai de débarquement, des dortoirs, des magasins, un cimetière, un bateau-lavoir, un pavillon d'isolement et une étuve.

La pratique de l'engagisme, très critiquée car elle repose souvent sur l'embauche d'esclaves affranchis à condition de signer un contrat d'engagement, prend fin dans les années 1930. Elle aura procuré à la Réunion un apport massif de population indienne, mais aussi somalie, chinoise ou yéménite.

## Les vestiges du chemin de fer, rêve de modernité

Dans les années 1850, dans l'élan de la révolution industrielle, naît l'ambitieux projet de créer une ligne de chemin de fer faisant le tour de l'île pour assurer le transport de la production de canne à sucre vers les villes portuaires. Les travaux, engagés en 1878, s'achèvent en 1881 malgré bien des obstacles et un relief pour le moins difficile. Ils ont mobilisé pas moins de 8 000 ouvriers, dont au moins 150 trouvent la mort au cours des travaux. Le chemin de fer est couplé à un port en eau profonde situé à la pointe des Galets. La compagnie ferroviaire devient l'un des plus gros employeurs de l'île, et change radicalement la vie des Réunionnais en réduisant les temps de transport et en ouvrant de nouvelles perspectives touristiques.

Après la Seconde Guerre mondiale, la concurrence de la route conduit à la fermeture progressive des lignes, et le « Ti Train » cesse définitivement de fonctionner en 1976.

Et aujourd'hui

Seul un tronçon de 4 000 m perdure grâce à l'engagement de quelques bénévoles.

### Edmond Albius, le parfum de la vanille

La vanille, capiteuse orchidée importée d'Amérique, est utilisée comme plante ornementale dans les jardins réunionnais au début du XIXe siècle. En effet, en l'absence de son pollinisateur naturel (la mélipone, qui n'existe pas à la Réunion), elle ne produit pas de gousses. Et si la fécondation artificielle de la vanille est connue, elle demeure toute théorique. La vanille est donc l'un des ornements du jardin de Ferréol Beaumont Bellier, à qui son frère offre un jeune esclave orphelin, né en 1829, prénommé Edmond. Beaumont Bellier lui enseigne la botanique et le soin du jardin, et lui explique le principe de la fécondation artificielle. À sa grande surprise, le jeune esclave parvient à mettre en pratique, par un procédé simple, cette manipulation complexe, et obtient la production de belles gousses de vanille : il n'a alors que 12 ans ! Sept ans plus tard, la Réunion exporte sa première production de vanille, qui devient rapidement l'une des productions phares de l'île. La vanille Bourbon est en effet l'une des plus réputées au monde. Mais Edmond, devenu libre en 1848, n'en tire aucune richesse. Bien des envieux contestent même la paternité de sa découverte, même si son ancien maître prend sa défense avec ardeur. Edmond Albius meurt dans la misère en 1880.

# Les parfums de Mayotte

Mayotte fait partie de l'archipel des Comores, situé au nord du canal du Mozambique. D'origine volcanique, elle comprend deux îles principales, Petite-Terre et Grande-Terre, et une série d'îlots. L'archipel, entouré d'un lagon, est enserré par l'une des plus longues barrières coralliennes du monde. L'île, au relief modéré, jouit d'un climat humide idéal pour la culture des plantes tropicales, comme l'ylang-ylang, la vanille, la cannelle, le girofle…

## La sucrerie de Soulou, un rêve évanoui

En péril

Vers la fin du XVIIIe siècle, Mayotte est la cible de razzias menées par les Malgaches, tandis que le pouvoir des sultans est déstabilisé par des querelles dynastiques. En 1841, le sultan Andriantsoly choisit finalement de céder sa souveraineté sur l'île à la France en échange d'une rente. L'île, ravagée par les guerres, est alors dépeuplée. La

France lance une politique de grands travaux et encourage l'immigration de travailleurs, essentiellement africains, et tente de faire de Mayotte une île à sucre, comme aux Antilles. On bâtit 17 usines à sucre, mais la crise du sucre des années 1880 met fin à cette tentative. La dernière usine à sucre fermera en 1955. Les ruines de la sucrerie de Soulou, à l'ouest de l'île, témoignent de cette période. Créée en 1856, elle est en grande partie détruite en 1898 par un cyclone. Plusieurs éléments ont subsisté jusqu'à aujourd'hui, dont la maison de maître, une chaudière à vapeur, un moulin à canne, une cheminée, des hydro-extracteurs ainsi que l'entrepôt et le quai situés sur le rivage. Sa restauration est soutenue par la Fondation du patrimoine. Plus ancienne encore, la sucrerie de Dembeni, édifiée en 1848 et également fermée en 1898, dresse ses ruines au bord de la route d'Hajangoua.

## La maison du gouverneur à Dzaoudzi et la mosquée de Tsingoni, deux logiques architecturales

Le premier bâtiment souligne les difficultés auxquelles se heurte l'architecture coloniale, qui repose souvent sur des matériaux importés mal adaptés au climat. Construite à l'emplacement de l'ancien palais du sultan, la première résidence de 1844 est remplacée en 1890 par un édifice en kit à ossature métallique Eiffel. Constitué de deux étages sur un premier niveau en pilotis, l'édifice est accessible par un escalier arrondi à double volée. Les façades des étages sont constituées de hauts vantaux de bois. Cette construction ingénieuse et moderne est malheureusement peu adaptée au climat tropical. Menacée par la rouille et les termites, elle est aujourd'hui désaffectée.

En péril

Par contraste, la mosquée de Tsingoni, datée du XVIe siècle, illustre la pérennité des constructions locales réalisées en pierre de corail. Plusieurs fois remaniée au cours des siècles, notamment pour faire face à l'accroissement de la population, la mosquée de Tsingoni, plus vieille mosquée de France, fait actuellement l'objet d'une restauration soutenue par la Fondation du patrimoine.

### Mon coup de cœur, Notre-Dame des Laves

Cette petite église catholique située sur la commune de Sainte-Rose, à la Réunion, a été prise dans une coulée de lave lors de l'éruption du piton de la Fournaise en 1977. Une partie de la coulée est entrée dans l'église et s'est arrêtée au bout de 3 m, le reste a contourné le bâtiment. Cette jolie petite église peinte est ainsi restée enchâssée dans sa gangue de lave !

**DANS CE CHAPITRE**

Un petit archipel français méconnu au large de l'île canadienne de Terre-Neuve

•

Un peuple de marins où se mêlent descendants de Bretons, de Normands et de Basques !

## Chapitre 20

# Saint-Pierre et Miquelon, terres de marins

Situé au large de Terre-Neuve, l'archipel de Saint-Pierre-et-Miquelon comporte 8 îles, dont certaines sont reliées entre elles par des isthmes de sable. Le climat y est froid, venteux et neigeux, bien que la latitude des îles soit la même que celle de Nantes !

## Un paradis pour les pêcheurs

Leur situation en bordure des Grands Bancs de Terre-Neuve, d'une très grande richesse marine, en fait un lieu de pêche prisé depuis des siècles. Les peuplements amérindiens précoloniaux sont mal connus. Les premières installations permanentes de colons européens, pêcheurs normands, bretons et basques, ont lieu vers le début du XVII^e siècle et ont pour but la chasse à la baleine. La souveraineté sur l'archipel, disputée entre Grande-Bretagne et France, est définitivement acquise à cette dernière en 1816.

## EN QUELQUES DATES

| | |
|---|---|
| Ier millénaire av. J.-C. | Les îles sont fréquentées par des paléo-Esquimaux |
| 1520 | Premiers passages de navigateurs européens |
| 1604 | Installations de communautés de Normands, Bretons et Basques venus pêcher la baleine et la morue |
| 1713 | La France perd les îles par le traité d'Utrecht |
| 1763 | Le traité de Paris rend les îles à la France |
| 1919-1933 | Les îles servent de plaque tournante du trafic d'alcool lors de la Prohibition aux États-Unis |
| 1941 | Ralliement des îles à la France Libre du général de Gaulle |
| 1946 | L'ancienne colonie devient territoire d'outre-mer |
| 2003 | Saint-Pierre-et-Miquelon devient collectivité d'outre-mer |

# Les phares de Saint-Pierre et Miquelon

À la suite du naufrage, en 1874, d'une frégate anglaise au large du Cap-Blanc à Miquelon, les autorités françaises décident la construction de plusieurs phares. En 1881, deux phares métalliques sont commandés et livrés par bateau en pièces détachées. Le phare du Cap-Blanc est mis en service en 1883. Il a été depuis recouvert d'une chemise de béton, pour éviter la corrosion. Il est le phare le plus ancien de l'archipel encore en activité avec celui de Pointe Plate, situé sur l'île de Langlade, plus au sud. L'édifice actuel, rebâti en 1899 après la destruction de l'ancien phare par un incendie, est bâti sur une sorte de pylône cylindrique étayé par quatre jambes de force. Au sommet se trouve la lanterne, électrifiée en 1954.

Le phare de l'île aux Marins date quant à lui de 1876, mais il n'est plus en activité depuis 1961. Campé en face du port de Saint-Pierre, principal port de l'archipel, il est placé sur une tour métallique ronde de 7 m de haut.

**Et aujourd'hui**

L'île aux Marins, aujourd'hui déserte, était autrefois habitée. Le phare fait l'objet d'un projet de restauration, soutenu par le loto du patrimoine.

## Mon coup de cœur, les maisons colorées de Saint-Pierre

Les plus anciennes maisons de l'archipel datent de la seconde moitié du XIXe siècle. Traditionnellement bâties en bois, elles sont depuis les années 1950 revêtues de peintures aux couleurs vives, apportant lumière et chaleur aux austères paysages de Saint-Pierre.

**DANS CE CHAPITRE**

La Guyane, vaste territoire couvert d'une épaisse forêt, campe un petit morceau de France à la frontière du Brésil

•

Du mythe de l'Eldorado à la conquête des étoiles, son histoire est passionnante

# Chapitre 21

# La Guyane, France de l'équinoxe

La Guyane est peut-être née du rêve de l'Eldorado, cité mythique pavée d'or que recherchaient les premiers explorateurs européens. Mais si le rêve s'est dissipé, cette petite région d'Amérique du Sud a révélé bien d'autres trésors ; une géologie singulière et une importante richesse minière, un milieu chaud et humide d'une très grande richesse écologique et une situation proche de l'Équateur qui en fait un site de lancement idéal pour l'exploration spatiale !

La Guyane appartient à une zone géographique particulière, au nord-est du continent sud-américain, qui échappe à la sphère latine car elle a été essentiellement colonisée par l'Angleterre, la France et les Pays-Bas. Les premiers peuplements amérindiens, autour du VI^e^ millénaire avant notre ère, seraient à l'origine des peuples Tekos et Wayampis. Vers le III^e^ siècle, ils ont été rejoints par les Arawaks et les Palikurs d'Amazonie puis, quelques siècles plus tard, par les Caraïbes. Si les premières installations françaises datent du début du XVI^e^ siècle, il faut attendre 1643 et la fondation de Cayenne pour voir une véritable colonie se développer. Au XIX^e^ siècle, la Guyane fait office de colonie pénitentiaire, avec un réseau de camps disséminés le long de la côte. À partir de 1965, l'établissement du centre spatial guyanais à Kourou ouvre pour la région une nouvelle époque, tournée vers le futur.

### EN QUELQUES DATES

| | |
|---|---|
| **Vers 5000 av. J.-C.** | Premiers peuplements amérindiens par les Arawaks, les Palikurs puis les Caraïbes |
| **1604** | Baptisée France équinoxiale, la Guyane n'est que temporairement habitée : les conditions sanitaires et les querelles européennes déciment les expéditions successives |
| **1643** | Fondation de Cayenne |
| **1676** | Cayenne devient définitivement française |
| **27 avril 1848** | Abolition de l'esclavage en Guyane |
| **1852-1946** | Les compagnies pénitentiaires du bagne fonctionnent sans discontinuer |
| **1878** | La Guyane devient colonie avec un conseil général élu |
| **1946** | Fermeture définitive du bagne |
| **1965** | Création du centre spatial de Kourou |
| **2010** | La Guyane devient collectivité territoriale |

## Les polissoirs amérindiens, rares traces d'une culture ancienne

Précieux témoins de la présence millénaire des Amérindiens en Guyane, les polissoirs témoignent d'une industrie ancienne de la pierre taillée, destinée à la fabrication d'outils, d'armes et d'ornements. Les Amérindiens utilisaient pour cela la taille par percussion mais aussi le polissage, qui consistait à frotter longuement la pierre à façonner sur un rocher ou polissoir. De très nombreux polissoirs ont été identifiés en Guyane, comme à Montravel, à la Roche Piaie ou à la Roche Caïa, trois sites situés sur la commune de Rémire-Montjoly qui présente une très importante concentration de polissoirs. Autre témoignage de la civilisation amérindienne, les roches gravées présentes en différents points du territoire, comme au Mahury ou à Kaw.

Le saviez-vous ?

Le bâti amérindien n'a guère laissé de trace dans le paysage, car il n'était pas conçu pour durer. Le carbet, lieu du pouvoir social bâti en bois avec une toiture de feuilles et des parois de roseaux, démontre que la notion de durée en architecture n'existe guère en Guyane avant les débuts de la colonisation. Les colons importeront d'ailleurs une grande part des matériaux pour édifier les villes et les bâtiments guyanais, qu'ils souhaitaient inscrire dans la durée.

## Fort Diamant, une curieuse construction

Les premiers colons établissent des fortifications, en bois puis en pierre, qui sont peu à peu adaptées aux progrès de l'artillerie. Ces places fortes ont pour premier but de se défendre des attaques des autres concurrents européens, car la conquête des Amériques donne lieu à bien des conflits, qui sont souvent l'écho des guerres qui ravagent l'Europe. C'est pourquoi la plupart d'entre elles sont placées face à la mer.

Insolite

Le fort Diamant, situé près de Cayenne à l'embouchure du Mahury, est un curieux ouvrage de brique bâti vers 1840 pour remplacer un fort en bois du XVII$^{e}$ siècle. Son plan évoque une arbalète, avec une cour triangulaire fermée par un casernement voûté protégé par une batterie en *demi-lune*. Un peu plus haut sur le fleuve, le fort Trio, construit à la même époque et aujourd'hui envahi par la végétation, témoigne de la difficulté de bâtir pour longtemps sous le climat guyanais.

### L'île du Diable, le Salut ou l'enfer ?

L'île du Diable est l'une des trois îles de l'archipel du Salut, et si elle permit en 1763 de sauver les survivants des épidémies qui ravageaient la côte guyanaise, elle acquiert par la suite une sinistre réputation. Elle sert en effet de lieu de déportation dans le cadre du vaste système pénitentiaire installé en Guyane. Les îles du Salut accueillent ainsi 200 prêtres réfractaires pendant la Révolution, puis c'est le tour des détenus politiques dont les origines fluctuent en fonction des régimes. À l'île du Diable, l'un des premiers occupants est Charles Delescluze, accusé de complot en 1849, et qui sera 20 ans plus tard l'un des chefs de la Commune. Après 1866, le flot de détenus s'étant tari, l'île fait office de léproserie réservée aux forçats du bagne de Cayenne. Mais, en 1895, l'arrivée d'Alfred Dreyfus fait de nouveau de l'île du Diable un lieu de détention. L'espérance de vie y est brève tant les conditions de vie sont dures ; chaleur, humidité, maladies... Le bagne ferme définitivement ses portes en 1946.

# Le camp de transportation de Saint-Laurent-du-Maroni

Le principe de la transportation implique l'exil des condamnés en un lieu lointain et généralement hostile afin d'y purger leur peine. En Guyane, l'origine du bagne remonte à 1792 et vise en premier lieu les prêtres réfractaires à la constitution civile du clergé, mais ce système prend fin avec la Révolution. Il est de nouveau mis en œuvre sous le Second Empire ; en 1852, un premier convoi de déportés arrive aux îles du Salut, puis le bagne est étendu sur la terre ferme. Le camp de transportation de Saint-Laurent-du-Maroni est inauguré en 1858.

À retenir

C'est le centre administratif du bagne par lequel passent les condamnés avant d'être envoyés dans les divers camps de Guyane. Ceux-ci, temporaires ou bâtis en dur, se concentrent essentiellement dans la région de Saint-Laurent. Seuls les condamnés jugés peu dangereux restent à Saint-Laurent, les plus dangereux étant envoyés aux îles du Salut. À partir de 1880, c'est une véritable ville qui se crée autour du camp ; elle abrite aussi bien le personnel pénitentiaire que d'anciens détenus libérés. Parmi ses bâtiments les plus remarquables figurent le relais Barcarel, construit en briques apparentes sur une ossature de bois, ou bien encore la maison du receveur des douanes, dont le projet de restauration a reçu le soutien de la mission Bern. Le bagne ferme ses portes en 1946, il est classé monument historique en 1995.

### Félix Éboué, pilier de la France libre

Né en 1884 à Cayenne, Félix Éboué est issu d'une famille d'esclaves affranchis d'origine africaine. Son père est chercheur d'or. Bon élève, Félix bénéficie d'une bourse et part faire ses études en métropole. Devenu administrateur colonial, il réalise une carrière exemplaire. Son action est partout saluée, notamment en Martinique où il est nommé en 1933. Il parvient à redresser la situation économique de l'île et à concilier les antagonismes dans un climat social difficile. Nommé au Tchad en 1938, c'est lui qui fait tracer les routes qui permettront aux forces du général Leclerc de rallier l'Afrique du Nord. Gaullien dès le 18 juin 1940, Félix Éboué offre à la France libre une assise territoriale qui en fait réellement une entité souveraine. Il est nommé gouverneur général de l'Afrique-Équatoriale française (AEF) dès le 15 octobre suivant par le général de Gaulle. Sous sa direction, l'AEF participe largement à l'effort de guerre, tandis que le gouverneur guyanais met en pratique ses conceptions politiques en encourageant le recours aux chefs coutumiers, le respect des traditions et l'implication des élites locales dans le gouvernement colonial. Il meurt en 1944. Son corps est transféré au Panthéon en 1949.

### Mon coup de cœur, l'église Saint-Joseph d'Iracoubo

Cette église de bois d'allure modeste, construite dans les années 1880 grâce aux dons des paroissiens et du curé, recèle un véritable trésor intérieur ; elle a été entièrement peinte par un bagnard interné au camp d'Iracoubo, Pierre Huguet, qui a réalisé sur quelque 400 $m^2$ un décor coloré de style naïf d'une grande fraîcheur.

**DANS CE CHAPITRE**

Au cœur du Pacifique, les îles polynésiennes, rêves de paradis perdu et culture singulière

•

Wallis et Futuna, proches et différentes, et leurs rois reconnus par la République !

## Chapitre 22

# La Polynésie française et Wallis-et-Futuna

Les îles du Pacifique sont progressivement peuplées à partir du Ve millénaire avant notre ère par des populations venues d'Asie du Sud-Est. Explorées par les navigateurs occidentaux aux XVIIe et XVIIIe siècles, elles ne sont réellement colonisées qu'au début du siècle suivant. Mais le contact avec les Occidentaux s'avère malheureusement désastreux, les populations des îles étant décimées par des épidémies importées. La culture locale s'efface peu à peu tandis que l'évangélisation progresse et que l'introduction de l'alcool, jusque-là inconnu sur les îles, fait des ravages. Mais, progressivement, la défense de la culture polynésienne regagne ses droits. Les Polynésiens accèdent au droit de vote en 1946, et en 1947 des gouvernements locaux sont mis en place. À partir de 1977, les langues polynésiennes sont enseignées dans les écoles. La culture polynésienne reste aujourd'hui très présente.

Wallis et Futuna, situées au cœur du Pacifique, ont une histoire originale. Futuna et sa voisine Alofi sont découvertes en 1616, mais Wallis, située à plus de 200 km à l'est, n'est abordée qu'en 1767. Elles sont peuplées depuis le Ier millénaire avant notre ère. Évangélisées à partir de 1837 par des missionnaires catholiques, elles présentent la particularité d'être une poche de peuplement francophone et catholique dans une zone anglophone et protestante du Pacifique.

À retenir

En 1942, Wallis joue le rôle de base arrière américaine dans la guerre du Pacifique. Wallis-et-Futuna devient territoire d'outre-mer en 1961 et bénéficie d'un statut reconnaissant les chefs coutumiers des îles, les trois rois du territoire, et la place particulière de la religion catholique.

### EN QUELQUES DATES

| | |
|---|---|
| **5000 av. J.-C.** | Peuplement de la Polynésie depuis l'Asie du Sud-Est |
| **1521** | Découverte par Magellan des premières îles polynésiennes et début des explorations européennes |
| **1616** | Exploration de Futuna par les Hollandais |
| **1766** | Découverte de Wallis par le Britannique Samuel Wallis |
| **1767** | Découverte de Tahiti par Wallis, talonné par Bougainville (1768) et Cook (1769) |
| **1830** | Arrivée de missionnaires français aux îles Marquises et aux îles Gambier |
| **1843** | La reine Pomaré IV est contrainte d'accepter le protectorat français sur Tahiti |
| **1880** | Pomaré V cède Tahiti à la France |
| **1887** | Traité de protectorat entre la reine Amelia de Wallis et la France |
| **1940** | Création d'un bataillon du Pacifique pour lutter aux côtés de la France libre |
| **1946** | Les Établissements français d'Océanie deviennent territoire d'outre-mer |
| **1957** | Les Établissements français d'Océanie prennent le nom de Polynésie française |
| **2003** | Wallis-et-Futuna devient collectivité d'outre-mer |

# La Polynésie française, beauté naturelle et singularité culturelle

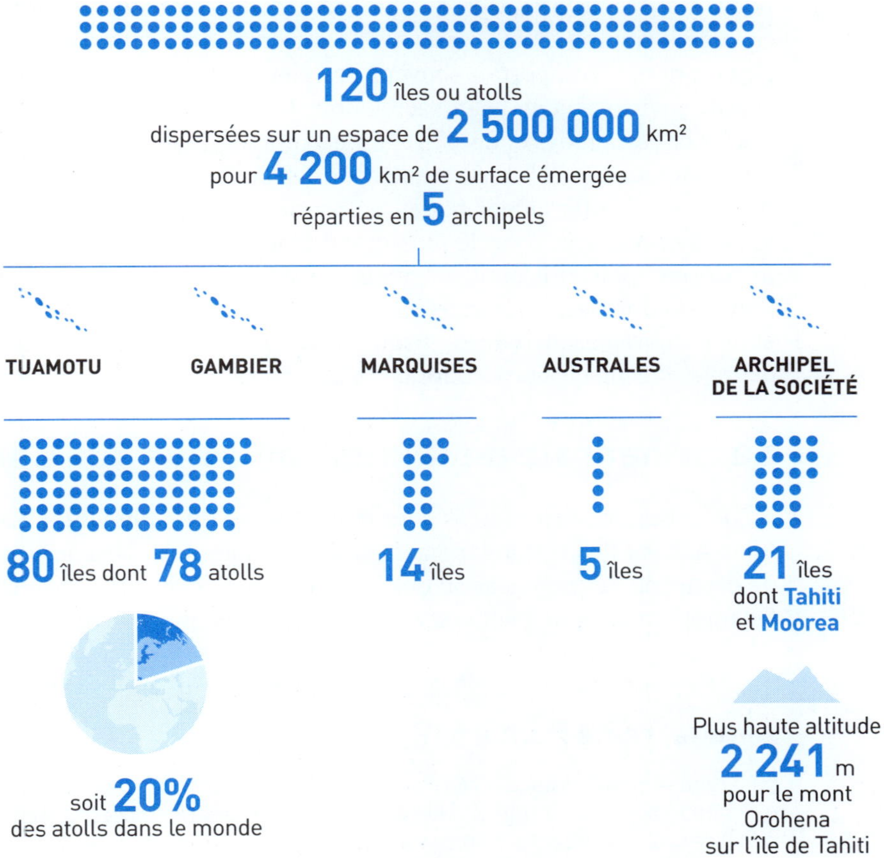


**Figure 22-1** La Polynésie française

Sur une zone vaste comme l'Europe, la Polynésie étire ses quelque 120 îles réparties en 5 archipels : les Tuamotu, les Gambier, les Marquises, les Australes et l'archipel de la Société, qui comporte les îles Sous-le-Vent et les îles du Vent.

- » **Tuamotu et Gambier regroupent environ 80 îles dont 78 atolls, ce qui représente 20 % des atolls existant dans le monde !**
- » **Les Marquises comptent 14 îles hautes et souvent escarpées, et les Australes, 5.**
- » **Les îles de la Société sont de loin les plus peuplées. Tahiti et Moorea font partie des îles du Vent, Bora Bora et Huahine des îles Sous-le-Vent.**

## Le marae de Taputapuatea, espace sacré

À retenir

Dans la société polynésienne, très hiérarchisée, le marae est l'espace réservé aux activités sociales et religieuses ; repas cérémoniels, conseils, intronisations... Il pouvait contenir la maison du chef, celle des dieux ou celle des ancêtres et était considéré comme tabou, c'est-à-dire interdit au profane. Constitué d'un espace clos ou non, il comportait souvent des pierres dressées destinées à accueillir les esprits invisibles. Ces lieux sacrés dont beaucoup ont disparu font aujourd'hui l'objet de recherches et de sauvegarde, comme à Mahaiatea, sur l'île de Tahiti, ou à Taputapuatea, sur l'île de Raiatea. Ce dernier lieu, situé dans une superbe vallée boisée, a été entièrement restauré. Inscrit au patrimoine mondial de l'UNESCO, vieux de 1 000 ans, c'est le plus grand marae de Polynésie et sans doute le plus important, puisqu'il était autrefois considéré comme le centre religieux de la Polynésie orientale. Prêtres et marins venaient s'y former et offrir des sacrifices, et de nombreux sanctuaires, jusqu'à Hawaii et en Nouvelle-Zélande, furent fondés avec des pierres provenant de ce lieu sacré.

## La cathédrale de Rikitea, au cœur des Gambier

Aujourd'hui, les Polynésiens sont majoritairement catholiques. La cathédrale de Rikitea, sur l'île de Mangareva dans les Gambier, est considérée comme le point de départ de l'évangélisation des îles. Elle a été construite entre 1839 et 1841 par les missionnaires de Picpus et restaurée dans les années 2010.

### Aimata, reine Pomaré IV

La jeune Aimata, fille du roi Pomaré II, n'était pas préparée à régner. Née en 1813 à Moorea, elle monte sur le trône à 14 ans sous le nom de Pomaré IV à la suite du décès de son père puis de son jeune frère. Cette jeune fille qui ne devait pas être reine n'a pas reçu l'éducation des missionnaires protestants favorisés par son père. Désireuse sans doute d'échapper à l'emprise de ces derniers, elle favorise, dans ses premières années de règne, le culte local des Mamaia. Mais cette tentative d'indépendance tourne court, et Pomaré finit par accepter les conseils de George Pritchard, pasteur protestant, qui l'incite à interdire l'accès à Tahiti aux missionnaires catholiques. Dès lors, et au-delà de la rivalité religieuse, Tahiti devient un enjeu de lutte entre les puissances françaises et britanniques, entre lesquelles Pomaré tente de tirer son épingle du jeu. Et c'est pour sauvegarder les intérêts de Tahiti qu'elle accepte, non sans réticence, le traité de protectorat imposé par la France en 1842. Puis elle choisit finalement la révolte et se réfugie à Raiatea avec l'aide des Anglais. En 1847, après la victoire définitive des troupes françaises dans

»

la guerre franco-tahitienne, qui est surtout franco-britannique, elle accepte de revenir à Tahiti où le traité de protectorat lui accorde le pouvoir exécutif, en réalité sous le contrôle étroit d'un commissaire royal. Elle meurt à Papeete en 1877. Elle demeure pour les Tahitiens l'incarnation d'un passé souverain.

## Futuna, Wallis, et le fort tongien de Kolonui

Les territoires de Wallis-et-Futuna ne forment pas un archipel et se composent de deux groupes distincts. D'un côté Wallis, également appelée Uvea, où se trouve Mata Utu, chef-lieu des territoires, est entourée d'un vaste lagon. À 230 km au sud-ouest se trouvent Futuna et Alofi, cette dernière étant inhabitée.

À retenir

Les chefferies coutumières de Wallis et Futuna regroupent trois royaumes, celui d'Uvea, à Wallis, et ceux de Sigave et d'Alo à Futuna. Les habitants d'Uvea se considèrent comme les descendants de conquérants tongiens, venus sur l'île à une date mal connue. La présence des habitants des îles Tonga à Wallis est en tout cas attestée sur une période allant approximativement de 1400 à 1475. Ils ont laissé la trace de leur passage sous la forme de forts, témoins des luttes de pouvoir qui ont marqué leur présence. On peut encore admirer la base des murs de l'un de ces forts à Kolonui, au sud de l'île. Bâtis en pierre volcanique rouge, ses remparts mesuraient environ 3 m de haut et possédaient une large base. À la fin de l'occupation tongienne se met en place un pouvoir dynastique fort, très influencé par le modèle social tongien.

### Mon coup de cœur, l'église Notre-Dame de Paix d'Akamaru

Située sur une petite île des Gambier, cette jolie église a été bâtie dès 1844 en pierres de corail enduites de chaux blanche. Elle possède deux clochers élancés dont la dissymétrie serait une référence aux clochers de la cathédrale de Chartres, diocèse de naissance du père Laval, bâtisseur de l'église. L'entrée est placée sous un fronton triangulaire soutenu par deux colonnes. L'église renferme une statue de la Vierge parée d'un superbe chapelet de perles noires.

**DANS CE CHAPITRE**

Dans le Pacifique Sud, un vaste territoire à la beauté naturelle impressionnante

•

Entre souvenirs de déportation et architecture futuriste, un patrimoine passionnant

## Chapitre 23

# La Nouvelle-Calédonie, pays des antipodes

Le peuplement de la Nouvelle-Calédonie s'opère par l'Asie du Sud-Est en un lent mouvement millénaire. Les premières traces humaines remonteraient à 3000 ans. Elles témoignent de la présence, entre 1300 et 200 av. J.-C., de la culture dite Lapita.

Le saviez-vous ?

La culture kanake, peut-être héritière des Lapita, se développe et se singularise au cours de notre ère. Elle repose sur l'usage de la pierre polie et la culture de l'igname et du taro. La société kanake est structurée en clans et caractérisée par d'importants rituels guerriers parfois marqués par la pratique de l'anthropophagie. Les premiers Européens s'installent dans les années 1840, et la présence de ces missionnaires catholiques et protestants attire bientôt l'attention de la France et de la Grande-Bretagne sur l'île. La France s'impose finalement en Nouvelle-Calédonie en 1853. Port-de-France, ville de garnison fondée en 1854, prend en 1866 le nom de Nouméa. L'île est entre-temps devenue colonie pénitentiaire, le premier convoi de condamnés à la transportation arrive en 1864. Après 1871, les communards seront nombreux à être condamnés à l'exil en Nouvelle-Calédonie ; Louise Michel sera du nombre. Les déportations cessent en 1897. Le XXe siècle est marqué par les luttes indépendantistes et autonomistes, menées par les Kanaks en réaction à la création de nombreuses colonies de peuplement. Depuis 1998, l'île est une collectivité d'outre-mer à statut particulier, qui s'est vu accorder une grande autonomie dans tous les domaines à l'exception de la défense, la justice, la sécurité, la monnaie et l'enseignement supérieur. Elle dispose d'un gouvernement élu pour 5 ans par l'assemblée ou Congrès de Nouvelle-Calédonie.

Sur le plan géographique, la Nouvelle-Calédonie est constituée de la Grande-Terre, île principale, longue de 400 km, des quatre îles Loyauté, des îles Bélep, de l'île des Pins et de quelques îlots qui lui confèrent une zone économique exclusive grande comme la moitié de la Méditerranée ! Elle possède des lagons exceptionnels par la richesse de leur écosystème, inscrits au patrimoine mondial de l'UNESCO.

### EN QUELQUES DATES

| | |
|---|---|
| **1100 av. J.-C.** | Premières traces de peuples venus du Sud-Est asiatique appartenant à la culture dite Lapita |
| **1774** | James Cook découvre l'île, qu'il nomme Nouvelle-Calédonie en hommage à l'Écosse |
| **1853** | La Nouvelle-Calédonie est déclarée colonie française sur ordre de Napoléon III |
| **1864-1924** | L'île est transformée en colonie pénitentiaire et accueille plus de 21 000 condamnés à la transportation venus de métropole |
| **1878 et 1914** | Révoltes kanakes durement réprimées |
| **1940** | Ralliement à la France libre et création d'une base américaine dans le cadre de la guerre du Pacifique |
| **1968-1971** | Boom du nickel et industrialisation massive |
| **1988** | Prise d'otage et assassinat de gendarmes à Ouvéa par des indépendantistes radicaux |
| **4 mai 1989** | Assassinat du leader indépendantiste Jean-Marie Tjibaou lors des commémorations d'Ouvéa |
| **1998** | Signature des accords de Nouméa qui prévoient un transfert de compétences à la Nouvelle-Calédonie |

## Fort Teremba, souvenirs de déportation

Le fort Teremba, bâti en 1871, faisait partie du système pénitentiaire calédonien et comportait un bagne, qui accueille au départ 25 condamnés. Rapidement, une petite agglomération naît autour du camp et se transforme en véritable village ; église, école, bureau de poste... Dès 1872, l'implantation de colons libres est autorisée. Le village accueille en 1873 des Alsaciens-Lorrains fuyant leur région annexée par l'Allemagne. En 1878, à l'issue de la révolte kanake menée par le chef Ataï, les défenses du fort sont renforcées, puis le fort perd sa vocation militaire en 1885. Quant au bagne, il ferme en 1898. Fort Teremba et le bagne sont abandonnés au début du XX^e^ siècle.

Et aujourd'hui

Le fort renaît en 1984 à l'initiative de l'association Marguerite, et propose désormais une plongée dans l'univers pénitentiaire du XIX^e^ siècle. L'association organise également des classes patrimoine, qui mettent les élèves en situation sur des sites archéologiques.

## La chapelle de Néméara à Bourail, une leçon d'histoire

Ce lieu résume à lui seul une grande part de l'histoire du territoire. En 1877, l'administration pénitentiaire décide la création à Néméara d'une ferme-école, vaste ensemble comprenant notamment une boulangerie et une fromagerie, et destiné à la formation agricole des enfants des colons pénaux. Cet établissement laïc est fermé à la suite de la révolte de 1878, et ne rouvre que 8 ans plus tard sous la houlette des religieux maristes. Ceux-ci ajoutent à l'ensemble une chapelle, née de la transformation d'un bâtiment agricole grâce à l'ajout de 8 petits contreforts et d'un mur-clocher faisant office de façade. En 1907, l'établissement redevient laïc, puis ferme ses portes en 1913. La chapelle est alors transformée en entrepôt, et la statue du *chœur* représentant le Christ transportée dans la cathédrale Saint-Joseph de Nouméa. En 1972, la ferme-école est rachetée et rénovée pour accueillir un foyer pour enfants en difficulté. La chapelle est restaurée en 1993.

À retenir

Bourail abrite également un musée évoquant le passé pénitentiaire du territoire ; à Bourail, en effet, de nombreuses femmes condamnées en métropole étaient rassemblées puis mariées à d'anciens bagnards devenus colons, dans le but de créer une colonie de peuplement.

### Ataï, symbole kanak

Chef de Komalé en révolte contre la colonisation, Ataï incarne l'inquiétude des peuples calédoniens qui se voient peu à peu disparaître face à l'arrivée massive des colons. À vrai dire, les Kanaks sont frappés dès les premiers contacts avec les Occidentaux par deux plaies majeures : les épidémies importées qui font des ravages, et l'alcool, que leurs organismes ne sont pas habitués à supporter. Cette surmortalité, ajoutée à la pression des colons sur les territoires kanaks, participe à la peur d'un peuple qui se voit disparaître. Ataï lui-même est chassé de Komalé par la colonisation. Ne réussissant pas à s'entendre avec les colons, il choisit la lutte armée en 1878. Il remporte plusieurs batailles, si bien que l'administration coloniale s'inquiète et mobilise des auxiliaires kanaks d'autres clans pour lutter contre lui. Après s'être longuement battu, Ataï est tué au cours d'une bataille par l'un de ces auxiliaires. Dans les années 1970, la figure d'Ataï est redécouverte et élevée au rang de symbole de la lutte indépendantiste.

# Le château Hagen

La fin de la déportation, effective en 1898, était un vœu porté depuis longtemps par la société coloniale, elle-même largement issue de ces « colons pénaux » condamnés à la transportation. Car le bagne représente une sérieuse concurrence en matière de terres comme de main d'œuvre pour les colons devenus libres.

À Nouméa, le château Hagen illustre, par sa luxueuse élégance, les mutations d'une société qui s'affranchit peu à peu de son passé pénitentiaire. Construite à partir de 1889, cette belle demeure, qui porte le nom de ses seconds propriétaires, se compose de trois bâtiments et d'un parc paysager, d'un jardin vivrier et d'un amphithéâtre. L'architecture des bâtiments, avec ses balcons, ses galeries et ses frontons triangulaires à la grecque, est typique de l'architecture dite coloniale, née de la rencontre d'un mode de vie et d'une culture locale avec des moyens et des techniques importés d'Europe.

31

Et aujourd'hui

Aujourd'hui propriété de la province Sud, c'est l'un des lieux culturels de la ville où s'organisent expositions, visites, spectacles…

La modernisation de l'île passe également par l'amélioration de ses infrastructures, comme à La Foa, où une passerelle métallique réalisée en France est assemblée par des bagnards en 1909 pour permettre l'accès au village. Cette passerelle Marguerite est désaffectée dans les années 1940, puis classée monument historique et restaurée en 1998.

## Mon coup de cœur, le centre culturel Tjibaou

Destiné à promouvoir la culture kanake, ce lieu est à la fois un musée, une médiathèque, un centre de congrès et un lieu de spectacle. Ce bâtiment réalisé dans les années 1990 frappe par son aspect original, conçu par l'architecte Renzo Piano comme un hommage à la construction traditionnelle de Nouvelle-Calédonie. Il se compose de 10 hautes structures de plus de 20 m à la silhouette effilée constituée d'un treillage d'acier et de bois d'iroko.

Partie 8

# La partie des Dix

## Dans cette partie…

Parce que le patrimoine, ce ne sont pas seulement des monuments, découvrez 10 objets extraordinaires hérités de notre histoire, 10 *road trips* historiques à la découverte de nos régions, 10 sites naturels à couper le souffle et aussi 10 musées totalement insolites ! Dans cette partie, vous pourrez également admirer 10 ouvrages d'art étonnants, déplorer la perte de 10 monuments disparus et connaître 10 monuments parmi les plus visités de France.

**DANS CE CHAPITRE**

Des objets incroyables, datant de plusieurs milliers d'années

Des œuvres d'art majeures et des merveilles de mécanique

# Chapitre 24
# Dix objets extraordinaires du patrimoine français

## La dame de Brassempouy

Cette délicate petite tête sculptée dans un morceau d'ivoire de mammouth est sans doute la plus ancienne représentation humaine réaliste connue ; elle date du Gravettien, période du Paléolithique supérieur située entre 29 000 et 22 000 av. J.-C. Elle se distingue des autres statuettes de cette époque, souvent nommées « vénus », par la finesse du visage, très nettement défini jusqu'à la pupille des yeux. Son étonnante coiffure, qui évoque un filet ou des tresses, lui a aussi valu le surnom de dame à la capuche. Ce petit objet de 3,65 cm de haut, découvert en 1894, est conservé au musée d'Archéologie nationale de Saint-Germain-en-Laye.

## Le vase de Vix

En 1953, à Vix, en Côte-d'Or, la tombe d'une riche aristocrate celte de la fin du Ve siècle av. J.-C. a révélé un surprenant objet, le plus grand vase grec de bronze jamais découvert ! Haut de 1,63 m, il pèse plus de 200 kg et pouvait contenir jusqu'à 1 100 litres ! Il possède deux énormes anses et son col est décoré d'une frise de guerriers. Le couvercle comporte une petite figure féminine, peut-être une prêtresse. La présence dans la tombe d'une princesse celte de cet objet magnifique, sans doute fabriqué dans les colonies grecques du sud de l'Italie, souligne les liens importants qui unissaient le monde celtique à la Méditerranée bien avant la conquête romaine. Le vase est exposé au musée du Pays châtillonnais à Châtillon-sur-Seine.

## L'épée de Charlemagne

C'est ainsi que l'on surnomme l'épée du sacre des rois de France, même si son existence ne remonte pas au-delà du xᵉ siècle. Elle faisait partie des « *regalia* », ces objets utilisés pour le sacre : sceptre, couronne, main de justice... Elle est le plus ancien conservé jusqu'à nos jours. Assimilée à Joyeuse, l'épée de Charlemagne célébrée par les chansons de geste, elle a peut-être servi au sacre de Philippe Auguste, en 1179, et plus sûrement à celui de Philippe III le Hardi, en 1271. Ses différents éléments témoignent des nombreux remaniements qu'elle a connus au cours des siècles, depuis le pommeau orné selon la mode du xᵉ siècle jusqu'aux derniers ajouts de 1825 à l'occasion du sacre de Charles X. L'épée est aujourd'hui conservée dans la galerie d'Apollon, rénovée, au Louvre.

## La couronne d'épines du Christ

La vénération des reliques de la passion du Christ est attestée à Jérusalem dès le ivᵉ siècle. En 1238, saint Louis achète à l'empereur latin de Byzance Baudouin II la couronne d'épines portée par le Christ lors de sa crucifixion, ainsi que d'autres reliques. C'est pour les accueillir que le roi fait bâtir à Paris la Sainte-Chapelle, véritable reliquaire de pierre. Lors de la Révolution, la couronne d'épines est cachée à Saint-Denis puis à la Bibliothèque nationale, avant d'être remise en 1801 à l'archevêque de Paris. Déposée dans le trésor de Notre-Dame, elle a pu échapper en 2019 à l'incendie de la cathédrale.

## Les Très Riches Heures du duc de Berry

Les livres d'heures rassemblaient les textes des prières rythmant les heures liturgiques de la journée, à l'usage des moines, ou parfois de riches laïcs, comme ici. Ce magnifique manuscrit enluminé a été commandé aux frères de Limbourg par le duc Jean Ier de Berry vers 1410. Après la mort de ce dernier, l'ouvrage connaît bien des péripéties et ne sera terminé que vers 1489. Il comporte 206 feuillets et s'ouvre, comme la plupart des livres d'heures, sur un calendrier splendidement illustré qui offre une étonnante plongée dans la vie rurale de l'époque médiévale.

Acheté en 1855 par le duc d'Aumale, il est aujourd'hui exposé au château de Chantilly.

## La Bible de Gutenberg de la Bibliothèque nationale

La Bible est le premier ouvrage imprimé à grand tirage par les ateliers de Gutenberg à Mayence dans les années 1450. Dans cette entreprise inédite, le génial imprimeur a choisi deux supports appréciés à l'époque, le papier et le vélin, une peau très fine, utilisée pour un quart des exemplaires imprimés. Le vélin, prisé des amateurs, permettait en effet d'ajouter au livre des illustrations et des enluminures, et même d'apposer des corrections après impression par grattage du parchemin. Il reste aujourd'hui quatre exemplaires complets de ces bibles imprimées sur vélin par Gutenberg, dont le magnifique exemplaire enluminé conservé à la Bibliothèque nationale de France.

## Le retable d'Issenheim

Ce chef-d'œuvre de peinture et de sculpture est réalisé entre 1512 et 1516 pour le couvent des antonins d'Issenheim. Les panneaux peints, articulés autour du caisson central sculpté, illustrent la vie d'ermite de saint Antoine ainsi que des épisodes de la vie du Christ liés aux grandes fêtes liturgiques. La monumentalité de l'œuvre, ses coloris irréels et son réalisme morbide donnent un caractère étrange à la représentation et évoquent les œuvres de Jérôme Bosch, contemporaines du *retable*. Nicolas de Haguenau, le sculpteur, et l'énigmatique Matthias Grünewald, le peintre, ont créé un ensemble des plus singulier. Le *retable* est conservé au musée Unterlinden de Colmar.

## La Joconde

Le sourire de Mona Lisa n'est pas la seule énigme de ce si célèbre tableau ; ses origines sont également mystérieuses. S'agit-il du portrait de Lisa Gherardini, femme de Francesco del Giocondo ? Rien ne l'indique, et la sobriété de la tenue semble gommer toute référence sociale. Le cadrage choisi par le peintre et la position du modèle sont totalement novateurs dans l'art du portrait de l'époque, et le fameux sourire semble être le sujet même du tableau. Celui-ci, commencé à Florence vers 1503, aurait voyagé dans les bagages de Léonard de Vinci jusqu'à la cour de François Ier, qui en aurait hérité à la mort du peintre. Mais, là encore, rien n'est certain...

## La Joueuse de tympanon de Marie-Antoinette

Ce superbe automate qui joue 8 airs de musique et bouge la tête et le buste a été réalisé à la fin du XVIIIe siècle, et acheté par la reine Marie-Antoinette qui en fera don à l'Académie des sciences. Haute de 45 cm, la petite figurine animée est assise devant un tympanon, instrument évoquant un piano sans touches où les cordes sont directement frappées à l'aide de mailloches. Elle est élégamment vêtue et coiffée à la mode du XVIIIe siècle, et constitue un petit bijou de mécanique. Elle se trouve actuellement au musée des Arts et Métiers à Paris.

## Le pendule de Foucault

Léon Foucault, passionné de physique, entend démontrer que la terre tourne par une expérience très simple ; une boule suspendue à un très long fil à laquelle on imprime un mouvement d'oscillation, et qui laisse à chaque passage une trace dans le sable disposé au-dessous. Or la trace se décale, effectuant en 24 h un tour complet alors que le mouvement initial n'a pas été modifié ! C'est donc la terre qui a tourné ! Après quelques essais, Foucault effectue sa brillante démonstration au cœur du Panthéon à Paris en 1851. La hauteur de la voûte permet d'utiliser un très long fil de 67 m, accentuant la visibilité de l'expérience et la durée des oscillations. Le pendule utilisé par Foucault a connu des fortunes diverses, mais on peut toujours admirer les oscillations de l'exemplaire installé sous le dôme du Panthéon.

**DANS CE CHAPITRE**

Des merveilles romaines à jamais disparues

Des églises détruites, des châteaux rasés, des trésors d'architecture perdus...

# Chapitre 25
# Dix monuments disparus

## Le trophée des Alpes à La Turbie

Ce monument élevé à La Turbie, au-dessus de Monaco, fut érigé en l'honneur de l'empereur Auguste vers 7 ou 6 av. J.-C. pour célébrer sa victoire sur les peuples des Alpes qui entravaient la circulation entre l'Italie et les conquêtes romaines des Gaules. Campé sur la Via Julia Augusta, il marquait la limite entre l'Italie et la province de Narbonnaise. Cet édifice purement symbolique sert néanmoins de forteresse au fil du temps, si bien qu'en 1705 il est détruit sur ordre de Louis XIV, puis sert de carrière de pierres aux habitants de la région. Ses grandioses vestiges laissent deviner l'ampleur que devait avoir le monument originel.

## Le forum de Lutèce à Paris

Comme toute cité romaine, Lutèce était bâtie selon un plan perpendiculaire autour de deux axes, le *cardo*, qui correspond à la rue Saint-Jacques, et le *decumanus*, approximativement rue Soufflot. Le forum se trouvait au croisement de ces deux axes, occupant un vaste espace entre le boulevard Saint-Michel et la rue Saint-Jacques. Long de 180 m sur 90, il était entouré d'un portique à arcades. Ses pierres ont été réemployées pour bâtir d'autres édifices au cours des siècles, et ses fondations définitivement détruites dans les années 1980 pour laisser place à un parking souterrain.

## L'amphithéâtre romain de Poitiers

Construit au cours du Ier siècle, ce vaste amphithéâtre mesurait 150 m sur 130 et pouvait accueillir jusqu'à 30 000 spectateurs. Comme bien des monuments romains, il a été utilisé comme carrière de pierres et lentement démantelé au cours des siècles. Mais, au début du XIXe siècle, ses vestiges étaient encore imposants, comme en témoignent de nombreuses gravures et trois photographies exceptionnelles réalisées en 1857. Trois ans plus tard, il ne reste presque plus rien de ces majestueuses ruines, détruites pour permettre la construction de halles.

## L'abbatiale de Cluny

Cluny fut sans doute l'une des plus puissantes abbayes de l'histoire. Indépendant du pouvoir politique, placé sous la seule autorité du pape, ce monastère fondé en 910 se trouve en quelques décennies à la tête d'un réseau de plus de 1 400 abbayes et prieurés dans toute l'Europe. L'abbé de Cluny a alors autorité sur 10 000 moines ! À la fin du XIe siècle, l'abbé Hugues de Semur entreprend de faire bâtir une immense *abbatiale* romane, qui est alors la plus grande église du monde ! Vendue comme bien national à la Révolution, elle sera démantelée pierre à pierre. Les éléments subsistants, dont le bras sud du grand *transept*, témoignent de l'ampleur du monument disparu.

## Le château de Richelieu

Construit à l'emplacement du manoir de ses ancêtres par le cardinal de Richelieu, ce château d'apparat du XVIIe siècle est confisqué et vidé de tous ses meubles et ornements à la Révolution. Revendu en 1804, il est peu à peu démonté, ses matériaux vendus et dispersés, si bien qu'il n'en reste plus rien en 1835. Mais la cité de Richelieu, conçue en même temps que le château, témoigne toujours de la magnificence du cardinal.

## La machine de Marly

La machine de Marly est un impressionnant système hydraulique destiné à alimenter les parcs et jardins des châteaux de Versailles et de Marly grâce à l'eau pompée dans la Seine à Bougival. L'énergie utilisée est tout simplement celle du courant ; elle est captée au moyen de 14 roues à aubes disposées sur une vaste plateforme de bois construite sur pilotis dans le lit du fleuve. L'énergie ainsi produite alimente 64 pompes hydrauliques. Le bruit produit est si fort qu'on l'entend jusqu'à Saint-Germain ! Cette impressionnante machinerie, mise en service dans les années 1680, sera remplacée en 1817 par un système plus performant et entièrement démontée.

## La Bastille

En 1365, le roi Charles V décide la construction d'une nouvelle enceinte pour Paris. La porte Saint-Antoine, située au bout de la rue du même nom, est gardée par une petite fortification (ou bastille), constituée de deux tours rondes. Cet édifice est agrandi au fil des siècles jusqu'à constituer une véritable forteresse. Transformée en prison au XVII^e^ siècle, elle est pour cela la cible des soulèvements révolutionnaires de 1789 ; elle ne contient alors plus que 7 prisonniers, mais le gouverneur de la prison est massacré et la forteresse entièrement détruite comme symbole du pouvoir royal. Jusqu'à très récemment, on pouvait encore voir sur les pavés parisiens de la place de la Bastille le tracé de l'ancienne forteresse.

## Le palais des Tuileries

Ce palais bâti à partir de 1564 pour Catherine de Médicis se dressait au cœur du jardin du même nom, entre la place de la Concorde et le Louvre dont il fermait la perspective. Les deux palais seront reliés par la suite par plusieurs galeries et pavillons. Théâtre des événements de la Révolution après le retour de la famille royale dans la capitale, le palais est incendié au cours de la Commune de Paris en 1871. Il est finalement rasé en 1883, à l'exception du pavillon de Flore et du pavillon de Marsan, qui permettaient la liaison entre les deux palais, et de l'arc de triomphe du Carrousel, qui en marquait l'entrée.

## Les halles Baltard

Remplaçant des marchés préexistants au cœur de Paris, le vaste ensemble des halles est édifié entre 1852 et 1889 sur les plans de Victor Baltard, et couvre une superficie de 33 ha ! La construction met en œuvre les matériaux les plus modernes, comme la fonte et le béton, alliés à la brique et au verre. Le marché est composé de 10 pavillons, spécialisés selon les marchandises : viande, fruits et légumes, poisson... En 1960, le marché est transféré à Rungis et 10 ans plus tard les premières démolitions commencent. Deux des pavillons seront démontés pour être remontés, l'un à Nogent-sur-Marne et l'autre à Yokohama au Japon !

## La Villa Primerose

Cette maison coloniale de Fort-de-France, en Martinique, construite en 1906, offrait un exemple typique de l'architecture antillaise teintée d'influences américaines. La galerie du rez-de-chaussée soutenait un balcon orné sous une toiture avancée. Inscrite au titre des monuments historiques en 2004, elle est alors très dégradée et fait l'objet d'une restauration lorsqu'elle est entièrement détruite par un incendie en juillet 2014.

**DANS CE CHAPITRE**

Des visites culturelles, des circuits touristiques

Des randonnées spirituelles, des itinéraires gourmands

# Chapitre 26

# Dix itinéraires touristiques

## Les chemins de Saint-Jacques de Compostelle

Les chemins de Compostelle, pratiqués dans un esprit de pèlerinage depuis le haut Moyen Âge, offrent aux patients marcheurs des paysages époustouflants sur de splendides itinéraires allant d'une merveille patrimoniale à la suivante. L'UNESCO a d'ailleurs inscrit au patrimoine mondial de l'humanité 71 monuments et 7 tronçons de sentiers de ces fameux chemins. De Vézelay à Saint-Guilhem-le-Désert, de Sainte-Foy de Conques à Saint-Bertrand-de-Comminges, c'est un véritable voyage dans le temps au rythme lent de la marche, dans l'ambiance singulière du « Camino », entre compagnonnage et quête de sens.

## Le Pays cathare

Cette appellation touristique désigne une région où le catharisme connut un certain succès, même s'il n'a laissé que peu de traces propres dans le paysage. Les châteaux dits cathares sont des forteresses préexistantes et souvent remaniées par la suite, qui ont servi de théâtre à l'un des épisodes de la croisade contre les cathares, ou qui ont accueilli de petites communautés de ces cathares. La géographie mouvementée de la région confère souvent un aspect extraordinaire à ces véritables nids d'aigles, perchés en haut d'un piton rocheux, surplombant de profondes gorges… Termes, Quéribus ou Montségur, ces lieux éminemment romantiques parlent à nos imaginations, évoquant un monde de légendes et de trésors disparus.

## Le chemin des châteaux forts d'Alsace

Voici une découverte pédestre des trésors médiévaux d'Alsace, au long d'un itinéraire de 450 km permettant de découvrir environ 80 châteaux forts ! Nombre de ces superbes témoins du passé militaire de la région sont aujourd'hui à l'état de ruine, mais ces lieux valent malgré tout la peine d'être visités et explorés, au détour de l'une des 26 étapes proposées par le Club vosgien entre Guebwiller et Thann. Elles permettent de découvrir des lieux souvent ignorés du public malgré leur très grand intérêt historique et patrimonial.

## La route Jacques Cœur

Entre Auvergne et Orléanais, cet itinéraire propose la découverte de la région natale de Jacques Cœur, grand argentier du roi Charles VII qui connut une immense gloire et amassa une considérable fortune avant d'être emprisonné puis exilé. La route Jacques Cœur relie 18 sites sur 180 km, de Culan à Gien, et permet de visiter des lieux aussi variés que les vestiges gallo-romains de Drevant, le palais Jacques Cœur de Bourges, le château de Maupas, le musée du canal de Berry, le *beffroi* de Dun-sur-Auron ou l'abbaye de Noirlac, sans oublier le vignoble de Menetou-Salon. De quoi satisfaire toutes les curiosités !

## Les enclos paroissiaux de Bretagne

Les enclos paroissiaux, spécifiquement bretons, sont nés de la période de prospérité que connut la région dès la fin du XVe siècle grâce à la culture du lin et à la fabrication de toile. Il s'agit d'ensembles comprenant l'église, un ossuaire et un calvaire, et parfois même le cimetière, le tout enclos derrière des murs de pierre. Les paroisses, cherchant à afficher leur prospérité, ont rivalisé de luxe et d'inventivité, donnant naissance à de splendides ensembles sur une aire géographique allant de la rade de Brest à celle de Morlaix. Le circuit des enclos paroissiaux permet de découvrir les plus spectaculaires d'entre eux à Saint-Thégonnec, Guimiliau ou encore La Roche-Maurice et Pleyben.

## La vallée royale de l'Eure

Ce site naturel exceptionnel, partiellement classé Natura 2000, a longtemps fait figure de ligne de front entre les possessions des rois de France et celles des ducs de Normandie, rois d'Angleterre ! La vallée, parsemée de vestiges de fortifications témoignant de ces temps lointains, connaît un destin plus riant au XVI$^{e}$ siècle en devenant lieu de prédilection des rois et de leurs favorites, qui y font bâtir de superbes résidences : Diane de Poitiers à Anet, la Pompadour à Crécy-Couvé, Louis XIV à Maintenon, Louis-Philippe à Dreux... De Chartres à Rouen, quelque 35 châteaux, manoirs et jardins, des abbayes, des villages et des cathédrales témoignent d'un riche passé étroitement lié à l'histoire de notre pays.

## La route des vins de Bordeaux

Le Bordelais compte plus de 100 000 ha de vignes répartis en une soixantaine d'appellations, sur 5 sous-régions à la réputation bien établie : l'Entre-deux-mers, le Sauternais, les Graves, le Médoc et la Rive droite. Ce riche patrimoine dont l'origine remonte à l'époque romaine peut être découvert selon de multiples itinéraires touristiques, qui permettent de naviguer de monuments en châteaux, de chais en dégustation, à pied, à vélo, en voiture... et toujours, bien sûr, avec modération !

## La route des rhums de Martinique

Autre itinéraire gourmand, la route des rhums de Martinique permet de partir à la découverte du seul rhum agricole AOC au monde ! Voici une façon très originale de faire le tour de l'île en visitant distilleries et « habitations », ces belles demeures des planteurs martiniquais. Découvrez le rhum JM, élaboré au pied de la montagne Pelée avec de l'eau de source, dégustez les produits de la distillerie Saint-James, visitez l'habitation Saint-Étienne, au cœur de l'île, et son Jardin remarquable, ou encore l'habitation Clément, qui abrite une fondation de sauvegarde du patrimoine caribéen. Et toujours avec modération !

## La route des Grandes Alpes

Voici un itinéraire impressionnant, né en 1911 de l'ambition de tracer une route reliant tous les grands cols alpins depuis le lac Léman jusqu'à Menton. Le dernier tronçon ne sera achevé qu'en 1973 ! Longue de plus de 700 km, la route des Grandes Alpes emprunte 17 grands cols et traverse 3 parcs nationaux : les Écrins, la Vanoise et le Mercantour. Culminant à 2 770 m au col de l'Iseran, elle cumule 17 000 m de dénivelé. Sans surprise, ce redoutable itinéraire est l'un des terrains de jeu préférés des coureurs du Tour de France.

## Les plages du Débarquement

Utah, Gold, Omaha, Juno et Sword, ces noms attribués pour les opérations du 6 juin 1944 aux plages de Normandie sont restés définitivement attachés à ces lieux chargés d'histoire. La gigantesque entreprise que fut le débarquement des forces alliées sur les côtes françaises y est commémorée de bien des façons, en bien des lieux ; par les vestiges d'abord, comme la batterie de Longues, le port artificiel d'Arromanches ou la pointe du Hoc, par les lieux mémoriels ensuite, depuis le superbe cimetière américain de Colleville-sur-Mer jusqu'au mémorial de Caen, en passant par les innombrables musées qui jalonnent la région.

DANS CE CHAPITRE

L'incroyable diversité géographique de la France

•

Des grottes, des cascades, des forêts, des falaises...

# Chapitre 27

# Dix sites naturels spectaculaires

## La dune du Pilat

Cette dune côtière de l'Atlantique est remarquable par ses dimensions, puisqu'elle mesure presque 3 000 m de long et plus de 100 m de haut, et par le fait qu'elle se déplace lentement, progressant de 1 à 5 m par an vers l'est, ensevelissant peu à peu la forêt qui la jouxte. Menacée dans les années 1940 par l'urbanisme balnéaire, elle est alors classée avec la forêt qui l'entoure, constituant un ensemble protégé de 6 800 ha. Car outre son caractère géologique exceptionnel, la dune du Pilat représente un écosystème naturel du plus grand intérêt.

## L'aven Armand

En 1897, sur le causse Méjean, en Lozère, Louis Armand découvre un vaste réseau de salles souterraines d'une grande beauté géologique. Une descente en funiculaire de plus de 100 m sous terre permet d'accéder à la salle principale, où d'incroyables concrétions calcaires se reflètent dans les lacs et les canaux souterrains. Elle abrite une « Forêt vierge » qui regroupe un ensemble de 400 stalagmites aux noms poétiques, les Draperies, les Méduses, la Mâchoire du tigre, et la plus haute stalagmite connue au monde, qui atteint 30 m de hauteur. Cette immense salle est assez vaste pour contenir Notre-Dame de Paris !

## La réserve naturelle de Scandola

Cette réserve naturelle corse, inscrite sur la liste du patrimoine mondial de l'UNESCO, est un espace à la fois terrestre et marin à la géologie singulière et à la remarquable biodiversité. Cet ancien site volcanique se signale par une pierre rouge caractéristique et par des formations géologiques étonnantes, tels les orgues rhyolithiques. Scandola comporte une réserve intégrale qui abrite dans sa partie marine des espèces disparues dans le reste de la Méditerranée, et où l'on découvre encore aujourd'hui des espèces inconnues ! La flore et la faune terrestre sont également remarquables, Scandola étant l'un des derniers sanctuaires du balbuzard pêcheur.

## L'île de Lifou

Cette île aussi vaste que la Martinique appartient à l'archipel des îles Loyauté, à l'est de la Nouvelle-Calédonie. Il s'agit d'un massif corallien recouvert de végétation, au relief plutôt plat si l'on excepte les falaises du bord de mer. Elle présente une grande variété de sites naturels, plages et falaises, criques et baies baignées par une eau turquoise recelant de très beaux sites de plongée. En pénétrant à l'intérieur de l'île, les plages de sable blanc laissent place à une dense végétation tropicale où s'est développée une culture de la vanille de réputation mondiale.

## Les gorges du Verdon

Entre Castellane et Moustiers-Sainte-Marie, le Verdon a creusé son lit durant des millénaires jusqu'à former le plus vaste canyon d'Europe ; il atteint par endroit une profondeur de 700 m ! Tout au fond coule une eau couleur émeraude, que de nombreux points de vue exceptionnels permettent d'admirer ; pont de l'Artuby, belvédère de Mayreste, falaise des Cavaliers... Au-delà de Moustiers, le Verdon se jette dans le lac de Sainte-Croix, retenue artificielle créée en 1973 qui couvre une surface de 22 $km^2$. L'ancien village des Salles-sur-Verdon repose toujours au fond de l'eau, à quelques dizaines de mètres sous la surface.

## Le massif du Néouvielle

Le massif du Néouvielle abrite une réserve naturelle accessible uniquement aux randonneurs, créée dès 1936. La réserve est dominée par le pic Long, qui culmine à 3 192 m. Sa situation à l'abri des crêtes pyrénéennes et son orientation au sud créent un microclimat plus chaud et plus sec que celui du massif qui l'entoure, permettant la croissance en altitude d'espèces que l'on trouve généralement plus bas dans les vallées. Elle renferme une faune et une flore remarquables, y compris au sein de ses 70 lacs où ont été répertoriées pas moins de 570 espèces d'algues ! Les pins à crochets, quant à eux, y atteignent des hauteurs inégalées, puisqu'ils sont présents jusqu'à 2 600 m d'altitude. Ils jouissent par ailleurs d'une longévité remarquable.

## Les falaises d'Étretat

Au cœur de la côte d'Albâtre, qui va de l'estuaire de la Seine à celui de la Somme, les falaises d'Étretat dressent un décor spectaculaire et fantastique façonné par la mer dans la côte crayeuse. Au sud-ouest, la porte d'Aval, fragile arcade de silex, fait face à la fameuse Aiguille, plantée dans la mer qu'elle domine de ses 51 m. Un peu plus au sud, la Manneporte est constituée par une large ouverture creusée par les vagues dans un solide promontoire. Au nord-est de la petite baie de galets qui abrite le port d'Étretat, la falaise d'Amont est un long et mince cap percé d'une porte basse au ras de l'eau. Ce site remarquable a inspiré peintres et écrivains, depuis Guy de Maupassant jusqu'à Eugène Boudin.

## Les chutes du Carbet

La rivière du Grand Carbet naît au flanc du volcan de la Soufrière, au sud de la Basse-Terre en Guadeloupe. Ses eaux soufrées aux couleurs et à l'odeur changeantes rejoignent la mer, 11 km plus loin, en franchissant trois chutes spectaculaires, tant par leur débit impressionnant que par la hauteur de saut. La première chute mesure 115 m de haut, qu'elle franchit en deux paliers. La seconde chute franchit d'un bon 110 m de dénivelé. Quant à la troisième, elle effectue un plongeon de 20 m dans un vaste bassin circulaire. Ces impressionnantes cascades sont nichées au cœur d'une végétation luxuriante.

# Le désert de Platé

Ce vaste site géologique de 1 980 ha qui culmine à près de 2 500 m d'altitude au-dessus de la vallée de l'Arve, en Haute-Savoie, présente une curieuse surface calcaire striée et fissurée, que les géologues nomment lapiaz. L'origine de ce relief tourmenté est à rechercher dans la lente action des eaux de ruissellement et des glaciers, qui ont créé au fil des millénaires ce décor lunaire. L'isolement de ce lieu pour le moins insolite, accessible uniquement à pied, lui a valu le surnom de désert. L'eau y a creusé d'importants réseaux de galeries souterraines, dont celui de la Tête des Verds, long de 11 km.

# La forêt de Saou

Ce beau massif forestier niché au cœur de la Drôme occupe un lieu géologique remarquable, souvent qualifié de « plus beau synclinal perché » d'Europe. En géologie, un synclinal est un pli concave dont le centre est constitué des couches géologiques les plus récentes. Il est dit perché lorsqu'il est situé en hauteur, constituant une sorte de faille haute encaissée et étirée derrière ses remparts de roche. C'est dans ce lieu surprenant que pousse la forêt, qui offre une très belle variété d'arbres car elle a été enrichie au XXe siècle de nombreuses essences. De plus, sa situation très abritée, presque enfermée dans sa forteresse de pierre, favorise le développement et la préservation d'une faune et d'une flore étonnamment riches.

**DANS CE CHAPITRE**

La France, une des premières destinations touristiques au monde

Des cathédrales, des musées, des châteaux que l'on vient voir depuis les quatre coins de la planète

# Chapitre 28

# Dix monuments parmi les plus visités de France

## La cathédrale Notre-Dame de Paris

Notre-Dame de Paris, aujourd'hui malheureusement fermée, était l'un des monuments les plus appréciés des touristes. Avant le terrible incendie d'avril 2019, la cathédrale attirait 12 millions de visiteurs par an, venus du monde entier pour contempler ce joyau architectural. Ses alentours sont aujourd'hui interdits au public, qui doit se contenter de l'admirer depuis les ruelles et les ponts avoisinants. Une fois achevés les premiers travaux indispensables de stabilisation et de sécurisation, le chantier de restauration en tant que tel pourra débuter. Nul doute que le monde entier affluera lors de la réouverture de la géante de pierre !

# La basilique du Sacré-Cœur de Montmartre

Chaque année, 11 millions de visiteurs grimpent les interminables marches qui mènent au Sacré-Cœur de Montmartre. Outre la vue exceptionnelle sur Paris qui se déploie depuis le pied ou le sommet de la *basilique*, les curieux viennent également admirer la mosaïque qui couvre le plafond de l'édifice, la plus vaste de France. Ses 480 $m^2$ de tessons d'or et de couleur scintillent à la lueur des cierges, car le Sacré-Cœur est aussi un lieu de foi et de prière où se pressent de nombreux pèlerins. Le quartier qui l'entoure est l'un des plus touristiques de Paris.

# Le musée du Louvre

En 2019, le musée du Louvre a accueilli 9,6 millions de visiteurs et a pris la tête du classement mondial des musées. Le dynamisme exceptionnel de l'établissement fait honneur aux visiteurs, dont 75 % sont étrangers et un sur deux a moins de 30 ans. La qualité des expositions, la variété des activités proposées, la gestion des flux, la gratuité pour 40 % des entrants, les rénovations titanesques et une très forte présence sur les réseaux sociaux font du Louvre un musée résolument moderne et attractif.

# Le domaine de Versailles

À Versailles, qui a accueilli 8,2 millions de visiteurs en 2019, la richesse et la diversité du domaine sont les clefs du succès. Si les touristes ne savent où donner de la tête entre le château, les jardins, le parc ou encore le domaine de Trianon, il est possible de composer une visite sur mesure tant les offres sont nombreuses. Sans surprise, le hameau de la Reine et le Petit Trianon figurent parmi les visites guidées les plus appréciées. En ce qui concerne les spectacles, les Grandes Eaux musicales composent, avec la programmation de l'opéra royal et de la chapelle royale, un programme très apprécié.

# La tour Eiffel

Quelles raisons poussent plus de 6 millions de touristes, dont 75 % d'étrangers, à gravir chaque année cette grande dame de fer ? Seraient-ce le bar à champagne, le bar à macarons ou les deux restaurants, incarnations gourmandes de l'art de vivre à la française ? Les machines et les moteurs d'ascenseur pour les passionnés de mécanique ? Les expositions temporaires et les pièces-musées pour les curieux ? Ou tout simplement la vue incomparable sur la Ville Lumière ? Car la tour Eiffel ne manque pas d'attraits et, depuis 1889, environ 300 millions de visiteurs ont fait l'ascension de cet étonnant édifice, ce qui en fait le monument le plus visité de la planète.

# Le musée d'Orsay

L'ancienne gare, qui abrite depuis 1986 de superbes collections illustrant la création artistique occidentale de 1848 à 1914, ne cesse d'évoluer. Entre donations régulières de grands collectionneurs et acquisitions, le musée d'Orsay a besoin d'espace ! Tout comme les collections, le public ne cesse de croître et a atteint 3,7 millions d'entrées en 2019. De quoi justifier l'aménagement d'une aire pour le jeune public, prévue pour 2024, et celui d'une nouvelle aile d'exposition dédiée aux impressionnistes et aux postimpressionnistes, en 2026. Ces importants travaux, baptisés « Orsay grand ouvert », pourront être entrepris grâce à la générosité d'un mécène anonyme, qui finance le projet à hauteur de 20 millions d'euros.

# Le centre Georges Pompidou

En bordure du quartier du Marais se dresse l'incroyable construction imaginée par Renzo Piano et Richard Rogers, reconnaissable entre toutes par les tubes colorés qui l'enserrent. L'ampleur du bâtiment égale l'abondance des collections. Le centre Georges Pompidou rassemble pas moins de 112 800 œuvres ; il s'agit de la plus grande collection d'art moderne et contemporain d'Europe, et 3,3 millions de visiteurs s'y sont rendus en 2019, soit environ 11 380 entrées par jour. Une journée ne suffit d'ailleurs pas à découvrir l'ensemble du complexe, qui regroupe les collections et des expositions, mais aussi une bibliothèque publique, une boutique, un restaurant à vue panoramique et l'atelier du sculpteur Brancusi.

# Le Mont-Saint-Michel

La baie du Mont-Saint-Michel et son abbaye figurent parmi les monuments français les plus connus à l'étranger et demeurent la première destination touristique de Normandie. Fort de ses 2,38 millions de visiteurs, qui incluent les 1,47 million de visites payantes de l'abbaye, ce havre de paix développe une offre culturelle très courue. Les sons et lumières des *Chroniques du Mont* ont notamment réuni, pour leur deuxième volet en juillet et août 2019, près de 500 000 spectateurs. Côté nature, l'engouement pour les traversées de la baie, l'observation des marées et des sables mouvants en compagnie d'un guide ne se dément pas.

## Le parc du Puy du Fou

Véritable citadelle de l'histoire, le Puy du Fou s'étend sur plus de 50 ha et propose une vingtaine de spectacles monumentaux, 4 villages, 6 hôtels thématiques et bientôt le théâtre Molière, immense palais des congrès de 3 500 $m^2$. Chaque année, les investissements se multiplient pour allier précision historique et performances technologiques dans de nouvelles productions à couper le souffle. Après avoir battu son record de fréquentation pour l'année 2019 (2,3 millions entrées), le parc exporte désormais son modèle et son savoir-faire à l'étranger, notamment en Chine et en Espagne.

## L'Arc de triomphe

L'Arc de triomphe, dont le décor illustre l'histoire des armées françaises de 1792 à 1830, est devenu l'un des emblèmes de la capitale. Du haut de ses 50 m, le visiteur peut profiter d'une vue imprenable sur Paris, depuis le Louvre jusqu'à La Défense. Une importante campagne de rénovation et de modernisation a été accomplie en 2008 dans le musée intérieur qui présente l'histoire tumultueuse du monument. Outre les 1,6 million de visiteurs accueillis en 2019, de nombreuses cérémonies militaires se tiennent autour de la tombe du Soldat inconnu et de la flamme du souvenir, ravivée chaque soir depuis 1923.

**DANS CE CHAPITRE**

Arts forains, papier peint ou chaussure, découvrez l'incroyable diversité des musées français !

•

Laissez-vous tenter par une balade dans les égouts, rencontrez François Ier au musée Grévin, visitez des chapelles romanes en plein Paris !

# Chapitre 29
# Dix musées insolites

## Le musée des Arts forains

Au cœur des pavillons de Bercy, le musée des Arts forains abrite la plus importante collection européenne d'objets du spectacle des XIXe et XXe siècles. Disposée sur 11 400 m², elle se décline en musée des Arts forains, théâtre du merveilleux, salons vénitiens et théâtre de verdure. Des ateliers de restauration attenants permettent l'entretien des œuvres composant les collections. Tradition et modernité, histoire et éphémère, rire et rêve se conjuguent dans une scénographie inédite et vivante, où petits et grands peuvent chevaucher d'authentiques manèges d'antan. Les visites-spectacles dévoilent l'âme des objets à travers des prises de son et des projections vidéo uniques.

## Le musée des Arts et Métiers

Dans un écrin architectural splendide, celui de l'ancien prieuré royal de Saint-Martin-des-Champs, le musée des Arts et Métiers se veut une encyclopédie géante dédiée à l'histoire du progrès technologique et des expérimentations scientifiques. Ses collections ne cessent de s'enrichir depuis sa création, sous la

Révolution, et rassemblent aujourd'hui près de 80 000 objets. La présentation d'éléments majeurs liés aux découvertes scientifiques incontournables permet au visiteur de saisir leur importance dans l'évolution des techniques, mais aussi leurs répercussions philosophiques et sociales.

## Le musée international de la Chaussure

Réputée pour sa tradition industrielle de la chaussure, Romans-sur-Isère accueille le musée international de la chaussure depuis 1968. À travers 20 000 objets conservés dans l'enceinte de l'ancien couvent de la Visitation sont présentées l'histoire et l'actualité du soulier de l'Antiquité à nos jours. Objet d'art et de civilisation, la chaussure est symptomatique de coutumes propres à un temps et un lieu donnés. Le musée conserve également l'incroyable collection Hams de boucles de chaussures. Il se développe jusqu'au cœur de la ville, où sont exposées temporairement 8 immenses reproductions, afin d'interpeller les passants et de les inciter à découvrir ses galeries.

## Le musée des égouts de Paris

Au cœur de ce labyrinthe sombre et malodorant des égouts se révèle la face cachée de Paris. Le musée expose aux curieux l'histoire des canalisations souterraines parisiennes, depuis les Gaulois jusqu'à nos jours. Bon nombre de maquettes et d'instruments de travail retracent le cycle de l'eau, évoquent les différentes techniques d'assainissement et détaillent les activités des égoutiers. Et nul besoin d'être intrépide ou athlétique pour découvrir les entrailles de la capitale ! La seule gymnastique nécessaire est de descendre, puis de remonter, les 42 marches qui mènent au début du parcours.

## La Cité de l'architecture

Née de la fusion de l'école de Chaillot, du musée des Monuments français et de l'Institut français d'architecture, la Cité de l'architecture retrace l'évolution de l'art du bâti de l'époque romane à nos jours. Dans ce lieu dédié au rayonnement de la création française, le visiteur se mêle aux étudiants et aux professionnels de l'architecture évoluant à travers des moulages en grandeur réelle, des maquettes, des dessins, des vitraux et des peintures murales reproduites à l'identique. Il y découvre les enjeux de l'aménagement des territoires, du patrimoine urbain et de sa restauration. Une galerie contemporaine présente les monuments nationaux emblématiques bâtis depuis 1850 et offre la possibilité de découvrir, par exemple, un appartement de la célèbre Cité radieuse créée par Le Corbusier.

## Le musée des Maisons comtoises

Aux portes de Besançon, le musée des Maisons comtoises s'étend sur un parc de 15 ha, qui héberge un panel unique d'édifices locaux du XVII^e^ au XX^e^ siècle, rappelant le rapport étroit entre une société et son milieu. Ses collections ethnographiques témoignent de savoir-faire ancestraux, valorisent le matériel agricole régional et évoquent les enjeux de demain. Le parc constitue également un espace naturel d'une grande richesse, où l'on peut voir évoluer de nombreux animaux.

## Le musée Grévin

En 1881, le directeur du journal *Le Gaulois* commande au caricaturiste et costumier Alfred Grévin des sculptures portraiturant les personnalités mentionnées dans son journal. Le musée est créé l'année suivante et connaît très vite un succès retentissant. Depuis, au sein de décors exceptionnels, le musée Grévin perpétue l'ancienne tradition des masques mortuaires de cire devenue un art à part entière. Le palais des mirages plonge d'entrée le visiteur dans une hallucination grandeur nature qui se poursuit par la découverte de centaines de figures. De François Ier à Louis Armstrong en passant par Alain Ducasse ou le Marsupilami, les figures de cire sont une belle illustration de la culture populaire.

## Le musée Robert Tatin

C'est au sud de la Mayenne, à Cossé-le-Vivien, que Robert Tatin choisit d'établir sa demeure dans les années 1960. Le peintre et architecte a rassemblé ses œuvres, toutes inspirées de ses innombrables périples, en un musée à ciel ouvert. Sculptures monumentales, céramiques et peintures ponctuent les 5 ha de jardin tandis que la maison abrite son atelier. En outre, la présence de jeunes talents en résidence à la Grange perpétue la création dans ce lieu enchanteur et permet le renouvellement régulier des expositions temporaires.

## Le musée du Papier peint

À Rixheim, en Alsace, le musée du papier peint est installé dans les murs d'une ancienne *commanderie* de chevaliers teutoniques, chassés à la Révolution et remplacés par la manufacture Zuber. Dans ce cadre architectural splendide sont exposées les collections de la manufacture, du XVIIIe siècle à nos jours. Après l'explication des techniques de fabrication, d'immenses panoramiques aux sujets exotiques invitent au voyage et donnent une idée des goûts décoratifs du XIXe siècle. Les techniques modernes d'impression et les machines spectaculaires qui les mettent en œuvre sont également exposés.

## La maison de Pierre Loti

Classée musée de France et Maison des illustres, la maison de Pierre Loti, qui vécut entre 1850 et 1923, fait honneur au dynamisme patrimonial français. Alors que la demeure de l'écrivain officier de marine tombait en ruine, elle est devenue le premier projet de restauration de Nouvelle-Aquitaine sous le patronage de la Fondation du patrimoine. Les décors uniques créés de toute pièce par Pierre Loti plongent le visiteur dans l'imaginaire du romancier, entre Moyen Âge fantasmé et Orient exotique. Ce lieu théâtral conserve toute son authenticité grâce à un mobilier fantaisiste encore intact.

DANS CE CHAPITRE

Pont, tunnel ou phare, un génie qui défie les siècles !

Un canal qui passe sur un pont, une route submersible, une usine à marée, que de réalisations spectaculaires !

# Chapitre 30

# Dix ouvrages d'art remarquables

## Le phare de Cordouan

À l'embouchure de la Gironde, l'îlot de Cordouan a longtemps été la terreur des marins, qui l'ont peuplé de légendes. En 1360, une première tour à feu, la tour aux Anglais, signale le petit îlot. Il n'en reste plus que ruines lorsque commence la construction d'une nouvelle tour sous Henri III. Ce phare, d'aspect grandiose, est achevé en 1611. Il mesure alors 37 m de haut et compte 311 marches. Doté d'une chapelle, il est somptueusement décoré. La campagne de rénovation de 1786 lui donne son apparence actuelle et permet d'expérimenter de nouvelles techniques d'éclairage et de réverbération. Les améliorations se poursuivent jusqu'en 1854, date à laquelle est installé le système actuel, informatisé en 2006.

## Le pont-canal de Briare

Parmi les canaux de France, l'un des plus spectaculaires, qui est aussi le plus ancien, est celui de Briare. Conçu sous le règne d'Henri IV, il est inauguré en 1642 et permet de relier Briare à Montargis. Dans les années 1890, il est relié au canal latéral à la Loire, enjambant pour cela le fleuve grâce à un pont-canal conçu par la société Eiffel, dont les 662 m surplombent la Loire de 11 m. Ce chemin aquatique juché sur des piles maçonnées est éclairé par d'élégants lampadaires électriques et bordé de *pilastres* armoriés composant un somptueux décor.

## Le château d'eau du Peyrou

Aménagée à la fin du XVII^e siècle sur les hauteurs de Montpellier, la promenade du Peyrou s'orne bientôt de tout un décor classique conçu pour exalter la puissance royale ; un arc de triomphe, une statue équestre de Louis XIV et un étonnant château d'eau, destiné à stocker l'eau des sources du Lez acheminées vers la ville par un aqueduc long de plusieurs kilomètres. Commencé en 1767, le château d'eau surprend par sa silhouette classique évoquant un arc de triomphe flanqué de colonnes corinthiennes se reflétant dans un bassin.

## Le passage du Gois à Noirmoutier

Le nom de Gois vient de l'ancien français « goiser », qui désigne le fait de marcher en mouillant ses sabots. Long de plus de 4 km, le passage du Gois est longtemps resté l'unique voie reliant l'île de Noirmoutier à la terre ferme. Sa présence est attestée dès 1701, mais il faut attendre 1840 pour qu'une liaison régulière soit assurée par une voiture à cheval. Une véritable chaussée est bâtie et pavée en 1935. Le passage est recouvert à marée haute de 1,30 à 4 m d'eau selon les marées. Cela n'empêche pas le Tour de France de l'ajouter pour la première fois à son parcours en 1993.

## Le pont suspendu de l'Est

À la Réunion, la rivière de l'Est est réputée pour être la plus périlleuse de l'île, et diverses tentatives de franchissement se sont achevées dans les flots. Ce n'est qu'en 1894 qu'est ouvert à la circulation un premier pont, haut de 80 m pour 152 m de long. Il est alors la passerelle suspendue la plus longue du monde. Fréquemment endommagé par des cyclones, la structure est fermée à partir de 1979, date à laquelle un second passage est installé.

## Le tunnel du Mont-Blanc

À la suite d'Hannibal et Napoléon, puis dans l'élan du tunnel du Fréjus creusé en 1857, les habitants de la Vallée d'Aoste et de Haute-Savoie défient la montagne. Ce sont les débuts du tunnel du Mont-Blanc. Si un architecte transalpin entame un forage dès 1946 à titre personnel, il faut attendre la convention franco-italienne de 1949 pour que le percement soit autorisé et financé. La jonction des deux galeries est réalisée en 1962, et le tunnel inauguré en 1965. Au cours des longs mois de travaux, deux guides de montagne et 21 ouvriers décèdent. Lors de son inauguration, le tunnel est le plus long d'Europe.

## Le barrage de Monteynard

Le torrent du Drac et ses affluents voient fleurir les turbines hydrauliques au début du XX^e^ siècle, mais ce n'est qu'en 1962 qu'est achevé le projet de grande ampleur du barrage de Monteynard-Avignonet, long de 230 m et haut de 135 m. Il vient fermer les gorges du torrent et englobe une centrale électrique de quatre turbines. Lors de son inauguration, c'est le deuxième plus grand barrage artificiel de France. Sa production annuelle correspond à la consommation électrique d'une ville comme Lyon.

## L'usine marémotrice de la Rance

L'aventure industrielle de la Rance commence en 1963. L'enjeu est de produire une énergie totalement renouvelable grâce à la puissance des marées. L'usine, inaugurée par le général de Gaulle, entre en activité dès 1966. Elle fonctionne quel que soit le sens des marées, fournissant une énergie équivalant à la consommation d'une ville de 225 000 habitants, soit 17 % de l'énergie produite en Bretagne. De plus, la construction d'une route reliant Dinard à Saint-Malo par le barrage facilite le développement des activités touristiques, et l'endiguement préserve l'estuaire des intempéries, en particulier des crues.

## Les trois ponts de Normandie

Construits entre 1977 et 1995, les ponts suspendus de Brotonne, de Tancarville et de Normandie enjambent la Seine et permettent de fluidifier les liaisons commerciales et routières normandes. À Brotonne, la passerelle à haubans, longue de

1 278 m, était la plus longue au monde avant la construction du viaduc de Millau. Le pont de Tancarville comporte la plus longue travée centrale de France, longue de 608 m. Le pont de Normandie a quant à lui la particularité de travailler selon les conditions climatiques, et nécessite une surveillance constante. Tous trois offrent une vue imprenable sur la vallée de la Seine.

## Le viaduc de Millau

La volonté de désenclaver le Massif central est à l'origine de la construction du viaduc de Millau, qui fait partie du réseau de l'A75. La compagnie Eiffage est choisie pour ce chantier titanesque qui débute en décembre 2001. Elle propose un système de haubans pour porter le tablier de 2 460 m de long qui surplombe de 245 m la vallée du Tarn. Ce choix architectural confère à l'ouvrage esthétique et légèreté, et remporte un franc succès. Le viaduc est achevé 3 ans plus tard, permettant d'assurer la liaison entre le Massif central et la Méditerranée.

# Annexe
# Petit lexique du patrimoine

**Abbatiale**
Édifice religieux, église principale d'une abbaye.

**Abside**
Partie saillante en demi-cercle qui abrite le chœur de l'église.

**Absidiole**
Petite chapelle secondaire construite à l'extrémité ou autour de l'abside, ouverte sur le déambulatoire.

**Airain**
Alliage métallique contenant du cuivre. Le terme est aussi utilisé pour désigner le bronze ou le laiton.

**Apanage**
Terres du domaine royal accordées à un prince, fils ou frère du roi, et qui reviennent à la couronne à la mort du dernier héritier mâle de ce prince.

**Arc-boutant**
Élément d'architecture typique de la période gothique, en forme de demi-arche, qui a pour fonction de soutenir un mur extérieur et de compenser la poussée des voûtes toujours plus hautes.

**Archère**
Petite ouverture dans une muraille permettant de tirer à l'arc ou à l'arbalète.

**Arianisme**
Courant de pensée théologique du début du IVe siècle qui nie la divinité du Christ, qui est défini comme un simple messager de Dieu. Cette croyance est jugée hérétique par l'Église catholique.

**Bailliage, Bailli**
Au Moyen Âge et sous l'Ancien Régime, circonscription administrative et judiciaire placée sous l'autorité d'un bailli, représentant de l'autorité au sein de cette circonscription.

**Barbacane**
Petit ouvrage de fortification avancé destiné à protéger un passage ou une porte.

**Basilique**
À l'époque romaine, bâtiment public, lieu de commerce et de réunion. Dans la religion catholique, titre honorifique donné par le pape à une église accueillant un important pèlerinage.

**Bastion, bastionné**
Fortification saillante d'un rempart ou d'une place forte.

**Beffroi**
Tour de ville servant à faire le guet, équipée de cloches pour donner l'alarme. Les beffrois sont des édifices municipaux.

**Bénéfice ecclésiastique**
Revenus attachés à une charge ecclésiastique pour permettre au titulaire de cette charge de remplir les devoirs de sa fonction.

**Biface**
Outil de pierre taillé sur ses deux faces, caractéristique de la période paléolithique moyenne.

**Bossage**
Parement de pierres en saillie à usage décoratif ou défensif ; le bossage permet notamment de rendre une muraille moins vulnérable aux boulets de canon.

**Bretèche**
Petite avancée située en haut d'une muraille ou d'une tour et permettant de défendre d'en haut la base de la muraille, une porte ou un angle.

**Cairn**
Monticule de pierres destiné à marquer un lieu particulier.
Dans la culture mégalithique, il recouvre des sépultures.

**Cardo**
Axe principal nord-sud dans un camp ou une ville romaine.

**Castellum**
À l'époque romaine, le terme désigne un fortin. Au Moyen Âge, il désigne le bâtiment central d'un lieu fortifié, qui correspond souvent à la demeure seigneuriale.

**Castrum**
Au Moyen Âge, zone d'habitation fortifiée où vivent les seigneurs et les paysans.

**Cella**
Partie close et sacrée d'un temple romain, accessible aux seuls prêtres.

**Cellérier**
Moine chargé de l'approvisionnement et de la nourriture au sein du monastère.

**Chambellan**
Grand officier de la couronne de France.

**Chanoine**
Membre du clergé attaché au chapitre d'une église ou d'une cathédrale et ayant une mission particulière telle que l'enseignement, la liturgie ou le secours aux pauvres.

**Chapitre, capitulaire**
Collège de clercs dont les membres sont appelés chanoines, et dont la mission collective est d'assurer la liturgie du culte divin et de conseiller le prêtre ou l'évêque de l'église ou de la cathédrale à laquelle ils sont rattachés. Le chapitre se réunit dans la salle capitulaire.

**Chevet**
Partie de l'église se situant derrière le chœur, que l'on peut admirer depuis l'extérieur.

**Chœur**
Partie centrale de l'église qui abrite l'autel ; elle est réservée au clergé.

**Colombage**
Technique de construction laissant la charpente en bois apparente sur une façade.

**Commanderie**
Ce terme désigne tout domaine possédé par un ordre religieux militaire, comme celui des Templiers ou celui des Hospitaliers.

**Commende, commendataire**
Système dans lequel un clerc ou un laïc est désigné par le pouvoir civil comme chef d'une abbaye ou d'un prieuré et en perçoit directement les revenus, mais n'exerce pas forcément son autorité sur l'abbaye. Certains abbés commendataires ne résidaient pas dans leur abbaye.

**Concile**
Assemblée des évêques.

**Condottiere**
Terme italien désignant le chef de soldats mercenaires.

**Connétable**
Au Moyen Âge et sous l'Ancien Régime, chef des armées royales.

**Convers**
Moines ou moniales chargés du service domestique de la communauté monastique. Ils forment une catégorie distincte de celle des moines de chœur, qui se consacrent à la prière et à l'office divin.

**Courtine**
Rempart reliant deux tours ou deux bastions.

**Cromlech**
Ensemble de pierres levées disposées en cercle ou, plus rarement, en rectangle.

**Dauphin**
Titre attribué à sa naissance au fils aîné du roi de France depuis le XIVe siècle. Le premier dauphin de France fut le futur Charles V, fils du roi Jean II.

**Déambulatoire**
Galerie permettant de circuler autour du chœur d'une église.

**Decumanus**
Axe principal est-ouest d'un camp ou d'une ville romaine.

**Demi-lune**
Ouvrage extérieur en forme de V destiné à protéger les courtines et les bastions d'une forteresse. Ce type d'ouvrage est caractéristique des fortifications Vauban. La demi-lune sert également à protéger les portes.

**Détrempe**
Technique picturale utilisant l'eau pour dissoudre les pigments de peinture, massivement utilisée avant l'apparition de la peinture à l'huile.

**Dîme (dîmière)**
Impôt prélevé par l'Église pour assurer l'exercice du culte et ses diverses missions, notamment sociales. Une grange dîmière servait à entreposer la collecte de la dîme, généralement perçue en nature.

**Dolérite**
Roche éruptive rare caractérisée par une texture particulièrement dense, dure et massive.

**Dolmen**
Construction mégalithique préhistorique constituée de dalles dressés, les ortholites, sur lesquelles sont placées des dalles horizontales. Les dolmens, qui servaient souvent de chambres funéraires, étaient alors recouverts de terre ou de pierres.

**Domus**
Habitation urbaine de la classe aisée dans la Rome antique.

**Échauguette**
Élément de fortification construit en encorbellement sur une muraille ou une tour, destiné à abriter un guetteur.

**Évangéliaire**
Ouvrage rassemblant les textes des quatre évangiles.

**Fibule**
Attache de métal servant à accrocher ensemble les pans d'un vêtement.

**Frères mineurs**
Ordre religieux né en Italie en 1210 sous l'impulsion de saint François d'Assise, dont les membres sont également appelés franciscains.

**Frigidarium**
Dans les thermes romains, espace consacré aux bains froids, généralement placé à l'entrée des thermes.

**Glacis**
Dans le vocabulaire des fortifications, terrain découvert, généralement en pente, entourant les ouvrages défensifs.

**Guilde**
Au Moyen Âge, association de personnes exerçant une activité commune et permettant à celles-ci de bénéficier de règles et privilèges spécifiques.

**Gypseries**
Décor architectural de plâtre ou de stuc mouluré et ciselé.

**Hourds**
Échafaudage de planches construit en surplomb en haut d'une tour ou d'une muraille pour en assurer la défense.

**Hypocauste**
Système de chauffage par le sol dans les thermes et bains romains.

**Jubé**
Clôture ajourée de bois ou de pierre fermant le chœur de l'église. Souvent surmonté d'une tribune, il sert à la lecture des textes liturgiques et à la prédication.

**Lazaret**
Établissement de mise en quarantaine des voyageurs et des marchandises arrivant par mer lors des épidémies.

**Lectionnaire**
Livre liturgique rassemblant l'ensemble des textes lus lors des offices religieux.

**Mâchicoulis**
Galerie de pierre en encorbellement au sommet d'une fortification, dont le sol de planche permettait de lancer des projectiles à la verticale sur les assaillants.

**Mégalithe**
Pierre monumentale agencée selon un dessein précis dans les cultures préhistoriques.

**Meneaux**
Montants fixes de pierre, de bois ou de fer compartimentant une fenêtre.

**Menhir**
Pierre dressée à la verticale caractéristique de la culture mégalithique.

**Monachisme**
État et mode de vie du moine, ensemble des communautés monastiques.

**Motte castrale ou féodale**
Fortification médiévale primitive constituée d'une butte de terre protégée par une palissade de bois, au centre de laquelle se trouve un bâtiment fortifié.

**Narthex**
Vestibule de l'église servant de sas entre le monde extérieur et l'espace sacré.

**Oppidum**
Place forte de l'époque celte puis romaine, qui renferme parfois une véritable ville. Les oppidums sont généralement placés sur des points hauts.

**Ost**
Forme de service militaire accompli par les vassaux pour leur *suzerain*. Ce terme désigne également l'armée en campagne à l'époque féodale.

**Pax Romana (ou paix romaine)**
Longue période de paix caractérisant l'Empire romain des Ier et IIe siècles.

**Palestre**
Lieu réservé à l'activité physique dans les établissements de bains romains.

**Péristyle**
Élément d'architecture romain formé d'une galerie de colonnes entourant un édifice à l'intérieur ou à l'extérieur.

**Pilastre**
Pilier ou colonne plaqué sur un mur dans un but décoratif.

**Poivrière**
Petite guérite placée en encorbellement sur une fortification.

**Polyptyque**
Tableau composé de plusieurs panneaux de bois peints unis par des éléments de menuiserie, articulés ou non.

**Retable**
Élément de décor d'une église placé verticalement derrière l'autel. Le retable a une fonction décorative et didactique, et est constitué d'un ou plusieurs panneaux de bois peints, sculptés, dorés…

**Rupestre**
Qualifie une sculpture ou un dessin exécuté sur une surface rocheuse extérieure.

**Scriptorium**
Dans un monastère, lieu où les moines se livraient à la copie et à l'enluminure des manuscrits.

**Sénéchal**
Principal officier de justice d'un seigneur.

**Stratigraphie**
Étude des strates composant un terrain et de leur âge relatif, qui permet en archéologie de dater les objets enfouis en fonction de la couche géologique où ils se trouvent.

**Suzerain, suzeraineté**
Seigneur ayant octroyé un fief à un vassal, alors placé sous son autorité.
En échange de quoi le suzerain doit protection et justice à ses vassaux.
La suzeraineté est l'autorité exercée par le suzerain.

**Tenaillon**
Élément de fortification en forme de tenaille placé sur les faces des demi-lunes.

**Torque**
Collier celte en métal rigide.

**Tour de croisée**
Tour surplombant la croisée du transept.

**Transept**
Nef transversale placée perpendiculairement à la nef principale d'une église, formant un plan dit en croix latine.

**Travée**
Dans une église, portion de voûte entre deux points d'appui.

**Tumulus**
Monticule de terre artificiel recouvrant une sépulture.

**Tympan**
Dans l'architecture religieuse, partie généralement voûtée située au-dessus du linteau d'un portail, souvent richement sculptée.

**Villa**
À l'époque romaine, domaine foncier composé d'un bâtiment résidentiel principal et de bâtiments agricoles secondaires.

# Index des notions

## A



## B

## C

# D



# E



# F

## G



## H



## I



## J

# L



# M

## N



## O



## P

## R

## S



## T

## U



## V

# Index des lieux

## A



## B

## C



## D

## E



## F



## G



## H



## I

## J



## L



## M



## N

## O



## P



## R

## S



## T

## V



## W